CB079768

Rico em fontes e abrangente no conteúdo, *Estudos do Novo Testamento* é recurso vital para o novo milênio. Com a presença de acadêmicos sábios e consagrados e de talentos emergentes da nova geração, os leitores aprendem aqui a história recente desse campo de estudos. Os novos panoramas metodológicos permitem novas leituras e aplicações do texto neotestamentário. Certamente colocarei o livro nas mãos de meus alunos e o deixarei em algum lugar de fácil acesso para mim.

Amy Peeler, Wheaton College

Uma realização notável e uma contribuição bem-vinda. Enquanto terminava meu PhD e enviava currículos, devorei *The face of the New Testament studies* [*Faces do Novo Testamento*], de Osborne e McKnight para ter certeza de obter uma compreensão geral e atualizada das partes do Novo Testamento que meus estreitos estudos tinham inevitavelmente ignorado. Com aquele livro como inspiração original, McKnight e Gupta reuniram uma gama de especialistas cuidadosamente selecionados para fornecerem uma abordagem necessária e atual da *status quaestionis* dos estudos neotestamentários. Esse volume será um recurso valioso para os anos vindouros.

Jonathan T. Pennington, Southern Baptist Theological Seminary

Esboçar o panorama da jornada dos estudos neotestamentários até a data atual é, de início, uma tarefa intimidante e arriscada. Mas esses ensaios — alicerçados em um academicismo vasto e profundo, fazendo as perguntas certas e propondo novas questões — cumpriram-na de maneira formidável. Essa coleção não só lembra aos estudantes da Bíblia a necessidade de repassar, repensar e reavaliar o discurso que caracteriza esse campo acadêmico, mas também oferece excelentes recursos críticos para essa empreitada. Estou convicto de que os leitores (seja qual for seu nível de conhecimento) que julgarem importante situar os estudos neotestamentários em um alicerce histórico e conduzi-los com o devido rigor acadêmico encontrarão aqui um recurso bastante satisfatório.

Andrew Boakye, University of Manchester

ESTUDOS DO NOVO TESTAMENTO

SCOT MCKNIGHT
NIJAY K. GUPTA

ESTUDOS DO NOVO TESTAMENTO

UM PANORAMA *dos* DEBATES ACADÊMICOS MAIS RECENTES

Tradução
THOMAS NEUFELD DE LIMA

THOMAS NELSON
BRASIL®

Copyright ©2019, de Scot McKnight e Nijay K. Gupta.
Edição original de Zondervan Reflective.
Copyright da tradução ©2025, de Vida Melhor Editora LTDA. Todos os direitos reservados.

Título original: *The state of New Testament studies: a survey of recent research.*

Todos os direitos desta publicação são reservados à Vida Melhor Editora Ltda. Nenhuma parte desta obra pode ser apropriada e estocada em sistema de banco de dados ou processo similar, em qualquer forma ou meio, seja eletrônico, de fotocópia, gravação etc., sem a permissão dos detentores do copyright.

As citações bíblicas sem indicação da versão in loco foram extraídas da Nova Versão Internacional. As citações bíblicas com indicação da versão foram traduzidas da New Revised Standard Version (NRSV), da Christian Standard Bible (CSB), da English Standard Bible (ESV) e da Revised Standard Version (RSV).

Produção editorial	Fabiano Silveira Medeiros
Copidesque	Lenita Ananias
Revisão	Lucas Vasconcellos de Freitas e João Arrais
Índices	Cláudio Emerick e Bruno Echebeste Saadi
Capa	Rafael Brum
Projeto gráfico e diagramação	Sonia Peticov

Dados Internacionais de Catalogação na Publicação (CIP)
(Câmara Brasileira do Livro, SP, Brasil)

M682e
1. ed. McKnight, Scott
Estudos do Novo Testamento / Scott McKnight, Nijay K. Gupta ; tradução Thomas Neufeld de Lima. – 1.ed. – Rio de Janeiro : Thomas Nelson Brasil, 2024.
528 p.; 15,5 x 23 cm.

Título original: *The state of New Testament studies.*
ISBN 978-65-5217-042-2

1. Bíblia – Estudos. 2. Cristianismo. 3. Novo Testamento – Estudo e ensino. I. Gupta, Nijay K. II. Lima, Thomas Neufeld de. III. Título.

10-2024/142 CDD-228.07

Índice para catálogo sistemático:
1. Bíblia : Novo Testamento : Estudos 228.07
Bibliotecária responsável: Aline Graziele Benitez – CRB-1/3129

Os pontos de vista desta obra são de responsabilidade de seus autores e colaboradores diretos, não refletindo necessariamente a posição da Thomas Nelson Brasil, da HarperCollins Christian Publishing ou de suas equipes editoriais.

Thomas Nelson Brasil é uma marca licenciada à Vida Melhor Editora LTDA. Todos os direitos reservados à Vida Melhor Editora LTDA.

Rua da Quitanda, 86, sala 601A - Centro,
Rio de Janeiro/RJ - CEP 20091-005
Tel.: (21) 3175-1030
www.thomasnelson.com.br

SUMÁRIO

AGRADECIMENTOS

A inspiração para este livro deriva originalmente do título publicado pela Baker em 2004, *The face of New Testament studies* [*Faces do Novo Testamento*], organizado por Grant Osborne e Scot McKnight. Quando eu (Nijay) estava no seminário, *The face of New Testament studies* me ajudou a compreender melhor o panorama dos estudos neotestamentários. Quando propus a Scot a ideia de produzir uma obra semelhante para uma nova era de estudos acadêmicos, ele se prontificou de bom grado a organizar este projeto junto comigo. Somos gratos ao apoio e aos reparos do prodígio das edições, Bryan Dyer, e da equipe da Baker como um todo. Também agradecemos às quase duas dúzias de colaboradores, estudiosos do Novo Testamento que dedicaram tempo e estudos acadêmicos a este projeto com fidelidade e entusiasmo.

Scot e eu queremos dedicar este livro a Grant Osborne, que Scot conheceu pessoalmente como professor, colega e amigo, e que eu conheci por meio de seus enriquecedores estudos. Celebramos, com este livro, tanto a vida quanto os estudos de Grant.

NIJAY K. GUPTA e SCOT MCKNIGHT

COLABORADORES

Matthew W. Bates é professor adjunto de teologia na Quincy University.

Michael F. Bird é reitor acadêmico e professor de Teologia no Ridley College, em Melbourne, Austrália.

David B. Capes é pesquisador sênior na Lanier Theological Library, em Houston, Texas. Antes disso ensinou no Wheaton College e na Houston Baptist University.

Greg Carey é professor adjunto do Novo Testamento no Portland Seminary.

Jin Young Choi é professor adjunto de Novo Testamento e Origens Cristãs na Colgate Rochester Crozer Divinity School.

Lynn H. Cohick é reitora e professora de Novo Testamento no Denver Seminary.

Toan Do é pesquisador e professor de Estudos Bíblicos e Estudos Cristãos Primitivos na Australian Catholic University.

Dennis R. Edwards é professor adjunto de Novo Testamento no Northern Seminary.

Rebekah Eklund é professora adjunta de Teologia na Loyola University, em Maryland.

Michael J. Gorman é o professor Raymond E. Brown de Estudos Bíblicos e Teologia no St. Mary's Seminary and University.

Nijay K. Gupta é professor adjunto de Novo Testamento no Portland Seminary.

Dana M. Harris é professora adjunta de Novo Testamento na Trinity Evangelical Divinity School.

Joshua W. Jipp é professor adjunto de Novo Testamento na Trinity Evangelical Divinity School.

Abson Joseph é reitor acadêmico e professor de Novo Testamento no Wesley Seminary, da Indiana Wesley University.

Mariam Kamell Kovalishyn é professora adjunta de Novo Testamento no Regent College, em Vancouver, British Columbia.

Scot McKnight é professor de Novo Testamento no Northern Seminary.

Patrick Mitchel é professor sênior de Teologia no Irish Bible Institute, em Dublin.

David M. Moffitt é professor sênior de Estudos do Novo Testamento na University of St. Andrews, em St. Andrews, Escócia.

Alicia D. Myers é professora adjunta de Novo Testamento e Grego na Campbell University Divinity School.

Wes Olmstead é o professor Henry Hildebrand de Estudos Bíblicos no Briercrest College and Seminary.

Rodney Reeves é o professor Redford de Estudos Bíblicos e reitor do Courts Redford College of Theology and Ministry, da Southwest Baptist University.

Drew J. Strait é professor adjunto de Novo Testamento e Origens Cristãs no Anabaptist Mennonite Biblical Seminary.

Michael C. Thompson ensinou Estudos Bíblicos por quinze anos em várias faculdades, mais recentemente como professor adjunto na Hunting University e no Bethel College (IN). Atualmente ele pastoreia uma igreja em Bellevue, Nebraska.

REDUÇÕES

Gerais

n.	nascido
c.	cerca de
cap(s).	capítulo(s)
espec.	especialmente
ESV	English Standard Version
gr.	grego
TJ	teoria da justificação
LXX	Septuaginta (versão grega das Escrituras judaicas)
NA[28]	*Novum Testamentum graece*, Nestle-Aland, 28. ed.
NIV	New International Version
NPP	nova perspectiva sobre Paulo
NRSV	New Revised Standard Version
NT	Novo Testamento
ENT	ética do Novo Testamento
AT	Antigo Testamento
par.	parágrafo
p.	página(s)
RSV	Revised Standard Version
SBL	Society of Biblical Literature
UBS[5]	*The Greek New Testament*, United Bible Societies, 5. ed.
v.	versículo(s)

Obras deuterocanônicas

1-4Mc	1-4Macabeus
Jt	Judite
Tb	Tobias
Sr	Sirácida

Pseudepigráficos do Antigo Testamento

Asc. Isa.	*Martírio e ascensão de Isaías* 6—11
En	*Enoque*
Jub	*Jubileus*
Car. Arís.	*Carta de Arísteas*
Sl. Sal.	*Salmos de Salomão*
Or. Sib.	*Oráculos sibilinos*

Manuscritos do Mar Morto e textos relacionados

CD	*Documento de Damasco*
MMM	Manuscritos do Mar Morto
1QS	*Regra da comunidade*
1QSa	*Regra da congregação*
4Q159	*Ordenanças*

Outras fontes antigas

Cont. Áp.	Josefo, *Contra Ápion*
Ant.	Josefo, *Antiguidades dos judeus*
Apol.	Aristides, *Apologia de Aristides*
1Apol.	Justino, *Primeira apologia*
Her.	Ireneu, *Contra as heresias*
Herm.	*Pastor*, de Hermas
Hist.	*Histórias*, vários autores
Hist. ecl.	Eusébio, *História eclesiástica*
Inst.	Quintiliano, *Institutio oratoria*
G. J.	Josefo, *Guerra judaica*
Misc.	Clemente de Alexandria, *Miscelânea*

Fontes secundárias

AB Anchor Bible
ABRL Anchor Bible Reference Library
AGJU Arbeiten zur Geschichte des antiken Judentums und des Urchristentums
AJEC Ancient Judaism and Early Christianity
AJP *American Journal of Philology*
AnBib Analecta Biblica
ANRW *Aufstieg und Niedergang der römischen Welt: Geschichte und Kultur Roms im Spiegel der neuren Forschung*. Editado por Hildegard Temporini e Wolfgang Haase. Berlim: de Gruyter, 1972-
ANTC Abingdon New Testament Commentaries
AYB Anchor Yale Bible Commentaries
AYBRL Anchor Yale Bible Reference Library
BBR *Bulletin for Biblical Research*
BDF Friedrich Blass, Albert Debrunner e Robert W. Funk. *A Greek grammar of the New Testament and other early Christian literature*. Chicago: University of Chicago Press, 1961.
BECNT Baker Exegetical Commentary on the New Testament
BETL Bibliotheca Ephemeridum Theologicarum Lovaniensium
BFCT Beiträge zur Förderung christlicher Theologie
BHTP *Bibliotheca Historico-Philologico-Theologica*
BibInt *Biblical Interpretation*
BICS *Bulletin of the Institute of Classical Studies*
BIS Biblical Interpretation Series
BJS Brown Judaic Studies
BK *Bibel und Kirche*
Bsac *Bibliotheca Sacra*
BTB *Biblical Theology Bulletin*
BTC Brazos Theological Commentary
BTCP Biblical Theology for Christian Proclamation
BWANT Beiträge zur Wissenschaft vom Alten und Neuen Testament
BZNW Beihefte zur Zeitschrift für die nuetestamentliche Wissenschaft
CBET Contributions to Biblical Exegesis and Theology
CBQ Catholic Biblical Quarterly
BCQMS Catholic Biblical Quarterly Monograph Series
CBR *Currents in Biblical Research*
CC *Corpus Christianorum*
CCSS Catholic Commentary on Sacred Scripture
CH *Church History*
CIJ *orpus Inscriptionum Judaicarum*. Editado por Jean-Baptiste Frey. 2 vols. Roma: Instituto Bíblico Pontifício, 1936-52
ConBNT Coniectanea Biblica New Testament Series
ConcC Concordia Commentary
DBSJ *Detroit Baptist Seminary Journal*
DSE *Dictionary of Scripture and ethics*. Editado por Joel Green, Jacqueline Lapsley, Rebekah Miles e Allen Verhey. Grand Rapids: Baker Academic, 2011.
EBC Expositor's Bible Commentary
ECC Eerdman's Critical Commentary
ECIL Early Christianity and its literature
EDSS *Encyclopedia of the Dead Sea Scrolls*. Editado por Lawrence H. Schiffman e James C. VanderKam. 2 vols. New York: Oxford University Press, 200.
EGGNT Exegetical Guide to the Greek New Testament

EJIL Early Judaism and Its Literature
ETL *Ephemerides Theologicae Lovanienses*
EQ *Encyclopaedia of the Qur'ān*. Editado por Jane Dammen McAuliffe. 6 vols. Leiden: Bill, 2001-6.
ExpTim *Expository Times*
FBP Fortress Bible Preaching Commentary
FN *Filologia Neotestamentaria*
FRLANT Forschungen zur Religion und Literatur des Alten und Neuen Testaments
ICC International Critical Commentary
Int *Interpretation*
JBL *Journal of Biblical Literature*
JBRec *Journal of the Bible and its reception*
JECH *Journal of Early Christian History*
JETS *Journal of the Evangelical Theological Society*
JFSR *Journal of Feminist Studies in Religion*
JPTSup Journal of Pentecostal Theology Supplement Series
JR *Journal of Religion*
JRS *Journal of Roman Studies*
JSJ *Journal for the Study of Judaism*
JSJSup Journal for the Study of Judaism Supplement Series
JSNT *Journal for the Study of the New Testament*
JSNTSup Journal for the Study of the New Testament Supplement Series
JSPL *Journal for the Study of Paul and His Letters*
JSP *Journal for the Study of the Pseudepigrapha*
JTI *Journal for Theological Interpretation*
JTS *Journal of Theological Studies*
JVG N. T. Wright, *Jesus and the Victory of God*
KEK Kritisch-exegetischer Kommentar über das Neue Testament (Meyer-Kommentar)
LBS Linguistic Biblical Studies
LCL Loeb Classical Library
LEC Library of Early Christology
LHBOTS The Library of Hebrew Bible / Old Testament Studies
LNTS The Library of New Testament Studies
MdB *Le Monde de la Bible*
NABPRSS National Association of Baptist Professors of Religion Special Studies
NAC New American Commentary
NACSBT New American Commentary Studies in Bible and Theology
NCBC New Cambridge Bible Commentary
Neot *Neotestamentica*
NICNT New International Commentary on the New Testament
NIGTC New International Greek Testament Commentary
NIVAC NIV Application Commentary
NovT *Novum Testamentum*
NovTSup Supplements to Novum Testamentum
NSBT New Studies in Biblical Theology
NTL New Testament Library
NTM New Testament Monographs
NTOA Novum Testamentum et Orbis Antiquus
NTPG N. T. Wright, *The New Testament and the People of God*
NTS *New Testament Studies*
NTT New Testament Theology
ÖTK Ökumenischer Taschenbuch-Kommentar
PFG N. T. Wright, *Paul and the Faithfulness of God*

PCNT Paideia Commentaries on the New Testament
PNTC Pillar New Testament Commentary
PRS *Perspectives in Religious Studies*
RBL *Review of Biblical Literature*
REC Reformed Expository Commentary
RevQ *Revue de Qumrân*
RSG N. T. Wright, *The resurrection of the Son of God*
SANt Studia Aarhusiana Neotestamentica
SBG Studies in Biblical Greek
SBLDS Society of Biblical Literature Dissertation Series
SBLMS Society of Biblical Literature Monograph Series
SBLRBS Society of Biblical Literature Resources for Biblical Study
SBLSS Society of Biblical Literarature Semeia Studies
SBLSymS Society of Biblical Literature Symposium Series
SBT Studies in Biblical Theology
ScrHier Scripta Hierosolymitana
SGBC Story of God Bible Commentary
SHBC Smyth & Helwys Bible Commentary
SJ Studia Judaica
SJT *Scottish Journal of Theology*
SNTSMS Society for New Testament Studies Monograph Series
SP Sacra Pagina
StABH Studies in American Biblical Hermeneutics
StBibLit Studies in Biblical Literature
STDJ Studies on the Texts of the Desert of Judah
StudBT *Studia Biblica et Theologica*
SubBi Subsidia Biblica
TBN Themes in Biblical Narrative
THNTC Two Horizons New Testament Commentary
TJ *Trinity Journal*
TS *Theological Studies*
TTC Teach the Text Commentary Series
TynBul *Tyndale Bulletin*
VC *Vigiliae Christianae*
VIOTh Veröffentlichunger des Instituts für Orthodoxe Theologie
WATSA What Are They Saying About Series
WBC Word Biblical Commentary
WMANT Wissenschaftliche Monographien zum Alten und Neuen Testament
WUNT Wissenschaftliche Untersuchungen zum Neuen Testament
WW *Word and World*
ZECNT Zondervan Exegetical Commentary on the New Testament
ZNW *Zeitschrift für die neutestamentliche Wissenschaft*

INTRODUÇÃO

NIJAY K. GUPTA E
SCOT MCKNIGHT

Eu (Nijay) deparei pela primeira vez com *The face of New Testament studies*,[1] o predecessor deste livro, quando estava na pós-graduação. Ingressei no seminário sobretudo porque queria aprender a estudar a Bíblia de forma mais aprofundada para minha formação pessoal e ministerial. Antes disso, eu não havia estudado a Bíblia em um ambiente acadêmico. O "mundo" dos estudos bíblicos para este neófito no seminário era intrigante, mas também confuso — tantos termos técnicos, múltiplas perspectivas, visões e ideias divergentes sendo propostas e apresentadas, e tudo isso sempre em fluxo à medida que os estudos avançavam década após década. Felizmente, *The face of New Testament studies* (2004) me deu um vislumbre da paisagem dos estudos neotestamentários, ofereceu-me alguns conselhos sobre as principais questões em debate e me mostrou como e por que as diferentes perspectivas seguem direções diferentes. Hoje, cerca de quinze anos depois, a paisagem inevitavelmente mudou. Não completamente, é claro. Para brincar um pouco mais com metáforas geográficas, podemos dizer que certos marcos, oceanos e montanhas provavelmente sempre estarão ali, mas algumas partes desse "mundo" cresceram, outras sofreram erosão e outras ainda passaram por um ciclo vital de destruição e renovação. Este novo livro, *Estudos do Novo Testamento [The state of New Testament studies]*, tem objetivo semelhante para uma nova paisagem de estudos: fornecer aos leitores um mapa dos atuais estudos neotestamentários. Mantivemos a estrutura básica do livro anterior, mas todos os ensaios são novos e redigidos por especialistas atuais, e o escopo do projeto foi ampliado.

Correndo o risco de simplificar demais, podemos identificar ao menos seis grandes tendências no atual estado dos estudos neotestamentários, ideias e padrões ostensivamente abordados em muitos dos ensaios deste livro.

---

[1]Edição em português: *Faces do Novo Testamento* (São Paulo: CPAD, 2018).

PROLIFERAÇÃO DE FERRAMENTAS E MÉTODOS

O fim do último século testemunhou grande aumento no número de métodos acadêmicos. A crítica literária, a crítica social-científica, a crítica retórica e a sociopragmática vieram, todas elas, contribuir para o dominante método histórico-crítico. Hoje, quase no fim do primeiro quarto do século 21, temos uma proliferação ainda maior de ferramentas, métodos e perspectivas. De muitas maneiras, isso é salutar, pois permite que os estudiosos da Bíblia aprendam com outras disciplinas. Mas também pode levar à microespecialização e à fragmentação cada vez maior dentro dessa área. Algumas conferências do encontro anual da Society of Biblical Literature, por exemplo, são por demais específicas: os estudiosos são facilmente induzidos a se concentrar nas "árvores" sem dar alguns passos para trás e ter uma noção da "floresta" toda. O doutorado muitas vezes força os doutorandos a se tornarem especialistas em uma área muito restrita, enquanto os deveres do ensino, por outro lado, os obrigam a se debruçar sobre temas bíblicos e teológicos mais amplos. Os estudiosos sempre tiveram de buscar esse equilíbrio, mas hoje eles precisam caminhar muito mais longe para "se desembrenharem da floresta", por assim dizer. Felizmente, livros como este são um mapa útil para os exploradores ávidos que não sabem por onde começar a expedição.[2]

PERSPECTIVAS DIVERSAS E GLOBAIS

Um dos maiores avanços nos estudos bíblicos nos últimos quinze anos tem sido dar mais atenção às perspectivas diversas e globais.[3] A ideia simplista de uma "leitura objetiva" foi completamente refutada. As vozes marginalizadas na leitura e na interpretação foram acolhidas na busca de uma "triangulação" do sentido (para pegar emprestada uma proveitosa ideia de meu amigo David deSilva). Não é difícil perceber que este livro, com o grupo de colaboradores aqui reunido, buscou honrar esse ideal. Esse ideal sem dúvida seguirá permeando os estudos bíblicos, sobretudo à medida que a liderança dessa área vai se tornando mais diversa e mais global. Alguns campos, todavia, ainda não foram tão profundamente permeados por um academicismo diverso e global.

---

[2]Sobre perspectivas e métodos de estudo bíblico, veja sobretudo o ensaio de Dennis R. Edwards, cap. 3 deste livro.

[3]Veja, e.g., Craig Keener; M. Daniel Carroll R., orgs., *Global voices: readings in the Bible in the majority world* (Peabody: Hendrickson, 2012).

RESGATE DE TEXTOS ESQUECIDOS

Uma das tendências mais notórias nos atuais estudos do NT é a atenção cada vez maior aos textos neotestamentários que foram negligenciados ao longo da história. É óbvio que, ao longo dos últimos séculos, o grosso da atenção acadêmica foi dedicado a Paulo e aos Evangelhos, sobretudo da Reforma em diante e no cristianismo ocidental. É provável que haja mais livros acadêmicos sobre Romanos do que sobre todos os demais livros do NT somados. Mas essa maré está virando. É claro, os estudiosos seguem fascinados pela teologia de Paulo e pela vida de Jesus, mas Atos, Apocalipse e as epístolas universais vêm recebendo muito mais atenção acadêmica ultimamente.

CONTEXTUALIZAÇÃO HISTÓRICA SOFISTICADA

É mais premente para os atuais estudiosos bíblicos a importância de ler os livros do NT em seu devido contexto histórico, isto é, no mundo antigo judaico, grego e romano. Na segunda metade do século vinte, o estudo do judaísmo antigo se tornou uma disciplina teológica independente. Essa tendência se ampliou expressivamente nas últimas décadas. Nós nos beneficiamos hoje dos vastos estudos sobre os Manuscritos do Mar Morto, de edições gregas críticas de quase toda a literatura judaica helenística relevante e de novas traduções de todos esses textos para o inglês — privilégio que teria sido inimaginável uma geração atrás.[4]

Além disso, nas últimas décadas, tem havido interesse crescente em ler o NT e entender a vida dos primeiros cristãos no Império Romano — sobretudo debaixo da autoridade imperial.[5] Isso levou ao surgimento de uma subdisciplina novíssima dos estudos bíblicos, chamada "estudos imperiais".[6] Houve um tempo em que os estudiosos tentavam encaixar Jesus ou Paulo em um molde helenístico ou judaico — porque esses acadêmicos estavam concentrados sobretudo nas influências religiosas e filosóficas, o molde "romano" não lhes era uma opção. Hoje, contudo, é comum que os estudiosos vejam

---

[4]Eu (Nijay) me lembro da época em que precisei usar uma concordância grega dos Pseudepigráficos do AT, à qual eu só tinha acesso em versão impressa (não havia versão digital, com função de busca amplamente disponível) e em francês (não havia tradução para o inglês). Hoje, contudo, tenho à minha disposição múltiplas concordâncias gregas e inglesas em formato digital facilmente pesquisável. Eu (Scot) me lembro de quando os Pseudepigráficos do AT só estavam ao alcance dos endinheirados ou de quem tivesse fácil acesso a uma biblioteca; e me lembro da empolgação com que foi recebida a publicação constante dos MMM.

[5]Veja o ensaio de Greg Carey no cap. 1 deste livro.

[6]Veja Scot McKnight; Joseph Modica, orgs., *Jesus is Lord, Caesar is not: evaluating Empire in New Testament studies* (Downers Grove: IVP Academic, 2013).

Jesus e a igreja primitiva como parte de um mundo complexo e pluricultural, constituído de grande diversidade de influências — tome-se o exemplo do judeu Paulo, escrevendo em grego para os seguidores de Jesus em Roma. Hoje, mais do que nunca, os estudiosos do NT prestam especial atenção às notícias arqueológicas oriundas não só da Jordânia e de Jerusalém, mas também de Pompeia e Herculano, Óstia Antiga, Éfeso e Colossos.[7] Eles estão aprendendo e cooperando com departamentos de Judaísmo Antigo, Letras Clássicas e História. São tempos estimulantes: hoje podemos montar o quebra-cabeça da vida cotidiana no mundo romano do primeiro século (educação, experiências religiosas, política, entretenimento etc.) melhor do que nunca, dedicando nossa atenção não só aos homens adultos, mas também às mulheres e crianças.

Além da atenção ao contexto histórico, há hoje um exame intenso da gramática e da sintaxe gregas — sem deixar de lado as ferramentas digitais hoje disponíveis —, com publicações regulares e a contestação de paradigmas obsoletos.[8] Refletir sobre os avanços em nossa compreensão da língua grega também leva a uma melhor apreciação da forma que os textos do NT eram lidos para os ouvintes originais, e a crítica performática representa a onda de interesse na crítica retórica das cartas paulinas.[9]

INTERPRETAÇÃO TEOLÓGICA DAS ESCRITURAS

Outra tendência importante que merece ser mencionada é o surgimento da interpretação teológica das Escrituras.[10] É claro que sempre existiu, ao longo dos últimos dois mil anos, o interesse em uma leitura da Bíblia que se concentra em sua mensagem e sentido teológicos. Na *academia*, contudo, por tempo demais, essa área se dividiu entre os que leem por uma perspectiva confessional (i.e., cristãos e judeus) e aqueles cujo interesse é mais cultural, ideológico e histórico. Embora seja difícil identificar as origens da "interpretação teológica das Escrituras", atualmente ela é um assunto de grande interesse entre muitos estudiosos, abrindo espaço para questões sobre a importância e o sentido teológicos dos textos do NT. Isso obviamente trouxe à tona novos

---

[7]Veja, e.g., Peter Oakes, *Reading Romans in Pompeii: Paul's letter at ground level* (Waco: Baylor University Press, 2013); Michael Trainor, "Colossae: the state of forthcoming excavations", *JSPL* 1, n. 1 (2011): 133-5; Alan H. Cadwallader; Michael Trainor, orgs., *Colossae in space and time: linking to an ancient city* (Göttingen: Vandenhoeck & Ruprecht, 2011).

[8]Veja o ensaio de Dana M. Harris no cap. 6 deste livro.

[9]Veja, e.g., Ben Witherington III, *New Testament rhetoric: an introductory guide to the art of persuasion in and of the New Testament* (Eugene: Wipf & Stock, 2009).

[10]Veja Kevin J. Vanhoozer, org., *Dictionary of theological interpretation of the Bible* (Grand Rapids: Baker Academic, 2005).

debates entre estudiosos confessionais e não confessionais; também atraiu atenção para a literatura "pré-crítica" sobre as Escrituras; e suscitou interesse pelas obras de teólogos católicos, ortodoxos, reformados e anabatistas.

OLHANDO PARA O PASSADO

Isso nos traz a uma última tendência nos estudos modernos: o interesse especial na história da recepção e na história da interpretação das Escrituras. Praticamente todos os estudiosos bíblicos atuais admitem prontamente que nossa leitura do NT não se resume a um par de olhos percorrendo uma página de papel, mas que lemos pelas lentes e tradições que recebemos dos que vieram antes de nós. Isso ajuda os leitores modernos a identificarem melhor seus vieses e inclinações culturais — não para apagá-los, mas para levar em conta essa ação hermenêutica. Isso deu vida a mundos novos, ou melhor, *velhos*, para podermos examinar com atenção como eles liam e interpretavam as Escrituras. Obviamente, o impacto global da Bíblia ao longo dos últimos dois milênios foi imenso, porém os estudos da recepção se interessam não só por teólogos e livros, mas também pelo impacto da Bíblia na música, na arte, na política e na cultura popular.[11]

Em 23 capítulos, os colaboradores deste livro, todos eles especialistas em seus respectivos campos, repassam o estado atual da discussão acadêmica com respeito ao seu texto ou tema. Cada capítulo é dividido em subseções e busca orientar o leitor sobre as contribuições, polêmicas e questões mais importantes envolvendo o tema em pauta. No fim de cada capítulo você encontrará uma série de reflexões que resumem brevemente o "estado dos estudos do Novo Testamento" hoje.

---

[11]Um bom exemplo disso é David Gowler, *The parables after Jesus: their imaginative receptions across two millennia* (Grand Rapids: Baker Academic, 2017). A publicadora europeia *de Gruyter* está preparando uma *Encyclopedia of the Bible and its reception* (2009-), em dezenove volumes e com um número projetado de trinta mil verbetes.

PRIMEIRA PARTE

CONTEXTO ANTIGO

CRISTIANISMO PRIMITIVO E IMPÉRIO ROMANO

GREG CAREY

INTRODUÇÃO

Jesus foi "crucificado por nós sob Pôncio Pilatos", de acordo com o Credo Niceno, um documento que é, ele mesmo, um produto da política imperial romana. Em face das insuperáveis divisões entre as igrejas orientais, o imperador Constantino convocou o primeiro grande concílio ecumênico com o propósito de restaurar a unidade da igreja. O concílio formulou a confissão — que identifica Roma com a execução pública de Jesus — tendo o imperador pessoalmente presente nas deliberações.

A locução "crucificado sob Pôncio Pilatos" incorpora a ambiguidade que caracteriza a relação entre o cristianismo primitivo e Roma. Os cristãos primitivos veneravam um Messias judeu que foi executado pelas mãos das autoridades romanas, fato brutal que complicava todas as tentativas deles de estabelecerem uma identidade pública. As três referências do NT aos *Christianoi* (At 11.26; 26.28; 1Pe 4.16) não indicam uma nova religião mundial formada por "cristãos", como muitos de nós podemos imaginar. Traduziríamos *Christianoi* melhor por "sedicionistas" ou, mais precisamente, por "messianistas", pois cada ocorrência indica a suspeita com que os outros julgavam o movimento.[1]

Jesus e a primeira geração de seus seguidores viveram no Império Romano e enfrentaram a questão crucial da lealdade. Os três Evangelhos Sinóticos registram a cena em que Jesus enfrenta a questão de pagar impostos a César, e todas as narrativas da Paixão nos Evangelhos suscitam o problema da

[1]Veja Craig S. Keener, *Acts: an exegetical commentary* (Grand Rapids: Baker Academic, 2013), 2:1847-50 [edição em português: *Comentário exegético: Atos* (São Paulo: CPAD, 2022)]; David Horrell, "The label *Christianos*: 1Pet 4.16 and the formation of Christian identity", *JBL* 126 (2007): 361-81.

identidade de Jesus como rei — ou sedicioso. Escrevendo à própria Roma, Paulo exorta os cristãos a se submeterem às autoridades governantes, em passagem que até hoje agita os eticistas cristãos (Rm 13.1-7), ao mesmo tempo em que despreza "os senhores deste mundo", os quais, estivessem apreendido a sabedoria divina, "não teriam crucificado o Senhor da glória" (1Co 2.8). Dirigindo-se a seus leitores como a exilados (1.1) e estrangeiros (2.11) da diáspora, 1Pedro se refere a Roma como "Babilônia" (5.13). O termo só surge na literatura judaica após o saque romano a Jerusalém em 70 d.C. e também aparece em Apocalipse, notadamente nos capítulos 17 e 18. Sem dúvida, Roma e seu império estavam na mente dos primeiros autores cristãos, inclusive os autores do NT. Parece, todavia, que as primeiras gerações que adoraram a Jesus desenvolveram formas complexas e diversas — poderíamos dizer ambivalentes — de se relacionarem com Roma e suas instituições. Ademais, as lealdades ideológicas de muitos estudiosos estão intimamente entrelaçadas com a questão de como os cristãos primitivos se relacionavam com seu contexto imperial.

AS LEALDADES IDEOLÓGICAS

Nós, estudiosos bíblicos, que não raro ocultamos nossas paixões sob os trajes da objetividade acadêmica, muitas vezes revelamos nossas lealdades quando abordamos o modo que os primeiros cristãos lidavam com sua relação com Roma. Os que adotam uma postura crítica em relação ao aventurismo americano nos campos militar, cultural e econômico — e eu me incluo entre eles — amparam-se nas Escrituras como recurso essencial para articular suas críticas.[2] Em clássico ensaio sobre Paulo e a escravatura, Richard A. Horsley dá voz a esse ponto de vista:

> [Paulo] estava claramente tentando estabelecer comunidades de algo que era, efetivamente, uma sociedade anti-imperialista (alternativa) internacional. Era internacional (e multicultural) à medida que assembleias foram estabelecidas em inúmeras cidades e povos e envolviam pessoas de contextos étnicos e culturais vários e/ou híbridos. Era anti-imperialista à medida que devia sua lealdade a Cristo, que foi entronizado no céu como o verdadeiro imperador, ou *kyrios* [Senhor], das assembleias, e verdadeiramente do mundo [...] E era uma sociedade alternativa à medida que as assembleias deviam conduzir suas próprias

[2]Para citar um exemplo, pondere o título e o subtítulo de Richard A. Horsley, org., *In the shadow of Empire: reclaiming the Bible as a history of faithful resistance* (Louisville: Westminster John Knox, 2008), para o qual contribuí com um ensaio sobre o livro do Apocalipse.

> questões, sem interagir com civilmente ou com os diversos aspectos da sociedade dominante, enquanto recrutavam novos convertidos e expandiam o movimento [...] durante o tempo que ainda restava antes da *parousia* de seu Senhor.[3]

Horsley não situa no primeiro plano do ministério de Paulo a teologia, mas a formação cultural. Ao contrário de César, o senhor de Roma, as assembleias paulinas proclamam Jesus, o Messias crucificado, como o único e verdadeiro Senhor. O movimento se expressa mediante assembleias diversas, que se espalham pelo império e praticam estilos de vida "alternativos" enquanto aguardam a culminação do governo de Jesus.

Os estudiosos do Jesus histórico também maximizaram as formas pelas quais o ministério de Jesus era equivalente a uma resistência contracultural. Embora muitos estudiosos tenham produzido obras importantes na década de 1990, a atenção pública se concentrou nos debates entre John Dominic Crossan e N. T. Wright. Nutrindo suspeitas sobre a forma pela qual Jesus foi retratado nos Evangelhos canônicos, Crossan defendia que Jesus rejeitava a teologia apocalíptica, a expectativa da intervenção violenta de Deus para remover os inimigos de Israel e estabelecer a paz no mundo. Wright confiava nos relatos dos Evangelhos e situou a expectativa apocalíptica no centro do ministério de Jesus. Crossan começa sua visão da vida de Jesus com um estudo da cultura imperial romana, enquanto Wright situa Jesus no contexto do sentimento antirromano generalizado no judaísmo do primeiro século. Os teólogos liberais foram atraídos pela obra de Crossan, enquanto os teólogos conservadores se reuniram em torno de Wright. Mas ambos os autores concordavam, e ainda concordam, com a noção de o ministério de Jesus ser uma forma de crítica e resistência a Roma. Tanto Crossan quanto Wright identificam Jesus como um revolucionário anti-imperialista.[4]

Crossan, irlandês-americano, e Wright, inglês, estavam escrevendo em um período específico do aventurismo americano. O fim da Guerra Fria se avizinhava; uma investigação do congresso americano acabava de descobrir intervenções da administração Reagan em guerras civis na América Central; as forças americanas haviam logrado êxito em invadir o Panamá e Granada. Francis Fukuyama escrevia o seu clássico ensaio "The end of history?" [O fim da história?], afirmando que a dissolução da União Soviética abriria o caminho para a democracia universal e o fim dos conflitos em grande

[3]Richard A. Horsley, "Paul and slavery: a critical alternative to recent readings", *Semeia* 83/84 (1998): 176.

[4]John Dominic Crossan, *The historical Jesus: the life of a Mediterranean Jewish peasant* (San Francisco: HarperSanFrancisco, 1991) [edição em português: *O Jesus histórico: a vida de um camponês judeu do Mediterrâneo* (Rio de Janeiro: Imago, 1994)]; N. T. Wright, *Jesus and the victory of God* (Minneapolis: Fortress, 1991).

escala.[5] No mesmo ano em que Crossan e Wright publicaram suas primeiras grandes monografias sobre o Jesus histórico, George H. W. Bush declarou "uma nova ordem mundial" em seu discurso anual às casas legislativas. Os teóricos se apressaram a redefinir o conceito de império, que deixou de estar baseado no modelo de estado-nação e passou a ser visto da perspectiva das redes menos evidentes de hegemonia comercial e diplomática.[6] Se em alguma vez os Estados Unidos pareceram um império, foi nesse momento.

Antes de embarcarmos em uma investigação sobre a identidade cristã no contexto do império, faremos bem em examinar algumas implicações inesperadas.[7] Por exemplo, a predisposição de identificar o cristianismo primitivo como um movimento anti-imperialista pode gerar um tipo peculiar de excepcionalismo. Como assembleias que às vezes consideravam estar em atrito com a sociedade em geral — "estrangeiros e exilados", como diz 1Pedro (2.11), e uma "terceira raça", nas palavras de Aristides (*Apol.* 2.1), Clemente de Alexandria (*Misc.* 6.5.41) e outros —, os cristãos se definiam como nem judeus, nem gregos, nem qualquer outra coisa.[8] Nós, cristãos, já temos o velho hábito de rotular nossas origens como excepcionais ou únicas.[9] Avaliando as apropriações da identidade do cristianismo primitivo no contexto da teoria *queer*, Maia Kotrosits observa: "O 'cristão primitivo' como categoria *queer* se posiciona — quase que por definição — fora de alinhamento com o Império Romano e, de certo modo, até mesmo em oposição a ele".[10] As reivindicações cristãs de singularidade tendem a se tornar grosseiras. Para tomar um exemplo particularmente perigoso, o antijudaísmo cristão não raro se expressa em críticas ao judaísmo antigo, em que este é caracterizado como excludente, apegado a fórmulas, legalista, misógino e desprovido de graça. E se, em vez de enfatizarmos a singularidade, também chamássemos atenção para as formas pelas quais os cristãos se imbricavam em seus contextos culturais exatamente como faziam seus vizinhos — e exatamente como nós também fazemos?[11]

---

[5]Francis Fukuyama, "The end of history?", *The National Interest* 16, n. 3 (1989): 3-18.

[6]Michael Hardt; Antonio Negri, *Empire* (Cambridge: Harvard University Press, 2000).

[7]Como vimos, é anacrônico aplicar o termo *cristão* às assembleias paulinas e a outros círculos de devotos de Jesus. Meu uso é pragmático, como uma abreviação conveniente para esses grupos. No NT, *cristão* não é uma autodesignação, mas uma acusação da parte dos que não pertencem a esses círculos. Mas vemos traços da identidade *cristã* nas referências que Mateus faz às "sinagogas deles" (espec. 10.17), no termo igrejas (*ekklēsiai*) e na expressão paulina "estar 'em Cristo'".

[8]Judith Lieu, *Neither Jew nor Greek? Constructing early Christianity*, 2. ed. (London: Bloomsbury T&T Clark, 2016), p. 72.

[9]Maia Kotrosits, *Rethinking early Christian identity: affect, violence, and belonging* (Minneapolis: Fortress, 2015), p. 51-3.

[10]Kotrosits, *Rethinking Christian identity*, p. 51.

[11]Veja Douglas Boin, *Coming out Christian in the Roman world: how the followers of Jesus made a place in Caesar's Empire* (New York: Bloomsbury T&T Clark, 2014); Greg Carey, *Sinners: Jesus and his earliest followers* (Waco: Baylor University Press, 2009), p. 125-50.

PRATICANDO O IMPÉRIO

Conhecer a história judaica é essencial para entender como os primeiros cristãos lidavam com a hegemonia romana.[12] Israel e Judá antigos tiveram encontros com diversos impérios antigos. Os quatro animais de Daniel 7.1-8 caracterizam quatro impérios como predadores monstruosos: Babilônia, Média, Pérsia e o helenístico Império Selêucida. Posteriormente, Apocalipse usa a mesma imagem dos animais, mas os une em um só monstro em sua caracterização de Roma (13.1,2).

O Império Selêucida, particularmente sob o reinado de Antíoco IV (Epifânio), demonstra ser um antecessor crucial do Império Romano. A dinastia selêucida herdou grande parte do império estabelecido por Alexandre, o Grande. É praticamente impossível reconstruir as motivações e o comportamento de Antíoco,[13] mas, para nossos propósitos, é mais importante saber como os judeus — tanto os da época como os de gerações posteriores — interpretaram esse reinado e os conflitos que ele gerou. Como lembram nossas fontes, Antíoco embarcou em um projeto de helenização da Judeia e da Galileia, promovendo a língua e as instituições culturais gregas como forma de unificar seu império. Ele estabeleceu o culto a Zeus no Templo de Jerusalém. Quando alguns judeus da Judeia rejeitaram as reformas de Antíoco em 167 a.C., Antíoco respondeu com repressão. Segundo a tradição judaica, Antíoco baniu as práticas judaicas, proibindo a circuncisão e forçando os judeus a comerem carne de porco. Tal opressão religiosa seria muito incomum — senão única — no mundo antigo, e os historiadores estão certos em questionar se nossas fontes primárias apresentam um retrato justo de Antíoco.[14] Não obstante, a revolta que se seguiu levou Antíoco a ser expulso da Judeia em 164 a.C. e à derrubada mais decisiva do poder selêucida em 142 a.C. Os oitenta anos seguintes atestam níveis oscilantes de independência da Judeia, incluindo o governo de reis-sacerdotes locais. Devemos notar que, embora alguns judeus da Judeia tenham resistido a Antíoco, outros adotaram postura mais acomodacionista. Esses "renegados" figuram como vilões na memória judaica.

Muito mais clara que a história é a forma que o conflito com Antíoco ficou gravada no modo judaico de autocompreensão e no modo das relações

---

[12]Assim como no caso dos termos *cristão* e *cristianismo*, muitos intérpretes consideram *judeu* e *judaísmo* anacrônicos. Não os vejo assim.

[13]Um exemplo de historiador que examina atentamente esses problemas, veja David A. deSilva, *Introducing the Apocrypha*, 2. ed. (Grand Rapids: Baker Academic, 2018), p. 271-86. Um enfoque mais confiante em relação às fontes primárias judaicas é Anathea Portier-Young, *Apocalypse against Empire: theologies of resistance in early Judaism* (Grand Rapids: Eerdmans, 2011), p. 176-216.

[14]Steven Weitzman, "Plotting Antiochus' persecution", *JBL* 123 (2004): 219-34.

entre o judaísmo e o império. Para citar um exemplo, a Revolta dos Macabeus havia sido bem-sucedida, o que alimentou os ânimos de resistência das gerações posteriores. Ademais, os três pilares da identidade judaica — a dieta, o Sábado e a circuncisão — adquiriram peso ainda maior. A tradição retrata a fidelidade a essas marcas identitárias como causa de martírio. Assim, não nos deveria surpreender o grau em que as cartas de Paulo refletem preocupações exatamente a respeito desses três itens. À medida que os gentios ingressavam na igreja, os conflitos acerca dessas questões passaram a caracterizar grande parte do ministério paulino (veja Rm 13—15; 1Co 8.1-13; 10.1-22; toda a Carta aos Gálatas; Fp 3.2—4.1). A crise antioquena estabeleceu o comportamento cultural, o que nós, modernos, podemos denominar fidelidade religiosa, como uma questão de vida ou morte.

Roma desempenhou um papel proeminente nos conflitos que acompanharam o reinado de Antíoco, mas a Judeia experimentou o poder romano de forma mais direta em 63 a.C. Convidado por ambas as partes a intervir em uma guerra civil na Judeia, o administrador/general Pompeu capturou Jerusalém e a sujeitou ao governo romano direto. O governo romano sobre Judeia, Samaria, Galileia, Idumeia, Pereia e outras regiões continuou, com algumas interrupções notáveis, ao longo dos primórdios do cristianismo.

O NT nos apresenta um pequeno elenco de autoridades romanas e habitantes da Judeia que detêm vários tipos de poder sob a hegemonia romana. Herodes, o Grande, aparece no Evangelho de Mateus. Herodes foi designado "Rei dos Judeus" pelo Senado Romano, tendo expulsado as forças partas da terra, e administrou a região de 37 a.C. a 4 d.C. Notáveis em Herodes são seus projetos arquitetônicos monumentais, sobretudo a gloriosa renovação e expansão do Templo de Jerusalém, e sua capacidade de preservar a paz na terra e o fluxo de tributos para Roma. Depois de sua morte, os romanos dividiram a região em distritos administrativos menores. Nos Evangelhos, conhecemos Herodes Antipas, o filho de Herodes que governou a Galileia e a Pereia até 39 d.C., e Pôncio Pilatos, o governador romano da Judeia de 26 d.C. a 37 d.C. Atos nos apresenta Herodes Agripa I (chamado simplesmente de "Herodes") — que primeiro governou a Galileia (37-41 d.C.), depois veio a governar sobre toda a Palestina (41-44 d.C.) — e Herodes Agripa II ("Agripa" em Atos), que reinou sobre várias partes da Palestina por longo período (48-93 d.C.). Conhecemos Antônio Félix, procurador romano da Judeia de 52 a 58 d.C., caracterizado como corrupto (At 24.24-27), e seu sucessor, Pórcio Festo (59-62 d.C.). Também encontramos os sumos sacerdotes Anás e Caifás, que administraram Jerusalém e o Templo sob a supervisão romana durante o ministério de Jesus, e Ananias, que confronta o apóstolo Paulo.

Os impérios clássicos projetavam força para extrair recursos de seus territórios e fazer valer sua vontade dentro de suas esferas de influência.

Os romanos também fizeram isso. O historiador social e teórico Michael Mann fala de Roma como o primeiro império territorial bem sucedido, exercendo controle com seu exército e recrutando a cooperação das elites locais mediante a cultura de classes imperial.[15] Quando o Apocalipse apresenta Roma como monstro temível, toda a terra exclama, assombrada: "Quem é semelhante à besta? Quem pode pelejar contra ela?" (13.4). Mas o Apocalipse também aponta para a ganância de Roma. Uma Prostituta está montada na Besta e ela faz comércio com reis, mercadores e marinheiros. Os mercadores choram pela destruição de Roma, porque ela põe fim ao sistema comercial deles. "Os negociantes da terra chorarão e se lamentarão por causa dela, porque ninguém mais compra a sua mercadoria: artigos como ouro, prata, pedras preciosas e pérolas; linho fino, púrpura, seda e tecido vermelho; todo tipo de madeira de cedro e peças de marfim, madeira preciosa, bronze, ferro e mármore; canela e outras especiarias, incenso, mirra e perfumes, vinho e azeite de oliva; farinha fina e trigo, bois e ovelhas, cavalos e carruagens, e corpos e almas de seres humanos." (18.11-13). Os artigos de luxo são os primeiros e principais itens da lista de mercadorias, junto com os implementos de guerra[16] e os escravos. Os gregos e os romanos transformaram a prática ubíqua da escravatura na base de sua economia.[17] É possível que 20% da população do Império fosse de escravos[18], e talvez eles chegassem a constituir metade da população das grandes cidades. Em seu tratado *Da clemência*, o político e filósofo romano Sêneca lembra que o Senado havia examinado a proposta de exigir que os escravos na cidade trajassem vestes que indicassem seu status. O Senado, contudo, percebendo que a medida poderia revelar quantos escravos viviam na cidade, o que talvez inspirasse uma revolta, descartou a ideia por considerá-la imprudente (1.24.1).

Várias formas de tributação extraíam receita das pessoas comuns e a direcionavam para as elites locais e, em seguida, para Roma. De fato, os romanos julgavam necessário calcular exatamente quanto podiam extrair dos povos subjugados sem esgotar seus recursos nem provocar uma rebelião. "Quero minhas ovelhas tosquiadas, não rapadas" é a censura, conta-se, de Tibério a um prefeito.[19] Juvenal, talvez não tão satiricamente, recomenda que os novos

[15]Michael Mann, *The sources of social power*, vol. 1, *The history of power from the beginning to AD 1760* (New York: Cambridge University Press, 1986), p. 250.

[16]Cavalos e carruagens serviam principalmente para fins militares no mundo antigo.

[17]S. Scott Bartchy, "Slaves and slavery in the Roman world", in: *The world of the New Testament: cultural, social and historical contexts*, org. Joel B. Green; Lee Martin McDonald (Grand Rapids: Baker Academic, 2013), p. 169.

[18]Bartchy, "Slaves and slavery", p. 170.

[19]Dio Cassius, *History of Rome* 57.10, citado em Niel Elliott, *The arrogance of nations: reading Romans in the shadow of Empire* (Minneapolis: Fortress, 2008), p. 31.

governadores refreiem a própria ganância em vez de sugar até a última gota a medula de seus reis clientes.[20]

Os próprios romanos entendiam quanto era profundo o ressentimento de seus súditos em relação a eles. O historiador Tácito relata um discurso, ainda que ficcional, do general britânico Cálgaco contra os romanos: "Pilhar, esquartejar, roubar, a essas coisas eles dão o nome imerecido de império. Causam a desolação e a denominam paz".[21] Salústio igualmente imagina uma carta de Mitrídates de Ponto ao imperador persa. O que motiva as guerras romanas é tão somente a avidez de dominação e enriquecimento próprio (*Hist.* 4.69.5). Não sabem vocês, pergunta Mitrídates, "que desde o princípio eles nada tiveram senão aquilo que roubaram: seus lares, esposas, terra e domínio?" (*Hist.* 4.69.17 LCL).[22] É de imaginar que os romanos se divertissem com essas caracterizações ficcionais de si mesmos.

Não obstante, o padrão de vida melhorava quando o império prosperava. Mesmo nas províncias, o padrão de vida subia.[23] As gerações anteriores de estudiosos alegavam que a tributação exigida por Roma e Jerusalém empobrecia o povo da Judeia e da Galileia, forçando muitos a abandonar os próprios lares, mas essa perspectiva não resistiu a uma análise mais criteriosa.[24] As injustiças econômicas de fato contribuíram para a Primeira Revolta Judaica de 66-70 d.C.[25] Muitos estudiosos, no entanto, afirmariam que as sociedades prosperaram sob a dominação romana. Estudiosos da minha geração talvez se lembrem da cena "O que os romanos fizeram por nós?", do filme *A Vida de Brian*, do grupo Monty Python, lançado em 1979. Incitando a rebelião, Reg discursa: "Eles nos sangraram, os bastardos. Tomaram de nós tudo o que tínhamos, e não só a nós, mas a nossos pais, e aos pais de nossos pais. E o que nos deram em troco?". As coisas começam a ir ladeira abaixo à medida que os personagens citam as benfeitorias do império: "O aqueduto", "E o saneamento", "E as estradas".

"Bom, é. Obviamente as estradas. Quer dizer, as estradas a gente nem precisa mencionar, não é? Mas, afora o saneamento, o aqueduto e as estradas..."

---

[20]Com base em Elliott, *Arrogance of nations*, p. 31, que cita Juvenal, *Sátiras* 8.87-90 (LCL). Baseio-me nos termos de A. S. Kline, *Juvenal: the Satires*, http://www.poetryintranslations.com/klineasjuvenal.php.

[21]Tácito, *Agrícola* 30.4, citado em Bruce W. Longenecker, "Peace, prosperity and propaganda: advertisement and reality in the Early Roman Empire", in: *An introduction to Empire in the New Testament*, org. Adam Winn (Atlanta: SBL Press, 2016), p. 41.

[22]Citado em Longnecker, "Peace, prosperity, and propaganda", p. 42.

[23]Mann, *Sources of social power*, 1:265-7.

[24]David J. Downs, "Economics, taxes, and tithes", in: Green; McDonald, *World of the New Testament*, p. 160-6.

[25]Samuel L. Adams, *Social and economic life in Second Temple Judea* (Louisville: Westminster John Knox, 2014), p. 180-1; Eric M. Myers; Mark A. Chancey, *Alexander to Constantine: archaeology of the land of the Bible*, AYBRL (New Haven: Yale University Press, 2012), p. 140.

"Irrigação."
"Saúde."
"Educação."
"E o vinho."
"E hoje é seguro andar na rua à noite, Reg."
"É, eles certamente sabem manter a ordem. Convenhamos. São os únicos capazes de fazer isso em um lugar como este."[26]

Ainda que incorra em alguma imprecisão histórica, a cena retrata o dilema que os súditos de Roma enfrentavam. Ao preço da subjugação e da exploração, Roma prometia paz, desenvolvimento e até certa medida de liberdade. O Apocalipse é a voz mais inequivocamente antirromana do NT, mas também revela a lealdade das elites locais à beneficência romana. A Ásia romana desfrutava de forte reputação por suas demonstrações de lealdade, particularmente por ter solicitado ao Senado o direito de erigir templos e realizar festivais em honra do império e do imperador. Apocalipse 13 retrata essa realidade: a Segunda Besta da terra estimula os habitantes da terra a adorarem a Besta, Roma — provável indicação da gratidão das populações locais pelos benefícios de Roma, bem como de sua lealdade ao imperador.[27] Tal devoção não era exigida nem diretamente recompensada; ela era, antes, caracterizada por sua "espontaneidade e autonomia".[28]

Nem todo mundo celebrava a provisão de estabilidade e comércio por parte de Roma. Roma dedicava grande parte de sua atenção à ameaça de rebeliões. De fato, a grande Revolta Judaica foi uma de quatro rebeliões que ocorreram simultaneamente dentro do Império. E algumas rebeliões foram bem sucedidas.[29] Os administradores provinciais romanos se viram em um cabo de guerra entre, por um lado, o dever de prover estabilidade e receita como representantes de Roma e, por outro, a necessidade de manter relacionamentos decentes com seus súditos. Judeia e Galileia são especialmente importantes no que diz respeito à interação entre os primeiros cristãos e Roma, em grande parte porque a crucificação de Jesus ocorreu sob a autoridade romana e porque os Evangelhos e outras partes do NT são escritos sob a forte sombra catastrófica da Primeira Revolta Judaica. Tendo recebido de Calígula a ordem de erigir uma estátua em homenagem ao imperador no Templo de

[26]*Monty Python's life of Brian*, dirigido por Terry Jones (London: HandMade Films/Warner Bros. Pictures, 1979) [em português: *A vida de Brian*].

[27]J. Nelson Kraybill, *Apocalypse and allegiance: worship, politics, and devotion in the Book of Revelation* (Grand Rapids: Brazos, 2010), p. 139-55; Steven J. Friesen, *Imperial cults and the Apocalypse of John: reading Revelation in the ruins* (New York: Oxford University Press, 2001).

[28]Karl Galinsky, *Augustan culture* (Princepton: Princeton University Press, 1996), p. 325.

[29]Martin Goodman, "Enemies of Rome", in: *The Roman Empire: economy, society and culture*, org. Peter Garnsey; Richard Saller, 2. ed. (Berkeley: University of California Press, 2015), p. 56-7.

Jerusalém, o governador da Síria, Públio Petrônio, clamou à população: "Eu também estou obrigado a obedecer a lei de meu senhor [...] eu mesmo, assim como vocês, devo me submeter às ordens" (Josefo, *Ant.* 18.265 LCL). Quando Petrônio se atrasou na execução da ordem, Calígula, reza a lenda, ordenou que ele cometesse suicídio. Contudo, em janeiro de 41 d.C., o próprio Calígula foi assassinado enquanto a ordem estava à caminho (*G.J.* 2.184-203).[30] Numerosas cenas do NT aludem à mesma tensão. As mais notáveis são os retratos de Pôncio Pilatos nos Evangelhos, tentando aplacar as multidões em vez de crucificar Jesus. Também podemos levar em conta as muitas cenas de julgamento em Atos, sobretudo as que envolvem oficiais romanos como Gálio (At 18.12-17), Félix (24.1-27), Festo (25.1-12) e Agripa (25.13—26.32).[31] Os evangelhos mencionam os sicários e os zelotes, e, é claro, a catastrófica Primeira Revolta Judaica (66-70 d.C.) influencia a forma que os Evangelhos, Atos e alguns outros livros do NT veem o império.

A resistência a Roma ocorria tanto por razões culturais e religiosas quanto por razões econômicas. O rebelde/historiador judeu Josefo registra várias eclosões de resistência anteriores à Primeira Revolta Judaica, muitas das quais envolveram o que poderíamos denominar de queixas culturais ou mesmo religiosas, bem como reações ao que era percebido como provocações romanas. Além de Jesus, uma série de outros alegados messias, aclamados ou autoproclamados, surgiram no primeiro século. A resistência cultural a Roma tampouco foi um fenômeno restrito à Galileia e à Judeia, sendo particularmente perceptível no Oriente, onde a helenização havia fincado raízes. Mas, ao que tudo indica, não surgiu nenhum sentimento antirromano generalizado e unificado.[32] A rebelião não se estendia para além dos limites locais e étnicos.

PROVANDO O IMPÉRIO

A manutenção do império exige energia considerável, não só energia comercial, administrativa e militar. Os impérios costumam achar necessário justificar sua existência e alardear os benefícios que conferem a seus súditos. Roma certamente agiu assim. Esse processo de legitimação é conhecido como "propaganda imperial".[33]

---

[30]Christopher J. Fuhrmann, *Policing the Roman Empire: soldiers, administration, and the public order* (New York: Oxford University Press, 2011), p. 171.

[31]Matthew L. Skinner, *The trial narratives: conflict, power, and identity in the New Testament* (Louisville: Westminster John Knox, 2011).

[32]Jesper Majbom Madsen, "Intellectual resistance to Rome and its hegemony", in: *Rome and the Black Sea region*, org. Tonnes Bekker-Nielsen (Aarhus: Aarhus Universitetsforlag, 2006), p. 63-82.

[33]Para uma introdução concisa à propaganda romana, veja Longenecker, "Peace, prosperity, and propaganda"; John Dominic Crossan, "Roman imperial theology", in: Horsley, *In the shadow of Empire*, p. 59-73.

Uma historiografia que mescla o mitológico com o lendário servia como veículo central da legitimação romana. A *História de Roma*, de Tito Lívio, faz Roma remontar ao troiano Eneias e identifica seu fundador como um de seus descendentes, Rômulo. Igualmente a *Eneida*, de Virgílio, também composta sob o reinado de Augusto. Os detalhes variam de fonte em fonte. Os elementos comuns, todavia, giram em torno (1) do ânimo militar de Eneias e seu destino de fundar uma grande nação, (2) da violenta ascensão ao poder de Rômulo, além (3) dos rumores de que Rômulo era o filho de Marte, o deus da guerra. Rômulo mata o próprio irmão em disputa acerca de onde estabelecer a nova cidade, bradando: "Assim pereçam todos os que se atreverem a pular sobre os meus muros".[34] Na *Eneida*, Júpiter diz dos romanos o que já creem a respeito de si mesmos: "Não lhes fixei as fronteiras dos domínios; não lhes fixei o prazo de seu governo. Dei-lhes o império sem fim. [Os deuses mostrarão] favor aos romanos, senhores do mundo, povo da toga. Assim se decretou" (1.278-83).[35] Edificar, lutar, conquistar e dominar: eis o Destino Manifesto romano.[36]

Os romanos provavelmente produziram suas narrativas fundacionais para formar seu próprio senso de identidade, não para persuadir os outros. Mas também se valeram amplamente da propaganda imperial promovida por quem conquistaram. Os imensos projetos arquitetônicos de Herodes, o Grande — que incluíam toda sorte de projetos, como a espetacular renovação do Templo —, refletiam os modelos arquitetônicos romanos.[37] Herodes batizou sua maior cidade de Cesareia e sua fortaleza em Jerusalém recebeu o nome de Antônia.[38] Como disseram Eric Meyers e Mark Chancey: "Quem visse [Cesareia], vindo por terra ou mar, a associaria a César e testemunharia a grandeza visual do Império Romano, bem como a lealdade de um de seus mais notórios reis clientes".[39]

Ao longo de todo o império, Roma alegremente implantava sua propaganda autocongratulatória, e as elites locais reforçavam essa mensagem. Cópias de *Os feitos do divino Augusto* [*Res gestae divi Augusti*], de Augusto, foram encontradas por todo o império, muitas vezes inscritas em prédios monumentais, tanto em grego quanto em latim. Em preparação para a própria morte, Augusto elogia tanto as próprias conquistas quanto a própria

[34]Mary Beard, *SPQR: a history of Ancient Rome* (New York: Norton, 2015), p. 56-9.

[35]Tradução de Longenecker, "Peace, prosperity, and propaganda", p. 20-1.

[36]Davina C. Lopez, *Apostle to the conquered: reimagining Paul's mission* (Minneapolis: Fortress, 2008), p. 56-118.

[37]Meyers; Chancey, *Alexander to Constantine*, p. 51-2.

[38]Meyers; Chancey, *Alexander to Constantine*, p. 54.

[39]Meyers; Chancey, *Alexander to Constantine*, p. 63.

beneficência. Como os padrões modernos de modéstia não se aplicam aos antigos imperadores, Augusto também podia contar com o apoio local. Em 29 d.C. a província da Ásia prometeu uma coroa "à pessoa que elaborasse as maiores honras ao deus" Augusto.[40] Uma inscrição grega nota que Augusto, "filho de Deus", "com seus benefícios ofertados a todos os povos, superou inclusive os Deuses Olímpicos" (I. Olympia 53). Mais conhecida é a Inscrição de Priene, que proclama o aniversário de Augusto como o Dia de Ano Novo, atribui as realizações de Augusto à providência e identifica Augusto como o salvador que cumpre as profecias e traz a paz.[41] Os cristãos reconhecerão na inscrição os termos gregos *epiphanes* (epifania), *soter* (salvador) e *euangelion* (muitas vezes traduzido por "evangelho"). De fato, Roma promoveu sua própria escatologia, chamando o reino de Augusto de "época áurea" enquanto ainda transcorria.[42] Como vimos, as cidades gregas literalmente competiam pelo privilégio de expressar sua devoção ao imperador e ao império com a dedicação de templos e festivais.

Roma promoveu sua campanha de marketing tanto em imagens quanto em palavras — e combinando ambas. Moedas da Corinto romana mesclam temas romanos e gregos, ostentando a imagem de Júlio César de um lado e de Belerofonte cavalgando Pégaso do outro.[43] As moedas romanas não raramente retratam as divindades Marte e Vitória, guerra e vitória, juntas.[44] Após derrotar a Primeira Revolta Judaica, os romanos emitiram uma série "extensa" de moedas *Judaea Capta*, todas atestando a dominação romana sobre o povo judaico.[45] As esculturas e cunhagens romanas comumente mostram homens romanos vigorosos ameaçando fisicamente mulheres estrangeiras parcialmente (ou totalmente) nuas, uma interpretação artística da conquista como estupro. Davina C. Lopez capta o padrão: as mulheres "ameaçadas, desgrenhadas, capturadas e subjugadas, e apresentadas em obsequiosa fila".[46] O Altar da Paz (*Ara Pacis*) mostra a deusa Roma empunhando a espada e assentada sobre as armas dos inimigos derrotados de Roma.[47] A paz romana resulta da conquista.

---

[40]Galinsky, *Augustan culture*, p. 324.

[41]Para uma análise dessas fontes primárias muitas vezes citadas, veja Longenecker, "Peace, prosperity, and propaganda", p. 17-9; Elliott, *Arrogance of nations*, p. 29.

[42]Galinsky, *Augustan culture*, p. 90-121.

[43]Carla Swafford Works, *The church in the wilderness: Paul's use of Exodus traditions in 1Corinthians*, WUNT 2/379 (Tübingen: Mohr Siebeck, 2014), p. 22.

[44]Wes Howard-Brook; Anthony Gwyther, *Unveiling empire: reading Revelation then and now* (Maryknoll: Orbis, 1999), p. 228-9.

[45]Veja a abordagem de Lopez, *Apostle to the conquered*, p. 35-8.

[46]Lopez, *Apostle to the conquered*, p. 50.

[47]Kraybill, *Apocalypse and allegiance*, p. 59.

A QUESTÃO DA PERSEGUIÇÃO

Toda camada significativa do NT, assim como de grande parte dos demais escritos cristãos primitivos, apresenta uma preocupação com a possibilidade da perseguição. Paulo se identifica tanto como perseguidor (1Co 15.9; Gl 1.13,23; Fp 2.6) quanto como vítima de perseguição (1Co 4.12; 2Co 4.9; 11.23-26; 12.10; Gl 5.11). Ele também se demonstra ciente de que as primeiras comunidades cristãs eram vulneráveis à perseguição (Rm 12.14; Gl 6.12; 1Ts 2.14-16; 3.4,7). Devemos presumir que as referências de Paulo à prisão, ou às "correntes", também indicam perseguição (Rm 16.7; 2Co 6.5; 11.23; Fp 1.7,13-17; Fm 1,9,23). Uma breve recapitulação das menções a perseguição nas cartas incontestes de Paulo revela sua intensa consciência da perseguição que enfrenta junto com seus colegas. Infelizmente, não podemos saber os reais motivos por que Paulo perseguiu os cristãos, os quais quase certamente eram judeus como ele, nem por que ele e outros passaram por perseguição.[48] Ele menciona perseguição tanto por parte de outros judeus como por parte de gentios (2Co 11.26). Contudo, não revela a natureza exata da perseguição de que fala, nem a autoridade sob a qual ela ocorreu. A omissão deixa aberta a questão do envolvimento ou não das autoridades romanas.

Os Evangelhos canônicos contêm diversas advertências relativas à probabilidade de perseguição. Enquanto Paulo identifica formas específicas de perseguição, como açoitamento e prisão, acompanhados da possibilidade de execução, a palavra grega *thlipsis* pode simplesmente indicar sofrimento. Todavia, o Jesus sinótico identifica esse sofrimento como condição do discipulado e adverte seus seguidores de que eles enfrentariam um destino semelhante ao dele (Mt 10.17,18; 24.9; Mc 13.9-11; Lc 21.12-19). Os "pequenos apocalipses" sinóticos (Mt 24; Mc 13; Lc 21) alertam os leitores sobre a inevitabilidade da perseguição no fim dos tempos. Quanto ao Evangelho de João, seguir a Jesus leva à expulsão da sinagoga (9.22; 12.42; 16.2). Como isso é implausível no contexto do ministério de Jesus, os estudiosos despenderam enorme energia na tentativa de explicá-la.[49] Quase na conclusão do Evangelho de João, Jesus informa a Pedro a forma que o apóstolo morrerá (21.18,19), passagem críptica para os leitores modernos, mas talvez de clareza cristalina ao público de João. Cada um a seu modo, os quatro Evangelhos identificam o sofrimento dos cristãos com o de Jesus (e.g., Mc 8.34-38; Mt 16.24-27; Lc 9.23-26; Jo 15.18-25).

[48]Calvin Roetzel, *Paul: the man and the myth* (Minneapolis: Fortress, 1999), p. 38-42.

[49]Adele Reinhartz, "The Johannine community and its Jewish neighbours: a reappraisal", in: *What is John?*, vol. 2, *Readers and readings of the fourth Gospel*, ed. Fernando F. Segovia (Atlanta: Scholar Press, 1998), p. 111-38.

O espaço não nos permite uma análise profunda, mas a tendência continua ao longo do NT. Em Atos, à medida que o evangelho vai contornando o Mediterrâneo, os seguidores de Jesus enfrentam perseguição por parte das autoridades judaicas em Jerusalém, de Herodes, e de adversários, tanto judeus quanto gentios. Basicamente, eles são acusados de subverter a ordem pública de uma forma ou outra, mas há também o senso de que seus perseguidores judaicos estão tentando suprimir a proclamação de Jesus. Para Atos, contudo, a perseguição leva à expansão da igreja. Hebreus, Tiago e 1Pedro tentam tratar da perseguição e do sofrimento como questão teológica, com 1Pedro apresentando a consciência mais aguda da perseguição ao longo da epístola. Apocalipse identifica seu autor como vítima da algum tipo de perseguição (1.9), nomeia alguém que realmente foi martirizado (2.13), e vislumbra uma multidão de mártires (6.9-11). Entre os primeiros apocalipses cristãos, a perseguição é uma das principais preocupações do Pastor de Hermas e uma preocupação urgente no Apocalipse de Pedro e na Ascensão de Isaías. As cartas de Inácio surgem da jornada do bispo rumo ao martírio em Roma (110 d.C.).

Está claro que a perseguição ocupava a mente dos primeiros cristãos, inclusive a perseguição por parte das autoridades locais e (às vezes) imperiais. Além das fontes cristãs primitivas, no entanto, as indicações de perseguição oficial contra cristãos são poucas. Fica-se com a impressão de que nenhuma política romana proibia o cristianismo; em vez disso, os cristãos primitivos parecem ter encontrado vários tipos de resistência em diversas épocas e localidades. Os romanos suspeitavam de toda sorte de associações, vistas como possíveis ninhos de sedição, e as assembleias cristãs provavelmente se pareciam muito com outros agrupamentos voluntários.[50] Os imperadores Tibério e Cláudio expulsaram os judeus de Roma, presumivelmente pelos mesmos motivos por que outros grupos eram por vezes expulsos: proteger a ordem pública. (Atos 18.2 alude a uma dessas ocasiões.) É possível, talvez provável, que a segunda expulsão tenha envolvido um conflito entre os judeus a respeito do cristianismo.[51] Mas a perseguição oficial aos cristãos *por serem cristãos* é difícil de identificar.[52] A combinação de uma apreensão cristã

---

[50]Para um tratamento ponderado das atitudes romanas em relação às associações e uma visão geral das sinagogas e associações cristãs no mundo mediterrâneo antigo, veja Philip A. Harland, *Associations, synagogues, and congregations: claiming a place in ancient Mediterranean society* (Minneapolis: Fortress, 2003); cf. Ramsay MacMullen, *Enemies of the Roman order* (1966; reimpr., London: Routledge, 1992).

[51]Leonard Victor Rutgers, "Roman policy toward the Jews: expulsions from the city of Rome during the first century CE", in: *Judaism and Christianity in first-century Rome*, org. Karl P. Donfried; Peter Richardson (1998; reimpr., Eugene: Wipf & Stock, 2003), p. 93-116.

[52]Para uma introdução bem conhecida ao problema, veja Candida Moss, *The myth of persecution: how early Christians invented a story of martyrdom* (New York: HarperOne, 2013).

generalizada em relação à perseguição e a ausência de evidências externas deixa os historiadores em um dilema.

Três potenciais episódios de perseguição atraem bastante interesse. Um incêndio imenso devastou a maior parte de Roma em 64 d.C., sob o imperador Nero. Escrevendo mais de cinquenta anos depois, o historiador Tácito alega que Nero atribuiu o incêndio aos cristãos e sujeitou multidões deles a toda sorte de mortes horríveis (*Annales* 15.44). Tácito claramente não gosta dos cristãos, mas tampouco gosta de Nero: muitos historiadores suspeitam que o relato seja exagerado ou mesmo ficcional.[53] Uma tradição cristã segundo a qual Nero voltaria dos mortos (ou jamais morrera) para perseguir os cristãos não tardou a aparecer, o que dá plausibilidade à ideia de que Nero de fato executou cristãos em Roma.[54]

Um segundo caso possível de perseguição envolve o imperador Domiciano. A tradição cristã situa o livro de Apocalipse no reinado de Domiciano e associa as alusões que Apocalipse faz à perseguição às políticas de Domiciano. A narrativa sofre de total ausência de confirmação por parte de fontes romanas e nenhuma fonte cristã remotamente contemporânea associa Domiciano à perseguição. É bem possível que Apocalipse reflita vários tipos de perseguição na Ásia romana, mas a perseguição imperial oficial é altamente improvável.[55]

Mais intrigante é um terceiro caso, refletido na correspondência entre o governador romano Plínio, o Jovem, e o imperador Trajano (Plínio, *Epístolas* 10.96-97). Escrevendo da Bitínia, adjacente à Ásia romana, por volta do ano 110 d.C., Plínio quer os conselhos de Trajano: surgiram acusações anônimas contra os cristãos. Plínio não vai atrás desses cristãos e não tem conhecimento de nenhuma política para lidar com eles. Mas ele realmente examina os acusados, oferecendo-lhes clemência se amaldiçoarem Jesus e oferecerem sacrifícios às divindades imperiais. Notavelmente, Plínio menciona que há "muitos" desses cristãos na região dele e sua intervenção deu novo fôlego

[53]Veja o debate entre Brent D. Shaw e Christopher P. Jones: Shaw, "The myth of the Neronian persecution", *JRS* 105 (2015): 1-28; Shaw, "Response to Christopher Jones: the historicity of Neronian persecution", *NTS* 64 (2018): 231-42; Jones, "The historicity of the Neronian persecution: a response to Brent Shaw", *NTS* 63 (2017): 146-52. Tenho a impressão de que os historiadores da Roma antiga geralmente reconhecem a perseguição de Nero aos cristãos, como em John Pollini, "Burning Rome, burning Christians", in: *The Cambridge companion to the age of Nero*, ed. Shadi Bartsch; Kirk Freudenburg; Cedrick Littlewood (New York: Cambridge University Press, 2017), p. 213-36.

[54]Veja Ap 13.3; 17.8-11; Asc. Isa. 4.2-8; Or. Sib. 3.63-74; 4.119-24, 138-39; 5.361-96. Os historiadores romanos falam de três indivíduos que alegaram ser Nero (veja Craig R. Koester, *Revelation*, AYB 38A [New Haven: Yale University Press, 2014], p. 571). Aqui eu discordo de Jan Willem van Henten, que em "*Nero Redivivus* demolished: the coherence of the Nero traditions in the *Sibylline OraclesI*", *JSP* 21 (2000): 3-17, aborda as fontes primárias relevantes, mas se concentra nos Oráculos Sibilinos.

[55]Harland, *Associations, synagogues, and congregations*, p. 184-9; veja Michael Naylor, "The Roman imperial cult and revelation", *CBR* 8, n. 2 (2010): 225-7.

ao comércio nos templos locais. Trajano essencialmente aprova a forma que Plínio conduziu as coisas.

Os problemas históricos com esses três episódios são impressionantes. Em minha perspectiva, a fascinação praticamente ubíqua pela perseguição entre os primeiros cristãos aliada às informações reconhecidamente vagas que recebemos de fontes romanas dão a entender que há uma dimensão histórica nessa preocupação. Quanto ao período do NT, parece que não houve perseguição oficial, disseminada e programática aos cristãos por parte de Roma. Contudo, aos cristãos parecia difícil, e às vezes perigoso, viver dentro do império. Vários fatores podem explicar esse perigo, as principais sendo a suspeita generalizada (e oficial) em relação a associações misteriosas e a possível pressão para participar de festivais e outras ocasiões que exigiam expressões públicas de lealdade a Roma.[56]

TESTEMUNHOS VARIADOS

Com respeito à relação entre o cristianismo primitivo e o Império Romano, podemos começar com o óbvio. Os devotos de Jesus assentaram comunidades de adoração ao longo do mundo mediterrâneo de forma muito rápida e sobretudo nas cidades. Quando o apóstolo Paulo chega a Damasco, no sul da Síria, já há uma igreja ali. O mesmo ocorre em Antioquia, metrópole no norte da Síria, e em Éfeso, outra metrópole da Ásia romana (hoje sudoeste da Turquia). Quando Paulo escreve uma carta aos romanos, múltiplas congregações já estavam formadas naquela cidade. Ademais, as assembleias demonstram notável desejo de se manterem em contato umas com as outras por meio de viagens, troca de cartas e compartilhamento de documentos. Um estudioso caracteriza os laços estreitos entre esses cristãos como uma "internet santa".[57]

Que essas assembleias tenham se estabelecido ao longo de um território tão vasto, habitado centros culturais diversos, ainda que cosmopolitas, e perdurado por longo tempo, é um convite à reflexão. Devemos intuir que suas experiências, seus ambientes e seus desafios eram diversos — e que o modo que elas habitaram sua situação imperial foram igualmente diversas. Devemos evitar debater como elas "se relacionaram" com o império ou "reagiram" a ele, como se estivessem separadas de seus contextos. Elas não estavam separadas de Roma, assim como os atuais leitores americanos não estão

[56]Friesen, *Imperial cults*.

[57]Michael B. Thompson, "The holy internet: communications between churches in the first Christian generation", in: *The Gospels for all Christians: rethinking the Gospel audiences*, org. Richard Bauckham (Grand Rapids: Eerdmans, 1998), p. 49-70.

separados de Washington, Ottawa ou da Cidade do México. Se Paulo não vê ofensa na comida oferecida aos deuses (veja esp. 1Co 8.1-13) e o João do Apocalipse condena o consumo dessa comida como idolatria (Ap 2.14,20), podemos atribuir a discordância entre eles a ambientes diversos. Alternativamente, talvez eles tenham discordado sobre princípios, embora não se possa separar tão bem o contexto e as convicções de alguém.

Se as tradições cristãs antigas eram diversas, assim também eram as opiniões de seus intérpretes. Só podemos esboçar as opções diversas segundo as quais os cristãos podem ter expressado sua resistência ou adaptação.[58] Reflita nestas opções:

- Os romanos alegavam aplicar a verdadeira justiça. Será que a ênfase de Paulo na justificação pela graça em uma carta endereçada especificamente a Roma consiste em uma indireta sofisticada? Alguns estudiosos consideram o estilo de Paulo uma espécie de "transcrição oculta", uma forma codificada de subversão cultural.[59] Mas, se a resistência só acontece quando ninguém está vendo, será que ela faz alguma diferença?
- A sociedade romana costuma ser caracterizada quanto à competição por status. Deveríamos denominar "anti-imperialista" a admoestação de Jesus a que as pessoas não se promovam nos banquetes (Lc 14.7-11) ou a exortação de Paulo a que os cristãos carreguem os fardos uns dos outros (Gl 6.2)?
- Os romanos se dirigiam a seus imperadores com a forma de tratamento Filho de Deus, salvador e senhor, comemorando a paz que eles haviam trazido ao mundo. Os cristãos primitivos referiam-se a Jesus precisamente nos mesmos termos. O que César diria disso?

Em parte alguma vemos os primeiros cristãos clamando por uma revolta armada. Podemos identificar exemplos claros de resistência quando examinamos a crítica literária a Roma e provavelmente concordemos que tanto a recusa em cumprir a lei romana quanto a recusa em demonstrar lealdade ao império constituem resistência. Os estudos de caso a seguir são demasiado breves, e

[58]Adam Winn, "Striking back at the Empire: Empire theory and responses to Empire in the New Testament", in: Winn, *Introduction to Empire in the New Testament*, p. 1-14.

[59]Nesse ponto os intérpretes se baseiam na antropologia cultural de James C. Scott, espec. *Weapons of the weak: everyday forms of peasant resistance* (New Haven: Yale University Press, 1985); Scott, *Domination and the arts of resistance* (New Haven: Yale University Press, 1990). Veja Richard A. Horsley, org., *Hidden transcripts and the arts of resistance: applying the work of James C. Scott to Jesus and Paul*, SBLSS 48 (Atlanta: SBL Press, 2004); Elliott, *Arrogance of nations*.

sua interpretação, não raramente, é polêmica, mas dão indicações das diversas maneiras como os primeiros cristãos lidavam com as realidades do império.

LEMBRANÇAS DE JESUS

Os Evangelhos Sinóticos refletem como as primeiras gerações de cristãos se lembravam de Jesus, ativando essas memórias em seus próprios contextos.[60] Mateus, Marcos e Lucas muitas vezes diferem em como apresentam essas tradições e não devemos presumir que compartilhem uma visão comum de Roma e seus representantes. Dito isso, devemos lembrar que eles têm em comum os elementos centrais de uma narrativa básica.

Os Sinóticos apresentam João, aquele que batizou Jesus, no contexto de Isaías 40.3, que é um chamado ao remanescente de Israel para que retorne do exílio. O batismo de arrependimento que João realiza prepara um povo — no simbólico rio Jordão, aliás — para uma era messiânica em que eles recuperam sua terra. Os Sinóticos também retratam Herodes Antipas como um tirano local volúvel e instável que executa João. Lucas prefere não narrar a execução de João, mas depois nos informa que Herodes está procurando matar Jesus. A resposta de Jesus ao saber desse plano — "Vão e digam àquela raposa" (13.31,32) — não demonstra admiração nem lealdade e (apenas em Lucas) Herodes termina zombando de Jesus durante o seu julgamento (23.1-12). Os intérpretes discutem se Jesus compartilha a mensagem de João, mas não há dúvida de que tanto João quanto Jesus encontram a morte pelas mãos das autoridades governantes.[61]

Nos três Evangelhos Sinóticos, Jesus encontra um homem atormentado por muitos demônios. Os demônios se identificam como "Legião", palavra que no império romano claramente se refere à unidade militar romana básica. A história se desenrola como uma fantasia anti-imperialista. Jesus faz Legião entrar em uma vara de porcos, que se afogam no mar. Os porcos são animais impuros e a literatura anti-imperialista judaica costuma retratar os opressores gregos e romanos como oriundos do mar. Os porcos se afogando nos lembram do que acontece aos soldados de Faraó em Êxodo 14 e 15 e da fantasia de muitos judeus a respeito do que aconteceria aos exércitos romanos. A passagem é repleta de imagens militares: os porcos formam uma unidade militar (*agele*), Jesus os "dispensa" (*epetrepsen*), e eles avançam (*ormesen*) mar adentro.[62]

---

[60]Anthony Le Donne, *Historical Jesus: what can we know and how can we know it?* (Grand Rapids: Eerdmans, 2011).

[61]Omiti o retrato que Mateus apresenta de Herodes, o Grande, temível e assassino ao mesmo tempo (2.1-11).

[62]Para uma leitura clássica dessa passagem de Marcos, veja Ched Myers, *Binding the strong man: a political reading of Mark's story of Jesus* (Maryknoll: Orbis, 1988), p. 190-2. [Edição em português: *O Evangelho de Marcos* (São Paulo: Paulus, 2021)].

Jesus enfrenta oposição ao longo do Evangelhos, mas as coisas alcançam um novo patamar quando ele entra em Jerusalém na época da Páscoa. A Páscoa é tanto uma festa liberacionista quanto patriótica. Celebrando a libertação de Israel do jugo egípcio, a festa era oportunidade para notáveis surtos de sedição. Os governadores romanos, como Pôncio Pilatos, normalmente permitiam que as autoridades do Templo administrassem as questões de Jerusalém e Jesus antagoniza precisamente essas autoridades — que, inicialmente, são aqueles que prendem Jesus. Podemos interpretar a entrada de Jesus na cidade e seu confronto inicial no Templo como atos públicos. Embora os três Sinóticos apresentem a ocasião de formas diferentes, a multidão responde à pequena passeata de Jesus, aclamando-o rei. Se essas pessoas entendem Jesus corretamente é objeto de debate. Mas as autoridades do templo entendem perfeitamente a provocação de Jesus ao ocupar o templo. As tensões se acirram e as autoridades acabam entregando Jesus a Pôncio Pilatos, que detém a autoridade máxima na Judeia. Os quatro Evangelhos refletem os aspectos políticos da execução de Jesus, indicando a inscrição afixada na cruz de Jesus: "O Rei dos Judeus". De fato, a escolha da crucificação como meio de execução também indica que Pilatos via em Jesus um sedicioso.[63]

De acordo com os Sinóticos, Jesus enfrentou uma série de polêmicas públicas nesses últimos dias. Duas delas, em geral mal interpretadas pelo entendimento comum, identificam Jesus como crítico tanto das autoridades do Templo, subalternas a Roma, quanto de Roma em si. Na primeira polêmica, Jesus depara com uma pergunta hostil: é lícito que os judeus paguem tributos a César? Grande parte da tradição cristã entendeu a resposta de Jesus — "Deem a César o que é de César e a Deus o que é de Deus" (Mc 12.17) — como declaração de lealdade a Deus e obrigação para com o Estado. Contudo, detalhes da história sugerem uma interpretação mais provocadora. Primeiro, Jesus demonstra que seus interrogadores têm em mãos a moeda necessária para pagar o imposto, que ostenta a imagem do imperador e, provavelmente, também outras imagens blasfemas. Jesus, ao que tudo indica, não traz consigo tal moeda, mas seus críticos, sim. Segundo, os leitores devem ponderar o que significa dar a César o que é de César. O que César exige, afinal? E o que pertence a Deus? Tanto César quanto o Deus de Israel reivindicam autoridade sobre o mundo inteiro e sobre tudo o que há no mundo. A resposta de Jesus propõe um conflito direto entre os interesses de Deus e os interesses de César.

A polêmica da tributação demonstra a indiferença de Jesus pelas exigências romanas. A história das moedas de cobre da viúva dá voz à crítica de

[63]Exploro essa leitura dos últimos dias de Jesus em *Sinners*, p. 79-124.

Jesus aos agentes locais de Roma, as autoridades do Templo. Lida isoladamente, a história parece mostrar Jesus apresentando a viúva como modelo de generosidade, e é assim que ela geralmente é compreendida. Marcos e Lucas, contudo, situam a história imediatamente após a crítica de Jesus aos escribas, os quais "devoram as casas das *viúvas*" (Mc 12.40; Lc 20.47).[64] Nesse contexto, uma viúva sacrificando seus últimos recursos está mais para um estudo de caso de exploração institucional do que um exemplo de generosidade.

Os Sinóticos do começo ao fim retratam Roma e seus subalternos administrativos sob uma luz desfavorável. Identificam Jesus com João, que lidera um movimento nacional de renovação e possivelmente de resistência. Jesus inicia um conflito com as autoridades do Templo, a quem Roma delegava considerável autoridade, em um festival nacional instável. Ele rejeita o direito de Roma de extrair impostos. Pelo modo que os Sinóticos lembram as coisas, não é de admirar que as autoridades prendam Jesus nem que os romanos o crucifiquem.

O ESCORREGADIO PAULO

A crucificação de Jesus nos leva diretamente a Paulo, que tem muito a dizer sobre ela. No entanto, qualquer pessoa que examine a coleção de livros sobre Paulo na biblioteca de um seminário reconhecerá que Paulo é um personagem escorregadio, de cujo legado os estudiosos e os teólogos se apropriariam se tão somente fossem capazes de mantê-lo sob controle. As complicações que acompanham a interpretação das Cartas de Paulo envolvem debates enérgicos sobre quais cartas, e mesmo quais passagens, Paulo realmente escreveu, e o quanto devemos nos basear em Atos para estabelecermos os detalhes da biografia, do ministério e da perspectiva de Paulo. Mesmo que pudéssemos concordar nessas questões, continuaríamos a enfrentar as dificuldades apresentadas pelas próprias cartas.

No que diz respeito à perspectiva de Paulo sobre Roma e seu império, uma passagem se destaca como particularmente incômoda: Romanos 13.1-7. Uma leitura superficial, que pode muito bem ser a correta, sugere que Paulo acreditava que os cristãos deveriam ser cidadãos bons e submissos. Paulo exorta os cristãos romanos a que "se sujeitem às autoridades governamentais". Ele fundamenta essa posição em um alicerce teológico que parece universal: Deus designa as autoridades, autorizando-as a lançar mão da violência contra os malfeitores. Como as autoridades, em última

[64]A omissão de Mateus dessa crítica específica aos escribas e do estudo de caso da viúva é uma questão digna de investigação.

instância, servem a Deus, os cristãos devem pagar impostos e render honra a essas autoridades. Muitas teologias da relação entre igreja e Estado giraram em torno dessa passagem.[65]

Paulo nunca defende o ponto de vista oposto, de que os seguidores de Jesus devem resistir ativamente a Roma. Mas outros aspectos de suas cartas levam muitos intérpretes a atribuirem uma perspectiva anti-imperialista ao apóstolo. Nas palavras de Richard A. Horsley, citadas quase no começo deste ensaio, as assembleias paulinas constituíam "uma sociedade anti-imperialista (alternativa) internacional".[66] Temos de nos lembrar de que Paulo também colaborava com igrejas já estabelecidas. Essas congregações se autodenominavam assembleias (*ekklesiai*), termo que dá a entender um processo democrático.[67] Paulo proclamava um messias, um soberano ou juiz ungido que vai libertar Israel, um messias para cujo reinado a História apontava — um messias crucificado sob a autoridade romana. Em contrapartida, "os poderosos desta era" estão "sendo reduzidos a nada"; se tivessem conhecido os caminhos de Deus, "não teriam crucificado o Senhor da glória" (1Co 2.6-8). Paulo normalmente identificava Jesus como "Senhor", mas também como "Salvador", aclamações que também eram dirigidas ao imperador. É Jesus quem demonstra justiça (*dikaiosyne*) e fidelidade (*pistis*) divinas é Jesus quem confere justiça, fidelidade e paz a seus seguidores. Todas as cartas de Paulo começam oferecendo graça e paz, prerrogativas de Roma, às igrejas.[68]

É difícil para os estudiosos conciliarem Romanos 13.1-7 com as insinuações que permeiam as cartas de Paulo. Alguns intérpretes nos lembram de que todas as cartas de Paulo são "ocasionais", isto é, constituem comunicação direta com grupos específicos de pessoas em resposta a circunstâncias específicas. Assim, é possível que não forneçam as posições teológicas abstratas ou gerais de Paulo. Um bom número de estudiosos aplica essa perspectiva a Romanos 13.1-7. Sabemos que o imperador Cláudio havia expulsado os judeus de Roma, talvez por causa da agitação referente a Jesus. Em Romanos, Paulo parece preocupado com as relações entre cristãos judeus e cristãos gentios, sobretudo porque os cristãos judeus podem ter sido sujeitados a um grau maior de escrutínio depois de voltarem. Com base nisso, alguns defendem que Paulo almeja proteger os cristãos judeus que enfrentam uma situação

---

[65]Mark Reasoner, *Romans in full circle: a history of interpretation* (Louisville: Westminster John Knox, 2005), p. 129-42.

[66]Horsley, "Paul and slavery", p. 176.

[67]Elisabeth Schüssler Fiorenza, *The power of the Word: Scripture and the rhetoric of Empire* (Minneapolis: Fortress, 2007), p. 69-109.

[68]Para leituras anti-imperiais de Paulo, veja Neil Elliott, *Liberating Paul: the justice of God and the politics of the Apostle*, Bible and Liberation (Maryknoll: Orbis, 1994); Richard A. Horsley, org., *Paul and Empire: religion and power in Roman imperial society* (Harrisburg: Trinity Press International, 1997).

tão precária.[69] A fundamentação teológica que Paulo dá em Romanos 13.1-7 constitui o maior obstáculo a essas interpretações anti-imperialistas.

APOLOGÉTICO OU REVOLUCIONÁRIO?

O livro de Atos parece ser o laboratório perfeito para explorar como os primeiros cristãos se relacionavam com Roma. Atos oferece um requintado estudo de caso sobre como estudiosos altamente capacitados podem chegar a conclusões contraditórias.

Alguns intérpretes veem Atos como um livro que, em grande medida, faz apologia de Roma. O livro reiteradamente retrata a multidão trazendo cristãos diante das autoridades romanas locais. De acordo com o padrão geral de Atos, as pessoas instigam uma reação da multidão contra os missionários, mas as autoridades romanas locais não pronunciam sentença contra os pregadores.[70] Na verdade, os cristãos muitas vezes se defendem de acusações de que eles promoviam a desordem. Como Agripa diz a Festo, Paulo "poderia ser posto em liberdade, se não tivesse apelado para César" (At 26.32). O enredo divinamente dirigido de Atos efetivamente mina a autoridade imperial, visto que, em última análise, o destino do evangelho e de seus defensores jaz nas mãos de Deus.[71] Mas a mensagem do evangelho em si, muitos sustentam, não se opõe diretamente à autoridade romana.[72] Quando um centurião como Cornélio aceita o evangelho, ele não abandona o serviço militar (veja Lc 3.14). Por isso, Shelly Matthews defende que Atos sublinha "a compatibilidade entre os interesses e valores do autor e os do Império Romano".[73]

Outros veem em Atos um livro implicitamente anti-imperialista. C. Kavin Rowe examina as acusações contra Paulo e Silas em Tessalônica — "Esses homens, que têm causado alvoroço por todo o mundo, agora chegaram aqui" (17.6) — e apresenta vários casos em que a proclamação do evangelho solapa a cultura imperial convencional. Por exemplo, os cidadãos de Filipos (16.11,12,16-24) e Éfeso (19.23-41) percebem corretamente que a proclamação

---

[69]Elliott, *Liberating Paul*, p. 217-26; A. Katherine Grieb, *The story of Romans: a narrative defense of God's righteousness* (Louisville: Westminster John Knox, 2002), p. 122-6.

[70]Embora as autoridades romanas não tratem os cristãos como objeto de perseguição em Atos, suas motivações e seu comportamento estão longe de serem imaculados; veja Drew W. Strait, "Proclaiming another king named Jesus? The Acts of the Apostles and the Roman imperial cult(s)", in: *Jesus is Lord, Caesar is not: evaluating empire in New Testament studies*, org. Scot McKnight; Joseph B. Modica (Downers Grove: IVP Academic, 2013), p. 130-45.

[71]Skinner, *Trial narratives*.

[72]Christopher Bryan, *Render to Caesar: Jesus, the early Church, and the Roman superpower* (New York: Oxford Univesity Press, 2005), p. 104.

[73]Shelly Matthews, *The Acts of the Apostles: taming the tongues of fire* (2013; reimpr., New York: Bloomsbury T&T Clark, 2017), p. 45.

de Paulo ameaça a ligação existente entre o comércio local e a religião. Também percebem o que está em jogo quando os cristãos proclamam Jesus como rei (17.7).[74] Brigitte Kahl sustenta que a expansão do evangelho, com sua conquista de territórios e inclusão de povos, inverte o script imperial de Roma, mostrando que "Deus, não César", governa o mundo.[75]

A postura de Atos em relação aos judeus e ao judaísmo complica o quadro. Embora acolha os gentios na igreja sem as exigências da Lei, Atos insiste que os seguidores judeus de Jesus são cumpridores da Torá. Em Jerusalém eles adoram no Templo e fazem questão de demonstrar que até Paulo permanece fiel à Torá (21.17-26; 28.17). Mas Atos muitas vezes culpa os judeus, não os romanos, pela morte de Jesus (2.23; 3.13; 4.10; 7.52; 10.39; 13.27-29) e por instigar perseguição contra o novo movimento (9.23,24; 13.50; 14.2-6,19,20; 17.5-7; 18.12-17; 20.19; 23.12; 24.29; 26.11). No fim do livro, Paulo praticamente dá a entender que, graças à rejeição dos judeus, "esta salvação" é enviada aos gentios (28.25-29). Essa imagem mista, de movimento observador da Torá cujos perseguidores são majoritariamente outros judeus, levou Lloyd Gaston a concluir: "Lucas-Atos é um dos escritos mais pró-judeus e mais antijudeus do Novo Testamento".[76] Alguns acreditam que isso permitiu a Lucas caracterizar o cristianismo primitivo como inofensivo à autoridade romana. Como Matthew L. Skinner observa: "Ninguém em Atos defende ou declara abertamente a subversão do sistema imperial".[77] Afinal, as autoridades romanas em geral julgam Paulo e seus colegas inocentes, manifestando irritação para com os judeus que se opõem ao movimento missionário.

EXILADOS E ESTRANGEIROS

Grande parte da literatura cristã primitiva dá voz a uma tensão com o mundo maior. No Evangelho de João, Jesus admoesta os discípulos a contarem com a animosidade: "Se o mundo os odeia, tenham em mente que antes me odiou". Afinal, "vocês não são do mundo" (15.18,19). Nesse aspecto, 1Pedro se destaca por identificar seus destinatários como "exilados da Diáspora" (1.1, tradução

[74]C. Kavin Rowe, *World upside down: reading Acts in the Graeco-Roman age* (New York: Oxford University Press, 2011).

[75]Brigitte Kahl, "Acts of the Apostles: pro(to)-imperial script and hidden transcript", in: Horsley, in: *the shadow of Empire*, p. 149. A interpretação de Kahl é ambígua, porque considera que Atos comunica uma mensagem dupla, que pareceria segura aos leitores imperiais romanos, mas subversiva aos crentes em Jesus.

[76]Lloyd Gaston, "Anti-Judaism and the Passion narrative in Luke and Acts", in: *Anti-Judaism and early Christianity*, vol. 1, *Paul and the Gospels*, Peter Richardson; Paul Granskou, orgs. (Waterloo: Wilfrid Laurier University Press, 1986), p. 153.

[77]Skinner, *Trial narratives*, p. 153, embora Skinner não perceba em Atos uma abordagem puramente apologética em relação a Roma.

do autor). Como "estrangeiros e peregrinos", eles devem viver "entre os pagãos de maneira exemplar" (2.11,12). O apelo a uma identidade baseada na Diáspora, combinado com a sensibilidade para com os gentios, leva alguns estudiosos a considerarem que 1Pedro se dirige a um público de seguidores judaicos de Jesus. A indicação mais adiante de que a carta é escrita na "Babilônia" (5.13) é mais uma sugestão de destinatários judaicos, pois só na literatura judaica posterior à destruição do Templo, em 70 d.C., encontramos referências a Roma como Babilônia, o primeiro império a destruir a Cidade Santa e seu templo. No entanto, o lembrete na carta de que "antes vocês nem sequer eram povo" (2.10) indica fortemente destinatários gentios, que recebem referências à diáspora, ao exílio e à Babilônia como convites para se identificarem com a história de Judá.

A epístola reforça a identidade marginal que atribui a seus leitores quando os aconselha a não se surpreenderem com as perseguições vindouras (1Pe 4.12). Aqui a questão do império vem para o primeiro plano. Porque, assim como Efésios, Colossenses e 1Timóteo, 1Pedro insta com escravos e esposas a que se submetam à autoridade de seus senhores e maridos, respectivamente (2.18—3.8). Imediatamente antes disso, 1Pedro também conclama os leitores a se sujeitarem "a toda autoridade constituída entre os homens", inclusive imperadores e governadores, instrução que ele conclui com: "Honrem o rei" (2.13-17).

Podemos entender esse bloco de material — submeter-se às autoridades, aos senhores e aos maridos — de duas formas muito diferentes. As três subunidades contém justificativas teológicas: os cristãos subordinados devem obedecer, porque isso é o certo. Todavia, também é possível interpretar essas ordens como reação à ameaça de perseguição. A carta de 1Pedro identifica a Babilônia como o endereço do remetente e convida os cristãos a assumirem a identidade da Diáspora. Além disso, a carta reiteradamente conclama os cristãos a se submeterem à perseguição injusta (2.12,18-20; 3.14-22; 4.14-16), e até a glorificarem a Deus nessas ocasiões (4.16). Notoriamente, essas referências à perseguição injusta vêm imediatamente antes (2.12) e imediatamente depois (3.8-22) do chamado à submissão (2.13—3.7). Lida por esse enfoque, 1Pedro situa imperadores e governadores no topo da lista dos que procedem com injustiça para com os cristãos e conclama estes a reagirem, vivendo uma vida de inocência e reverência. Isso está longe de constituir uma conclamação à resistência, mas também não é, por outro lado, lisonjeiro para com a Babilônia Roma.[78]

---

[78]Carey, *Sinners*, p. 141-4.

ANSIEDADES APOCALÍPTICAS

Nossa última série de estudos de caso envolve os primeiros apocalipses literários cristãos: o Apocalipse, o Pastor de Hermas, a Ascensão de Isaías e o Apocalipse de Pedro. Esses textos integram a tradição literária dos grandes apocalipses judaicos. Daniel e grande parte de 1Enoque respondem ao Império Selêucida de Antíoco IV, enquanto 2Baruque, 3Baruque, 4Esdras e o Apocalipse de Abraão reagem à devastação de Jerusalém pelos romanos. As reações variam, mas esses primeiros apocalipses judaicos lidam profundamente com o problema do império.[79]

Os quatro apocalipses cristãos primitivos tratam do problema da perseguição. O Apocalipse caracteriza Roma mediante duas imagens centrais: a Besta que faz guerra contra os santos e os vence (13.7) e a Prostituta que bebe o sangue deles (17.6). Hermas começa com uma visão: uma mulher o confronta em relação à sua fidelidade inconstante e conclui: "Seja homem, Hermas" (Herm. 4.2, tradução do autor). Hermas encontra a mulher novamente em uma segunda visão e ela encoraja os que praticam a justiça e não têm "coração dobre": "Benditos são vocês que enfrentarem a grande perseguição vindoura" (Herm. 6.7). Na quarta visão, Hermas encontra uma Besta. Aterrorizado, ele ouve a mulher novamente: "Não tenha coração dobre, Hermas" (Herm. 22.7). Hermas mobiliza sua coragem, entrega-se à Besta e a Besta apenas se deita, mostra a língua e o deixa passar (Herm. 22.8-9). O coração de Hermas, agora viril, e não mais dúplice, subjuga o monstro.

Hermas não demonstra nenhuma antipatia especial por Roma, mas o Apocalipse sim. Muitos estudiosos enxergam uma vasta crítica à cultura imperial como a preocupação propulsora do Apocalipse. O Apocalipse reconhece que o povo adora a Besta, seja ela o império ou seu imperador (13.8-18), e exige que seus leitores se abstenham dos cultos imperiais e da comida dedicada a ídolos (2.14,20). O livro exorta os cristãos a manterem suas vestes limpas (3.4) e se livrarem de associação com a Prostituta (18.4). Além dos problemas da idolatria e da perseguição, o Apocalipse condena a natureza exploradora do comércio imperial (18.11-17).[80]

---

[79]Para um exame dos apocalipses judaicos e cristãos antigos, veja Greg Carey, *Ultimate things: an introduction to Jewish and Christian apocalyptic literature* (St. Louis: Chalice, 2005). A introdução padrão à literatura apocalíptica judaica é John J. Collins, *The Apocalyptic imagination: an introduction to Jewish apocalyptic literature*, 3. ed. (Grand Rapids: Eerdmans, 2016) [edição em português: *A imaginação apocalíptica: uma introdução à literatura apocalíptica judaica* (São Paulo: Paulus, 2010)]. Poderíamos identificar muito mais textos como "apocalípticos", mas esses são os primeiros apocalipses literários.

[80]Richard Bauckham, "The economic critique of Rome in Revelation 18", in: *The climax of prophecy: studies on the book of Revelation* (Edinburgh: T&T Clark, 1993), p. 338-83.

A perseguição não aparece com tanto destaque na Ascensão de Isaías nem no Apocalipse de Pedro, mas não deixa de aparecer. O Apocalipse de Pedro é notório por sua excursão pelo inferno, onde os pecadores sofrem punições eternas condizentes com seus crimes. Entre muitos outros malfeitores, a excursão de Pedro inclui os que perseguem e traem os justos, os que maldizem o caminho da retidão e os que prestam falso testemunho (27-29). No inferno também estão os que caíram da fé, talvez sob ameaça de perseguição (23). Todos esses castigos indicam provavelmente preocupação com a perseguição, mas não há termos ou expressões anti-imperialistas explícitos nesse apocalipse. A Ascensão de Isaías, no entanto, recorre ao mito conhecido como *Nero redivivus*: o demônio Beliar envia um homem que se assemelha a certo rei iníquo que matou a própria mãe — referência a Nero. O tirano reunirá seguidores, perseguirá a igreja e estabelecerá um culto em sua honra. A crise incita o Amado, Jesus, a realizar um juízo final (*Asc. Isa.* 4.2-19). Entretanto, além desse eco sutil a Nero e à seita imperial, a Ascensão nunca identifica ou critica Roma diretamente.

O status canônico do Apocalipse traz ao livro muito mais atenção crítica do que aos outros apocalipses cristãos primitivos. O surgimento da crítica pós-colonial complicou muito o debate. Os estudiosos há muito debatem se o Apocalipse é violento demais, misógino demais ou escapista demais para contribuir para a imaginação cristã. A teoria pós-colonial acrescenta outra camada: em certa medida, todo ato de resistência corrói a si mesmo ao se apoiar na própria cultura imperial a que resiste. Roma promete paz, ameaçando eliminar seus inimigos; o Apocalipse oferece paz mediante a aniquilação de Roma. Roma promete prosperidade em troca de submissão; a Nova Jerusalém do Apocalipse vem resplandecente, coberta de pedras e metais preciosos. A iconografia romana usa imagens de mulheres, em que Roma é vitoriosa e os que a ela resistem são despidos e humilhados; o Apocalipse oferece a mulher radiante trajando o sol e a Nova Jerusalém de um lado e a sexualmente depravada Jezabel e Prostituta de outro. Para muitos intérpretes, e estou entre eles, parece que o Apocalipse não transcendeu o discurso imperial.[81]

Todos os apocalipses cristãos primitivos indicam uma preocupação com a perseguição. Mas, enquanto o Apocalipse (especialmente) e a Ascensão de Isaías (indiretamente) também criticam Roma, Hermas e o Apocalipse

[81]Para uma amostra desse debate, veja Robert M. Royalty, *The streets of heaven: the ideology of wealth in the Apocalypse of John* (Macon: Mercer University Press, 1998); Greg Carey, *Elusive Apocalypse: reading authority in the Revelation to John*, StABH 15 (Macon: Mercer University Press, 1999); Shanell T. Smith, *The woman Babylon and the marks of Empire: reading Revelation with a post-colonial womanist hermeneutics of ambiveilence* (Minneapolis: Fortress, 2014); Lynne St. Clair Darden, *Scripturalizing Revelation: an African postcolonial reading of Empire*, SBLSS 80 (Atlanta: SBL Press, 2015).

de Pedro não o fazem. Podemos atribuir essa diferença à natureza desses apocalipses: alguns apocalipses demonstram se importar com o desenrolar da História, enquanto outros estão mais envolvidos com as regiões celestes e infernais e com o destino dos indivíduos. O Apocalipse e Hermas pertencem à subcategoria dos "apocalipses históricos". Essa distinção literária, embora útil, não é suficiente para explicar *por que* alguns autores escolheriam o trajeto histórico e outros não. Essa pergunta permanece sem resposta.

Reflexões

O cristianismo primitivo surgiu como um movimento dentro do Império Romano. É um erro dizer que os primeiros cristãos "reagiam" ao Império, já que viveram sempre dentro daquela realidade imperial e contribuíram com ela. Podemos, contudo, analisar as formas diversas pelas quais os primeiros cristãos viveram sua identidade no ambiente imperial.[82]

O modo que os primeiros cristãos se relacionavam com o Império é importante para muitos estudiosos. De acordo com uma perspectiva tradicional, o cristianismo primitivo era, em geral, apolítico: os cristãos reconheciam a legitimidade do governo e buscavam obedecer às autoridades até onde possível. Eles reconheciam a possibilidade da perseguição injusta e se abstinham do culto ao imperador, mas não defendiam uma resistência ativa a Roma. Ao longo das últimas décadas, talvez em reação aos movimentos liberacionistas das décadas de 1960 e 1970, os estudos críticos à ideia de império se proliferaram. Os estudiosos têm valorizado cada vez mais a perspectiva do cristianismo primitivo em relação ao mundo maior, analisando as diversas formas com que o movimento pode ou não ter resistido à hegemonia romana ou tê-la minado.

Roma criou o primeiro império territorial bem-sucedido, explorando seu poder militar e comercial e alistando as elites locais como beneficiárias e cooperadoras de seu governo. Os romanos criaram meios sofisticados de promover sua versão da História: Roma estava fadada a alcançar o domínio; suas realizações traziam paz e prosperidade aos que se aliavam a ela; e a destruição aguardava os que a ela resistiam. Poesia épica, arquitetura, engenharia civil, escultura e cunhagem de moedas: tudo isso reforçava a mensagem. Isso não significa negar a presença da resistência cultural e econômica. Embora as revoltas eclodissem de tempos em tempos, os romanos

[82]Cynthia Long Westfall, "Running the gamut: the varied responses to Empire in Jewish Christianity", in: *Empire in the New Testament*, org. Stanley E. Porter; Cynthia Long Westfall (Eugene: Pickwick, 2011), p. 230-58.

conseguiram sustentar a hegemonia por um período notavelmente longo. A Primeira Revolta Judaica figurou com especial destaque na formação do discurso cristão primitivo.

A interpretação do cristianismo primitivo exige uma compreensão da diversidade do movimento. Ao fim do primeiro século as assembleias cristãs se estabeleceram ao longo de vastas áreas, se envolveram em diversos contextos sociais e, em muitos casos, perduraram por tempo considerável. Um tema como "o cristianismo primitivo e o Império Romano" abre uma vasta gama de opções. Talvez a hegemonia romana seja um simples problema contextual, questão tida como normal pelos cristãos primitivos, mas praticamente não problematizada. Por outro lado, é possível que alguns cristãos tenham se acomodado ao Império, talvez até à espera de favores ou proteção das autoridades. Ainda outros círculos talvez tenham contestado os valores e símbolos culturais disseminados por toda parte; sem confrontar Roma diretamente, talvez tenham desenvolvido práticas que se opunham àquelas promovidas por Roma. Algumas dessas práticas e alguns discursos talvez fossem secretos, a resistência dos oprimidos. Mas alguns cristãos podem ter condenado Roma abertamente, podem ter se recusado a colaborar com as autoridades de algum modo significativo e aguardado um julgamento final. Nossos estudos de casos selecionados mostram que, embora os intérpretes possam ter perspectivas conflitantes sobre um texto ou outro, todas essas opções são possíveis. Na verdade, é provável que encontremos todas elas.

2

AS MULHERES NOS MUNDOS JUDAICO, GRECO-ROMANO E CRISTÃO PRIMITIVO

LYNN H. COHICK

INTRODUÇÃO

No primeiro século d.C., Valério Máximo elogiou Hortênsia, filha do famoso orador romano Quinto Hortênsio (114-50 a.C.). Ele registra que Hortênsia "defendeu a causa diante dos triúnviros com firmeza e êxito. Porque, trazendo à memória a eloquência do pai, conseguiu a remissão quase integral do imposto. Quinto Hortênsio voltou à vida na linhagem feminina e respirou pelas palavras da filha".[1] A observação de Valério nos lembra da presença das mulheres na vida pública durante o período final da República Romana. Mais que isso, atesta a eloquência, a educação e o decoro de uma mulher, qualidades dignas de um retórico de renome. Neste capítulo, quero fazer acréscimos às observações de Valério, traçando um esboço mais detalhado da vida das mulheres no mundo greco-romano. Antes de mergulharmos em nosso tema, é preciso delinear algumas hipóteses sobre essa área de estudo.

PRESSUPOSTOS REFLETIDOS NO TÍTULO DO CAPÍTULO

O título "As mulheres nos mundos judaico, greco-romano e cristão primitivo" contém pressupostos importantes que tornam este tipo de estudo interessante e desafiador. A ausência, neste livro, de um capítulo análogo, intitulado "Os homens nos mundos judaico, greco-romano e cristão primitivo",

[1]Valério Máximo, *Memorable deeds and saying* 8.3, in: Mary R. Lefkowitz; Maureen B. Fants, orgs., *Women's life in Greece and Rome: a source book in translation*, 2. ed. (Baltimore: Johns Hopkins University Press, 1992), p.152. O imposto era cobrado às matronas romanas abastadas.

reconhece a normatividade da experiência masculina e a simples realidade de que os homens escreveram a maior parte da História, preservaram a maioria das obras literárias e detiveram maior poder e influência nas culturas antigas. O título supõe que a mulher enquanto mulher é uma categoria útil, mas descobriremos que o contexto cultural, econômico, social, religioso e de classe das mulheres pode ser igualmente determinante, de modo que qualquer grupo específico de mulheres pode ter mais em comum com algum grupo particular de homens do que com outro grupo de mulheres.

Em segundo lugar, o título fala de "mulheres", o que dá a entender que a atenção se concentrará em mulheres históricas ou na vida das mulheres e não em posições ideológicas e filosóficas sobre as categorias de gênero e do feminino. A maioria dos estudiosos atuais, entretanto, propõe que as realidades de gênero influenciam a vida das mulheres, e o gênero, portanto, será parte de nossa conversa. O gênero pode ser definido como "sentidos culturalmente construídos atribuídos a nosso sexo biológico ou associados a ele e que variam consideravelmente de um contexto cultural para outro".[2] Outra categoria crucial usada ao tratar das mulheres é o "feminismo", definido por Phyllis Trible como "uma crítica da cultura à luz da misoginia".[3] As alegações de que as evidências de autoridade e influência desfrutadas pelas mulheres na Antiguidade são mera fantasia moderna são, hoje, contestadas com razão; a negação dessa realidade é motivada mais por convicções apologéticas e confessionais do que por uma devida metodologia histórica.[4]

Terceiro, o título do capítulo pode ser interpretado como se desse a entender que o mundo judaico é separado do mundo greco-romano. Essa perspectiva, todavia, tem poucos adeptos na academia hoje. A cultura greco-romana dominava o período, o grego era a língua franca e o helenismo, difundido por toda parte, acompanhava a ideologia romana imperial. Sob a vasta redoma dessa cultura, os judeus praticavam suas tradições e seguiam suas leis em sua terra natal e em cidades ao longo do Império Romano (e, mais ao leste, no Império Parto). Em certo sentido, portanto, todos os judeus nessa época eram judeus helenistas, pois expressavam seus ritos e crenças ancestrais em um contexto vastamente alterado em relação ao de seus ancestrais israelitas, que faziam parte das culturas do antigo Oriente Próximo. E todas as mulheres que eram seguidoras de Cristo tinham de lidar

[2]Ross Shepard Kraemer, *Unreliable witnesses: religion, gender, and history in the Greco-Roman Mediterranean* (Oxford: Oxford University Press, 2011), p. 15.

[3]Phyllis Trible, *God and the rhetoric of sexuality* (Philadelphia: Fortress, 1978), p. 7.

[4]Shelly Matthews, "Thinking of Thecla: issues in feminist historiograhy", *JFSR* 17 (2001): 42-3, examina as reações negativas de alguns estudiosos a interpretações de *Atos de Paulo e Tecla* que destacam as mulheres como sujeitos com ação e influência no desenvolvimento do cristianismo.

à sua maneira com as complexidades do ambiente imperial, fossem elas de etnia judaica ou gentia.

Quarto, a inserção de "cristão" no título reflete um aspecto religioso em nossa análise das mulheres neste capítulo. Da perspectiva histórica, os cristãos do primeiro século eram gentios ou judeus que agora se identificavam como seguidores de um messias judeu. Para uma mulher judia, essa declaração de fé podia significar ser excluída de sua sinagoga;[5] para uma mulher gentia, a condenação pela família por abandonar o paganismo. As crenças e práticas religiosas separavam as mulheres em grupos, mas essas mesmas mulheres podiam ser reconfiguradas em diferentes agrupamentos se a categoria de divisão fosse riqueza, posição social, urbana ou rural e assim por diante. Isso reflete o panorama social do altamente estratificado mundo romano, como explica Celia Schultz: "Em muitos casos, os rituais abertos às mulheres não eram abertos a *todas* as mulheres, ou pelo menos não a todas as mulheres igualmente".[6]

Quinto, o foco em atividades religiosas tem o potencial de fazer a conversa passar de descrições históricas a prescrições sobre comportamentos, atitudes e papéis adequados à mulher. Isso é especialmente verdade para as mulheres mencionadas no texto bíblico e as afirmações teológicas acerca das mulheres ou de gênero em suas páginas. A vasta gama de opiniões sobre as personagens bíblicas femininas e de prescrições teológicas relacionadas às mulheres nos impede de explorar os textos ou personagens do NT de maneira específica. No entanto, as mesmas questões de método pertinentes ao estudo das mulheres em geral em nossas fontes também podem ser empregadas em certa medida em obras que tratam de textos bíblicos.

Apesar das ressalvas, o título deste capítulo serve um propósito útil ao sublinhar uma área dos estudos do NT que entrou em cena mais ou menos meio século atrás. O estudo das mulheres, e depois do gênero, no texto e no contexto bíblicos promete crescer à medida que os estudiosos conferem maior ênfase às vozes minoritárias e marginais da Antiguidade e associam seus estudos a nosso mundo contemporâneo, em que as mulheres desempenham papéis cada vez mais públicos e de cada vez maior poder e autoridade.

---

[5]O momento em que judaísmo e cristianismo se separam e "seguem cada um o seu rumo" é tema de discussões acaloradas. Veja James D. G. Dunn, org., *Jews and Christians: the parting of the ways, AD 70 to 135*, WUNT 66 (Tübingen: Mohr Siebeck, 1992); A. H. Becker; Annette Yoshiko Reed, orgs., *The ways that never parted: Jews and Christians in Late Antiquity and the Early Middle Ages* (Minneapolis: Fortress, 2007).

[6]Celia E. Schultz, *Women's religious activity in the Roman Republic* (Chapel Hill: University of North Carolina Press, 2006), p. 139. Celia acrescenta: "Nem todos os aspectos da prática religiosa romana eram abertos a todos os romanos: a condição de gênero, social e conjugal não raramente ditava que oportunidades estavam disponíveis ao indivíduo".

PRESSUPOSTOS SOBRE O CONTEXTO DO MUNDO GRECO-ROMANO

Alguns pressupostos sobre as mulheres greco-romanas e seu contexto cultural regeram as discussões acadêmicas. Entre outros, estão o ambiente cultural bastante homogêneo, altamente patriarcal e caracterizado pelo binômio honra/desonra. Subjacente a essas pressuposições, há uma análise da cultura que postula uma estrutura homogênea e internamente coerente. Além disso, a teoria da privação especula que as mulheres se sentiam de alguma forma carentes de autonomia ou autorrealização e que os grupos religiosos ofereciam compensação ou liberdade. Por exemplo, a teoria defende que uma mulher gentia talvez ingressasse em uma congregação cristã porque assim poderia se libertar do casamento, adotando uma vida celibatária.[7] A maior parte dessas pesquisas sobre as mulheres pressupõem que a autonomia pessoal é uma coisa boa e que as mulheres se beneficiam de ter maior autoridade sobre suas decisões. As estruturas que limitam a autonomia individual, entre elas as instituições e práticas religiosas, são criticadas, enquanto práticas como o celibato e a crença na autoridade carismática, por exemplo, são entendidas como benéficas às mulheres.

Além disso, a maioria dos estudos anteriores sobre as mulheres da Antiguidade pressupunha forte dicotomia de gênero entre o espaços privado e o público, com as mulheres situadas no primeiro e os homens, no segundo. Essas pressuposições fizeram alguns estudiosos sugerirem que uma mulher que fala em público, ocupa um cargo no governo ou exerce autoridade só pode ser (1) exceção que prova a regra, (2) exemplo de resistência às normas sociais e ao *status quo* ou (3) representante de subgrupos sociais rivais dentro de um grupo maior. Os estudiosos apontam para tensões entre os cristãos primitivos com base em supostas posições conflitantes entre os textos de cada grupo. Esses estudiosos postulam grupos rivais, que produziram 1Timóteo e os *Atos de Paulo e Tecla*, supondo que cada grupo procurava influenciar a comunidade cristã mais geral e impor sua perspectiva acerca da autoridade das mulheres.

Algumas dessas pressuposições vêm sendo questionadas. A crítica mais importante é a mudança nas perspectivas antropológicas sobre a cultura. As perspectivas de Pierre Bourdieu sobre o *habitus*, ou "disposição", remodelaram o panorama desse campo de estudos.[8] Bourdieu rejeita o objetivismo

[7]Kraemer, *Unreliable witnesses*, p. 266-7, aborda os pontos fortes e fracos da teoria da privação.

[8]Pierre Bourdieu escreve: "As estruturas constitutivas de um tipo de ambiente em particular [...] produzem *habitus*, sistemas de *disposições* duráveis e transponíveis, estruturas estruturadas redispostas para,

metodológico, preferindo uma teoria da prática. Ele defende que as pessoas conseguiam lidar com as regras e expectativas culturais aplicando valores comumente adotados a situações específicas.[9] O conceito de *habitus* reflete a teoria de Bourdieu de que os indivíduos participam das regras de sua cultura e expressam seus valores privilegiando uma virtude em detrimento de outra em determinada situação, para depois inverter a ordem do processo em outro contexto. O indivíduo como agente pratica as virtudes e faz parte de uma comunidade que orienta e reforça valores específicos. A mistura dinâmica de virtudes na tomada de decisões não sugere um ambiente de liberdade cultural irrestrita, mas, sim, as tensões benignas inerentes à vida social. Susan Hylen observa que as culturas "permitem expressões múltiplas dos mesmos valores", acrescentando que os textos poderiam expressar "valores complexos e até conflitantes".[10] Aplicando a teoria de Bourdieu ao mundo romano tão estratificado, descobrimos que as práticas religiosas das mulheres de elite refletiam e reforçavam seu status elevado e sua condição abastada. Essas mulheres da elite tinham autonomia limitada em relação aos homens de elite em suas expressões religiosas, mas também se beneficiavam da estrutura social que provia maior autonomia a elas em relação aos homens não pertencentes à elite e as elevava acima deles.[11]

METODOLOGIA E FONTES

Há duas principais maneiras de tratar do tema das mulheres no mundo antigo. Uma vertente busca descobrir um pouco da vida das mulheres reais, usando as ciências histórica, arqueológica e social. A outra vertente perpassa a teoria literária, examinando os construtos culturais e ideológicos da mulher, do sexo feminino e das noções do feminino. Às vezes, há atrito entre essas

---

funcionarem como estruturas estruturantes, isto é, como princípios da geração e estruturação de práticas e representações que podem ser objetivamente 'reguladas' e 'regulares' sem, de forma alguma, serem produto da obediência a regras [...] e, sendo tudo isso, coletivamente orquestradas sem serem produto da ação orquestradora de um maestro". Bourdieu, *Outline of a theory of practice*, trad. R. Nice (Cambridge: Cambridge University Press, 1977), p. 72. [Edição em português: *Esboço de uma teoria da prática* (São Paulo: Ática, 1983)].

[9]Bourdieu, *Outline of a theory of practice*, p. 73. Bourdieu explica: "É necessário abandonar todas as teorias que explícita ou implicitamente tratam a prática como reação mecânica, diretamente determinada pelas condições antecedentes e inteiramente reduzível ao funcionamento mecânico de assembleias, 'modelos' ou 'papeis' pré-estabelecidos".

[10]Susan E. Hylen, *A modest apostle: Thecla and the history of women in the Early Church* (Oxford: Oxford University Press, 2015), p. 10. Veja tb. Susan E. Hylen, "Modest, industrious, and loyal: reinterpreting conflicting evidence for women's roles", *BTB* 44 (2014): 3-12.

[11]Schultz conclui que os parâmetros impostos à expressão religiosa das mulheres da elite pelos homens da elite refletem o tecido social romano. "A importância do ritual em simultaneamente fortalecer as distinções sociais e integrar diferentes grupos à sociedade como um todo não se limitava às mulheres, mas se aplicava a todos os romanos". Schultz, *Women's religious activity*, p. 146.

abordagens; às vezes o estudioso desiste do projeto histórico como um todo, concluindo que os textos são incapazes de lançar uma luz confiável sobre o passado. Em outros casos, as duas perspectivas oferecem corretivos responsáveis uma à outra, advertindo o leitor de que não leve uma descrição de mulheres ao pé da letra, nem que descarte as esperanças de alcançar informações confiáveis sobre as mulheres históricas. A hermenêutica feminista analisa as mulheres e a categoria do feminino no texto e nos resquícios materiais, atentando para o patriarcado do mundo antigo e para as estruturas sociais opressivas resultantes que limitam e reprimem as mulheres. A hermenêutica da suspeita é uma maneira pela qual os estudiosos leem um texto "na contramão das expectativas", a fim de descobrirem um retrato mais fiel da vida antiga e discernirem prescrições patriarcais que obstruem o desenvolvimento pleno das mulheres. Esse método não confia que o texto ofereça uma explicação direta da vida das mulheres e contesta o viés patriarcal.

As fontes disponíveis para o estudo das mulheres (e do gênero) são predominantemente textuais, em geral obras literárias compostas por homens da elite ligados à política. Poucos e raros são os textos escritos por mulheres.[12] Nossas fontes literárias, em outras palavras, foram selecionadas e até mesmo interpretadas para nós com base nos interesses e inclinações de um autor do sexo masculino. Por exemplo, conhecemos alguns aspectos dos grandes festivais públicos de Bona Dea ou os deveres das Virgens Vestais, mas sabemos muito pouco sobre as atividades religiosas domésticas. Além disso, como assinala Celia Schultz, os historiadores antigos muitas vezes apresentavam os acontecimentos com o intuito de ensinar virtudes e advertir contra vícios. Schultz acrescenta: "Assim, temos uma série de histórias, como a de Cláudia Quinta e a Magna Mater, em que a virtude de uma mulher é testada em um contexto religioso".[13] Essa realidade traz mais importância aos estudos sobre as mulheres antigas incluírem evidências epigráficas e arqueológicas, algumas procedendo das próprias mulheres. Por exemplo, há inscrições que revelam mulheres detentoras de cargos da administração pública e práticas religiosas a respeito das quais nossas fontes literárias se silenciam e ofertas votivas de terracota moldadas como partes de corpo revelam a interação das pessoas comuns com os deuses.[14]

---

[12] I. M. Plant, org., *Women writers of Ancient Greece and Rome: an anthology* (Norman: University of Oklahoma Press, 2004). Como exemplo do debate entre estudiosos sobre a autoria feminina, veja a discussão sobre o martírio de Perpétua e Felicidade em Lynn H. Cohick e Amy Brown Hughes, *Christian women in the Patristic world: their influence, authority, and legacy in the second through fifth centuries* (Grand Rapids: Baker Academic, 2017), p. 34-6.

[13] Schultz, *Women's religious activity*, p. 8. Ela conclui que a maioria dos relatos antigos não são "inteiramente inventados", mas de fato contêm "algum grau de manipulação e distorção, inclusive anacronismo".

[14] Schultz, *Women's religious activity*, p. 10-2, fornece uma breve descrição da importância dessas evidências. Veja tb. abaixo para uma análise detalhada do material relacionado às mulheres romanas.

Entre os desafios de escrever este capítulo está a escolha de autores representativos. Com poucas exceções, todos os estudiosos incluídos aqui são mulheres. A falta de representação masculina não implica que só as mulheres podem falar sobre história ou teologia femininas. Nem significa afirmar que as estudiosas e historiadoras da Bíblia costumam se concentrar nas mulheres ou em questões ligadas ao feminismo dentro das Escrituras. Significa, antes, demonstrar a vastidão de opiniões e abordagens das estudiosas em relação ao tema. As mulheres autoras de estudos bíblicos e teológicos trazem sua experiência vivida de ser mulher no mundo "masculino" dos estudos acadêmicos. A experiência delas molda as perguntas que elas fazem ao material estudado. Isso se aplica, é claro, aos estudiosos homens; contudo, como a experiência deles costuma ser equiparada aos estudos acadêmicos normativos, a perspectiva (preconceito?) particular deles nem sempre foi identificada.

NO PRINCÍPIO...

Quase no final de 1984, meu primeiro semestre de pós-graduação na Universidade da Pensilvânia, cursei uma disciplina sobre feminismo e cristianismo. Das cerca de vinte alunas (eram todas mulheres), a maioria se identificava como "pós-cristã". Acontecimentos importantes de fora da sala de aula influenciavam nossos diálogos. O então presidente Ronald Reagan e seu vice, George H. W. Bush, derrotaram Walter Mondale e sua vice, Geraldine Ferraro, a primeira mulher nos Estados Unidos indicada como candidata por um partido grande. A vitória esmagadora de Reagan foi vista como derrota humilhante das mulheres por muitas das alunas, que redobraram a intensidade de sua busca por descobrir e estudar as grandes mulheres do passado.

As décadas de 1970 e 1980 foram anos de grandes convulsões, na medida em que intelectuais mulheres e os Estudos Femininos abalavam a academia. Soara a convocação para que o cenário antiquado fosse repovoado por mulheres. Estudiosas suscitaram questões teológicas e apresentaram uma gama de posições sobre a relação entre a igreja, Deus, a Bíblia e as mulheres. Algumas delas merecem menção especial, como Mary Daly, Phyllis Trible, Elisabeth Schüssler Fiorenza e Rosemary Radford Ruether.

Na extrema esquerda dos primórdios do movimento estava Mary Daly, que sustentava que o cristianismo é irremediavelmente misógino.[15] Ela figurou em manchetes após se recusar a aceitar homens em sua disciplina sobre ética feminista no Boston College (mas permitia que homens participassem

[15]Mary Daly, *Beyond God the Father: toward a philosophy of women's liberation* (Boston: Beacon, 1973); Daly, *Pure lust: elemental feminist philosophy* (Boston: Beacon, 1984).

de suas outras aulas). Daly se identificava como feminista lésbica radical e inventou novos termos para desconstruir o vocabulário patriarcal, como se evidencia no título de seu livro *Gyn/Ecology: the metaethics of radical feminism* [Gin/Ecologia: a metaética do feminismo radical].[16]

Phyllys Trible, por sua vez, em vez de rejeitar o texto bíblico por considerá-lo irrecuperavelmente patriarcal, conclui que a Bíblia é um peregrino através do tempo, contendo posições diferentes e até contraditórias. Trible abriu novos caminhos exegéticos, usando a crítica retórica para estudar as mulheres da Bíblia hebraica/AT. *God and the rhetoric of sexuality* [Deus e a retórica da sexualidade], publicado em 1978, foi sucedido em 1984 por *Texts of terror* [Textos de terror]; ambas as obras tratam do sexismo na Bíblia por meio da crítica literária e da forte ênfase na oportunidade dada ao leitor de contestar o patriarcado dentro do texto.[17] A Bíblia convida os leitores a também serem peregrinos, baseando-se em seu próprio contexto e nas vozes contrastantes dentro do texto bíblico como formas de iluminar imagens afirmativas das mulheres e do feminino feitas à imagem de Deus.[18]

Em 1983, Elisabeth Schüssler Fiorenza publicou *In memory of her: a feminist theological reconstruction of Christian origins* [Em memória dela: uma reconstrução teológica feminista das origens cristãs] e originou o estudo moderno das mulheres do NT.[19] Nessa obra, Schüssler Fiorenza reconstrói o cristianismo primitivo como igualitário em suas práticas. Ela fala de um "discipulado de iguais" dentro da primeira comunidade cristã, que permitia às mulheres ocuparem papeis de liderança e participarem como mestras e pregadoras. Schüssler Fiorenza conclui que esse momento igualitário durou pouco e que a igreja criou padrões e estruturas misóginos.

Também em 1983, Rosemary Radford Ruehter publicou seu influente livro *Sexism and God-talk* [*Sexismo e falar sobre Deus*].[20] Ruether pressupõe que tudo no texto bíblico que afirma "a plena humanidade das mulheres" deve ser considerado representativo do "Sagrado [...], a autêntica mensagem de redenção e a missão da comunidade salvífica".[21] Ela situa sua crítica ao sexismo e ao androcentrismo ao lado de outras críticas, inclusive das críticas à normatização da expressão da humanidade dos brancos ocidentais

[16]Mary Daly, *Gyn/ecology: the metaethics of radical feminism* (Boston: Beacon, 1984).

[17]Trible, *God and the rhetoric of sexuality*; Phyllis Trible, *Texts of terror: literary-feminist readings of Biblical narratives* (Philadelphia: Fortress, 1984).

[18]Trible, *God and the rhetoric of sexuality*, p. 200-2.

[19]Elisabeth Schüssler Fiorenza, *In memory of her: a feminist theological reconstruction of Christian origins* (1983; reimpr., New York: Crossroad, 1994).

[20]Rosemary Radford Ruether, *Sexism and God-talk: toward a feminist theology*, 2. ed. (1983; reimpr., Boston: Beacon, 1993).

[21]Ruether, *Sexism and God-talk*, p. 19.

abastados e do privilégio dado aos seres humanos em detrimento das demais criaturas.[22]

Essas pioneiras abriram caminho para outras análises do mundo das mulheres antigas. À medida que a disciplina crescia, novos métodos questionavam as conclusões de pesquisas anteriores. O desejo de se envolver com diálogos modernos sobre os papéis das mulheres perdura, às vezes implicitamente, visto que o estudo das mulheres da Antiguidade oferece bases para as expectativas e prescrições atuais sobre a autoridade e o poder das mulheres.

AS MULHERES HISTÓRICAS NO JUDAÍSMO, NO PAGANISMO E NO CRISTIANISMO

Em 1982, Bernadette Brooten publicou sua dissertação de Harvard, *Women leaders in the ancient synagogue: inscriptional evidence and background issues* [Líderes mulheres na sinagoga antiga: evidências a partir das inscrições e problemas de antecedentes culturais].[23] Ela apresenta uma releitura de dezenove inscrições dos períodos romano e bizantino que contêm mulheres judias com títulos, por exemplo, de "líder da sinagoga" e "mãe da sinagoga". Brooten alega que as inscrições foram equivocadamente interpretadas como títulos honoríficos com bases em conjecturas *a priori* de que as mulheres não podiam ser líderes nas comunidades judaicas. Ela contesta o uso acrítico de fontes rabínicas para a reconstrução histórica da vida das mulheres e sua crítica hoje, 35 anos depois, permanece relevante para os estudos atuais. Além disso, a ênfase de Brooten na cultura material e nas evidências epigráficas continua rendendo resultados impressionantes até hoje. Retratos de mulheres em catacumbas e decorações artísticas em sinagogas, monumentos funerários e honorários, contratos de casamento e recibos comerciais fornecem indícios que nos ajudam a imaginar melhor a vida das mulheres históricas.[24]

A análise aprofundada que Tan Ilan faz das mulheres judias na Palestina reconhece que as mulheres judias que viviam na diáspora, algumas conhecidas por meio das cartas do apóstolo Paulo e do livro de Atos, tinham experiências diferentes em relação às mulheres que viviam na Judeia e na Galileia.

[22]Ruether, *Sexism and God-talk*, p. 20. Ruether continua escrevendo sobre esses temas, inclusive *Gaia and God: an ecofeminist theology of Earth healing* (San Francisco: HarperSanFrancisco, 1992); *Goddesses and the divine feminine: a Western religious history* (Berkeley: University of California Press, 2005); e *Integrating ecofeminism, globalization and world religions* (London: Rowman & Littlefield, 2005). Veja tb. seu *My quests for hope and meaning: an autobiography* (Eugene: Cascade, 2013).

[23]Bernadette J. Brooten, *Women leaders in the ancient synagogue: inscriptional evidence and background issues*, BJS 36 (Atlanta: Scholars Press, 1982).

[24]Lynn H. Cohick, *Women in the world of the earliest Christians: illuminating ancient ways of life* (Grand Rapids: Baker Academic, 2009).

Ela distingue cautelosamente a história real das mulheres da atitude do autor do texto em relação às mulheres.[25] O projeto de Ilan situa as mulheres no ambiente heterogêneo e mais amplo do judaísmo palestino e alerta que a maioria das fontes literárias reflete as perspectivas dos autores da elite. Isso significa, por exemplo, que as prescrições para que as mulheres permaneçam reclusas em áreas específicas de seus lares presumem uma casa grande — luxo com que poucos podiam arcar. Mais uma vez, Ilan descobriu que, enquanto os escritos tanaíticos presumem que todas as mulheres daquela época praticavam o método farisaico do *niddah* (as leis de pureza menstrual), nossas fontes nos ensinam que as mulheres saduceias não os praticavam.[26] Ela apresenta um resumo do problema de acreditar que os textos rabínicos sejam fontes possíveis para elucidar a vida histórica das mulheres, mas argumenta, não obstante, que se pode elucidar um pouco de História a partir desse extenso *corpus* literário e suas numerosas intervenções editoriais.[27] As reconstruções da vida das mulheres judaicas na Palestina romana ajudam a reconstruir as primeiras comunidades de seguidores de Jesus na Judeia e na Galileia e, não raramente, embasam as análises de passagens específicas do Evangelho.

Em 1988, Ross Kraemer publicou *Maenads, martyrs, matrons, monastics: a sourcebook on women's religions in the Greco-Roman world* [Mênadess, mártires, matronas, monásticas: compêndio sobre as religiões das mulheres no mundo greco-romano] (a segunda edição foi publicada em 2004 com o título *Women's religions in the Greco-Roman world: a sourcebook* [Religiões das mulheres no mundo greco-romano: um compêndio]).[28] Kraemer inclui diversos epitáfios, contratos e papéis pessoais de mulheres, como os de Babata, mulher judia do segundo século que provavelmente pereceu na Revolta de Barcoquebas. Na segunda edição, Kraemer reflete sobre as mudanças que ocorreram nos estudos acadêmicos feministas entre 1988 e 2004. Ela confessa estar "muito menos otimista em relação às hipóteses que davam suporte a suas formulações

---

[25]Tal Ilan, *Jewish women in Greco-Roman Palestine* (Tübingen: Mohr Siebeck, 1995; reimpr., Peabody: Hendrickson, 1996), p. 41. Ilan publicou uma coleção de ensaios, *Integrating women into Second Temple history* (Tübingen: Mohr Siebeck, 1999). Ela continua escrevendo nessa área; veja Ilan, "Jewish women's studies", in: *The Oxford handbook of Jewish studies*, Martin Goodman, org. (Oxford: Oxford University Press, 2002), p. 770-96.

[26]Ilan, *Jewish women*, p. 227.

[27]Tal Ilan, *Mine and yours are hers: retrieving women's history from rabbinic literature* (Leiden: Brill, 1997), p. 37. Ilan explica que sua metodologia é literária e "'pós-literária': aplica-se às fontes uma análise literária completa, que revela elementos lendários, folclóricos e outros elementos ficcionais ali contidos; e é só depois de extraí-los que se inicia uma busca do cerne histórico dentro das tradições". Ilan, *Mine and yours are hers*, p. 37.

[28]Ross Shepard Kraemer, org., *Maenads, martyrs, matrons, monastics: a sourcebook on women's religions in the Greco-Roman world* (Philadelphia: Fortress, 1988); Kraemer, *Women's religions in the Greco-Roman world: a sourcebook* (Oxford: Oxford University Press, 2004).

iniciais [das categorias]".[29] Agora, ela está preocupada com a construção social de textos que torna muito mais difícil a coleta de informações históricas. Além do mais, "ideias variáveis sobre gênero — sobre o que significa ser do sexo feminino e ser do sexo masculino — permeiam tão amplamente o pensamento, a cultura e a experiência antigas que as fontes que parecem dizer respeito às mulheres podem, muitas vezes, ser recursos com que os autores antigos [...] escreveram sobre toda sorte de outras questões".[30]

Voltarei mais adiante à guinada metodológica representada pela segunda edição de *Women's religions in the Greco-Roman world* e pelo livro que Kraemer publicou em 2011, *Unreliable witnesses: religion, gender, and history in the Greco-Roman Mediterranean* [Testemunhas pouco confiáveis: religião, gênero e história no Mediterrâneo greco-romano]. A essa altura, precisamos tratar da acusação de antissemitismo suscitada por Kraemer e outros, e lançada a certas reconstruções históricas das mulheres no cristianismo primitivo. A simples pergunta "Jesus era bom para com as mulheres?" muitas vezes é respondida retratando o judaísmo como altamente patriarcal e humilhante para as mulheres judias e, em seguida, opondo-o à mensagem de Jesus, que as liberou.[31] Alguns estudiosos retratam os homens judeus como retrógrados, de modo que toda interação que Jesus teve com as mulheres parece progressista em comparação.[32] Por exemplo, pressupõe-se que as leis de pureza menstrual judaicas eram penosas e vergonhosas, apesar de não termos ideia alguma se as mulheres antigas as entendiam assim. Pressupõe-se a segregação de gêneros na sinagoga, mas não há nenhuma evidência material confiável da época que apoie isso. Novamente, pressupunha-se que os Manuscritos do Mar Morto excluíam e marginalizavam as mulheres, com o entendimento normal de que os códigos de pureza repeliam severamente e afastavam as mulheres do grupo.[33] Muitas vezes, essas conclusões negativas derivam da leitura seletiva de textos da *Mishná* e do *Talmude*, sem levar em conta o debate interno evidente no texto ou se os textos são descritivos ou normativos.[34] Amy-Jill Levine assinala que os estudiosos que veem Jesus como "pró-mulheres" continuam precisando explicar por que nenhuma mulher integrava seu círculo íntimo de discípulos e por que nenhuma é mencionada na Última Ceia. Levine sublinha

[29]Kraemer, *Women's religions*, p. 5.

[30]Kraemer, *Women's religions*, p. 5.

[31]Ross Shepard Kraemer, "Jewish women and Christian origins: some caveats", in: *Women and Christian origins*, Ross Shepard Kraemer; Mary Rose D'Angelo, orgs. (Oxford: Oxford University Press, 1999), p. 35-8.

[32]Amy-Jill Levine, "Bearing false witness: common errors made about early Judaism", in: *The Jewish annotated New Testament*, Amy-Jill Levine; Marc Zvi Brettler, orgs. (Oxford: Oxford University Press, 2011), p. 502-3.

[33]Cecilia Wassen, *Women in the Damascus document* (Atlanta: SBL Press, 2005), p. 11.

[34]Kraemer, "Jewish women and Christian origins", p. 35-49.

as muitas oportunidades sociais de que as mulheres judaicas dispunham, como indicam os textos antigos e os resquícios materiais, questionando assim essa reconstrução do judaísmo do Segundo Templo que o apresenta como uniformemente problemático para as mulheres.[35]

Voltando-se para as comunidades cristãs do mundo greco-romano mais amplo, Carolyn Osiek e Margaret Y. MacDonald analisam a igreja doméstica como local para entender a vida das primeiras mulheres cristãs.[36] Suas pesquisas se baseiam nas evidências de mulheres romanas gentias, evidências tanto literárias quanto não literárias, que, acreditam as pesquisadoras, podem oferecer uma reconstrução histórica. Elas descobriram que as mulheres romanas tinham mais liberdade social que suas irmãs dos séculos anteriores no período grego clássico. Por exemplo, uma mulher do período imperial normalmente se casava *sine manu* — isto é, a esposa não ficava sob a autoridade do marido, mas permanecia sob o controle, ou autoridade, da família do pai dela.[37] Osiek e MacDonald concluem que o cristianismo seguiu o caminho já sinalizado pelos códigos social e jurídico romanos, de modo que "as mulheres no cristianismo primitivo não exerciam papéis de lideranças exclusivos ou mais avançados nos primeiros grupos eclesiásticos em comparação com outras mulheres de sua época".[38]

Advertindo contra levar a dicotomia "público *versus* privado" longe demais, Osiek e MacDonald observam que, na antiguidade, os negócios eram conduzidos dentro de casa, diferentemente da noção ocidental moderna da casa como espaço privado. Seria incorreto, portanto, sugerir que as mulheres tinham mais liberdade em uma igreja doméstica porque ali era um espaço privado ou supor que as mulheres não se faziam presentes na arena pública.[39] Osiek e MacDonald também apontam os papéis de liderança das mulheres casadas, corrigindo o equívoco habitual de que só as mulheres celibatárias serviam em papéis de autoridade. Osiek e MacDonald se valem de estudos recentes sobre (1) as refeições no mundo greco-romano, (2) patronato e beneficência e (3) culturas de honra/desonra. Elas nos lembram que as culturas de honra/desonra variam e que, portanto, é melhor não as generalizarmos

---

[35]Levine, "Bearing false witness", p. 503. Veja tb. Amy-Jill Levine, org., *"Women like this": new perspectives on Jewish women in the Greco-Roman world* (Atlanta: SBL Press, 1991). Rosemary R. Ruether trata igualmente da questão do antissemitismo no cristianismo, mas não o associa em particular ao estudo das mulheres; veja Ruether, *Faith and fratricide: the theological roots of anti-Semitism* (Eugene: Wipf & Stock, 1997).

[36]Carolyn Osiek; Margaret Y. MacDonald, com Janet H. Tulloch, *A woman's place: house churches in earliest Christianity* (Minneapolis: Augsburg Fortress, 2006).

[37]Cohick, *Women in the world of the earliest Christians*, p. 99-112.

[38]Osiek; MacDonald, *Woman's place*, p. 249.

[39]Osiek; MacDonald, *Woman's place*, p. 3.

no tempo nem no espaço geográfico. Elas concluem que as mulheres contribuíam em todos os níveis da igreja doméstica, inclusive nas funções que estabeleciam a comunidade como "*o centro de adoração, hospitalidade, patronagem, educação, comunicação, serviços sociais, evangelização e missão*".[40]

Ampliando mais ainda a lente para incluir comunidade pagãs, Kraemer estuda a devoção das mulheres aos deuses e deusas do paganismo, bem como as experiências das mulheres judaicas e cristãs. Em *Her share of the blessings* [A parte dela nas bênçãos], Kraemer sublinha a propensão romana de categorizar e classificar.[41] Fontes literárias sobre as atividades religiosas das mulheres não escapam à tendência de rotular as mulheres como livres, libertas ou escravas; cidadãs ou não cidadãs; plebeias ou patrícias. Além disso, Kraemer está correta em sua cautela quanto a presumir que uma sacerdotisa necessariamente tivesse poder social fora de sua função religiosa e, aliás, é provável que uma mulher que já detivesse autoridade social tivesse maiores chances de atuar como sacerdotisa.[42] Schultz observa que o material literário e epigráfico sobre o sacerdócio revela que, embora tanto homens quanto mulheres fossem escolhidos com base na linhagem e na virtude pessoal, "os padrões do proceder sacerdotal [para as mulheres] eram muito mais severos e pessoais".[43] Em geral, as mulheres eram responsáveis por cuidar da propiciação dos deuses domésticos, participavam de festivais e ofereciam preces por saúde e boa sorte.[44] De muitas formas, as atividades religiosas das mulheres espelhavam a devoção religiosa dos homens. Contudo, nossas fontes literárias, escritas por homens, sublinham a importância do decoro e castidade femininos.[45]

Pesquisas históricas sobre as atividades religiosas das mulheres no mundo greco-romano descrevem um cenário povoado por mulheres de todos os níveis da sociedade envolvidas em atividades religiosas.[46] Destacar as atividades das mulheres contraria a ideia vigente de que as mulheres eram ausentes da vida pública e pouco se envolviam no desenvolvimento de suas

[40]Osiek; MacDonald, *Woman's place*, p. 9.

[41]Ross Shepard Kraemer, *Her share of the blessings: women's religions among Pagans, Jews and Christians in the Greco-Roman world* (Oxford: Oxford University Press, 1992), p. 84-9. Veja tb. Kramer, "Women and gender", in: *The Oxford handbook of early Christian studies*, Susan Ashbrook Harvey; David G. Hunter, orgs. (Oxford: Oxford University Press, 2008), p. 466.

[42]Kramer, *Her share of the blessings*, p. 90-2. Kraemer usa a teoria de Mary Douglas, que examina a coesão do grupo e o nível de imposição de regras e liberdade individual. Douglas contestou aspectos da teoria da privação segundo os quais as mulheres ingressavam em grupos religiosos para compensar carências em outras áreas de sua vida.

[43]Schultz, *Women's religious activity*, p. 141.

[44]Cohick, *Women in the world of the earliest Christians*, p. 159-93.

[45]Cohick, *Women in the world of the earliest Christians*, p. 180-3.

[46]Eve D'Ambra, *Roman women*, Cambridge introduction to Roman civilization (Cambridge: Cambridge University Press, 2007). Veja tb. Maryline Parca; Angeliki Tzanetou, orgs., *Finding Persephone: women's rituals in the Ancient Mediterranean* (Bloomington: Indiana University Press, 2007).

respectivas tradições religiosas. A maioria das reconstruções afirma que as mulheres podiam ocupar ofícios religiosos que traziam alguma medida de autoridade ou influência em suas comunidades religiosas. Todavia, paralelamente ao estudo contínuo das mulheres históricas, certa linha acadêmica questionou se os textos (ou resquícios materiais) realmente fornecem os dados históricos necessários para tal reconstrução.

CONSTRUÇÃO DAS MULHERES E DO GÊNERO

Em 1998, Elizabeth A. Clark escreveu sobre o novo dilema enfrentado por aqueles que estudam as mulheres na história — a saber, a luta para reconstruir a vida das mulheres reais a partir de textos moldados por construtos de gênero muitas vezes altamente misóginos.[47] Clark nota a guinada nos estudos feministas ocorrida quando o pós-estruturalismo remodelou as ideias correntes sobre linguística e epistemologia. Com o centro agora ocupado pela linguagem, e não pela experiência subjetiva das mulheres, esse tema foi removido. Clark observa: "Descentrar o sujeito masculino acabou por também aniquilar o sujeito feminino".[48] Clark conclui que as narrativas sobre as mulheres, como as encontradas nos *Atos de Paulo e Tecla*, não revelam mulheres reais, mas expõem as inclinações teológicas e ideológicas do autor. Ela defende a necessidade de mais trabalhos sobre a questão do gênero e da construção do gênero nas estruturas sociais. Clark argumenta que "os textos são vistos como estando engajados em disputas, embates constituídos na língua e por meio dela, mas também por acontecimentos e interesses dentro do campo discursivo e social mais amplo".[49]

Construção de gênero e os *Atos de Paulo e Tecla*

A extensa obra de várias décadas de Kraemer sobre as mulheres no mundo antigo constitui um guia proveitoso para estudar as questões metodológicas que surgiram nos estudos feministas sobre as mulheres da Antiguidade e o gênero.[50] Um meio prático de rastrear esse fato é examinar os escritos sobre os *Atos apócrifos*, especificamente os *Atos de Paulo e Tecla*, que vamos examinar

---

[47]Elizabeth A. Clark, "The lady vanishes: dilemmas of a feminist historian after the Linguistic Turn", *CH* 67, n. 1 (1998): 1-31. Clark estuda sobretudo o período do final da Antiguidade, mas suas observações são pertinentes ao nosso período.

[48]Clark, "Lady vanishes", p. 3.

[49]Clark, "Lady vanishes", p. 31.

[50]Kraemer reflete que "nos anos seguintes [a partir de 1992], ficou muito mais claro para mim que os problemas relativos aos dados e à teoria, problemas estes entremeados, acompanham toda tentativa de reconstrução fiel e de posterior redescrição e explicação dos comportamentos e crenças religiosos das mulheres nos encontros da Antiguidade greco-romana". Kraemer, *Unreliable witnesses*, p. 6.

agora.[51] Em sua obra anterior, Kraemer afirma que, embora a história específica de Paulo e Tecla seja ficção, "deve ter havido mulheres exatamente como Tecla, que realmente abdicaram do casamento e de ter filhos, de autoridade e hierarquia, que ensinavam e batizavam".[52] Já *Unreliable witnesses*, livro mais recente, é mais cauteloso. Embora Kraemer continue sustentando que as mulheres batizavam, viajavam e ensinavam, ela não faz tal afirmação porque vemos isso nos *Atos de Paulo e Tecla*, mas porque vários textos cristãos revelam um debate extenso sobre essas práticas. Ela enfatiza o papel da construção de gênero nessas histórias e conclui: "A discípula fictícia de Paulo, Tecla, dos *Atos de (Paulo e) Tecla*, apresenta uma narrativa de cristãos como exemplos supremos das virtudes ascéticas e filosóficas".[53] A ênfase no celibato tem verossimilhança, porque os debates sobre ele, bem como sobre o ascetismo, ocorriam entre os cristãos.

Kraemer sugere que 1Timóteo reflete um contra-argumento ao ensino representado por Tecla e que os *Atos de Paulo e Tecla* servem para subverter tanto o paradigma familial quanto o paradigma social dos cristãos do segundo século, criados no ambiente cultural imperial. O texto promove a moral cristã como superior à dos pagãos. A heroína, uma mulher, reforça o tema, pois Tecla põe em xeque as pressuposições comuns de que as mulheres eram mais ingênuas, mais influenciáveis e mais imorais que os homens. Kraemer também sublinha a ênfase do texto nas relações mãe/filha, dando a entender que essas relações demonstram que as primeiras comunidades cristãs remodelaram as estruturas familiares, afastando-as das lealdades de nascimento.[54] Além disso, a apresentação positiva da maioria das mulheres da história, bem como a apresentação negativa da maioria dos homens, sugere a Kraemer "o uso da inversão de gênero para expressar a crítica e a contestação cristãs da cultura e do poder greco-romanos".[55] Kraemer assinala a demonstração por parte de Tecla, no fim de sua história, de virtudes masculinas, como autocontrole e discurso público, e conclui que a inversão de gênero promove as mulheres cristãs como "exemplos supremos de moral e piedade masculinas".[56]

Uma segunda voz influente no estudo de *Tecla* é Kate Cooper. Ela alega que *Atos de Paulo e Tecla* (além de outras narrativas encontradas entre os

[51]Cohick; Hughes, *Christian women in the Patristic world*, p. 1-25.
[52]Kraemer, *Her share of the blessings*, p. 154.
[53]Kraemer, *Unreliable witnesses*, p. 244.
[54]Kraemer, *Unreliable witnesses*, p. 134-5.
[55]Kraemer, *Unreliable witnesses*, p. 136. Veja tb. Lynn H. Cohick, "Mothers, martyrs, and manly courage: the female martyr in 2Maccabees, 4Maccabees, and *The Acts of Paul and Thecla*", in: *A most reliable witness: essays in honor of Ross Shepard Kraemer*, org. Susan Ashbrook Harvey et al., BJS 358 (Providence: Brown University, 2015), p. 123-32.
[56]Kraemer, *Unreliable witnesses*, p. 147.

Atos apócrifos) é uma obra mais bem compreendida quando considerada em paralelo ao romance romântico antigo, que servia para reforçar as perspectivas cívicas do autor masculino romano.[57] Cooper destaca a divisão social público/privada, sugerindo que a virtude cívica masculina romana estava ligada à moralidade sexual privada, especificamente ao senhorio de si mesmo e a harmonia conjugal. Ela afirma que os homens da elite competiam por honra pública e domínio político usando a retórica da família para estabelecer sua superioridade sobre os rivais. Um lar harmonioso indicava um líder cívico sólido e a concórdia conjugal era altamente estimada, porque os homens geravam filhos legítimos para a Roma imperial. O romance servia à população masculina e as histórias reforçavam as virtudes políticas e morais da elite romana. As mulheres da história eram simples recurso retórico com pouca relação com um contexto social histórico do lado de fora do texto. Cooper presume que "sempre que uma mulher é mencionada, o caráter de um homem está sendo julgado", e assim explica a presença de protagonistas femininas nessa literatura.[58]

Cooper conclui que os *Atos de Paulo e Tecla* têm o propósito de promover Paulo, o herói, com Tecla exercendo o papel de ouvinte fiel. O antagonista de Paulo é o noivo rejeitado de Tecla, Tamire, que compete com Paulo por uma virgem pura, mas não logra ganhar o seu prêmio. Cooper supõe que "o desafio proposto aqui pelo cristianismo não diz respeito às mulheres, nem mesmo à abstinência sexual, mas à autoridade e à ordem social".[59] Os homens cristãos subverteram o objetivo do romance romântico, elevando a mulher virgem e substituindo os parentes biológicos (ou adotivos) pela família de Deus, tudo isso na esperança de suplantar a influência pagã da elite nas cidades.[60] Em vez de se concentrarem no domínio próprio e no casamento imaculado, os cristãos se concentravam no ascetismo e na abstinência.

Para ajudar a interpretar os *Atos de Paulo e Tecla*, Cooper se concentra em um breve comentário de Tertuliano, no qual o pai da igreja lamenta que algumas mulheres usavam a história de Tecla para defender o que elas praticavam, isto é, batizar e ministrar ensino, comportamentos contra os quais Tertuliano se opõe vigorosamente.[61] Cooper sugere que a "falta de

[57]Kate Cooper, *The virgin and the bride: idealized womanhood in Late Antiquity* (Cambridge: Harvard University Press, 1996).

[58]Cooper, *Virgin and the bride*, p. 19.

[59]Cooper, *Virgin and the bride*, p. 55.

[60]Cooper escreve que a "rivalidade entre dois homens pela lealdade de uma mulher formava o esboço narrativo central" dos Atos cristãos, e conclui: "A rejeição do ideal de um casamento apaixonado, que caracterizava o romance, também era reação ao apelo do romance para a renovação da cidade". Cooper, *Virgin and the bride*, p. 52.

[61]Cooper, *Virgin and the bride*, p. 64-5; veja Tertuliano, *Do batismo* 1.17 (*CC* 1.291).

sofisticação cultural ou a cegueira voluntária motivada por interesses próprios" levou essas mulheres a interpretarem equivocadamente os objetivos do texto. Ela chama a atenção para o comentário de Tertuliano de que os *Atos de Paulo e Tecla* foram escritos por um presbítero que havia sido disciplinado por causa desse texto impróprio (ainda que bem-intencionado).

A interpretação intrigante de Cooper não deixa de ter os seus críticos. Shelly Matthews insinua que Cooper exagera sua tese e não leva inteiramente em conta o fato de que a igreja primitiva tinha mulheres e homens lado a lado em suas comunidades. Matthews conclui que a história de Tecla, conforme foi usada pela igreja primitiva, "dizia, sim, respeito às mulheres, e não pouco", mesmo que também tenha refletido debates mais amplos sobre a ordem social.[62] Kraemer acrescenta que Cooper se baseia demais tanto na presunção de que a intenção do autor seja acessível aos estudiosos modernos quanto em sua própria avaliação de que o público atingido era formado exclusivamente de mulheres que supostamente entenderam mal a história de Tecla.[63]Em uma reviravolta irônica, Cooper enxerga mulheres históricas no texto, mas só aquelas que Tertuliano repreende por serem leitoras mal informadas.

Uma terceira estudiosa que recentemente deu seu parecer sobre *Tecla* é Susan Hylen, que se demonstra mais confiante na possibilidade de extrair dos textos antigos informações históricas fidedignas sobre a vida das mulheres. Hylen estuda o tema do recato e suas várias manifestações no ambiente antigo e na igreja primitiva, concentrando-se especificamente nos *Atos de Paulo e Tecla* e em 1Timóteo.[64] Ela trata da aparente contradição entre a liderança ou autoridade pública das mulheres e a convicção comum de que as mulheres devem ser discretas e recatadas. A incoerência é só aparente, sustenta Hylen, pois tem origem em nossa compreensão insuficiente sobre o funcionamento das culturas. Usando a teoria de Pierre Bourdieu (citada anteriormente), ela sugere que as diferenças percebidas entre os textos não precisam representar a produção de limites, mas representam o diálogo cultural a respeito dos valores compartilhados, realizado de diferentes modos a depender do contexto narrativo. Hylen se concentra na capacidade de agência que uma mulher tinha de expressar as virtudes de sua cultura, algo que, aos leitores atuais, pode parecer resistência em determinado momento, e, em outro, confirmação dos valores da comunidade.

[62]Matthews, "Thinking of Thecla", p. 53.

[63]Kraemer escreve: "Cooper então defende que a função [a luta dos homens pelo poder] aponta a intenção autoral, mas nega que sua única função historicamente atestada, a legitimação da agência das mulheres no que diz respeito ao batismo e ao ensino, esteja relacionada à sua intenção autoral". Kraemer, *Unreliable witnesses*, p. 131.

[64]Hylen, *Modest apostle*, p. 7-11.

Hylen contesta a perspectiva dominante de que 1Timóteo e *Atos de Paulo e Tecla* representam duas comunidades cristãs em desacordo no que diz respeito à autoridade das mulheres.[65] Ela defende essa ideia em parte dando a entender que as mulheres casadas tinham oportunidades de liderança baseadas em influência social, status social mais elevado e acesso aos recursos financeiros do marido, pois administravam seus lares. Portanto, o chamado de 1Timóteo a que as jovens se casem não era uma barreira à autoridade, mas "podia ser um caminho para a liderança".[66]

A história de *Tecla* continua intrigando, e seu impacto nos estudos sobre as mulheres da Antiguidade provavelmente será duradouro. A forma narrativa da obra pede novas interpretações e as atividades exercidas por Tecla, como batizar (a si mesma), ensinar e pregar (apenas a mulheres?) propõem trajetórias interessantes para o estudo das mulheres do início do período imperial romano. Descrições de outras mulheres da história — seu patrimônio e posição social, suas amizades, seus papéis de mães e filhas — fornecem recursos abundantes à medida que mais evidências materiais e epigráficas são encontradas e novas teorias de interpretação cultural oferecem métodos para a continuação desses estudos.

Reflexões

O estudo da vida e das atividades cotidianas das mulheres antigas, inclusive de suas expressões religiosas, continuará gerando novas perspectivas e reflexões e o estudo do gênero ampliará e aprofundará nossa compreensão dessas mulheres judaicas, pagãs e cristãs e quiçá nos conscientize mais de nosso próprio contexto de gênero. A seguir, sugiro seis áreas em que os estudos acadêmicos sobre as mulheres antigas continuarão crescendo.

As mulheres e os Manuscritos do Mar Morto

Os estudos do Novo Testamento passaram por abalos sísmicos com a ascensão da Nova Perspectiva sobre Paulo e sua reavaliação do Judaísmo do Segundo Templo e com a publicação do *corpus* dos MMM. Ambos os movimentos

---

[65]Margaret M. Mitchell escreve: "Pesquisas recentes sugeriram um elo entre os cristãos a que essa autora se opõe e aqueles que aderiam a tradições depois encontradas na obra apócrifa posterior *Atos de Paulo e Tecla*, que valida os ministérios das mulheres e reivindicou Paulo como defensor de um estilo de vida ascético e celibatário. Nessa perspectiva, 1Timóteo é uma espécie de "composição corretiva" cujo autor está buscando "retificar" o legado autêntico de Paulo para um público do começo do segundo século". Mitchell, "1 Timothy", in: *The new Oxford annotated Bible*, 4ª. ed. (Oxford: Oxford University Press, 2010), p. 2085.

[66]Hylen, *Modest apostle*, p. 69. Veja 1Tm 5.11-15.

causaram impacto no estudo das mulheres judias no mundo greco-romano. Com uma atitude devidamente corrigida em relação à confiabilidade histórica dos escritos rabínicos antigos veio um novo entendimento da variedade de perspectivas judaicas, inclusive sobre a participação das mulheres na vida diária e nos eventos religiosos. Mais uma vez, a grande difusão e acessibilidade dos MMM permitiram um maior número de estudos sobre as perspectivas da coleção de textos em relação ao gênero e sobre os pressupostos tidos a respeito das atividades das mulheres dentro do grupo. Do mesmo modo que com outras evidências textuais relacionadas a grupos de mulheres, assim também com os manuscritos: não podemos simplesmente tirar das páginas dos MMM a apresentação das mulheres e exibi-la como fato histórico.

Eileen Schuller, uma das organizadoras dos MMM na série *Discoveries in the Judaen Desert* [Descobertas no deserto da Judeia], foi uma das primeiras estudiosas a analisar os MMM com uma perspectiva feminista. Em 1994, ela abriu novos caminhos com um artigo de conferência (posteriormente publicado) baseado em uma reconstrução dos papéis das mulheres na seita, usando o *Documento de Damasco* (CD) e a *Regra da Congregação* (1QSa).[67] Ela reconhece que os textos refletem um viés androcêntrico, mas sugere que pelo menos alguns dos códigos ali presentes, expressados no masculino, se aplicariam igualmente às mulheres. Seguindo a hipótese feminista de que as mulheres eram membros plenos da comunidade a não ser em caso de negação explícita, ela conclui que 1QSa não lista especificamente as mulheres como estando excluídas, embora liste as que são impuras ou têm alguma deformidade física.[68] Novamente, ela afirma que, "se às mulheres se atribuíam títulos de 'mãe', 'irmã', 'anciã', isso também sugere membresia plena na comunidade".[69]

No cinquentenário da descoberta dos manuscritos (1997), Schuller notou que pouco se havia escrito sobre a relação entre as mulheres e os manuscritos, mas a situação não demorou a mudar.[70] Cecilia Wassen examina o *Documento de Damasco* (CD), contestando o consenso de que os essênios elevavam o celibato acima do casamento.[71] Ela propõe que ambas as práticas

[67]Eileen M. Schuller, "Women in the Dead Sea Scrolls", in: *Methods of investigation of the Dead Sea Scrolls and the Khirbet Qumran Site*, org. Michael Wise et al., Annals of the New York Academy of Sciences 722 (New York: New York Academy of Sciences, 1994), p. 114-32.

[68]Schuller, "Women in the Dead Sea Scrolls", p. 124.

[69]Schuller, "Women in the Dead Sea Scrolls", p. 122-3.

[70]Eileen Schuller, "Women in the Dead Sea Scrolls: some observations from a dictionary", *RevQ* (2009): 49-59. Veja tb. Eileen Schuller; Cecilia Wassen, "Women: daily life", *EDSS* 2:981-84; Sidnie White Crawford, "Not according to rule: women, the Dead Sea Scrolls and Qumran", in: *Emanuel: studies in Hebrew Bible, Septuagint, and Dead Sea Scrolls in Honor of Emanuel Tov*, org. Shalom M. Paul et al. (Leiden: Brill, 2003), p. 127-50.

[71]Wassen, *Women in the Damascus Document*, p. 127-9. Veja CD VII, 4b-10a.

eram igualmente valorizadas e que as mulheres podiam ser consideradas sujeitos que caminham em perfeita santidade, assim como os membros masculinos do grupo.[72] Ela também assinala que tanto CD quanto 1QSa (*Regra da congregação*) tratam a presença de mulheres e crianças como fato normal; e nisso se distinguem de 1QS (*Regra da comunidade*), que não menciona mulheres. Wassen faz um retrato em que as mulheres essênias pertencem à comunidade, provavelmente como membros plenos, e têm conhecimento íntimo das leis e práticas da seita: "Assim, faz sentido que as mulheres pelo menos comparecessem a reuniões em que se examinavam questões legais e se realizavam julgamentos, como atesta 1QSa I 11".[73]

Maxine Grossman estuda as obras sectárias encontradas no *corpus* dos manuscritos, examinado especificamente as pressuposições de gênero que moldam as perspectivas sobre as mulheres.[74] Ela faz uma leitura "contracorrente" e se concentra nos espaços de tensão dentro dos textos, lugares onde parece haver discordância quanto às práticas das mulheres, o alcance da autoridade delas ou seu status na comunidade sectária. Ela postula que a intimidade sexual no casamento é a área de maior responsabilidade para as mulheres, mas ensinamentos gerais da seita podem conceder menos autoridade às mulheres.

Grossman explora passagens sobre o casamento em CD e 4Q159 (*Ordenanças 4Q*) que falam de mulheres instruídas e confiáveis que inspecionam, ou examinam, uma virgem cuja má reputação poderia impedir um casamento adequado. Essas mulheres determinam a respeitabilidade, ou a maturidade religiosa, da virgem, e Grossman acrescenta: "Há um impacto social real no papel que essas mulheres teriam desempenhado, com importância significativa para a estabilidade do grupo".[75] De forma semelhante, 1QSa insiste que a esposa dê testemunho aos líderes da comunidade sobre seu marido no que diz respeito às ordenanças da Torá. O mais provável é que as ordenanças em vista estejam relacionadas às rigorosas normas sexuais do grupo.[76] Como então se explica a afirmação de 4Q270 (fragmento do *Documento de Damasco*) que distingue entre a punição para quem se queixa contra um Pai da comunidade e aquela para quem se queixa contra uma Mãe?[77] Ofender um Pai resulta em

---

[72]Wassen diz apresentar "um retrato altamente complexo da forma que as mulheres em alguns casos são retratadas como inferiores aos homens e em outros casos como seus iguais. Assim [...] meu estudo contesta a ideia comum de que as mulheres essênias eram em grande parte marginalizadas na vida comunitária". Wassen, *Women in the Damascus Document*, p. 12.

[73]Wassen, *Women in the Damascus Document*, p. 201.

[74]Maxine Grossman, "The world of Qumran and the sectarian Dead Sea Scrolls in gendered perspective", in: *Early Jewish writings*, Eileen Schuller; Marie-Theres Wacker, orgs. (Atlanta: SBL Press, 2017), p. 225-46.

[75]Grossman, "World of Qumran", p. 239.

[76]Grossman, "World of Qumran", p. 239-40. Veja tb. Wassen, *Women in the Damascus Document*, p. 87-8.

[77]4Q270 7 i 13-15.

expulsão permanente, mas fazer o mesmo a uma Mãe resulta em mera suspensão de dez dias. O texto esclarece a diferença, notando que a Mãe não tem status de autoridade. Grossman segue na investigação do ponto de tensão, sugerindo que a afirmação categórica sobre a Mãe não ter status de autoridade indica que um debate a respeito da influência e da atuação das mulheres estava em ebulição na comunidade.[78]

A análise da participação das mulheres na comunidade refletida nos manuscritos, inclusive a possibilidade de fazer juramentos, influencia nossa compreensão das mulheres judias no grupo de Jesus (ou no grupo de seguidores de João Batista, ou em qualquer outra seita judaica).[79] Que tipo de expectativas as mulheres judaicas na Palestina romana nutriam a respeito de expressar suas convicções religiosas? E quais questões eram as mais importantes enquanto elas praticavam sua fé? Os códigos de pureza menstrual, que têm destaque nos manuscritos, são praticamente ignorados nos Evangelhos.[80] Isso era tema de discussão entre as mulheres judaicas? A imagem de mulheres dando testemunho sobre questões de importância crítica à pureza da comunidade deveria influenciar as perspectivas sobre o valor do testemunho das mulheres do NT, incluindo as alegações delas sobre a ressurreição de Jesus (Mt 28.8-10; Lc 24.9-12; Jo 20.18). Os resultados investigativos do estudo dos manuscritos sectários incrementam a textura do tecido histórico constituído pelas possibilidades religiosas existentes para as mulheres judaicas da Palestina romana.

O gnosticismo, os textos gnósticos e as mulheres

Em 1979, Elaine Pagels, da Universidade de Princeton, moldou o debate nacional sobre o cristianismo com a publicação de *The gnostic Gospels* [Os evangelhos gnósticos].[81] Hal Taussig observa: "Talvez não seja exagero dizer que Pagels influenciou a religião nos Estados Unidos mais diretamente do que qualquer estudioso do Novo Testamento nos últimos cinquenta anos".[82] Seu premiado livro apresenta um grupo cristão primitivo que escreveu textos com imagens femininas positivas e solidárias, as quais, sugere Pagels, provavelmente se traduziam em mulheres que ocupavam papéis de liderança

---

[78]Grossman, "World of Qumran", p. 241-2. Wassen sugere que o termo traduzido como "autoridade" também podia se referir a um traje bordado, talvez semelhante a um traje sacerdotal, vestido apenas pelos Pais. Wassen, *Women in the Damascus Document*, p. 191-3.

[79]Wassen, *Women in the Damascus Document*, p. 136-8.

[80]Cohick, *Women in the world of the earliest Christians*, p. 208.

[81]Elaine Pagels, *The gnostic Gospels* (New York: Random House, 1979) [edição em português: *Os evangelhos gnósticos* (São Paulo: Objetiva, 2006)]. Veja tb. Pagels, *Adam, Eve, and the Serpent* (New York: Random House, 1988).

[82]Hal Taussig, org., *A new New Testament: a Bible for the 21st century combining traditional and newly discovered texts* (New York: Houghton Mifflin Harcourt, 2013), p. 534.

dentro de suas comunidades.[83] Pagels se baseou nos recém-descobertos manuscritos de Nag Hammadi, Egito, que continham obras até então conhecidas apenas pelas descrições que seus antagonistas faziam, os heresiólogos da igreja, como Ireneu.

Em capítulo publicado em 1999, Ann McGuire sugere uma interpretação mais complexa, que leva em conta tanto o gênero divino quanto o humano na narrativa mítica.[84] Ela contesta as abordagens anteriores aos textos gnósticos que presumiam haver "uma correlação direta entre as imagens gnósticas do feminino e o status social das mulheres nas comunidades gnósticas [...] Além disso, [tais abordagens] refletem uma concepção generalizante do "gnosticismo" como movimento religioso único com corpo razoavelmente unificado de imagens, ideias e práticas".[85] McGuire traz evidências epigráficas para o exame da questão. Por exemplo, ela indica a inscrição Flavia Sophē e observa: "Essa inscrição constitui evidência de valor imensurável da espiritualidade e das esperanças de uma mulher cristã em Roma no terceiro século e sugere alguns motivos pelos quais essa mulher seria atraída pelos rituais e pelas alegações religiosas das tradições gnósticas".[86] McGuire se pergunta se essa mulher, Sophē, tendo sido batizada e ungida, estava se preparando para uma experiência visionária. McGuire também assinala os termos masculinos empregados para se referir às figuras divinas, com exceção talvez dos éons, que podem incluir tanto o masculino como o feminino.

Na inscrição da estela está escrito, em parte:

> Ansiando pela luz do Pai, minha irmã e esposa, Sophe,
> Ungida no banho de Cristo com unguento imperecível, santo,
> Anelavas ver as faces divinas dos Éons,
> O grande anjo do Grande Concílio, o vero Filho.
> Adentrando a câmara nupcial e ascendendo, incorruptível, à nupcial
> Cama do Pai [...] foste coroada...[87]

Essa figura pouco conhecida continua atraindo a imaginação dos estudiosos, mas com focos diferentes que representam as guinadas nos estudos

[83]Schüssler Fiorenza chegou à conclusão contrária — a saber, de que quando as categorias "masculino" e "feminino" eram usadas, elas não se referiam a homens e mulheres reais, mas falavam de arquétipos e realidades cósmicas. Schüssler Fiorenza, *In memory of her*, p. 274.

[84]Ann McGuire, "Women, gender, and gnosis in gnostic texts and traditions", in: Kraemer; D'Angelo, *Women and Christian origins*, p. 257-99.

[85]McGuire, "Women, gender, and gnosis in gnostic texts and traditions", p. 259.

[86]McGuire, "Women, gender, and gnosis in gnostic texts and traditions", p. 267.

[87]Tradução em H. Gregory Snyder, "The discovery and interpretation of the Flavia Sophe Inscription: new results", *VC* 68, n. 1 (2014): 27.

concernentes às mulheres. H. Gregory Snyder situa o poema no contexto social e literário mais amplo da cultura pagã romana de meados do segundo século até seu final.[88] Snyder compara o conteúdo e a forma poética da inscrição à tradição poética da cultura greco-romana, especificamente os epigramas funerários. Ele argumenta que, enquanto o poema de Flávia reflete teologia e terminologia valentinianas comuns nos epigramas funerários, o poema usa essa terminologia de forma subversiva, uma vez que elabora um retrato diferente da morte e da vida após a morte. Ele assinala que o poema fala do anseio, um sentimento comum em contextos de funerais cristãos e pagãos. A diferença é que Flávia, a falecida, anseia pelo divino, enquanto o anseio dos pagãos é que seus entes falecidos retornem para eles.

Algumas obras recentes sobre o gnosticismo, como *What is gnosticism?* [O que é gnosticismo], de Karen King, publicada em 2003, têm pouco a dizer sobre as mulheres ou o gênero.[89] Mas a obra de King sobre a obra *Gospel of Mary* [Evangelho de Maria], também publicada em 2003, sublinha questões de gênero, bem como as similaridades entre os textos canônicos e os não canônicos no campo da ética, do ritual e da teologia.[90] Ela propõe que o *Evangelho de Maria* e outros textos não canônicos conferem textura histórica aos primeiros séculos do cristianismo, época de debates acalorados e práticas variadas. King incentiva os leitores a julgarem por si mesmos se a mensagem encontrada no *Evangelho de Maria* é uma mensagem que devam acolher.[91]

Sentimento semelhante subjaz ao título *A new New Testament* [Um novo Novo Testamento], coleção que consiste nos livros do NT acompanhados de mais dez obras adicionais, inclusive algumas do *corpus* de Nag Hammadi.[92] O editor, Hal Taussig, inclui um capítulo intitulado "Giving birth to *A new New Testament* and retiring the idea of Gnosticism" [Dando à luz um *novo Novo Testamento* e aposentando a ideia de Gnosticismo], que explica a perspectiva do livro sobre o gnosticismo. Seguindo King, Taussig alega que é impróprio rotular certos textos antigos como representantes de um grupo coerente chamado "gnósticos"; em vez disso, ela sugere que os documentos de Nag Hammadi demonstram a extensa diversidade que caracterizava os cristãos primitivos.[93] Ler esses textos ao lado de outros textos cristãos fornece mais recursos espirituais ao público.

---

[88]Snyder escreve: "No mínimo dos mínimos, podemos afirmar com confiança que Flavia Sophe e seu círculo estruturavam seus rituais com referência a princípios teológicos valentinianos". Snyder, "Discovery and interpretation of the Flavia Sophe Inscription", p. 52.

[89]Karen L. King, *What is Gnosticism?* (Cambridge: Harvard University Press, 2003).

[90]Karen L. King, *The Gospel of Mary of Magdala: Jesus and the first woman apostle* (Santa Rosa: Polebridge, 2003).

[91]King, *Gospel of Mary of Magdala*, p. 7.

[92]Taussig, *New New Testament*.

[93]Taussig, *New New Testament*, p. 529-31, 535-6.

O comitê que reuniu as obras presentes em *A new New Testament* não se limitou a compilar textos de Nag Hammadi, mas também levou em conta textos como os *Atos de Paulo e Tecla* e o *Martírio de Perpétua e Felicidade*. Eles decidiram incluir a história de *Tecla*, porque apresenta uma mulher cristã sendo bem sucedida em suas escolhas independentes de ensinar, liderar e resistir às autoridades governamentais e culturais que procuravam negar a ela essas decisões. Ao incluir a narrativa de *Tecla*, além do *Evangelho de Maria* e *O trovão: a mente perfeita*, a comissão espera mudar "a imagem comumente adotada de gênero e poder nos primeiros séculos do cristianismo". Especificamente, os integrantes da comissão desejam "fornecer apoio muito maior a uma tradição de reciprocidade de gênero e permitir que as mulheres do século 21 se vejam como líderes espirituais poderosas".[94] Suspeito que o uso de fontes antigas em que as mulheres figuram como personagens continuará sendo um dos recursos populares entre os que consideram essas histórias como meios maleáveis para criar uma versão nova e individual da espiritualidade.

Sabedoria e *sophia* nas Escrituras

A figura de Sophia/Sabedoria tem sido parte do estudo feminista da Bíblia há décadas.[95] Reflexões sobre a Dama Sabedoria de Provérbios e o substantivo feminino *sophia*, o termo grego para sabedoria, suscitaram debates sobre as qualidades femininas de Deus e a capacidade espiritual das mulheres. Por exemplo, em 2017, Schüssler Fiorenza publicou um comentário a Efésios para o *Wisdom Commentary* [Comentário Sabedoria].[96] No prefácio de seu comentário, ela argumenta que a Bíblia é escrita em linguagem "kyriocêntrica", originada de culturas patrikyriarcais que geram misoginia e opressão. Mas ela está convencida de que a Bíblia, por ser um texto sagrado, pode "inspirar e autorizar as mulheres em nossas lutas contra a opressão desumanizante"; o caminho adiante é a hermenêutica da "sabedoria/Sabedoria".[97] A abordagem da autora, que ela seguiu ao longo da carreira, é fazer uma leitura na "contracorrente da linguagem androcêntrica da carta".[98] Ela destaca tanto a "sabedoria", com inicial minúscula — como o conhecimento que é capaz de discernir e é criativo —, quanto a "Sabedoria", com inicial maiúscula, uma

[94]Taussig, *New New Testament*, p. 335.

[95]E.g., veja Carol P. Christ; Judith Plaskow, orgs., *Womanspirit rising: a feminist reader in religion* (1979; reimpr., San Francisco: HarperSanFrancisco, 1992).

[96]Elisabeth Schüssler Fiorenza, *Ephesians*, Wisdom Commentary (Collegeville: Liturgical Press, 2017).

[97]Schüssler Fiorenza, *Ephesians*, p. xxii.

[98]Schüssler Fiorenza, *Ephesians*, p. lviii.

figura divina.[99] Barbara E. Reid, editora geral da série, explica que o comentário Wisdom não se concentra apenas no feminismo, mas também aborda "questões interseccionais de poder, autoridade, etnia, raça, classe, e crenças e práticas religiosas".[100]

Do mesmo modo, em 2014, Schüssler Fiorenza organizou um volume da enciclopédia *Bible and Women* [Bíblia e mulheres], intitulado *Feminist biblical studies in the twentieth century: scholarship and movement* [Estudos bíblicos feministas no século 20: a produção acadêmica e o movimento].[101] Os capítulos tratam de estudos bíblicos feministas de acadêmicos de todo o mundo e a partir de perspectivas judaicas, cristãs e muçulmanas. O volume também trata de questões hermenêuticas, políticas e éticas que vêm à tona na discussão. Schüssler Fiorenza escreve na introdução que "a identidade não se constitui apenas do gênero, mas também do status imigratório, classe social, escolaridade, nacionalidade, sexualidade, capacidades, raça, religião e assim por diante", e acrescenta que a identidade "é múltipla e moldada por estruturas interseccionais de dominações".[102]

Interseccionalidade e vozes femininas globais

O termo "interseccionalidade" foi usado pela primeira vez em 1989, quando Kimberlé Williams Crenshaw, estudiosa do Direito, desenvolveu a teoria da interseccionalidade para tentar explicar os efeitos de várias formas de discriminação — racismo, sexismo, classismo —, sobretudo no que diz respeito às experiências das mulheres negras com o sistema jurídico dos Estados Unidos.[103] Ela observou que o racismo não raro era definido com base na experiência dos homens negros e o feminismo com base na experiência das mulheres brancas. A mulher negra vivenciava o racismo e o sexismo de forma diferente no ambiente de trabalho e as leis antidiscriminatórias não ofereciam suporte a ela. As observações de Crenshaw são refletidas nas

[99]Schüssler Fiorenza descreve a série de comentários Wisdom como "a dança circular espiralada da sabedoria/Sabedoria, como movimento intelectual Espírito/espiritual no espaço aberto da sabedoria/Sabedoria, que conclama os leitores a analisar, debater e reinventar os textos bíblicos e seus comentários como textos de sabedoria/Sabedoria inspirados por visões de justiça e bem-estar para tudo e todos". Schüssler Fiorenza, *Ephesians*, p. xxiii.

[100]Barbara E. Reid, org., "Editor's Introduction", in: Schüssler Fiorenza, *Ephesians*, p. xxv.

[101]Elisabeth Schüssler Fiorenza, org., *Feminist biblical studies in the twentieth century: scholarship and movement*, vol. 9.1 de *The Bible and women: an encyclopedia of exegesis and cultural history*, org. Jorunn Økland et al. (Atlanta: SBL Press, 2014). A série é publicada em alemão, italiano, espanhol e inglês.

[102]Elisabeth Schüssler Fiorenza, "Between movement and academy: feminist biblical studies in the twentieth century", in: *Feminist biblical studies in the twentieth century*, p. 10.

[103]Kimberlé Williams Crenshaw, "Demarginalizing the intersection of race and sex: a black feminist critique of antidiscrimination doctrine, feminist theory and antiracist politics", *University of Chicago Legal Forum* 1 (1989): 139-67.

teologias mulherista e latina, que sublinham como as mulheres negras e hispânicas lutam contra o racismo e o sexismo de formas interconectadas. À medida que mais vozes minoritárias globais exploram textos antigos sobre as mulheres, inclusive obras canônicas, deveríamos esperar mais discussões sobre a intersecção entre raça, classe e gênero na vida das mulheres antigas. E à medida que os estudos sobre o gênero e as construções da feminilidade aumentavam em número, uma nova trajetória de estudos emergiu, concentrada na masculinidade. Isso não deve surpreender, pois os valores e virtudes femininos ideais normalmente se desenvolvem em paralelo ou em oposição aos ideais de masculinidade.[104]

Metodologias para a metade do século 21

Na década de 1970, os acadêmicos procuravam narrativas de mulheres históricas como meio de empoderar as mulheres contemporâneas em seus objetivos de igualdade política, educacional e econômica. Mas a tarefa descritiva do historiador, aliada ao positivismo epistemológico que subjazia à pesquisa, impedia os estudiosos de criticarem o ambiente patriarcal que subjugava as experiências das mulheres. A influência do pós-estruturalismo na crítica literária e na filosofia desempenhou papel relevante no redirecionamento das discussões sobre a construção de gênero e das mulheres *reais* — ou em vez delas, pois a discussão sobre a construção de gênero e as narrativas sobre mulheres históricas são entendidas como inseparáveis. À medida que desconstruíam os textos e a História, crescia entre os estudiosos a incerteza quanto à plausibilidade do retrato das mulheres antigas oferecido pelo material disponível.[105] Dale Martin rotula a nova atenção conferida às teorias e aos métodos do pós-estruturalismo (análise do discurso, crítica das ideologias etc.) de uma "guinada cultural", movimento nos estudos acadêmicos que reflete as mudanças linguísticas e filosóficas ocorridas sob a égide do pós-estruturalismo.[106] Ainda há trabalho a ser feito sobre como o contexto cultural e o status social constroem o gênero e moldam a vida das mulheres.

Ademais, é provável que a teoria performativa ainda será usada de forma mais ampla. A abordagem se concentra nos atos rituais e linguísticos

---

[104]L. Stephanie Cobb, *Dying to be men: gender and language in early Christian martyr texts* (New York: Columbia University Press, 2008); Colleen M. Conway, *Behold the man: Jesus and Greco-Roman masculinity* (New York: Oxford University Press, 2008); Kelly Olson, *Masculinity and dress in Roman antiquity* (New York: Routledge, 2017); Brittany E. Wilson, *Unmanly men: refigurations of masculinity in Luke-Acts* (New York: Oxford University Press, 2015).

[105]Kraemer, *Unreliable witnesses*, p. 273. Kraemer baseia-se em Pierre Bourdieu, atribuindo a ele a ideia de que "a dominação masculina, e de fato toda dominação, está embutida no *habitus*, e mesmo nas próprias estruturas de pensamento com que tentamos pensar sobre tudo isso".

[106]Dale B. Martin, introdução a *The cultural turn in Late Ancient studies: gender, asceticism, and historiography*, Dale B. Martin; Patricia Cox Miller, orgs. (Durham: Duke University Press, 2005), p. 7-9.

realizados diante de um público. A performance comunica as intenções do sujeito aos outros e inclui o público na avaliação da comunicação. A abordagem se concentra nos atores individuais como sujeitos gramaticais, filosóficos ou históricos. No estudo das mulheres antigas, essa abordagem afirma que as mulheres são proprietárias de sua identidade, mesmo que elas (e os homens) vivenciem as restrições da cultura dentro de suas comunidades. A teoria performativa analisa as mulheres como sujeitos ou agentes que vivem dentro de suas normas culturais ou que resistem a elas. Em geral, atribui-se agência às mulheres antigas quando elas rejeitam as normas culturais e agem subversivamente, mas a teoria performativa contesta a insistência na ação subversiva como condição da autenticidade. Susan Hylen se concentra na aparente contradição que caracteriza Tecla, que tanto fala quanto silencia, que parece "habitar" seu contexto patriarcal e "se libertar" dele.[107] Hylen procura por agência não só em atos de resistência às normas culturais, mas também no comportamento ou na fala que "são moldados estão inseridos" na relações sociais de determinado quadro cultural.[108]

O uso da teoria performativa coincide com um novo interesse no tema do recato, que representa uma mudança de direção com relação aos estudos anteriores, que haviam sido dominados pelo foco no ascetismo e na virgindade. Hylen não investiga o recato como um conjunto de normas restritivas, mas como um conjunto complexo de opções disponíveis para as mulheres exercerem sua influência e seu poder tanto em ambientes cívicos como familiares. Kate Wilkinson argumenta que "o recato é reflexivo. É uma oportunidade para a autoformação e a autorrepresentação ativas em uma comunidade".[109] Ela opõe seu argumento aos daqueles que consideram o recato uma simples consequência da autodisciplina sexual ou um disfarce público para a falta de restrição sexual. Wilkinson sugere que "os trajes decorosos e a domesticidade não são lugares inteiramente incomuns para procurar a atuação da mulher" porque as mulheres empregavam esses meios como forma "de autorrepresentação e do ser criativo".[110] Wilkinson investiga o que provavelmente será um campo de investigação cada vez maior — a saber, a indumentária e suas relações retóricas e reais com a riqueza, o status e o gênero.[111] Por exemplo, ela analisa o uso do véu, sugerindo que as discussões

[107]Hylen, *Modest apostle*, p. 1.

[108]Hylen, *Modest apostle*, p. 12.

[109]Hylen, *Modest apostle*, p. 17. Veja tb. p. 103, onde ela argumenta que "a mulher, sujeito do recato, não estava desligada de sua voz, mas era responsável por ela, tendo de prestar contas por ela a um público criterioso que julgava muito mais do que simplesmente se ela falava ou não".

[110]Kate Wilkinson, *Women and modesty in Late Antiquity* (Cambridge: Cambridge University Press, 2015), p. 89-90.

[111]Wilkinson, *Women and modesty in Late Antiquity*, p. 33-49.

antigas sobre essa prática revelam que a questão exigia da mulher recatada fazer escolhas que serviam para confirmar e manter sua identidade.[112]

O papel das mulheres na igreja e na sinagoga hoje

Não é nenhuma coincidência que o estudo das mulheres no mundo greco-romano tenha surgido ao mesmo tempo em que a segunda onda do feminismo varria a Europa Ocidental e os Estados Unidos. O estudo das mulheres cristãs e judaicas nos primórdios do cristianismo e no judaísmo rabínico não só era interessante em si mesmo, mas também historiadores, cientistas sociais e teóricos da literatura muitas vezes tiravam conclusões sobre as estruturas organizacionais atuais com base em exemplos de mulheres líderes do passado exercendo sua autoridade. Por exemplo, a obra de Brooten sobre as inscrições nas sinagogas postula que os estudiosos (homens) projetavam nas fontes textuais antigas os ensinamentos rabínicos modernos sobre o gênero, o que os cegava para o fato de que algumas mulheres judaicas antigas tinham posição de autoridade e influência em suas sinagogas.[113] Os estudiosos do judaísmo continuam analisando as mulheres apresentadas nos textos bíblicos e rabínicos, muitas vezes com as questões de gênero em primeiro plano.[114]

Examinando a igreja dos primórdios, Schüssler Fiorenza sugere um breve período de relações igualitárias que logo deu lugar a organizações hierárquicas que empurraram as mulheres para fora das posições de autoridade. Mais recentemente, Cooper critica a ideia de que uma igreja radical, ascética e carismática tensa se dobrado a uma hierarquia emergente, afirmando que tais teorias perdem de vista o sentido retórico dos textos antigos, que se opunham às virtudes cívicas e à moral sexual vigentes em Roma.[115] Osiek e MacDonald, em contraste com a posição de Cooper, propõem que o cristianismo refletia as oportunidades cada vez mais amplas de liberdade social encontradas no Império Romano e que as mulheres cristãs contribuíram para o novo movimento de maneiras "cujos efeitos nos beneficiam até hoje".[116] Kraemer observa que os estudos do NT sobre as mulheres foram moldados por questões modernas referentes à ordenação de mulheres, com o resultado de que questões históricas acabam se tornando campos minados teológicos.[117] Em outras

---

[112]Wilkinson, *Women and modesty in Late Antiquity*, p. 51-6.

[113]Kraemer observa que a interpretação de Brooten das inscrições antigas sobre mulheres judaicas, que se distinguem entre honorárias e funcionais, fazia parte da discussão moderna sobre os papéis das mulheres na sinagoga e na igreja modernas. Kraemer, *Unreliable witnesses*, p. 233.

[114]Frederick E. Greenspan, org., *Women and Judaism: new insights and scholarship* (New York: New York University Press, 2009).

[115]Cooper, *Virgin and the bride*, p. 57.

[116]Osiek; MacDonald, *Woman's place*, p. 16.

[117]Kraemer, "Women and gender", p. 475.

palavras, os estudiosos avaliam se a participação limitada das mulheres antigas na liderança está ligada apenas ao contexto social e histórico do patriarcado greco-romano ou se reflete um aspecto essencial do ensino teológico cristão. Na minha opinião é razoável concluir que, na maioria dos casos, os estudiosos encontram exemplos de mulheres cristãs exercendo influência positiva e com autoridade em suas comunidades e muitos consideram isso como evidência a favor da liderança feminina hoje.

O recente interesse no estudo das mulheres nos mundos judeu, greco-romano e cristão antigos coincide com a ascensão dos direitos das mulheres em todo o mundo. Os historiadores enfrentam questões de método enquanto vasculham restos materiais e textuais — não raramente inadequados e patriarcais — sobre as mulheres do mundo greco-romano. O pós-estruturalismo, com a "guinada cultural" que o acompanhou, investiga se ao menos é possível conhecer a vida das mulheres antigas com base nas evidências textuais. O estudo das mulheres antigas é, portanto, não só uma busca histórica, mas também uma empreitada política e ética em essência, mesmo que às vezes apenas implicitamente. O diálogo sobre as mulheres do mundo antigo não ocorre entre partes desinteressadas, pois as descobertas dos estudiosos sobre o poder e a influência das mulheres, ou a ausência destes, influencia também os debates modernos sobre o papel das mulheres no ambiente de trabalho, na família e nas instituições religiosas. Dado nosso clima atual, o diálogo está longe de terminar.

SEGUNDA PARTE

INTERPRETAÇÃO

3

HERMENÊUTICA E EXEGESE

DENNIS R. EDWARDS

INTRODUÇÃO

"Interpretar a Bíblia é um ato de poder."[1] E com razão. Barbara E. Reid afirma que interpretes feministas já entendem esse axioma há muito tempo, mas podemos igualmente concluir que todos os leitores da Bíblia cujas vozes foram silenciadas ao longo das eras sabem o poder que acompanha a capacidade de interpretá-la. Ao longo dos últimos quinze anos, aproximadamente, testemunhamos um crescimento exponencial no volume da literatura que oferece interpretações bíblicas a partir de perspectivas cada vez mais amplas e numerosas. À medida que essas perspectivas interpretativas crescem, também cresce a percepção de que "interpretação bíblica é uma arte, não uma fórmula que deve ser seguida exatamente para produzir um sentido correto para todos os tempos".[2]

Este capítulo sublinha o desenvolvimento e a trajetória do que poderíamos denominar "interpretação bíblica pós-moderna". A pedra angular das abordagens modernas à Bíblia é a crítica histórica. Entre outras abordagens modernas estão a crítica formal, a crítica das fontes, a crítica editorial[3] e a crítica sociocientífica. Contudo, essas abordagens modernas estão sendo eclipsadas por novas estratégias. Na prática, a interpretação bíblica pós-moderna consiste de uma infinidade de métodos que empregam os termos "crítica", "hermenêutica" e "interpretação bíblica" de forma intercambiável, tais como "crítica feminista", "hermenêutica feminista" ou "interpretação bíblica feminista". Esses enfoques pós-modernos resultam de grupos tradicionalmente

[1]Barbara E. Reid, "Editor's introduction to Wisdom Commentary", in: Annette Bourland Huizenga, *1 and 2 Timothy, Titus* (Collegeville, MN: Michael Glazier, 2016), xxxiii.

[2]Barbara E. Reid, *Wisdom's feast: an invitation to feminist interpretation of the Scriptures* (Grand Rapids: Eerdmans, 2016), 11.

[3]Em algumas obras, "crítica redacional". Usaremos "editorial" por refletir melhor o sentido do termo inglês *redaction*. (N. R.)

marginalizados (e.g., mulheres, minorias étnicas nos Estados Unidos e leitores não ocidentais da Bíblia) que leem a Bíblia a partir de sua perspectiva e de seu lugar no mundo. Tendo lutado com o fato de que a Bíblia foi usada para oprimir certos grupos tanto nos Estados Unidos quanto em outras partes do mundo, os estudiosos continuamente exploram de que forma as Escrituras podem falar àqueles que antes não tinham o poder para interpretá-la. Com essa realidade em mente, este capítulo busca descrever o panorama das interpretações bíblicas afro-americana, mulherista, feminista, latinx[4] e pós-colonial. Não há espaço aqui para a discussão de mais disciplinas, como interpretação bíblica africana, interpretação bíblica asiático-americana, hermenêutica LGBTQ e outros enfoques socialmente localizados das Escrituras. Mas alguns recursos apresentados nas minhas notas de rodapé podem ser proveitosos para a investigação dessas áreas.

Também tem havido um reconhecimento cada vez maior da realidade de que as pessoas também leem a Bíblia a partir de uma perspectiva teológica específica. Há estudiosos que são atraídos para o texto bíblico em razão de sua fé. Eles não abordam a Bíblia clinicamente ou apenas como o estudo de uma obra literária antiga. A interpretação teológica das Escrituras é um empreendimento que tem florescido, apesar das dificuldades de ser definida e da falta de qualquer metodologia evidente para sua prática.

Desde já, quero destacar um recurso que cito muitas vezes neste capítulo: o livro *Scripture and its interpretation: a global, ecumenical introduction to the Bible* [As Escrituras e sua interpretação: uma introdução global e ecumênica à Bíblia], organizado por Michael J. Gorman.[5] Essa excelente coleção de ensaios é escrita por especialistas e oferece a todos os interessados na Bíblia — não só aos estudiosos — introduções proveitosas a uma variedade de temas relacionados à Bíblia e a seu estudo. O glossário do volume será um recurso indispensável aos leitores que buscam se orientar no vasto território do estudo das Escrituras.

INTERPRETAÇÃO BÍBLICA MODERNA *VERSUS* PÓS-MODERNA

Muitos anos atrás, quando ingenuamente comecei meu doutorado na Fordham University, em Nova York, eu me perguntava como os professores e alunos católicos romanos receberiam a mim — um protestante — naquela universidade

[4]Neologismo na língua inglesa que busca "neutralizar" o adjetivo "latino/a". Para facilitar o uso e as concordâncias nas diferentes ocorrências, apenas esse termo será grafado com a terminação "x" ao longo deste capítulo. (N. R.)

[5]Michael J. Gorman, org., *Scripture and its interpretation: a global, ecumenical introduction to the Bible* (Grand Rapids: Baker Academic, 2017).

jesuíta.[6] Durante a orientação aos novos alunos, confessei meu nervosismo a um professor de destaque, que também era padre católico romano. A resposta dele foi, em parte: "Um verbo hebraico é um verbo hebraico". Isso me encorajou, pois comunicou que nenhuma pessoa ou grupo tem o monopólio sobre o estudo sério da Bíblia. Entretanto, alguns de meus conhecidos protestantes temiam que eu abandonasse o protestantismo por estudar ao lado dos católicos romanos. Eu não compartilhava esse temor, mas comecei a me perguntar se meu ambiente eclesiástico anterior era um obstáculo ou uma ajuda em meus estudos acadêmicos. Relembrando aqueles dias, considero que a resposta do estudioso e a apreensão que meus colegas geraram em mim de certa maneira representam uma das tensões características dos estudos bíblicos — a tensão entre os enfoques moderno e pós-moderno da Bíblia.

A observação sagaz do professor, de que "um verbo hebraico é um verbo hebraico", talvez reflita o modo que muitos encaravam o estudo histórico-crítico da Bíblia: um empreendimento científico sem relação alguma com a fé, o gênero ou o contexto cultural dos indivíduos que o realizam. Trata-se de estudo regido por uma série de regras e que pode, em tese, conduzir ao único sentido correto de determinada passagem bíblica. Joel Green nota que, em relação às abordagens modernas à Bíblia, "os estudiosos precisam agir de forma autônoma ou independente — independente da fé (ou da falta de fé) do próprio estudioso, independente da teologia da igreja e independente da autoridade e influência da igreja em questão (ou de qualquer outra)".[7] Em contrapartida ao método de estudo autônomo da Bíblia, contudo, existem hoje os métodos pós-modernos:

> Os métodos pós-modernos de interpretação bíblica não estão unidos por um compromisso comum com certo método ou mesmo constelação de métodos, mas, sim, por suas sensibilidades críticas. Por um lado, ao contrário do pensamento modernista do Iluminismo, os estudiosos pós-modernos asseveram que não temos uma plataforma objetivamente determinada de "verdade" sobre a qual possamos nos apoiar para fazermos juízos neutros no trabalho de criar significado. Os leitores não podem se esconder atrás do véu da suposta neutralidade ideológica. Por outro lado, para muitos pós-modernos, a "verdade" não existe como realidade abstrata, separada do conhecimento humano. Assim, para os estudantes da Bíblia, o "sentido" não é simplesmente uma propriedade

[6]Como me mudei para Washington, D.C. para servir a uma igreja ali, completei meus estudos na Catholic University of America, mas apreciei meu tempo em Fordham.

[7]Joel B. Green, "Modern and post-modern methods of biblical interpretation", in: Gorman, *Scripture and its interpretation*, 188.

do texto que o leitor deve descobrir ou escavar, mas é, de alguma forma, o próprio produto da interação entre leitores e textos.[8]

É essa tensão entre a interpretação bíblica moderna e a pós-moderna que, em parte, está por trás do surgimento e do avanço do que se tem chamado de *interpretação teológica* (ou *exegese teológica*) das Escrituras, prática que testemunhou uma explosão de interesse ao longo das última duas décadas. Kevin J. Vanhoozer observa: "A 'interpretação teológica' da Bíblia vem se revelando um setor em desenvolvimento nos últimos tempos, gerando novos periódicos, conferências acadêmicas e séries de comentários".[9]

O ECLIPSE DA INTERPRETAÇÃO HISTÓRICO-CRÍTICA DA BÍBLIA

Voz de destaque na prática da interpretação teológica, Stephen Fowl afirma que "o desaparecimento da estrutura conceitual que permitia o predomínio da interpretação histórico-crítica da Bíblia não levou à eliminação da crítica histórica, e nem deveria. Contudo, abriu a porta para metodologias críticas da Bíblia que não dão prioridade aos interesses históricos. Em tese, isso significa que agora há espaço para as preocupações teológicas entrarem de novo na esfera acadêmica".[10] De acordo com Fowl, essa estrutura conceitual resulta da convergência de "movimentos científicos, culturais, políticos e filosóficos" que permitiram a hegemonia metodológica da crítica histórica nos estudos bíblicos acadêmicos. No entanto, as mudanças sociais ocorridas ao longo do último século, que impactaram a ciência, a cultura, a política e a filosofia, cooperaram para subverter a predominância da crítica histórica. "Lembre-se de que os interesses históricos tinham precedência em relação aos teológicos apenas quando as pessoas presumiam poder compreender o mundo e seu passado de forma mais ou menos imediata, ou direta, sem as lentes que as Escrituras oferecem quando lidas teologicamente".[11] Mas nossa compreensão da História é matizada por nosso lugar no mundo — "nunca

[8]Green, "Modern and postmodern methods", 196-97.

[9]Kevin J. Vanhoozer; Daniel Treier; N. T. Wright, orgs., *Theological interpretation of the New Testament: a book-by-book survey* (Grand Rapids: Baker Academic, 2008), 13.

[10]Stephen Fowl, "Theological interpretation of the Bible", in: Gorman, *Scripture and its interpretation*, 211. Fowl, católico romano, reconhece que a metodologia histórico-crítica ainda desempenha um papel na interpretação bíblica. Outro católico romano e um gigante dos estudos bíblicos, Joseph A. Fitzmeyer, em sua defesa do método histórico-crítico, admitiu que certas abordagens pós-modernas (e.g., a teologia da libertação e a feminista) "têm sido [...] e podem continuar sendo refinamentos valiosos daquele método básico [histórico-crítico], até mesmo, por vezes, oferecendo correções proveitosas". Fitzmeyer, *The interpretation of Scripture: in defense of the historical-critical method* (Mahwah, NJ: Paulist Press, 2008), 82-83.

[11]Fowl, "Theological interpretation", 209.

percebemos ou compreendemos o mundo e seu passado sem nosso próprio conjunto de lentes".[12]

As observações incisivas de Richard B. Hays no ensaio "Reading the Bible with the eyes of faith: the practice of theological exegesis" [Lendo a Bíblia com os olhos da fé: a prática da exegese teológica] buscam explicar o declínio da crítica histórica.[13] Hays cita exemplos — do website da Society of Biblical Literature, bem como de outros endereços acadêmicos — sugerindo uma tendência contrária à fé no campo dos estudos bíblicos: "Embora uma geração atrás fosse amplamente aceito que haveria uma síntese produtiva entre pesquisas históricas e teológicas no campo dos estudos bíblicos, essa afirmação vem sendo contestada cada vez mais por vozes insistentes que buscam excluir toda espécie de perspectiva explicitamente religiosa ou teológica de seu lugar à mesa no estudo acadêmico da Bíblia".[14]

Conforme a idade de ouro do estudo histórico-crítico da Bíblia se esvai, Hays é um dos cada vez mais numerosos estudiosos que defendem e praticam a interpretação teológica das Escrituras. Contudo, é difícil quantificar essa interpretação, uma vez que ela "não é uma série de procedimentos diferentes que podem ser situados lado a lado com, digamos, a crítica textual ou a crítica editorial. Pelo contrário, a exegese teológica é uma *prática* complexa, é um modo de tratar o estudo das Escrituras com os olhos da fé, procurando entendê-las na comunidade da fé".[15] Fowl concorda e observa: "Em vez de ser um método preciso de interpretação, a interpretação teológica está mais para o exercício de um tipo de sabedoria".[16] Essa falta de metodologia concreta está por trás de algumas das críticas feitas à interpretação teológica. D. A. Carson assevera que "a Interpretação Teológica das Escrituras (ITE) é em parte um movimento díspar, em parte um chamado a reformar a interpretação bíblica, em parte um conjunto desorganizado de compromissos ideológicos na área da hermenêutica, em parte um empreendimento sério e em parte (desconfio) um modismo".[17]

POR UMA PRÁTICA DA INTERPRETAÇÃO TEOLÓGICA DAS ESCRITURAS

Como muitos se dispuseram a esboçar várias definições do que constitui a interpretação teológica das Escrituras, fica difícil chegar a uma definição

[12]Fowl, "Theological interpretation", 210.

[13]Richard B. Hays, "Reading the Bible with the eyes of fatih: the practice of theological exegesis", *JTI* 1, n. 1(2007): 5-21.

[14]Hays, "Reading the Bible with eyes of faith", 8.

[15]Hays, "Reading the Bible with eyes of faith", 11.

[16]Fowl, "Theological Interpretation", p. 217.

[17]D. A. Carson, "Theological Interpretation of Scripture: yes, but...", in: *Theological Commentary: Evangelical Perspectives*, org. R. Michael Allen (New York: T&T Clark, 2011), p. 187.

única.[18] Mas a definição compacta apresentada por Gorman em *Scripture and its interpretation* é útil: "interpretação teológica: O método de interpretação que enfatiza (a) a posição eclesial do intérprete; (b) o compromisso com as confissões, as tradições e vida litúrgica da igreja; e (c) a prioridade dos interesses teológicos sobre outros interesses — tudo com o objetivo de aprimorar a vida e a adoração fiéis diante de Deus ao permitir que as preocupações teológicas influenciem a interpretação bíblica, e vice-versa".[19]

Os intérpretes teológicos buscam praticar um tipo de catolicidade, em que interpretar as Escrituras significa abandonar a autonomia da interpretação moderna (citada acima) e se envolver com a comunidade cristã mais ampla. Essa comunidade cristã inclui intérpretes do passado e do presente. A interpretação teológica insiste em afirmar que está recuperando uma prática antiga. Por conseguinte, adota interpretações pré-críticas das Escrituras, inclusive a interpretação alegórica e outras interpretações metafóricas. Além disso, "a exegese teológica deve sempre ser feita com uma postura de oração e humildade diante da palavra".[20] O objetivo dessa atitude é "identificar como o Espírito Santo guia os membros da comunidade cristã a descobrirem o sentido das Escrituras e, em particular, como diferentes partes do corpo de Cristo se relacionam umas com as outras nesse processo".[21]

Carson faz a seguinte avaliação da interpretação teológica: "Neste momento, contudo, estou inclinado a pensar que o mais valioso na ITE (e há muita coisa valiosa) não é novo; o que é novo na ITE varia entre o ambíguo e o equivocado, dependendo em parte da posição teológica do intérprete".[22] Suspeito que toda interpretação, mesmo a que emprega a metodologia histórico-crítica, possa ser ambígua e equivocada dependendo da posição teológica do intérprete. Portanto, a interpretação teológica — como toda interpretação — deve ser uma prática constante, em perene processo de reforma. Stanley E. Porter faz uma crítica mais recente da interpretação

[18]Hays, no já citado "Reading the Bible with the eyes of faith", propõe doze "marcas identificadoras" da interpretação teológica. Mais recente ainda é Kevin J. Vanhoozer, "Ten theses on the theological interpretation of Scripture", *Modern Reformation* 19, n. 4 (Julho/Agosto 2010): 17-18. Carson, em "Theological Interpretation of Scripture", avalia seis "proposições" da interpretação teológica usando um formato "sim, mas". Veja tb. Stephen E. Fowl, *Theological Interpretation of Scripture* (Eugene: Cascade, 2009); Joel B. Green, *Practicing Theological Interpretation: engaging biblical texts for faith and formation* (Grand Rapids: Baker Academic, 2012); Daniel J. Treier, *Introducing Theological Interpretation of Scripture: recovering a Christian practice* (Grand Rapids: Baker Academic, 2008); e Thorsten Moritz, "Scripture and theological exegesis", in: *The sacred text: excavating the texts, exploring the interpretations, and engaging the theologies of the Christian Scriptures*, org. Michael F. Bird e Michael W. Pahl (Piscataway, NJ: Gorgias, 2010), 119-40.

[19]Gorman, *Scripture and its interpretation*, 423.

[20]Hays, "Reading the Bible with eyes of faith", p. 15.

[21]Treier, *Introducting theological interpretation*, p. 80.

[22]Carson, "Theological interpretation of Scripture", 207.

teológica. Depois de examinar detalhadamente livros de Joel B. Green, Daniel J. Treier, Stephen Fowl e J. Todd Billings, Porter conclui:

> Fiz duas perguntas no título deste artigo — o que é interpretação teológica das Escrituras e se ela tem robustez hermenêutica suficiente para a tarefa à qual foi designada. A resposta à primeira pergunta é — depende a quem você pergunta [...]. A resposta à segunda, quanto à sua solidez hermenêutica, é: não, não tem robustez, pelo menos como foi definida até aqui. Para alguns, a hermenêutica teológica continua sendo simplesmente uma forma auxiliar da crítica moderna. Mesmo para os que desejam distingui-la, sobretudo da crítica histórica, ela muitas vezes se apoia consideravelmente em outras formas de interpretação crítica moderna. Em todos os casos, ela carece da robustez hermenêutica necessária para sua tarefa autoproclamada de prover um meio de interpretar teologicamente as Escrituras.[23]

O futuro da interpretação teológica talvez exija obras que tragam mais clareza à questão sobre quais aspectos da metodologia histórico-crítica operam em conjunto com as interpretações teológicas das Escrituras. Os intérpretes teológicos buscam criar uma ponte entre o estudo acadêmico da Bíblia e a teologia. Mas nem sempre é claro como seria essa ponte. Carson afirma que a série *Brazos Theological Commentary on the Bible* [Comentário Teológico Brazos da Bíblia] (série dedicada à interpretação teológica) "demonstrou-se, em alguns de seus volumes, muito insatisfatória".[24] Carson explica: "Como não era possível aos leitores estabelecerem as conexões reais entre texto e teologia derivadas ostensivamente de um *comentário* ao texto, eles hesitaram — e com razão".[25]

Apesar das críticas à interpretação teológica das Escrituras, entre elas, as críticas à sua ambiguidade metodológica, o número de veículos para a prática e o desenvolvimento do campo continua aumentando e agora inclui os seguintes periódicos: *Pro Ecclesia*, *Journal for Theological Interpretation*, *Ex Auditu* e *Horizons in Biblical Theology*. Quanto aos comentários, além de *Brazos Theological Commentary on the Bible*, há também *Studies in Theological Interpretation* [Estudos em interpretação teológica] (Baker), *Two Horizons Commentary* [Comentário dois horizontes] (Eerdmans), *The Story of God Bible Commentary* [Comentário bíblico da história de Deus] (Zondervan) e *Belief — A*

---

[23]tanley E. Porter, "What exactly is theological interpretation of Scripture, and is it hermeneutically robust enough for the task to which it has been appointed?", in: *Horizons in Hermeneutics: a Festschrift in honor of Anthony C. Thiselton*, org. Anthony C. Thiselton, Stanley E. Porter e Matthew R. Malcolm (Grand Rapids: Eerdmans, 2013), 267.

[24]Carson, "Theological interpretation of Scripture", p. 207.

[25]Carson, "Theological Interpretation of Scripture", p. 207.

Theological Commentary on the Bible [Crer: um comentário teológico da Bíblia] (Westminster John Knox).

Relacionada com a interpretação teológica, há a prática da hermenêutica missional, que "situa a Bíblia e sua interpretação no arco da missão de Deus (a *missio Dei*) conforme articulada nas Escrituras; essa prática também investiga como a Bíblia pode moldar a identidade e a missão contemporâneas da igreja".[26] A hermenêutica missional é um exemplo de uma metodologia pós-moderna para o estudo das Escrituras que presta atenção às perspectivas cristãs globais mais amplas. O número dessas perspectivas está crescendo e já são numerosas demais para serem tratadas neste capítulo. No entanto, espero que a discussão abaixo ofereça algumas placas de sinalização para o leitor se orientar no percurso da estrada da interpretação bíblica socialmente localizada.

HERMENÊUTICA DA RESPOSTA DO LEITOR

Anthony C. Thiselton explica que "a teoria da resposta do leitor enfatiza o papel ativo do leitor na interpretação dos textos. Dita de forma simples, ela se baseia no axioma de que um leitor, ou uma comunidade de leitores, 'completa' o sentido do texto. Ela se alicerça na hipótese de que, mesmo que se fale legitimamente da intenção do autor, essa intenção não se completa enquanto o leitor (ou os leitores) não se apropriar do texto".[27] Diante dessa definição, fica óbvio que os sentidos dos textos bíblicos estão ligados à lente (que é uma função da posição social) pela qual os leitores encontram o texto. Green explica que o sentido "é o que acontece na intersecção dos interesses do texto com os interesses do leitor".[28] A crítica da resposta do leitor é fruto do pós-modernismo e "os métodos pós-modernos reconhecem que há leitores dos mais variados tipos, oriundos de muitos contextos culturais diferentes [...]. Os métodos pós-modernos pressupõem que sempre lemos a partir de um 'lugar'; é possível explicar o 'lugar' ou 'posição social' de inúmeras maneiras — por exemplo, em relação à identidade de gênero ou racial-étnica, de tradição eclesiástica ou status socioeconômico, e assim por diante".[29]

Como podemos imaginar, essas observações sugerem uma lista praticamente ilimitada de enfoques da interpretação bíblica. Por motivos práticos, a discussão a seguir se limitou às abordagens de resposta do leitor que podem

[26]Green, "Modern and Postmodern Methods", 201. Para mais informações sobre o debate em torno da hermenêutica missional, consulte o website The Gospel and Our Culture Network (www.gocn.org).

[27]Antony C. Thiselton, *Hermeneutics: an introduction* (Grand Rapids: Eerdmans, 2009), 306. [Edição em português: *Hermenêutica: uma introdução* (s.l.: Aldersgate, 2022)].

[28]Green, "Modern and postmodern methods", p. 199-200.

[29]Green, "Modern and postmodern methods", 199-200.

ser consideradas mais notórias: as interpretações bíblicas afro-americana, mulherista e feminista, latinx e, de forma mais geral, pós-colonial.

A interpretação bíblica afro-americana

Em seu artigo "Black scholars find their way" [Estudiosos negros encontram seu caminho], publicado em 1998 no *Washington Post*, o jornalista Brian Lewis observou que, na época, "[d]os milhares de acadêmicos de estudos bíblicos com doutorado, estima-se que apenas entre 35 e 50 são afro-americanos".[30] Assim como os acadêmicos negros estão encontrando seu caminho, o mesmo acontece com todo o campo da interpretação bíblica afro-americana, que mesmo perto do fim do século vinte ainda era um projeto relativamente novo. Um dos estudiosos a figurar no mencionado artigo do *Washington Post* era Cain Hope Felder, cujo livro *Troubling biblical waters: race, class, and family* [Águas bíblicas conturbadas: raça, classe e família], publicado em 1990, mostrou-se um marco da interpretação bíblica afro-americana.[31] Vinte anos depois do livro de Felder, sob a influência da teologia da libertação, James Cone produziu sua contribuição revolucionária. O livro de Cone, *A black theology of liberation* [Uma teologia negra da libertação], acendeu uma tocha que permitiu que cada vez mais teólogos e estudiosos bíblicos afro-americanos encontrassem seu caminho.[32] A libertação sempre foi tema fundamental na hermenêutica afro-americana, que tem na história veterotestamentária do êxodo uma fonte de inspiração e afirmação. Os cristãos afro-americanos, desde o tempo da escravidão, se veem na narrativa do êxodo e, por isso, foram motivados a adorar um Deus que executa juízo sobre os poderes opressores ao mesmo tempo em que resgata as pessoas do jugo e as ajuda a encontrar seu caminho.[33]

Como se pode imaginar, à medida que mais estudiosos afro-americanos encontravam seu caminho nas prateleiras das bibliotecas e estavam envolvidos nas igrejas locais, a hermenêutica afro-americana começou a crescer.

[30]Brian Lewis, "Black scholars find their way", *Washington Post*, 11 de julho de 1998, https://www.washingtonpost.com/archive/local/1998/07/11/black-scholars-find-their-way/22b20230-f899-4fb8-8bc7-3013d5c0f0ec/?utm_term=.3d9409d9ac20. Quando o artigo surgiu, eu estava embrenhado em meus estudos de doutorado na Catholic University of America (CUA) em Washington, DC, e ele me ajudou a esclarecer os motivos por que eu tinha dificuldade para achar um mentor acadêmico afro-american. Fui atrás de Cain Hope Felder, na Howard University, perto de onde eu estudava, buscar os seus conselhos. Momentos depois de defender minha tese de doutorado, o deão do departamento de religião da CUA observou que eu fui o primeiro afro-americano a conquistar um PhD em estudos bíblicos pela CUA.

[31]Cain Hope Felder, *Troubling biblical waters: race, class, and family* (Maryknoll, NY: Orbis, 1990).

[32]Em 2010, em celebração aos quarenta anos da obra de Cone, foi publicada uma nova edição: James H. Cone, *A black theology of liberation* (Maryknoll, NY: Orbis, 2010). [Edição em português: *Teologia Negra* (São Paulo: Recriar, 2022)].

[33]Para uma breve história, veja C. Anthony Hunt, "African American biblical interpretation", in: Gorman, *Scripture and its interpretation*, 298-310.

Um fruto notável desse crescimento é a obra produzida em 2007 por um grupo de intelectuais afro-americanos. Esses estudiosos, sob o olhar editorial de Brian K. Blount, Cain Hope Felder, Clarice J. Martin e Emerson B. Powery, começaram a obra com o seguinte questionamento: "'E se a interpretação da Bíblia e a reflexão sobre ela [...] se dessem por meio da experiência afro-americana?'. É precisamente a essa pergunta que este comentário pretende responder".[34] *True to our native land: an African American New Testament commentary* [Fiéis à nossa terra nativa: um comentário afro-americano do Novo Testamento] é um compêndio de pesquisas sobre cada um dos escritos do NT, bem como sobre questões de interesse particular para os afro-americanos, como a escravidão, a relação entre a teologia paulina e a ética, e a pregação.

Digna de especial nota em *True to our native land* é a contribuição de Vincent L. Wimbush, que ele chama de "um incisivo ensaio anticomentários".[35] Wimbush questiona a validade dos comentários, os quais, segundo ele, forçam "o leitor a começar não em sua própria época, não em ou com sua própria situação de mundo, mas em outra — a (que se imagina ou presume ser a) do texto".[36] Após um breve exame dos escritos de W. E. B. DuBois e Toni Morrison, Wimbush conclui: "Para uma consciência crítica e subalterna preta, não há sentido em nenhuma narrativa, enredo, texto, ou tradição traduzidos com a mente ocidental a não ser que seja primeiro rasgado, despedaçado e depois 'encantado', vestido em pele preta, tornado útil para tecer sentido".[37]

Antes, em *The Bible and African Americans: a brief history* [A Bíblia e os afro-americanos: uma breve história], Wimbush havia analisado o modo que os afro-americanos leram a Bíblia.[38] Allen Dwight Callahan estudou temas semelhantes em *The talking book: African Americans and the Bible* [O livro que fala: os afro-americanos e a Bíblia].[39] Blount aplica seu vasto

---

[34]Brian K. Blount et al., orgs., *True to our native land: an African-American New Testament commentary* (Minneapolis: Fortress, 2007), p. 1. Apresso-me a notar a influência que o Hino Nacional Negro, "Lift Ev'ry Voice and Sing" (James Weldon Johnson), exerceu nos títulos de obras de estudiosos bíblicos afro-americanos. Em 1991, Cain Hope Felder publicou uma lista de ensaios cujo título remete à segunda estrofe desse hino (*Stony the road we trod: African American biblical interpretation* [Minneapolis: Augsburg Fortress, 1991]). Em 2003 o acadêmico de estudos bíblicos Randall Bailey publicou uma coleção de ensaios também referenciando a segunda estrofe (*Yet with a steady beat: the African American struggle for recognition in the Episcopal Church* [Norcross, GA: Trinity Press International, 1996]). A obra mais recente, *True to our native land*, faz referência à última estrofe desse clássico.

[35]Vincent L. Wimbush, "'We will make our own future text': an alternative orientation to interpretation", in: Blount et al., *True to our native land*, p. 43-53. Parte do título, "we will make our own future text", é uma citação do romance do autor afro-americano Ishmael Reed, *Mumbo Jumbo* (New York: Scribner, 1972).

[36]Wimbush, "We will make our own future text", p. 44.

[37]Wimbush, "We will make our own future text", 51.

[38]Vincent L. Wimbush, *The Bible and African Americans: a brief history* (Minneapolis: Fortress, 2003).

[39]Allen Dwight Callahan, *The talking book: African Americans and the Bible* (New Haven: Yale University Press, 2008).

conhecimento dos estudos sobre o NT para investigar a ética neotestamentária em *Then the whisper put on flesh: New Testament ethics in an African American context* [Então o sussurro se fez carne: a ética do Novo Testamento no contexto afro-americano].[40] Blount também escreveu comentários sobre o livro de Apocalipse, um dos quais explicitamente mantém a experiência afro-americana em vista.[41] Do mesmo modo, meu comentário sobre 1Pedro é repleto de exemplos tirados da história e das experiências dos afro-americanos.[42] O comentário de Atos do teólogo afro-americano Willie Jennings ecoa alusões familiares a muitos afro-americanos.[43] Seguindo os passos de seus antecessores, cada vez mais afro-americanos estão escrevendo obras que tratam dos temas da libertação, da justiça e do perdão.

Embora não haja dúvida de que a interpretação bíblica afro-americana tem a experiência da escravidão como pano de fundo, essa interpretação se dá com um olhar constantemente voltado para sua terra natal, a África.[44] A obra *The Africana Bible: reading Israel's Scriptures from Africa and the African diaspora* [A Bíblia africana: lendo as Escrituras de Israel a partir da África e da diáspora africana] deixa explícita a relação entre a interpretação bíblica afro-americana e a africana.[45] A interpretação bíblica africana faz parte do que pode ser denominado, de forma mais geral, como interpretação bíblica pós-colonial. Ela procura respeitar o contexto antigo dos escritos bíblicos e, semelhantemente à maioria das interpretações modernas, contextualiza a Bíblia a fim de que suas palavras se sintonizem com a vida africana contemporânea.[46]

O glossário de *Scripture and its interpretation* apresenta uma proveitosa definição da crítica afro-americana: "um método de interpretação que (a) sublinha a presença da África e dos africanos na Bíblia, (b) resiste às intepretações racistas e opressoras, (c) enfatiza temas como êxodo e libertação e (d) baseia-se em recursos afro-americanos tradicionais e contemporâneos para a preservação e o progresso das igrejas e das comunidades afro-americanas".[47] Sem dúvida, "não há, evidentemente, uma perspectiva

[40]Brian K. Blount, *Then the whisper put on flesh: New Testament ethics in an African American context* (Nashville: Abingdon, 2001).

[41]Brian K. Blount, *Revelation* (Louisville: Westminster John Knox, 2009); Blount, *Can I get a witness? Reading Revelation through African American culture* (Louisville: Westminster John Knox, 2005).

[42]Dennis R. Edwards, *1Peter*, SGBC (Grand Rapids: Zondervan, 2017).

[43]Willie James Jennings, *Acts: a theological commentary on the Bible* (Louisville: Westminster John Knox Press, 2017).

[44]E.g., veja Rodney S. Sadler Jr., "The place and role of Africa and African imagery in the Bible", in: Blount et al., *True to our native land*, 23-30.

[45]Hugh R. Page Jr. et al., orgs., *The Africana Bible: reading Israel's scriptures from Africa and the African diaspora* (Minneapolis: Fortress, 2009).

[46]Veja Bungishabaku Katho, "African biblical interpretation", in: Gorman, *Scripture and its interpretation*, 284-97.

[47]Gorman, *Scripture and its interpretation*, 401.

afro-americana única".[48] Contudo, apesar das diferenças denominacionais, sociais, econômicas e políticas entre os cristãos afro-americanos, a história e a cultura de cada subgrupo contribui de forma singular para a obra geral da interpretação bíblica.

A interpretação bíblica mulherista e feminista

Ainda que de início polêmica, a hermenêutica mulherista continua crescendo e opera como uma espécie de elo entre a interpretação bíblica afro-americana e a hermenêutica feminista. A interpretação bíblica feminista pode ser definida como "uma série de estratégias interpretativas que inclui (a) realizar investigações históricas e literárias sobre como as mulheres e outros grupos marginalizados são retratados nos textos bíblicos, bem como (b) trazer preocupações contemporâneas das mulheres e sobre as mulheres (e outros grupos marginalizados) para a prática da interpretação bíblica".[49] Credita-se à escritora Alice Walker a cunhagem do termo *womanist* ("mulherista"), uma palavra "que viria a revolucionar o cenário teológico", de acordo com Raquel St. Clair.[50] Gay L. Byron e Vanessa Lovelace narram como, em 1979, Walker inicialmente introduziu o termo "mulherista" como variante de "mulherino/mulheril", "palavra que nossas mães usavam para definir e tentar inibir o comportamento forte, extravagante ou desbocado quando éramos meninas".[51] Walker posteriormente refinou o termo em sua coleção de ensaios de 1973, *In search of our mothers' gardens* [*Em busca dos jardins de nossas mães*], observando que "mulherista" é uma "feminista negra ou uma feminista de cor".[52]

Womanist interpretations of the Bible: expanding the discourse [Interpretações mulheristas da Bíblia: expandindo a discussão] é uma coleção de ensaios que se concentra sobretudo em textos seletos do AT e do NT, organizados nas

---

[48]Blount, *True to our native land*, xiv.

[49]Veja Gorman, *Scripture and its interpretation*, 409.

[50]Raquel St. Clair, "Womanist biblical interpretation", in: Blount et al., *True to our native land*, p. 54. Clair discorre um pouco sobre a polêmica inicial em torno da teologia mulherista, citando Cheryl J. Sanders: "O fato é que mulherista é uma categoria essencialmente secular cujos sentidos lógico e teológico são bastante tênues. Com muita facilidade 'se interpreta' um conteúdo teológico no conceito mulherista, cuja ênfase central continua sendo a autoafirmação e a luta da mulher negra por liberdade, com ou sem a ajuda de Deus ou de Jesus, ou seja quem for". St. Clair, "Womanist biblical interpretation", 60n5. Veja Cheryl J. Sanders, "Roundtable: Christian ethics and theology in womanist perspective", *JFSR* 5 (1989): 83-112.

[51]Gay L. Byron e Vanessa Lovelace, "Introduction: methods and the making of womanist biblical hermeneutics", in: *Womanist interpretations of the Bible: expanding the discourse*, org. Gay L. Byron e Vanessa Lovelace, Semeia 47 (Atlanta: Scholars Press, 1989), p. 1-2. Byron e Lovelace oferecem uma história da interpretação bíblica mulherista, como faz St. Clair (veja nota anterior).

[52]Alice Walker, *In search of our mothers' gardens: womanist prose* (New York: Harcourt Brace Jovanovich, 1973). [Edição em português: *Em busca dos jardins de nossas mães* (Rio de Janeiro: Bazar do Tempo, 2021)]. Citado em Byron e Lovelace, "Introduction: methods and the making", p. 2, e também em St. Clair, "Womanist biblical interpretation", p. 54-55.

quatro categorias a seguir, que "refletem alguns temas gerais da intepretação bíblica mulherista": (1) gênero e sexualidade, (2) agência e protagonismo, (3) trazendo para o primeiro plano as mulheres das margens e (4) iluminando a infância/as crianças bíblicas.[53] Um dos objetivos declarados da coleção é que "os leitores obtenham uma nova compreensão das interpretações mulheristas dos textos sagrados que destacam as inúmeras perspectivas trazidas pelas mulheres pretas e por outras mulheres de cor para a interpretação desses textos".[54] O ensaio de St. Clair em *True to our native land*, "Womanist biblical interpretation" [Interpretação bíblia mulherista], propõe uma "hermenêutica da completude", que deve "promover a completude das mulheres afro-americanas sem proibir a completude das outras".[55]

A obra *I found God in me: a womanist biblical hermeneutics reader* [Encontrei Deus em mim: lendo pela hermenêutica bíblica mulherista] é uma coleção recente de ensaios de estudiosas mulheristas consagradas e de outras recém chegadas que procura apresentar as diversas metodologias envolvidas na interpretação bíblica mulherista.[56] O corpo de escritos produzidos por estudiosas mulheristas continua se desenvolvendo e não se restringe a artigos em periódicos específicos (como o *Journal of Feminist Studies in Religion*) ou a ensaios dentro de coleções. A obra recente de Wil Gafney, *Womanist Midrash: a reintroduction to the women of the Torah and the throne* [*Midrash* mulherista: uma reintrodução às mulheres da Torá e do trono], é exemplo de um livro inteiro que aplica metodologias mulheristas e feministas à interpretação bíblica.[57] A contribuição de Nyasha Junior, *An introduction to womanist biblical interpretation* [Introdução à interpretação bíblica mulherista], é outro livro dedicado a estudar o desenvolvimento da interpretação bíblica mulherista, sua relação com a interpretação bíblica afro-americana e a diferença entre ela e a interpretação bíblica feminista.[58] A autora, contudo, apresenta esta curiosa ressalva: "Para alguns, pode parecer estranho que eu escreva um livro sobre a interpretação bíblica mulherista, já que não me identifico como mulherista".[59] Mesmo assim, o livro

---

[53]Byron e Lovelace, "Methods and the making", p. 9-14.

[54]Byron e Lovelace, "Methods and the making", 15. Ensaio particularmente útil para essa pesquisa contínua é Gay L. Byron, "Black collectors and keepers of tradition: resources for a womanist biblical ethic of (re)interpretation", in: Byron e Lovelace, *Womanist interpretation of the Bible*, 187-208. Byron identifica vários colecionadores e coleções de itens típicos da cultura africana que se relacionam com a Bíblia e o cristianismo primitivo.

[55]St. Clair, "Womanist biblical interpretation", 59.

[56]Mitzi J. Smith, org., *I found God in me: a womanist biblical hermeneutics reader* (Eugene: Cascade, 2015); Veja tb. Smith, *Insights from African American interpretation* (Minneapolis: Fortress, 2017).

[57]Wilda C. Gafney, *Womanist Midrash: a reintroduction to the women of the Torah and the throne* (Louisville: Westminster John Knox, 2017).

[58]Nyasha Junior, *An introduction to womanist biblical interpretation* (Louisville: Westminster John Knox, 2015).

[59]Junior, *Introduction to womanist biblical interpretation*, 129.

de Junior é um recurso proveitoso para entender o campo da interpretação bíblica mulherista e seus possíveis novos rumos.

Barbara E. Reid, em *Wisdom's feast: an invitation to feminist interpretation of the Scriptures* [O banquete da sabedoria: um convite à interpretação feminista das Escrituras], menciona que, lado a lado com a interpretação bíblica mulherista, tem se desenvolvido uma interpretação feminista latina, ou "*mujerista*".[60] As perspectivas mulherista e "*mujerista*" do estudo bíblico são de algum modo as filhas da interpretação bíblica feminista, prática que tem uma história relativamente longa. Em *Wisdom's feast*, Reid apresenta uma breve história dos estudos teológicos feministas, bem como um esboço básico de como a prática ganha forma, para, em seguida, apresentar estudos sobre as narrativas da criação de Gênesis e ensaios sobre passagens do NT com foco nas mulheres. A seção "How to interpret the Bible from a feminist liberationist perspective" [Como interpretar a Bíblia pela perspectiva liberacionista feminista] propõe sete passos.[61] Resumidamente, os passos são os seguintes:

1. Comece pela experiência das mulheres.
2. Identifique a posição social do intérprete.
3. Pergunte: "Quem diz?".[62]
4. Avalie o texto perguntando: "O que o texto faz?" (e.g., o texto "reforça a dominação e a opressão? Ou liberta para a vida plena?").
5. Solte as rédeas da imaginação criativa. "É necessário empregar todas as faculdades da imaginação criativa para sonhar com um mundo em que a igualdade e a dignidade das mulheres sejam um fato".
6. *Re*-lembre e *re*-constitua.[63]
7. Aja para uma mudança transformadora. Depois de analisar um texto, "o processo precisa culminar em uma ação deliberada com o propósito de transformação".[64]

Reid também colaborou para um importante desdobramento recente na interpretação bíblica feminista, a série *Wisdom Commentary*, da Liturgical Press.

[60]Reid, *Wisdom's feast*, 6.

[61]Reid, *Wisdom's feast*, 8-12.

[62]Em um olhar superficial, o terceiro passo parece empregar a metodologia histórico-crítica, como explica Reid: "Pergunte quem escreveu o texto, para quem, em que circunstâncias e com que propósito" (*Wisdom's feast*, 9). Ela prossegue: "Aqui, é importante reconhecer que os livros da Bíblia foram escritos, na maior parte, por homens, para homens, sobre homens e para servir aos propósitos dos homens [...] Não devemos considerar como 'a Palavra de Deus'" qualquer texto que negue, diminua ou distorça a plena humanidade das mulheres" (9-10).

[63]Reid explica: "O uso do hífen em 're-lembre/re-constitua' pretende evocar a importância de perceber que as mulheres estavam entre os membros dos grupos de discípulos, missionários, apóstolos, mestres, pregadores e assim por diante no passado e ainda são membras plenas hoje" (*Wisdom's feast*, 11n21).

[64]Reid, *Wisdom's feast*, 12.

Cada volume da série contém um prefácio de Elisabeth Schüssler Fiorenza e uma introdução da editora escrita por Reid. A introdução apresenta uma breve história da interpretação bíblica feminista e explica que se pode encontrar uma bibliografia continuamente atualizada em www.wisdomcommentary.org. Schüssler Fiorenza, talvez a voz mais destacada da crítica bíblica feminista, continua moldando o futuro da prática. Ela adverte que a hermenêutica feminista não é "um produto de pesquisa acabado", mas, sim, "um processo contínuo no contexto das lutas sociais e eclesiais das mulheres por justiça e libertação".[65] Embora os homens sejam bem-vindos no envolvimento com a interpretação bíblica feminista, a voz das mulheres precisa ser predominante. Minhas notas contêm algumas obras recentes de mulheres, notadamente as de Frances Taylor Gench, Marion Ann Taylor e Heather Weir.

A interpretação bíblica "latinx"

Fernando E. Segovia, uma das principais vozes da interpretação bíblica latinx, reflete sobre o papel da identidade na interpretação bíblica latinx, bem como sobre a questão relacionada de "práxis ou programa". Isto é, até que ponto a obra do estudioso latinx deve se concentrar na posição social?[66] Segovia conclui que o simples fato de ser um estudioso latinx da Bíblia não significa, automaticamente, ser um estudioso que se compromete com a interpretação bíblica latinx. Além disso, um estudioso que não é latinx, mas se esforça para ser um aliado dos estudiosos latinx, não está praticando a interpretação bíblica latinx. Segundo Segovia, para ser um intérprete bíblico latinx é necessário ser membro da comunidade latinx em conjunto com uma "conscientização, de práxis e programa, vindos da própria" comunidade. Assim como ocorre com as interpretações afro-americana, mulherista e feminista, a identidade étnica e de gênero do intérprete é parte integrante da prática da interpretação bíblica latinx, algo que os intérpretes pertencentes à cultura dominante dos Estados Unidos nem sempre reconheceram.

Analisando a identidade, M. Daniel Carroll R. explica que "o rótulo latino/latina pode ser polêmico. O governo dos EUA criou a classificação 'hispânico' para o censo de 1980 como forma de se referir a todas as pessoas de ascendência ibérica, o que inclui os países ao sul da fronteira americana e a maior parte dos caribenhos. Essa identificação, contudo, situa populações de diferentes histórias nacionais e de línguas e culturas diversas em

[65]Elisabeth Schüssler Fiorenza, *Changing horizons: explorations in feminista interpretation* (Minneapolis: Fortress, 2013), 101.

[66]Fernando F. Segovia, "Toward Latino/a American biblical criticism: Latin(o/a)ness as problematic", in: *They were all together in one place: toward minority biblical criticism*, org. Randall C. Bailey, Tat-siong Benny Liew e Fernando F. Segovia (Boston: Brill, 2009).

uma única categoria".[67] Em consequência, "dentro da cultura mais ampla, o termo 'hispânico' agora faz parte do vernáculo, mas encontra resistência por parte de muitas dessas comunidades".[68] Como ocorre com a interpretação bíblica afro-americana, a interpretação bíblica latinx é uma prática que abrange as experiência de um povo de diáspora e foi moldada pela teologia da libertação da América Latina. Carroll R. afirma que "as técnicas textuais entre os teólogos e estudiosos bíblicos latinxs podem variar, mas — seja qual for o método escolhido — essa orientação proporciona novas percepções em relação ao texto".[69] Enquanto Carroll R. não discorre sobre os métodos variados dos teólogos e estudiosos latinxs, Segovia toca, sim, no assunto. Segovia esboça o que ele entende como as cinco principais propostas na trajetória da interpretação bíblica latinx; ele compara a obra de Luiz Rivera Rodriguez, Efrain Agosto, Justo González, Jean-Pierre Ruiz e M. Daniel Carroll R.[70] O fato de haver diferentes abordagens sugere um desdobramento da prática da interpretação bíblica, à medida que mais estudiosos latinxs surgem e contribuem.[71] Contudo, não obstante a palavra *latinx* ser parte da análise, Segovia trata apenas da obra de acadêmicos do sexo masculino.

Entretanto, há intérpretes feministas latinas, como se observou anteriormente, e Cristina García-Alfonso é uma estudiosa latina da Bíblia hebraica que também trata do papel da identidade na interpretação bíblica latinx. García-Alfonso repassa um pouco de sua história pessoal ao analisar a ideia de "hermenêutica da sobrevivência", que é "profundamente moldada pelo contexto de sobrevivência, *resolviendo*, ainda muito presente em Cuba".[72] Em seguida ela apresenta um estudo da personagem bíblica Raabe. García-Alfonso conclui: "Ser uma estudiosa bíblica latina significa abraçar tudo o que sou como feminista cubana vivendo nesta época da História nos Estados Unidos (posição geográfica e acadêmica). Abraçar tudo o que sou significa abraçar minha identidade cubana: uma identidade que é corporal, feminista e profundamente moldada pelo senso de sobrevivência, sobrevivência familiar.

[67]M. Daniel Carroll R., "Latino/a biblical interpretation", in: Gorman, *Scripture and its interpretation*, 311-12.

[68]Carroll R., "Latino/a biblical interpretation", 312.

[69]Carroll R., "Latino/a biblical interpretation", 316.

[70]Fernando F. Segovia, "Introduction: approaching Latino/a biblical criticism: a trajectory of visions and missions", in: *Latino/a biblical hermeneutics: problematics, objectives, strategies*, org. Francisco Lozada Jr. e Fernando F. Segovia (Atlanta: SBL Press, 2014), 1-39.

[71]Enquanto Carroll R. defende que "as abordagens bíblicas latino/as ainda estão na infância" ("Latino/a biblical interpretation", 321), Segovia assinala que a realidade das abordagens variadas no campo "é sinal de crescimento em números dentro do movimento, mais e mais latino/as se unindo ao círculo da crítica bíblica. Também é sinal de avanço do refinamento, uma vez que ocorrem cada vez mais tentativas de autorreflexão". Segovia, "Introduction: approaching latino/a biblical criticism", 4.

[72]Cristina García-Alfonso, "Latino/a biblical hermeneutics: problematics, objectives, strategies", in: Lozada e Segovia, *Latino/a biblical hermeneutics*, 152.

Essa posição, não definida pela extensão de água que separa os Estados Unidos de Cuba, é o que chamo de posição socioemocional e existencial".[73]

Em *Taking up the cross: New Testament interpretations through Latina and feminist eyes* [Tomando a cruz: interpretações do Novo Testamento pelo olhos das latinas e feministas], Barbara Reid explica: "Tendo consciência de minha posição privilegiada como mulher americana branca, de classe média e com elevado grau de escolaridade, tentei ouvir a voz das mulheres cujas experiências de pobreza, opressão e violência dão uma perspectiva diferente sobre encontrar o sentido da cruz e da ressurreição".[74] Consequentemente, diante dos mencionados escritos de Segovia e García-Alfonso, pode-se questionar se Reid está envolvida na prática da crítica bíblica latina. No entando, Reid respeita as vozes latinas à medida que interpreta alguns textos dos Evangelhos empregando sua perspectiva liberacionista feminista, que inclui a metodologia histórico-crítica.

Os estudiosos bíblicos latinx compartilham preocupações relativas à condição marginalizada de seu povo, à justiça social, à centralidade da família, à solidariedade e à libertação. Eles veem sua disciplina desenvolvendo a capacidade de se autocriticar e de se envolver com a comunidade acadêmica mais geral, particularmente nas áreas de estudos latino-americanos e estudos pós-coloniais. E, assim como acontece com toda interpretação bíblica de pessoas marginalizadas, alguns estudiosos, como M. Daniel Carroll R., afirmam temer que os estudos se afastem cada vez mais de suas raízes. Carroll R. fala de "dois perigos possíveis" — a saber, limitar o diálogo aos círculos acadêmicos e ter as vozes proféticas latinxs "domesticadas pela inclusão".[75]

A interpretação bíblica pós-colonial

"Visto que a Bíblia foi usada para justificar inúmeros atos de violência sancionada pelo governo e para silenciar as vozes das mulheres ao longo das eras, nós, como estudiosos bíblicos responsáveis, faremos bem ao enfrentarmos os aspectos da Bíblia que roubam a vida, para que suas palavras vivificantes falem por si mesmas de forma livre e desembaraçada".[76] Jennifer G. Bird reconhece que a Bíblia foi usada para oprimir pessoas em todo o mundo e essa realidade está por trás da interpretação bíblica pós-colonial.[77] Talvez o

[73]García-Alfonso, "Latino/a biblical hermeneutics", 163.

[74]Barbara E. Reid, *Taking up her cross: New Testament interpretations through Latina and feminist eyes* (Minneapolis: Fortress, 2007), p. 3.

[75]Carroll R., "Latino/a biblical interpretation", 321.

[76]Jennifer G. Bird, "Scripture and new interpretive approaches: feminist and post-colonial", in: Bird and Pahl, *Sacred*, 173.

[77]A interpretação bíblica pós-colonial é um projeto global, mas, como observo ao longo de meu ensaio, as experiências exclusivamente norte-americanas também contribuem para essa abordagem. E.g., veja

defensor mais célebre da interpretação bíblica pós-colonial seja Rasiah S. Sugirtharajah. Sugirtharajah afirma que, em se tratando da atitude das nações colonizadoras, "há uma amnésia proposital e uma cegueira moral" em relação ao impacto negativo do colonialismo sobre um número incontável de vidas mundo afora.[78]

A obra *Scripture and its interpretation* define a crítica (ou hermenêutica) pós-colonial como "uma perspectiva interpretativa que busca (a) expor e criticar o colonialismo e as estruturas de poder mais generalizadamente, bem como (b) identificar e criticar o uso da Bíblia para apoiar ou contestar o poder imperial e outras formas de poder abusivo".[79] Sugirtharajah ainda explica que, "basicamente, a crítica bíblica pós-colonial consiste em fazer suas perguntas às narrativas bíblicas e ao modo que foram interpretadas de um jeito diferente ".[80] Todo estudo crítico da Bíblia faz perguntas ao texto com o intuito de delimitá-lo, para entender sua autoria e identificar seu efeito sobre os leitores. Entretanto, os críticos bíblicos pós-coloniais, em vez de fazer essas perguntas a partir da perspectiva moldada pelas normas culturais ocidentais, se achegam ao texto bíblico como pessoas que procuram revelar o impacto dos impérios — sejam eles antigos ou modernos. "Em essência, a crítica bíblica pós-colonial consiste em estudar quem tem o direito de contar histórias e quem tem a autoridade para interpretá-las".[81] Como se observou no começo deste capítulo, interpretar a Bíblia é um ato de poder e esse poder estava, até relativamente pouco tempo atrás, nas mãos dos brancos descendentes dos colonizadores.

A interpretação bíblica pós-colonial tem efeito no modo que enxergamos a história da atividade missionária cristã. Os estudiosos continuam lutando com as repercussões de que o evangelho de Jesus Cristo foi transmitido pela voz e pelas ações dos colonizadores. Gregory Lee Cuéllar e Randy S. Woodley citam Sugirtharajah, o qual, comentando a atividade missionária

---

Bailey, Liew e Segovia, *They were all together in one place*. O propósito dos organizadores é, segundo eles mesmos, o desejo de "investigar como os estudiosos bíblicos pertencentes a minorias étnicas dos Estados Unidos podem atravessar a 'fronteira da cor' para formar uma coalizão ou aliança com o intuito de transformar a disciplina dos estudos bíblicos" (4). Eles também apontam que os nativos americanos não estão representados em sua obra dado o número tragicamente pequeno de estudiosos pertencentes a essa minoria; mas também porque eles, os editores, consideram o termo "minoria" "inadequado para os nativos americanos porque 'minoria' não comunica o fato de que os direitos deles, incluindo suas reivindicações territoriais, existiam antes do governo americano e independem dele" (4n2).

[78]R. S. Sugirtharajah, *Exploring postcolonial biblical criticism: history, method, practice* (Malden, MA: Wiley-Blackwell, 2012), p. 8. Note também obra anterior, R. S. Sugirtharajah, org., *The postcolonial biblical reader* (Malden, MA: Blackwell, 2006).

[79]Gorman, *Scripture and its interpretation*, 419.

[80]Sugirtharajah, *Exploring postcolonial biblical criticism*, 2.

[81]Sugirtharajah, *Exploring postcolonial biblical criticism*, 3.

espanhola, afirma: "A voz de Deus se mesclou com a voz do invasor".[82] A obra dos missionários cristãos é apenas um ponto onde a interpretação bíblica pós-colonial se intersecciona com outras áreas. Stephen D. Moore e Fernando F. Segovia apresentam uma história dos estudos bíblicos pós-coloniais, investigam como a disciplina se intersecciona com outros campos de estudo e descrevem a trajetória da disciplina.[83] Entre outras coisas, Moore e Segovia advertem contra o perigo de que a interpretação bíblica pós-colonial se torne um modismo ou negligencie autocrítica.

Postcolonial biblical criticism: interdisciplinary intersections [Crítica bíblica pós-colonial: intersecções interdisciplinares] é parte de uma série publicada pela Bloomsbury T&T Clark (cujo organizador é R. S. Sugirtharajah). Entre outras obras da série estão *A postcolonial commentary on the New Testament writings* [Comentário pós-colonial dos escritos do Novo Testamento], *The postcolonial Bible* [A Bíblia pós-colonial], *Vernacular hermeneutics* [Hermenêutica vernacular], *Interpreting beyond borders* [Interpretação para além das fronteiras], *Last stop before Antarctica: the Bible and postcolonialism in Australia* [Última parada antes da Antártica: a Bíblia e o pós-colonialismo na Austrália] e *John and postcolonialism: travel, space and power* [João e o pós-colonialismo: viagens, espaço e poder]. Há muito a ser explorado nas interpretações pós-coloniais das Escrituras. Todavia, quanto ao futuro da interpretação bíblica pós-colonial, Sugirtharajah afirma: "O desafio constante que o crítico pós-colonial enfrenta é o de como preservar seu status marginal. Como estar na fronteira. Como continuar sendo um excluído. Um perigo espreita os que se situam nas academias. As universidades estão se tornando cada vez mais colaboradoras do capitalismo corporativo, em vez de serem críticas desse modelo".[84] Visto que mais vozes marginais passam a fazer parte da corrente predominante, será que elas continuarão questionando o poderoso *status quo*?

Reflexões

Muitos anos atrás, deparei com uma tirinha cujo texto me fez gargalhar. A tira retratava três pessoas sentadas em semicírculo, vestidas com roupas que pareciam a indumentária formal do primeiro século. Uma delas, um homem,

[82]Rasiah S. Sugirtharajah, *Bible and empire: postcolonial explorations* (New York: Cambridge University Press, 2005), p. 89, citado em Gregory Lee Cuéllar e Randy S. Woodley, "North American mission and motives: following the markers", in: *Evangelical postcolonial conversations: global awakenings in theology and praxis*, org. Kay Higuera Smith (Downers Grove: InterVarsity, 2014), 64-65.

[83]Stephen D. Moore e Fernando F. Segovia, "Postcolonial biblical criticism: beginnings, trajectories, intersections", in: *Postcolonial biblical criticism: interdisciplinary intersections*, org. Stephen D. Moore e Fernando F. Segovia (New York: T&T Clark, 2007), 1-22.

[84]Sugirtharajah, *Exploring postcolonial biblical criticism*, 185.

com a boca aberta, prestes a falar, segurava um rolo de papiro com o título "Estudo Bíblico, 75 d.C.". A legenda correspondente à fala desse homem dizia: "Acredito que Paulo deseja que cada um aqui diga o que esse versículo quer dizer para você". Eu ri, porque esse formato descrevia praticamente todos os grupos de estudo bíblico de que eu tinha participado durante anos de minha vida. Mas, tendo sido pastor e professor da Bíblia por muitos anos, quando falo dessa tirinha a leigos da igreja ou a iniciantes de cursos de teologia, observo que a reação evoluiu com o passar do tempo. No começo, muitos riam assim como eu ri (e, mesmo hoje, os risos em geral partem de estudantes mais velhos). Os que conhecem melhor a metodologia histórico-crítica veem graça na tira em parte porque consideram que a abordagem daquele pequeno grupo de estudo bíblico era subjetiva; eles entendem que o sentido não é determinado pelo grupo, mas pertence à Paulo, o autor da carta. Além disso, os que riem não pensam no apóstolo Paulo como alguém que convidaria os outros a trazerem seus próprios sentidos para o texto do apóstolo. Contudo, nos anos mais recentes, os alunos já não riem tanto, mas acham a tirinha acolhedora. Os leitores leigos da Bíblia e os calouros de teologia em geral têm a expectativa de exercer o poder da interpretação bíblica. Como disse um de meus alunos em relação à tira: "Gostei que as pessoas são convidadas a abordar o texto". O aluno era oriundo de um ambiente eclesiástico onde os congregantes não eram estimulados a se envolver com o texto bíblico, mas a meramente receber o ensino credenciado do pastor.

As perspectivas pós-modernas em relação à Bíblia dão poder às pessoas. Apesar da esperança de que a metodologia histórico-crítica produzisse interpretações bíblicas objetivas e livres de preconceitos, a locução "interpretação bíblica" desacompanhada de outros adjetivos significou interpretação bíblica branca, eurocêntrica e tipicamente masculina. Essa interpretação bíblica não raramente fortaleceu as estruturas de opressão, entre elas o colonialismo no mundo todo e a escravatura nos Estados Unidos. Contudo, à medida que um número cada vez maior de marginalizados adquiriam instrução e os representantes das culturas dominantes se tornavam mais sensíveis ao sofrimento dos outros, as abordagens à Bíblia se diversificaram mais. Este capítulo explorou algumas dessas metodologias pós-modernas — as que acrescentam outros adjetivos além de "bíblica" ao termo "interpretação". Essas metodologias, às quais provavelmente serão acrescentadas muitas outras, serão marcos longevos na paisagem da interpretação bíblica. Cuidemos, contudo, para não jogar fora o bebê histórico-crítico junto com a água do banho da interpretação bíblica moderna. Muitos estudiosos pós-modernos concordam que sempre precisaremos empregar certos elementos da metodologia histórico-crítica.

Como ocorre com os estudiosos histórico-críticos, os intérpretes pós-modernos divergem quanto à autoridade bíblica. Continuará havendo uma gama de opiniões sobre o que significa chamar a Bíblia de a Palavra de Deus. Mesmo com uma variedade de entendimentos sobre a autoridade bíblica, os intérpretes pós-modernos continuarão com seu estudo sobre o que a Bíblia dá a entender sobre a natureza de Deus e como ele se relaciona com os seres humanos. Esses intérpretes também lançarão luz sobre as experiências de vida de povos de todo o mundo e sobre como esses povos entendem Jesus. Por exemplo, numerosos estudos se concentraram nas pessoas que tiveram contato com Jesus, segundo os Evangelhos, dando atenção especial à posição social dos indivíduos na narrativa e relacionando-a a indivíduos de nossa época que estejam em condições análogas.

Ainda que a prática da interpretação teológica tenha tido um crescimento enorme durante os últimos quinze anos, o futuro da prática continua incerto. A ausência de uma metodologia clara talvez explique parte do crescimento, enquanto vários praticantes lutam para explicar a atividade. Porém, os intérpretes da Bíblia mais jovens, formados no ambiente pós-moderno, parecem menos abalados pela ambiguidade resultante da falta de uma metodologia clara. Além disso, se, por um lado, os adeptos da interpretação teológica trazem sua experiência eclesial mais abertamente à tarefa da interpretação, por outro, um número cada vez maior de pessoas faz questão de ignorar as distinções denominacionais. Será interessante ver como a interpretação teológica se dará em uma cultura que podemos chamar de pós-denominacional.

Uma preocupação manifestada por muitos diz respeito ao futuro dos estudos bíblicos pós-modernos, à medida que mais pessoas de grupos outrora sub-representados se tornam cada vez mais estabelecidas na academia. Os indivíduos de grupos minoritários que estão buscando trilhar seu caminho nos círculos acadêmicos sem perder o contato com as pessoas cuja causa elas defendem encontram toda sorte de desafios — tanto profissionais quanto pessoais. A esperança é que as vozes proféticas afiadas não se tornem lâminas cegas à medida que os estudiosos de grupos minoritários conquistem espaço no *mainstream*.

Enquanto nos esforçamos para aprender com a vasta gama de pensadores e escritores que estudam a Bíblia, talvez o enfoque esperançoso de Tom Greggs seja uma palavra final adequada. Gregg propõe uma "hermenêutica do *ágape*" e explica:

> Ler face a face com outra pessoa, na verdade com um membro de outra comunidade de fé, ler com amor, nos põe diante da necessidade de sermos sensíveis

em nosso envolvimento com os textos quando os lemos sozinhos. É um convite a refletirmos acerca de onde nós mesmos nos situamos nos textos e seu efeito essencial é nos tirar, no aspecto teológico, a certeza de nossa condição de privilegiados, de nossa presunção e dos exclusivismos binários que criamos. A leitura em conjunto com outros religiosos não é apenas um processo que "apresenta" uma leitura amorosa, mas também um processo que "engendra"[85] de forma muito mais abrangente uma leitura que questiona criticamente a preocupação com o eu e o texto e nos volta para o outro, o que nos ajuda talvez a entender um pouco mais da alteridade suprema de Deus.[86]

[85]E[N.R.: *engenders* faz alusão à palavra "gênero". Poderia ser entendida como "dá gênero". (N. R.)

[86]Tom Greggs, "Reading the scripture in a pluralistic world: a path to discovering the hermeneutics of *agape*", in: Thiselton, Porter e Malcolm, *Horizons in hermeneutics*, p. 215.

4

O ANTIGO TESTAMENTO NO NOVO TESTAMENTO

MATTHEW W. BATES

INTRODUÇÃO

É intimidador. Quando procuramos aprofundar nossa compreensão de como os autores do NT fizeram uso do AT, o diálogo rapidamente passa a ser técnico: Mateus usou o AT em hebraico, aramaico, siríaco ou grego? Em que variante dialetal? Será que ele reaproveitou as citações veterotestamentárias de Marcos ou usou o AT à sua própria maneira — e com que regularidade? Mateus tinha ciência do contexto mais amplo do AT? Se sim, que aspectos do contexto? Até que ponto ele conhecia as teologias, as diferenças de gênero, as fontes, a edição, a arte literária e as declarações históricas do AT? Para avaliar todos esses problemas, de que evidências antigas dispomos? Qual o grau de certeza das conclusões que podemos tirar?

Além disso, ao avaliar o uso do AT no NT, precisamos fazer todas essas perguntas não só em relação a Mateus, mas também em relação a Paulo, Lucas, João, ao autor de Hebreus, e assim por diante. E a resposta a uma dessas perguntas, como uma pedrinha lançada nas águas calmas de um lago, gera pequenas ondas. Desse modo, surge uma série de novas perguntas. Por exemplo, se fosse provado (corretamente) que Paulo preferia citar o AT em grego, o texto de Paulo corresponde às antigas famílias de manuscritos de traduções do AT que podemos em geral classificar como septuagínticas, ou está mais próximo das traduções produzidas por Áquila, Teodócio e Símaco? E se estiver relacionado com a Septuaginta (LXX), o que dizer das evidências de que, ao contrário da antiga lenda, a própria Septuaginta não foi um produto uniforme, mas envolveu múltiplos tradutores, revisões e recensões ocorridas ao longo de um longo período?[1] Além disso, por que Paulo exclui,

[1]Veja Timothy Michael Law, *When God spoke Greek: the Septuagint and the making of the Christian Bible* (Oxford: Oxford University Press, 2013).

acrescenta e muda palavras ao citar o AT? Em relação a isso, podem-se detectar padrões de conduta específicos e defini-los? Ainda mais preocupante, se provarmos (corretamente!) que as modificações de Paulo da redação exata do texto às vezes são intencionais e ideológicas, o que isso significa em relação às teorias gerais acerca da doutrina das Escrituras?

Mesmo que o bombardeio de detalhes técnicos nos deixe atônitos, também devemos reconhecer que é de suma importância que os especialistas tenham domínio deles — sobretudo porque nem todos são chamados para essa especialização peculiar. Somente trabalhando com esses pequenos detalhes é que podemos ir além das impressões vagas sobre o uso do AT no NT, e, aliás, sobre as Escrituras como um todo, para a verdade real. Pode ser fácil fazer observações dogmáticas sobre a natureza das Escrituras usando termos que soem impressionantes, tais como *inerrância*, *infalibilidade*, *inspiração* e *perspicuidade*, quando se está voando a uma altitude de trinta mil pés acima das antigas práticas de escrita. Outra coisa bem diferente é tentar decifrar o que esses termos podem significar à luz das realidades encontradas no nível do solo, tais como as práticas de exegese, os manuscritos e as técnicas dos escribas da Antiguidade. Isso não quer dizer que termos como *inspiração* não sejam verdadeiros ou úteis, mas quer dizer que é fácil para pastores, professores e estudiosos que são cristãos comprometidos (e me incluo entre eles) dar respostas prontas e convenientes que tratam o assunto de maneira excessivamente simplista e grosseira.

PANORAMA ATUAL DO CAMPO

Você está pronto para se sentir desapontado e aliviado ao mesmo tempo? Por mais inegavelmente importantes que esses aspectos técnicos sejam para se chegar à plena verdade, nossa tarefa aqui é resumir as tendências mais recentes no estudo do uso do AT no NT. E os estudos, de modo geral, não têm avançado com celeridade nessa frente especializada. Em vez disso, têm confirmado e refinado de maneira modesta os resultados que já estão bem estabelecidos. Mesmo assim, seria impossível resumir mesmo uma fração dessas questões mais especializadas neste breve capítulo — embora outros capítulos deste livro possam dar um impulso inicial aos leitores interessados e eu vá mencionar mais alguns recursos. De todo modo, creio que a oportunidade de examinar temas mais amplos será bem recebida por todos.

RECURSOS AMPLOS E PROJETOS ABRANGENTES

À medida que o estudo do AT no NT vem amadurecendo, não surpreende que recursos proveitosos tenham sido produzidos; recursos que oferecem uma ampla gama de pontos de partida para estudantes, pastores e estudiosos que desejem abordar essa área de pesquisa técnica. Quatro recursos em particular merecem menção.

A obra *Handbook on the New Testament use of the Old Testament* [*Manual do uso do Antigo Testamento no Novo Testamento:* exegese e interpretação], de Greg K. Beale, é um bom manual prático para quem deseja fazer uma pesquisa acadêmica detalhada ou escrever artigos exegéticos.[2] O livro é bom em muitos aspectos. Examina aspectos centrais dos debates acadêmicos recorrentes. Analisa questões características referentes a várias formas pelas quais o AT é usado no NT (citação, alusão, eco). Você está precisando de um guia rigoroso de pesquisa passo-a-passo para um artigo ou um sermão? É o que vai encontrar nesse manual. Além disso, o livro analisa técnicas interpretativas antigas, apresenta fontes não canônicas relevantes e explica com um estudo de caso como aplicar tudo o que se aprendeu. Tudo isso acompanhado de generosas recomendações bibliográficas.

Já a obra de Greg K. Beale e D. A. Carson, *Commentary on the New Testament use of the Old Testament* [*Comentário do uso do Antigo Testamento no Novo Testamento*], é ainda mais indispensável que o manual, pois examina extensivamente o uso do AT em cada livro do NT, versículo por versículo.[3] O comentário foi escrito por vários estudiosos, muitos deles reconhecidos especialistas no modo que determinado livro do NT usa o AT. Cada autor foi obrigado a empregar o mesmo método de seis partes, analisando: o contexto do NT, o contexto do AT, o uso do texto do AT no judaísmo do Segundo Templo e no judaísmo rabínico, questões de crítica textual, a hermenêutica empregada e o uso teológico. Esse método de seis partes garante que cada ocorrência do AT no NT seja tratada com profundidade e rigor uniformes. Infelizmente, porém, a metodologia falha em alguns momentos. Por exemplo, o comentário não avalia sistematicamente como algum uso específico do AT foi feito em outras passagens do NT. Além disso, ele raramente demonstra consciência de que o uso do AT na igreja pós-NT poderia nos ajudar a restaurar o uso do NT com mais precisão.[4] Apesar dessas falhas, a obra reúne uma tremenda quantidade de estudiosos confiáveis e apresenta

---

[2]Greg K. Beale, *Handbook on the New Testament use of the Old Testament: exegesis and interpretation* (Grand Rapids: Baker Academic, 2012) [edição em português: *Manual do uso do Antigo Testamento no Novo Testamento: exegese e interpretação*, tradução de A. G. Mendes (São Paulo: Vida Nova, 2013)].

[3]Greg K. Beale; D. A. Carson, *Commentary of the New Testament use of the Old Testament* (Grand Rapids: Baker Academic, 2007) [edição em português: *Comentário do uso do Antigo Testamento no Novo Testamento*, tradução de C. E. S. Lopes, F. Medeiros, R. Malkomes e V. Kroker (São Paulo: Vida Nova, 2014)].

[4]Quanto a essas críticas, veja Matthew W. Bates, *The hermeneutics of the apostolic proclamation: the center of Paul's method of scriptural interpretation* (Waco: Baylor University Press, 2012), 51-53.

informações bibliográficas valiosas. Continua sendo o melhor recurso com o qual começar o estudo do AT no NT.

A série em andamento de Ben Witherington III, "Old and New", busca tratar do uso do AT no NT de forma razoavelmente completa. Até agora, já foram publicados três volumes da série: Ben Witherington III, *Isaiah Old and New: exegesis, intertextuality, and hermeneutics* [Isaías Antigo e Novo: exegese, intertextualidade e hermenêutica] (Minneapolis: Fortress, 2017); Witherington, *Psalms Old and New: exegesis, intertextuality, and hermeneutics* [Salmos antigos e novos: exegese, intertextualidade e hermenêutica] (Minneapolis: Fortress, 2017); e Witherington, *Torah Old and New: exegesis, intertextuality, and hermeneutics* [Torá Antiga e Nova: exegese, intertextualidade e hermenêutica] (Minneapolis: Fortress, 2018).

A série de estudos de Steve Moyise examina os textos do NT de forma abrangente e tem como público-alvo estudantes e pastores. Para uma apresentação da série, veja Steve Moyise, *The Old Testament in the New: an introduction* [O Antigo Testamento no Novo: uma introdução], 2ª. ed. (New York: Bloosmbury T&T Clark, 2015). Para uma abordagem mais extensa, veja Moyise, *Jesus and Scripture: studying the New Testament use of the Old Testament* [Jesus e as Escrituras: estudando o uso do Antigo Testamento no Novo Testamento] (Grand Rapids: Baker Academic, 2011); Moyise, *Paul and Scripture: studying the New Testament use of the Old Testament* [Paulo e as Escrituras: estudo do uso do Antigo Testamento no Novo Testamento] (Grand Rapids: Baker Academic, 2010); Moyise, *The later New Testament writings and Scripture: the Old Testament in Acts, Hebrews, the Catholic Epistles, and Revelation* [Os últimos escritos do Novo Testamento e as Escrituras: o Antigo Testamento em Atos, Hebreus, as epístolas universais e o Apocalipse] (Grand Rapids: Baker Academic, 2012).

Essas tentativas de consolidar a área são indispensáveis para os que procuram orientação.[5] Não obstante, os avanços mais notáveis das últimas décadas no estudo do AT no NT — e, pode-se dizer, os mais interessantes — implicaram o abandono da ideia de que seja um subcampo isolado ou um problema especializado e no entendimento cada vez maior da sua continuidade em relação à produção textual antiga judaica, cristã e pagã. Já se reconheceu há muito que certas técnicas exegéticas pagãs e judaicas se interseccionam com as dos autores do nosso NT. Contudo, estamos agora mais cientes dos diferentes papéis que as técnicas exegéticas desempenham nas pressuposições

[5]Embora em grande parte reflita diálogos mais antigos sobre a teoria hermenêutica e doutrina das Escrituras, e não os avanços mais recentes no campo, é possível que os estudantes apreciem o vivaz formato dialógico de Kenneth Berding; Jonathan Lunde, orgs., *Three views on the New Testament use of the Old Testament* (Grand Rapids: Zondervan, 2008).

sobre a forma que a realidade assume, pressuposições essas que levam em conta diferentes histórias unidas por uma cosmovisão comum.

Hoje podemos falar com maior confiança sobre um diálogo ou uma competição contínuos entre comunidades sociorreligiosas antigas a respeito do que é uma interpretação correta da narrativa do AT ou uma continuação dela. Os estudiosos consideram o uso do AT no NT uma manifestação desse fenômeno. Os autores do NT divergem bastante quanto ao entendimento preciso do que é uma interpretação e um uso convincentes do AT, mas são concordes na convicção de que os acontecimentos em torno de Jesus de Nazaré são centrais. Essas observações se somaram a uma compreensão cada vez maior entre os estudiosos de como as estratégias de produção textual se relacionam com a retórica, a leitura e a educação no mundo helenístico do NT e do cristianismo primitivo, concebidos de modo geral.

ABORDAGEM NARRATIVA E A DISPUTA INTRAJUDAICA

Enfoques narrativos

A ascensão das metodologias com enfoque narrativo deve ser considerada uma das tendências mais importantes do estudo do AT no NT. Originalmente, grande parte da energia dessa abordagem provinha do estruturalismo. Edificando sobre a linguística de Ferdinand de Saussure e a partir da antropologia cultural de Claude Lévi-Strauss, os estruturalistas esperavam descobrir um padrão universal de narrativa e criação de sentido mediante a análise de oposições binárias, papéis estereotipados e substituição. Assim, Vladimir Propp e A. J. Greimas procuravam destilar as narrativas folclóricas para extrair uma gramática estratificada, de forma que a lógica narrativa subjacente pudesse ser exposta mediante um modelo "actancial".

Com a obra de estudiosos como Edmund R. Leach, Mary Douglas, John D. Crossan, Robert Funk, Dan Via e Daniel Patte, a análise estruturalista adentrou a corrente predominante dos estudos bíblicos.[6] Entretanto, e de início, o potencial da análise narrativa não se concretizou em relação ao problema específico de como o NT usa o AT. Richard Hays, em sua dissertação *The faith of Jesus Christ* [A fé de Jesus Cristo], mostrou o grau com que Paulo usa narrativas veterotestamentárias submersas em sua lógica argumentativa.[7] Hays usou o modelo actancial de Greimas para demonstrar que

---

[6]Para uma apresentação, veja David Jobling, "Structuralism and deconstruction", in: *Dictionary of Biblical Interpretation*, org. John H. Hayes, 2 vols. (Nashville: Abingdon, 1999), 2:509-14.

[7]Richard B. Hays, *The faith of Jesus Christ: an investigation of the narrative substructure of Galatians 3.1—4.11*, SBLDS 56 (Atlanta: SBL Press, 1983).

o argumento de superfície de Paulo se ampara em uma lógica mais primordial moldada por certas narrativas do AT.

A dissertação de Hays exerceu enorme influência. Ela não só reabriu o debate em torno da expressão *pistis christou* ("fé" de Cristo ou "fidelidade" de Cristo) nos estudos do NT, mas também alertou outros estudiosos bíblicos da possibilidade de que a análise de narrativas veterotestamentárias submersas podiam lançar luz sobre o NT. O efeito sobre os estudos paulinos foi imediato e tem sido acentuado.[8] Ela também matizou o estudo dos Evangelhos e do restante do *corpus* do NT — a tal ponto que só consigo mencionar alguns estudos mais emblemáticos.[9] Enquanto isso, despindo-se do formalismo do estruturalismo, os estudos que se amparam principalmente na análise de narrativas veterotestamentárias submersas continuam a se multiplicar produtivamente.[10]

Disputa intrajudaica

Ainda que os estudos anteriores tivessem ciência da necessidade de situar o uso do AT no NT no interior da matriz do judaísmo, a descoberta dos MMM e a expansão explosiva dos estudos do judaísmo do Segundo Templo alteraram significativamente as metodologias e os resultados. Por exemplo, antes da descoberta dos MMM, quando os estudiosos buscavam situar o uso do AT no NT em um devido contexto judaico, os principais objetos de comparação eram o judaísmo rabínico, por um lado (sobretudo a *Mishná*, o *Talmude* e a literatura da *Midrash*), e o judaísmo filosófico, por outro (sobretudo Filo).[11] Os estudiosos da área não desistiram de comparar o uso do AT no NT às práticas rabínicas — ainda se encontram com frequência discussões em manuais das (supostas) sete regras (*middot*) de exegese atribuídas a Rabbi Hillel, menções às treze regras de Rabbi Ishmael, ou referências às 32 regras associadas

[8]N. T. Wright, *The climax of the covenant: Christ and the law in Pauline theology* (Minneapolis: Fortress, 1992), 193-219; Ben Witherinhgton III, *Paul's narrative thought world: the tapestry of tragedy and triumph* (Louisville: Westminster John Knox, 1994); Sylvia C. Keesmaat, *Paul and his story: (re)interpreting the exodus tradition*, JSNTSup 181 (Sheffield: Sheffield Academic, 1999); Bruce W. Longenecker, org., *Narrative dynamics in Paul: a critical assessment* (Louisville: Westminster John Knox, 2002).

[9]N. T. Wright, *The New Testament and the people of God* (Minneapolis: Fortress, 1991), 69-77, 216-23, 369-417 [edição em português: *O Novo Testamento e o povo de Deus* (São Paulo: Thomas Nelson Brasil, 2022)]; Wright, *Jesus and the victory of God* (Minneapolis: Fortress, 1996), 244, 310, 461; Rikki E. Watts, *Isaiah's new exodus in Mark*, WUNT 2/88 (Tübingen: Mohr Siebeck, 1997); David W. Pao, *Acts and the Isaianic new exodus*, WUNT 2/130 (Tübingen: Mohr Siebeck, 2000); Brant Pitre, *Jesus, the tribulation, and the end of the exile: restoration eschatology and the origin of the atonement*, WUNT 2/204 (Tübingen: Mohr Siebeck, 2005).

[10]E.g. Rodrigo J. Morales, *The spirit and the restoration of Israel: new exodus and new creation motifs in Galatians*, WUNT 2/282 (Tübingen: Mohr Siebeck, 2010); N. T. Wright, *Paul and the faithfulness of God* (Minneapolis: Fortress, 2013), espec. p. 456-537 [edição em português: *Paulo e a Fidelidade de Deus* (São Paulo: Paulus, 2021)].

[11]Otto Michael, *Paulus un seine Bibel*, BCFT 2.18 (Gütersloh: Bertelsmann, 1929); Joseph Bonsirven, *Exégèse rabbinique et exégèse paulinienne* (Paris: Beauchesne et ses fils, 1938).

a Rabbi Eliezer ben Jose ha-Galili.[12] Além disso, os estudiosos não raramente (e em geral com razão) notam que usos selecionados do AT no NT revelam o princípio interpretativo *qal wahomer* (do leve ao pesado).[13]

Ao mesmo tempo, no entanto, os estudiosos se mostram cada vez mais relutantes a apresentar essas regras de interpretação rabínicas como "a" explicação interpretativa "definitiva". Por exemplo, Richard Hays, quanto às limitações do poder explanatório das regras rabínicas, observa: "As regras do *middot*, além de consideravelmente difíceis de interpretar e datar, em nenhum caso fornecem regras para a interpretação das Escrituras. Elas não são regras nem diretrizes restritivas, mas, sim, um inventário de tropos. O *middot* apresenta um relato descritivo de um repertório de operações imaginativas possíveis que se podem realizar no texto no ato da interpretação. Elas não dizem ao intérprete como descobrir o que o texto significa. Em vez disso, sugerem meios de fazer o texto dizer mais do que ele diz".[14] Hays está dizendo que as regras do *middot* são tropos, ou usos figurados que permitem ao intérprete estender o texto — fazer uma aplicação, por exemplo, criando uma ponte entre o contexto antigo e o do intérprete.

Jesus, por exemplo, diz: "Qual de vocês, se tiver uma ovelha e ela cair num buraco no sábado, não irá pegá-la e tirá-la de lá? Quanto mais vale um homem do que uma ovelha! Portanto, é permitido fazer o bem no sábado" (Mt 12.11,12, tradução do autor). Aqui, Jesus é retratado usando o *qal wahomer* de duas maneiras diferentes. Primeiro, ele recorre tacitamente ao mandamento do AT, de que é necessário ajudar seu irmão ou seu próximo se o jumento ou o boi dele cair em um buraco (Dt 22.4) — com a hipótese de que, se isso se aplica ao animal de seu *próximo*, *muito mais* se aplicará ao *seu próprio* animal. Em seguida, ele aplica o texto ao problema humano; se ajudar um *animal* em apuros deve ser prática acolhida no sábado, *muito mais* deve ser curar uma *pessoa* com a mão deformada.

Em linha com a observação de Hays de que os *middot* não são princípios interpretativos, mas tropos que permitem ao intérprete fazer o texto "significar mais do que diz", perceba que, em ambas as inferências *muito mais*, Jesus não usa o *qal wahomer* para fazer uma exegese do texto (i.e., para extrair seu "sentido puro e simples", ou "literal"), mas, sim, para relacionar o sentido do texto a novos contextos.[15] Os oponentes de Jesus, é claro, não ficaram

[12]E.g. Richard N. Longenecker, *Biblical exegesis in the apostolic period*, 2. ed. (Grand Rapids: Eerdmans, 1999), p. 18-24.

[13]E.g. Mt 12.12; Rm 5.15; 1Co 9.9,10; 1Tm 5.18; 1Pe 3.6.

[14]Richard B. Hays, *Echoes of Scripture in the letters of Paul* (New Haven: Yale University Press, 1989), p. 12.

[15]O que se quer dizer com "literal" ou "sentido puro e simples" não é óbvio. Veja tb. a seção "Normas de leitura", a seguir.

impressionados com a aplicação interpretativa dele. Eles prontamente começaram a tramar como poderiam matá-lo (Mt 12.14).

Eles não eram os únicos a se oporem à interpretação de Jesus. A comunidade de Qumran não permitia que se resgatassem animais caídos em um buraco no sábado: "Ninguém deverá ajudar um animal a dar à luz no sábado; e se ele cair em um poço ou buraco, não o tirará dali no sábado" (CD A 11.13-14).[16]

Contudo, o argumento de Jesus pressupõe que os fariseus permitiam essas atividades. Jesus concorda com os fariseus ao discordar da comunidade de Qumram na aplicação do primeiro *qal wahomer* — se o animal de seu próximo, muito mais o seu próprio animal. Mas, para Jesus, os fariseus são tragicamente míopes porque não aplicam o segundo *qal wahomer* — isto é, os fariseus não percebiam que essa lei do AT sobre os animais mostra que Deus aprova ainda mais a cura de pessoas no sábado. Portanto, Jesus concorda com a autoridade e a exegese "literal" dos fariseus, mas discorda profundamente de como essa mesma exegese deveria ser estendida para além do caso dos animais.

São evidências como essas, tiradas dos MMM e dos Evangelhos, que aguçaram a consciência acadêmica do grau em que a interpretação do AT no NT envolvia a disputa doutrinária intrajudaica: as discordâncias entre as diferentes seitas judaicas quanto aos devidos limites que deveriam delinear a comunidade da aliança de Deus.[17] Os MMM abriram novos horizontes de pesquisa, permitindo que estudiosos comparem as práticas dos escribas de Qumran com as dos escribas do cristianismo primitivo.[18] Às primeiras tentativas vagas de definir as práticas dos escribas como *midrash* ou *midrash pesher*, seguiram-se, em geral, análises mais sofisticadas. N. T. Wright e Francis Watson são exemplos de duas abordagens atuais.

HISTÓRIAS RIVAIS SOBRE A HISTÓRIA

Baseando-se na abordagem narrativa (e em seu alicerce estruturalista), o vasto projeto em múltiplos volumes de N. T. Wright, *Christian origins and the question of God* [As origens cristãs e a questão de Deus], examina os diferentes modos como grupos específicos do Segundo Templo se enxertavam na narrativa do

[16]A tradução é de Michael O. Wise, Martin G. Abegg Jr. E Edward M. Cook, trad. e coment., *The Dead Sea Scrolls: a new translation* (San Francisco: HarperOne, 2005).

[17]Falar de disputa intra-"judaica" e compará-la com o rótulo "cristão" é problemático, pois os rótulos e as fronteiras entre essas comunidades eram fluídos e passaram por intensa discussão ao longo primeiro século. Não dispomos, contudo, de rótulos precisos (e não anacrônicos) a respeito dos quais haja consenso. Por isso, esse termo imperfeito terá de bastar por ora.

[18]Krister Stendahl, *The school of St. Matthew and its use of the Old Testament*, 2. ed. (Philadelphia: Fortress, 1968); E. Earle Ellis, *Paul's use of the Old Testament* (Grand Rapids: Eerdmans, 1957); Yigael Yadin, "The Dead Sea Scrolls and the Epistle to the Hebrews", in: *Aspects of the Dead Sea Scrolls*, org. Chaim Rabin e Yigael Yadin, ScrHier 4 (Jerusalém: Hebrew University, 1958), 36-55.

AT e em sua continuação. Acreditava-se que a história do AT ainda estava se desenrolando e caminhando para uma conclusão clara e certa: YHWH julgaria o mundo e justificaria os que haviam "interpretado" a história corretamente, conforme demonstrado por meio de uma vida de práticas adequadas.

Wright alega que se exprime uma história judaica fundacional no AT. Quando chamo a abordagem de Wright de um modelo de "histórias rivais sobre a história", é isso o que quero dizer com "a história". O Deus Criador deseja enviar o presente de seu sábio governo ao mundo inteiro. O agente mediante o qual esse sábio governo se realizará é Israel. Para ajudar Israel a cumprir sua missão, Deus deu a Torá e o Templo. Enquanto isso, o paganismo, a adoração de ídolos em vez de YHWH, é a ameaça contra Israel. O paganismo idólatra é o oponente que pode impedir Israel de obter êxito na entrega do sábio governo de Deus ao mundo.

Wright sugere, contudo, que essa história judaica primordial havia passado por uma sutil alteração na era do NT. Wright defende que esse desvio era vastamente adotado no fim do período do Segundo Templo. Portanto, ele também é, em certo sentido, "a história". A nova história é que Israel é incapaz de realizar sua missão porque foi desobediente à aliança. A ocupação romana da Terra Santa indica, para Wright, que Israel ainda está no exílio (o exílio é a maldição suprema infligida à desobediência à aliança), ainda que teoricamente esteja vivendo na terra prometida. Por isso, é necessário um "retorno do exílio", e esse retorno pode ser (e foi) posteriormente concebido como um "novo êxodo".

A consequência dessa nova história (deturpada) é que Deus primeiro deseja "resgatar" Israel antes de enviar seu sábio governo ao mundo inteiro — e esse primeiro objetivo acabou se tornando o único objetivo para muitos judeus do fim da era do Segundo Templo. O objetivo posterior, o de abençoar todas as nações, foi completamente perdido de vista. O agente mediante o qual esse novo resgate será alcançado é a Torá (em vez de considerar a Torá como uma auxiliadora de Israel, como era na sequência original). A Torá abrange os propósitos pactuais de Deus e resgatará Israel. A capacidade da Torá de realizar isso é auxiliada pelas promessas de Deus e pelas libertações divinas anteriores. Enquanto isso, os pagãos — e os israelitas infiéis (os que interpretam incorretamente o AT e sua postergação até o presente) — se opõem à Torá e aos propósitos pactuais de Deus, tornando incerto o resultado dessa operação de resgate.[19]

Para um israelita que vivia na época do NT, o que era necessário nessa nova (e deturpada) sequência? O indivíduo precisava ser capaz de demonstrar que

[19]Wright, *NTPG*, 221-23.

pertencia ao grupo do Israel fiel, o grupo que "interpretava" melhor a história do AT e sua continuação até então — e, fazendo isso, provar a própria fidelidade aos propósitos pactuais de Deus para seu povo. Wright demonstra que as interpretações e práticas veterotestamentárias dos principais grupos judeus ativos na época do NT — fariseus, saduceus, essênios, zelotes *e os primeiros cristãos* — podem, com proveito, ser entendidas como diferentes formas de ler e responder à história singular do AT. Enquanto isso, as histórias — as diversas interpretações e as seguidas contações daquela história singular — que se ofereciam na época do NT criavam, reforçavam e buscavam justificar a validade das fronteiras sociopolíticas entre as várias seitas.

Em última análise, Wright alega que o Jesus histórico conseguiu recuperar a história mais primordial do AT, elaborando um programa para Israel enquanto levava essa história ao seu apogeu predestinado por Deus. O Deus criador deu ao mundo o presente de seu sábio governo com o reinado de Jesus. Na verdade, isso se realizou por meio de Israel —não por Israel com suas próprias forças, mas, sim, pela ação vinda do próprio Deus de enviar seu Filho como um israelita verdadeiro, o messias, para resgatar Israel por meio de uma nova aliança. O Filho assumiu sua devida posição à direita de Deus como o Senhor do céu e da terra.[20] Nos Evangelhos, os primeiros intérpretes cristãos de Jesus conseguiram apresentar essa história reconfigurada da vitória de Deus, por intermédio de Jesus, o messias, como um contraponto às conhecidas narrativas judaicas.[21] Além disso, o apóstolo Paulo, sendo o primeiro autor cristão cujos escritos chegaram até nós, estava propositalmente fazendo teologia ao repensar a história de Israel. Com sua releitura das Escrituras à luz da ressurreição e da experiência do Espírito Santo, Paulo descobrira o devido lugar da aliança mosaica na economia salvífica de Deus — e, ao fazê-lo, convenceu-se de que Jesus havia cumprido o verdadeiro propósito de Israel de abençoar as nações para que elas se unissem a Israel constituindo um só povo de Deus sob o estandarte de Jesus, o rei.[22]

Embora seu vasto projeto continue sendo escrutinado na academia, as críticas mais incisivas contra Wright são em relação a sua ideia de exílio ainda em andamento, a suas perspectivas sobre a continuidade salvífico-histórica *versus* ruptura apocalíptica, ao seu costume de apelar para metáforas complexas quando dá explicações (e.g., Espírito implica novo êxodo, que evoca templo e implica a glória do *Shekiná*, e assim por diante) e à preocupação de que suas narrativas controladoras de grande escala o levem a

[20]Wright, *JVG*, 244-46, 472-74.
[21]Wright, *NTPG*, 371-417.
[22]Wright, *PFG*, p. 456-537, espec. P. 521.

atropelar os detalhes.[23] Que ninguém duvide, contudo, do brilho revigorante da contribuição e da importância de Wright para essa área. Sua obra há de perdurar, porque conta com enorme poder explanatório. O seu modelo de "histórias rivais sobre a história" continua pautando os programas de pesquisa e figurando como o principal parceiro de treinamento de praticamente todo o mundo que estude o uso do AT no NT.

Conversa tripartite

Em *Paul and the hermeneutics of faith* [Paulo e a hermenêutica da fé], Francis Watson apresenta um modelo do uso do AT no NT que tem tanto interesse na análise narrativa e na disputa intrajudaica quanto o de N. T. Wright. Todavia, Watson parte de alicerces teóricos diferentes, e isso o leva a fazer perguntas diferentes aos textos. O resultado são novos panoramas. Sua proposta é que o estudo do AT no NT é mais bem entendido não como um monólogo (como se só o AT falasse quando investigado por um autor do NT) nem como um diálogo entre duas partes (como se o diálogo entre o AT e o NT se desse em um vácuo social), mas, sim, como uma conversa entre três partes.

Quais são as três partes dessa conversa? São (1) o documento neotestamentário em questão, (2) a passagem veterotestamentária envolvida e (3) a literatura não cristã do judaísmo do Segundo Templo que se utiliza da mesma passagem. Logo, para Watson, ao estudar Romanos 1.17, em que Paulo cita Habacuque 2.4, é preciso fazer uma leitura atenta não só de Romanos, mas também de Habacuque em seus diversos contextos do AT, histórico, literário e canônico. E é preciso, *além disso*, analisar o uso de Habacuque 2.4 no suposto *Pesher* de Habacuque nos MMM, e assim por diante.

Watson lamenta que esses corpos de literatura com muita frequência sejam estudados isoladamente. Seu modelo busca fazer o oposto: "A intenção aqui é fazer com que esses textos conversem uns com os outros — ou melhor, mostrar que eles são como são em virtude de um diálogo contínuo de que já participam".[24] Isto é, Watson não está meramente buscando fazer com que os textos dialoguem entre si; ele mostra que uma leitura atenta de cada texto demonstra que eles *já estão* se moldando uns aos outros: que não podemos entender plenamente o que cada texto "é" sem identificar como um texto responde às outras partes do diálogo ou gera resposta delas. Em outras palavras, Watson afirma que seu modelo tripartite é uma conversa interpretativa

[23]Para um tratamento crítico de Wright, veja Samuel V. Adams, *The reality of God and historical method: apocalyptic theology in conversation with N. T. Wright* (Downers Grove: IVP Academic, 2015); James M. Scott, org., *Exile: a conversation with N. T. Wright* (Downers Grove: IVP Academic, 2017).

[24]Francis Watson, *Paul and the hermeneutics of faith*, 2. ed. (London: Bloomsbury T&T Clark, 2016), p. 2.

genuína em que cada texto envolvido é capaz de atuar nos demais textos, alterando o significado de cada um.

Mas isso não faz sentido — talvez objete um leitor de Watson —, pois Habacuque 2.4 (dentro de Habacuque, do Livro dos Doze, dos Profetas e do AT de forma mais ampla) tem seu próprio sentido completamente independente de como Paulo o interpretou. Habacuque, além disso, foi escrito antes das cartas de Paulo — e Habacuque pretendia se comunicar realmente com um público real pré-paulino. É impossível, portanto, que Paulo influencie Habacuque ou o Livro dos Doze, alterando o sentido que eles expressam. Se aceitarmos a hipótese de que a interpretação de Paulo altera o real sentido de Habacuque, estaremos injustificadamente fazendo a flecha do tempo voltar para trás. Acabaremos criando um nó hermenêutico que anula por completo a capacidade do AT de falar por si mesmo como Palavra de Deus, independentemente do NT.[25] É impossível que o autor de Habacuque tenha sido impactado por Paulo e, quando nossa exegese sugere essa possibilidade, é porque já descarrilamos e estamos muito longe dos trilhos (argumentaria um crítico).

A reivindicação de Watson, entretanto, é que não temos acesso (e, caso tivéssemos, de nada adiantaria) a textos do AT, como Habacuque ou o Pentateuco, na forma crua, sem interpretação. Como intérpretes, estamos situados no fluxo temporal da história da recepção do Pentateuco, assim como Paulo. Como diz Watson, já não é possível "justificar um tratamento do texto das Escrituras que o abstraia de sua própria história de interpretação — como se o único objeto adequado de estudo fosse um texto que permanece não lido. Texto e interpretação se situam em um *continuum*. Analisar leituras judaicas antigas do Pentateuco como interações com o texto é contribuir para o estudo do próprio Pentateuco".[26] Watson se apressa a esclarecer que isso não significa que os textos do AT careçam de seu próprio potencial semântico único; significa, antes, afirmar que não temos acesso a seu potencial semântico independentemente do fato de que a recepção desses textos tem uma história (na qual também estamos situados), como se pudéssemos de alguma forma transcender essa limitação. Devemos desconfiar de qualquer intérprete contemporâneo que ingenuamente pense o contrário. É impossível, portanto, ter acesso ao sentido do texto veterotestamentário, como se houvesse separação entre o texto e a história de sua recepção. Gostemos ou não, tanto os textos do NT que reagem ao AT quanto o nosso empenho interpretativo contemporâneo pertencem à história dessa recepção.

---

[25]Isso é parte da objeção a Watson lançada por Christopher R. Seitz, *The character of Christian Scripture: the significance of a two-Testament Bible* (Grand Rapids: Baker Academic, 2011), p. 53-62, espec. P. 57. Quanto à resposta de Watson, veja *Paul and the hermeneutics*, p. lvi-lxi.

[26]Watson, *Paul and the hermeneutics*, p. 4.

Dessa forma, Watson sugere que o uso do AT no NT é compreendido melhor como um diálogo tripartite entre (1) textos específicos do AT, (2) a recepção deles no NT e (3) sua recepção no judaísmo do Segundo Templo. O "sentido" que o estudioso bíblico de hoje encontrará em cada um depende da contribuição dialógica das outras partes da conversa. Dessa forma, o campo intertextual não se move apenas do AT para o NT ou vice-versa, mas há uma troca de visões entre cada texto e os demais e eles não estão sozinhos, pois cada texto é modificado pela literatura do Segundo Templo. Watson, portanto, desconfia das interpretações do NT que dão a entender que o AT falava para a época do NT de forma monocromática, como se não houvesse uma negociação intensa — uma disputa — manifestada nos últimos anos do judaísmo do Segundo Templo em torno do sentido de determinadas passagens do AT.

Embora eu tenha dedicado a maior parte do meu espaço ao exame do método tripartite de Watson, em se tratando de tendências recentes no estudo do AT no NT, as conclusões dele com respeito às cartas de Paulo também são notórias para o nosso campo como um todo. Watson sustenta que Paulo lia o Pentateuco de forma *sequencial* e *completa*. Não era um leitor só de passagens isoladas ou de blocos de texto selecionados — e isso foi decisivo para a postura hermenêutica geral do apóstolo no tratamento do AT.

Mais especificamente, para Watson, Paulo lia o Pentateuco como uma história consecutiva e, assim fazendo, descobria uma progressão. Deus promete abençoar todas as nações incondicionalmente por meio de Abraão e sua descendência (Gn 12.3; 15.5). Abraão responde com fé e, com base nisso, Deus lhe atribui justiça (15.6). Contudo, a posterior entrega da lei (Êx 19—20) põe as promessas em risco, porque elas agora parecem condicionadas à devida obediência humana. A lei parece oferecer vida em resposta ao cumprimento da aliança (Lv 18.5), mas o fracasso dos israelitas no deserto (Números) mostra que a aliança na verdade não pode ser mantida pelos israelitas infiéis. Todos os transgressores estão sob uma maldição (Dt 27.26), que inclui exílio e morte. No entanto, Deus salvará Israel por meio do exílio e iniciará uma nova aliança que permitirá aos israelitas serem obedientes de coração (Dt 30—32). Watson acredita que a leitura sequencial de todo o Pentateuco mostrou a Paulo que, no plano de Deus, o fio promissivo e incondicional da história acaba triunfando sobre o fio observante-jurídico condicional.[27]

O resultado é que, para o Paulo de Watson, o evento Cristo é de importância secundária na produção do modelo hermenêutico de Paulo. Em vez

[27]Veja Watson, *Paul and the hermeneutics*, p. 514-19.

disso, a leitura que Paulo fez do pentateuco era basicamente independente das convicções cristológicas que levaram à teoria geral de como Paulo interpreta o AT. O construto de Watson é plausível à primeira vista, mas outros estudiosos, entre os quais me incluo, não se convenceram e consideram as convicções kerigmáticas de Paulo sobre Jesus muito mais produtivas para a hermenêutica paulina do que Watson admite. Por exemplo, evidências que anulam a proposta de Watson podem ser encontradas em passagens onde Paulo identifica que o Messias está falando no AT — fenômeno que Richard Hays explicou como uma espécie de "tipologia davídica",[28] mas que eu identifiquei como uma antiga estratégia de leitura totalmente diferente, uma estratégia pouco conhecida (mas com amplas evidências) mais bem denominada de "exegese prosopológica".[29] O uso que Paulo faz da exegese prosopológica é uma das várias evidências que dão a entender que a hermenêutica de Paulo não era reticente na cristologia (ao contrário de Watson) nem eclesiocêntrica (ao contrário de Hays), mas, sim, "kerigmacêntrica" e "missiocêntrica", uma vez que ele aplicava e estendia os protocredos cristológicos ao interpretar o AT.[30]

Na subseção anterior, registramos a contribuição de Wright. Nesta seção, examinamos o modelo e as conclusões de Watson. A abordagem sequencial de Watson e o modelo do diálogo tripartite também são uma análise de narrativa referente à disputa textual intrajudaica — mesmo que seus métodos e conclusões sejam diferentes dos de Wright. A alegação de Watson de que Paulo é mais bem entendido como quem lê o Pentateuco todo em sequência sem dúvida continuará gerando estudos sobre essa afirmação referente a Paulo e, ao mesmo tempo, também estimulará estudos a respeito de outros autores do NT. Além disso, o modelo do diálogo tripartite de Watson é sofisticado e nos ajuda a prestar mais atenção aos textos do judaísmo do Segundo Templo contemporâneos do NT quando estudamos o uso do AT no NT. Contudo, pergunta-se por que Watson limitou o campo intertextual a um diálogo tripartido. Por que não de quatro, cinco ou mais partes? Será que um modelo que simplesmente trata do AT no NT como um diálogo intrajudaico não está excluindo interlocutores importantíssimos?

---

[28]Richard Hays, "Christ prays the Psalms: Paul's use of early Christian exegetical convention", in: *The conversion of the imagination: Paul as interpreter of Israel's Scripture* (Grand Rapids: Eerdmans, 2005), p. 101-18. A metodologia de Hays é em grande parte seguida por Matthew Scott, *The hermeneutics of Christological psalmody in Paul: an intertextual enquiry*, SNTSMS 158 (Cambridge: Cambridge University Press, 2014).

[29]Bates, *Hermeneutics of the apostolic proclamation*, 183-328, 350-52; Mattew W. Bates, *The birth of the Trinity: Jesus, God, and Spirit in New Testament and early Christian interpretations of the Old Testament* (Oxford: Oxford University Press, 2015), 27-36.

[30]Watson, *Paul and the hermeneutics*, 21; Hays, *Echoes of Scripture in the letters of Paul*, xiii; Bates, *Hermeneutics of the apostolic proclamation*, 329-35, 344-45.

CONTEXTOS LITERÁRIOS DO CRISTIANISMO PRIMITIVO E GRECO-ROMANO

A continuidade com os primórdios da era patrística

Vamos supor que queremos entender a interpretação que Mateus faz do AT — suas técnicas, seus princípios de seleção e seus princípios hermenêuticos fundamentais. Será que encontraremos os melhores dados para comparação nos MMM, nos Pseudepigráficos judaicos e em Filo de Alexandria? Não seria melhor comparar a interpretação que Mateus faz do AT com as interpretações dos que compartilhavam de suas convicções básicas sobre Jesus como o Messias — isto é, com Paulo, Lucas, o autor de Hebreus, Pseudo-Barnabé, Clemente de Roma e Justino Mártir? Vários estudiosos publicaram estudos demonstrando que o uso do AT no NT pode ser estudado com proveito não só como um diálogo intrajudaico, mas também por uma estrutura intracristã influenciada pela retórica e pelas normas pedagógicas greco-romanas.[31]

Embora numerosos estudos mereçam uma análise mais detida, vou mencionar dois em particular. Ambos são especialmente pertinentes, porque demonstram que a análise do uso do AT pelos cristãos posteriores à época do NT pode nos ajudar a entender melhor o que os autores do NT estavam fazendo na teoria e na prática — e esses dois estudos fazem isso estabelecendo conexões com o contexto interpretativo greco-romano mais amplo. Em suma, esse é um enfoque importante, porque a postura hermenêutica, os métodos interpretativos, e até mesmo as decisões exegéticas específicas dos autores neotestamentários têm bastante continuidade com a prática de seus sucessores imediatos. Os dois estudos podem ser examinados juntos: Frances M. Young, *Biblical exegesis and the formation of Christian culture* [A exegese bíblica e a formação da cultura cristã], e John J. O'Keefe e R. R. Reno, *Sanctified vision* [Visão santificada].[32]

---

[31]A obra seminal de R. M. Grant, *The letter and the spirit* (New York: Macmillan, 1957), continua a recompensar o estudo cuidadoso. Mais recentemente, há Manlio Simonetti, *Biblical interpretation in the early church: an historical introduction to patristic exegesis* (Edimburgo: T&T Clark, 1994); Christopher A. Hall, *Reading Scripture with the Church Fathers* (Downers Grove: InterVarsity, 1998); Ronald E. Heine, *Reading the Old Testament with the ancient church: exploring the formation of early Christian thought* (Grand Rapids: Baker Academic, 2007); Michael Graves, *The inspiration and interpretation of Scritpure: what the early church can teach us* (Grand Rapids: Eerdmans, 2014); Hans Boersma, *Scripture as real presence: sacramental exegesis in the early church* (Grand Rapids: Baker Academic, 2017); Sean A. Adams; Seth M. Ehorns, orgs., *Composite citations in antiquity: Jewish, Graeco-Roman, and early Christian uses*, 2 vols., LNTS (London: Bloomsbury T&T Clark, 2015-18).

[32]Frances M. Young, *Biblical exegesis and the formation of Christian culture* (Cambridge: Cambridge University Press, 1997); John J. O'Keefe e R. R. Reno, *Sanctified vision: an introduction to early Christian interpretation of the Bible* (Baltimore: Johns Hopkins University Press, 2005).

As referências de dentro da economia divina

Para O'Keefe e Reno, a interpretação bíblica contemporânea na academia e na igreja se preocupa predominantemente com referências externas em sua construção do sentido e do valor de verdade do texto bíblico. O método de interpretação está convencido de que o verdadeiramente real é algum "x" externo ao texto ou por trás do texto. A verdade está fora de alguma outra maneira e a Bíblia precisa se conformar a ela se quiser ser considerada portadora da verdade. Na maior parte do tempo, acredita-se que o "x" é "o que realmente aconteceu" e isso é equiparado à "história". Em segundo lugar, o "x" é tido como "o que as leis da natureza podem demonstrar que é verdadeiro" e é equiparado à "ciência". É claro, esses juízos são carregados de comprometimentos filosóficos (que muitas vezes atuam como pressupostos implícitos, nunca explicitados) sobre o que a linguagem, a história e a ciência são e sobre como cada uma liga o sentido com a verdade. Seja como for, para a maioria dos modernos, a verdadeira importância das palavras do texto se encontra na capacidade que elas têm de indicar (referir-se a) algo externo ao texto: "essa passagem descreve o que realmente aconteceu no mundo", ou "o trecho das Escrituras pode ser comprovado por registros arqueológicos", ou "a Bíblia diz que Deus criou o universo e a radiação de fundo prova que o universo veio à existência cerca de catorze bilhões de anos atrás"[33] — por isso, o predomínio do método histórico-crítico nos estudos bíblicos contemporâneos.

Para os intérpretes cristãos antigos, a situação era bem diferente. As Escrituras não eram consideradas verdadeiras por se referirem com êxito ao mundo externo além do texto — como se o mundo externo fosse a realidade mais profunda e a verdade da Bíblia dependesse disso—, mas, sim, porque a Bíblia era como um espelho que revela o padrão de toda a realidade. Em outras palavras, o mundo dentro do texto reflete a economia divina, a forma que Deus dispõe e orquestra todas as coisas desde a criação do mundo até à nova criação e a verdade reside no mundo dentro do texto.[34] Enquanto isso, Frances Young expressa seu igualmente importante argumento de que a exegese patrística de fato distinguia entre os signos lexicais (a roupa linguística) e a "ideia" mental que os signos representam. O signo linguístico representava a realidade da ideia à qual ele se referia e, nesse sentido, a exegese patrística tem muito interesse no "x" ao qual a língua se refere. É importante notar que, para os intérpretes cristãos antigos, o "x" se refere a uma ideia situada na economia divina, não traduzida fora dessa economia. Desse modo, para

[33]Veja O'Keefe e Reno, *Sanctified vision*, 8-10; os exemplos citados entre aspas são meus.
[34]O'Keefe e Reno, *Sanctified vision*, 11-13.

Young, a *hermeneia* (ou interpretação) da igreja primitiva "'traduz' os símbolos ao apontar para a referência real deles" e essa referência deve se situar principalmente dentro da economia divina.[35] A verdade das Escrituras e a verdade do mundo se moldam uma à outra dialeticamente. As Escrituras revelam o padrão latente que explica toda a realidade; ao mesmo tempo, a realidade criada imita as Escrituras com precisão, porque ambas, realidade e Escrituras, são da autoria de Deus.

Assim, O'Keefe, Reno e Young estão de acordo que a criação e as Escrituras são sacramentais e apontam para uma mesma referência além de si mesmas: Deus e a sua economia divina. Para termos um exemplo de como isso funciona, O'Keefe e Reno nos convidam a examinar *A vida de Moisés*, de Gregório de Nissa. Em *A vida de Moisés*, a sequência narrativa sobre Moisés (denominada *historia*) não se concentra em precisar "o que realmente aconteceu", mas em prover uma exortação moral, ressaltando certos detalhes do texto das Escrituras como parte do relato — intensificando a função do texto como uma chave de seu próprio sentido. A segunda parte de *A vida de Moisés* é a *theōria* ("contemplação"). A *theōria*, embora ofereça uma interpretação espiritual da vida de Moisés no sentido de ascensão da alma, não deixa de estar completamente alicerçada nos aspectos essenciais do texto. "Gregório está caminhando pelo texto da Bíblia, não além dele".[36] A ordem criada, portanto, fala para além de si mesma e sua fala coletiva espelha a economia revelada nas Escrituras. As Escrituras, contudo, são a revelação cristalizada de Deus e, por isso, tomam a dianteira em se tratando de mostrar como é toda a realidade de Deus.

Normas de interpretação

Além dessas questões fundamentais referentes a como os intérpretes cristãos antigos situavam a verdade na economia divina, Young, O'Keefe e Reno nos oferecem mais informações para o estudo do AT no NT. Por exemplo, os três tratam de como as normas hermenêuticas dos cristãos primitivos foram impactadas pela interface entre o "cânon da verdade" ou "regra da fé" e as estratégias de redação greco romanas (e.g., envolvendo *hypothesis*, *oikonomia* e *anakephalaiōsis*).[37] Isto é, os primeiros intérpretes cristãos não abordavam o AT em um território neutro, mas em um ambiente em que as tradições sobre a encarnação, a vida, a morte, a ressureição e a ascensão de Jesus exerciam influência sobre a exegese bíblica. Isso também se aplica aos autores

[35]Young, *Biblical exegesis*, 122.
[36]O'Keefe; Reno, *Sanctified vision*, p. 16.
[37]Young, *Biblical exegesis*, 17-45; O'Keefe e Reno, *Sanctified vision*, p. 24-44, 119-28.

do NT em seu uso do AT — por exemplo, Paulo (e.g., Rm 1.2-4; 1Co 15.3-5), Lucas (e.g., 24.25-27,44-47; At 17.2,3), João (e.g., 2.22; 12.16) e outros indicam, todos eles, que as Escrituras se correlacionavam retrospectivamente com o evento Cristo, de forma que o evento Cristo servia de guia hermenêutico.[38]

Os interessados no método hermenêutico também vão apreciar as discussões ponderadas de Young, O'Keefe e Reno sobre alegoria e a suposta tipologia — sobretudo porque elas interagem com a regra de fé e com a redação e a retórica greco-romanas.[39] Uma nova tendência nos estudos do AT no NT, e, aliás, no estudo da Bíblia como um todo, é uma sofisticação cada vez maior para exprimir o que se quer dizer com o sentido "literal" das Escrituras com base na *inventio*, *dispositio* e *elocutio* da escrita greco-romana e de como isso pode se relacionar com as estratégias interpretativas como *allēgoria*, a metáfora de *typos* ("tipologia"), *historia*, *theōria*, exortação moral e assim por diante.[40]

EM BUSCA DE NOVOS MODELOS

Depois de examinar os modelos que enfatizam a narrativa e o debate intrajudaico (Wright e Watson) e de analisar dois estudos que sugerem uma continuidade hermenêutica entre o NT e os primórdios da era patrística (Young, O'Keefe e Reno), a pergunta agora é: será que há modelos teóricos e métodos de estudo que unam esses dois enfoques?

Intertextualidade diacrônica

A intertextualidade diacrônica foi proposta como um caminho possível. A intertextualidade diacrônica procura recuperar a ideia fundamental de Julia Kristeva relativa à intertextualidade: todo "texto" específico é moldado por

[38]Quanto à leitura retrospectiva, veja espec. Richard B. Hays, *Reading backward: figural christology and the fourfold gospel witness* (Waco: Baylor University Press, 2014). Outras abordagens incluem J. Ross Wagner, *Heralds of the good news: Isaiah and Paul in concert in the Letter to the Romans*, NovTSup 101 (Leiden: Brill, 2003), 307-28, 356-59; Bates, *Hermeneutics of the apostolic proclamation*, 329-35; Richard B. Hays, *Echoes of Scripture in the Gospels* (Waco: Baylor University Press, 2016), 347-66; David I. Starling, *Hermeneutics as apprenticeship: how the Bible shapes our interpretative habits and practices* (Grand Rapids: Baker Academic, 2016), p. 105-17.

[39]Young, *Biblical exegesis*, 152-85, 189-201; O'Keefe e Reno, *Sanctified vision*, 69-113.

[40]Estudos seminais incluem Brevard Childs, "The sensus literalis of Scripture: an ancient and modern problem", in: *Beiträge zur alttestamentlichen Theologie: Festschrift für Walther Zimmerli zum 70. Geburtstag*, org. Herbert Donner, Robert Hanhart e Rudolf Smend (Göttingen: Vandenhoeck & Ruprecht, 1977), p. 80-93; Paul R. Noble, "The 'sensus literalis': Jowett, Childs, and Barr", *JTS* 44 (1993): 1-23. Para uma reflexão recente, veja Iain Provan, *The Reformation and the right reading of Scripture* (Waco: Baylor University Press, 2017), cap. 4. Para detalhes mais específicos sobre o AT no NT, veja Bates, *Hermeneutics of the apostolic proclamation*, p. 109-17 (invenção e expressão), 133-48 (tipos), p. 149-60 (alegoria) e p. 160-81 (leitura literal *versus* espiritual); Starling, *Hermeneutics as apprenticeship*, p. 147-62 (alegoria), p. 163-74 (exortação).

todo o discurso sócio-histórico que o precede, envolve e o sucede.[41] Ao mesmo tempo, a intertextualidade diacrônica busca se livrar do problemático desdém de Kristeva pelo papel da influência genética na criação do sentido textual. Agora há pouco, propus que o sentido de todo "texto" específico do NT precisa levar em conta mais do que apenas o "pré-texto" (a passagem veterotestamentária específica envolvida) e mais do que apenas os "*co*textos" judaicos (passagens do judaísmo do Segundo Templo que usam o mesmo "pré-texto"). Além desses, os "*co*textos" e "pós-textos" explicitamente cristãos devem ser incluídos quando avaliamos o uso do AT no NT. Os *co*textos são os textos cristãos primitivos que usam, de forma independente, o mesmo "pré-texto" do AT.[42] Por exemplo, se o "texto" é a citação de Habacuque 2.4 em Romanos 1.17, então um dos "*co*textos" é Hebreus 10.38, pois ele cita Habacuque 2.4 sem que haja nenhuma influência óbvia de Romanos 1.17. Ademais, um "pós-texto" cristão primitivo de fato demonstra uma relação de dependência com o "texto" do NT que usa o AT. Por exemplo, Ireneu nos dá informações sobre o sentido do uso de Habacuque 2.4 em Romanos 1.17, porque ele cita Romanos 1.17 e, fazendo isso, oferece uma perspectiva interpretativa sobre o sentido de Habacuque 2.4 em Romanos 1.17. Minha proposta é que, se um uso específico do AT no NT é um "texto", devemos fazer uso de todos os pré-textos, *co*textos e pós-textos pertinentes que estejam à nossa disposição, sejam eles judaicos, cristãos, pagãos ou de outra tradição. Expliquei os aspectos do modelo intertextual diacrônico com mais detalhes em outras obras.[43]

Enciclopédia intertextual

Ao mesmo tempo, outros expressaram ideias semelhantes usando o conceito de Umberto Eco de uma enciclopédia intertextual.[44] Eco leva a questão do sentido das palavras para além do dicionário e se concentra na ideia de uma enciclopédia. Afinal, "um dicionário é uma enciclopédia disfarçada".[45]

---

[41]Veja Julia Kristeva, *Desire in language: a semiotic approach to literature and art*, org. Leon S. Roudiez, trad. Thomas Gora, Alice Jardin e Leon S. Roudez (New York: Columbia University Press, 1980).

[42]Quanto à natureza problemática dos rótulos "judaico" e "cristão", veja a nota 17.

[43]Bates, *Hermeneutics of the apostolic proclamation*, 44-56; Mattew W. Bates, "Beyond Hays' echoes of Scripture in the letters of Paul: a proposed diachronic intertextuality with Romans 10.16 as a test-case", in: *Paul and Scripture: extending the conversation*, org. Christopher D. Stanley (Atlanta: SBL Press, 2012), 263-92.

[44]E.g., Richard B. Hays, "Paul and the hermeneutics of truth", *Pro Ecclesia* 16 (2007): 126-40, espec. 131; Leroy A. Huizenga, *The new Isaac: tradition and intertextuality in the Gospel of Matthew*, NovTSup 131 (Leiden: Brill, 2009), 21-28, 265; Justin Langford, *Defending hope: semiotics and intertextuality in 1Peter* (Eugene: Wipf & Stock, 2013).

[45]Umberto Eco, *Semiotics and the philosophy of language* (Bloomington: Indiana University Press, 1986), p. 68 [edição em português: *Semiótica e a filosofia da linguagem* (São Paulo: Ática, 1991)]..

A ideia básica da semiótica é que o sentido na língua é criado pela diferenciação. Mas, no que diz respeito aos universais e aos rótulos, a diferenciação precisa ser realizada em relação ao local, senão o sentido se desintegra, porque só pode permanecer sendo uma ideia reguladora. Para Eco, as categorias mais amplas (e.g., os rótulos universais), como as que encontramos em um dicionário, são construtos metateóricos que, em última análise, se dissolvem quando tentamos interpretá-los segundo o dicionário e independentemente de contextos locais específicos, porque um "determinado texto exige um conhecimento enciclopédico para ser interpretado".[46] Isto é, os dicionários só funcionam porque pressupõem uma enciclopédia cultural compartilhada. Assim, para desfazer a ambiguidade de sentido de qualquer palavra em contexto, é preciso ler a palavra e a frase em seu contexto à luz de uma enciclopédia cultural significativamente compartilhada de conhecimento linguístico e não linguístico. Indo além de Eco e atualizando o debate, o que interessa na aplicação desse conceito ao estudo do AT no NT é: o sentido é criado mediante a enciclopédia cultural compartilhada pelo autor, pelos textos e por seus leitores à medida que cada um se manifesta localmente.

Na busca do sentido interpretativo, a intertextualidade diacrônica e a enciclopédia intertextual são modelos que procuram levar em conta todo discurso cultural que preceda, circunde e se siga a um fato textual. Para os teístas comprometidos com a soberania de Deus, outra forma de falar sobre isso é que o sentido textual é moldado por toda a economia divina — a superintendência divina de todas as coisas, inclusive os próprios propósitos de Deus manifestados na produção cultural humana e na recepção e interpretação das Escrituras na igreja e no mundo. Dessa forma, o reconhecimento da economia divina pode servir de traço de união entre a hermenêutica antiga e a moderna.

A força desses modelos é que eles levam a sério os antigos horizontes de produção, a intenção e a recepção inicial do texto, além de mostrar por que a história posterior da recepção e a interpretação comunitária do texto estão ligadas com o sentido textual. Não podemos simplesmente procurar, por exemplo, o que Mateus *quis dizer* quando, em 8.17, ele citou Isaías 53.4: "Ele tomou sobre si as nossas enfermidades e sobre si levou as nossas doenças", sem considerar que Mateus e Isaías não só foram influenciados pelo que estava acontecendo "na época", mas também que "aquela época" criou uma história cultural-interpretativa e comunidades nas quais nós, exegetas modernos, nos encontramos agora. Não existe método que nos permita

[46] Eco, *Semiotics*, 68.

separar completamente o sentido do texto do sentido que nós mesmos criamos. Em vez disso, precisamos caminhar na direção da verdade nos familiarizando com toda a cultura pertinente do passado e do presente, a fim de permitir que ela remodele nossos horizontes de compreensão. Podemos nos aproximar genuinamente da plena verdade encapsulada em determinado uso do AT no NT quando procuramos descodificá-lo com meios cada vez mais precisos e refinados, mas isso implica um penoso trabalho histórico, social e cultural.

Reflexões

O panorama das tendências recentes no estudo do AT no NT apresentado neste capítulo dá a entender certa ironia. Novos estudos indicam que a subdisciplina do AT no NT está realizando seus progressos mais notáveis quando ela rompe propositalmente as fronteiras que fazem dela uma subdisciplina à parte. Os modelos de Wright e Watson indicam que o progresso segue à toda quando levamos a sério a dimensão historificada do AT e quando tratamos o uso do AT no NT como uma competição intrajudaica. Além disso, a maior valorização da continuidade entre o uso do AT no NT e os primórdios da era patrística produziu novas reflexões, como atestam numerosos estudos. A contribuição de Young, O'Keefe e Reno mostra que os primeiros autores patrísticos demonstravam compromisso com a economia divina por meio do seu envolvimento com o AT, uma vez que procuravam mobilizar o uso do AT mediante a exortação moral e o uso de tropos retóricos adequados, como na época do NT.

Os estudos acadêmicos atualmente buscam modelos que juntem todas essas ideias. Os modelos da intertextualidade diacrônica e da enciclopédia intertextual são duas dessas propostas. Embora eu não tenha mencionado aqui, trabalhos promissores na área da linguística cognitiva, o estudo dos processos físicos pelos quais o cérebro cria o sentido e como isso se relaciona com a língua podem acabar permitindo que tais modelos sejam refinados ou substituídos.[47] Ao mesmo tempo, está claro que os estudos referentes ao que se quer dizer com "literal" em relação a modos de interpretação pretensamente não literais ("figurada") continuará gerando debates. É provável que os estudiosos que alicerçam seus resultados inteiramente nas práticas de redação e normas de interpretação judaicas e greco-romanas conforme efetivamente eram praticadas tenham uma influência duradoura.

[47]Veja Vyvyan Evans e Melanie Green, *Cognitive linguistics: an introduction* (London: Routledge, 2006).

5

O GÊNERO LITERÁRIO DOS EVANGELHOS

WES OLMSTEAD

INTRODUÇÃO

O fato de os acadêmicos refletirem hoje sobre o gênero dos Evangelhos em termos tão extraordinariamente diferentes do que refletiam 25 anos atrás é algo que se atribui, sobretudo, ao impacto singular da monografia de Richard Burridge de 1992 em Cambridge (2. ed., 2004), *What are the Gospels?* [O que são os Evangelhos?].[1] Nem todos concordam com Burridge, é claro, mas todo o debate posterior reage, de um modo ou de outro, à sua tese. Neste capítulo, vou fazer um resumo da alegação de Burridge, analisar as críticas que ela suscitou e examinar duas propostas alternativas importantes. Cada uma dessas três propostas principais dá uma contribuição importante ao nosso entendimento do gênero dos Evangelhos canônicos.[2] Em suma, os Evangelhos são *bioi*, mas *bioi* de um tipo específico: eles são *bioi kerigmáticos*, não só ricamente moldadas pelas narrativas das Escrituras israelitas, mas também *bioi* que levam ao clímax dessas narrativas.

RICHARD BURRIDGE: OS EVANGELHOS COMO *BIOI*

Diálogos antecedentes

A principal alegação de Burridge é que os Evangelhos são biografias (*bioi*) antigas. Ele não é o primeiro a defender isso, então é preciso esclarecer por

[1]Richard A. Burridge, *What are the Gospels? A comparison with Graeco-Roman biography*, SNTSMS (Cambridge: Cambridge University Press, 1992; 2. ed., Grand Rapids: Eerdmans, 2004).

[2]A importante questão do gênero literário dos outros "Evangelhos" cristãos primitivos está além do escopo deste capítulo.

que sua tese se tornou seminal.[3] Ao que parece, ao longo da maior parte da história da igreja, tanto os leitores comuns quanto os estudiosos viam os Evangelhos como uma espécie de narrativa sobre a vida de Jesus.[4] Nos séculos 18 e 19, foram publicadas várias *Vidas de Jesus*,[5] que partiam da mesma hipótese — ainda que insistissem que os Evangelhos devem ser examinados criticamente, peneirados para revelar Jesus como ele era.[6]

Se Albert Schweitzer denunciou de forma devastadora essas *Vidas*, o restante do século 20 não seria mais gentil à hipótese de trabalho delas de que os Evangelhos devem ser entendidos como biografias de Jesus. Os responsáveis pela mudança da maré foram, sobretudo, os críticos da forma. Para Karl Ludwig Schmidt, os Evangelhos não eram *Hochliteratur* [alta literatura], mas *Kleinliteratur* [baixa literatura], não o produto de um autor, mas um livro popular, não biografia, mas lenda sectária".[7] Rudolf Bultmann concordou: "Não há nada de interesse histórico-biográfico nos Evangelhos, e é por isso que eles não têm nada a dizer sobre a personalidade humana de Jesus, sua aparência e seu caráter, sua origem, educação e desenvolvimento; isso para não dizer que não dominavam as técnicas cultas de escrita necessárias à grande literatura, nem deixavam aparecer a personalidade de seu autor".[8] Necessitamos de analogias, refletia Bultmann, para os componentes dos Evangelhos (histórias de milagres, parábolas etc.), mas não para os Evangelhos como obras completas. Realmente, "as analogias de que dispomos servem apenas para destacar ainda mais a singularidade do Evangelho".[9] Os Evangelhos são *sui generis* (não têm análogos), "uma criação original do cristianismo".[10] Essa conclusão, de que os

[3]Para exames proveitosos de estudos anteriores nesse sentido, veja, e.g., Robert Guelich, "The Gospel genre", in: *The Gospel and the Gospels*, Peter Stuhlmacher, org. (Grand Rapids: Eerdmans, 1991), p. 173-208; Robert H. Gundry, *The old is better: New Testament essays in support of traditional interpretations* (Tübingen: Mohr Siebeck, 2005), 18-48; Judith Diehl, "What is a 'Gospel'? Recent studies in the Gospel genre", *CBR* 9, n. 2 (2001): 171-99.

[4]Albrecht Dihle nota que, embora todo calouro de teologia seja advertido a *não* interpretar os Evangelhos como biografias, a postura "contradiz um entendimento que prevaleceu por mais de 1.500 anos [...] e as pesquisas do gênero vida-de-Jesus, ocorridas no século 19, as quais, embora tenham se distanciado mais e mais da tradição doutrinária da igreja, continuavam a compartilhar essa forma de entender os Evangelhos". Dihle, "The Gospels and Greek biography", in: Stuhlmacher, *Gospel and the Gospels*, p. 361.

[5]Famosamente examinadas por Albert Schweitzer em *Von Reimarus zu Wrede: Geschichte der Leben-Jesu--Forschung* (Tübingen: Mohr Siebeck, 1906; traduzido como *The quest of the historical Jesus*, John Bowden, org. [Minneapolis: Fortress, 2001]).

[6]Cf., e.g., Ernest Renan, *Life of Jesus* (New York: Grosset & Dunlap, 1923), p. 67 (trad. Da 23ª edição francesa) [edição em português: *A vida de Jesus* (São Paulo: Martin Claret, 2015)].

[7]Karl Ludwig Schmidt, *The place of the Gospels in the general history of literature*, trad. Byron R. McCane (Columbia: University of South Carolina Press, 2002), p. 27, citado em Burridge, *What are the Gospels?*, p. 8-9.

[8]Rudolf Bultmann, *The history of the synoptic tradition*, trad. John Marsh, ed. rev. (New York: Harprer & Row, 1963), p. 372.

[9]Bultmann, *History of the synoptic tradition*, p. 373.

[10]Bultmann, *History of the synoptic tradition*, 374.

Evangelhos são obras sem precedentes literários, não tardou a se estabelecer como consenso entre especialistas do NT.[11]

Burridge não foi o primeiro a desafiar o consenso,[12] mas foi o primeiro a sacudi-lo.[13] O impacto de sua contestação talvez se explique por uma convergência de fatores,[14] mas o principal deles é o cuidado com que ele defende sua tese.

Os Evangelhos como *bioi*: o argumento de Burridge

O GÊNERO LITERÁRIO EM SI

Burridge começa com uma análise do gênero literário em si. Sem dar a entender que autores e oradores, leitores e ouvintes estão sempre fazendo distinções de gênero *de maneira consciente*, ele defende a centralidade do gênero em toda comunicação verbal. Isso não era menos verdade para os antigos do que é para os modernos (ou, na verdade, os pós-modernos).[15] Seguindo a crítica literária Heather Dubrow, ele propõe que o gênero forma uma espécie de *contrato* entre autor e leitor, criando expectativas e assentando regras fundamentais.[16] As expectativas em relação ao gênero exercem influência em ambas as partes, mas, visto que o gênero é dinâmico e flexível, essas expectativas podem ser modificadas à medida que o texto se desenrola. Assim, não devemos entender o gênero literário em termos prescritivos (pense em convenções, não em regras) nem em termos meramente descritivos (pense em expectativas, não em explicações posteriores). Essencial na tese de Burridge é a noção de que "toda obra depende do que a precede; toda coisa absolutamente nova seria incomunicável".[17] Ainda assim, a maioria dos gêneros literários pode ser subdividida. Enquanto os gêneros são caracterizados por

[11]Para citar dois exemplos, cf. C. F. D. Moule, *The birth of the New Testament* (London: Adam & Charles Black, 1962), 4-5; W. G. Kümmel, *Introduction to the New Testament* (London: SCM, 1975), 37.

[12]C.f., e.g., Charles H. Talbert, *What is a Gospel? The genre of the canonical Gospels* (Philadelphia: Fortress, 1977); Philip L. Shuler, *A genre for the Gospels: the biographical character of Matthew* (Philadelphia: Fortress, 1982). David Aune conclui que os Evangelhos são "um tipo de biografia antiga". Aune, *The New Testament in its literary environment* (Philadelphia: Fortress, 1987), p. 17-76, aqui p. 46.

[13]Steve Walton, "What are the Gospels? Richard Burridge's impact on scholarly understanding of the genre of the Gospels", *CBR* 14, n. 1 (2015): 81-93.

[14]O próprio Burridge observa: "Uma vez tendo sido demonstrado pelos críticos editoriais que os evangelistas não foram registradores passivos da tradição oral, mas tinham propósitos criativos e *teológicos* ao escrever seus Evangelhos, as questões sobre suas intenções criativas *literárias*, aí incluído o gênero, não poderiam tardar a aparecer". Burridge, *What are the Gospels?*, p. 15.

[15]Burridge aponta, e.g., Quintiliano, *Inst.* 10.2.21 ("Cada gênero tem suas próprias regras e propriedades") e sugere que a teoria do gênero aristotélica continuava a ser importante até os primeiros anos do século vinte. Veja Burridge, *What are the Gospels?*, p. 27-28.

[16]Heather Dubrow, *Genre* (London: Methuen, 1982), p. 31.

[17]Burridge, *What are the Gospels?*, p. 45. Cf. René Wellek e Austin Warren, *Theory of literature*, 3ª ed. (Harmondsworth: Penguin, 1982), p. 235, a que Burridge recorre aqui.

uma série de semelhanças de família que dizem respeito *tanto* à forma *quanto* ao conteúdo, os subgêneros costumam se distinguir tão somente pelo conteúdo. Tudo isso leva Burridge a duas conclusões principais: (1) é bobagem falar dos Evangelhos como se fossem um gênero único e (2) eles devem ser comparados a obras de sua própria época.[18]

As características de gênero das *bioi*

Assim como os outros gêneros, as *bioi* são marcadas por um grupo de semelhanças de família. A análise de Burridge de dez *bioi* produzidas entre o quinto século a.C. e o terceiro século d.C. (cinco anteriores[19] aos Evangelhos e cinco posteriores[20]) revela aspectos de gênero de quatro tipos básicos.

Primeiro, assim como outras obras do período, as *bioi* se distinguem pelo modo que começam — isto é, por seus títulos (quer sejam atribuídos pelo autor, quer sejam acrescentados posteriormente) e por suas primeiras linhas: "História, oratória epidíctica, diálogo filosófico, tratado político, qualquer que fosse o tema, a primeira frase do autor tinha de anunciar o que ele estava escrevendo".[21] Todas as *bioi* que Burridge examina anunciam o nome do biografado na primeira frase ou imediatamente depois de um prólogo.

Segundo, as *bioi* se caracterizam pela "forte concentração [...] em *uma só* pessoa",[22] que pode ser observada inclusive no nível sintático. Usando análise estatística, Burridge documenta um "efeito tendencioso" que demonstra a predominância de uma só pessoa como o sujeito dos verbos da narrativa. Mas ele também mostra que as *bioi* exibem considerável diversidade no modo que retratam a vida de seus sujeitos: algumas fazem uma cobertura relativamente bem-distribuída dos principais períodos da vida do sujeito, enquanto outras se concentram fortemente em um ou dois períodos em detrimento de outros.[23]

Terceiro, quanto aos "aspectos exteriores" (modo de representação, métrica, tamanho etc.), "as βίοι são geralmente narrativas em prosa e de tamanho médio; sua estrutura é um simples quadro cronológico de nascimento/chegada e morte, com a inserção de temas importantes; a escala

[18]Burridge, *What are the Gospels?*, p. 51.

[19]Isócrates, *Evágoras*; Xenofonte, *Agesilau*; Sátiro, *Eurípides*; Nepos, Ático; Filo, *Moisés*.

[20]Tácito, *Agrícola*; Plutarco, *Catão-Menor*; Suetônio, *As vidas dos Césares*; Luciano, *Demônax*; Filóstrato, *Apolônio de Tiana*.

[21]Donald Earl, "Prologue-form in ancient historography", *ANRW*, parte 1, *Von den anfängen Roms bis zum Ausgang der Republik*, 2:856, citado em Burridge, *What are the Gospels?*, p. 109.

[22]Burridge, *What are the Gospels?*, p. 131. Cf. Justin Marc Smith, *Why βίος? On the relationship between Gospel genre and implied audience*, LNTS 518 (London: Bloomsbury T&T Clark, 2015), p. 203: "A ênfase nas palavras e feitos de um indivíduo em particular é a principal característica dessa literatura".

[23]Burridge, *What are the Gospels?*, p. 133.

sempre se restringe ao assunto; uma mistura de unidades literárias, notadamente anedotas, histórias, discursos e ditos, selecionados de uma vasta gama de fontes orais e escritas, exibe a personalidade do sujeito de forma indireta por meio de palavras e feitos, em vez de análise direta".[24]

As *bioi* também apresentam uma série de "aspectos internos" previsíveis (contexto, motivos temáticos, tom, qualidade da caracterização, etc.). As *bioi* que sobreviveram normalmente são "razoavelmente literárias", mas há evidências de ter havido obras mais populares, que não sobreviveram. Embora as *bioi* se concentrassem em uma pessoa, os temas abordados variam dentro de uma gama de opções típicas. O tom geralmente é sério. As *bioi* parecem ser escritas com uma vasta gama de propósitos retóricos, os quais costumavam se sobrepor em uma mesma obra (entretenimento, exemplificação, apologética, polêmica, instrução etc.).[25]

Se é verdade que as *bioi* são caracterizadas por uma série perceptível de traços familiares de gênero, cada *bios* específica incorpora e adapta esses traços livremente. Além disso, nenhum desses traços é exclusividade das *bioi*. Não surpreende, portanto, que as *bioi* compartilhem traços genéricos com uma série de *genera proxima* (gêneros próximos): "As βίοι [*bioi*] de Plutarco exemplificam a natureza flexível do gênero, que se aninha entre história, retórica e filosofia moral, com uma variedade de propósitos literários e artísticos".[26] Portanto, é precisamente o *grupo* de traços de gênero que configura uma obra como uma *bios* e não algum outro tipo.

Os Evangelhos como *bioi*

O último passo do argumento de Burridge é demonstrar que primeiro os sinóticos e depois João compartilham as mesmas semelhanças de família.[27] Eles também são de tamanho médio; cada um apresenta o biografado nas primeiras frases ou imediatamente após o prólogo; apresentam foco persistente na mesma pessoa; e assim por diante. Dispostos ao lado das *vidas* antigas, apesar das evidentes diferenças de conteúdo, o gênero dos Evangelhos fica óbvio: eles também são *bioi*.

Implicações hermenêuticas

Os críticos de Burridge por vezes afirmaram que as *bioi* são tão diversas que, mesmo que aceitemos sua tese, a vantagem hermenêutica é pequena.

[24]Burridge, *What are the Gospels?*, p. 140.

[25]Burridge, *What are the Gospels?*, p. 140-48.

[26]Burridge, *What are the Gospels?*, p. 170.

[27]Quanto aos sinóticos, veja Burridge, *What are the Gospels?*, p. 185-212. Quanto a João, veja Burridge, *What are the Gospels?*, p. 213-32.

Contudo, se os Evangelhos são *bioi*, provavelmente se segue uma importante conclusão interpretativa (com pelo menos dois corolários).[28] Se os Evangelhos são *bioi*, eles falam *sobre Jesus* e devem ser lidos como narrativas cristológicas.[29]

Como os Evangelhos são *bioi* e, portanto, tratam da vida de uma pessoa, eles não tratam de comunidades específicas e, provavelmente, não são apenas para essas comunidades.[30] Em um ensaio na obra *The Gospels for all Christians* [Os Evangelhos para todos os cristãos][31], concebido para contestar o (então vigente) consenso de que os Evangelhos foram escritos para igrejas específicas, Burridge explora a questão dos destinatários dos Evangelhos do ponto de vista do gênero literário. Sua observação mais importante é que, embora possamos falar de *públicos-alvo* ou de *nichos de mercado* das *bioi* sobreviventes, em nenhum caso podemos identificar uma *bios* escrita para uma comunidade específica.[32] A monografia recente de Justin Smith propõe uma tipologia que trata das relações entre os autores das *bioi* e os biografados, por um lado, e os autores e seus destinatários, por outro. Ele conclui que "os evangelistas escolheram o gênero da biografia porque era o gênero mais adequado para apresentar as palavras e os feitos de Jesus ao maior público possível".[33] Se aceitarmos os argumentos de Burridge e de Smith, é preciso questionar seriamente o projeto de reconstruir as comunidades hipotéticas que formam a lente pela qual os Evangelhos são lidos.

Do mesmo modo, visto que os Evangelhos são *bioi*, eles conferem ao biografado (Jesus) um papel paradigmático. David Capes apresenta um artigo de quatro partes em defesa dessa conclusão.[34] Primeiro, tanto na literatura

---

[28]Para a resposta do próprio Burridge a essa crítica, veja *What are the Gospels?*, p. 252-307.

[29]Burridge, *What are the Gospels?*, p. 288-94, 338.

[30]Dizer que os Evangelhos são sobre Jesus suscita questões importantes sobre historicidade. A questão é complicada, em parte por causa das distinções entre a prática historiográfica antiga e a contemporânea. Os diálogos sobre gênero são proveitosos aqui, mas também limitados. Richard Bauckham, *The testimony of the beloved disciple: narrative, history, and theology in the Gospel of John* (Grand Rapids: Baker Academic, 2007), p. 16-21, argumenta que as pistas genéricas do Evangelho de João o situam no fim do espectro onde as *bios* se interseccionavam com a historiografia. Mas também observa que esse argumento relativo ao gênero não nos diz se o Evangelho realmente atende às expectativas que gerava em seus (antigos) leitores. Para uma tentativa recente de explorar o que pode ser aprendido sobre a natureza das reivindicações históricas dos evangelistas ao se comparar suas técnicas composicionais com as empregadas pelo biógrafo Plutarco, veja Michael R. Licona, *Why are there differences in the Gospels? What we can learn from ancient biography* (Oxford: Oxford University Press, 2017).

[31] Richard A. Burridge, "About people, by people, for people: Gospel genre and audiences", in: *The Gospels for all Christians: rethinking the Gospel audiences*, Richard Bauckham, org. (Grand Rapids: Eerdmans, 1998), p. 113-45. Veja agora Burridge, "Who writes, why, and for whom?", in: *The written Gospel*, Markus Bockmuehl; Donald A. Hagner, orgs. (Cambridge: Cambridge University Press, 2005), p. 110-15.

[32]Não estou afirmando, contudo, que os autores das *bioi* não fossem influenciados pelas circunstâncias locais.

[33]Smith, *Why βίος?*, 202.

[34]David B. Capes, "*Imitatio Christi* and the Gospel genre", *BBR* 13, n. 1 (2003): 1-19. Cf. Adela Yarbro Collins, *Mark: a commentary*, Hermeneia (Minneapolis: Fortress, 2007), 18. Embora ela duvide que

greco-romana quanto na literatura judaica da época, existe um *ethos* "em que autores, moralistas e teólogos apresentavam figuras notáveis como exemplos a serem imitados".[35] Segundo, em outras partes do NT fora dos Evangelho, os primeiros autores cristãos exortavam regularmente os leitores a imitar a vida de Jesus.[36] Terceiro, nos próprios Evangelhos essas exortações ocorrem reiteradas vezes.[37] Por fim, na era posterior ao NT, é precisamente assim que os leitores cristãos liam e eram instados a ler os Evangelhos.[38] Capes aponta o conhecido texto da *Primeira Apologia,* de Justino, como evidência: "E no dia chamado domingo, todos os que vivem em cidades ou nas regiões rurais se reúnem em um lugar e as memórias dos apóstolos ou os escritos dos profetas são lidos, o quanto permitir o tempo; em seguida, cessando o leitor, o presidente instrui oralmente e exorta à imitação dessas boas coisas".[39] Que os Evangelhos funcionam assim e foram concebidos para isso, parece claro. Evidentemente, o papel de Jesus não é apenas exemplar, como muitos observaram:[40] nos Evangelhos, Jesus é, no mínimo, mais que um modelo para seus seguidores.

CRÍTICAS À HIPÓTESE BIOGRÁFICA

Adela Yarbro Collins lançou uma das críticas mais substanciais ao argumento de Burridge. Primeiro, ela observa que Burridge nunca define o gênero *bios* efetivamente.[41] Sua ênfase nas fronteiras flexíveis dos gêneros literários e nos círculos interseccionados formados pelos *genera proxima* constitui um corretivo necessário às ideias indevidamente rígidas sobre esses gêneros, mas precisa ser complementada por uma expressão clara a respeito do que distingue esses gêneros. Isso, no entanto, é precisamente o que Burridge deixa de prover. Em segundo lugar, entre os aspectos de gênero que Burridge sublinha,

---

Marcos seja uma *bios*, Collins observa de forma objetiva: "A conclusão de que Marcos é uma vida de Jesus ou uma biografia implica tratar-se do registro de um indivíduo que serve como modelo a outros".

[35]Capes, "*Imitatio Christi*", 3; Veja tb. 3-10. Entre os autores greco-romanos, ele se vale da Sêneca, Quintiliano, Dião Crisóstomo, Isócrates, Plutarco e Luciano.

[36]Capes, "*Imitatio Christi*", p. 10-13.

[37]Capes, "*Imitatio Christi*", 3-16.

[38]Capes, "*Imitatio Christi*", 6-19.

[39]*1 Apol.* 67, citado em Capes, "*Imitatio Christi*", p. 18.

[40]C.f., e.g., Larry Hurtado, *Lord Jesus Christ: devotion to Jesus in earliest Christianity* (Grand Rapids: Eerdmans, 2003), p. 282, 277, 279 [edição em português: *Senhor Jesus Cristo: devoção a Jesus no cristianismo primitive* (São Paulo: Paulus, 2012)]; Collins, *Mark*, p. 28; Jonathan T. Pennington, *Reading the Gospels wisely: a narrative and theological introduction* (Grand Rapids: Baker Academic, 2012), p. 27 [edição em português: *Lendo so Evangelhos com sabedoria: uma introdução narrativa e teológica* (Rio de Janeiro: Central Gospel, 2019)].

[41]Adela Yarbro Collins, "Genre and the Gospels", *JR* 75, n. 2 (1995): 239-46. O parágrafo a seguir baseia-se nessa resenha.

tema central e propósito estão entre os mais promissores. Todavia, embora Burridge comece se referindo ao *tema central*, sua investigação na verdade se concentra em temas gramaticais (mudando a discussão do motivo literário para a sintaxe) e sua abordagem dos *propósitos* das *bioi* é tão vaga que acaba não sendo proveitosa. Terceiro, o argumento de Burridge não considera as alternativas adequatamente, com o gênero da monografia histórica, em particular, merecendo exame mais minucioso. Quarto, os Evangelhos são profundamente influenciados pela literatura bíblica antecedente, mas não está claro que possamos falar da biografia como um gênero bíblico pré-helenístico (podemos, sem dúvida, falar de elementos biográficos). Quinto, nenhum dos evangelistas descreve a própria obra como uma *bios*.[42] Sexto, e de importância capital para Collins, a história de Jesus nos Evangelhos não é contada isoladamente, mas como parte da história maior da realização dos propósitos de Deus.[43]

Assim como Collins, Joel Marcus crê que o Evangelho de Marcos tem mais em comum com a história antiga, sobretudo a história antiga bíblica, do que com as biografias antigas.[44] E, apesar de inegavelmente haver elementos biográficos nos Evangelhos, o Evangelho de Marcos pode ser definido mais precisamente como a biografia de um *movimento*, não de um indivíduo.[45] Finalmente, em forte contraste com a *bios* típica, que conta "a história completa da vida de uma figura reverenciada (ou difamada) do passado, o Jesus de Marcos *não* é uma figura do passado e sua história nunca poderá ser concluída.[46]

John Riches insiste que Schmidt acertou em distinguir os Evangelhos das antigas biografias com base na ausência nos Evangelhos de qualquer preocupação em oferecer um retrato de Jesus e, sobretudo, de qualquer noção de personalidade autoral.[47] A segunda distinção pode ser observada em particular na forma que os evangelistas tratam as fontes: diferentemente dos biógrafos, eles não demonstram nenhuma distância crítica em relação às suas fontes. Por isso, "o que quer que os evangelistas tenham sido, eles não foram biógrafos antigos".[48]

---

[42]Assim também Joel Marcus, *Mark 1—8: a new translation with introduction and commentary*, AB 27 (New York: Doubleday, 2000), p. 65; Gundry, *Old is better*, p. 39.

[43]Assim também, e.g., Guelich, "Gospel genre", p. 181; Marcus, *Mark 1—8*, p. 66.

[44]Marcus, *Mark 1—8*, p. 65.

[45]Marcus, *Mark 1—8*, p. 66.

[46]Marcus, *Mark 1—8*, p. 66-67.

[47]John Riches, "Introduction: Karl Ludwig Schmidt's *The place of the Gospels in the general history of literature*", in: Schmidt, *Place of the Gospels*, xv.

[48]Riches, "Introduction", xxi. Gundry também considera decisivo o desmantelamento, por parte de Schmidt, da hipótese biográfica (Gundry, *Old is better*, 18-48). Embora Schmidt estivesse respondendo a C. W. Votaw, *The Gospels and contemporary biographies in the Greco-Roman world* (reed., Philadelphia:

Ainda que as implicâncias com trivialidades sem dúvida se multipliquem, talvez as críticas mais importantes à tese de Burridge sobre biografia sejam que ela continua sendo geral demais (que tipo de *bios* é um Evangelho?), não leva em conta a singularidade dos Evangelhos em comparação com as *bioi* greco-romanas e deixa de dar o devido peso à influência das Escrituras de Israel na forma dos Evangelhos. As propostas genéricas alternativas mais importantes em relação aos Evangelhos buscam lidar precisamente com essas questões.

PROPOSTAS ALTERNATIVAS

Não faltam propostas novas a respeito do gênero dos Evangelhos. Lawrence Wills, por exemplo, defende que Marcos e João consistem em biografias aretológicas baseadas em uma mesma fonte, marcada por influências judaicas e helenísticas, constituindo a narrativa de uma seita a respeito de um herói morto.[49] Dennis MacDonald acredita que o Evangelho de Marcos imita a *Ilíada* e a *Odisseia*.[50] Michael Vines, baseando-se na obra de Mikhail Bakthin, insiste que Marcos lembra muito o romance judaico antigo.[51] Kasper Bro Larsen organiza uma série de ensaios[52] que investigam as ideias do discurso presidencial de Harold Attridge na reunião anual de 2001 da Society of Biblical Literature,[53] no qual ele defende que o Evangelho de João desafia as expectativas de gênero histórico e biográfico, inclusive em aspectos próprios da tragédia e do romance. A meu ver, entretanto, as duas alternativas atuais mais sérias à hipótese biográfica de Burridge na verdade revivem hipóteses mais antigas: os Evangelhos são, por uma perspectiva, monografias históricas, mas, por outra, constituem um gênero único.

Os Evangelhos como monografias históricas

Collins acredita que os Evangelhos têm fortes afinidades com as biografias históricas da tradição greco-romana. Mas ela também está convencida de que eles têm muito em comum com as monografias históricas. Na verdade, decidir entre dois gêneros estreitamente relacionados depende de qual se considera

Fortress, 1970), Gundry não vê em Burridge nada que difira bastante de Votaw para justificar uma análise separada.

[49]Lawrence M. Wills, *The quest of the historical Gospel: Mark, John, and the origins of the Gospel genre* (London: Routledge, 1997).

[50]Dennis R. MacDonald, *The Homeric epics and the Gospel of Mark* (New Haven: Yale University Press, 2000).

[51]Michael E. Vines, *The problem of the Markan genre: the Gospel of Mark and the Jewish novel* (Atlanta: SBL Press, 2002).

[52]Kasper Bro Larsen, *The Gospel of John as genre mosaic*, org., SANt 3 (Göttingen: Vandenhoeck & Ruprecht, 2015).

[53]Harold Attridge, "Genre bending in the fourth Gospel", *JBL* 121, N. 1 (2002): p. 3-21.

ser a tônica dos Evangelho: a atividade de Jesus ou a realização dos propósitos de Deus por intermédio de Jesus.[54] Uma vez que, para Collins, Marcos é um relato do que *Deus* estava fazendo na história por intermédio de Jesus, o Evangelho deve, enfim, situar-se ao lado das outras monografias históricas antigas.[55] Em apoio a essa conclusão, Collins recorre a algumas linhas de evidências.

Em primeiro lugar, ao que parece, os primeiros leitores de Marcos o receberam como obra histórica. Collins observa que Justino se referia aos Evangelhos tanto como *euangelia* (Evangelhos) quanto como *apomnēmoneumata* (memórias ou notas) e Orígenes se referia a eles ou a seu conteúdo como *historiai* (obras de história ou investigação) — isto é, os dois os associavam à escrita histórica.[56] Os antigos, como Quintiliano demonstra, não tinham qualquer dificuldade em distinguir entre narrativas históricas e outros tipos de narrativa.[57]

Segundo, apesar de tradicionalmente a escrita histórica ter se concentrado em acontecimentos de grande envergadura do mundo da política e da guerra, já podemos ver no historiador Teopompo, do quarto século a.C., um foco cada vez mais constante nos indivíduos, tendência que se torna "explícita e notável" em obras que tratam de Alexandre.[58] Charles William Fornara podia, portanto, falar de "uma espécie de escrita histórica biográfica".[59] Assim, o foco constante dos Evangelhos em Jesus não necessariamente os distingue, no que diz respeito ao gênero, dos escritos históricos antigos.

Terceiro, os Evangelhos estão em casa no mundo da história *bíblica*. Assim como os historiadores bíblicos, Marcos (e, por extensão, os demais evangelistas) está preocupado com a *importância* para Israel da história que está contando. Além disso, em vez de desqualificá-los como autor, os procedimentos editoriais de Marcos o situam dentro da tradição bíblica.[60] O fato de Marcos não se apresentar e não enunciar seu propósito à maneira dos historiadores greco-romanos pode ser explicado de forma semelhante: ele segue o precedente assentado pelos historiadores bíblicos. De forma mais geral, o estilo de Marcos (parataxe, blocos de material organizados em ordem razoavelmente cronológica, uso de comentários editoriais etc.), que

[54]Collins, *Mark*, p. 33.

[55]Collins, *Mark*, p. 34, 36. Collins observa que, segundo Eve-Marie Becker, Marcos, assim como os demais Evangelhos canônicos, é sui generis; Becker também crê que Marcos pode ser situado "no contexto da antiga historiografia"; veja Collins, *Mark*, 34; Eve-Marie Becker, *Das Markus-Evangelium im Rahmen antiker Historiografie*, WUNT 194 (Tübingen: Morh Siebeck, 2006), p. 50, 52.

[56]Collins, Mark, p. 16-17, 33.

[57]Quintiliano, *Inst.* 2.4.2., citado em Collins, *Mark*, p. 35. Diferentemente das narrativas fictícias e realistas, respectivamente, a narrativa histórica "é uma exposição de algo que se fez".

[58]Collins, *Mark*, p. 37.

[59]Charles William Fornara, *The nature of history in ancient Greece and Rome* (Berkeley: University of California Pres, 1983), p. 35, citado em Collins, *Mark*, p. 37.

[60]Collins, *Mark*, p. 37-38.

com frequência se acredita ser algo que distingue sua obra de algo propriamente literário, na verdade, o associa aos historiadores bíblicos, por um lado, e a Heródoto, por outro.[61]

Quarto, em se tratando de gênero, o Evangelho de Marcos realmente sinaliza a alvorada de uma nova época, mas não de algo sem relação com obras anteriores. Em vez disso, trata-se de uma monografia histórica de um tipo particular, como Marcos 1.1-3 dá a entender. Para Collins, "a primeira palavra, 'princípio' (ἀρχή [*archē*]), reflete a decisão do historiador acerca do ponto de partida correto para a narrativa descritiva e explanatória",[62] enquanto o que se segue ("... do evangelho [...] conforme está escrito") indica que tipo de história o Evangelista pretende escrever: trata-se de uma monografia *escatológica* e histórica que narra o cumprimento dos propósitos divinos. Marcos 1.14-15 oferece confirmação: o evangelho que Jesus proclama diz respeito ao tempo desse cumprimento, o tempo do início do reino de Deus.[63] Há paralelos importantes entre Jesus e os primeiros líderes de Israel, mas a narrativa de Marcos é caracterizada por uma escatologia que não está presente nos escritos históricos bíblicos.[64]

Quinto, embora Jesus continue sendo figura notável em todo o Evangelho como aquele por cujo intermédio os propósitos escatológicos de Deus se cumprem, a narrativa de Marcos diz respeito sobretudo ao cumprimento desses propósitos. "O interesse de Marcos", portanto, "não é tanto em que tipo de homem Jesus era, em geral, quanto em que tipo de messias, profeta ou mediador divino ele era".[65] No fim, portanto, Marcos não deve ser considerado uma *bios*, mas uma monografia histórica.

Os Evangelhos como gênero singular

A segunda principal alternativa à hipótese biográfica é a ideia persistente, que apresenta variadas nuances, de que os Evangelhos constituem gênero literário singular. É com razão que os leitores ouvem ecos, às vezes claros e às vezes vagos, da clássica insistência dos críticos da forma de que os Evangelhos são *sui generis*.

Em um estudo muito breve, mas tipicamente provocador, Francis Watson insiste que os evangelistas foram responsáveis pela criação de um novo gênero. Watson não pensa em criação *ex nihilo* — os Evangelistas prontamente empregaram muitas convenções da *bios* helenística —, mas na

[61]Collins, *Mark*, p. 37-38.
[62]Collins, *Mark*, p. 41.
[63]Collins, *Mark*, 42.
[64]Collins, *Mark*, p. 42; Collins segue John Van Seters, in: *search of history: historiography in the ancient world and the origins of biblical history* (Winona Lake, IN: Eisenbrauns, 1997), p. 8-9.
[65]Collins, *Mark*, p. 43.

criação de um novo gênero mesmo assim.[66] A maior parte de sua discussão se concentra em Marcos. Embora reconheça que a questão é controversa, Watson vê em Marcos 1.1 ("Princípio do evangelho...) uma referência clara à narrativa escrita que Marcos redigiu.[67] O título atribuído à sua narrativa dá evidência significativa de que o *Evangelho* de Marcos foi, na verdade, recebido assim: "Embora seja possível que o manuscrito original do 'Evangelho segundo Marcos' não levasse o título, o fato continua sendo que, para todos os seus leitores conhecidos, seu gênero era o de evangelho (*euangelion kata*...). Talvez esses leitores tivessem conhecimento de relações com outros gêneros seculares — a *bios* ou *vita* greco-romana, por exemplo —, ou talvez as ignorassem, mas esses leitores não atribuem ao texto nenhum título como *peri tou biou Iēsou*; eles só conseguem enxergá-lo como *euangelion*".[68] Foi como Evangelhos, portanto, que a igreja recebeu esses textos. Watson recorre a Ireneu, que, em uma breve passagem, menciona tanto o evangelho (singular), quanto os Evangelhos (plural): "Deus 'nos deu o evangelho em quatro aspectos, mas unidos por um só Espírito', e ele fez isso na forma dos 'evangelhos', que 'não podem ser em número maior nem menor do que de fato são'".[69] "Essa forma plural", observa Watson, "se desenvolve naturalmente a partir do uso singular anterior".[70] Os Evangelhos anunciam o evangelho.

Assim como Watson, Martin Hengel conclui que um novo gênero literário nasce com o Evangelho de Marcos.[71] Mas, diferentemente de Watson, Hengel demonstra certa ambivalência em sua análise da relação entre os Evangelhos e as *bioi* antigas. Por um lado, ele recomenda aos leitores interessados na questão do gênero literário dos Evangelhos "a informativa obra de R. A. Burridge", acrescenta que, "pelos padrões da antiguidade, eles são βίοι [*bioi*],"[72] refere-se ao Evangelho de Lucas como "uma verdadeira 'biografia de Jesus'",[73] observa que Mateus e Lucas têm "caráter 'biográfico' mais destacado",[74] e continua se referindo aos Evangelhos como biografias. Por outro lado — e a tônica está aqui — os Evangelhos representam algo extraordinariamente novo. Conforme

[66]Francis Watson, *Text and truth: redefining biblical theology* (Grand Rapids: Eerdmans, 1997), 89n7. Estranhamente, à parte uma breve abordagem ao prólogo de Lucas, a obra extensa mais recente de Watson sobre os Evangelho, *Gospel writing: a canonical perspective* (Grand Rapids: Eerdmans, 2013), silencia sobre a questão do gênero dos Evangelhos canônicos. Ele não deixa de abordar, contudo, o gênero do Evangelho de Tomé.

[67]Watson, *Text and truth*, p. 75.

[68]Watson, *Text and truth*, p. 74-75.

[69]Ireneu, *Her.* 3.11.8, citado em Watson, *Text and truth*, p. 74.

[70]Watson, *Text and truth*, p. 74.

[71]Martin Hengel, *The four Gospels and the one gospel of Jesus Christ: an investigation of the collection and origins of the canonical Gospels* (London: SCM, 2000), p. 49.

[72]Hengel, *Four Gospels*, p. 266n368.

[73]Hengel, *Four Gospels*, p. 80, 99.

[74]Hengel, *Four Gospels*, p. 105-6.

os padrões antigos, eles podem ser *bioi*, "mas, como 'fato de salvação', eles têm uma natureza única, podemos quase dizer incomparável. As biografias comuns não têm uma mensagem de fé decisiva para a vida eterna e o juízo final. É isso que é completamente novo no 'gênero' Evangelho".[75] A designação preferida de Hengel para esse "novo 'gênero' literário" é "biografia 'kerigmática'".[76] A ênfase no *kerigma* naturalmente lembra a convicção comum entre os críticos formais sobre os Evangelhos, mas, contra Bultmann, Hengel defende que o Evangelho de Marcos não serve tão somente para ilustrar o kerigma. Em vez disso, como narrativa, ele é a própria mensagem da salvação.[77]

Assim como Watson, Hengel também acredita que as palavras iniciais da narrativa de Marcos ("princípio do evangelho" [Mc 1.1]) designam a obra do Evangelista como um "Evangelho". Enquanto em Paulo *euangelion* (evangelho) se refere à proclamação oral e com selo cristológico da "viva 'mensagem da salvação'",[78] em Marcos ele vem a se referir também à expressão narrativa da mesma mensagem.[79] O Evangelho no todo "contém a oferta *integral* da mensagem da salvação".[80] Hengel considera o último uso do termo *euangelion* por Marcos igualmente esclarecedor. Em Marcos 14.9, em defesa da mulher que o ungiu (cujo nome não se menciona), Jesus declara: "Onde este evangelho for pregado, também o que ela fez será contado para a sua memória". "Aqui", Hengel observa, "a pregação do Evangelho se mescla diretamente com a narração de uma história singular. O ato sem precedentes, ofensivo, da mulher faz parte do Evangelho".[81]

A decisão de Marcos de chamar sua biografia kerigmática de Evangelho deixou sua marca em toda a tradição do Evangelho; até mesmo os imitadores posteriores adotaram o título compulsório.[82] Mas é fácil exagerar a diferença entre o uso de Paulo e o de Marcos da palavra *euangelion*. Mesmo em Paulo, *evangelho* necessariamente implica um enquadramento narrativo:[83] "Para poder ser crido e confessado nas comunidades missionais paulinas, o acontecimento salvífico tinha de ser narrado e interpretado a fim de poder ser entendido pelas comunidades recentemente fundadas pelo apóstolo".[84]

---

[75]Hengel, *Four Gospels*, p. 266n368.

[76]Hengel, *Four Gospels*, p. 49. Veja tb. Hengel, *Four Gospels*, p. 97, 98, 108-9, 111.

[77]Hengel, *Four Gospels*, p. 86-7.

[78]Hengel, *Four Gospels*, p. 61;

[79]Hengel, *Four Gospels*, p. 93-4;

[80]Hengel, *Four Gospels*, p. 90.

[81]Hengel, *Four Gospels*, p. 92-93.

[82]Hengel, *Four Gospels*, p. 104-5.

[83]Hengel, *Four Gospels*, p. 146-53.

[84]Hengel, *Four Gospels*, p. 147. Cf. Hengel, "Eye-witness memory and the writing of the Gospels", in: *The written Gospel*, Markus Bockmuehl; Donald A. Hagner, orgs. (Cambridge: Cambridge University Press, 2005), p. 75-76: "*Sem a tradição da narração de Jesus o estereotipado 'kerigma' teria sido incompreensível à igreja desde o princípio*".

Assim, para Hengel, os Evangelhos, que formalmente são *bioi*, são mais essencialmente algo novo: são biografias kerigmáticas.

O termo *evangelho* também ocupa lugar central no entendimento próprio de Joel Marcus em relação ao gênero de Marcos. Nossa melhor pista, sugere Marcus, em relação à resposta de Marcos à indagação do tipo de obra que ele escrevera é a palavra com a qual ele a designa, *euangelion*.[85] Contudo, apesar da semelhança estrutural entre o Evangelho de Marcos e, por exemplo, a proclamação missionária de Pedro em Atos 10.36-43,[86] o Evangelho de Marcos provavelmente não se dirigia aos de fora. Com base em sua conclusão de que Marcos escreveu para um público muito específico[87] e com uma pista importante recebida de Justino ("as memórias dos apóstolos [= Evangelhos] ou os escritos dos profetas são lidos *o quanto permitir o tempo*"),[88] Marcus propõe que "Marcos pode bem ser uma dramatização das boas novas, que originalmente eram encenadas no ambiente de culto de adoração cristão".[89] Sem dúvida Marcos toma emprestado de outros gêneros, mas no fim das contas o gênero é novo: "Trata-se de um *euangelion*, uma proclamação das boas novas: uma história de redenção encenada e vivenciada novamente" na adoração da comunidade de Marcos.[90]

Robert Gundry concorda que os Evangelhos abrem um novo espaço no que diz respeito ao gênero, mas não como "Evangelhos".[91] Pode-se, é claro, identificar paralelos gerais entre os Evangelhos e outras formas de literatura, mas, a não ser que haja pelo menos "um mínimo de especificidade", as distinções de gênero literário perdem o sentido.[92] Quando avançamos além dos paralelos gerais, é a singularidade dos Evangelhos que se torna evidente, provavelmente porque "a configuração e os detalhes particulares do ministério de Jesus quebraram certas convenções literárias".[93] Além disso, é um erro pensar em "Evangelho" como gênero, tanto porque isso implicaria "uma tradição literária desse tipo *anterior* aos nossos Evangelhos"[94] quanto porque os aspectos literários que unem os Evangelhos talvez surjam da relação entre os próprios documentos (eles se baseiam uns nos outros e em uma mesma tradição), e não de uma série de expectativas em relação a seu gênero literário.[95] Devíamos nos contentar em considerar os Evangelhos únicos.

[85]Marcus, *Mark 1—8*, p. 67, cf. p. 65.

[86]Cf. C. H. Dodd, *The apostolic preaching and its developments* (New York: Harper & Row, 1964), p. 46-52.

[87]Veja Marcus, *Mark 1—8*, p. 24-39.

[88]*1 Apol.* p. 67, citado, com a observação ([= Evangelho]) e os itálicos, por Marcus, *Mark 1—8*, p. 68.

[89]Marcus, *Mark 1—8*, p. 69.

[90]Marcus, *Mark 1—8*, p. 69.

[91]Gundry, *Old is better*, p. 18-48.

[92]Gundry, *Old is better*, p. 38.

[93]Gundry, *Old is better*, p. 36.

[94]Gundry, *Old is better*, p. 38.

[95]Gundry, *Old is better*, p. 36-39.

Reflexões

É claro que os debates sobre o gênero dos Evangelhos são sempre teológicos, às vezes de forma explícita, como ilustra o ensaio recente de William Franke.[96] Franke afirma que os Evangelhos não são biografias nem livros de história, mas obras únicas, ostensivamente porque "[seu] propósito não é contar fatos da vida de Jesus em si, mas mostrar o que ele significava para seus discípulos [...] [o evangelho] proclama uma mensagem de salvação, e não simplesmente uma história, seja fictícia ou real".[97] Há muito no ensaio de Franke com que podemos concordar, mas seu argumento estranhamente pressupõe que as biografias e as obras de história visam *apenas* registrar o passado. Dizer que os Evangelhos impõem exigências proféticas a seus leitores não significa dizer *como* (i.e., por que modo de comunicação) eles fazem isso. Essa é uma questão de gênero. As discussões que enfatizam a singularidade dos Evangelhos às vezes costumam seguir a direção de Franke. É possível, como vimos, sublinhar as características dos Evangelhos e suas semelhanças com outros textos antigos. Porém, quando se reflete sobre a singularidade dos Evangelhos, pergunta-se se não é o próprio Jesus que, na perspectiva dos evangelistas, é *sui generis*?[98] Será que as chocantes afirmações cristológicas e teológicas das cartas de Paulo não sinalizam a inauguração de um novo gênero ali? Não se trata, na verdade, de odres velhos preenchidos com vinho novo?

Não obstante, cada uma das três principais propostas examinadas anteriormente (os Evangelhos como *bioi*, como monografias históricas e como gênero literário único) traz algo importante ao debate sobre o gênero dos Evangelhos. David Aune sabiamente busca unir o primeiro e o último desses mundos: "A solução mais convincente é considerar os Evangelhos como um subtipo reconhecível de biografia helenística, diferentes em virtude do conteúdo [...], enquanto na forma e na função eles são sobretudo helenísticos".[99] Eles são diferentes no conteúdo por causa da singularidade dos acontecimentos

[96]William Franke, "Gospel as personal knowing: theological reflections on not just a literary genre", *Theology Today* 68, N. 4 (2012): p. 413-23.

[97]Franke, "Gospel as personal knowing", p. 414.

[98]Cf. Loveday Alexander, "What is a Gospel?", in: *The Cambridge companion to the Gospels*, Sephen C. Barton, org. (Cambridge: Cambridge University Press, 2006), p. 21.

[99]David E. Aune, "Gospel, literary genre of", in: *The Westminster Dictionary of New Testament and early Christian rhetoric* (Louisville: Westminster John Knox, 2003), p. 204-5; cf. p. 81. Quanto à convicção de que os Evangelhos são *bioi*, mas *bioi* de um tipo distinto, Veja tb., e.g., Hurtado, *Lord Jesus Christ*, p. 278; Scot McKnight, "Mattew as Gospel", in: *Jesus, Matthew's Gospel and early Christianity*, Daniel M. Gurtner; Joel Willits; Richard A. Burridge, orgs., LNTS 435 (London: T&T Clark, 2001), p. 59-75; Pennington, *Reading the Gospels wisely*, p. 25, 31, 35; Michael F. Bird, *The Gospel of the Lord: how the early church wrote the story of Jesus* (Grand Rapids: Eerdmans, 2014), p. 271.

que narram e da influência formativa das Escrituras judaicas (como acertadamente Collins ressalta).[100]

Imagino que Watson, Hengel, Marcus e outros estejam certos em ver em *euangelion* (evangelho; Mc 1.1) o termo com que Marcos designa sua própria narrativa.[101] Mas, se acreditamos que isso se refere ao conteúdo de sua narrativa, então o *euangelion* é a história que o Evangelho de Marcos conta. Desse modo, Marcos ou chama o seu texto de Evangelho ou chama a história que seu texto preserva de evangelho. Seja como for, Marcos garante um entendimento narrativo para *euangelion*. Pode-se dizer algo semelhante do uso do termo em Marcos 14.9. A história da mulher anônima se torna parte da história mais ampla do evangelho. Isso faz muito sentido se o evangelho a que Marcos se refere for aquele que ele está escrevendo, mas, mesmo que *euangelion* aqui se refira mais generalizadamente à história do evangelho, é essa história que seu Evangelho conta. O Evangelho de Marcos proclama o evangelho.

No Evangelho de Mateus, a palavra *euangelion* aparece apenas quatro vezes, cada uma em associação com o verbo *kēryssō* (proclamar) e, nas três primeiras ocorrências, como parte de uma construção característica desse Evangelista: como "o evangelho do reino" (4.23; 9.35), ou "este evangelho do reino" (24.14). Porém, como em Marcos, a última ocorrência da palavra é intrigante: o análogo de Marcos 14.9 em Mateus é: "Onde quer que *este evangelho* for anunciado em todo o mundo, também o que ela fez será contado em sua memória" (Mt 26.13 RSV alt.). A expressão "o evangelho", de Marcos, torna-se "este evangelho". Deveríamos perguntar por quê. Também deveríamos perguntar por que, quando Mateus edita o relato de Marcos quanto a isso, ele não opta por sua expressão preferida: "o evangelho do reino". É possível, como sugeriu Jonathan Pennington, que a expressão "este evangelho" tenha o simples propósito de encaminhar os leitores de volta às referências anteriores ao "evangelho do reino" em Mateus 4.23 e 9.35.[102] Mas não fica claro por que Mateus, preferindo a designação mais completa em outras passagens (inclusive 24.14), deveria escolher uma forma abreviada aqui. Mais provavelmente, a expressão é diferente porque o propósito de Mateus é diferente: assim como Marcos antes dele — mas até com mais clareza —, ele se refere a seu próprio relato *escrito*.[103]

[100] Alexander nos indica a direção correta. Nos Evangelhos, escreve ela, encontramos "uma forma cuja forma exterior lembra fortemente a *bios* grega, mas cujo modo narrativo e perspectiva teológica (conectivos, estrutura narrativa, uso da fala direta, intertextualidade) devem muito à Bíblia" (Alexandre, "What is a Gospel?", p. 29). A dívida para com as Escrituras de Israel explica as anomalias que, para Riches, situam os Evangelhos fora da categoria *bioi*.

[101] Assim também, antes, Guelich, "Gospel genre", p. 195.

[102] Pennington, *Reading the Gospels wisely*, p. 9-10n22.

[103] Assim também, e.g., Graham N. Stanton, *A Gospel for a new people: studies in Matthew* (Edimburgo: T&T Clark, 1992), p. 13-18, embora ele creia que Mateus é o primeiro a usar o termo dessa forma.

No uso que fazem do termo *euangelion*, no entanto, os evangelistas provavelmente não são inovadores radicais. Já notamos a observação de Hengel de que há uma narrativa implícita já nas menções de Paulo do *euangelion*. Scot McKnight corretamente avança mais ainda nessa direção. McKnight concorda com Burridge em que os Evangelhos são *bioi*, mas acrescenta que "a tradição evangélica católica apostólica esclarece de que tipo de βίος estamos falando".[104] Quando Marcos e Mateus usam a palavra *evangelho*, "eles se apoiam em tradição estabelecida".[105] Porque tanto para Paulo quanto para a tradição em que ele se baseia, "o evangelho é a declaração de que Jesus é o Messias e o Senhor, e Salvador e que ele cumpre a História de Israel ao longo de toda a sua história".[106] Um Evangelho, portanto, é uma *bios* que "evangeliza" — que conta a história salvífica do Messias de Israel.[107] Mas isso nos leva a uma última observação: como *bioi* kerigmáticas que proclamam o evangelho do Messias de Israel, os Evangelhos necessariamente dão continuidade à história de Israel.

Os versículos iniciais de Marcos associam explicitamente seu relato narrativo do evangelho às Escrituras de Israel. Contra a vasta maioria das traduções para o inglês,[108] é altamente improvável que Marcos 1.2 seja o início de uma nova frase. Em outras passagens de Marcos, *kathōs* ("tal como"), a primeira palavra do versículo 2, aparece sete vezes,[109] mas nunca começando uma nova frase. Além disso, apesar de ocorrer mais de cinquenta vezes no NT, a expressão *kathōs gegraptai* ("tal como está escrito") "simplesmente não dá início a uma ideia".[110] Mas, se no fim do versículo 1 deve haver uma vírgula e não um ponto final, Marcos começa sua narrativa do evangelho *tal como estava escrito* em Isaías. A *bios* kerigmática de Marcos está explicitamente situada no pano de fundo das Escrituras de Israel, já que o kerigma anuncia o ápice da história de Israel.

Esse entendimento do gênero dos Evangelhos deve algo a cada uma das três principais propostas examinadas antes: os Evangelhos são *bioi*, mas de tipo específico: pelo subgênero, são Evangelhos, retratos narrativos do evangelho ricamente moldados pelas narrativas das Escrituras de Israel que as levam ao apogeu.

Contraste-se isso, contudo, com W. D. Davies e Dale C. Allison Jr., *The Gospel according to Saint Matthew*, 3 vols. (Edimburgo: T&T Clark, 1988-97), 3:448.

[104]McKnight, "Matthew as Gospel", p. 67. Cf. Hurtado, *Lord Jesus Christ*, p. 272, 281.

[105]McKnight, "Matthew as Gospel", p. 62.

[106]McKnight, "Matthew as Gospel", p. 67.

[107]McKnight, "Matthew as Gospel", p. 67-75.

[108]Mas veja a tradução da NIV 2011 de Marcos 1.1,2: "O princípio das boas novas sobre Jesus, o Messias, o Filho de Deus, como está escrito em Isaías, o profeta...".

[109]Marcos 4.33; 9.13; 11.6; 14.16,21; 15.8; 16.7.

[110]Guelich, "Gospel genre", p. 194; cf. Hengel, *Four Gospels*, p. 267n374.

6

O ESTUDO DA LÍNGUA GREGA

DANA M. HARRIS

INTRODUÇÃO

Quando os seminaristas começam a aprender o grego *koiné*, muitos supõem que estão aprendendo uma língua "morta" e que pouca coisa mudou em nosso conhecimento dessa língua desde que o NT foi escrito. Nada poderia estar mais longe da verdade. As últimas décadas testemunharam alguns avanços significativos e empolgantes, tanto no entendimento atual do grego *koiné* em geral quanto do grego neotestamentário em particular. Grande parte desses avanços é resultado da apropriação cada vez maior dos novos desdobramentos da linguística pelos estudiosos da Bíblia. Este capítulo se concentrará em três facetas importantes dos estudos recentes no campo da língua grega: o aspecto verbal, a análise do discurso e a voz verbal.

VERBOS GREGOS E ASPECTO VERBAL

Aspecto verbal: visão geral e contribuições recentes

A relação complexa entre as várias formas verbais gregas, a saber, tempo (referência temporal), aspecto (a perspectiva pela qual uma ação é apresentada) e *Aktionsart* (espécie/tipo de ação), tem sido entendida de vários modos nos estudos bíblicos. Segundo as perspectivas "tradicionais", o indicativo grego designa tanto o tempo quanto o *Aktionsart*.[1] Por exemplo, o "tempo" aoristo indica uma ação passada pontual, enquanto o tempo presente indica uma ação presente durativa ou progressiva.[2] Algumas abordagens distinguem

---

[1]É consenso que os valores temporais (se existem) são restritos ao indicativo. Para um exame mais aprofundado, veja Constantine R. Campbell, *Advances in the study of Greek: new insights for reading the New Testament* (Grand Rapids: Zondervan, 2015), p. 31, 110.

[2]Veja BDF §318. Embora BDF inicialmente distinga entre "*Aktionsarten* (tipos de ações)" e "aspectos (pontos de vista)", o exame que se segue concentra-se nos *Aktionsarten* e não faz clara distinção entre *Aktionsarten* e aspecto. A história do aspecto e do *Aktionsart* nas gramáticas gregas é examinada

entre três *Aktionsarten*, que estariam alinhadas aos três principais troncos temporais: pontual (tronco aoristo), durativo (tronco presente) e perfectivo/resultativo (tronco perfeito)[3] — o último deles apresenta uma "condição ou estado em consequência de uma ação passada".[4] Podem se apresentar mais *Aktionsarten* para determinados tempos verbais, como o aoristo ingressivo, o presente conativo ou mesmo o presente aorístico.[5]

Contudo, por volta de trinta anos atrás, duas monografias publicadas quase simultaneamente — uma de Stanley Porter e outra de Buist Fanning — questionavam muitas convicções arraigadas sobre tempo, aspecto e *Aktionsart*.[6] Essas obras demonstraram que o aspecto era uma das principais características (senão a principal) dos verbos gregos e contestaram a importância (ou mesmo a existência) do tempo nos verbos indicativos gregos. Contudo, as abordagens desses autores diferiam bastante uma da outra e foram amplamente debatidas.[7]

Stanley E. Porter aplica a linguística sistêmica ao estudo do aspecto verbal no grego neotestamentário.[8] Essencial para Porter é a distinção entre semântica (característica verbal morfológica e incancelável) e pragmática (uso da forma verbal). Ele alega que "o aspecto verbal grego é uma categoria semântica sintética (percebida nas formas dos verbos) aplicada a oposições de sentidos em uma rede de sistemas de tempos para gramaticalizar a escolha subjetiva fundamentada do autor da concepção de um processo".[9] Para Porter, as formas verbais gregas indicam apenas o aspecto — elas não indicam nenhuma referência temporal.[10] Porter identifica três aspectos no

extensamente por Stanley E. Porter, *Verbal aspect in the Greek of the New Testament with reference to tense and mood*, SBG 1 (New York: Peter Lang, 1989), p. 22-56. Veja tb. Buist M. Fanning, *Verbal aspect in New Testament Greek*, Oxford Theological Monographs (Oxford: Clarendon, 1990), p. 8-42.

[3]E.g., BDF §318. Cf. A. T. Robertson, *A grammar of the Greek New Testament in the light of historical research* (Nashville: Broadman, 1914; 4a ed., 1934), p. 823. Veja tb. a análise em Francis G. H. Pang, *Revisiting aspect and* Aktionsart*: a corpus approach to Koine Greek event typology*, LBS 14 (Leiden: Brill, 2016), p. 45-47.

[4]BDF §318 (4).

[5]BDF §331, 219, 230, respectivamente.

[6]Porter, *Verbal aspect in the Greek of the New Testament*; e Fanning, *Verbal aspect in New Testament Greek*.

[7]Veja, e.g., D. A. Carson, "An introduction to the Porter/Fanning debate", in: *Biblical Greek language and linguistics: open questions in current research*, Stanley E. Porter; D. A. Carson, orgs., JSNTSup 80 (Sheffield: JSOT Press, 1993), p. 18-25. No mesmo volume, Veja tb. Daryl D. Schmidt, "Verbal aspect in Greek: two approaches", p. 63-73, e Moisés Silva, "A response to Fanning and Porter on verbal aspect", p. 74-82. O volume também inclui respostas de Fanning e Porter. Proveitosos também são os seguintes artigos: Stanley E. Porter e Andrew W. Pitts, "New Testament Greek languages and linguistics in recent research", *CBR* 6, № 2 (2008): p. 214-55; Andrew David Naselli, "A brief introduction to verbal aspect in New Testament Greek", *DBSJ* 12, № 1 (2007): p. 17-28.

[8]Porter, *Verbal aspect*.

[9]Porter, *Verbal aspect*, p. 88.

[10]Porter baseia-se na obra anterior de Kenneth L. McKay, segundo quem o aspecto era mais importante que o tempo nos verbos gregos ("On the perfect and other aspects in New Testament Greek", *NovT* 23 [1981]: p. 289-329). McKay também propôs três aspectos: imperfectivo, aoristo e perfeito. O futuro, entendido como um aspecto, constitui "um quarto aspecto de intenção" (*A new syntax of the verb in New*

grego *koiné*, associados a três formas temporais: o aspecto perfectivo (tempo aoristo), em que "a ação é concebida pelo usuário da língua como um processo completo e indiferenciado"; o aspecto imperfectivo (presente, formas verbais imperfeitas), em que "o usuário da língua concebe a ação em andamento); e o aspecto estativo (forma de tempos verbais perfeito e mais-que-perfeito), em que "o usuário da língua concebe a ação refletindo determinado estado de coisas (não raro complexo)".[11] O tempo futuro é considerado não aspectual.[12]

Buist M. Fanning define o aspecto verbal como "o foco, ou ponto de vista, do falante relativamente à ação ou ao estado que o verbo denota"[13] — "a ação pode ser vista a partir de um ponto de referência *interior* a ela mesma, sem referência a seu começo ou seu término [...] ou a ação pode ser vista por uma perspectiva *exterior* a ela mesma, com o foco nela toda do começo ao fim".[14] Ao primeiro aspecto, ele dá o nome de aspecto "presente" (que se alinha com o valor espacial de proximidade) e ao segundo, de aspecto "aoristo" (que se alinha com a distância).[15] Embora Fanning defenda que o aspecto é o principal componente do verbo, o aspecto sozinho não pode ser determinante do sentido verbal.[16] Em vez disso, é preciso entender o aspecto em conjunto com um elemento temporal, o *Aktionsart*, e com o léxico do idioma.[17] Essa interação complexa é fundamental para Fanning: "O aspecto interage tão estreitamente com essas características e é tão influenciado por elas que nenhuma análise do aspecto pode ser plenamente satisfatória se não der atenção a essas interações".[18]

Desde a publicação de *Verbal aspect* [Aspecto verbal], de Porter, e *Verbal aspect*, de Fanning, a importância do aspecto para a compreensão dos verbos

Testament Greek: an aspectual approach, SBG 5 [New York: Peter Lang, 1994], p. 27). McKay também notou o impacto dos tipos lexicais no aspecto (*New Syntax*, p. 28-29). Significativamente, McKay defendeu que os tempos dos verbos gregos não sinalizavam tempo, mas que referências temporais ficavam implícitas pelo contexto mais amplo (*New Syntax*, p. 39-40). Essas perspectivas anteriores foram resumidas e expandidas em *New Syntax*. Veja tb. McKay, "The use of the Ancient Greek perfect down to the end of the second century AD", *BICS* 12 (1965): p. 1-21; McKay, "Syntax in exegesis", *TynBul* 23 (1972): p. 39-57; McKay, "Time and aspect in New Testament Greek", *NovT* 34 (1992): p. 209-28. Também significativo é, por parte de McKay, o "reconhecimento da natureza subjetiva da escolha do aspecto, [e] seu relacionamento íntimo com o contexto". McKay, "On the perfect", p. 329.

[11]Stanley E. Porter, *Idioms of the Greek New Testament*, 2. ed. (Sheffield: Sheffield Academic, 1994), p. 221-22.

[12]Porter, *Verbal aspect*, p. 403.

[13]Fanning, *Verbal aspect*, p. 84.

[14]Fanning, *Verbal aspect*, p. 85 (itálico do original).

[15]Fanning, *Verbal aspect*, p. 86-103. Também pode ser entendido como tempo contemporâneo ou antecedente (Fanning, *Verbal aspect*, p. 27).

[16]Fanning, *Verbal aspect*, p. vi.

[17]Fanning baseia-se consideravelmente nas taxonomias lexicais de ações verbais propostas em Zeno Vendler, "Verbs and times", *Philosophical Review* 66 (1957): p. 43-60; Anthony Kenny, *Action, emotion and will* (London: Routledge and Kegan Paul, 1962).

[18]Fanning, *Verbal aspect*, p. 85.

do grego *koiné* (e sobretudo no NT) vem sendo cada vez mais reconhecida. Algumas obras importantes ampliaram nossa compreensão do aspecto verbal no grego *koiné*.[19] O mais recente e principal colaborador desse estudo é Constantine R. Campbell. A exemplo de Porter, Campbell estabelece uma clara distinção entre semântica (característica não anulável do tempo verbal) e pragmática (a função de um tempo verbal em determinado contexto). Para Campbell, o aspecto é uma característica semântica dos verbos gregos e a *Aktionsart* é uma característica pragmática. Assim como Fanning, Campbell afirma que só há dois aspectos no grego: perfectivo e imperfectivo. Campbell também entende o aspecto em conjunto com os valores espaciais de distância e proximidade.[20] Por isso, Campbell explica porque a maioria dos aoristos ocorre em contextos referentes ao passado. O aoristo em si não gramaticaliza o tempo passado, mas expressa um aspecto perfectivo e o valor espacial de distância no nível semântico, ainda que isso muitas vezes se exprima como distância temporal (e.g., tempo passado) no nível pragmático. Do mesmo modo, "o valor espacial da proximidade expressará na maior parte das vezes a proximidade temporal — o tempo presente".[21] Campbell também leva a sério a *Aktionsart*, que ele considera consequência, no nível da pragmática, da combinação entre o aspecto (inclusive o valor espacial), o tipo de lexema envolvido (e.g., pontual, transitivo) e o contexto mais amplo em que o verbo ocorre (e.g., uma narrativa referente ao passado).

Um dos elementos úteis na abordagem de Campbell é sua sensibilidade ao gênero, sobretudo o narrativo.[22] Ele distingue entre a narrativa propriamente dita ("história baseada em acontecimentos") e o discurso propriamente dito (e.g., pensamento e discurso indiretos).[23] A narrativa propriamente dita pode

---

[19]Várias obras importantes podem ser mencionadas brevemente. A dissertação doutoral de Mari Broman Olsen oferece uma sofisticada abordagem trans-linguística que se concentra tanto no aspecto lexical como no gramatical (*A semantic and pragmatic model of lexical and grammatical aspect*, Outstanding dissertations in linguistics [New York: Garland, 1997]). Três estudos aplicaram o modelo de Porter a documentos específicos do NT: Rodney J. Decker, *Temporal deixis of the Greek verb in the Gospel of Mark with reference to verbal aspect*, SBG 10 (New York: Peter Lang, 2001); David L. Mathewson, *Verbal aspect in the book of Revelation: the function of Greek verb tenses in John's apocalypse*, LBS 4 (Leiden: Brill, 2010); Wally V. Cirafesi, *Verbal aspect in Synoptic parallels: on the method and meaning of divergent tense-form usage in the Synoptic Passion narratives*, LBS 7 (Leiden: Brill, 2013). Outras obras especializadas incluem Trevor V. Evans, *Verbal syntax in the Greek Pentateuch: natural Greek usage and Hebrew interference* (Oxford: Oxford University Press, 2001); Douglas S. Huffman, *Verbal aspect and the prohibitions in the Greek New Testament*, SBG 16 (New York: Peter Lang, 2014).

[20]Constantine R. Campbell, *Verbal aspect, the indicative mood, and narrative: soundings in the Greek of the New Testament*, SBG 13 (New York: Peter Lang, 2007), p. 14-16.

[21]Campbell, *Advances in the study*, p. 115; cf. Campbell, *Basics of verbal aspect in biblical Greek* (Grand Rapids: Zondervan, 2008), p. 129-30.

[22]E.g., Campbell, *Verbal aspect, the indicative mood, and narrative.*

[23]Resumido a partir de Campbell, *Basics of verbal aspect*, p. 38-39; *Advances in the study*, p. 124; cf. *Verbal aspect, the indicative mood, and narrative*, p. 3-4.

ser, ademais, subdividida em *mainline* ("a estrutura principal da narrativa inteira") e *offline* ("informações suplementares que comentam, explicam e completam a ação principal").[24] Além disso, Campbell distingue entre três tipos de discurso: discurso direto (falas dentro da narrativa), discurso indireto (ou relatado), e discurso autoral ("comunicação direta do autor ao leitor"). Os padrões de distribuição das formas indicativas se alinham a cada um desses elementos narrativos: acontecimentos principais (aoristo), informações secundárias (imperfeito, mais-que-perfeito), discurso direto (presente, pretérito perfeito, futuro), discurso indireto (presente, perfeito) e discurso autoral (presente, perfeito).[25]

Tentar resumir algo tão complexo quanto o aspecto verbal no grego neotestamentário não é fácil. Campbell observa: "O aspecto verbal tem sido a questão mais polêmica dos estudos gregos nos últimos 25 anos".[26] Contudo, vem-se estabelecendo o consenso de que o aspecto é um elemento importante (senão o mais importante) do verbo grego. Concorda-se que o aspecto representa o ponto de vista do autor/falante. Chegou-se ao consenso de que há pelo menos dois aspectos no grego: o imperfectivo e o perfectivo.[27] Todavia, existem claras áreas de discordância. Os defensores do aspecto não concordam em questões básicas de terminologia, ou mesmo quanto ao número de aspectos do sistema verbal do grego *koiné*. Outro ponto debatido é a relação entre aspecto (indicado morfologicamente) e *Aktionsart* (lexicalmente condicionado).[28] Por fim, ainda não se resolveu a questão sobre os tempos verbais gregos codificarem ou não valores temporais.[29] Alguns trabalhos recentes contestaram as abordagens não temporais, exclusivamente aspectuais, do verbo grego.[30]

[24]Campbell, *Advances in the study*, p. 124; Campbell, *Basics of verbal aspect*, p. 43-44.

[25]Campbell, *Advances in the study*, p. 125. Ele nota: "Vê-se que os vários valores aspectuais estão associados a certas linhas do discurso, e assim forma padrões previsíveis de distribuição" (4).

[26]Campbell, *Advances in the study*, p. 105.

[27]Cf. Buist Fanning, "Porter and Fanning on New Testament Greek verbal aspect", in: *The Greek verb revisited: a fresh approach for biblical exegesis; proceedings of the linguistics and the Greek verb conference, Cambridge University, 2015*, Steven E. Runge; Christopherr J. Fresch, orgs. (Bellingham, WA: Lexham, 2016), p. 11. Veja tb. Stanley E. Porter, "The perfect tense-form and stative aspect: the meaning of the Greek perfect tense-form in the Greek verbal system", in: *Linguistic analysis of the Greek New Testament: studies in tools, methods, and practice* (Grand Rapids: Baker Academic, 2015), p. 198.

[28]Veja espec. Pang, *Revisiting aspect and* Aktionsart. Veja tb. sua abordagem às várias formas como os termos "aspecto" e *Aktionsart* são usados por estudiosos bíblicos em contraste com o uso dos mesmos pelos linguistas (p. 9-12). Veja a abordagem em Porter, "Perfect tense-form", p. 200-203.

[29]Quanto ao argumento de que o próprio aspecto é na verdade um conceito temporal, veja Christopher J. Thomson, "What is aspect? Contrasting definitions in general linguistics and New Testament studies", in: Runge and Fresch, *Greek verb revisited*, p. 13-80.

[30]Veja, e.g., Christopher J. Fresch, "Typology, polysemy, and prototypes: situating nonpast aorist indicatives", in: Runge e Fresch, *Greek verb revisited*, p. 379-415. Embora Fresch defenda que o aspecto perfectivo é o componente semântico primário do indicativo aoristo, ele também afirma que a referência temporal ao passado é componente secundário.

Questões recentes do aspecto verbal

Além dessas questões fundamentais, há muitas outras questões referentes a essas formas temporais particulares. A seção a seguir se concentra em duas dessas áreas de particular importância para a exegese do Novo Testamento.

O indicativo perfeito

Um dos pontos de mais divergência no já polêmico estudo do aspecto verbal é a função da forma do tempo perfeito. A compreensão tradicional do perfeito é que ele retrata uma ação passada com resultados contínuos no presente e, portanto, é uma combinação do aoristo e do presente.[31] Contudo, é claro que as contestações ao entendimento semântico temporal dos verbos gregos também questionam esse entendimento do tempo perfeito. Assim como em outras áreas dos estudos do aspecto, não surgiu nenhum consenso em relação ao perfeito. O que se discute é se o perfeito codifica um terceiro aspecto (e.g., estativo) e, caso contrário, se ele gramaticaliza o aspecto perfectivo ou o imperfectivo.

A compreensão aspectual do perfeito é um dado relevante da obra de Kenneth McKay. Ele afirma que "o tempo perfeito expressa o estado, ou condição, do sujeito do verbo, em consequência de uma ação (logicamente uma ação anterior), mas, na maioria das vezes, com relativamente menos referência à ação em si".[32] Ele acrescenta que o perfeito ocorre "com mais frequência em contextos do tempo presente e nos contextos sem referência temporal específica e, em algumas circunstâncias [veja a seguir], traz uma forte referência adicional a um acontecimento que já passou".[33] Além disso, McKay alega que "o estado indicado pelo aspecto perfeito é sempre e devidamente o do sujeito".[34]

Para Fanning, o perfeito é "uma categoria verbal complexa que denota, em seu sentido básico, um estado resultante de uma ocorrência anterior".[35] Ele alega que o perfeito reflete a combinação de três elementos: o tempo passado (valor temporal interno de anterioridade), a *Aktionsart* estativa (o perfeito sempre denota condição existente) e o aspecto aoristo (sumário, externo).[36] Fanning assinala que quase todos os perfeitos justapõem duas situações: um acontecimento e uma consequência desse acontecimento; isso

---

[31]E.g., BDF §340; Robertson, *Grammar*, p. 894-96.

[32]McKay, *New syntax*, p. 31; cf. a definição quase idêntica em seu artigo de 1981, "On the perfect", p. 296.

[33]McKay, *New syntax*, p. 49.

[34]McKay, "On the perfect", p. 310.

[35]Fanning, *Verbal aspect*, p. 119.

[36]Fanning, *Verbal aspect*, p. 112; cf. p. 290-91. Campbell refere-se à abordagem de Fanning como "versão aspectualmente modificada da compreensão tradicional do perfeito" (*Advances in the study*, p. 118). Para a abordagem de Porter, veja Porter, "Perfect tense-form", p. 203-5.

também inclui uma expressão temporal com referência temporal dupla ao passado e ao presente unidos.[37] Juntas, essas características "resultam em um sentido geralmente descrito como 'uma condição resultante de um acontecimento anterior'".[38]

Assim como Fanning, Porter alinha o perfeito com estatividade, mas não como uma *Aktionsart*. Em vez disso, ele afirma que o tempo perfeito gramaticaliza o *aspecto* estativo. Como já se observou, Porter alinha três aspectos com os três principais radicais verbais do grego (o perfectivo com o radical do aoristo, o imperfectivo com o radical do presente, e o estativo com o radical do perfeito). O perfeito indica "o estado, ou condição, do sujeito gramatical conforme concebido pelo falante. Se existe um acontecimento anterior ou se há menção dele, é uma questão lexical no contexto e não parte da semântica aspectual".[39] E acrescenta: "As formas temporais do perfeito e do mais-que-perfeito ocorrem em contextos em que o usuário do grego deseja comunicar que a ação reflete determinado estado de coisas (geralmente complexo)".[40] Além do mais, os três aspectos podem ser entendidos em relação a planos do discurso: o aoristo apresenta informações de plano de fundo, o presente (e o imperfeito) apresenta informações de primeiro plano e o perfeito (e o mais-que-perfeito) apresenta informações de primeiríssimo plano. Porter chega a essa conclusão em parte apoiado no conceito de marcação: o perfeito e o mais-que-perfeito são as formas temporais menos comuns (marcadas distributivamente) e têm "o maior volume morfológico" (marcadas materialmente).[41]

Conforme se observou antes, Campbell propõe dois aspectos: o imperfectivo e o perfectivo. Ele alega que o perfeito codifica o aspecto imperfectivo e o valor espacial de proximidade intensificada (proximidade intensificada distingue a forma temporal perfeita de proximidade da forma temporal presente). Do mesmo modo, o mais-que-perfeito codifica o aspecto imperfectivo e o valor espacial da distância intensificada (distinguindo-o da distância do imperfeito). Campbell chega a essa conclusão observando que o perfeito se assemelha ao presente em muitos modelos de uso nas narrativas, tanto dentro do discurso quanto na narrativa propriamente dita.[42] Assim como Fanning, ele entende estatividade como uma *Aktionsart*. Além disso, a estatividade se alinha melhor com o aspecto imperfectivo. O fato de que muitos

[37]Fanning, *Verbal aspect*, p. 112

[38]Fanning, *Verbal aspect*, p. 291.

[39]Porter, *Verbal aspect*, p. 259.

[40]Porter, *Idioms*, p. 39. Veja tb. Porter, "Perfect tense-form", p. 209-15.

[41]Porter, *Verbal aspect*, p. 246-47.

[42]Campbell, *Basics of verbal aspect*, p. 50.

lexemas estativos ocorrem no tempo presente dá ainda mais sustentação a essa ideia.[43]

Os enfoques diferentes de Porter, Fanning e Campbell foram o ponto focal de uma sessão da reunião anual de 2013 da Society of Biblical Literature apropriadamente chamada de "The Perfect Storm" [A Tempestade Perfeita].[44] Além dos estudos desses três acadêmicos, um trabalho recente é digno de nota. A tese de doutorado de Robert Crellin examina um vasto *corpus* de grego não bíblico que abrange alguns séculos anteriores e posteriores à época do NT.[45] Sua obra se concentra no aspecto lexical — "a contribuição lexical realizada pela semântica dos itens lexicais individuais".[46] Ele propõe que "o radical do perfeito apresenta um evento como propriedade do sujeito em razão do evento designado pelo verbo ter chegado a algum ponto terminal". Se um estado está em vista, o perfeito não significa um acontecimento ou uma situação anterior, mas se não há um estado em vista, "o perfeito simplesmente apresenta o acontecimento como completado em um momento anterior ao tempo de referência". O perfeito se opõe ao aoristo e ao presente (que dizem respeito a eventos) por ser "estático e concentrado no sujeito".

O CHAMADO PRESENTE HISTÓRICO

Um fenômeno frequente do grego do NT (principalmente no Evangelho de Marcos) é a ocorrência do indicativo do presente (em vez do esperado indicativo aoristo) no contexto de uma narrativa (referente ao passado). Os enfoques tradicionais normalmente se referem a esses presentes do indicativo como "presentes históricos" e afirmam que eles são usados para acrescentar expressividade, retratar intensamente a ação como se ela estivesse se desenrolando no momento presente.[47] Em uma perspectiva dos verbos gregos em

[43]Campbell, *Basics of verbal aspect*, p. 50.

[44]Veja D. A. Carson, org., *The perfect volume: critical discussion of the semantics of the Greek perfect tense under aspect theory* (New York: Peter Lang, a ser lançado). Quanto à crítica de Porter à abordagem de Campbell, veja Stanley E. Porter, "Greek linguistics and lexicograpy", in: *Understanding the times: New Testament studies in the 21st century: essays in honor of D. A. Carson on the occasion of his 65th birthday*, Andreas J. Köstenberger; Robert W. Yarbrough, orgs. (Wheaton: Crossway, 2011), p. 46-54. Quanto à resposta de Campbell, veja *Advances in the study*, p. 118-19.

[45]Robert Crellin, "The Greek perfect active system, 200 BC-AD 150" (dissertação de PhD, University of Cambridge, Faculty of Classics, 2011). Veja tb. Crellin, "The semantics of the perfect in the Greek of the New Testament", in: Runge e Fresch, *Greek verb revisited*, p. 430-57. Outra obra recente é Alexander Andrason e Christian Locatell, "The perfect wave: a cognitive approach to the Greek verbal system", *Biblical and ancient Greek Linguistics* 5 (2016): p. 7-121.

[46]Esse sumário da dissertação de Crellin é extraído de Robert Crellin, "The Greek perfect active system, 200 BC-AD 150", *TynBul* 64 (2013): p. 157-60, espec. 159.

[47]Pondere BDF §321: "O presente histórico pode substituir o indicativo aoristo em uma narrativa vívida nos acontecimentos em que o narrador se imagina presente; a *Aktionsart* geralmente permanece pontual apesar da forma verbal presente". Explicação alternativa é que a forma verbal do presente histórico

que "tempo verbal/flexão verbal equivale ao tempo propriamente", esse uso representa um "desvio" em relação ao uso "padrão".[48]

O elemento da expressividade também figura na abordagem de Fanning, na qual ele alega que o presente histórico é usado na "narração expressiva ou intensa".[49] Além disso, "a principal característica a motivar o uso do presente é a transferência *temporal* e não algum tipo de efeito *aspectual*".[50] Essa transferência temporal "neutraliza" a força aspectual do presente. Entretanto, Fanning também observa que o presente histórico funciona como um marcador discursivo para iniciar um novo parágrafo, apresentar novos participantes, e assim por diante.[51] Porter alega que o presente histórico "é usado nos lugares em que o autor acha que deseja atrair a atenção para determinado acontecimento ou série de acontecimentos".[52]

Stephen H. Levinsohn afirma que o presente histórico tem uma função de discurso que "na maioria das vezes tem o efeito de destacar o que vem em seguida".[53] Esse destaque diz respeito "não tanto à fala ou ao ato a que se refere, mas ao acontecimento (ou acontecimentos) que se seguem".[54]

Campbell observa que o presente histórico em Marcos e João está associado a duas classes de verbos. Primeiro, quando o presente histórico ocorre com verbos de propulsão (e.g., ἔρχομαι [*erchomai*]), eles "intensificam o sentido de transição inerente a esses verbos".[55] Segundo, os presentes históricos ocorrem com verbos que indicam que o discurso está prestes a iniciar. Nesses casos, "a natureza próxima-imperfectiva do discurso 'transborda' sobre o verbo que indica seu início".[56]

Steven Runge questiona as explicações do presente histórico que implicam expressividade, redução da flexão temporal ou transição para uma nova cena ou para um novo personagem. Em vez disso, para Runge, o presente histórico indica proeminência: "A forma presente é a opção mais viável para

foi reduzida a zero (e.g., Paul Kiparsky, "Tense and mood in Indo-European syntax", *Foundations of language* 4 [1968]: 30-57).

48BDF §321: "Esse uso é comum entre autores do NT, sobretudo Mc [...] Apenas Lc o usou com menor frequência, mas provavelmente porque o considerava um vulgarismo".

49Fanning, *Verbal aspect*, p. 226.

50Fanning, *Verbal aspect*, p. 227.

51Fanning, *Verbal aspect*, p. 232.

52Porter, *Verbal aspect*, p. 196.

53Stephen H. Levinsohn, *Discourse features of New Testament Greek: a coursebook on the information structure of New Testamente Greek*, 2. ed. (Dallas: SIL International, 2000), p. 197.

54Levinsohn, *Discourse features*, p. 200.

55Campbell, *Verbal aspect, the indicative mood, and narrative*, p. 76.

56Campbell, *Basics of verbal aspect*, p. 66. Mais especificamente, ele escreve: "... a proximidade imperfectiva do presente do indicativo o atrai à natureza do discurso, tanto como apresentador do discurso quanto como forma verbal referente a discurso importante". Campbell, *Verbal aspect, the indicative mood, and narrative*, p. 76.

marcar a proeminência em um contexto de tempo passado".[57] Essa proeminência é sinalizada porque tanto o tempo verbal (presente) quanto o aspecto (imperfectivo) são inesperados em um contexto em que se espera um aoristo com aspecto perfectivo, indicando informações *mainline* em um contexto narrativo. Ele continua: "Os autores usam marcadores como o PH [presente histórico] para garantir que o leitor não deixe passar despercebidas as mudanças nem as transições no discurso. Esses marcadores têm o efeito de reduzir o ritmo e atrair a atenção do leitor".[58] Seguindo Levinsohn, Steven Runge argumenta que o presente histórico chama atenção para o que vem em seguida a ele ("indicando adiante").[59]

ANÁLISE DO DISCURSO

Muitos já lamentaram que os avanços na linguística em geral não são prontamente apropriados pelos estudos bíblicos, uma vez que esses avanços muitas vezes oferecem benefícios importantes para os estudos bíblicos. Um exemplo disso diz respeito ao estudo da análise de discurso, embora o próprio termo muitas vezes signifique coisas diferentes de acordo com seus diversos defensores.[60] Campbell propõe uma boa definição de análise do discurso. Segundo ele, análise do discurso é "um enfoque interdisciplinar do entendimento de como as unidades de texto se relacionam umas com as outras para criar o tema, a mensagem e a estrutura de um texto".[61]

A maioria das abordagens à análise do discurso é orientada por alguns pressupostos básicos.[62] O principal deles talvez seja o de que "escolha implica significado" — a escolha de um falante/autor entre várias opções é uma percepção importante do sentido de determinado texto. Segundo, a análise do discurso se concentra em um nível linguístico mais amplo, além da oração

[57]Runge, *Discourse grammar*, p. 130. Veja tb. Elizabeth Robar, "The historical present in NT Greek: an exercise in interpreting Matthew", in: Runge e Fresch, *Greek verb revisited*, p. 329-52.

[58]Runge, *Discourse grammar*, p. 134.

[59]Runge, *Discourse grammar*, p. 137.

[60]Em 1995, Stanley E. Porter identificou quatro grandes abordagens à análise do discurso (havendo intersecções entre as abordagem: a escola norte americana/Summer Institute of Linguistics (Eugene Nida, Kathleen Callow, Stephen Levinsohn); a escola hallidayana (M. A. K. Halliday; seguida por J. R. Firth, Stanley E. Porter); uma escola europeia continental (R. D. Beaugrande); e uma escola sul-africana (J. P. Louw) (Stanley E. Porter, "Discourse analysis and New Testament studies: an introductory survey", in: *Discourse analysis and other topics*, Stanley E. Porter; D. A. Carson, orgs., JSNTSup 113 (Sheffield: Sheffield Academic, 1995], p. 24). As primeiras duas abordagens têm sido as mais vastamente adotadas nos estudos bíblicos. Veja tb. Campbell, *Advances in the study*, p. 148-91.

[61]Campbell, *Advances in the study*, 148-49.

[62]Sumário baseado em Jeffrey T. Reed, "Modern linguistics in the New Testament: a basic guide to theory, terminology, and literature", in: *Approaches to New Testament study*, Stanley E. Porter; David Tombs, orgs., JSNTSup 120 (Sheffield: Sheffield Academic, 1995), p. 222-65; Campbell, *Advances in the study*, p. 148-51.

gramatical, como um parágrafo, uma perícope ou mesmo uma epístola inteira. Outra preocupação fundamental na análise do discurso é a *coesão* ou os fatores que concedem ao texto um sentido unificado.[63] Jeffrey Reed define a coesão linguística como "o meio pelo qual um contexto linguístico imediato se relaciona de forma significativa com um contexto anterior e/ou com o contexto situacional (i.e., relações de significado entre texto, *co*texto e contexto).[64] Com "*co*texto", Reed quer dizer o contexto linguístico circundante (e.g., palavras, expressões, orações). O contexto situacional se refere à situação imediata em que um discurso ocorre. Entre outros fatores importantes, está o contexto cultural (e.g., antecedentes históricos), o gênero do discurso em questão e o idioleto do falante/autor (o modo que determinado indivíduo usa uma palavra ou expressão).

Entre os elementos que assinalam a coesão estão as conjunções, que fazem a coesão entre orações e parágrafos e estabelecem limites entre perícopes. Um pronome e seu antecedente também sinalizam coesão. Além disso, pode-se falar em coesão lexical, como, por exemplo, o uso de repetição ou sinonímia, quando se usam várias palavras com significados que se interseccionam.[65]

Outro foco importante da análise do discurso é a proeminência (também chamada de ênfase, embasamento, relevância ou saliência). Kathleen Callow define a proeminência como "qualquer recurso que confira a certos acontecimentos, participantes ou objetos mais importância que a outros no mesmo contexto".[66] Também se pode falar em níveis de proeminência, como *contexto, tema* ("informações essenciais à mensagem do autor"; sobre o que se está falando) e *foco* (como um holofote sobre um ator no palco).[67] Um fator que indica proeminência é a ordem dos componentes (como uma palavra colocada no início de uma oração ou frase).[68] Entre outros fatores estão o aspecto verbal, os genitivos absolutos e o uso de τότε (*tote*) e ἰδού (*idou*).[69]

---

[63]Presume-se aqui que o discurso apresenta uma "peça *coesa* de comunicação e não uma mixórdia de palavras e sentenças sem relação entre si". Reed, "Modern linguistics", p. 239 (itálico do original).

[64]Jeffrey T. Reed, "The cohesiveness of discourse: towards a model of linguistics criteria for analyzing New Testament discourse", in: *Discourse analysis and the New Testament: approaches and results*, Stanley E. Porter; Jeffrey T. Reed, orgs., LNTS 170 (Sheffield: Sheffield Academic, 1999), p. 29.

[65]Campbell, *Advances in the study*, p. 156.

[66]Kathleen Callow, *Discourse considerations in translating the Word of God* (Grand Rapids: Zondervan, 1974), p. 50. O mui citado comentário de Robert Longacre vem bem a calhar aqui: "Se todas as partes de um discurso têm igual proeminência, o resultado é a total incompreensibilidade. O resultado é como se lhe mostrassem um papel preto e dissessem: 'É uma ilustração de camelos pretos atravessando areias pretas à meia-noite". Robert Longacre, "Sentence structure as a statement calculus", *Language* 46 (1970): p. 10.

[67]Jeffery T. Reed e Ruth A. Reese, "Verbal aspect, discourse prominence, and the Letter of Jude", *FN* 9 (1996): p. 187.

[68]Veja, e.g., Stephen H. Levinsohn, "A discourse study of constituent order and the article in Philippians", in: Porter e Carson, *Discourse analysis and other topics*, p. 60-74.

[69]Levinsohn, *Discourse features*, p. 173, 197.

Os estudos da análise do discurso em geral apresentam ao não especialista uma terminologia desconhecida e discussões altamente técnicas. Um trabalho recente que torna muitas características da análise do discurso mais acessíveis aos estudiosos da Bíblia é o *Discourse grammar of the Greek New Testament*, de Steven E. Runge.[70] Runge se propõe apresentar um "enfoque da linguagem baseado na função valendo-se da gramática do discurso".[71] "Três princípios básicos" são essenciais na abordagem de Runge".[72] O primeiro: "escolha implica sentido", que é um pressuposto fundamental da análise do discurso. Por exemplo, se um autor pode usar tanto um particípio quanto um indicativo para expressar uma ação, a escolha de um ou de outro "implica que há algum sentido associado a essa decisão".[73] Segundo princípio: "a semântica ou o sentido inerente deve ser diferenciada do efeito pragmático". Por exemplo, o presente histórico tem o efeito pragmático de "atrair mais atenção para a fala ou o acontecimento que se segue", embora "o tempo presente não tenha o sentido inerente de 'realçar'".[74] Terceiro: "os padrões comuns de uso devem ser distinguidos dos padrões marcados". Aqui Runge se baseia na teoria da marcação, em que determinada categoria, como o aspecto perfectivo na narrativa (e.g., o aoristo), é o "padrão" e a decisão de usar o aspecto imperfectivo (e.g., o presente) é, portanto, marcada. Também essenciais para Runge são a proeminência (que faz algo se destacar) e o contraste (com padrões esperados).[75]

A primeira parte da gramática de Runge examina como as proposições se conectam. Ele observa que os enfoques tradicionais (como o de Daniel B. Wallace) não raro associam o mesmo conectivo grego a múltiplas funções. Por exemplo, Wallace atribui as seguintes funções e traduções correspondentes a δέ (*de*): conectiva/copulativa (coordenada, com o sentido de "e"; adjuntiva, com o sentido de "também"), contrastiva/adversativa, ascendente ("até"), enfática ("certamente", "de fato"), explicativa/causal ("pois", "isto é", "a saber") e transicional ("então", "depois/em seguida").[76] Essa variedade

[70]No prefácio a *Discourse grammar*, de Runge, Daniel B. Wallace (xv) nota com justiça a necessidade de um guia acessível à análise de discurso: "O vocabulário esotérico, a falta de ilustrações (que tenham a mínima significância exegética), e os modelos linguísticos conflitantes contribuíram, todos eles, à enorme inércia por parte dos exegetas no que diz respeito a mergulhar nesse material". Veja tb. Steven E. Runge, org., *The Lexham discourse New Testament* (Bellingham, WA: Logos Research Systems, 2008), em que a abordagem de Runge é aplicada ao NT grego inteiro.

[71]Runge, *Discourse grammar*, p. 3.

[72]Resumido a partir de Runge, *Discourse grammar*, p. 3-16.

[73]Runge, *Discourse grammar*, p. 6.

[74]Runge, *Discourse grammar*, p. 9.

[75]Runge, *Discourse grammar*, p. 13-16.

[76]Daniel B. Wallace, *Greek grammar beyond the basics: an exegetical syntax of the New Testament* (Grand Rapids: Zondervan, 1996), p. 761, como resumido em Runge, *Discourse grammar*, p. 18.

dificulta o entendimento do real papel de δέ no nível do discurso. Em vez disso, Runge propõe que os conectivos "desempenham o papel de especificar que tipo de relação o autor pretendia" que houvesse entre dois elementos adjacentes.[77] Isso pode ser mapeado em relação a que tipo de limitação o conectivo acrescenta ao discurso. Desse modo, apesar de καί (*kai*) e δέ serem conjunções coordenativas, δέ "inclui a restrição extra de sinalizar um novo desdobramento" no discurso.[78]

O restante da obra de Runge examina duas grandes categorias do discurso. A primeira trata de recursos que indicam adiante. Esses recursos são "uma série de convenções usadas a fim de atrair a atenção para algo importante no discurso". São "recursos marcadores de proeminência".[79] Entre os exemplos, estão "conjuntos de pontos/contrapontos" que usam μέν (*men*), εἰ μή (*ei mē*), πλήν (*plēn*) ou ἀλλά (*alla*) "para explicitamente ligar duas coisas que de outra forma talvez não estivessem conectadas" e "desacelerar o ritmo do texto a fim de atrair a atenção para [uma] proposição importante que vem em seguida".[80] Entre outros exemplos estão o presente histórico, abordado anteriormente aqui,[81] e os "quadros de citações redundantes", como o uso comum de ἀποκριθεὶς εἶπεν (*apokritheis eipen*; e.g., Mt 21.24).[82] A segunda grande categoria de discurso envolve "recursos estruturadores de informações", que se concentram sobretudo em variações de palavra ou de ordem dos constituintes para estruturarem o discurso em grego. Um exemplo é um "recurso de enquadramento", como uma expressão prepositiva temporal colocada no começo de uma oração para enquadrar o discurso em uma estrutura temporal específica.[83] Um dos aspectos mais úteis da obra de Runge talvez seja o de que todo recurso discursivo é amplamente ilustrado com numerosos exemplos extraídos do NT grego.

DEPOÊNCIA E POLARIDADE DE VOZES

Uma área do grego neotestamentário que vem recebendo cada vez mais atenção é a da voz gramatical. Tradicionalmente, essa voz tem sido concebida

---

[77]Runge, *Discourse grammar*, p. 19.

[78]Runge, *Discourse grammar*, p. 31. Para outro artigo recente, veja Christopher J. Fresch, "Is there an emphatic μέν? A consideration of the particle's development and its function in Koine", *NTS* 63 (2017): p. 261-79.

[79]Runge, *Discourse grammar*, p. 59.

[80]Runge, *Discourse grammar*, p. 386.

[81]Veja Runge, *Discourse grammar*, p. 125-43.

[82]Runge, *Discourse grammar*, p. 153; Veja tb. p. 145-62.

[83]Runge, *Discourse grammar*, p. 216. Ele também aborda recursos de enquadramento tópicos e espaciais; veja p. 207-25.

considerando três vozes distintas: ativa, média e passiva. A voz média, contudo, costuma ser entendida equivocadamente, em parte por não encontrar correspondência direta no inglês [e no português]. Além disso, as abordagens tradicionais (1) identificam os verbos (médios) "depoentes" como verbos sem forma ativa no grego *koiné* e cuja forma média é, portanto, ativa no sentido (e.g., ἔρχομαι, πορεύομαι [*poreuomai*]) e (2) identificam verbos "depoentes passivos" como verbos com a forma passiva, mas de sentido ativo (e.g., ἐγενήθην [*egenēthēn*] e ἀπεκρίθην [*apekrithēn*]). As gramáticas do grego padrão costumam apresentar a depoência como uma categoria inconteste. Sua legitimidade, no entanto, foi questionada por alguns estudos recentes, o que também dá a entender que a voz é mais bem entendida como um campo semântico do que como três categorias distintas.

A morte da depoência?

Em *Advances in the study of Greek* [Avanços no estudo do grego], Campbell examina dúvidas sobre a depoência e os questionamentos sobre ela nas gramáticas gregas, começando por James Hope Moulton[84] e A. T. Robertson[85] no início do século 20. No começo deste século, Neva F. Miller mostrou que os "depoentes", em vez de funcionarem como verbos de voz ativa, na verdade funcionam como verdadeiros verbos de voz média, devidamente entendidos.[86] O trabalho de Miller foi seguido por Bernard A. Taylor, que contestou tanto o termo quanto o conceito de depoência.[87] Em 2002, Carl W. Conrad declarou que depoência é "prejudicial" para entender o grego e defendeu que a voz no grego deve ser entendida como polaridade entre ativo e médio e não entre ativo e passivo.[88] Em sua dissertação de 2002, Ruger J. Allan defendeu não haver evidências históricas de que os verbos "exclusivamente médios"

---

[84]James Hope Moulton, *A grammar of New Testament Greek: prolegomena* (Edinburgh: T&T Clark, 1908), p. 153, referenciado em Campbell, *Advances in the study*, p. 92.

[85]Robertson, *Grammar*, p. 332-33, referenciado em Campbell, *Advances in the study*, p. 92.

[86]Neva F. Miller, "A theory of deponent verbs", apêndice 2, in: *Analytical lexicon of the Greek New Testament*, Timothy Friberg; Barbara Friberg; Neva F. Miller, orgs. (Grand Rapids: Baker Books, 2000), p. 423-30, referenciado em Campbell, *Advances in the study*, p. 93. Para demonstrar o alcance das funções da voz média, Miller oferece um extenso exame dos verbos exclusivamente médios do NT apresentados sob sete classificações: "reciprocidade", "reflexividade", "autoenvolvimento", "autointeresse", "receptividade", "passividade" e "estado, condição" (Miller, "Theory of deponent verbs", p. 427-29).

[87]Bernard A. Taylor, "Deponency and Greek lexicography", in: *Biblical Greek language and lexicography: essays in honor of Frederick W. Danker*, Bernard A. Taylor et al., orgs. (Grand Rapids: Eerdmans, 2004), baseando-se em obra anterior, de 2001; também referenciado em Campbell, *Advances in the study*, p. 93-94.

[88]Carl W. Conrad, "New observations on voice in the ancient Greek verb" (paper autopublicado, 2002, disponível pelo website da Washington University in St. Louis, https://pages.wustl.edu/files/pages/imce/cwconrad/newobsancgrkvc.pdf), p. 3; também referenciado em Campbell, *Advances in the study*, p. 94-95.

tenham em algum momento "deixado de lado" uma forma ativa.[89] Em vez disso, a voz média é caracterizada por "afetação do sujeito".[90]

Com base nesses estudos, Jonathan T. Pennington observa que a voz passiva foi um desdobramento posterior no grego, surgida de uma polaridade original entre a ativa e a média. A voz passiva em seguida invadiu a voz média e acabou por substituí-la.[91] Pennington examina problemas que a voz média apresenta aos falantes do inglês e conclui que o próprio termo *médio* é enganoso, pois não indica algo que esteja entre as vozes ativa e passiva. Também examina os verbos com ativos presentes e médios futuros (às vezes chamados "depoentes mistos"; e.g., γινώσκω [*ginōskō*], γνώσομαι [*gnōsomai*]) e os chamados depoentes passivos (e.g., ἀπεκρίθην [*apekrithēn*]). Assim como em estudos anteriores, Pennington demonstra que um verdadeiro sentido médio fica evidente em ambos os casos. Especificamente, o uso do médio em verbos com formas ativas presentes mas médias futuras provavelmente reflete "disposição ou intenção" inerente ao tempo futuro.[92] A ocorrência de depoentes passivos é mais bem explicada como evidência da erosão gradual da voz média e sua substituição pela passiva.[93] Por isso, é desnecessário recorrer à depoência.[94] Aliás, "a categoria 'depoência' deveria ser eliminada de nossa reconstrução da gramática grega".[95]

O que unifica todos esses estudos é que o conceito e a categoria de depoência tornam-se desnecessários quando toda a gama de funções da voz média é devidamente compreendida. Trabalhos apresentados na sessão da Biblical Greek Language and Linguistics Unit, na convenção anual da SBL, foram unânimes em contestar a legitimidade da depoência e defender sua extinção.[96] Isso não encerra o debate, contudo. É preciso mais estudo para

---

[89]Rutger J. Allan, "The middle voice in ancient Greek: a study in polysemny" (diss. de Phd, Universidade de Amsterdã, 2002), http://dare.uva.nl/record/108538. Jonathan Pennington similarmente contesta a pressuposição: "Os verbos exclusivamente médios não são verbos 'defeituosos' que em algum ponto perderam ou deixaram de lado suas formas ativas". Jonathan T. Pennington, "Setting aside 'deponency': rediscovering the Greek middle voice in New Testament Studies", in: *The linguistic as pedagogue: trends in the teaching and linguistic analysis of the Greek New Testament*, Stanley E. Porter; Matthew Book O'Donnel, orgs., NTM 11 (Sheffield. Sheffield Phoenix, 2009), p. 181-203, aqui p. 189.

[90]Allen, "Middle voice", p. 185 (itálico removido), citado em Campbell, *Advances in the study*, p. 95-96.

[91]Pennington, "Setting aside 'deponency'", p. 182.

[92]Pennington, "Setting aside 'deponency'", p. 194. Ele acrescenta que "há uma conexão semântica próxima em muitas línguas entre a voz média e o tempo futuro".

[93]Pennington, "Setting aside deponency", p. 195. Ele (p. 196) se refere ao fenômeno como "deslize de sentido".

[94]Jonathan T. Pennington, "Deponency in Koine Greek: the grammatical question and the lexicographical dilemma", *TJ* 24 (2003): p. 56.

[95]Pennington, "Setting aside 'deponency'", p. 182.

[96]A tendência é refletida em várias gramáticas recentes: e.g., Stanley E. Porter, Jeffrey T. Reed e Mattew Brook O'Donnell, *Fundamentals of New Testament Greek* (Grand Rapids: Eerdmans, 2010), p. 125; Rodney J. Decker, *Reading Koine Greek: an introduction and integrated workbook* (Grand Rapids: Baker

esclarecer a função da voz média mais completamente, explicar os "depoentes passivos" e os "depoentes mistos" e analisar as ligações entre voz e lexemas específicos (i.e., a razão para as formas verbais exclusivamente médias em geral denotarem estados mentais ou emocionais).[97]

Qual polaridade: ativo-passiva ou ativo-média?

Conforme se observou, Carl Conrad questiona se a polaridade muitas vezes presumida do grego é de fato ativo-passiva. Em vez disso, ele alega que ela é ativo-média e assinala que a distinção entre a voz média e a passiva nem sempre exigem diferença morfológica (e.g., a forma média e a passiva compartilhadas no presente e no perfeito). Ele também afirma que a passividade não era elemento essencial da desinência -θη (*-thē*), mas que ela era determinada pelo contexto.[98]

Rachel Aubrey levou essas ideias adiante.[99] Sua obra se baseia em estudos interlinguísticos das funções de voz.[100] Com referência ao grego, ela nota que a desinência -θη demonstra maior diversidade do que se costuma entender; essa desinência codifica a voz (médio-passiva) *e* o aspecto (perfectivo). Aubrey defende que se vá além do simples pareamento da desinência -θη com a passividade, já que os desvios em relação a essa expectativa (e.g., em vez de sofrer a ação, o sujeito a pratica) são tratados como exceções (e.g., Lc 24.8) e rotulados de "depoentes passivos".[101] Ela mostra que, em vez disso, as funções múltiplas de -θη são todas abrangidas pelo campo médio.[102]

Aubrey se baseia em um modelo prototípico de categorização da língua, em que as categorias de voz são entendidas em relação a quanto elas são semelhantes a alguns protótipos. Assim, um único morfema (θη) pode ter múltiplas funções que podem ser classificadas juntas. Do ponto de vista diacrônico, embora os morfemas talvez tenham se originado com uma função semântica primária, eles em geral adquiriram outras funções relacionadas. Desse modo, a desinência -θη originalmente indicava uma "mudança de estado" de um acontecimento espontâneo (e.g., "quebrou", "aprendeu").[103]

Academic, 2014), p. 226-28, 252-53; Dana M. Harris, *An introduction to biblical Greek grammar: elementary syntax and linguistics* (Grand Rapids: Zondervan, a ser lançado).

[97]Cf. Campbell, *Advances in the study*, p. 100-104.

[98]Conrad, "New observations on voice", p. 5, 7-9.

[99]Rachel Aubrey, "Motivated categories, middle voice, and passive morphology", em Runge e Fresch, *Greek verb revisited*, p. 563-625.

[100]Especificamente, Aubrey diz empregar uma "abordagem linguística cognitiva [a qual] leva em conta as motivações conceituais e experienciais humanas que ajudam a identificar uma base semântica para a morfologia de -θη". Aubrey, "Motivated categories", p. 564-65.

[101]Aubrey, "Motivated categories", p. 564-65.

[102]Aubrey, "Motivated categories", p. 565.

[103]Aubrey, "Motivated categories", p. 571.

Isso provavelmente explica por que a desinência -θη se integrava ao radical do aoristo e não ao do presente, uma vez que o primeiro já estava associado a mudanças de estado espontâneas. Com o tempo, o morfema foi acumulando mais funções, especificamente as que se concentravam na mudança de estado *do objeto* por uma força externa; dessa forma, a desinência -θη passou a ser associada com passividade.

Com base em protótipos conceituais de outras línguas indo-europeias, Aubrey também defende que a voz verbal diz respeito a dois fatores: o fluxo de energia do agente para o paciente (objeto) e o foco da atenção. Na voz ativa, a energia flui do agente para o paciente (objeto), e o foco está no agente. Na voz passiva, o foco está no paciente (objeto) de modo que o foco no agente diminui significativamente. Ainda que, na origem, estivesse associada a acontecimentos espontâneos (e.g., ἐπικράνθη [*epikranthē*] em Ap 10.10), a desinência -θη acabou adquirindo um campo semântico mais vasto, mais concentrado no paciente (objeto).[104] Ao mesmo tempo, a desinência -θη adquiriu funções que se concentram mais no agente, tais como reflexiva/preparação (e.g., ἐβαπτίσθη [*ebaptisthē*] em Lc 11.38), acontecimentos recíprocos (e.g., διελέχθησαν [*dielechthēsan*] em Mc 9.34), atividade mental (e.g., μεταμεληθήσεται [*metamelēthēsetai*] em Hb 7.21), atos de fala (e.g., δεήθητε [*deēthēte*] em Mt 9.38) e percepção (e.g., ὠσφράνθη [ōsphranthē] em Gn 27.27).[105] Todas essas são funções do "domínio médio", mas elas também mudam o foco do agente para o paciente (objeto) de várias maneiras.[106]

As implicações da obra de Aubrey para o entendimento da voz média e a desinência -θη têm um potencial significativo para ajudar a entender melhor o médio grego e os supostos verbos depoentes: "Mudar nossa categorização de -(θ)η, tirando-a de sua contraparte análoga no inglês [e português] (passiva) para uma forma média topologicamente atestada, altera nossa visão da voz grega. Em vez de entender -(θ)η como um marcador passivo com exceções ativas defectivas em um sistema ativo-passivo, a desinência -(θ)η é corretamente tratada como marcador de acontecimentos médios menos transitivos — entre ele os passivos — dentro de um *continuum* maior de transitividade em um sistema ativo-médio".[107]

---

[104]E.g., incluindo movimento (e.g., ἐστράφη [*estraphē*] em Jo 20.14), movimento coletivo (e.g., συνήχθη [*synēchthē*] em Mc 5.21) e processo mental (espontâneo) (e.g., συνεχύθη [*synechythē*] em At 2.6). Exemplos extraídos de Aubrey, "Motivated categories", p. 598, 600, 601.

[105]Para um exame aprofundado de cada um desses exemplos (e de exemplos adicionais), veja Aubrey, "Motivated categories", p. 594-612.

[106]Veja o proveitoso mapa semântico que resume essas funções em Aubrey, "Motivated categories", p. 615.

[107]Aubrey, "Motivated categories", p. 620.

Reflexões

Embora aspecto verbal, análise do discurso e voz verbal sejam três avanços importantes do estudo do grego nos últimos anos, muitos outros estudos também contribuíram para nossa compreensão do grego *koiné* e, sobretudo, do grego do NT.[108] Muitos desses estudos ainda precisam ser aplicados a todo o *corpus* do NT ou incorporados pelas gramáticas gregas ou comentários do NT. O estudo do grego do NT e de sua exegese e aplicação só será aprimorado à medida que os estudiosos da Bíblia continuarem se apropriando dos avanços recentes da linguística e de disciplinas correlatas e contribuirem com seus próprios avanços na área. Uma língua "morta" e tanto! Graças a numerosos e estimulantes estudos e tendências, o estudo da língua grega continua para lá de vivo.

[108] As seguintes monografias significativas podem apenas ser mencionadas: Daniel B. Wallace, *Granville Sharp's canon and its kin: semantics and significance* (Nova York: Peter Lang, 2009); Margaret S. Sim, *Marking thought and talk in New Testament Greek: new light from linguistics on the particles ἵνα and ὅτι* (Eugene: Pickwick, 2010); Murray J. Harris, *Prepositions and theology in the Greek New Testament: an essential reference resourse for exegesis* (Grand Rapids: Zondervan, 2012); Douglas Estes, *Questions and rhetoric in the Greek New Testament: an essential reference resource for exegesis* (Grand Rapids: Zondervan, 2017).

TERCEIRA PARTE

JESUS, PAULO E A TEOLOGIA DO NOVO TESTAMENTO

7

JESUS DE NAZARÉ

REBEKAH EKLUND

INTRODUÇÃO

A pesquisa sobre o Jesus histórico se baseia em uma lacuna. Para alguns, ela é extensa; para outros, estreita. Para todos, ela é a distância entre o Jesus da história e o Jesus das fontes escritas a que temos acesso. Alguns consideram essa lacuna impreenchível, mas sem importância. O Jesus real, e o único Jesus a quem temos algum acesso, é o Jesus dos Evangelhos canônicos. Para outros estudiosos, essa lacuna é o abismo que eles almejam transpor; o autêntico Jesus da História é obscurecido não só pela passagem do tempo, mas também pelas próprias fontes que pretendem revelá-lo a nós.

A maioria dos estudiosos tratados neste capítulo reconhece a real distância entre o Jesus da História, o Jesus dos Evangelhos canônicos e o Jesus histórico (o Jesus construído mediante o uso de métodos históricos), mas não perdem a esperança em nossa capacidade de buscar e encontrar o Jesus da História com as fontes que nos estão disponíveis. Em geral, eles rejeitam o pessimismo de Rudolf Bultmann, que afirmava que Jesus existira, mas duvidava que conseguíssemos saber alguma coisa além desse fato concreto (fato que continua sendo contestado por um pequeno, mas ruidoso, coro de vozes).[1] Muitos estudiosos, contudo, estão cada vez mais convencidos de que estávamos empregando os métodos errados para tentar obter acesso ao Jesus da História.

[1]O ceticismo em relação à existência de Jesus floresceu no começo da década de 1970, notavelmente em *The sacred mushroom and the Cross*, de John Marco Allegro (London: Hodder and Stoughton, 1970), mas teve uma renascença recente nos escritos dos assim chamados miticistas; e.g., Frank R. Zindler; Robert M. Price, orgs., *Bart Ehrman and the quest of the historical Jesus of Nazareht: an evaluation of Erhman's "Did Jesus exist?"* (Cranford, NJ: American Atheist Press, 2013); Thomas L. Thompson; Thomas S. Verenna, orgs., *'Is this not the carpenter?' The question of the historicity of the figure of Jesus* (Sheffield: Equinox, 2012).

DECLÍNIO E A QUEDA DOS CRITÉRIOS DE AUTENTICIDADE

O pertinente título da obra *Jesus, criteria, and the demise of authenticity* [Jesus, critérios e o fim da autenticidade], organizado por Chris Keith e Anthony Le Donne, mapeia minuciosamente essa primeira tendência.[2] Keith representa os mais desiludidos, escrevendo que a abordagem baseada em critérios "está irremediavelmente avariada e é inválida como método histórico".[3] Outros fazem apelos mais moderados para que haja mudanças e cautela na continuação do uso dos (de alguns) critérios.

Os critérios ganharam predominância em meados do século 20 e foram amplamente aceitos com rapidez. Os estudiosos há muito tempo usam os critérios para determinar se uma fala ou um fato atribuído a Jesus é autêntico — isto é, se o fato ou a fala se originou com o Jesus da História ou se foi acrescentado à tradição posteriormente. É comum usar os critérios tanto negativamente (para descartar fatos e falas) quanto positivamente (para aceitá-los). Embora as listas variem, entre os critérios citados com mais frequência, estão os seguintes:

- dupla dessemelhança (material que não tem fundamento no ou se assemelha ao judaísmo antigo ou os ensinos da igreja primitiva);
- constrangimento (algo que teria causado constrangimento à igreja primitiva e, portanto, é improvável que fosse inventado);
- atestação múltipla (material encontrado em tradições independentes ou em diferentes formas literárias dentro das mesmas fontes);
- língua semítica (material que demonstra origens em padrões linguísticos semíticos ou aramaicos);
- coerência ou coesão (material que se encaixa ou é coerente com os materiais já comprovados por um dos outros critérios).

A crítica aos critérios não é nova. Os argumentos contra eles aparecem em publicações já em 1970 e 1972, em ensaios de Morna Hooker e Robin Barbour.[4] Mas o desconforto em relação a eles vem aumentando em ritmo

[2]Chris Keith; Anthony Le Donne, orgs., *Jesus, criteria, and the demise of authenticity* (New York: T&T Clark, 2012). O volume inclui ensaios de Keith, Jens Schröter, Loren T. Stuckenbruck, Le Donne, Dagmar Winter, Rafael Rodríguez, Mark Goodacre, Scot McKnight e Dale C. Allison Jr.

[3]Chris Keith, *Jesus against the scribal elite: the origins of the conflict* (Grand Rapids: Baker Academic, 2014), 81.

[4]Morna Hooker, "Christology and methodology", *NTS* 17 (1970): p. 480-87; Robin S. Barbour, *Traditio-historical criticism of the Gospels* (London: SPCK, 1972). Veja o prefácio de Hooker em Keith e Le Donne, *Jesus, criteria*, xiii.

constante no século 21 e isso entre os próprios estudiosos que outrora usavam essas ferramentas. Dale Allison é emblemático aqui. Ele dá uma explicação pessoal de sua decisão de abandonar os critérios tradicionais, dizendo: "Os meios que a maioria dos estudiosos emprega e continua empregando para construir o Jesus histórico são frágeis demais para serem defendidos ou pelo menos frágeis demais para eu os continuar defendendo".[5]

A desilusão se deve em parte aos resultados conflitantes e idiossincráticos das pesquisas do Jesus histórico. Sem dúvida, é de se esperar um pouco de variação nas conclusões, mas talvez não as conclusões contraditórias do último século.[6] Na mesma linha, os estudiosos têm ficado cada vez mais desconcertados — e não sem motivo — com o Jesus não judeu muitas vezes produzido pelos critérios. Mas a insatisfação com os critérios também resultou da investigação dos alicerces metodológicos que os sustentam. Allison, por exemplo, usa as palavras da instituição da Última Ceia para demonstrar que os critérios muitas vezes estão em conflito direto uns com os outros.[7] Loren Stuckenbruck oferece um catálogo completo dos muitos problemas metodológicos envolvidos no uso de um critério específico (o fundo linguístico semítico) como critério confiável de autenticidade.[8]

Geza Vermes assinala que alguns dos critérios, sobretudo a dessemelhança, costumam pesar em favor da inautenticidade.[9] Portanto, alguns estudiosos, como Craig Evans, exigem o uso dos critérios apenas positivamente, em vez de negativamente — isto é, apenas para *defender* em vez de *contestar* a autenticidade.[10] O próprio Vermes não abandona por completo os critérios e, no mesmo ensaio, faz uso do critério do constrangimento (sem se referir a ele explicitamente) para defender a convicção de Jesus na chegada iminente do reino de Deus: "Ninguém a teria inventado posteriormente quando ela era, aos olhos de todos, patentemente inverídica".[11] Outros estudiosos

---

[5]Dale C. Allison Jr., *Constructing Jesus: memory, imagination, and history* (Grand Rapids: Baker Academic, 2010). Veja tb. Allison, "It don't come easy: a history of disillusionment", em Keith e Le Donne, *Jesus, criteria*, p. 186-99.

[6]Michael Licona argumenta que os estudiosos não devem descartar os critérios simplesmente por não gerarem consenso, já que todos os historiadores têm "horizontes conflitantes" que tendem a obstruir o consenso. Licona, "Is the sky falling in the world of historical Jesus research?", *BBR* 26, n. 3 (2016): 353-67.

[7]Dale C. Allison Jr., "How to marginalize the traditional criteria of authenticity", in: *Handbook for the study of the historical Jesus*, 4 vols., Tom Holmén; Stanley E. Porter, orgs. (Leiden: Brill, 2011), 1:12-13.

[8]Loren T. Stuckenbruck, "'Semitic influence on Greek': an authenticating criterion in Jesus research?", in: Keith e Le Donne, *Jesus, criteria*, p. 73-94. Veja tb. Stanley E. Porter, "How do we know what we think we know? Methodological reflections on Jesus research", in: *Jesus research: new methodologies and perceptions*, James H. Charlesworth, org. (Grand Rapids: Eerdmans, 2014), p. 95.

[9] Geza Vermes, "Reflections on improving methodology in Jesus research", in: Charlesworth, *Jesus research: new metholodies*, p. 22.

[10]Craig A. Evans, *Fabricating Jesus: how modern scholars distort the Gospels* (Downers Grove: InterVarsity Press, 2006), p. 51.

[11]Vermes, "Reflections on improving", p. 26.

assinalaram que aquilo que consideramos constrangedor talvez não constituísse incômodo para um cristão do primeiro século; outros ainda notaram que o critério do constrangimento presume que a igreja se ocuparia da tarefa de criar, ou inventar, material sobre Jesus sem nenhum embasamento na História. Finalmente, Rafael Rodríguez aponta que o critério do constrangimento costuma levar às mesmas conclusões que o critério da dessemelhança, um critério que vem passando por tempos particularmente difíceis.[12]

Alguns estudiosos, portanto, consideram os critérios falhos demais para terem alguma utilidade. Para muitos deles, o abandono dos critérios se mistura com o ceticismo cada vez maior em relação à crítica formal, sobretudo a interpretação tradicional da crítica formal no que diz respeito à relação entre a tradição oral e a tradição escrita. Keith, por exemplo, defende que a abordagem dos critérios continua dependendo de um "sistema metodológico crítico-formal".[13] Para outros estudiosos, como Le Donne, o problema principal é o enredamento dos critérios com a historiografia positivista.[14] Quando os critérios procuram demonstrar o que é "autêntico" para Jesus — isto é, o que realmente aconteceu na História —, os críticos pós-modernos alegam que isso trai as hipótese do positivismo, uma abordagem histórica alicerçada no empirismo, ou a convicção de que o mundo natural nos apresenta fenômenos autoevidentes e plenamente cognoscíveis. O positivismo só confere status de conhecimento positivo às asserções que se baseiam em tais fenômenos.[15] A historiografia pós-moderna, ou o que Jens Schröter menciona como uma abordagem de "construção", procura incorporar as ideias dos linguistas contemporâneos e defende, em vez disso, a subjetividade do

[12]Rafael Rodríguez, "The embarrassing truth about Jesus: the criterion of embarrassment and the failure of historical authenticity", in: Keith e Le Donne, *Jesus, criteria*, p. 138, 141. Veja tb. Tom Holmén, "Doubts about double dissimilarity: restructuring the main criterion on Jesus-of-history research" in *Authenticating the words of Jesus*, Bruce Chilton; Craig A. Evans, orgs. (Leiden: Brill, 1999), p. 75.

[13]Chris Keith, "The indebtedness of the criteria approach to form criticism and recent attempts to rehabilitate the search for an authentic Jesus", in: Keith e Le Donne, *Jesus, criteria*, p. 29, 31. Veja tb. Rodríguez, "Embarrassing truth", p. 132-51.

[14]Anthony Le Donne, "The rise of the quest for an authentic Jesus: an introduction to the crumbling foundations of Jesus research", in: Keith e Le Donne, *Jesus, criteria*, p. 3. Veja tb. Le Donne, *The historiographical Jesus: memory, typology, and the Son of David* (Waco: Baylor University Press, 2009). Daniel Marguerat, no mesmo sentido, escreve: "O positivismo é um erro epistemológico" (Marguerat, "Historical Jesus and Christ of faith: a relevant dicotomy?", in: *Jesus—Gestalt und Gestaltungen: Rezeptionen des Galiläers in Wissenschaft, Kirche und Geselschaft; Festschrift für Gerd Theißen zum 70. Geburtstag*, Petra von Gemünden; David G. Horrell; Max Küchler, orgs. [Göttingen: Vandenhoeck & Ruprecht, 2013], p. 434). Stanley Porter critica os critérios afirmando que eles são, ao mesmo tempo, positivistas demais, e atrelados demais à crítica formal, in: Porter, "How do we know what we think we know?", p. 82-99.

[15]Veja Stanley E. Porter, "Criteria of authenticity", in: *Dictionary of Jesus and the Gospels*, 2. ed., Joel B. Green; Jeannine K. Brown; Nicholas Perrin, orgs. (Downers Grove: IVP Academic, 2013), p. 161; Samuel Byrskog, "The historicity of Jesus: how do we know that Jesus existed?", in: Holmén e Porter, *Handbook*, 3:2184-85.

conhecimento (ou, talvez mais precisamente, a subjetividade do historiador). Versões mais extremas dessa perspectiva estão associadas a um conceito de verdade baseado na coerência ou a perspectiva de que a verdade de uma questão depende de como ela se alinha a outras verdades comprovadas.[16] Versões mais modestas propõem que "a história existe como relação entre o passado e o presente".[17]

Nem todos os estudiosos estão convencidos de que o positivismo seja o problema ou de que aceitar um conceito de verdade baseado na coerência seja um caminho promissor. Michael Licona, por exemplo, defende que tanto Keith quanto Le Donne (et al.) são pessimistas demais sobre os critérios e pós-modernos demais na abordagem que fazem da história.[18] Mas Licona concorda que os critérios precisam ser ajustados ou modificados e que os os estudiosos muitas vezes se mostraram confiantes demais nos próprios resultados.[19] De forma parecida, Craig Keener continua usando muitos dos critérios, mas com cautela.[20]

Outros propõem que um ou outro critério talvez tenha alguma utilidade restrita. Gerd Theissen e Annette Merz defendem que o critério da coerência pode ser aplicado independentemente de questões de dessemelhança e pode ser empregado junto com o critério da plausibilidade contextual (veja a seguir).[21] Para Le Donne, a coerência não tem utilidade para determinar a autenticidade, "mas, com limitações, pode nos ajudar a mapear o desenvolvimento da memória".[22] Semelhantemente, Mark Goodacre reconhece que a atestação múltipla tem alguma utilidade para estudantes iniciantes, mas além do nível introdutório "ela se torna problemática, enganosa e, em última análise, inútil".[23] Para Goodacre, isso é verdade em parte porque o critério se

[16]Veja Moisés Mayordomo e Peter-BenSmit, "The quest for the historical Jesus in post-modern perspective: a hypothetical argument", in: Holém e Porter, *Handbook*, 2:1377-409; Jens Schröter, *From Jesus to the New Testament: early Christian theology and the origin of the New Testament canon*, trad. Wayne Coppins (Waco: Baylor University Press, 2013), p. 1, 33-48, 98 (originalmente publicado como *Von Jesus zum Neuen Testament* [Tübingen: Mohr Siebeck, 2007]).

[17]Byrskog, "Historicity of Jesus", p. 2185.

[18]Licona, "Is the sky falling?", p. 353.

[19]Licona, "is the sky falling?", p. 353-65.

[20]Craig S. Keener, *The historical Jesus of the Gospels* (Grand Rapids: Eerdmans, 2009), p. 155-59.

[21]Gerd Theissen e Annett Merz, "The delay of the parousia as a test case for the criterion of coherence", *Louvain Studies* 32 (2007): p. 49-66. A aplicação que eles fazem do critério acaba funcionando mais como atestação múltipla, e apresenta alguma similaridade com o que Allison denomina atestação recorrente. Veja tb. Gerd Theissen e Dagmar Winter, *Die Kriterienfrage in der Jesusforschung: vom Differenzkriterium zum Plausibilitätskriterium*, NTOA 34 (Göttingen: Vandenhoeck & Ruprecht, 1997).

[22]Anthony Le Donne, "The criterion of coherence: its development, inevitability, and historiographical limitations", in: Keith e Le Donne, *Jesus, criteria*, p. 113.

[23]Mark Goodacre, "Criticizing the criterion of multiple attestation: the historical Jesus and the question of sources", in: Keith e Le Donne, *Jesus, criteria*, p. 154.

alicerça na hipótese Q e no uso do Evangelho de Tomé como uma fonte, algo que nem todos os estudiosos julgam igualmente problemático.[24]

O baque de confiança sofrido pelos acadêmicos levou a um consenso incipiente e tímido em torno de duas abordagens: a mudança da dupla dessemelhança para a plausibilidade contextual e da atestação múltipla para a recorrente.

Plausibilidade contextual

Um critério — ou talvez um tema — que perdurou e que atrai cada vez mais pesquisas é a plausibilidade contextual, ou seja, as tentativas de situar Jesus em seu contexto social, político, cultural e histórico.[25] Os colaboradores das duas recentes publicações *Jesus Research* [Pesquisa de Jesus] (com os respectivos subtítulos de *New methodologies and perceptions* [Novas metodologias e percepções] e *An international perspective* [Uma perspectiva internacional]) com frequência se baseiam em outras disciplinas, entre elas "a sociologia, a antropologia, a arqueologia, a retórica e a psicobiografia", o que indica interesse cada vez maior pelos métodos, técnicas e fontes de pesquisa interdisciplinares e transversais.[26] Em certo sentido, o conhecimento mais aprofundado do contexto histórico de Jesus é apenas uma ferramenta interpretativa usada para entender a força e o significado dos ensinamentos e das ações de Jesus. Contudo, os estudiosos também usam os estudos contextuais para alegar que os atos e os fatos narrados nos Evangelhos que sejam coerentes com o que sabemos do Judaísmo do Segundo Templo (e, às vezes, das origens cristãs) têm maior probabilidade de serem autênticos a respeito do Jesus da História.

[24]Goodacre, "Criticizing the criterion of multiple attestation", p. 154-64. Porter também critica a atestação múltipla por depender de pressuposições anteriores quanto ao desenvolvimento dos Evangelhos, tal como uma solução específica para o Problema Sinótico. Porter, "How do we know what we think we know?", p. 95.

[25]Alguns exemplos são Ami-Jill Levine, Dale C. Allison Jr.; John Dominic Crossan, orgs., *The historical Jesus in context*, Princeton Readings in Religions (Princeton: Princeton University Press, 2006); Carsten Claussen; Jörg Frey, orgs., *Jesus und die Archäologie Galiläas* (Neukirchen-Vluyn: Neukirchener Verlag, 2008); James H. Charlesworth e Mordechai Aviam, "Reconstructing first-century Galilee: reflections on ten major problems", in: Charlesworth, *Jesus research: new methodologies*, p. 103-37; David A. Fiensy e Ralph K. Hawkins, *The Galilean economy in the time of Jesus* (Atlanta: SBL Press, 2013); Seán Freyne, "Reimagining Jesus in his culture: reflections on some recent scholarly byways", in: Charlesworth, *Jesus research: new methodologies*, p. 138-48; Jens Schröter, "Jesus of Galilee: the role of location in understanding Jesus", in: *Jesus research: an international perpective*, James H. Charlesworth; Petr Pokorný, orgs. (Grand Rapids: Eerdmans, 2009), p. 36-55; Craig A. Evans, *Jesus and the remains of his day: studies in Jesus and the evidence of material culture* (Peabody, MA: Hendrickson, 2015).

[26]*Jesus research: an international perspective* (Charlesworth; Pokorný, orgs.) emergiu de First Princeton-Prague Symposium on Jesus Research, Praga, 2005; *Jesus research: new methodologies* (Charlesworth, org.) emergiu de Second Princeton-Prague Symposium on Jesus Research, Princeton, 2007. Quanto à lista de disciplinas, veja a introdução a Charlesworth, *Jesus research: new methodologies*, p. 2. Veja tb. István Czachesz, "Jesus' religious experience in the Gospels: toward a cognitive neuroscience approach", in: von Gemünden, Horrell e Küchler, *Jesus—Gestalt*, p. 569-96.

Contribui para essa abordagem a ira especial voltada contra a dupla dessemelhança, porque ela produz um Jesus separado de suas raízes judaicas. Tom Holmén desenvolve seu argumento com base nas afirmações de Ben Meyer (em *The aims of Jesus* [Os objetivos de Jesus]), defendendo a dessemelhança única, não dupla; alegando que a dessemelhança em relação às perspectivas da igreja primitiva pode indicar uma tradição autêntica.[27] Mas essa abordagem permanece aberta às acusações de que até mesmo a dessemelhança única produz um Jesus cujas identidade e perspectivas não conseguem explicar o desenvolvimento do pensamento cristão primitivo. Alguns estudiosos se distanciam ainda mais da dessemelhança dupla, defendendo a "semelhança dupla", revogando o critério original para se concentrar, ao contrário, em um Jesus que era coerente com seu contexto do Judaísmo do Segundo Templo e dá sentido às origens cristãs.[28] Mesmo os estudiosos que divergem e continuam usando os critérios algumas vezes reverteram o critério da dessemelhança dupla para situar Jesus "no *continuum* judaísmo-cristianismo" e não fora dele.[29]

Para outros estudiosos, a plausibilidade contextual rompe completamente com o método dos critérios por se recusar a julgar a autenticidade de qualquer fala ou ação considerados de maneira *individual*. Em vez disso, situar Jesus em seu contexto sociopolítico e histórico esclarece os temas e padrões maiores atribuíveis ao Jesus da História.

Atestação recorrente: temas gerais

A segunda metodologia importante que surge da rejeição dos critérios de autenticidade é uma busca de temas gerais ou padrões que ocorrem repetidamente ao longo das tradições relacionadas aos Evangelhos. No livro *A new perspective on Jesus* [Jesus em nova perspectiva] (2005), James Dunn critica os critérios, principalmente a dessemelhança, por seus pressupostos antijudaicos, e pede a adoção de um único critério amplo, o "Jesus característico". Dunn dá a entender que os estudiosos fizeram muita "exegese atomística" e não prestaram atenção suficiente aos temas e ênfases constantes dos

[27]Holmén, "Doubts about double dissimilarity", p. 47-80.

[28]Quanto à "dupla similaridade" de N. T. Wright, veja o seu *Jesus and the victory of God*, vol. 2 de *Christian origins and the question of God* (Minneapolis: Fortress, 1996), p. 132; Keith, "Indebtedness", p. 41. Theissen e Winter o denominam "critério de plausibilidade" (Theissen e Winter, *Die Kriterienfrage*, p. 175, 192-94). Veja tb. Winter, "Saving the quest for authenticity from the criterion of dissimilarity: history and plausibility", in: Keith e Le Donne, *Jesus, criteria*, p. 115-31; Brant Pitre, *Jesus and the last supper* (Grand Rapids: Eerdmans, 2015), p. 41.

[29]Assim também Robert L. Webb, "The historical enterprise and historical Jesus research", in: *Key events in the life of the historical Jesus*, Darrell L. Bock; Robert L. Webb, orgs. (Tübingen: Mohr Siebeck, 2009), p. 67.

Evangelhos, especialmente os Sinóticos. Seu esforço de procurar temas que sejam "característicos da tradição de Jesus" ecoa uma sugestão também feita por Allison.[30]

A proposta de Allison é que nos concentremos menos em determinar a autenticidade de falas ou ações individuais e, em vez disso, esperar que as fontes primárias nos forneçam "impressões gerais substanciais e substancialmente confiáveis".[31] Talvez não consigamos definir os detalhes específicos, mas "o que importa é o padrão maior" ou os temas e motivos que aparecem repetidamente nas tradições de Jesus. Ele dá a esses padrões maiores o nome de "atestação recorrente".[32]

Darrell Bock segue uma metodologia semelhante ao procurar temas gerais recorrentes nos Evangelhos e — talvez sem surpresa — encontra uma representação que não difere da de Allison quando afirma que faz mais sentido situar Jesus em um ambiente judaico profético/apocalíptico.[33] O trabalho de Brant Pitre mostra sinais de uma metodologia semelhante quando afirma que não busca as *ipsissima verba Jesu* (as exatas palavras de Jesus) nem a *ipsissima vox Jesus* (a voz exata de Jesus), mas a *substantia verba Jesu* (a substância das palavras de Jesus).[34] Assim também Gerhard Lohfink, comentando sobre João 14.9,10: "Jesus certamente nunca falou assim [...] E, no entanto, o estilo do Jesus joanino toca precisamente no que Jesus era".[35] Essa abordagem, é claro, costuma funcionar bem em nível geral, mas não é tão proveitosa para avaliar casos específicos.

MEMÓRIA SOCIAL E TRADIÇÕES ORAIS

A segunda tendência importante é a atenção ao papel da memória nos relatos dos Evangelhos. Allison, Eric Eve e Keith representam estudiosos que fazem uma ponte entre a primeira e a segunda tendências usando a teoria da memória para argumentar contrariamente ao uso dos critérios. Como

[30]James D. G. Dunn, *A new perspective on Jesus: what the quest for the historical Jesus missed* (Grand Rapids: Baker Academic, 2005), p. 69, 70 [edição em português: *Jesus em nova perspectiva* (São Paulo: Paulus, 2013)]. Em *Jesus remembered*, de Dunn, ele muitas vezes usa vários critérios, sobretudo a atestação múltipla e o constrangimento, mesmo ao criticá-los por dependerem demais de um modelo literário e não verbal; veja Dunn, *Jesus remembered*, vol. 1 de *Christianity in the making* (Grand Rapids: Eerdmans, 2003), p. 336 [Edição em português: *Jesus recordado* (São Paulo: Paulus, 2022)].

[31]Allison, *Constructing Jesus*, p. 17; Allison, "How to marginalize", p. 22-30.

[32]Allison, *Constructing Jesus*, p. 18-19, 20.

[33]Darrell L. Bock, "Key events in the life of the historical Jesus: a summary", in: Bock e Webb, *Key events*, p. 826.

[34]Pitre, *Jesus and the Last Supper*, p. 47.

[35]Gerhard Lohfink, *Jesus of Nazareth: what he wanted, who he was*, trad. Linda M. Maloney (Collegeville, MN: Liturgical Press, 2012, 2015), p. 22-23.

escreve Eve (e Keith cita com aprovação): "O projeto de tentar separar o material autêntico do não autêntico na tradição de Jesus é essencialmente mal interpretado. O funcionamento da memória e o da tradição oral simplesmente não permitem uma separação tão nítida".[36]

Os estudos da oralidade certamente não são novos. Os primeiros críticos da forma, como Hermann Gunkel, baseavam-se nos conhecimentos da transmissão oral da tradição que agora estão vastamente desacreditados ou já foram matizados.[37] Os pesquisadores atuais de Jesus interagem cada vez mais com a teoria da memória social de Maurice Halbwachs (et al.), bem como com os estudos sobre o funcionamento da tradição oral em outros contextos e culturas. Por exemplo, o estudo de Milman Parry e Albert Lord sobre os cantores de poemas épicos nos Bálcãs aplicava-se explicitamente ao desenvolvimento dos épicos homéricos, mas foi adaptado pelos estudiosos do NT para corrigir o que muitos consideravam ser as deficiências do primeiro modelo de crítica formal.[38] Os escritos de Birger Gerhardsson e Kenneth Bailey, que foram publicados pela primeira vez em 1961 e 1980, respectivamente, continuam tendo particular influência, apesar de ambos terem sido alvos de críticas ásperas.[39]

Gerhardsson elaborou sua teoria da transmissão da tradição oral a partir do judaísmo rabínico, uma abordagem por vezes acusada de ser anacrônica. Bailey elaborou sua posição a partir dos trinta anos que viveu no Oriente Médio (Bailey antecipa nosso tema final com sua insistência na interpretação de Jesus e dos Evangelhos por uma lente médio-oriental e não ocidental). Bailey situa sua compreensão da tradição oral entre as teorias de Bultmann e de Gerhardsson, referindo-se à perspectiva de transmissão de Bultmann como "não controlada informal", à de Gerhardsson como "controlada formal" e

---

[36]Eric Eve, *Behind the Gospels: understanding the oral tradition* (London: SCM, 2013), p. 181; Keith, *Jesus against the scribal elite*, p. 69, 81.

[37]Veja Alan Kirk, "Memory theory and Jesus research", in: Holmén e Porter, *Handbook*, 1:809-42. Gunkel desenvolveu sua teoria da crítica formal em várias obras, sobretudo em seu comentário a Gênesis: Hermann Gunkel, *Genesis*, trad. Mark E. Biddle (Macon, GA: Mercer University Press, 1997).

[38]O estudo de Maurice Halbwach sobre a memória coletiva foi inicialmente publicado em Francês em 1950; ele agora está disponível como *On collective memory*, Lewis A. Coser, org. e trad. (Chicago: University of Chicago Press, 2008). Quanto ao estudo de Parry-Lord, veja Albert B. Lord, *The singer of tales*, Stephen Mitchell; Gregory Nagy, orgs., 2. ed. (Cambridge: Harvard University Press, 2003; primeira edição publicada em 1960). Veja Daniel J. Castellano, "The priority of Matthew's Gospel", Repository of Arcane Knowledge, 2014, http://www.arcaneknowledge.org/catholic/matthew3.htm#sec3_2_2.

[39]Birger Gerhardsson, *Memory and manuscript: oral tradition and written transmission in Rabbinic Judaism and early Christianity* (Uppsala: Gleerup, 1961), republicado em 1998 como *Tradition and transmission in early Christianity* (Peabody, MA: Hendrickson, 2001); e Kenneth E. Bailey, *Jesus through Middle Eastern eyes: cultural studies in the Gospels* (Downers Grove: IVP Academic, 2008) [edição em português: *Jesus pela ótica do Oriente Médio* (São Paulo: Vida Nova, 2016)]. Quanto à interação com a obra de ambos os estudiosos, veja Werner H. Kelber; Samuel Byrskog, orgs., *Jesus in memory: traditions in oral and scribal perspectives* (Waco: Baylor University Press, 2009).

à sua própria como "controlada informal", na qual a comunidade exercia alguns controles flexíveis sobre a transmissão da tradição, mas sem um mestre definido nem rigidez no que diz respeito aos detalhes.[40] Outra acusação dos críticos é que o modelo de Bailey é anacrônico, baseia-se demais em analogias entre suas observações anedóticas da cultura árabe médio-oriental contemporânea, por um lado, e da Palestina judaica do primeiro século, por outro.[41] Outros, todavia, consideraram úteis as observações dele, juntamente com o estudo de Parry-Lord, porque esclarecem os padrões típicos das culturas orais. As analogias continuam imprecisas, em grande parte porque supostamente havia muito mais em jogo para os primeiros seguidores de Jesus na preservação e transmissão da tradição de Jesus do que a simples recitação de baladas ou cânticos épicos.

A ESSÊNCIA

Gerhardsson certa vez escreveu que seus estudos sobre a oralidade o haviam convencido de "que podemos ouvir a voz do próprio Jesus nos Evangelhos".[42] Hoje, menos estudiosos adotam essa perspectiva, pelo menos no que diz respeito a recuperar as *ipsissima verba Jesu*. Em vez disso, em sintonia com o tema da atestação recorrente mencionado acima, hoje tem sido mais comum que os estudiosos se concentrem nos temas mais amplos e nos padrões maiores do ensino e dos atos de Jesus, baseando-se na teoria de memória social para explicar o que Terence Mournet chama de "a 'fixidez' e a 'flexibilidade' inerentes à tradição".[43] Paul Rhodes Eddy e Gregory Boyd alegam igualmente que os Evangelhos Sinóticos contêm o estilo "fixo-porém-flexível" que costuma caracterizar as tradições orais.[44]

O tema da flexibilidade aparece na obra de Le Donne como uma discussão sobre as distorções da memória, sobretudo a narrativização ("a tendência a que as memórias sejam convencionalizadas pelos limites da narração de histórias") e expressão ("a tendência das memórias a se conformarem às convenções linguísticas").[45] A memória *sempre* é seletiva

[40]Kenneth E. Bailey, "Informal controlled oral tradition and the Synoptic Gospels", *Themelios* 20, n. 2 (1995): 4—6. Veja o exame da abordagem de Bailey em Terence C. Mournet, "The Jesus tradition as oral tradition", in: Kelber e Byrskog, *Jesus in memory*, p. 52.

[41]Mournet, "Jesus tradition as oral tradition", p. 54-56.

[42]Birger Gerhardsson, *The reliability of the Gospel tradition* (Peabody, MA: Hendrickson, 2001), xxiv.

[43]Mournet, "Jesus tradition as oral tradition", p. 53.

[44]Paul Rhodes Eddy e Gregory A. Boyd, *The Jesus legend: a case for the historical reliability of the Synoptic Jesus tradition* (Grand Rapids: Baker Academic, 2007), p. 427-37, aqui 437.

[45]Anthony Le Donne, "Theological memory distortion in the Jesus tradition: a study in social memory theory", in: *Memory in the Bible and Antiquity: the fifth Durham-Tübingen research symposium*, Stephen C. Barton; Loren T. Stuckenbruck; Benjamin G. Wold, orgs. (Tübingen: Mohr Siebeck, 2007), p. 168.

e distorcida. Allison também inicia *Constructing Jesus* [Construindo Jesus] com uma avaliação sóbria da fragilidade da memória humana.[46] Para Bart Ehrman, essa fragilidade — a não confiabilidade da memória e do testemunho ocular — aponta para a não confiabilidade fundamental dos relatos dos Evangelhos.[47] Contudo, para Le Donne (e Allison), a "distorção" não necessariamente indica a não historicidade. Em vez disso, também há a fixidez, na forma de "continuidade diacrônica", um componente essencial da memória coletiva. Essa continuidade garante quase com certeza que não se acrescentou nenhuma "ficção generalizada" à tradição de Jesus "no período de uma geração a partir dos acontecimentos históricos".[48]

Distorções também não implicam necessariamente obscurecimento teológico. Le Donne defende, ao contrário, que a presença de vieses interpretativos não é argumento contra a primitividade ou a autenticidade, pois é de esperar interpretações teológicas já nos primeiros estágios das tradições de Jesus.[49] Keener também conclui que os estudos nas áreas de alfabetização e teoria da memória indicam que os ensinos de Jesus teriam sido adaptados, mas transmitidos com "considerável fidelidade".[50] Alan Kirk sugere que a memória sempre "infunde *significado* aos acontecimentos passados".[51] Em certo nível, trata-se de uma observação bastante direta de que as pessoas interpretam os acontecimentos conforme se lembram e falam dele. Isto é, não existem dados não interpretados. Mas isso também pode ser entendido como um questionamento das tentativas iluministas de separar a história pura da reflexão teológica.

Robert McIver aplica os estudos da memória da psicologia experimental aos Evangelhos Sinóticos e oferece conclusões igualmente comedidas baseadas em sua análise de diferentes tipos de memórias (autobiográfica individual, coletiva, testemunho ocular). Ele dá a entender que "*flashes* de memória" ou memórias de "acontecimento pessoal" são mais duradouras e mais confiáveis que outros tipos de memórias, "mesmo que alguns detalhes se percam ou mesmo estejam errados".[52] A sugestionabilidade e o viés retrospectivo podem explicar a imprecisão dos detalhes, mas em geral não alteram "a essência das situações descritas".[53] Apesar das fragilidades da memória, conclui McIver,

[46]Allison, *Constructing Jesus*, p. 1-10.

[47]Bart D. Ehrman, *Jesus before the Gospels: how the earliest Christians remembered, changed, and invented their stories of the Savior* (Nova York: HarperOne, 2016).

[48]Le Donne, "Theological Memory Distortion", p. 175, 176.

[49]Le Donne, "Theological memory distortion", p. 163. Veja tb. Licona, "Is the sky falling?", p. 353-61.

[50]Keener, *Historical Jesus*, p. 151.

[51]Kirk, "Memory theory", p. 835.

[52]Robert McIver, *Memory, Jesus, and the Synoptic Gospels* (Atlanta: SBL Press, 2011), p. 58.

[53]McIver, *Memory, Jesus, and the Synoptic Gospels*, p. 80.

os Evangelhos são "em geral confiáveis".[54] Alison concorda em seu estudo da narrativa da Paixão, em uma afirmação caracteristicamente cautelosa: se os seguidores de Jesus reagiram à morte de um amigo da maneira habitual (i.e., contando histórias a respeito dela), "então, sem dúvida, a gênese de algumas tradições por trás das narrativas da Paixão ocorreu muito cedo, o que certamente aumenta a probabilidade de que contenham alguma memória realista".[55] Do mesmo modo, mas com mais otimismo, *The Jesus legend* [A lenda de Jesus] (2007), de Eddy e Boyd, resume estudos sobre oralidade, alfabetização e memória para defender a confiabilidade histórica dos Evangelhos.[56]

TESTEMUNHO OCULAR

Uma das principais afirmações de Dunn em *Jesus remembered* [Jesus recordado] é a de que os Sinóticos preservam "as memórias dos primeiros discípulos", que foram transmitidas oralmente antes de virem a ser escritas. "Em outras palavras, aquilo com que hoje nos deparamos nos Evangelhos não é a camada superior (última edição) de uma série de camadas cada vez mais impenetráveis, mas a tradição viva da celebração cristã que nos leva com surpreendente imediatez ao núcleo das primeiras memórias de Jesus".[57] Como no caso de outros estudiosos que fazem uso da teoria da memória, Dunn está interessado na "impressão causada por Jesus em seus discípulos" e não na precisão de detalhes.[58] A abordagem de Alisson é semelhante, ele propõe que os Evangelhos realmente contêm memórias de Jesus e que vamos encontrar essas memórias prestando atenção nos temas, motivos e estratégias retóricas recorrentes, sobretudo os que se repetem por todos os Evangelhos Sinóticos e não no que parece ser específico de um Evangelista em particular (reverberando alguns aspectos do critério da atestação múltipla).[59] O Evangelho de João, como sempre, permanece à parte. Mesmo os defensores mais ardorosos da teoria da memória costumam evitar encontrar memórias em João.

Richard Bauckham é exceção à regra. Ele vai um passo além ao alegar que todos os quatro Evangelhos canônicos contêm testemunhos oculares e até mesmo conclui que uma testemunha ocular da vida de Jesus escreveu o Evangelho de João. Para Bauckham, os Evangelhos nos dão um tipo de acesso mais direto às memórias dos primeiros seguidores de Jesus do que as

[54]McIver, *Memory, Jesus, and the Synoptic Gospels*, p. 187.

[55]Allison, *Constructing Jesus*, p. 424.

[56]Eddy e Boyd, *Jesus legend*, p. 235-306.

[57]Dunn, *Jesus remembered*, p. 130-31, 254. Para reações às críticas a *Jesus remembered*, veja Dunn, *The oral Gospel tradition* (Grand Rapids: Eerdmans, 2013).

[58]Dunn, *Jesus remembered*, p. 382.

[59]Allison, *Constructing Jesus*, p. 15.

teorias da tradição oral costumam dar a entender.[60] Desse modo, Bauckham, amparando-se na obra do estudioso sueco Samuel Byrskog, cujo livro *Story as history — history as story* [Estória como história — história como estória], de 2000, estuda o papel da memória e do testemunho vivos na história greco-romana e conclui que os historiadores antigos consideravam o testemunho ocular um meio essencial de entender e relatar o passado.[61] Embora muitos estudiosos continuem não convencidos pelas teses de Bauckham, elas influenciaram todos os estudos posteriores sobre o papel da memória nos Evangelhos.

Allison, por exemplo, rejeita a perspectiva de Bauckham de que os autores dos Evangelhos canônicos tenham sido testemunhas oculares ou companheiros delas.[62] Mas ele concorda com Bauckham que os Evangelhos têm uma ligação mais íntima com as memórias dos discípulos do que se costuma supor entre os estudiosos histórico-críticos. Por exemplo, ele contesta a proposta de John Dominic Crossan de que as narrativas da Paixão, por associarem Jesus a várias profecias do AT, são uma forma de "profecia historicizada" e não de "história recordada".[63] Allison defende em vez disso que "a memória pode ser contada em diversas linguagens, inclusive a linguagem das escrituras".[64] Ele invoca a categoria de Goodacre de "história escrituralizada" para propor que "biblicizar não é necessariamente inventar".[65] O próprio Goodacre valoriza essa mudança para a oralidade, mas adverte a seus colegas acadêmicos que não deixem o pêndulo oscilar para longe demais da importância dos textos. Para ele, estudiosos como Dunn talvez subestimem "a importância da alfabetização entre os primeiros autores e transmissores orais cristãos, cujo mundo devemos reconstruir como um mundo caracterizado pelo diálogo vivo entre texto e tradição".[66]

QUE FONTES?

No que diz respeito ao diálogo entre texto e tradição, vale a pena observar brevemente aqui dois casos específicos: a persistência da teoria Q e os

---

[60]Richard Bauckham, *Jesus and the eyewitnesses: the Gospels as eyewitness testimony*, 2.ª ed (Grand Rapids: Eerdmans, 2017) [edição em português: *Jesus e as testemunhas oculares* (São Paulo: Paulus, 2011)].

[61]Samuel Byrskog, *Story as history—history as story* (Tübingen: Mohr Siebeck, 2000); veja Bauckham, *Jesus and the eyewitnesses*, p. 8-11.

[62]Allison, *Constructing Jesus*, p. 1.

[63]John Dominic Crossan, *Who killed Jesus? Exposing the roots of anti-semitism in the Gospel story of the death of Jesus* (San Francisco: HarperSanFrancisco, 1996) [edição em português: *Quem matou Jesus? As raízes do antissemitismo na história evangélica da morte de Jesus* (Rio de Janeiro: Imago Editora, 1995)].

[64]Allison, *Constructing Jesus*, p. 389.

[65]Mark Goodacre, "Scripturalization in Mark's crucifixion narrative", in: *The trial and death of Jesus: essays on the Passion narrative in Mark*, Geert Van Oyen; Tom Shepherd, orgs. (Leuven: Peeters, 2006), p. 33-47.

[66]Mark Goodacre, *Thomas and the Gospels: the case for Thomas's familiarity with the Synoptics* (Grand Rapids: Eerdmans, 2012), p. 130.

debates sobre o material não canônico, sobretudo o Evangelho de Tomé. Goodacre associa a teoria Q aos estudos sobre oralidade ao sugerir que um subproduto infeliz da dedicação acadêmica a Q é a "redução da variedade e da riqueza da tradição oral ao nível da mera reconstrução das palavras exatas de um documento hipotético".[67] Com efeito, as obras acadêmicas costumam tratar Q como documento escrito passível de reconstrução precisa (um livro recente, intitulado simplesmente *Q*, tem o subtítulo um tanto surpreendente: *O primeiro escrito sobre Jesus*[68]). O livro de Goodacre de 2002, *The case against Q* [Contra Q], apresenta uma argumentação completa contra a hipótese Q, baseada na proposta de Austin Farrer e Michael Goulder de que o uso de Mateus e Marcos por parte de Lucas é uma explicação mais plausível para o suposto Problema Sinótico.[69]

A maioria dos estudiosos, todavia, continua usando Q. Ao mesmo tempo que Dunn aceita a crítica de Goodacre de que o modelo Q em geral se baseia de demais em uma perspectiva exclusivamente literária, sem atenção ao papel da tradição oral, ele aceita a teoria das duas fontes (Marcos e Q). O texto claro e de nível introdutório de Helen Bond, *The historical Jesus: a guide for the perplexed* [O Jesus histórico: um guia para os perplexos] dedica um parágrafo a explicar que Q é uma teoria (não uma fonte escrita remanescente) que, segundo a maioria dos estudiosos, melhor explica a relação entre os Evangelhos Sinóticos, mas o resto do livro em geral se refere a Q como um documento no mesmo patamar das outras fontes escritas, como o Evangelho de Tomé ou mesmo Marcos.[70] Um exemplo ainda mais impressionante é Larry Hurtado, que em certa passagem se refere a Q como "um texto cuidadosamente concebido" e "produto literário muito bem-sucedido" (ele conclui, na contramão de grande parte dos estudos acadêmicos sobre Q, que o documento reflete uma devoção a Jesus coerente com outros textos, entre eles os Sinóticos[71]).

Iniciada nas últimas décadas do século 20, uma onda de pesquisas acadêmicas defendeu a confiabilidade de vários textos não canônicos, entre eles o Evangelho de Pedro e o Evangelho de Tomé, sobre a base de que eles

---

[67]Mark Goodacre, *The case against Q: studies in Markan priority and the Synoptic problem* (Harrisburg, PA: Trinity Press International, 2002), p. 188. Alan Kirk usa as teorias da oralidade e da memória para defender o uso de Q por parte de Mateus, em *Q in Matthew: ancient media, memory, and early scribal transmission of the Jesus tradition*, LNTS 564 (New York: Bloomsbury T&T Clark, 2016).

[68]Yoseop Ra, *Q, the first writing about Jesus* (Eugene: Wipf & Stock, 2016).

[69]Goodacre, *Case against Q*.

[70]Helen K. Bond, *The historical Jesus: a guide for the perplexed* (London: T&T Clark, 2012).

[71]Larry W. Hurtado, *Lord Jesus Christ: devotion to Jesus in earliest christianity* (Grand Rapids: Eerdmans, 2003), p. 257 [edição em português: *Senhor Jesus Cristo: devoção a Jesus no cristianismo primitivo* (São Paulo: Paulus, 2012)].

contêm tradições antigas, às vezes até tradições anteriores aos Evangelhos canônicos.[72] Outros estudiosos rechaçaram esses argumentos. Evans, por sua vez, sugere que muitos estudiosos apresentam uma perspectiva "hipercrítica" dos Evangelhos canônicos e uma perspectiva "surpreendentemente acrítica" com relação aos extracanônicos.[73]

O texto não canônico mais polêmico talvez seja o Evangelho de Tomé e aqui, como no caso de Q, Goodacre está na dianteira. Ele propõe que algumas alegações acerca da primitividade do Evangelho de Tomé se assentam em hipóteses errôneas da crítica da forma (e.g., de que um texto mais breve é mais primitivo, em vez de pressupor que a brevidade é evidência de suas tendências editorais).[74] Goodacre conclui que o Evangelho de Tomé tem conhecimento dos Sinóticos e depende deles. Embora nem todos os estudiosos tenham sido convencidos por Goodacre, o otimismo em relação à independência do Evangelho de Tomé não continuou tão forte quanto o compromisso contínuo com a teoria Q.

O INÍCIO DA DEVOÇÃO A JESUS

Os debates sobre a datação das fontes muitas vezes estão relacionados diretamente com querelas sobre como os primeiros seguidores de Jesus entendiam Jesus no que diz respeito à identidade e à missão dele — e muitas vezes com pressupostos de que as perspectivas originais sobre Jesus seguiram uma trajetória histórica que vai de baixo (Jesus como ser humano) para cima (Jesus como plenamente divino). Isso, é claro, atribui certa historicidade à perspectiva "baixa". Nas últimas décadas, Hurtado e Bauckham têm sido os defensores mais vigorosos da perspectiva alternativa de que a "devoção a Jesus", ou a adoração a Jesus, surgiu pouco depois da morte de Jesus. Essa área de estudo em geral não concentra suas energias no próprio Jesus, mas nas crenças e práticas da primeira e segunda gerações de seguidores de Jesus, sobretudo na medida em que essas crenças se relacionam com o monoteísmo judaico. Todavia, os estudos de cristologia antiga adentram o território do Jesus histórico no que diz respeito aos critérios de similaridade (em relação aos ensinos da igreja primitiva) e de plausibilidade contextual

[72]E.g., Elaine Pagels, *The gnostic Gospels* (New York: Random House, 1979) [edição em português: *Os evangelhos gnósticos* (São Paulo: Objetiva, 2006)].; Ron Cameron, org., *The other Gospels: non-canonical Gospel texts* (Philadelphia: Westminster, 1982); Bart D. Ehrman e Zlatko Pleše, *The other Gospels: accounts of Jesus from outside the New Testament* (Oxford: Oxford University Press, 2013).

[73]Craig A. Evans, "Jesus and the extracanonical works", in: Charlesworth, *Jesus research: new methodologies*, p. 662. Veja tb. Pheme Perkins, "Apocryphal Gospels and the historical Jesus", in: Charlesworth, *Jesus research: new methodologies*, p. 690.

[74]Goodacre, *Thomas and the Gospels*, p. 145-49.

(em relação ao monoteísmo judaico), além de considerações sobre o que Jesus ensinava a respeito de si mesmo, sua missão e sua identidade em relação ao Deus de Israel.

Allison, por exemplo, usa elementos de dois temas já explorados neste capítulo (atestação recorrente e teoria da memória) para propor a hipótese de que o Jesus da história nutria uma perspectiva "exaltada" a respeito de si mesmo, embora não chegue a expressar isso em termos ou títulos concretos: Messias? Talvez. Rei? Pode ser. O Filho do Homem de que falou Daniel? Provavelmente (os estudiosos continuam particularmente interessados no entendimento que Jesus tenha de si como o Filho do Homem. Adela Yarbro Collins e John Collins, por exemplo, concordam com Allison quanto à ideia de que Jesus provavelmente se identificava como o Filho do Homem mencionado pelo profeta Daniel[75]). Allison conclui em tom firme: "Devemos organizar o funeral da ideia de que Jesus não nutria nenhum conceito exaltado a respeito de si mesmo".[76] Outros, como Hurtado, recusam-se a arriscar asserções sobre o que Jesus entendia de si mesmo e se concentram, em vez disso, nas crenças e práticas dos primeiros seguidores de Jesus.[77] Em geral, essas investigações jazem além do escopo dos estudos do Jesus histórico (veja neste volume o ensaio de David B. Capes sobre a cristologia do cristianismo primitivo).

Há também a questão de saber se o Jesus da história era tão somente humano ou se era verdadeiramente o divino Filho de Deus, digno de adoração ao lado do Deus de Israel e juntamente com ele. Muitos estudiosos se recusaram a fazer essa última asserção por crerem que ela carece de fundamento histórico, atribuindo-a (compreensivelmente) ao domínio da fé e não dos estudos acadêmicos. No entanto, certamente há estudiosos que defenderam com veemência e bases *históricas* que Jesus comprovadamente não era divino, e que a divindade a ele atribuída foi uma invenção da igreja posterior. Isso também traz alguns estudos sobre a alta cristologia antiga para o território das pesquisas sobre o Jesus histórico, em grande parte pelo trabalho de estudiosos que buscam demonstrar que o Jesus da história não era divino nem adorado como tal.[78]

---

[75]Adela Yarbro Collins e John J. Collins, *King and Messiah as Son of God: divine, human, and angelic messianic figures in biblical and related literature* (Grand Rapids: Eerdmans, 2008), p. 170-73. Outros estudos recentes interessados em Jesus como o Filho do Homem incluem ensaios em Dieter Sänger, org., *Gottessohn und Menschensohn* (Göttingen: Vandenhoeck & Ruprecht, 2004); Larry W. Hurtado; Paul L. Owen, orgs., *'Who is this Son of Man?'* (London: T&T Clark, 2011).

[76]Allison, *Constructing Jesus*, p. 304.

[77]Veja, e.g., Hurtado, *Lord Jesus Christ*, p. 31, 55.

[78]E.g., Bart D. Ehrman, *How Jesus became God: the exaltation of a Jewish preacher from Galilee* (New York: HarperOne, 2014) [edição em português: *Como Jesus se tornou Deus* (São Paulo: Leya, 2014)].

O JESUS ORIENTAL

A vasta maioria dos pesquisadores estudados até aqui é ocidental, branca e masculina. Nesta seção, porém, a maioria não é. A principal preocupação dessa linha de estudos é examinar Jesus por perspectivas não ocidentais e não brancas, sejam elas perspectivas minoritárias nos Estados Unidos (e.g., "The black Christ" [O Cristo negro], de Kelly Brown Douglas e Delbert Burkett), sejam perspectivas sobre Jesus vindas do mundo majoritário (sobretudo África e Ásia), quer sejam investigações sobre Jesus pelas lentes de outras religiões (sobretudo o Islã).[79]

Uma vertente dessa linha geral examina o entrelaçamento entre a pesquisa ocidental do Jesus histórico e o nacionalismo, seja alemão, britânico ou estadunidense. Em *Jesus and the rise of nationalism* [Jesus e a ascensão do nacionalismo] (2012), Halvor Moxnes analisa as "vidas de Jesus" de Ernest Renan na França, Friedrich Schleiermacher e David Friedrich Strauss na Alemanha e de George Adam Smith na Inglaterra, em face do envolvimento desses autores com os nacionalismos europeus do século 19.[80] James Crossley é mais direto e polêmico em relação ao presente; segundo sua avaliação, alguns estudos acadêmicos atuais do NT "se baseiam em ciências sociais obsoletas, nacionalistas, imperialistas e, às vezes, francamente racistas, algumas das quais diretamente relacionadas com os interesses da política externa anglo-americana no Oriente Médio e além".[81] O livro de Crossley é em grande parte uma polêmica contra o Context Group, cujos membros buscam aplicar as ciências sociais ao estudo do NT, mas outros estudiosos (entre eles Gerd Theissen e N. T. Wright) também são alvo de sua artilharia, porque fazem de Jesus um "judeu [...] mas não tão judeu assim", porque destacam tanto o lado judaico de Jesus quanto as diferenças entre ele e certas características do judaísmo do primeiro século (as quais, é claro, os próprios Evangelhos canônicos costumam afirmar).[82]

Para muitos estudiosos dessa área, quer da África, quer da Ásia, quer do Oriente Médio, o Jesus produzido pelas pesquisas do Jesus histórico é um "Jesus privilegiado e ocidentalizado", cujas raízes orientais precisam ser recuperadas.[83] O livro organizado *Faces of Jesus in Africa* [Faces de Jesus na

[79]Kelly Brown Douglas com Delbert Burkett, "The black Christ", in: *The Blackwell companion to Jesus*, Delbert Burkett, org. (Malden, MA: Wiley-Blackwell, 2011), p. 410-26.

[80]Halvor Moxnes, *Jesus and the rise of nationalism: a new quest for the nineteenth-century historical Jesus* (London: Tauris, 2012).

[81]James G. Crossley, *Jesus in an age of terror: scholarly projects for a new American century* (Oakville, CT: Equinox, 2008), xiv.

[82]Crossley, *Jesus in an age of terror*, p. 173-94.

[83]Teresa Okure, "Historical Jesus research in global cultural context", in: Holmén e Porter, *Handbook*, 2:981.

África] procura o Jesus dos Evangelhos antes de sua europeização, explicando: "Os valores e costumes africanos estão muitas vezes mais próximos dos valores semíticos que permeiam as Escrituras e a narrativa de Jesus do que os valores cristãos europeus que lhes foram impostos".[84] Um capítulo do livro de Paul-Gordon Chandler, *Pilgrims of Christ on the Muslim road* [Peregrinos de Cristo na estrada islâmica], tem o título "Ressuscitando o Cristo oriental: adotando a face semítica de Jesus". Nesse capítulo, Chandler analisa a mudança do cristianismo do Oriente para o Ocidente: "O cristianismo é, na verdade, uma fé originada no Oriente Médio, não é uma fé Ocidental [...] Cristo era médio-oriental".[85]

Do mesmo modo, o estudioso cingalês R. S. Sugirtharajah escreve: "As imagens de Jesus importadas pela Ásia são tão envoltas em várias configurações cristológicas que muitas vezes se ignora o fato de que Jesus veio da Ásia, ou, para ser preciso, da Ásia ocidental. [...] Esses discursos [em *Asian faces of Jesus* [Faces asiáticas de Jesus]] tentam asianizar de novo e remodelar Jesus em termos asiáticos para suprir as necessidades contextuais dos povos asiáticos".[86] Atender às necessidades contextuais do povo é outro tema importante dos estudos acadêmicos não ocidentais, uma vez que envolve recuperar o Jesus da história como pobre e oprimido — e, portanto, uma figura que partilha da condição socioeconômica de grandes faixas da população onde esses estudiosos vivem e trabalham.

Essa ênfase, é claro, sempre esteve presente na teologia da libertação. Veli-Matti Kärkkäinen nota que "Os adeptos da teologia da libertação começam com o Jesus histórico [...] que viveu uma vida real em condições humanas reais". Mas Kärkkäinen distingue isso das buscas pelo "Jesus histórico", que ele identifica com o liberalismo clássico: "Enquanto, para os liberais, os *fatos* históricos da vida de Jesus eram o foco principal do desejo deles de reconstruir a vida de Jesus, para os liberacionistas, o principal é a necessidade de entender a *importância* da história de Jesus para as lutas da América Latina".[87] A importância de Jesus para as lutas dos pobres e oprimidos na América Latina, África e outras regiões surge de sua solidariedade com os pobres e de

---

[84]Robert J. Schreiter, "Jesus Christ in Africa today", in: *Faces of Jesus in Africa*, Robert J. Schreiter, org. (Maryknoll, NY: Orbis, 1991), viii.

[85]Paul-Gordon Chandler, *Pilgrims of Christ on the Muslim road: exploring a new path between two faiths* (Lanham, MD: Cowley, 2007), p. 128. Veja tb. Andrew Thompson, *Jesus of Arabia: Christ through Middle Eastern eyes* (Lanham, MD: Rowman & Littlefirled, 2014).

[86]R. S. Sugirtharajah, org., *Asian faces of Jesus* (Maryknoll, NY: Orbis, 1993), viii. Veja tb. Gene L. Green; Stephen T. Pardue; K. K. Yeo, orgs., *Jesus without borders: Christology in the majority world* (Grand Rapids: Eerdmans, 2014).

[87]Veli-Matti Kärkkäinen, "Christology in Africa, Asia, and Latin America", in: Burkett, *Blackwell Companion*, p. 378.

sua vida entre eles, além de sua defesa dos pobres mediante seus confrontos com os sistemas que os dominavam e excluíam. Para Teresa Okure, "o movimento Jesus no próprio evangelho era basicamente um movimento popular mediante o qual os pobres e marginalizados da sociedade encontraram nele, Jesus, um defensor e advogado de sua causa".[88] Zablon Nthamburi também se concentra na solidariedade de Jesus com os sofredores, famintos e fracos. E John Waliggo sugere um Jesus que foi rejeitado e por isso se identifica com a luta africana atual.[89]

Sem dúvida, esses destaques também se encontram nos estudos acadêmicos ocidentais, na obra de estudiosos como Seán Freyne e Richard Horsley.[90] A diferença costuma ser a aplicação: os estudiosos africanos estão menos interessados em reconstruir Jesus em seu contexto original e mais em examinar o que ele significa para a igreja africana atual e para a vida dos pobres africanos de hoje. Pablo Richard se refere à pesquisa sobre Jesus na América Latina como uma "quarta busca", que se caracteriza pela busca de Jesus da perspectiva dos pobres e marginalizados mundo majoritário; pela reconstrução da natureza histórica do movimento Jesus em seus primeiros dias depois da ressurreição (i.e., uma busca concomitante "pelas igrejas apostólicas históricas" anteriores ao estabelecimento de estruturas de poder hierárquicas); e pela recaptura do Jesus histórico para a reforma da igreja moderna.[91]

Outra vertente que surge nessa tendência maior investiga Jesus pelas lentes de outras religiões. A coletânea *Blackwell companion to Jesus* [Guia Blackwell para Jesus], de 2011, contém ensaios sobre as perspectivas judaica, hindu, islâmica e budista acerca de Jesus.[92] Estudos acadêmicos recentes que se valem de uma perspectiva islâmica extraem sua energia da necessidade de um diálogo inter-religioso entre cristãos e muçulmanos, principalmente depois do Onze de Setembro. Mona Siddiqui, por exemplo, analisa com clareza e elegância "as perspectivas, as doutrinas e os diálogos de cristãos e muçulmanos sobre a figura de Jesus Cristo".[93]

---

[88]Okure, "Historical Jesus research", in: Holmén e Porter, *Handbook*, 2:973.

[89]Zablon Nthamburi, "Christ as seen by an African: a christological quest", in: Schreiter, *Faces of Jesus in Africa*, p. 65-69. John M. Waliggo, "African Christology in a situation of suffering", in: Schreiter, *Faces of Jesus in Africa*, p. 164-80.

[90]Séan Freyne, *The Jesus movement and its expansion: meaning and mission* (Grand Rapids: Eerdmans, 2014); Richard A. Horsley, *Jesus and the powers: conflict, covenant, and the hope of the poor* (Minneapolis: Fortress, 2011).

[91]Pablo Richard, "Jesus: a Latin American perspective", in: *Global Bible Commentary*, Daniel Patte, org. (Nashville: Abingdon, 2004), p. 338-40.

[92]Veja os ensaios a seguir em Burkett, *Blackwell companion*: Michael J. Cook, "Jewish perspectives on Jesus", p. 215-31; Reem A. Meshal e M. Reza Pirbhai, "Islamic perspectives on Jesus", p. 232-49; Sandy Bharat, "Hindu perspectives on Jesus", p. 250-66; Peggy Morgan, "Buddhist perspectives on Jesus", p. 267-82.

[93]Mona Siddiqui, *Christians, Muslims, and Jesus* (New Haven: Yale University Press, 2013), p. 2.

Zeki Saritoprak procura fazer o que o conhecido livro de Reza Aslan, *Zealot* [Zelota], de 2013, não fez: explicar o que os muçulmanos pensam sobre Jesus e como essas perspectivas podem diferir (ou não) das perspectivas cristãs (apesar dos equívocos de que *Zealot* seria um retrato de Jesus do ponto de vista islâmico, o livro de Aslan recupera as ideias expressas no longínquo século 18 por Hermann Samuel Reimarus[94]). Saritoprak busca demonstrar que o Jesus visto por olhos islâmicos "não é nem um pouco dessemelhante ao Jesus do cristianismo".[95]

Islamic Jesus [Jesus islâmico], de Mustafa Akyol, tem objetivo semelhante: apresentar aos leitores "a perspectiva islâmica sobre Jesus".[96] Seu livro tem também um segundo e mais importante objetivo: demonstrar as relações estreitas entre o "cristianismo judaico" e os ensinamentos judaicos sobre Jesus — e assim reivindicar a historicidade de ambos em contrapartida ao cristianismo majoritário, que, na visão de Akyol, se origina com Paulo e não com Jesus. Akyol é jornalista e colunista e não um acadêmico e se baseia em estudos do NT vastamente questionados (e.g., os que afirmam haver diferença gritante entre o cristianismo judaico e o cristianismo paulino/gentio). Nem todos aceitarão seus pressupostos sobre a natureza do cristianismo judaico — por exemplo, suas afirmações de que o Evangelho de Pseudo-Tomé se originou (muito cedo) do cristianismo judaico e não do cristianismo gnóstico posterior.[97]

O livro *A Muslim view of Christianity* [Visão muçulmana do cristianismo], de Mahmoud Ayoub, busca educar os cristãos que não conhecem as perspectivas muçulmanas; parte do livro perpassa os componentes centrais do ensino islâmico sobre Jesus — mais centralmente, talvez, a ideia de que ele não morreu, mas foi levado ao céu por Deus — e contém estudos proveitosos sobre o papel do Evangelho de Barnabé e a confiabilidade dos Evangelhos canônicos pela perspectiva muçulmana.[98]

Uma abertura comparativamente maior a questões de fé é o aspecto notável de grande parte desses estudos não ocidentais, sobretudo na África e na Ásia. Okure é emblemática aqui quando insiste que os estudos sobre o Jesus histórico precisam incluir duas dimensões da fé: (1) a fé dos Evangelistas e

---

[94]Reza Aslan, *Zealot: the life and times of Jesus of Nazareth* (New York: Random House, 2013) [edição em português: *Zelota: a vida e a época de Jesus de Nazaré* (São Paulo: Zahar, 2013)].

[95]Zeki Saritoprak, *Islam's Jesus* (Gainesville: University Press of Florida, 2014), p. xi.

[96]Akyo Mustafa Akyol, *The Islamic Jesus: how the king of the Jews became a prophet of the Muslims* (New York: St. Martin's Press, 2017), p. 1, 8.

[97]Akyol, *Islamic Jesus*, p. 141.

[98]Mahmoud Ayoub, *A Muslim view of Christianity*, ed. Irfan A. Omar (Maryknoll, NY: Orbis, 2007), p. 173-74, 223-27. Veja tb. Suleiman A. Mourad, "Jesus in the Qur'an and other early Islamic texts", in: Charlesworth, *Jesus research: new methodologies*, p. 753-65.

das primeiras comunidades cristãs e (2) a fé dos cristãos comprometidos hoje. "Fora dessa ótica e órbita centrada na vida e na fé, o discurso e os estudos sobre o Jesus histórico, sobretudo a partir de uma perspectiva global, correm o risco de perder grande parte de sua relevância".[99] Para Okure (e outros), isso significa que os estudos a respeito de Jesus também precisam incluir uma investigação de como o Jesus histórico foi recebido nas várias culturas, sobretudo pela perspectiva dos pobres e marginalizados. Okure diz isso com palavras mais decisivas: "Embora o Norte ou o Ocidente pareça obcecado e comprometido com 'buscas' ou 'pesquisas' infindas sobre o Jesus histórico, o Sul prefere dedicar sua energia e recursos psíquicos, intelectuais e espirituais à 'recepção' desse mesmo Jesus histórico".[100]

Os colaboradores de *Asian faces of Jesus* [Faces asiáticas de Jesus] "demonstram pouco interesse em uma reconstrução acadêmica de detalhes biográficos [...] Para [os intérpretes asiáticos], a dicotomia artificial imposta pelos acadêmicos ocidentais entre exegese histórica e teologia — entre os fatos históricos brutos e as formulações de fé — não existe. A questão hermenêutica crucial não é como era a aparência do Jesus histórico, mas, sim, o que ele significa para a Ásia hoje".[101] Pode haver alguns deslizes na terminologia aqui, uma vez que Okure e os colaboradores de *Asian faces of Jesus* parecem em grande parte interessados no que este ensaio chamou de o Jesus da História e não no Jesus histórico reconstruído. Mesmo assim, a mudança de foco, que se afasta da reconstrução histórica detalhada e volta para a importância de Jesus para o sofrimento atual — em toda a particularidade histórica de Cristo como alguém que também sofreu — continua verdadeira.

Reflexões

Esse exame de enfoques mundiais destaca uma tendência persistente nos estudos acerca de Jesus: o papel controverso da teologia e da fé. Os estudos recentes se dividem bem definidamente no que diz respeito a seus respectivos lugares nesse campo acadêmico. James Charlesworth declarou confiar que as pesquisas sobre o Jesus moderno lograram fazer separação entre história e teologia: "A vida e a mente de Jesus de Nazaré não estão mais perdidas na neblina dos pronunciamentos teológicos".[102] Scot McKnight argumenta,

[99]Okure, "Historical Jesus research", in: Holmén e Porter, *Handbook*, 2:956, 957.

[100]Okure, "Historical Jesus research", in: Holmén e Porter, *Handbook*, 2:984.

[101]Sugirtharajah, *Asian faces of Jesus*, p. x.

[102]Charlesworth e Pokorný, introdução dos organizadores a *Jesus research: an international perspective*, p. 14. Veja tb. Charlesworth, *Jesus research: new methodologies*, p. 9; Bruce D. Chilton, "Method in a critical study of Jesus", in: Holmén e Porter, *Handbook*, 1:129.

em vez disso, que a tarefa de reconstruir o Jesus histórico é "possível, mas teologicamente inútil (para a igreja)".[103] Já Allison se situa em algum ponto entre as perspectivas de Charlesworth e McKnight. Em *The historical Christ and the theological Jesus* [O Cristo histórico e o Jesus teológico] — título que propositalmente inverte o par habitual — Allison pondera as "implicações religiosas" da busca pelo Jesus histórico e se pergunta: "Que medida de história requer a teologia?" (Resposta: um pouco.)[104]

A coleção de Dunn e McKnight, *The historical Jesus in recent research* [O Jesus histórico nas pesquisas contemporâneas], nota que o projeto deles pelo menos está aberto a uma busca que se origine da fé, não do ceticismo: "O desejo de ver e ouvir Jesus como ele era visto e ouvido pelos pescadores e aldeões da Galileia do primeiro século não é em si contrário à fé".[105] Em outra coletânea recente, *Key events in the life of the historical Jesus* [Acontecimentos centrais na vida do Jesus histórico] (organizado por Darrell Bock e Robert Webb), todos os ensaístas têm compromisso declarado com a fé cristã.[106] A ambiciosa obra, em quatro volumes, de Holmén e Porter, *Handbook for the study of the historical Jesus* [Manual para o estudo do Jesus histórico] não adota nenhuma posição, preferindo em vez disso coletar os estudos sobre Jesus em toda sua abundância e diversidade ("expressão valiosa da gama de ideias viáveis atualmente disponíveis nos estudos sobre o Jesus histórico").[107]

Particularmente, agora que múltiplos campos abandonam o mito da objetividade acadêmica pura, faz pouco sentido tachar os chamados estudiosos confessionais de mais tendenciosos que os não confessionais. Como escreve Clive Marsh: "A busca pelo Jesus histórico nunca foi apenas uma busca de Jesus".[108] Quando Marsh perpassa os vários "interesses" dos buscadores de Jesus, deparamos com uma longa lista de lentes, as quais muitas vezes se interseccionam: lentes teológicas, antieclesiais (e, pode-se acrescentar aqui, anticatólicas), éticas, políticas, culturais-religiosas, e psicológicas.

[103]Scot McKnight, "Why the authentic Jesus is of no use for the church", in: Keith and Le Donne, *Jesus, criteria*, p. 175.

[104]Dale C. Allison Jr., *The historical Christ and the theological Jesus* (Grand Rapids: Eerdmans, 2009), p. 3, 32. Lohfink escreve: "A crítica histórica é indispensável para os estudos sobre Jesus", mas ao mesmo tempo também afirma que "o verdadeiro 'Jesus histórico' não pode ser apreendido sem a fé nele" — isto é, sem a fé "das primeiras testemunhas e daqueles que transmitiram a história" (Lohfink, *Jesus of Nazareth*, xi); Veja tb. Marguerat, "Historical Jesus and Christ of faith", p. 442.

[105]James D. G. Dunn; Scot McKnight, orgs., *The historical Jesus in recent research* (Winona Lake, IN: Eisenbrauns, 2005), p. xii. O termo "recente" amplo é usado de maneira ampla; o volume é um apanhado de vozes clássicas (Schweitzer, Bultmann, Jeremias, Kümmel et al.) e nomes importantes das últimas décadas (Wright, Meyer, Dunn, Sanders et al.).

[106]Bock e Webb, *Key events*, p. 7.

[107]Holmén e Webb, *Key events*, p. 7.

[108]Clive Marsh, "Diverse agendas at work in the Jesus quest", in: Holmén e Porter, *Handbook*, 2:985.

No mínimo, o naturalismo iluminista (*à la* David Hume) nos estudos sobre Jesus já devia ter sido abandonado faz tempo e alguns estudos recentes fornecem recursos nesse sentido. O ensaio inicial de Webb em *Key events in the life of the historical Jesus* contém uma passagem útil sobre como lidar com a causalidade divina pela perspectiva histórica.[109] Keener periodicamente aborda questões relacionadas à causação divina em *The historical Jesus of the Gospels*.[110] Em um capítulo intitulado "Milagres e método", Eddy e Boyd preferem o que denominam "um método histórico-crítico aberto" a um método naturalista.[111]

Veremos quantas das tendências citadas aqui hão de perdurar. Até aqui, a aplicação dos estudos da memória tem produzido resultados mistos, com estudiosos usando a teoria da memória tanto para defender quanto para atacar a confiabilidade dos Evangelhos canônicos. Embora o uso dos critérios de autenticidade ainda esteja profundamente arraigado nos estudos sobre os Evangelhos, evidências sugerem que esse solo resistente está finalmente cedendo. Quem sabe o que ainda há de florescer nessa terra que agora se demonstra fértil?

Como propõe Goodacre, os estudos atuais do NT podem ser, e têm sido, revigorados por métodos mais novos, como a crítica da narrativa e os estudos literários e fílmicos (veja, por exemplo, o uso criativo que Goodacre faz dos filmes sobre Jesus para ilustrar alguns aspectos do problema sinótico).[112] Parece claro que os estudos sobre Jesus estão se tornando cada vez mais interdisciplinares em suas abordagens e métodos.

Finalmente, sobretudo à medida que o centro de gravidade da igreja passa cada vez mais para o Sul Global, os estudos ocidentais sobre Jesus precisam levar em conta os estudos que estão sendo realizados em outras partes do mundo. O lugar onde Jesus mais importa, no fundo, são as comunidades de fé, onde quer que elas se encontrem. Enquanto o Jesus da História talvez seja interessante para os não religiosos, ele é de importância suprema e urgente para as pessoas do mundo todo — tanto no Ocidente quanto no Oriente — que também o reconhecem como seu Senhor ressurreto.

---

[109] Webb, "Historical enterprise", in: Bock e Webb, *Key events*, p. 39-54.

[110] Keener, *Historical Jesus*, p. 347-8, 379-88.

[111] Eddy e Boyd, *Jesus legend*, p. 85. Veja tb. Lohfink, *Jesus of Nazareth*, p. 128-52.

[112] Goodacre, *Case against* Q, p. 105-6, 121. Quanto aos filmes sobre Jesus e o problema sinótico, veja Goodacre, *Case against* Q, p. 121-32; Goodacre, "The Synoptic Jesus and the celluloid Christ: solving the synoptic problem through film", *JSNT* 80 (2000): p. 31-43.

8

CRISTOLOGIA DO NOVO TESTAMENTO

DAVID B. CAPES

INTRODUÇÃO

Em 1979, Larry Hurtado publicou um artigo intitulado "New Testament christology: a critique of Bousset's influence" [Cristologia do Novo Testamento: uma crítica da influência de Bousset].[1] Hurtado conclui o artigo sugerindo alguns meios frutíferos para entender como os primeiros cristãos lidaram com Jesus e com a importância dele. Ele faz duas recomendações em particular. Em primeiro lugar, ele diz que novas e importantes linhas de pesquisa vão investigar "a influência do AT na cristologia inicial". As gerações anteriores de estudiosos deram pouca atenção a como as primeiras interpretações cristãs do AT geraram novos enfoques a respeito da importância de Jesus. Hurtado estava convencido de que novas percepções sobre a história e a teologia do cristianismo inicial estavam disponíveis aos que investigassem essa questão. O livro que chamamos de AT não é, contudo, uma única obra encapada em couro preto. O AT é uma coletânea de manuscritos meticulosamente copiados à mão e transmitidos de geração em geração. É isso que torna os Manuscritos do Mar Morto (MMM), os Pseudepigráficos e outros textos da época do Segundo Templo tão atraentes para os estudiosos. Esses textos judaicos nos oferecem um vislumbre do estado do AT e da religião judaica na época de Jesus, de Paulo e dos demais autores do NT. Eles mostram como os primeiros seguidores de Jesus provavelmente liam, interpretavam, aplicavam e atualizavam esses textos.

Em segundo lugar, Hurtado propõe que um caminho promissor adiante talvez envolva reconhecer a importância da vida e do ministério terrenos

[1]Larry W. Hurtado, "New Testament christology: a critique of Bousset's influence", *TS* 40 (1979): p. 306-17.

de Jesus para a formação das cristologias dos primeiros cristãos. Durante décadas, os estudiosos atribuíram o cerne do desenvolvimento cristológico ao que aconteceu depois que as histórias da ressurreição de Jesus começaram a circular entre seus discípulos. Bom exemplo disso é a afirmação apoteótica no sermão de Pentecostes de Pedro (At 2.36): "Portanto, que todo o Israel fique certo disto: Este Jesus, a quem vocês crucificaram, Deus o fez Senhor e Cristo". Hurtado sugere que os estudiosos examinem como os seguidores de Jesus se lembravam dele se quiserem obter vislumbres mais profundos da época do NT e dos desdobramentos que se seguiram a ela. De fato, os estudos cristológicos dos últimos vinte a trinta anos vêm sendo influenciados por novas leituras da vida de Jesus e de sua influência sobre seus seguidores e sobre as leituras cristãs do AT.

QUESTÕES CENTRAIS

O diálogo sobre a cristologia do NT mudou, mas os estudiosos atuais continuam lutando com muitas das questões que haviam capturado a atenção de estudiosos anteriores.

Contextos cristãos primitivos. Que dados usamos para entender as afirmações a respeito de Jesus feitas pelos primeiros cristãos? Será que há padrões linguísticos ou comportamentais que devemos levar em conta? Que antecedentes filosóficos ou religiosos constituíram o solo fértil em que o cristianismo se desenvolveu? Será que os primeiros cristãos importaram práticas e crenças pagãs para suas comunidades com o propósito de declarar Jesus "divino"?

Talvez uma série ainda mais fundamental de perguntas seja a seguinte.

Cristologia primitiva. O que significa chamar Jesus de "divino"? Quando surgiu uma cristologia divina? Os primeiros cristãos adoravam a Jesus? Se sim, quando e onde isso começou? Que papel o próprio Jesus desempenhou em moldar o entendimento que seus seguidores tinham dele? Que papel a crença na ressurreição desempenhou? Será que a forma que os primeiros cristãos liam as Escrituras gerou novas ideias sobre quem Jesus era/é e sobre qual papel ele desempenha na redenção do mundo? Ao enfatizar uma cristologia plenamente divina, será que corremos o risco de negar ou negligenciar a humanidade de Jesus?

Monoteísmo. Será que o monoteísmo impedia os judeus cristãos de adorarem Jesus ou de o considerarem um só com Deus? O que é o monoteísmo no contexto da Antiguidade?

Outros textos antigos. Existem textos e tradições antecedentes que expliquem os tipos de declarações que os primeiros cristãos faziam a respeito de Jesus? A menção de agentes divinos nesses textos (e.g., Sabedoria, Melquizedeque, Enoque e Miguel) nos ajuda a entender o que os primeiros cristãos diziam e faziam em relação a Jesus?

Outros textos cristãos. Será que as declarações dos autores neotestamentários posteriores (e.g., o autor de Hebreus e o autor do Evangelho de João) são coerentes com as declarações anteriores?

Há outras perguntas, claro, mas essas têm sido algumas das principais questões propostas pelos estudiosos que investigaram a cristologia neotestamentária nos últimos vinte anos. Nosso objetivo aqui não é examinar pergunta por pergunta. Isso exigiria uma monografia do tamanho de um livro. Nosso objetivo é entender como os principais contornos das discussões das últimas duas a três décadas lidaram com algumas dessas questões.

Ao longo de grande parte do século 20, os estudiosos investigaram a cristologia neotestamentária, analisando sobretudo os vários títulos cristológicos usados no NT para se referir a Jesus. O foco das pesquisas é entender e desvelar o sentido de títulos cristológicos como Filho de Deus, Filho do Homem, Senhor, Cristo, Profeta, Mestre/Rabi, Imagem de Deus, Segundo Adão.[2] Alguns estudiosos dedicaram livros inteiros ao exame desses títulos cristológicos, concentrando-se muitas vezes nos contextos greco-romanos e judaicos em que eles aparecem.

Os estudiosos atuais, ainda que edifiquem sobre o alicerce assentado por esses estudos, sabem que os títulos por si só não bastam para compreender a importância de Jesus para os primeiros cristãos. A exegese messiânica, os modos de expressão sem títulos, padrões de comportamento, estudos históricos e várias estratégias narrativas constituem outros dados que os estudiosos atuais exploram para reconstruir a cristologia do cristianismo primitivo. Os títulos de Jesus moldam essas análises e muitas vezes servem como portas de entrada para explorações mais aprofundadas do entorno judaico ou romano.[3]

Finalmente, enquanto a cristologia do NT se refere propriamente a todo o *corpus* conhecido como "o Novo Testamento", muito trabalho tem sido realizado na tentativa de compreender a cristologia anterior aos registros escritos. Em outras palavras, muitas perguntas levantadas pelos estudiosos são questões históricas sobre as próprias origens cristãs. Embora seja extremamente

[2]E.g., Oscar Cullmann, *The christology of the New Testament*, trad. Shirley Guthrie e Charles A. H. Hall (Philadelphia: Westminster, 1959); Werner G. Kramer, *Christ, Lord, Son of God*, trad. Brian Hardy (London: SCM, 1966).

[3]Martin Hengel, *The Son of God: the origin of Christology and the history of Jewish-Hellenistic religion*, trad. John Bowden (Philadelphia: Fortress; London: SCM, 1974); C. Kavin Rowe, *Early narrative Christology: the Lord in the Gospel of Luke* (Grand Rapids: Baker Academic, 2009).

problemático — e pouquíssimo sábio — tentar ordenar os livros do NT cronologicamente para, em seguida, tentar rastrear ali o desenvolvimento dessas ideias, influências e assim por diante, poucos duvidam de que há pedacinhos de tradições anteriores (e.g., hinos, credos, expressões) cristologicamente ricas embutidas no NT. Além disso, é consenso amplo que as cartas de Paulo representam o começo da atividade literária que deu origem à coleção conhecida como NT. Por isso, as cartas de Paulo têm sido um dos focos de atenção principais para entender as origens e a importância das declarações cristológicas feitas a respeito de Jesus nos primórdios do movimento a ele associado.[4]

CONTEXTO JUDAICO

Martin Hengel foi o catalisador de grande parte dos debates cristológicos das últimas duas décadas. Sua obra monumental *Judaism and Hellenism* [Judaísmo e Helenismo] afirma — convincentemente para a maioria dos estudiosos — que o judaísmo estava helenizado séculos antes do nascimento de Jesus e que os judaísmos do final da Antiguidade, e não as religiões pagãs, forneceram o solo fértil onde o movimento instituído por Jesus e fundamentado na pessoa dele foi plantado e vicejou.[5] Além disso, seu livro *The Son of God* [O Filho de Deus], breve, mas profundo e esclarecedor, apresenta uma surpreendente defesa sobre a rapidez com que uma cristologia divina pode ter emergido.[6] É famosa a afirmação de Hengel de que, nos primeiros vinte anos após a execução de Jesus, houve mais acontecimentos que contribuíram para o desenvolvimento da cristologia do que nos setecentos anos seguintes.[7] O homem executado como inimigo público não tardou a ser retratado como figura divina preexistente que se tornou homem. Para explicar esse desdobramento explosivo, Hengel exortou seus colegas a examinarem os textos e o discurso do Judaísmo do Segundo Templo.

A obra de Hengel é uma amostra da mudança generalizada que então ocorria nos estudos do NT. Se quisermos entender o que aconteceu na

[4]A investigação mais completa da cristologia de Paulo em tempos recentes é a de Gordon Fee, *Pauline Christology: an exegetical-theological study* (Grand Rapids: Baker Academic, 2013) [edição em português: *Cristologia paulina: um estudo exegético-teológico* (São Paulo: CPAD, 2023)]. Uma versão mais concisa é sua obra *Jesus is Lord according to Paul the Apostle: a concise introduction* (Grand Rapids: Baker Academic, 2018) [edição em português: *Jesus, o Senhor, segundo o apóstolo Paulo* (São Paulo: CPAD, 2023)].

[5]Martin Hengel, *Judaism and Hellenism: studies in their encounter in Palestine during the Early Hellenistic Period* (London: SCM, 1974).

[6]Martin Hengel, *The Son of God: the origin of Christology and the history of Jewish-Hellenistic religion*, trad. John Bowden (Philadelphia: Fortress, 1976).

[7]Martin Hengel, "Christology and New Testament chronology: a problem in the history of early Christianity", in: *Between Jesus and Paul: studies in the earliest history of Christianity* (Philadelphia: Fortress, 1983), p. 30-47.

cristologia nos últimos anos, precisamos ponderar a influência duradoura da obra de Hengel. Gerações anteriores de estudiosos, de Wilhelm Bousset (1865-1920) a Rudolf Bultmann (1884-1976), propuseram que a melhor forma de explicar o cristianismo em termos históricos seria por meio das influências politeístas e pagãs das culturas vizinhas que se infiltraram na igreja. Onde havia uma "fartura de deuses", Jesus podia ser simplesmente identificado como mais um deles. Era essa a perspectiva predominante entre os letrados. Mas era isso mesmo que acontecia?

Depois do fim da Segunda Guerra e da exposição dos horrores do Holocausto, Hengel e outros estudiosos começaram a questionar a ortodoxia acadêmica, segundo a qual o Judaísmo do Segundo Templo havia degenerado, no período pós-profético, para um estado em que qualquer restauração era impossível. Com a descoberta dos MMM e a publicação de mais documentos judaicos da época (publicados entre as décadas de 1950 e 1990), cresceu sobremaneira o número de dados disponíveis aos estudiosos. Uma nova perspectiva, mais generosa, sobre o judaísmo da época de Jesus começava a surgir entre uma nova geração de estudiosos, uma geração que se recusava a aceitar o antissemitismo então predominante no meio acadêmico. Era a vez dessa nova safra de estudiosos, agora imersa em tradições e textos judaicos, começar a investigar como os primeiros cristãos viam Jesus.

TRADIÇÕES ANTECEDENTES

Um impulso importante ao longo do último quarto de século de estudos cristológicos do NT foi sair em busca das tradições antecedentes em que os primeiros cristãos se basearam a fim de descrever as origens e o desenvolvimento da cristologia. Por causa de Hengel, grande parte desse foco tem se concentrado nas categorias judaicas como potenciais fontes da cristologia primitiva.

Tradições angelomórficas

Certos temas e conceitos encontrados no NT remontam a tradições angélicas judaicas.[8] Charles Gieschen se refere a essa abordagem como cristologia "angelomórfica" — isto é, a tendência do cristianismo primitivo de usar motivos angélicos judaicos (como se vê na Bíblia hebraica, nos Pseudepigráficos e nos MMM) para falar da importância de Jesus. Isso não significa que os primeiros cristãos consideravam Jesus um anjo; significa que eles usavam a mesma terminologia encontrada nos textos angélicos para exprimirem o

[8]Charles Gieschen, *Angelomorphic Christology: antecedents and early evidence*, AGJU 42 (Leiden: Brill, 1998).

entendimento que tinham de Jesus. Giescher se apoia consideravelmente em uma variedade de textos e imagens: as tradições do Anjo do Senhor; as tradições dos principais anjos (Miguel, Iaoel, Metatron, Gabriel); os atributos personificados (o Nome, a Glória, a Palavra, a Sabedoria); e os seres humanos exaltados. As tradições do Anjo de YHWH que retratam Deus em forma humana provavelmente tiveram impacto significativo nas primeiras expressões da cristologia cristã. Elas abasteceram os primeiros cristãos com as categorias certas para associar o Jesus crucificado, ressuscitado e assumpto ao céu com o nome e à dignidade de Deus.

Tradições messiânicas

Em vista da importância e da predominância da afirmação de que "Jesus é o Messias" (isto é, "o Cristo"), os estudiosos retornaram a esse título e às suas copiosas associações ao avaliar a importância de Jesus. William Horbury argumenta que a maioria das expressões cristológicas encontradas no NT deve sua substância ao messianismo judaico.[9] Horbury vai contra a corrente dos estudos bíblicos que o precederam, pois outros estudiosos haviam concluído que as esperanças messiânicas não eram parte do *mainstream*, mas, sim, das camadas populares. Enquanto todos os demais enfatizam os judaísmos (plural) do final da Antiguidade, Horbury alega que uma linha de messianismo régio perpassa todo o cânone bíblico judaico e subscreve até mesmo os textos judaicos em que a ideia da esperança messiânica não se expressa (p. ex., 1 e 2Mc, Tb, Jt). Horbury define o conceito de "messias" de forma ampla, como "a expectativa de um governante preeminente vindouro",[10] um ideal com raízes na Bíblia hebraica, porém, mais desenvolvido em textos judaicos posteriores. Horbury reconhece que os textos judaicos não deixam de revelar uma gama de imagens e esperanças messiânicas, mas descobre que, sob a superfície, existe uma coerência arraigada em ideologia régia. Ele de fato admite que as seitas gentias que giravam em torno de figuras régias influenciaram a cristologia primitiva, mas em geral é a expectativa messiânica, sobretudo a de um messias angélico ou espiritual, que explica os tipos de expressões e ações voltados ao Jesus ressurreto. De acordo com Horbury, as expressões que parecem descrever a adoração a Cristo são características do louvor aos reis. Para Horbury, o messianismo judaico é tão central que explica a maioria dos títulos cristológicos, entre eles, Cristo, Senhor, Filho de Deus, Filho do Homem, Sumo Sacerdote e Salvador. A própria afirmação de que Jesus é "Deus" pertence, segundo ele, à ampla categoria do messianismo.

[9]William Horbury, *Jewish Messianism and the cult of Christ* (London: SCM, 1998).
[10]Horbury, *Jewish Messianism and the cult of Christ*, p. 7.

Embora nem todos tenham aceitado os pareceres de Horbury, a maioria hoje considera o messianismo uma categoria catalisadora, não obsoleta. Mas será que ela era tão popular quanto Horbury imagina? John J. Collins, influente estudioso do messianismo judaico do período do Segundo Templo, acredita que não. Tome-se, por exemplo, o messianismo de Qumran: é uma ideia confusa que resiste à sistematização. Em outras palavras, o messianismo não constituía uma esperança judaica genérica pronta para ser aplicada a Jesus. Em vez de restringir sua investigação a passagens que usam a palavra hebraica para "unção/ungir", Collins reúne os textos que falam de "figuras que desempenham papéis importantes nas esperanças do povo em relação ao futuro".[11] Collins identifica quatro paradigmas: rei, sacerdote, profeta e messias celeste. Segundo Collins, a ideologia régia apresenta picos e vales de popularidade ao longo da era do Segundo Templo. Quando ressurge, contudo, ela se concentra em um rei humano que há de destruir os perversos, restaurar as fortunas do povo de Deus e reentronizar a dinastia davídica. Mais destacada nos MMM é a expectativa de dois messias: o davídico "Príncipe da Congregação" e o sacerdote messiânico. Para Collins, quem deseja entender essas declarações messiânicas a respeito de Jesus precisa lidar com a instabilidade das esperanças messiânicas do período.

Matthew Novenson é outro estudioso que trabalhou para recuperar o judaísmo messiânico como categoria cristológica fundamental.[12] As gerações anteriores de estudiosos haviam descartado os ideais messiânicos judaicos como possíveis fontes da fé que então nascia. F. C. Baur, para citar um exemplo, achava que, embora Paulo se referisse a Jesus como *Christos* (tradução grega de *Messias*), esse hábito não tinha nenhuma relação com as expectativas messiânicas judaicas, uma vez que o apóstolo aos gentios isentava o cristianismo das restrições do judaísmo. Bousset também reconheceu que sucessivas ondas de convertidos gentios mudaram o foco das declarações judaicas para as helenísticas, de que Jesus é o "Senhor". Enfim, para muitos estudiosos "Cristo" era tão somente um segundo nome de Jesus em Paulo e em outros círculos cristãos iniciais. Novenson, contudo, desconstrói meticulosamente essa posição, defendendo que "Cristo" não era nome próprio (como "Jesus"), nem título (como "Filho de Deus"), mas, sim um "honorífico" que podia representar o nome próprio e ser usado em combinação com outros títulos (a expressão "Senhor Jesus Cristo", por exemplo). Desse modo, Novenson compara as ocorrências do honorífico "Cristo" em Paulo aos honoríficos

[11]John J. Collins, *The scepter and the star: the messiahs of the Dead Sea Scrolls and other ancient literature*, ABRL (New York: Doubleday, 1995), p. 12.

[12]Matthew V. Novenson, *Christ among the messiahs: Christ language in Paul and Messiah language in ancient Judaism* (Oxford: Oxford University Press, 2012).

"Augusto", de Otaviano, ou "Macabeu", de Judas ben Matatias. Mas a palavra *Cristo* (com o sentido original de "ungido") pertencia a uma comunidade que compartilhava ideias e uma mesma expressão linguística para se referir a seus anseios por um novo tempo; uma comunidade cujas ideias tinham raízes nas Escrituras hebraicas. Para Novenson, embora as esperanças messiânicas não fossem uniformes, havia, contudo, um repertório de expressões e ideias messiânicas compartilhadas. Nem todo uso de "Cristo" em Paulo vem com ressonâncias messiânicas profundas, mas há passagens de suas cartas em que ele usa intencionalmente termos messiânicos, em padrões reconhecíveis e previsíveis (e.g., Rm 9. 4,5; 15.7-12; 1Co 15.20-28; Gl 3.16).

Os estudiosos continuam edificando sobre o alicerce das descobertas recentes no campo do messianismo judaico e estendendo essas descobertas para novas direções importantes. Joshua Jipp investiga como Paulo usa os termos e expressões relativos a Cristo, expressões e termos que, alega ele, têm origem em ideias greco-romanas e judaicas acerca do rei ideal.[13] Paulo reelabora essa tradição como sendo criativamente "ativada pelo destino de Jesus e a experiência contínua que os cristãos primitivos têm de Jesus".[14] De acordo com Jipp, "o Cristo" é mais que o governante ideal, ele é "o decreto vivo da lei".[15] No Evangelho de Mateus, a representação de Jesus se baseia em grande parte no rei idealizado da tradição davídica. Ao narrar a história do Evangelho, o autor associa essa tradição a Jesus e reelabora o Filho de Davi, que passa a ser um rei humilde e um pastor que traz cura.[16] Daniel Boyarin crê que a cristologia se desenvolve quando o Jesus judaico se enquadra nas expectativas judaicas pré-cristãs de um Messias sofredor e divino: "A descrição do trabalho já existia: 'Exige-se: um Cristo, será divino, será Filho do Homem, soberano e salvador dos judeus e do mundo'".[17] Assim como muitos estudiosos hoje, Boyarin considera Daniel 7 a gênese da tradição do Filho do Homem refletida nos Evangelhos. Em Daniel, o Filho do Homem é uma segunda figura divina, o resíduo das perspectivas "binitárias" mais antigas, não só um símbolo do povo de Israel.

Agentes divinos

Além do vocabulário angelomórfico e das esperanças messiânicas, os estudiosos também procuram os antecedentes de uma cristologia primitiva e divina em outros lugares. Apontando que passagens como 1Coríntios 8.6

[13]Joshua W. Jipp, *Christ is King: Paul's royal ideology* (Minneapolis: Fortress, 2015).
[14]Jipp, *Christ is King*, p. 9.
[15]Jipp, *Christ is King*, p. 75.
[16]H. Daniel Zacharias, *Matthew's presentation of the Son of David* (Edinburgh: Bloomsbury T&T Clark, 2016).
[17]Daniel Boyarin, *The Jewish Gospels: the story of the Jewish Christ* (New York: New Press, 2012), p. 73.

retratam o "formato binitário" da devoção cristã primitiva, Hurtado recorre à categoria da agência divina no judaísmo do Segundo Templo como categoria central. Muitos textos judaicos dessa era mencionam que Deus tinha um agente principal, o seu segundo na hierarquia celeste. Os agentes divinos desempenham funções divinas como criar, sustentar e administrar o mundo sob a mão de Deus. Hurtado classifica esses agentes como (a) atributos divinos (e.g., Sabedoria e Logos), (b) patriarcas exaltados (e.g., Enoque e Moisés) e (c) anjos principais (e.g., Miguel, Melquizedeque e Iaoel). Embora esses agentes sejam próximos de Deus e exerçam o que parecem ser poderes divinos, eles nunca constituem ameaça à unicidade de Deus, porque nunca são objeto de adoração.[18] A devoção cúltica a Cristo distingue a fé e a prática dos primeiros cristãos da categoria judaica da agência divina. No fim das contas, a adoração a Jesus constituía um desafio singular ao monoteísmo e resultou em uma "mutação" do monoteísmo judaico, a qual permitiu que o agente de Deus, Jesus, fosse adorado junto com Deus.

Uma linha semelhante de argumentação é apresentada por McGrath.[19] Para ele, o Shemá cristianizado de Paulo (1Co 8.6) não traz tanto um Cristo divino, mas, sim um Cristo que é o agente singular de Deus. A questão central para ele é a natureza flexível do monoteísmo judaico da época. Em vez de refletirem uma categoria fixa e estrita, as crenças e práticas dos judeus do período do NT demonstram uma abordagem fluida à unicidade de Deus. Não há nada no cristianismo primitivo, inclusive em sua cristologia, que sinalize uma ruptura definitiva com o judaísmo, e a separação que viria a ocorrer entre cristianismo e judaísmo é "consideravelmente posterior ao período em que os textos ora incorporados ao Novo Testamento foram produzidos".[20]

Identidade divina

Nem todos os estudiosos estão convencidos de que as figuras intermediárias semidivinas ofereceram os antecedentes pertinentes do judaísmo que explicam o rápido surgimento de uma cristologia antiga elevada. Richard Bauckham propõe em vez disso que "os primeiros cristãos incluíam Jesus, de forma precisa e inquívoca, na identidade única do Deus uno de Israel".[21] Para Bauckham, o

[18]Larry W. Hurtado, *One God, one Lord: early Christian devotion and ancient Jewish monotheism* (Philadelphia: Fortress, 1988; 2. ed., Edinburgh: T&T Clark, 1998), 1-39 (edição de 1988). Hurtado desenvolve seus argumentos em *Lord Jesus Christ: devotion to Jesus in earliest Christianity* (Grand Rapids: Eerdmans, 2003) [edição em português: *Senhor Jesus Cristo: devoção a Jesus no cristianismo primitive* (São Paulo: Paulus, 2012)].

[19]James F. McGrath, *The only true God: early Christian monotheism in its Jewish context* (Urbana: University of Illinois Press, 2009).

[20]McGrath, *Only true God*, p. 2.

[21]Richard Bauckham, *God crucified: monotheism and Christology in the New Testament* (Grand Rapids: Eerdmans, 1998), p. vii.

fato mais importante no surgimento de uma cristologia plenamente divina — em vista do comprometimento judaico com a unicidade de Deus — é a "identidade divina". A identidade divina, de acordo com Bauckham, é um meio melhor de lidar com as evidências encontradas na literatura judaica da época. Identidade divina diz respeito a Deus como pessoa que age, fala, conhece e é conhecida. Ela distingue Deus de tudo o que não é Deus. Em particular, o que explica a cristologia primitiva é a ideia de Deus dentro de um relacionamento. Para Israel, Deus se revela como um parceiro aliancístico, tornando-se conhecido por meio de atos na História. Já com o restante da criação, Deus se relaciona como Criador, Sustentador e Governante de todas as coisas. Portanto, há dois lados no registro da realidade: (a) o lado de Deus e (b) o lado da criação. Onde os primeiros cristãos situavam Jesus?

Quando Bauckham examina o próprio NT, conclui que os cristãos primitivos incluíam Jesus no lado de Deus, incluindo-o de fato dentro da identidade do Deus de Israel. Eles reconhecem Cristo como Criador e Senhor Soberano (e.g., Cl 1.15-20). Os primeiros cristãos entendem que Jesus carrega o nome divino e não hesitam em adorá-lo. Antes de surgirem os primeiros livros do NT, uma cristologia plenamente divina já era propriedade comum da igreja. Bauckham reconhece que esse "monoteísmo cristológico" era uma inovação, mas ele o considera alinhado com o monoteísmo judaico. A própria natureza das crenças judaicas em Deus e a de suas práticas em relação a Deus proviam amplo espaço para esse desdobramento. Em linhas gerais, Bauckham crê que a cristologia se desenvolveu por meio de leituras criativas de textos bíblicos como Salmo 110.1 e o Shemá. Os primeiros cristãos se valeram de todos os recursos disponíveis nas Escrituras para esculpir uma teologia que situa Jesus na identidade única do Deus Único e Verdadeiro de Israel.

Assim como Bauckham, N. T. Wright não acredita que a cristologia antiga tenha se desenvolvido a partir de alguma modificação da categoria judaica de agência divina. Em vez disso, afirma ele, ela foi concebida como a concretização robusta das esperanças centradas no Deus único e verdadeiro e sua promessa de retornar um dia a Sião.[22] Os estudiosos que recorrem às tradições da mediação, pensa Wright, começaram pelo lugar errado. Se é verdade que os primeiros cristãos consideravam Jesus divino e o adoravam de maneiras que antes eram tidas como próprias somente para Deus, por que não começar pelo próprio Deus em vez de apelar para alguns patriarcas exaltados, anjos principais ou atributos divinos? Wright observa que muitos judeus da época do Segundo Templo mantinham a convicção de que o Deus de Israel, depois

[22]N. T. Wright, *Paul and the faithfulness of God* (Minneapolis: Fortress, 2013), p. 633 [edição em português: *Paulo e a fidelidade de Deus* (São Paulo: Paulus, 2021)]. Daqui em diante, *PFG*.

de abandonar Jerusalém e o Templo antes da destruição (586 a.C.), prometera retornar a seu povo um dia. Ele retornaria em pessoa e em glória. Retornaria como juiz e redentor, especificamente, para promover um novo êxodo, derrubando os inimigos de Israel e libertando o povo de Deus do exílio. Em suma, Deus retornaria para ser rei. A origem da cristologia, de acordo com Wright, é "o tão esperado retorno de YHWH a Sião".[23] O Deus de Israel prometera retornar e ele de fato retornou na pessoa de Jesus, o Cristo.

O estudioso britânico Crispin Fletcher-Louis concorda em grande parte com aspectos do que ele chama de o "consenso nascente" formado nos estudos cristológicos do NT graças à obra de Hurtado e Bauckham.[24] Segundo esse consenso, uma cristologia plenamente divina aparece logo cedo e se situa historicamente em um ambiente judaico; ela não surgiu no fim do primeiro século apenas depois de os gentios chegarem em grande quantidade e dominarem o movimento de Jesus. No fim, contudo, Fletcher-Louis não acredita que a identidade divina ou a agência divina ofereçam uma explicação satisfatória das origens cristológicas.

Ainda que a adoração a Jesus junto com Deus e a fé em sua identidade divina sejam novas e surpreendentes, elas podiam ter sido previstas por qualquer um que estivesse a par de determinados movimentos e ideias no judaísmo do Segundo Templo. Para citar um exemplo, as Semelhanças de Enoque (1En 37—70) e Daniel 7.13 dão evidências de que muitos judeus aguardavam a chegada de um Messias divino (provavelmente de importância sacerdotal). De modo mais controverso, a *Vida de Adão e Eva* demonstra que os judeus antes de Cristo estariam familiarizados com a adoração a Adão, que servia como símbolo mediante o qual as criaturas celestiais adoravam a Deus. Embora não sejam a causa direta do que veio a ser efetivamente um reorientado monoteísmo de Jesus, essas tradições antecedentes foram um gancho em que os seguidores de Jesus podiam apoiar com lógica seu modo de pensar em Jesus como um novo Adão.

Fletcher-Louis não situa o fator causativo em experiências religiosas poderosas posteriores à ressurreição, mas na autoconsciência do próprio Jesus. Esse autor afirma que o Jesus histórico tinha uma autoconsciência encarnacional que se manifestava em suas palavras e ações e foi lembrada por seus discípulos. A ressurreição, claro, é um acontecimento central, pois a crucificação parece negar as declarações messiânicas e divinas de Jesus. Na ressurreição, algo aconteceu para anular os elementos negativos da morte

[23]Wright, *PFG*, p. 654. Veja Ez 1; Is 40—66; Zc; Ml; Sr 24. Em Sr 24 YHWH retorna ao Templo da perspectiva da Sabedoria divina, codificada na Torá.

[24]Veja Crispin Fletcher-Louis, *Jesus monotheism: Christological origins; the emerging consensus and beyond* (Eugene: Cascade, 2015).

de Jesus e confirmar não só que Jesus é o Messias de Israel, mas também a encarnação de um ser divino. Fletcher-Louis, portanto, vai além dos acadêmicos que o precedem ao tentar situar a origem da crença no Messias divino na consciência que o próprio Jesus tinha de si.

Do mesmo modo, Andrew Ter Ern Loke argumenta que os ensinos de Jesus deram o impulso necessário para que os seus seguidores fizessem reivindicações divinas a respeito dele.[25] Jesus ensinou de tal modo e fez afirmações tais a respeito de si mesmo a fim de, em retrospecto, demonstrar que ele era divino e merecia ser reverenciado ao lado de Deus. Em essência, a ressurreição de Jesus suscitou em seus seguidores as lembranças dos ensinamentos dele e serviu para validar essas reivindicações e ações divinas. Se o próprio Jesus não houvesse se autodeclarado divino, argumenta Loke, seus seguidores teriam rejeitado qualquer tentativa de divinizá-lo.

Como vimos, os estudiosos explicam o fenômeno da cristologia de várias maneiras. Recorrem a várias forças e fatores, dentre os quais estão os ensinamentos do próprio Jesus, as experiências religiosas poderosas, formas angélicas e outras formas de mediação divina, categorias de sentido e associações relacionadas ao messianismo divino, esperanças e aspirações em relação ao retorno de YHWH a Sião e o conceito de identidade divina. No fim, a alta cristologia e a adoração a Jesus já nas primeiras décadas do movimento cristão provavelmente não se devem a um único fator, mas à interação entre fatores religiosos, sociais e históricos complexos.

O CRISTO DIVINO

As discussões acerca da divindade de Cristo caracterizaram os estudos cristológicos do NT ao longo dos últimos vinte a trinta anos. Além das áreas já mencionadas, os estudiosos procuraram explicar a cristologia neotestamentária por meio de padrões de exegese e paralelos entre o AT e o NT. As cartas de Paulo têm recebido particular interesse nesses estudos.

Em *Paul and the faithfulness of God* (*PFG*)[26] [Paulo e a fidelidade de Deus], Wright observa que passou a ser "lugar-comum" os estudiosos assinalarem que Paulo falava regularmente de Jesus usando citações bíblicas nas quais a palavra grega *kyrios* significa o tetragrama.[27] Exatamente como e quando isso se tornou corriqueiro, Wright não diz. Examinei essa questão mais

[25]Andrew Ter Ern Loke, *The origin of divine Christology*, SNTSMS (Cambridge: Cambridge University Press, 2017).

[26]Edição em português: *Paulo e a fidelidade de Deus: as origens cristãs e a questão de Deus* (São Paulo: Paulus, 2021).

[27]Wright, *PFG*, p. 701.

detalhadamente em um livro meu anterior, que investiga o uso que Paulo faz de "passagens YHWH" em referência a Jesus.[28]

Para uma geração anterior de estudiosos, era "lugar-comum" dizer que o *kyrios* (Senhor) das cartas de Paulo sempre se refere a Jesus, a não ser nas passagens em que ele está citando um texto do AT que contém o nome divino. Nesses versículos, com o predicado nominal *kyrios*, Paulo está se referindo a Deus Pai e não a Jesus. Esses acadêmicos não deram nenhum motivo para essa conclusão, nem propuseram qualquer análise contextual dessas passagens. Era tão somente uma hipótese de trabalho.

Uma "passagem YHWH" é uma citação ou alusão a um texto do AT que menciona diretamente o nome divino. Uma vez que Paulo escreve às suas igrejas em grego, o interesse dos acadêmicos tem sido nas citações e alusões ao AT que contêm o predicado nominal *kyrios* no qual *kyrios* representa ou apresenta o nome divino. Em diversas ocasiões, Paulo cita uma "passagem YHWH", ou alude a uma, e a aplica a Jesus (e.g., Rm 10.13 [Jl 2.32]; Rm 14.11 [Is 45.23]; Fp 2.10,11 [Is 45.23]; 1Ts 3.13 [Zc 14.5]). Muitos estudiosos hoje reconhecem a importância desse gesto exegético. Eles observam que Paulo aplica a Jesus, de forma consciente e inequívoca, palavras e passagens sagradas até então reservadas a YHWH, o nome indizível de Deus. Isso tem um significado considerável para os cristãos judeus como Paulo. Significa, entre outras coisas, que ele incluía Jesus no nome, na dignidade e na identidade de Deus. A prática, aliada a outros modelos de devoção religiosa, indica uma cristologia elevada já nos primeiros documentos remanescentes do movimento cristão.

Abordando a questão de outro ângulo, Chris Tilling propôs as seguintes indagações: a cristologia de Paulo poderia ser devidamente definida como "divina"? Em que sentido? Como ela se formou?[29] Tilling responde à primeira pergunta afirmativamente: a cristologia de Paulo é verdadeiramente uma cristologia divina. Edificando sobre a obra de outros (Fee, Hurtado, Bauckham), Tilling explora outro aspecto das cartas de Paulo e acrescenta um novo andar à superestrutura de uma alta cristologia antiga.

Eis a frase que resume a cristologia de Tilling: "A relação-Cristo é a divina-cristologia de Paulo exprimida como relacionamento".[30] A terminologia da relação-Cristo é importante em Paulo, tão importante que alguns estudiosos consideram que o centro da teologia de Paulo é a "participação em Cristo", um modo abreviado de se referir às muitas formas pelas quais

[28]David B. Capes, *Old Testament Yahweh texts in Paul's Christology*, WUNT 2/47 (1992; reed., Waco: Baylor University Press, 2017); Capes, *The divine Christ: Paul, the Lord Jesus, and the Scriptures of Israel* (Grand Rapids: Baker Academic, 2018).

[29]Chris Tilling, *Paul's divine Christology*, WUNT 2/323 (Tübingen: Mohr Siebeck, 2012).

[30]Tilling, *Paul's divine Christology*, p. 3.

os crentes em Cristo se relacionam com a vida de Cristo e participam dela. Tilling nota que a relação de Cristo com seu povo está em continuidade direta com a relação de YHWH com seu povo, Israel. Em outras palavras, quando Paulo discorre sobre a relação entre os crentes em Cristo e o Jesus ressurreto, ele usa os mesmos termos e temas encontrados nos textos do judaísmo do Segundo Templo para falar da relação de Israel com YHWH. Tilling afirma reiteradas vezes que os dados formam um padrão que o próprio Paulo teria reconhecido. Nas próprias palavras de Tilling: "Será sustentado que esse padrão de termos e expressões de relação-Cristo em Paulo é tão somente a terminologia que um judeu usava para expressar a relação entre Israel/o indivíduo judeu e YHWH. Nenhuma outra figura de qualquer tipo, a não ser YHWH, foi associada do mesmo modo e com o mesmo padrão de vocabulário, nem mesmo as várias figuras intermediárias humanas e angélicas exaltadas na literatura do judaísmo do Segundo Templo, que de vez em quando são objeto de adoração e mencionadas com termos muito exaltados".[31] A obra de Tilling avança para além das citações e alusões das Escrituras do AT aplicadas a Jesus e destaca alguns padrões de vocabulário e categorias relacionais existentes entre Deus e Israel. É um caminho promissor para futuras investigações cristológicas.

A ADORAÇÃO A JESUS E O MONOTEÍSMO JUDAICO

Em junho de 1998, realizou-se na St. Mary's College, da Universidade de St. Andrews (Escócia), a International Conference on the Origins of the Worship of Jesus [Conferência internacional sobre as origens da adoração a Jesus]. O objetivo da conferência foi examinar o fenômeno da devoção a Cristo no cristianismo primitivo no contexto do monoteísmo judaico. Muitos estudiosos ali presentes concordavam que os primeiros cristãos realmente adoravam Jesus, mas discordavam em relação a como isso acontecia. Alguns se concentraram em tentar entender a natureza do monoteísmo pré-cristão. Outros partiram em busca de práticas antecedentes que pudessem explicar quando os primeiros cristãos começaram a adorar Jesus dentro de uma fé monoteísta. Outros ainda questionavam se as primeiras gerações de cristãos, constrangidas por sua herança monoteísta, realmente adoravam Jesus.

Um dos estudiosos a liderar os diálogos foi Hurtado. Ao longo de dezenas de artigos publicados, artigos de conferência e vários livros importantes,[32]

[31]Tilling, *Paul's divine Christology*, p. 73.

[32]Os principais são Hurtado, *One God, one Lord*; Hurtado, *Lord Jesus Christ* [edição em português: *Senhor Jesus Cristo: devoção a Jesus no cristianismo primitivo* (São Paulo: Paulus, 2012)]; Hurtado, *How on earth did Jesus become a god? Historical questions about earliest devotion to Jesus* (Grand Rapids: Eerdmans, 2005).

Hurtado continua tratando de algumas questões mais salientes em torno da cristologia do NT:[33] como e quando os seguidores de Jesus começaram a adorá-lo e considerá-lo divino? Como o monoteísmo judaico dificultou ou contribuiu para o modo que os primeiros cristãos passaram a pensar sobre Jesus? Que papel desempenharam as experiências religiosas na criação desse novo movimento?

Hurtado é um dos membros fundadores do "Clube da Alta Cristologia Primitiva",[34] uma comunidade informal de acadêmicos oriundos de vários continentes, ambientes e afiliações institucionais. Desde sua fundação, em meados da década de 1990, muitos estudiosos ingressaram em suas fileiras. Todos os "membros" asseveram de uma forma ou outra, por meio de livros publicados, que logo cedo entre os cristãos judeus surge uma cristologia divina. Essa cristologia não é resultado de séculos ou mesmo décadas de assimilação de ideias gregas e romanas. Hurtado foi pioneiro nesses diálogos.[35]

No âmago do projeto de Hurtado jaz a assertiva insistente de que eram as práticas, e não as crenças, que definiam as religiões da era romana, dentre elas o cristianismo. Em vez de pensar na "religião" principalmente como um sistema de crenças — como faz a maioria dos modernos —, Hurtado argumenta de forma persuasiva que a sociedade romana via a "religião" como uma série de práticas; e nenhuma prática era mais importante para as religiões romanas que a adoração. Hurtado afirmou reiteradamente que a adoração a Jesus foi o desdobramento mais notável do cristianismo primitivo.

Para Hurtado, o que distinguia o cristianismo primitivo das outras religiões era uma constelação de práticas devocionais em que Jesus figurava como o legítimo destinatário. Era diferente do judaísmo, porque incluía o Jesus ressurreto como objeto de adoração juntamente com Deus. Distinguia-se de outras religiões da era romana, porque excluía a adoração a todos os deuses, exceto ao único e verdadeiro Deus de Israel e ao homem assentado à sua direita. Hurtado insiste que, para entender a cristologia, temos de nos concentrar na adoração, não nas crenças ou doutrinas.

Alguns hábitos e práticas nos dão evidências de que os primeiros cristãos adoravam a Jesus. Primeiro, eles se dirigiam a ele em oração e oravam a Deus em nome dele (Rm 18.1; 1Co 1.3; 16.22; 1Ts 3.11-13). Segundo, eles o invocavam e o confessavam como "Senhor" (At 9.14,21; Rm 10.9-13; 1Co 1.2). Terceiro, batizavam os novos convertidos em nome de Jesus (At 2.38; Rm 6.3,4). Quarto,

[33]Muitos desses artigos foram reunidos e publicados em um volume como parte de LEC pela Baylor University Press. Veja Larry W. Hurtado, *Ancient Jewish monotheism and early Christian Jesus-devotion: the context and character of Christological faith*, LEC (Waco: Baylor University Press, 2017).

[34]Os membros originais são Larry Hurtado, Alan F. Segal, Carey Newman e David Capes.

[35]Hurtado, *Ancient Jewish monotheism and early Christian Jesus-devotion.*

celebravam regularmente a Ceia do Senhor (1Co 10.14-22; 11.17-34). Quinto, eles compunham e entoavam hinos, salmos e cânticos espirituais que apresentavam Jesus de forma significativa (Jo 1.1-18; Ef 5.18-20; Fp 2.6-11; Cl 1.15-20; 3.16,17). Por fim, eles consideravam as profecias enunciadas por inspiração do Espírito como as palavras de Jesus (1Co 12.4-11; Ap 1.9-16).

Dito de modo simples, os primeiros seguidores de Jesus estavam convencidos de que Deus exigia que eles reverenciassem Jesus. Essas convicções estavam baseadas em vários fatores: (a) como eles se lembravam do Jesus terreno, (b) a convicção de que Deus ressuscitou Jesus e o exaltou à sua mão direita, (c) profecias e experiências religiosas posteriores à Páscoa e (d) um fenômeno conhecido como "exegese carismática". A confluência desses fatores e forças produziu algo completamente novo dentro da perspectiva judaica: Jesus ocupando um lugar de honra divino. A maneira que os cristãos liam e reliam suas Escrituras (aproximadamente equivalentes ao nosso AT) à luz da vida, da morte, do sepultamento e da ressurreição de Jesus provou ser um fator importante na cristologia. Com a exegese carismática, as histórias do AT recebem um novo enredo dentro da matriz da nova aliança e da nova criação, de forma que Jesus assume um papel notável na história de Israel e a ele são conferidos o nome e o status divinos.

Hurtado defendeu que as fortes experiências religiosas que se seguiram à ressurreição levaram esses primeiros seguidores judeus a considerarem Jesus divino e a adorá-lo. Ao que tudo indica, por meio de visões e pronunciamentos proféticos, os cristãos primitivos "viram" Jesus entronizado à direita de Deus e vieram a "entender" que adorar a Jesus era a vontade de Deus. Embora Fletcher-Louis aplauda a noção de Hurtado de que precisamos levar a sério o papel da experiência religiosa, ele não a considera suficiente para explicar o que ocorreu tão rapidamente depois da execução de Jesus. Em seu entendimento, o problema é que, sem nenhum precedente para adoração de uma pessoa divina ou Messias no judaísmo pré-cristão ou sem levar a sério a possibilidade de que o próprio Jesus tinha noção de sua própria identidade divina, é difícil explicar a velocidade com que a devoção a Cristo se desenvolveu e a forma exata que ela assumiu nas primeiras décadas depois da execução de Jesus. É mais plausível, segundo Fletcher-Louis, que Jesus tivesse uma autoconsciência divina.[36]

Nem todos, é claro, concordaram com as conclusões de Hurtado. Alguns concluem que as evidências citadas não correspondem aos tipos de inovação que Hurtado menciona. Mais notoriamente, James D. G. Gunn reagiu às afirmações de Hurtado no livro *Did the first Christians worship Jesus?* [Os primeiros

[36]Fletcher-Louis, *Jesus monotheism*.

cristãos adoravam Jesus?], de 2010.[37] Embora concorde fundamentalmente com Hurtado, Dunn analisa as evidências neotestamentárias e chega a uma conclusão diferente. De início parece que ele responde à pergunta do título com um "sim, com ressalvas"; não obstante, ele afinal chega a um "não, com ressalvas": "Não, *em geral*, os primeiros cristãos não adoravam Jesus *como tal*".[38] A ambivalência de Dunn é evidente em todo o livro. Ele muitas vezes observa que o vocabulário e a disposição dos primeiros cristãos em relação a Jesus é marcante, impressionante e sem precedentes no judaísmo. Ele percebe que a reverência dirigida a Jesus é de ordem diferente que a reverência dirigida a Deus. Os primeiros cristãos talvez adorassem Jesus, mas não lhe prestavam culto.[39]

Para muitos estudiosos, o problema de saber se os primeiros cristãos, como Paulo — ou mesmo antes dele —, adoravam Jesus está resolvida e a resposta é "sim". Outros, todavia, como Dunn e Maurice Casey,[40] não têm tanta certeza. Eles sabem que com o tempo isso veio a acontecer, mas foi desdobramento posterior que surgiu lentamente, talvez duas ou três gerações depois da execução de Jesus. Essa pergunta continua viva. Precisaremos de mais clareza em relação aos padrões de vocabulário, às disposições e ações que constituem a adoração e às respectivas afirmações de identidade divina.

PROBLEMAS NA CRISTOLOGIA DOS EVANGELHOS SINÓTICOS

Enquanto as últimas décadas testemunharam bastante interesse na cristologia de Paulo, alguns estudiosos voltaram a atenção para a cristologia dos Evangelhos Sinóticos. Simon Gathercole, por exemplo, alegou que a preexistência de Jesus não é uma perspectiva restrita ao último Evangelho registrado — isto é, o Evangelho de João (e.g., Jo 1.1-18). Gathercole acredita que a leitura correta dos Sinóticos demonstra que essa perspectiva também está implícita neles.[41] Do ponto de vista histórico, ele observa, isso teria sido possível porque a cristologia de um Cristo preexistente precede a escrita dos Sinóticos em vinte

[37]James D. G. Dunn, *Did the first Christians worship Jesus? The New Testament evidence* (Louisville: Westminster John Knox Press, 2010).

[38]Dunn, *Did the first Christians worship Jesus?*, p. 150 (itálicos meus).

[39]Em conversa privada, Dunn me disse que os cristãos primitivos "adoravam" a Jesus tanto quanto os cristãos modernos "adoram" à Virgem Maria. Eles teriam entendido o culto como algo dirigido unicamente a Deus.

[40]Maurice Casey, *From Jewish prophet to Gentile God: the origins and development of New Testament Christology* (Louisville: Westminster John Knox, 1991). Como o título sugere, Casey crê que Jesus foi visto entre os primeiros seguidores judaicos como profeta de Deus; só depois os gentios o exaltam e o veem como Deus.

[41]Simon Gathercole, *The preexistent Son: recovering the Christologies of Matthew, Mark, and Luke* (Grand Rapids: Eerdmans, 2006).

ou trinta anos. Embora ele examine várias passagens dos Evangelhos, seu principal objetivo é mostrar que muitas declaração "Eu vim" implicam que Jesus veio de algum lugar para fazer alguma coisa. E de onde ele teria vindo? Do céu. Gathercole vai em busca de algo no judaísmo que o ajude a explicar esse tipo de declaração; e ele encontra em textos semelhantes onde se lê que os anjos vieram para realizar um propósito específico. O anjo claramente existia antes de sua vinda ao mundo e, portanto, devemos pensar o mesmo de Jesus. Há outras falas em que Jesus fala de si mesmo como "enviado", várias declarações "Filho do Homem" (e.g., Lc 19.10: "Pois o Filho do Homem veio buscar e salvar o que estava perdido") e outras *logia* que falam de Jesus de um jeito ou de outro transcendendo a vida humana normal (Mt 23.37). Embora muitos estudiosos associem a preexistência de Jesus à ideia da Sabedoria preexistente (Pv 8; Sr 24; 1En 42), Gathercole minimiza o valor explicativo dessa identificação.

Outro enfoque da cristologia sinótica vem da disciplina da crítica narrativa.[42] No âmago do projeto de C. Gavin Rowe está o significado de chamar Jesus de *kyrios* (Senhor) no Evangelho de Lucas. Considerando que a identidade narrativa de qualquer figura não está nesta ou naquela passagem, é preciso examinar o livro inteiro. É o acúmulo de qualidades, aspectos, características, imagens, falas e ações que constitui a identidade narrativa de Jesus no Evangelho de Lucas. Rowe propõe que as narrativas da infância (Lc 1—2) estabelecem o tom para o restante da história. Nas narrativas da infância, não apenas YHWH, o Deus de Israel, é chamado *kyrios*, mas também Jesus . A identificação de Jesus como *kyrios* ao lado do Deus único e verdadeiro de Israel constitui uma afirmação essencial sobre a sua unidade com Deus. Não devemos ignorar o fato de que, em Lucas, Jesus é *kyrios* desde o nascimento e não só depois da ressurreição.

Mais recentemente, o mestre de Rowe, Richard Hays, aventurou-se em leituras cristológicas dos Evangelhos por meio da interpretação figural.[43] A interpretação figural implica relacionar duas passagens de forma que uma pessoa (ou acontecimento) do passado signifique essa mesma pessoa bem como outra no futuro. A interação entre essas duas passagens traz mais clareza na interpretação das duas. Uma ilumina a outra. Trata-se de uma forma de "ler de trás para frente". Isso em nada se relaciona com predições passadas

---

[42] C. Kavin Rowe, *Early narrative Christology: the Lord in the Gospel of Luke*, BZNW 139 (Berlim: de Gruyter, 2006; Grand Rapids: Baker Academic, 2009).

[43] O livro de Richard B. Hays, *Echoes of Scripture in the Gospels* (Waco: Baylor University Press, 2016) amplia um projeto anterior, *Reading backwards: figural Christology and the fourfold Gospel witness* (Waco: Baylor University Press, 2014). Também ecoa uma obra anterior, *Echoes of Scripture in the letters of Paul* (New Haven: Yale University Press, 1993). A influência principal de Hays é a obra de Eric Auerbach, *Mimesis: the representantion of reality in Western literature* (1953; reed., Princeton: Princeton University Press, 2013) [edição em português: *Mimesis: a representação da realidade na literatura ocidental* (São Paulo: Perspectiva, 2021)]..

que são "cumpridas" no futuro, embora haja passagens onde os autores dos Evangelhos aparentemente também fazem esse tipo de conexão. No âmago da interpretação figural, está a ideia de que um texto pode significar mais do que o autor humano pretendeu. Depois que um autor publica seu texto, o público posterior tem condições de lê-lo de trás para frente mediante fatos e pessoas importantes para descobrir conexões.

Hays examina atentamente os textos dos Evangelhos, tentando escutar os ecos e ajudando os leitores a percebê-los e experimentá-los de novas e empolgantes maneiras. Um exemplo é o episódio em que Jesus caminha sobre as águas do mar da Galileia (Mc 6.47-52). Embora Marcos não faça nenhuma alusão bíblica explícita, o modo que ele conta a história evoca certas imagens da Bíblia hebraica. Em particular, Hays observa o registro de Marcos de que aparentemente Jesus pretendia passar adiante de seus discípulos (v. 48). Por que Marcos inclui esse detalhe incomum? Hays afirma que a estranha afirmação "[Jesus] queria passar adiante deles" (v. 48) lembra Jó 9, particularmente a versão grega de Jó 9.11 (LXX). Hays acredita que se trata de uma identificação não muito sutil de Jesus com o Deus que antes de tudo criou a terra e os mares. Hays defende, no fim das contas, que os autores dos Evangelhos retratam Jesus como a encarnação do Deus de Israel.

COMO JESUS SE TORNOU DEUS

Vez por outra surge a pergunta de como Jesus "se tornou Deus". Em 2014, Bart Ehrman, conhecido historiador e intérprete do cristianismo primitivo, tratou do assunto em um livro com o mesmo título: *How Jesus became God* [*Como Jesus se tornou Deus*].[44] O livro foi publicado pela HarperOne no mesmo ano em que outro grupo de acadêmicos respondeu a Ehrman em uma publicação da Zondervan: *How God became Jesus* [Como Deus se tornou Jesus].[45] A abordagem de Ehrman é conhecida. Jesus não dizia que era Deus ou divino. Seus primeiros seguidores não o consideravam divino, tampouco o adoraram durante o ministério dele na terra. Pouco depois de sua execução, no entanto, alguns seguidores lhe atribuíram status divino e começaram a adorá-lo. Ehrman acredita que a atribuição de divindade a Jesus ocorre em parte porque a cultura greco-romana era repleta de deuses e humanos divinos (sobretudo, governantes divinizados). Esses fenômenos culturais prepararam bem o caminho para aqueles que acabaram afirmando que Jesus "se tornara" Deus.

---

[44]Bart D. Ehrman, *How Jesus became God: the exaltation of a Jewish preacher from Galilee* (New York: HarperOne, 2014) [edição em português: *Como Jesus se tornou Deus* (São Paulo: Leya, 2014)].

[45]Michael F. Bird, Craig A. Evans, Simon J. Gathercole, Charles E. Hill e Chris Tilling, *How God became Jesus: the real origins of beliefs in Jesus' divine nature* (Grand Rapids: Zondervan, 2014). Interessantemente, a Zondervan é parte da HarperCollins.

As primeiras testemunhas de que Jesus havia triunfado sobre a morte e aparecido a alguns de seus seguidores catalisaram a afirmação (e.g., 1Co 15.3-8). Ehrman compara essas visões de Jesus aos tipos de alucinação que as pessoas têm quando estão enlutadas. Ele distingue dois tipos de cristologia divina. A cristologia de exaltação se baseia na convicção de que Deus concedera ao homem Jesus um status elevado com a ressurreição. Algum tempo depois, a cristologia da encarnação é desenvolvida. Essa cristologia afirma que Jesus era um ser preexistente e divino que viera ao mundo. Ambas as versões da cristologia surgiram relativamente cedo e são admitidas por Paulo quando ele começa a escrever suas cartas na década de 50 do primeiro século. Assim, quando Paulo apresenta o hino cristológico em Filipenses 2.6-11, manifesta elementos tanto de (a) um ser preexistente que se torna homem e se humilha a ponto da morte de cruz quanto de (b) um homem a quem Deus (super) exalta e concede o próprio nome de Deus (YHWH-*kyrios*). Por isso, o Jesus preexistente, exaltado e portador do nome de Deus é devidamente adorado pelas criaturas do céu, da terra e de debaixo da terra.

Os acadêmicos criticaram a reconstrução de Ehrman tanto no geral quanto nos detalhes. Por exemplo, Ehrman afirma com base em uma única passagem (Gl 4.14) que Paulo considerava Jesus um anjo: "[Vocês] me receberam como se eu fosse um anjo de Deus, como o próprio Cristo Jesus".[46] A maioria dos estudiosos interpreta isso como padrão ascendente, não como padrão identificador.[47] Ehrman afirma que é improvável que o Jesus crucificado tenha sido sepultado, por isso, não pode haver nenhum sepulcro vazio, como atestam os Evangelhos. Mas ele se esquece de levar em conta o comprometimento judeu de sepultar os mortos, inclusive os (injustamente) condenados como criminosos (e.g., Tb 1; Josefo, *G.J.* 4.317).[48] Outro problema é que Ehrman se limita a caracterizar as passagens do NT em vez de fazer uma leitura mais atenta e contextual dessas passagens. Finalmente, Ehrman não aborda as importantes obras publicadas por outros estudiosos da área (e.g., Bauckham, Tilling, Wright). Quando o faz, ele não raro descaracteriza a obra desses estudiosos ou simplesmente os lê de forma completamente equivocada.

Hurtado também aborda a questão em *How on earth did Jesus become a God?* [Como Jesus se tornou Deus na terra?]. O pequeno livro é um resumo e a versão definitiva de seu extenso estudo *Lord Jesus Christ* [Senhor Jesus Cristo]. Hurtado passou grande parte de sua carreira acadêmica defendendo o que

---

[46]Ehrman, *How Jesus became God*, p. 252.

[47]E.g., Douglas Moo, *Galatians*, BECNT (Grand Rapids: Baker Academic, 2013), p. 285; Ronald Y. K. Fung, *The epistle to the Galatians*, NICNT (Grand Rapids: Eerdmans, 1988), p. 198.

[48]O ensaio de Craig A. Evans em Michael F. Bird et al., *How God became Jesus* (Grand Rapids: Zondervan, 2014) (veja espec. p. 73-91), efetivamente contesta a maioria das assertivas de Ehrman.

pode ser conhecido em termos históricos a respeito da ascensão da devoção religiosa a Jesus no cristianismo primitivo. Para Hurtado, esse é o aspecto mais notável dos primórdios do cristianismo. Mas esse aspecto notável não evoluiu ao longo do tempo; historicamente falando, ele irrompeu muito cedo, pouco depois da execução de Jesus. Pode-se observar que a devoção a Jesus é um fato sobretudo nas práticas que caracterizam as reuniões da igreja: os hinos compostos e entoados a respeito de Jesus na adoração; as orações dirigidas a Jesus ou por intermédio dele e realizadas em nome dele; a invocação litúrgica do nome de Jesus no batismo, em exorcismos e excomunhões; a participação da "Ceia do Senhor"; as profecias enunciadas em nome de Jesus. No entanto, ao que tudo indica, essas perspectivas elevadas sobre Jesus e as práticas de adoração dela derivadas não suplantaram o compromisso judeu com o único Deus de Israel. De alguma forma, a adoração a Jesus se acomoda sem diminuir a honra devida ao único Deus verdadeiro. Ao contrário, cantar sua história em hino, dobrar os joelhos para ele e confessá-lo como *Kyrios* é a vontade de Deus (Fp 2.9-11). Era essa a natureza da devoção cristã primitiva e essa devoção pôs os seguidores de Jesus em rota de colisão com os poderosos líderes espirituais e políticos. Assim como os macabeus, seus antecessores na fé, não obstante a angústia e as aflições que se seguiram, os primeiros cristãos não cederam. No fim das contas, Hurtado se baseia nos relatos do NT e nas ciências sociais para chegar à natureza e ao poder da experiência religiosa. Os primeiros cristãos relatam ter tido poderosas visões e revelações do Jesus ressuscitado que remodelaram o pensamento deles sobre as Escrituras e o Deus de Israel. Lendo e relendo essas passagens, eles estabeleceram relações fantásticas e inovadoras que muitos consideravam como a obra do Espírito entre eles.

A HUMANIDADE DE JESUS

Mais recentemente, tem havido um interesse renovado na humanidade de Jesus. Alguns estudiosos acham que o destaque dado à divindade de Jesus nos últimos trinta anos é resultado da má interpretação das evidências e da rejeição dos textos claros em que a humanidade de Jesus aparentemente está em destaque. Daniel Kirk, em particular, contesta os que creem que a divindade de Jesus é evidente nos Evangelhos Sinóticos.[49] Ele tenta recuperar a humanidade idealizada de Jesus que jaz no âmago dos primeiros três Evangelhos. O costume de ler Mateus, Marcos e Lucas pelas lentes do Quarto Evangelho ou da cristologia divina de Paulo é equivocado e ignora

[49] J. R. Daniel Kirk, *A man attested by God: the human Jesus of the Synoptic Gospels* (Grand Rapids: Eerdmans, 2016).

o claro sentido do que os Evangelhos pretendiam fazer. Para os autores dos Evangelhos, Jesus não era uma figura extraordinária por causa de sua divindade, mas por causa de sua humanidade. O panorama geral da Bíblia apresenta o Deus de Israel como alguém que não desiste da humanidade. Desde o começo, Deus tinha um plano e uma visão para o que a humanidade deveria ser. Por isso, Kirk propõe que os Sinóticos apresentam uma "alta cristologia humana" — isto é, uma humanidade plenamente realizada. Em outras palavras, os Sinóticos apresentam um Jesus que é tudo o que a humanidade foi criada e concebida para ser.

Kirk, no entanto, não nega que a divindade de Cristo é um aspecto da cristologia do NT. Ele apenas acredita que os Sinóticos contam um tipo diferente de história, uma história que facilmente pode se perder de vista quando se acentua a divindade de Cristo. Enquanto a ênfase estiver na divindade de Cristo, seus seguidores não precisarão levar a sério o que significa andar como ele andou, perdoar como ele perdoou e amar como ele amou. Em outras palavras, "seguir a Jesus" pode se resumir a simplesmente adorá-lo.

Brandon Crow, que concorda com Kirk em alguns aspectos, crê que todos os Evangelhos apresentam Jesus —implícita ou explicitamente — como o último Adão.[50] Os Evangelhos, portanto, interpretam a vida de Jesus em contraste com o Adão desobediente de Gênesis. Se Adão é o tipo, Jesus é seu antítipo. Crow ressalta a obediência a Deus que caracterizou a vida de Jesus e afirma que sua vida, não apenas sua morte e ressurreição, é de importância decisiva para sua obra de salvação.

Reflexões

Em vista do atual estado da cristologia do NT, será conveniente para os estudiosos do futuro ponderarem sobre como a cristologia do NT contribuiu para o que depois veio a ser a doutrina trinitária. Para isso, os estudiosos precisarão se apoiar em grande parte em dados dos séculos 2 e 3. Em um livro recente, Matthew Bates defende que o NT e outros escritos cristãos primitivos empregam uma técnica de exegese "prosopológica" que, aliada a outros fatores, contribuiu para a definição e descrição da doutrina da Trindade. Na exegese prosopológica, os leitores entreouvem as "pessoas" da Trindade conversando entre si; eles ficam a par do relacionamento entre Pai, Filho e Espírito, uma relação que só pode ser "caracterizada por afeição incansável e cuidado de uns com os outros".[51] Os livros do NT contêm uma variedade de

[50]Brandon Crowe, *The last Adam: a theology of the obedient life of Jesus in the Gospels* (Grand Rapids: Baker Academic, 2017).

[51]Matthew W. Bates, *The birth of the Trinity: Jesus, God, and Spirit in New Testament and early Christian interpretations of the Old Testament* (Oxford: Oxford University Press, 2015), p. 7.

conversações nos momentos mais importantes do ministério de Jesus: preexistência, encarnação, missão terrena, morte na cruz, ressurreição e entronização. Um dos exemplos mais conhecidos é Salmos 2.7 — "Tu és meu filho; eu hoje te gerei" — dito pelo Pai ao Filho no batismo e na transfiguração (Mc 1.11 e paralelos; Mc 9.2-8 e paralelos; At 13.32-35; Hb 5.5). Daí em diante, a identidade de Jesus é envolvida "com essa convicção moldada pelas Escrituras: 'Tu és meu Filho'".[52] Outro exemplo importante é o diálogo entre Pai e Filho na encarnação (Hb 10.5-7, citando Sl 40.6-8 [LXX]). O enfoque de Bates certamente provocará debate acerca da questão de como os cristãos podem ter entreouvido a voz do Pai, do Filho e do Espírito em suas Escrituras e como essa hermenêutica pode ter contribuído para a cristologia neotestamentária e a pós-neotestamentária.

Outro caminho produtivo que já vem sendo explorado é a intersecção entre a divindade e a humanidade de Jesus. Que tipo de humanidade Jesus representa? Se os primeiros cristãos acreditavam na divindade de Cristo e o reverenciavam como Deus ou ao lado de Deus, então o que eles pensavam de sua humanidade? Com base em todos os relatos, o corpo físico de Jesus tinha importância, mas por que e de que maneira? E como isso se relaciona com a encarnação humana de modo geral? O campo da antropologia teológica pode nos ajudar a refletir sobre algumas dessas questões.

Se, como sustentam alguns estudiosos, Jesus representa o ideal de humanidade — o que os humanos são e o que reveriam ser —, qual é esse ideal e como os seguidores de Cristo devem imitá-lo? Os pontos de vista cristãos antigos sobre a humanidade e a encarnação de Jesus reformulam a profundidade com que os cristão pensam sobre sua própria humanidade? O campo da antropologia teológica pode nos ajudar a pensar sobre algumas dessas questões.

Por fim, os estudiosos precisam continuar analisando como a vida, os ensinos e as ações de Jesus moldaram a cristologia dos crentes primitivos. As coisas que Jesus disse e fez durante seu ministério terreno influenciaram o que seus discípulos vieram a pensar a respeito dele? Se sim, como? Deparamos imediatamente com as questões pertinentes ao Jesus histórico e a como seus discípulos se lembravam dele. Ao longo dos últimos vinte anos, muito trabalho se realizou a fim de aplicar as teorias da memória social e cultural à tradição de Jesus. Esses estudos continuarão sendo importantes enquanto continuamos tratando da importância de Jesus nas décadas iniciais da era comum.[53]

[52] Bates, *Birth of the Trinity*, p. 65-66.

[53] Bart D. Ehrman, *Jesus before the Gospels: how the earliest Christians remembered, changed, and invented their stories of the Savior* (New York: HarperOne, 2016); Richard Bauckham, *Jesus and the eyewitnesses: the Gospels as eyewitness testimony*, 2. ed. (Grand Rapids: Eerdmans, 2017; originalmente publicado em 2006) [edição em português: *Jesus e as testemunhas oculares* (São Paulo: Paulus, 2011)]; Alan Kirk, *Memory and the Jesus tradition* (London: Bloomsbury T&T Clark, 2018).

9

PAULO, UM JUDEU ENTRE JUDEUS, GREGOS E ROMANOS

MICHAEL F. BIRD

INTRODUÇÃO

Uma das poucas coisas não contestadas nos estudos paulinos é que o apóstolo Paulo foi um homem que habitava três mundos: o judaico, o grego e o romano.[1] Obviamente, seria um erro grave achar que esses mundos eram estanques e isolados uns dos outros, como se disséssemos que Paulo era judeu quanto à *religião*, grego *culturalmente* e romano *politicamente*. A realidade é que as convicções e a cosmovisão de Paulo não eram assim tão bem compartimentadas. Seria mais adequado afirmar que os aspectos judaico, grego e romano de Paulo são perceptíveis nas expressões religiosas, culturais e políticas dele. Afinal, Paulo era um judeu que acreditava no Messias, criado na diáspora helenística, e que operava em grande parte nas cidades-estados e províncias romanas. Assim como outros de sua época, Paulo era uma pessoa complexa e sintética, moldada por uma confluência de contextos, ao mesmo tempo em que se apropriava desses contextos e com eles interagia de diferentes maneiras. Na verdade, o problema mais controverso é como Paulo se relacionava com o mundo judaico, o grego e o romano no que diz respeito a absorver seus contornos, resistir a suas normas e ultrapassar suas complexidades. Seria, portanto, mais correto perguntar: *como* Paulo é judeu, *como* ele é grego e *como* é romano? Aliás, nos estudos acadêmicos paulinos, essas perguntas foram a pauta de muitos e vigorosos debates, a tal ponto que um panorama dos estudos de Paulo em relação a esses três mundos é um bom ponto de partida para os estudos acadêmicos paulinos, bem como um meio útil de procurar entender Paulo em seu próprio contexto. Desse modo, este

[1]Veja Richard Wallace e Wynne Williams, *The three worlds of Paul of Tarsus* (London: Routledge, 1998).

capítulo visa falar de Paulo como uma figura que viveu e atuou entre judeus, gregos e romanos, com o objetivo de adquirir conhecimento de primeira mão em relação aos estudos paulinos sobre essas questões.

PAULO ENTRE OS JUDEUS

Por consequência direta de sua experiência na estrada de Damasco, Paulo passa a ser um judeu "crente no Messias".[2] Além disso, Paulo continuou se identificando como judeu[3] mesmo quando cumpria sua vocação missiológica como apóstolo do Messias Jesus aos gentios (Rm 9.3,4; 2Co 11.22; Gl 2.15; Fp 3.5; cf. At 21.39; 22.3). Embora Paulo tenha resistido energicamente às tentativas dos concorrentes messiânicos judeus de constranger seus convertidos gentios a se judaizarem até o ponto da circuncisão (e.g., Gl 2.1-21; 5.1-13; 6.12,13; Fp 3.1-11), o apóstolo movia deliberadamente suas assembleias, de maioria gentílica, dentro da órbita das convicções e práticas judaicas quando insistia nos fundamentos teológicos do monoteísmo (e.g., Rm 3.30; 1Co 8.4-6; Gl 3.20), proclamando um messianismo explícito (e.g., 1Co 1.18-2.5; 15.1-5; Gl 3.1), proibia a idolatria (e.g., Rm 1.18-32; 1Co 6.9; 10.7,14; 12.2; 2Co 6.16; 1Ts 1.9), a imoralidade sexual e o casamento misto com não cristãos (e.g., 1Co 5.1-13; 7.1,2; 10.8; 2Co 6.14,15; 12.21; Gl 5.19; 1Ts 4.3), apresentava a natureza normativa dos textos sagrados judaicos (e.g., Rm 15.4; 1Co 4.6; 6.16) e identificava suas assembleias em continuidade com "Israel" como o povo da aliança histórica de Deus (e.g., Rm 4.23-25; 9.6,24-26; 1Co 10.11; Gl 6.16). Vistos dessa forma, os convertidos de Paulo verdadeiramente se judaizaram ao abandonarem as crenças e práticas religiosas das cidades greco-romanas e ingressarem em uma seita messiânica judaica aberta à admissão de gentios, ainda que não praticassem a circuncisão, as leis alimentares judaicas e a celebração de datas sagradas judaicas.[4]

---

[2]Digo "crente no Messias" para evitar o anacronismo de chamar Paulo de "cristão".

[3]Há debates em torno de como definir a judaicidade ou o ser *Ioudaios*, debates que buscam esclarecer se essa identificação é étnica, religiosa, territorial ou uma mistura desses aspectos (veja Daniel R. Schwartz, "'Judean' or 'Jew'? How should we translate *Ioudaios* in Josephus?", in: *Jewish identity in the Greco-Roman world*, Jörg Frey; Daniel R. Schwartz; Stephanie Gripentrog, orgs., AJEC 71 [Leiden: Brill, 2007], 3-27). Quanto ao judaísmo como classificação etnorreligiosa, note a definição de Joshua Ezra Burns: "Proponho-me a definir o judaísmo antigo como um objetivo dinâmico que conota diferentes características em diferentes contextos. Não obstante, afirmo que a ideia de identidade judaica que rege esse objetivo assentava-se em certas pressuposições fixas no que diz respeito à orientação cúltica, ética e intelectual. Em outras palavras, embora os antigos judeus não estivessem sujeitos a um padrão monolítico de identificação cultural, em geral percebiam sua própria coletividade como unida por uma série de práticas e crenças que eram únicas à sua nação, mesmo que nem sempre excluíssem práticas ou crenças aprendidas de outras nações". Burns, *The Christian schism in Jewish history and Jewish memory* (Cambridge: Cambridge University Press, 2016), p. 67.

[4]Veja Paula Fredriksen, "Judaizing the nations: the ritual demands of Paul's gospel", *NTS* 56 (2010): p. 232-52.

Observamos um exemplo da "fidelidade criativa"[5] de Paulo ao judaísmo em uma leitura atenta de Romanos 4 e Gálatas 3—4, onde Paulo efetivamente dissolve a posição social do "gentio temente a Deus", isto é, o convidado gentio ou seguidor parcial que não tinha o mesmo status interno dos judeus.[6] Paulo declara que, por meio da fé e lealdade a Jesus como o Messias crucificado e ressurreto, o caminho agora está aberto para os gentios conhecerem e adorarem o Deus de Israel *como* gentios. Os gentios podiam ser iguais aos judeus nos ambientes sociais mediante a *pistis* (fé, confiança, lealdade), porque eram *dikaios* (justos) diante de Deus sem observarem o culto e os costumes judaicos e sem assimilarem o ethos e o *ethnos* judaicos.[7] Paulo trouxe suas assembleias vastamente gentias para a órbita teológica, ética e social do judaísmo. Portanto, Paulo foi indiscutivelmente o evangelista mais exitoso da história da religião judaica.

Contudo, esse é apenas um lado da questão. Também temos de admitir que o pensamento e a prática de Paulo causaram uma ruptura entre ele e os outros judeus que acreditavam no Messias, bem como com outros judeus.

Primeiro, quanto à sua posição em relação aos judeus e ao judaísmo, Paulo é capaz de listar seus privilégios herdados como fariseu nascido judeu para, em seguida, afirmar com um termo grosseiro que agora considera esses privilégios "esterco" ou "lixo", se comparados a conhecer o Messias (Fp 3.4-8). Em retrospectiva pós-conversão, Paulo reconfigura a memória de seu antigo "modo de vida no judaísmo", com ênfase na expressão farisaica desse modo de vida, que agora não faz mais parte de sua vida *en Christō* (Gl 1.13-16). Em outras passagens, o apóstolo considera o judaísmo algo que ele encena, um personagem que incorpora ou um papel que ele desempenha para recrutar judeus para as assembleias messiânicas. Embora isso possa ser hipocrisia, não pode ser descartado como se fosse mera hipérbole (1Co 9.20).[8] Paulo também situava sua identidade e a de outros crentes no Messias oriundos de outros grupos étnicos em uma posição que está "no Messias", onde as distinções étnicas, sociais e de gênero são, *em certo sentido*, anuladas (Gl 3.28; Cl 3.11). Embora Paulo não se visse mais "no judaísmo", ou pelo menos não no judaísmo farisaico da Judeia (Gl 1.13), ele também não considerava que

---

[5]Patrick Gray, *Paul as a problem in history and culture: the apostle Paul and his critics through the centuries* (Grand Rapids: Baker Academic, 2016), p. 209.

[6]Veja Michael F. Bird, *Crossing over sea and land: Jewish missionary activity in the Second Temple period* (Peabody, MA: Hendrickson, 2010), p. 134-40.

[7]Para mais sobre essas questões veja Michael F. Bird, *The saving righteousness of God* (Eugene: Wipf & Stock, 2007).

[8]Ao contrário do que afirma E. P. Sanders, *Paul: the apostle's life, letters, and thought* (Minneapolis: Fortress, 2015), 110-11.

seus convertidos gentios estivessem no "paganismo" (1Co 12.2; 1Ts 1.9; 4.5). Eles haviam adentrado um novo horizonte social e ocupavam um espaço sociorreligioso ambíguo (Gl 3.28; Cl 3.11). Poderíamos dizer que eles constituíam uma "terceira raça",[9] uma vez que Paulo dividia a humanidade nas categorias de "judeus [...] gregos [e] a igreja de Deus" (1Co 10.32). Seria erro inferir a partir disso que Paulo fundou ou inventou o cristianismo. É mais adequado dizer que Paulo criou uma "identidade judia mutacional" que incluía os gentios em seu interior.[10]

Segundo, no que diz respeito à Torá, Paulo é duramente confrontador em seus pronunciamentos. Para começar, Paulo afirma que tanto o judeu crente no Messias, como ele (Gl 2.19), quanto os gentios crentes no Messias (Rm 6.4) morreram para a Torá ao morrer com o Messias (Rm 6.1-14; Gl 2.20). Paulo considera não estar sob a Torá, mas, sim, sob a torá de Deus, que é a torá do Messias (1Co 9.20,21). Obedecer à Torá não é meio de libertação divina para os judeus nem para os gentios. Ao contrário, a Torá traz conhecimento do pecado (Rm 3.20), traz a ira divina (4.15) e amplifica o mal em vez de corrigir as pessoas (5.20). Em uma afirmação chocante, Paulo diz: "os que se apoiam na prática da Lei [Torá] estão debaixo de maldição" (Gl 3.10), dando a entender que todos os judeus que procuram agradar a Deus vivendo uma vida fiel à Torá só estão reorganizando a mobília de um navio afundando. Ademais, Paulo situa a Torá em um triunvirato de poderes malignos, Torá-Pecado-Morte, do qual a humanidade precisa ser libertada (Rm 8.2; 1Co 15.56). Paulo chega muito perto de dizer que a Torá procedia de anjos, não de Deus (Gl 3.19,20), e que os gentios obedecerem à Torá equivalia a se tornarem novamente escravizados por divindades pagãs (4.8,9). Paulo acreditava que a humanidade tem um problema impossível de ser consertado pela Torá e as alianças de Israel.[11] Isso gera uma série de descontinuidades com judaísmo comum no que diz respeito à ação divina e ao instrumento de apropriação humana da salvação.[12]

Terceiro, as práticas sociais que Paulo prescreve sem dúvida ultrapassam os limites do judaísmo comum. Paulo é capaz de defender que judeus e gentios comam juntos (Gl 2.11-14) e que comam alimentos sacrificados aos ídolos (1Co 8.1-10; 10.25-30). Isso é significativo em vista de quantos judeus

---

[9]Aristides, *Apol.* 15; veja N. T. Wright, *Paul and the faithfulness of God* (London: SPCK, 2013), 1444-49 [edição em português: *Paulo e a fidelidade de Deus* (São Paulo: Paulus, 2021)]; E. P. Sanders, *Paul, the Law, and the Jewish people* (Minneapolis: Fortress, 1983), p. 171-79 [edição em português: *Paulo, a Lei e o povo de Deus* (São Paulo: Paulus, 2008)].

[10]Ellis Rivkin, "Paul's Jewish odyssey", *Judaism* 38 (1989): 233.

[11]Bruce Longenecker, *The triumph of Abraham's God: the transformation of Christian identity in Galatians* (Nashville: Abingdon, 1998), p. 77-79.

[12]Michael F. Bird, *An anomalous Jew: Paul among Jews, Greeks, and Romans* (Grand Rapids: Eerdmans, 2017), p. 31-69.

crentes no Messias consideravam o ato de comer com gentios ou de consumir alimentos impuros algo claramente desleal a Deus (At 11.1-3; Gl 2.12; Ap 2.14,20) e em vista de que muitos judeus viam algum grau de separação/abstenção em relação a comer com gentios como uma prática de suma importância (e.g., *Car. Arís.* 139; *Jub* 22.16; Josefo, *Cont. Áp.* 2.174; Tácito, *Hist.* 5.5.1,2). Paulo é capaz de fazer isso, porque, com uma flagrante fleuma, ele anula toda a série de regulamentos bíblicos relativos à *kashrut*, as normas dietéticas judaicas concernentes aos alimentos impuros (Rm 14.14). Certamente, havia uma gama de opções em se tratando de como e até que ponto os judeus da diáspora e os gentios podiam interagir em espaços sociais e compartilhar refeições.[13] Mesmo assim, precisamos lembrar que os judeus da diáspora em geral observavam os costumes alimentares judeus[14] e negligenciar as leis alimentares fatalmente significava ser acusado de apostasia nas comunidades da diáspora (veja 4Mc 4.26).[15]

Apesar das declarações negativas explícitas de Paulo a respeito da Torá e de sua prática de infringir as fronteiras entre judeus e gentios como alguns judeus interpretavam, seria um equívoco entender que Paulo rejeitava a Torá por inteiro. O mais correto é que Paulo se dedicou ao repúdio da Torá para certos fins (i.e., a salvação consumada e as fronteiras da comunidade), à relativização da Torá para a prática pessoal (veja esp. Rm 14) e à releitura da Torá como profecia e sabedoria à luz da revelação do fim dos tempos (veja, e.g., Rm 3.21; 1Co 9.9).[16] Dito isso, por mais esmerada que seja nossa apologia de Paulo como pensador judaico, é muito difícil conciliar tudo isso com as convicções judaicas comuns sobre viver uma vida fiel sob a égide da Torá.

Quarto, Paulo sofreu reação hostil e violenta da parte de outros judeus, tanto os da diáspora quanto os da Judeia. Assim como Paulo outrora perseguiu as igrejas da Judeia, agora ele era perseguido por outros judeus por sua fé no Messias e seu serviço às igrejas da Síria, da Ásia e do Egeu (2Co 11.24-26; Gl 5.11; 1Ts 3.3-4,7). Paulo era perseguido por grupos judaicos provavelmente porque era considerado fomentador de "uma seita falsa" que estava "danificando o judaísmo e desencaminhando gentios ao lhes dizer que podiam adorar ao Deus de Israel sem se tornarem judeus".[17] Ou então, ele era uma má influência para os judeus da diáspora, supostamente lhes contando mentiras

[13]Veja Markus Boeckmuehl, *Jewish law in Gentile churches* (Grand Rapids: Baker Academic, 2000), p. 57-59.

[14]E. P. Sanders, *Jewish law from Jesus to the Mishnah: five studies* (Minneapolis: Fortress, 2016), p. 37.

[15]John M. G. Barclay, "Who was considered an apostate in the Jewish diaspora?", in: *Pauline churches and diaspora Jews: beyond the new perspective*, WUNT 275 (Tübingen: Mohr Siebeck, 2011), p. 141-55 (espec. 151-54).

[16]Brian R. Rosner, *Paul and the law*, NSBT (Downers Grove: InterVarsity Press, 2013).

[17]Sanders, *Paul: the apostle's life*, p. 194-95, 494.

no sentido de que a Torá não importava mais (veja At 21.21; Rm 3.7,8). Nesse caso, por mais judeu que fosse, Paulo suscitou ira, ofensa e violência da parte de outros judeus. Paulo concebia sua identidade e vocação como indelevelmente ligadas à história sagrada de Israel, mas determinadas mais propriamente por sua ligação com o Messias de Israel. Paradoxalmente, ele considerava a Torá como algo simultaneamente repudiado e reapropriado pela nova era que se iniciara com o Messias Jesus. Ele afirmava que os crentes no Messias partilhavam das bênçãos de Israel sem os símbolos de seu pertencimento aliancístico e experimentavam, de forma incipiente, a nova criação antes da nação de Israel.

Visto dessa forma, é possível argumentar que Paulo deu início à gradual gentilização da igreja e, inconscientemente, contribuiu para a "separação" que acabaria acontecendo entre cristianismo e judaísmo.[18] Na verdade, nas eras pós-70 d.C. e pós-135 d.C., o vinho messiânico de Paulo acabaria arrebentando os odres velhos do judaísmo. No entanto, essa separação nunca foi a intenção de Paulo. Na mente dele, até onde podemos inferir, ele estava conduzindo o judaísmo à sua apoteose escatológica no Messias ao redefinir a identidade e a esperança judaicas à luz da morte, ressurreição e do futuro retorno do Messias. Se houve alguém responsável por fundar o cristianismo, declara Patrick Gray, talvez tenham sido os líderes judaicos que decidiram que os ensinamentos de Paulo e de outros crentes no Messias que pensavam de maneira semelhante ameaçavam esticar o judaísmo até o ponto de ruptura e que esses ensinamentos, portanto, justificam o ostracismo.[19]

Está bem claro que a relação de Paulo com o judaísmo era profundamente complexa. Já observamos que Paulo é capaz de afirmar, redefinir e repudiar vários aspectos da identidade, práticas e crenças judaicas. O desafio entre os acadêmicos tem sido como definir melhor esse fenômeno.

Um segmento da academia considera Paulo plenamente integrado ao judaísmo e tenta, de várias maneiras, entender o raciocínio e a retórica de Paulo, sua pregação e suas práticas, bem como a localização social de seus convertidos gentios, como sendo parte do diálogo interno judaico sobre os gentios e a fé messiânica em relação às comunidades judaicas.[20] Outros salientam a descontinuidade e veem Paulo como um ex-judeu que estava passando pelo processo de ruptura teológica e social com o judaísmo. Os estudiosos barthianos consideram que Paulo estava abandonando a religião de Israel

[18]Veja Alan Segal, *Paul the convert: the apostolate and apostasy of Saul the Pharisee* (New Haven: Yale University Press, 1990), p. 267; James D. G. Dunn, *The parting of ways: between Christianity and Judaism and their significance for the character of Christianity* (London: SCM, 1990), p. 139; Sanders, *Paul, the Law*, p. 207-10.

[19]Gray, *Paul as a problem*, p. 132.

[20]Veja Mark D. Nanos; Magnus Zetterholm, orgs., *Paul within Judaism: restoring the first-centurty context to the apostle* (Minneapolis: Fortress, 2015).

diante da ruptura causada pelo evento Cristo.[21] Outra ideia é que Paulo foi um catalisador para algumas comunidades crentes no Messias da transição de um movimento de reforma no judaísmo para uma nova entidade social independente e isolada das comunidades das sinagogas judaicas.[22] Além disso, em vista das afirmações impactantes de Paulo em Gálatas 3.28 e 1Coríntios 9.19-23, alguns estudiosos imaginam que Paulo distancia a si mesmo e a seus convertidos do judaísmo e os coloca em uma nova categoria etnorracial baseada no estar em Cristo.[23] Outro grupo de estudiosos, em grande parte associados à Nova Perspectiva sobre Paulo, ressalta que o apóstolo era, em essência, um judeu transformado. Paulo estava envolvido nos debates judaicos sectários sobre gentios, pureza e Torá e se valeu da fé messiânica e da experiência do Espírito Santo para se engajar nesses debates. Com efeito, Paulo não repudia o judaísmo, mas redefine a visão de mundo, os símbolos e a história judaicos em torno de Jesus como Senhor e Messias.[24]

Uma abordagem que julgo útil é definir Paulo como um "judeu anômalo".[25] A designação se deve a John Barclay, que originalmente identificou Paulo como anômalo no sentido de que o apóstolo era um forte antagonista da religião e da cultura helenísticas, ao mesmo tempo em que definia as categorias tradicionais judias de forma radical e adotava um estilo de vida e uma teologia que questionavam a normatividade de seus próprios costumes ancestrais.[26] Paulo estava enfrentando os mesmos desafios que outros judeus da diáspora, como Filo de Alexandria e Josefo, sobre como ser fiel debaixo da hegemonia greco-romana e o que fazer com os gentios adeptos aos costumes judaicos. Paulo, porém, era diferente, porque tinha uma perspectiva particular da autorrevelação de Deus no Messias de Israel crucificado e ressurreto e se atinha à convicção particular de que o fim dos tempos já era uma realidade exuberante e presente. Desse modo, Paulo se destacava, porque, como diz Ronald Charles, "Paulo era um homem da diáspora da Judeia, de baixo status social, que conseguia vencer dificuldades em diferentes espaços; era um seguidor aficionado e um intérprete de Cristo entre as nações; socialmente era atípico, com pouca base de poder econômico e político, e

[21]Penso aqui em J. Louis Martyn, *Galatians*, AB (New Haven: Yale University Press, 1997).

[22]Francis Watson, *Paul, Judaism, and the Gentiles: beyond the New Perspective*, ed. rev. (Grand Rapids: Eerdmans, 2007).

[23]Love L. Sechrest, *A former Jew: Paul and the dialectics of race*, LNTS 410 (London: T&T Clark, 2009).

[24]Veja espec. Wright, *PFG*; James D. G. Dunn, *The New Perspective on Paul*, ed. rev. (Grand Rapids: Eerdmans, 2008) [edição em português: *A nova perspectiva sobre Paulo* (São Paulo: Paulus, 2011)].

[25]Veja Bird, *Anomalous Jew*, p. 25-27.

[26]John Barclay, *Jews in the Mediterranean diaspora, from Alexander to Trajan* (London: T&T Clark, 1996), p. 381-95; Barclay, "Paul among diaspora Jews: anomaly or apostate?", *JSNT* 60 (1995): p. 89-120.

empenhado em representar um novo império sob a autoridade de Cristo no mundo mediterrâneo do primeiro século".[27]

Dito isso, não me parece que a essência da anomalia paulina sejam os paradoxos envolvidos na tentativa de Paulo de ter êxito em seu caminho na diáspora judaica. Em vez disso, a anomalia de Paulo eram as práxis sociais decorrentes de sua escatologia messiânica — a saber, sua tentativa de criar um espaço social para que um corpo unificado de judeus e gentios crentes no Messias adorasse a Deus. Para Paulo, essa anomalia era conhecida como a "revelação de Jesus Cristo" (Gl 1.12), a qual desvelava que a fé no Messias, sem a Torá, era o instrumento que trazia judeus e gentios à reconciliação com Deus e à renovação de todas as coisas. Em minha estimativa, a natureza anômala do pensamento de Paulo consiste em sua interpretação apocalíptica da morte e ressurreição do Messias, o que o obrigou a uma releitura das Escrituras judaicas e a uma práxis que produzia a transformação do "judaísmo comum", mediante a qual a história e os símbolos do judaísmo eram agora redefinidos em torno de Jesus, o Messias, e de seus seguidores, que constituíam o Israel renovado de um *eschaton* inaugurado.[28]

PAULO ENTRE OS GREGOS

O mundo que Paulo habitava era helenístico. Desde as conquistas de Alexandre, o Grande, o mundo mediterrâneo oriental havia sido colonizado e aculturado em vários níveis pela cultura grega. Embora o "judaísmo" (*Ioudaismos*) tenha se expressado primeiro como uma forma de resistência contra o "helenismo" (*Hellēnismos*), particularmente durante o período macabeu, na época de Paulo, o judaísmo todo, na Palestina e na diáspora, já havia sido tocado pelo helenismo.[29]

Paulo evidentemente transitava pelas culturas judaica e helenística. Graças à sua criação familiar, à educação que recebeu e à suas viagens para a Palestina, ele sem dúvida conhecia os desafios das comunidades da diáspora, a vida social na Judeia, a *halakah* farisaica, a interpretação protorrabínica das Escrituras e o *cultus* de Jerusalém. Contudo, sua língua materna e sua orientação intelectual eram completamente helenísticas. Paulo cresceu em Tarso, na Cilícia (At 22.3), cidade conhecida por seus filósofos e escolas,

[27]Ronald Charles, *Paul and the politics of Diaspora* (Minneapolis: Fortress, 2014), p. 248.

[28]Bird, *Anomalous Jew*, p. 25-27.

[29]Veja Martin Hengel, *Judaism and Hellenism: studies in their encounter in Palestine during the Hellenistic period*, trad. J. Bowden, 2 vols. (Philadelphia: Fortress, 1974); Anders Gerdmar, *Rethinking the Judaism-Hellenism dichotomy: a historiographical case study of Second Peter and Jude*, ConBNT 36 (Estocolmo: Almqvist & Wiksell, 2001); Troels Engberg-Pedersen, org., *Paul beyond the Judaism/Hellenism divide* (Louisville: Westminster John Knox, 2001).

onde com muita probabilidade veio a conhecer a filosofia, a literatura e a retórica helenísticas.[30] Paulo escrevia em grego e é possível encontrar várias ressonâncias ou paralelos entre suas cartas e certos temas comuns da filosofia helenística.[31] Em uma passagem sua, Paulo cita um conhecido provérbio de Eurípides, presente na comédia *Thais*, de Menandro (1Co 15.33), e Lucas retrata Paulo citando o poeta estoico ciliciano Arato (At 17.28). Paulo era um pregador itinerante e sabia que corria o risco de ser confundido com os filósofos charlatães que ganhavam a vida com suas prédicas (1Co 9.1-19; 2Co 2.17; 1Ts 2.1-12). Quando engrenava em sua argumentação, Paulo era capaz de expressar opiniões sobre divindade, virtude, direito natural, desejo sexual, amizade, casamento, a nação e o corpo político em discursos de primeira grandeza, que não ficavam abaixo dos de seus contemporâneos.[32] Paulo exprimia pessimismo sobre a filosofia (Rm 2.1-11; 1Co 1.18—2.8; 2Co 10.5; Cl 2.8) ao mesmo tempo em que era exemplo de verve retórica e demonstrava notável fluência filosófica, o que significa que ele provavelmente estava envolvido em um misto de confrontação e adaptação à filosofia greco-romana.[33] De fato, não é nenhum esforço da imaginação conceber Paulo como um intelectual grego, como Filo de Alexandria ou Plutarco, e seu pensamento deixou uma marca indelével na filosofia e na civilização ocidental.[34]

Um tema particularmente debatido nos estudos paulinos é em que medida Paulo é devedor à filosofia estoica. Os estoicos constituíam uma escola de filosofia helenística derivada de Zenão (c. 333-264 a.C.), interessada em lógica, física e ética. A filosofia estoica depois se desenvolveu e se expressou de formas variadas por muitos seguidores posteriores de Zenão, entre eles Epiteto e Sêneca, no primeiro século. O nome *estoicos* se deve à "varanda pintada" ateniense (*Stoa Poikilē*), onde Zenão ensinava. O estoicismo é uma forma clássica de panteísmo, que enxerga a divindade em todas as coisas. Os deuses gregos, Zeus e companhia, eram todos manifestações da divindade una que permeava todas as coisas. Para os estoicos, a história do mundo se baseava em um ciclo de repetições; um dia, contudo, uma grande conflagração cósmica haveria de purificar o mundo e trazê-lo a uma era de paz e quietude. O objetivo principal da filosofia estoica é a iluminação moral — cultivar a virtude

---

[30]Para um esboço do começo da vida de Paulo, veja N. T. Wright, *Paul: a biography* (San Francisco: HarperOne, 2018), p. 27-102 [edição em português: *Paulo, uma biografia* (São Paulo: Thomas Nelson Brasil, 2018)].

[31]Abraham Malherbe, *Paul and the popular philosophers* (Minneapolis: Fortress, 1989); M. Eugene Boring, Klaus Berger e Carsten Colpe, *Hellenistic commentary to the New Testament* (Nashville: Abingdon, 1995).

[32]Veja Joseph R. Dodson e David E. Briones, *Paul and the giants of philosophy: reading the apostle in Greco-Roman context* (Downers Grove: InterVarsity, 2019).

[33]Wright, *PFG*, p. 201.

[34]Veja Stanislas Breton, *The radical philosophy of Saint Paul* (New York: Columbia University Press, 2011).

e podar os vícios —, na esperança de que o adepto se torne sábio e virtuoso, alcançando o domínio de si mesmo e vivendo de acordo com a natureza.[35]

Há vários pontos de contato entre a tradição estoica e o NT em geral, e com Paulo em particular.[36] Troels Engberg-Pedersen usou a tradição estoica para se envolver em uma exegese filosófica de Paulo a fim de esclarecer grande parte do pensamento do apóstolo a respeito de conversão, cosmologia, cidadania moral e comunhão, a igreja como sociedade ideal, exortação e ética e, finalmente, a natureza do Espírito.[37] A abordagem tem algum mérito em vista da afirmação de Paulo em Filipenses 4.11 de que ele aprendeu o "domínio próprio" (*autarkēs*), a quintessência do estoicismo; seu solilóquio ficcional em Romanos 7.7-25 repassa o problema da "fraqueza da vontade" (*akrasia*), também conhecido dos estoicos; sua descrição de uma renovação cósmica em Romanos 8.18-25 semelha às narrativas estoicas de "conflagração" (*ekpyrōsis*) e "recriação" (*palingenesis*) cósmicas; e suas exortações sobre o amor, a bondade e a virtude em Filipenses 4.8 e Romanos 12.9-21, todas se harmonizam ao tom do estoicismo. A ética e a capacidade de Paulo de suportar provações certamente soam estoicas.

Entretanto, a fé e a determinação de Paulo se amparam em uma realidade muito diferente — a nova criação no Messias — e o objetivo de sua busca de aprimoramento moral é diferente: é a conformidade com o Messias, em vez de uma vida sem perturbações e indiferença ao sofrimento. Se Paulo busca viver de acordo com a natureza, essa é a nova natureza, a nova pessoa, a nova criação, personificada no Messias e na vida no Espírito. A principal preocupação dos estoicos era moldar o indivíduo; a de Paulo, contudo, era formar comunidades.[38] Paulo não foi um mero filósofo moralista de estirpe estoica do primeiro século com algumas ideias estranhas acerca de Jesus, da Torá e do fim do mundo. Ele tampouco era um fanático messiânico que havia decorado alguns bons aforismos estoicos. Na verdade, Paulo sabia falar a língua da ágora e do Areópago, mas ele falava da perspectiva de uma narrativa judaica

[35]Para um breve sumário do estoicismo, veja Wright, *PFG*, p. 211-29; para uma abordagem mais aprofundada, veja John Sellars, *Stoicism* (Berkeley: University of California, 2006).

[36]Para a relação entre estoicismo e o NT, veja Howard Clark Kee, *The beginnings of Christianity: an introduction to the New Testament* (New York: T&T Clark, 2005), p. 451-62; Troels Engberg-Pedersen, "Stoicism in early Christianity", in: *The Routledge Handbook on the Stoic tradition*, John Sellars, org. (London: Routledge, 2015), p. 29-43.

[37]Troels Engberg-Pedersen, "Stoicism in Philipians", in: *Paul in his Hellenistic context*, Troels Engberg-Pedersen, org. (Edimburgo: T&T Clark, 1994), p. 256-90; Engberg-Pedersen, *Paul and the Stoics* (Edimburgo: T&T Clark, 2000); Engberg-Pedersen, *Cosmology and self in Paul: the material spirit* (Oxford: Oxford University Press, 2011); Engberg-Pedersen, "Stoicism in early Christianity", p. 29-43; Tuomas Rasimus; Troels Engberg-Pedersen; Ismo Dunderberg, orgs., *Stoicism in early Christianity* (Grand Rapids: Baker Academic, 2010).

[38]Wright, *PFG*, p. 1359-407.

recontada no registro messiânico e pneumático [do Espírito]. Ademais, C. Kavin Rowe questiona se o cristianismo e o estoicismo, apesar de todas as suas semelhanças, continuam sendo tradições profundamente rivais quanto à própria natureza de Deus, da bondade e do cosmo, rivalidade que resulta em modos de vida completamente diferentes. Ele afirma: "No mais profundo e difícil senso filosófico, os cristãos e os estoicos não estão dizendo a mesma coisa. Eles se olham e se encaram munidos de histórias diferentes e rivais sobre tudo o que existe [...]Ambos são, de forma permanente e irredutível, tradições em conflito."[39]

Paulo, sem dúvida, era capaz causar boa impressão em um simpósio filosófico e alguns cristãos até tentaram imaginar o que Paulo diria a Sêneca nas pseudepigráficas Cartas de Paulo e Sêneca, do quarto século. Apesar de todas as advertências de Paulo contra a pompa e a filosofia pagãs, ele claramente recorre a ideias e tropos pagãos como parte de seu empenho de levar "cativo todo pensamento, para torná-lo obediente a Cristo" (2Co 10.5), ainda que a estrutura geral de suas ideias seja radicalmente diferente. Paulo efetivamente pode ser situado entre os filósofos gregos e romanos.

PAULO ENTRE OS ROMANOS

A relação de Paulo com o Império Romano e seus administradores provinciais, a mídia e rastros que deixou nas cidades do Mediterrâneo oriental é um tema em destaque.[40] O Império Romano era uma realidade sociopolítica invasiva, percebida em todos os lugares, ainda que nem sempre visível, conhecida em relação a tudo, de impostos, a jogos, passando por religião, direito e indicações políticas. Claro, o poder romano se expressava e era percebido de diferentes modos, quer por meio de governantes vassalos, como Herodes, o Grande, e Herodes Antipas, quer por meio do governo direto de uma província, como a Acaia ou a Judeia, quer em cidades livres que recebiam privilégios especiais, como isenção fiscal, por exemplo da cidade de Filipos. Além disso, como muitos observaram, foi o Império Romano, com suas redes de estradas e canais marítimos, sua relativa paz e segurança, urbanização, pluralismo religioso, oportunidades econômicas, cultura literária, línguas comuns e uma miscelânea de povos, que permitiu em grande parte a expansão e a ascensão do cristianismo no mundo antigo.[41] As perguntas são: o que Paulo pensava do Império Romano? Ele achava que era bom

[39]C. Kavin Rowe, *One true life: the Stoics and early Christians as rival traditions* (New Haven: Yale University Press, 2016), p. 235.

[40]Veja Michael Bird, "Rome, Roman Empire", in: *The Baker Illustrated Bible Dictionary*, Tremper Longman III (Grand Rapids: Baker Books, 2013), p. 1446-51.

[41]Eckhard J. Schnabel, *Early Christian mission*, 2 vols. (Downers Grove: InterVarsity, 2004), 1:557-652.

cristianizar o Império, ou que ele era ruim e devia ser derrubado? Paulo era um católico constantiniano ou um anabatista radical? Será que Paulo preferiria bater um papo com o judeu apóstata e *apparatchik* imperial Tibério Alexandre ou teria mais em comum com os sectários de Qumran, que queriam um exército de anjos para aniquilar os romanos? Paulo quereria ser o capelão de Nero ou o seu assassino?[42]

O argumento é intrigante e motiva perguntas para as quais não temos respostas explícitas em Paulo. Por um lado, Paulo considerava o Império uma entidade benigna ou, talvez, uma não entidade. A julgar por suas cartas, vemos que Paulo dificilmente se envolveu em ativismo político, pois em passagem nenhuma ele tenta organizar um grupo de conspiradores para a Frente Popular da Judeia, nem há indícios de pautas análogas a #OcuparRoma e semelhantes. Além disso, as reações judaicas ao poder romano eram notavelmente diversas, a depender da posição social e da localização regional dos judeus em questão, indo de Tibério Alexandre e passando por todas as matizes até chegar em Qumran. Não surpreende que muitas sinagogas vivessem de muito bom grado sob jurisdição imperial e que algumas inclusive procurassem cair nas graças das elites locais a fim de obterem ajuda para construir sinagogas e participassem de projetos beneficentes com essas elites.[43] Os membros das igrejas de casas romanas ilustres (Rm 16.10,11), dentre elas a casa do próprio César (Fp 4.22), ou de detentores de cargos públicos como "administrador da cidade" (Rm 16.23) provavelmente não oravam toda noite pela queda de Roma. Ademais, a declaração mais explícita de Paulo sobre o poder romano, endereçada às igrejas de Roma quando o sentimento antirromano fermentava na Judeia, exige que os crentes no Messias se submetam às autoridades governantes como servos designados por Deus (13.1-17).[44] Barclay infere desse tipo de evidências que Paulo não considerava Roma o grande inimigo do povo de Deus, mas, sim, apenas mais uma expressão insignificante da idolatria humana.[45]

Por outro lado, é possível retratar Paulo como tacitamente subversivo em relação ao poder romano e suas várias manifestações. Primeiro, o registro

---

[42]Para um exame dessas questões veja Scot McKnight; Joseph B. Modica, orgs. *Jesus is Lord, Caesar is not: evaluating empire criticism in New Testament studies* (Downers Grove: IVP Academic, 2013); Stanley E. Porter; Cynthia L. Westfall, orgs., *Empire in the New Testament* (Eugene: Wipf & Stock, 2011); Christoph Heilig, *Hidden criticism? The methodology and plausibility of the search for a counter-imperial subtext in Paul* (Minneapolis: Fortress, 2017); Bird, *Anomalous Jew*, p. 205-55.

[43]Famosa inscrição de Acmonia do primeiro século d.C. refere-se a Júlia Severa doando um edifício à comunidade judaica mesmo que ela fosse sacerdotisa do culto imperial durante o tempo de Nero (veja *CIJ* §766). Inscrição em Afrodísias do terceiro século d.C. registra vários "tementes a Deus" que ajudaram a implementar o que parece ser um equivalente antigo a um refeitório beneficente ou Santa Casa (veja J. Reynolds e R. Tannenbaum, *Jews and godfearers at Aphrodisias* [Cambridge: Philological Society, 1987]).

[44]Veja a abordagem de Michael F. Bird, *Romans*, SGBC (Grand Rapids: Zondervan, 2016), p. 441-50.

[45]John Barclay, *Pauline churches and diaspora Jews* (Grand Rapids: Eerdmans, 2016), p. 345-87.

teológico de Paulo dá a entender uma resistência tácita à ideologia imperial. Os termos que Paulo usa para se referir a Jesus, como "Senhor", "Salvador" e "Filho de Deus", são extraídos da Septuaginta (LXX) e refletem o padrão linguístico judeu de seu messianismo. No entanto, essa mesma terminologia se interseccionava com declarações feitas pelo imperador romano ou a respeito de si próprio, que também podia ser louvado como "Senhor", "Salvador" e "Filho de Deus". As seitas imperiais do mundo antigo e os meios de comunicação e propaganda do Império proclamavam com grandiloquência o imperador como deus, mestre, benfeitor e libertador do povo da bacia do Mediterrâneo. Por isso, alguns acadêmicos detectam nos escritos de Paulo um tipo de paródia e polêmica contra as declarações associadas ao imperador romano. Os estudiosos depreendem que o estilo de Paulo contesta as afirmações superlativas a respeito do imperador postulando Jesus como um rival de César. Consequentemente, o verdadeiro "Senhor" do mundo não é nenhum romano Filho de Augusto, nem o autointitulado *Sebastos* (i.e., o venerável), mas, sim, o judeu Filho de Davi, o *Christos*, aquele que realmente está no comando.[46]

Segundo, é impossível não perceber que, na história da recepção de Paulo, ele foi lembrado como uma figura contraimperial. Vemos isso logo de início nos escritos de Lucas do fim do primeiro século (veja esp. At 17.6,7) e em outras obras, como os *Atos de Paulo*, do fim do segundo século (*Atos de Paulo* 11.2). A lembrança do martírio de Paulo pode ajudar os cristãos a entenderem que eles mesmos vivem nas margens do império e, em alguns casos, resistindo às intenções malévolas desse império em relação a eles mesmos, tidos por ateus traidores.[47]

Terceiro, deve-se esperar um impulso anti-imperial na teologia paulina, já que os cristãos herdaram um conjunto de escrituras com uma narrativa postulando uma competição entre YHWH e as divindades pagãs. Essa narrativa bíblica fora remodelada recentemente com temas apocalípticos e messiânicos, o que resultou no conceito de Deus Pai designando Jesus como seu agente de juízo e salvação sobre todos os povos e poderes (veja Rm 15.12 = Is 11.10). A convicção de Paulo era que Deus, no Messias, já havia derrotado, e ainda havia de derrotar, os "poderes", fossem eles o panteão romano ou as legiões romanas, e estabeleceria seu reinado sobre todas as coisas (veja Rm 8.38; 13.11-14; 1Co 2.8; 15.24; Ef 6.12; Cl 2.15). Nesse caso, a oposição à seita imperial e ao poder romano era simplesmente uma extensão da natureza judaica das igrejas primitivas.

---

[46]Quanto à linguagem relativa a *kyrios* (Senhor), veja Joseph D. Fantin, *Lord of the entire world: Lord Jesus, a challenge to Lord Caesar?*, NTM 31 (Sheffield: Sheffield Phoenix, 2011).

[47]Quanto a Paulo como mártir, veja David Eastman, *Paul the Martyr: the cult of the apostle Paul in the Latin West* (Atlanta: SBL Press, 2014).

Em se tratando de Roma, Paulo, assim como a maioria dos judeus da época, oscilava entre a acomodação e a resistência. A realidade pragmática é que Paulo não se sentiria à vontade cantando *Ave imperii* (Viva o império), mas tampouco lideraria uma multidão subindo o monte Palatino rumo à residência do imperador entoando *Sic semper tyrannis* (Sempre ao tirano). O reino do Messias de Paulo não constituía uma ameaça militar ostensiva ao Império Romano. Afinal, não havia sentido nenhum em derrubar um regime pernicioso apenas para que outro se levantasse em seu lugar. Todavia, as igrejas de Paulo, que consideravam a tradição religiosa de Roma blasfema e desumanizante, certamente se percebiam como uma alternativa social à cultura romana por criarem modos de patronato e devoção concorrentes, bem como expressões de família e parentesco que competiam com as hierarquias existentes.[48] No fim das contas, Paulo não se enquadra nas categorias "pró-" nem "anti-" Roma. Ele exorta suas congregações a se comprometerem com uma conduta pública digna do evangelho (Rm 12.14-18; Gl 6.10; Ef 4.1,28; Fp 1.17; Cl 1.10; 1Ts 2.12; 5.15), porque sabe que Deus já está liderando seu povo em uma vitória sobre os poderes deste século, ao mesmo tempo em que a injustiça, a brutalidade e as pretensões à divindade romanas receberão sua justa recompensa (Rm 2.16; 8. 37; 13.11-14; 15.12; 1Co 2.8; 2Co 2.14; Fp 1.18; Cl 2.15).[49]

Reflexões

Estudar Paulo em seus ambiente judaico, grego e romano não é um mero exercício acadêmico. Antes, é um trabalho de importância para o nosso tempo.

Em primeiro lugar, o estudo da judaicidade de Paulo não pode ser feito isoladamente da questão de como cristãos e judeus devem se relacionar uns com os outros. O assunto é particularmente desafiador, dada a história do antissemitismo cristão que culminou no Holocausto e dados os problemas atuais concernentes a como os cristãos se relacionam com o Estado de Israel e seu lugar na política do Oriente Médio. O que Paulo diria a um público judeu se fosse convidado a palestrar no memorial Yad Vasham do Holocausto, em Israel, ou o que ele diria em um sermão pregado a árabes cristãos habitantes de Belém? Teria Paulo escrito o que escreveu em 1Tessalonicenses 2.14-16 e Romanos 9—11 se conhecesse os fatos históricos que hoje conhecemos? Os escritores judeus modernos há muito têm as suas suspeitas a respeito de Paulo, considerando-o um apóstata, o pai dos pogroms judeus, o protótipo do judeu que se odeia.[50] Por outro lado, nas últimas décadas, houve

[48]Bird, *Anomalous Jew*, p. 250-53.
[49]Wright, *PFG*, p. 1298-99.
[50]Veja Gray, *Paul as a problem*, p. 117-42.

uma recuperação do judaísmo de Paulo, visando restaurá-lo como um personagem judeu que tão somente acreditava que Jesus fazia a intermediação de gentios para a vida comunitária judaica.[51] Seja como for, vale a pena lembrar que Paulo é simultaneamente uma pedra de tropeço e um recurso importante nas relações inter-religiosas entre cristãos e judeus.

Em segundo lugar, desde a década de 1990, Paulo tem sido o tema de diversas investigações filosóficas da parte de filósofos de diferentes orientações.[52] Pode-se perguntar por que filósofos europeus marxistas ateus teriam algum interesse em Paulo. O que Tarso tem com Stalingrado? Bem, o fato é que Paulo é interessante em muitas frentes; quer estejamos falando de pluralismo, socialismo, separação entre religião e etnia ou da invenção do indivíduo — Paulo pode ser associado a todos esses conceitos. Paulo não foi nenhum filósofo, mas ele nos legou certas assertivas, razões, questões e problemas com que podemos trabalhar enquanto refletimos sobre o que significa ser um ser humano e como contribuir para o florescimento humano.

Em terceiro lugar, Paulo é um estímulo para pensar sobre o império. Preciso me perguntar, no entanto, se toda essa diligência de postular Paulo como agente provocador anti-imperialista se deve mais aos professores universitários progressistas e à queixa deles em relação à política externa americana ou a alguma coisa de que Paulo realmente estivesse falando. Não posso deixar de perceber que alguns estudiosos paulinos costumam simpatizar com as interpretações anti-imperialistas de Paulo quando os Estados Unidos têm um republicano na Casa Branca, mas o clima fica subitamente niebuhriano, e quase constantiniano, quando um democrata é o comandante em chefe. Comentário justo?

Mesmo assim, Paulo realmente escreve como um dissidente sociorreligioso que vive à margem, enfrentando a ameaça da violência coletiva e da pena de morte por parte do Estado. Paulo fala a cristãos que vivem sob a ameaça do Império, sejam eles cristãos grego-ortodoxos na Turquia, batistas na Rússia ou pentecostais na China. Paulo é um mestre que tem muito a ensinar quanto a ser fiel a Cristo em situações perigosas e adversas. Os ditadores e demagogos talvez queiram lembrar à igreja, de forma não tão sutil, que cristãos como Paulo foram decapitados por Nero. A igreja talvez queira responder comentando que as pessoas hoje dão o nome de Paulo aos filhos e o de Nero aos cães.

---

[51]Veja Michael F. Bird e Preston Sprinkle, "Jewish interpretation of Paul in the last thirty years", *CBR* 6, n. 3 (2008): 355-76; Daniel R. Langton, *Apostle Paul in Jewish imagination: a study in modern Jewish-Christian relations* (New York: Cambridge University Press, 2014).

[52]Veja John D. Caputo; Linda Alcoff, orgs., *Paul among the philosophers* (Bloomington: Indiana University Press, 2003); Ward Blanton e Hent de Vries, *Paul and the philosophers* (New York: Fordham University Press, 2013).

10

TEOLOGIA PAULINA: PERSPECTIVAS, QUESTÕES PERENES E PROGNÓSTICOS

MICHAEL J. GORMAN

INTRODUÇÃO

Paulo era uma figura polêmica e suas cartas foram contestadas e até usadas incorretamente, porque continham "algumas coisas difíceis de entender" (2Pe 3.15,16). Esse desafio interpretativo perdura até hoje.[1] Por isso, este capítulo primeiro apresentará uma visão geral de algumas das principais perspectivas sobre a teologia de Paulo no que, em termos gerais, se denomina a "era pós-Nova Perspectiva". Depois, examinará algumas teologias paulinas recentes, bem como os desdobramentos ocorridos em certas questões perenes da teologia de Paulo. Em seguida, analisará aspectos de Paulo como teólogo "prático". O capítulo terminará com uma breve análise dos rumos para onde a teologia paulina pode estar seguindo.[2]

PERSPECTIVAS ACERCA DE PAULO

Não existe um modo perfeito de classificar os vários enfoques ou perspectivas de Paulo e sua teologia.[3] Qualquer tentativa desse tipo se dá

[1]A abordagem aqui se concentrará nas cartas "incontestes": Romanos, 1—2Coríntios, Gálatas, Filipenses, 1Tessalonicenses e Filemom.

[2]Abordar plenamente o imenso campo da teologia paulina é impossível neste capítulo. Para abordagens mais extensas, veja N. T. Wright, *Paul and his recent interpreters* (Minneapolis: Fortress, 2015); Magnus Zetterholm, *Approaches to Paul: a student's guide to recent scholarship* (Minneapolis: Fortress, 2009).

[3]Para livros que examinam várias perspectivas em um único volume, veja Michael F. Bird, org., *Four views on the apostle Paul* (Grand Rapids: Zondervan, 2012), com ensaios de Thomas Schreiner (reformado), Luke Johnson (católico romano), Douglas Campbell (pós-Nova Perspectiva) e Mark Nanos (judeu), cada um respondendo aos demais; também, Scot McKnight; Joseph B. Modica, orgs., *Preaching Romans: four*

sobretudo por motivos heurísticos e será imperfeita. Por isso, proponho três advertências: (i) há variedade dentro de cada perspectiva; (ii) há intersecções entre as perspectivas; e (iii) alguns intérpretes questionam a classificação. Além do mais, é importante reconhecer que a maioria dos estudantes da teologia de Paulo leva para o estudo suas próprias preocupações hermenêuticas (interpretativas), preocupações que podem ser mais ou menos explícitas.

A perspectiva antiga/tradicional/reformada/luterana

No princípio, por assim dizer, havia a perspectiva tradicional (ou reformada, ou luterana, ou antiga) sobre Paulo. Pelo menos, é o que a maioria dos intérpretes diria sobre o último meio século de interpretações paulinas. Mas o que exatamente é essa interpretação tradicional (em grande parte protestante)? Em sua formulação mais simples, ela consiste na ideia de que, por causa da morte vicária de Cristo pelos pecadores, Deus, por sua graça, declara justos todos os que têm fé em Cristo, independentemente de qualquer esforço ou obra da parte deles. Justificação é um ato jurídico, ou forense, e costuma-se dizer que, nesse veredicto, a justiça de Cristo é "imputada" aos crentes. Claro, há várias nuances históricas e atuais dessa perspectiva, bem como várias críticas e defesas dela.

Talvez a defesa mais completa da perspectiva "antiga", com réplicas à Nova Perspectiva sobre Paulo (a NPP é definida a seguir), surgida em resposta a ela, venha de Stephen Westerholm.[4] Westerholm recapitula o que Agostinho, Lutero, Calvino e Wesley disseram a respeito de Paulo antes de responder aos críticos da perspectiva tradicional e apresentar sua própria interpretação sobre o que Paulo diz a respeito de justiça, lei, graça e justificação. Westerholm conclui que Paulo é um defensor da graça abundante para os pecadores (ênfase tradicional) *e* da anulação das fronteiras étnicas (ênfase da NPP). Essa perspectiva é, ou deveria ser considerada, uma apresentação equilibrada e satisfatória para muitos intérpretes.

Do mesmo modo, em certos praticantes dessa abordagem mais tradicional, como Douglas Moo, apresentam abertura para dialogar com perspectivas fundamentalmente diferentes, entre elas a NPP e as abordagens apocalíptica e participacionista.[5] Além disso, as monografias de Simon Gathercole sobre

perspectives (Grand Rapids: Eerdmans, 2019), com perspectivas de Stephen Westerholm (reformacional), Scot McKnight (nova), Douglas Campbell (apocalíptica) e Michael Gorman (participacionista).

[4]Stephen Westerholm, *Perspectives old and new on Paul: the "Lutheran" Paul and his critics* (Grand Rapids: Eerdmans, 2004).

[5]E.g., Douglas Moo, *Galatians*, BECNT (Grand Rapids: Baker Academic, 2013).

jactância e salvação, bem como sobre expiação substitutiva, são exemplos de exame rigoroso e equilibrado de questões polêmicas.[6]

Entre outros defensores da perspectiva tradicional estão A. Andrew Das, Thomas Schreiner e John Piper. Piper é mais conhecido por sua crítica à perspectiva de N. T. Wright sobre a justificação.[7] Entre as contribuições de Schreiner, estão alguns comentários, teologias bíblicas e obras teológicas em que a teologia paulina recebe destaque.[8]

Estudos recentes sobre os reformadores sublinharam que suas teologias da justificação não podem ser separadas de suas teologias da união com Cristo. A obra mais significativa sobre essa associação relativamente à interpretação de Paulo é *Reading Paul with the Reformers* [Lendo Paulo com os reformadores], de Stephen Chester, um livro aclamado por estudiosos de várias correntes como um marco.[9] Chester procura conciliar as perspectivas antigas com as mais novas, alegando que a "justiça incorporada" dos reformadores também trata das preocupações manifestadas pelas perspectivas participacionista, nova e apocalíptica.

A(s) nova(s) perspectiva(s)

A origem da Nova Perspectiva sobre Paulo (NPP) — que na verdade deveria se chamar as Novas Perspectivas (no plural) — costuma ser atribuída a Krister Stendahl. Não havia em Paulo, segundo Stendahl, nenhum complexo de culpa introspectivo moderno ou semelhante ao de Lutero e ele não foi convertido, mas chamado.[10] O objetivo fundamental da NPP, liderada por seus três grandes arquitetos — E. P. Sanders, James D. G. Dunn e N. T. Wright — é situar Paulo com mais firmeza em seu contexto judaico.[11] A posição deles às vezes é resumida em duas declarações principais: Paulo estava preocupado com o "etnocentrismo" e entendia a justificação como realidade social,

---

[6]Simon J. Gathercole, *Where is boasting? Early Jewish soteriology and Paul's response in Romans 1—5* (Grand Rapids: Eerdmans, 2002); Gathercole, *Defending substitution: an essay on atonement in Paul* (Grand Rapids: Baker Academic, 2015).

[7]John Piper, *The future of justification: a response to N. T. Wright* (Wheaton: Crossway, 2007) [edição em português: *O futuro da justificação* (Niterói: Tempo de Colheita, 2011)].

[8]E.g., Thomas R. Schreiner, *Paul, apostle of God's glory in Christ: a Pauline theology* (Downers Grove: InterVarsity, 2001) [edição em português: *Teologia de Paulo: o apóstolo da glória de Deus em Cristo* (São Paulo: Vida Nova, 2015)]; Schreiner, *Galatians*, ZECNT (Grand Rapids: Zondervan, 2010); Schreiner, *Faith alone: the doctrine of justification — what the Reformers taught... and why it still matters* (Grand Rapids: Zondervan, 2015) [edição em português: *Somente pela fé: a doutrina da justificação* (São Paulo: Cultura Cristã, 2019)].

[9]Stephen J. Chester, *Reading Paul with the Reformers: reconciling Old and New Perspectives* (Grand Rapids: Eerdmans, 2017).

[10]Krister Stendahl, *Paul among the Jews and Gentiles* (Philadelphia: Fortress, 1976).

[11]Para um resumo, veja Kent L. Yinger, *The New Perspective on Paul: an introduction* (Eugene: Cascade, 2011).

horizontal ou eclesial. Isto é, a principal preocupação de Paulo ao descartar as "obras da lei" para a justificação não era legalismo ou "justiça de obras" (como foi associado, correta ou incorretamente, à antiga perspectiva), mas o uso indevido dos marcadores de limites como a circuncisão, as leis alimentares e práticas relativas ao calendário para excluir os gentios.

O altamente influente *Paul and Palestinian Judaism* [Paulo e o judaísmo palestino] (1977), de E. P. Sanders, havia revolucionado os estudos paulinos por criticar a visão comum que tinha o judaísmo do Segundo Templo como uma religião de justificação pelas obras, substituindo essa ideia pelo que ele chamou de "nomismo da aliança", e propondo a participação em Cristo, e não a justificação, como o centro da teologia de Paulo. Obviamente, os argumentos de Sanders seriam questionados, mas a revolução tinha começado.[12]

Infelizmente, no coroamento de seu estudo de Paulo publicado em 2015, Sanders não dialoga com aqueles que criticaram sua obra — nem com os muitos outros intérpretes recentes de Paulo.[13] Entretanto, ele reapresenta muitas de suas assertivas originais ao mesmo tempo que apresenta ênfases novas: a diferença entre as desnecessárias "obras da lei" (como a circuncisão) e as necessárias "boas obras", a natureza essencialmente equivalente da justificação e da participação e a probabilidade de que o pensamento de Paulo evoluiu.

Em 2005, James Dunn publicou uma coleção de ensaios redigidos ao longo de um quarto de século. No prefácio da coleção, Dunn declara ter a convicção de que a Nova Perspectiva trouxe contribuições importantes e não pretende *substituir*, mas, sim, *complementar* outras perspectivas, as antigas, inclusive.[14] Quanto ao terceiro principal arquiteto da NPP, N. T. Wright, sua obra será examinada em separado mais adiante.

De muitas maneiras, como já se observou, estamos vivendo na era pós-Nova Perspectiva, embora muitas, ou algumas — dependendo do ponto de vista de cada um! —, reflexões e ênfases da NPP permaneçam conosco.

A perspectiva narrativa

Paulo é um teólogo narrativo? Será que suas cartas contêm ou têm por fundamento uma história ou talvez várias histórias? Esse tipo de perguntas

[12]E. P. Sanders, *Paul and Palestinian Judaism* (Philadelphia: Fortress, 1977). Quanto às contestações à NPP, veja, e.g., Westerholm, *Perspectives*; Donald Carson; Peter T. O'Brien; Mark A. Seifrid, orgs., *Justification and variegated nomism*, vol 1, *The complexities of Second Temple Judaism* (Grand Rapids: Baker Academic, 2001); Carson; O'Brien; Seifrid, orgs., *Justification and variegated nomism*, vol. 2, *The paradoxes of Paul* (Grand Rapids: Baker Academic, 2004).

[13]E. P. Sanders, *Paul: the apostle's life, letters, and thought* (Minneapolis: Fotress, 2015).

[14]James D. G. Dunn, *The New Perspective on Paul*, ed. rev. (Grand Rapids: Eerdmans, 2008). Veja espec. p. xi do prefácio [edição em português: *A nova perspectiva sobre Paulo* (São Paulo: Paulus, 2011)].

começou a surgir quase ao mesmo tempo em que a NPP estava a todo vapor. O primeiro livro de Richard Hays sobre as "subestruturas" narrativas, a contribuição de Wright a respeito das cosmovisões exprimidas nas histórias e as assertivas de Ben Witherington sobre o "mundo do pensamento narrativo" de Paulo trouxeram respostas afirmativas às perguntas propostas.[15]

Uma coleção de ensaios, organizada por Bruce Longenecker, sobre as várias histórias encontradas em Romanos e Gálatas (e.g., criação, Abraão, Israel, Jesus) nos deu uma boa ideia dos problemas e das posições defendidas em 2002, mas tudo indica que está na hora de uma avaliação atualizada.[16] Enxergando uma ligação entre os gêneros narrativo e apocalíptico (veja mais adiante), Longenecker e Todd Still mostram um entendimento híbrido do discurso teológico de Paulo, vendo nele uma "narrativa apocalíptica". Eles comparam a "grande" narrativa de Paulo às "macronarrativas" judaicas e romanas da época do apóstolo e demonstram que Paulo deseja moldar as "micronarrativas" corporificadas das primeiras comunidades cristãs.[17]

Meu próprio trabalho sobre Paulo também salientou a narrativa, particularmente ao falar da espiritualidade de cruciformidade (existência em forma de cruz) paulina e de sua soteriologia.[18] J. Paul Sampley, entre outros, descobre em Paulo a "Grande História" — da criação à restauração final —, que está centrada na morte e ressurreição de Cristo e ajuda a prover recursos morais para os cristãos ou "seres da nova criação".[19] Com respeito às cartas específicas, a obra de Hays sobre Gálatas continua influente, assim como são influentes as interpretações narrativas de Romanos de Katherine Grieb e de Wright.[20]

Ao mesmo tempo, A. Andrew Das fez uma advertência importante depois de examinar várias propostas para as supostas narrativas subjacentes

---

[15]Richard B. Hays, *The faith of Jesus Christ: the narrative substructure of Gal 3.1—4.11*, 2. ed. (Grand Rapids: Eerdmans, 2002; 1ª ed. 1983); N. T. Wright, *The New Testament and the people of God* (Minneapolis: Fotress, 1992) [edição em português: *O Novo Testamento e o povo de Deus* (São Paulo: Thomas Nelson Brasil, 2022)]; Ben Witherington III, *Paul's narrative thought world* (Louisville: Westminster John Knox, 1994).

[16]Bruce W. Longenecker, org., *Narrative dynamics in Paul* (Louisville: Westminster John Knox, 2002). Contribuidores incluem Longenecker, Douglas Campbell, John Barclay, Andrew Lincoln, James Dunn e Francis Watson.

[17]Bruce W. Longenecker e Todd D. Still, *Thinking through Paul: an introduction to his life, letters, and theology* (Grand Rapids: Zondervan, 2014), p. 295-377.

[18]Michael J. Gorman, *Cruciformity: Paul's narrative spirituality of the cross* (Grand Rapids: Eerdmans, 2001); Gorman, *Inhabiting the cruciform God: kenosis, justification, and theosis in Paul's narrative soteriology* (Grand Rapids: Eerdmans, 2009).

[19]J. Paul Sampley, *Walking in love: moral progress and spiritual growth with the apostle Paul* (Minneapolis: Fortress, 2016).

[20]A. Katherine Grieb, *The story of Romans: a narrative defense of God's righteousness* (Louisville: Westminster John Knox, 2002); N. T. Wright, "The letter to the Romans: introduction, commentary, and reflections", in: *The New Interpreter's Bible*, vol. 10., Leander E. Keck et al., orgs. (Nashville: Abingdon, 2002), p. 393-770.

na carta aos Gálatas como um todo (e.g., aliança, êxodo ou seita imperial).[21] Andrew Das pede cautela e nos lembra da necessidade de uma argumentação cuidadosa quando os estudiosos dizem encontrar narrativas, sobretudo narrativas grandiosas, nas cartas de Paulo.

A perspectiva apocalíptica

A perspectiva apocalíptica salienta que o apocalipse (revelação, desvelamento) de Deus em Cristo é a incursão inesperada de Deus na história humana para resgatar as pessoas e, por fim, o cosmo inteiro dos poderes cósmicos do Pecado e da Morte. Desse modo, a tradicional metáfora do tribunal de justiça para a justificação e a salvação é considerada insuficiente e qualquer termo que dê a entender uma história de salvação contínua (que pode estar associada a certas formas tanto da perspectiva antiga quanto da nova) precisa ser substituído ou radicalmente modificado. Os fundamentos dessa abordagem foram assentados no século passado por Ernst Käsemann, J. Christian Beker e J. Louis Martyn, sendo desenvolvidos sobretudo pelos alunos formais e informais de Martyn. Um comentário de Martyn sobre Gálatas representa bem essa abordagem: "Gálatas é um testemunho particularmente claro de uma das convicções básicas de Paulo: o evangelho diz respeito à invasão divina do cosmo (teologia) e não ao movimento humano para a bem-aventurança (religião)".[22]

Continuando a tradição de interpretar Gálatas dessa maneira, há o comentário de Martinus de Boer, bem como parte da obra de Susan Eastman (que também enfatiza a participação, tratada mais adiante).[23] Outra voz de renome na escola apocalíptica é Beverly Gaventa, cujo foco recente tem sido Romanos: uma breve introdução, um comentário (que está sendo preparado) e uma significativa coleção de ensaios sobre Romanos 5—8 em que ela atua como organizadora.[24] Entre os colaboradores da obra estão, além da própria Gaventa, de Boer, Eastman, Martyn e o teólogo Philip Ziegler, representando a escola apocalíptica, bem como estudiosos de outras perspectivas, entre eles Stephen Westerholm, John Barclay e Neil Elliott.

[21]A. Andrew Das, *Paul and the stories of Israel: grand thematic narratives in Galatians* (Minneapolis: Fortress, 2016).

[22]J. Louis Martyn, *Galatians*, AYB 33A (New York: Doubleday, 1998), p. 349. A dívida de Martyn para com Karl Barth é evidente.

[23]Martinus C. de Boer, *Galatians*, NTL (Louisville: Westminster John Knox, 2011); Susan Grove Eastman, *Recovering Paul's mother tongue: language and theology in Galatians* (Grand Rapids: Eerdmans, 2007).

[24]Beverly Roberts Gaventa, *When in Romans: an invitation to linger with the Gospel according to Paul* (Grand Rapids: Baker Academic, 2016); Beverly Roberts Gaventa, org., *Apocalyptic Paul: Cosmos and anthropos in Romans 5—8* (Waco: Baylor University Press, 2013).

Ninguém fez de Romanos 5—8 e da interpretação apocalíptica de Paulo parte mais central de sua obra do que Douglas Campbell, sobretudo em sua obra-prima, *The deliverance of God* [A libertação de Deus].[25] Campbell busca redescobrir a teologia da justificação paulina em Romanos e em outros textos. Sua esperança é resgatar, ao mesmo tempo, a igreja e a academia do deletério erro teológico (na opinião dele) da teoria da justificação (a TJ; i.e., a perspectiva antiga) e resolver o "debate de Romanos" — a busca pela ocasião de redação e pela mensagem da carta. Campbell chama a TJ de um pseudoevangelho individualista, prospectivo, condicional, contratual e, possivelmente, até mesmo idólatra que anuncia ajustiça punitiva divina e apresenta um deserto soteriológico; e a "fortaleza textual" desse pseudoevangelho seria Romanos 1—4. Campbell argumenta que grande parte desses capítulos (sobretudo 1.18—3.20) reflete a perspectiva equivocada do(s) Mestre(s) de Roma, perspectiva que Paulo corrige, sobretudo em Romanos 5—8. Para Paulo, argumenta Campbell, a justificação é libertadora, participativa, transformadora, trinitária e comunitária. O evangelho de Paulo é não contratual e só pode ser discernido de forma retrospectiva (à luz de Cristo), e nunca prospectiva (da aflição à solução, do pecado à salvação).[26] Campbell chama isso não de nova *perspectiva* (que ele diz não ter mudado muito), mas de novo *paradigma*. Assim como no caso de Martyn, a influência de Barth é palpável.

A reação à Campbell tem sido forte e heterogênea. Os defensores da perspectiva tradicional consideraram a polêmica dele injusta e de conteúdo pouco convincente. Mesmo os apoiadores da interpretação geral de Campbell talvez achem a polêmica inadequada e o tratamento de Romanos 1.18—3.20 equivocado.[27]

Seguindo Martyn, os defensores da perspectiva apocalíptica geralmente consideram a visão apocalíptica (foco na ruptura) antitética à visão aliancística (foco no cumprimento). Por isso, alguns minimizam ou desacreditam a ideia de continuidades histórico-salvíficas entre a história de Israel e o evento Cristo. Contudo, é ampla a diversidade de entendimento do que significam "apocalipse" e "apocalíptico" em Paulo, como demonstra a coleção de ensaios intitulada *Paul and the apocalyptic imagination* [Paulo e a

[25]Douglas A. Campbell, *The deliverance of God: an apocalyptic rereading of justification in Paul* (Grand Rapids: Eerdmans, 2009).

[26]Em obra anterior, Campbell abrevia o evangelho de Paulo como EMPP: "escatologia martirológica pneumatologicamente participativa". Campbell, *The quest for Paul's gospel: a suggested strategy* (New York: T&T Clark, 2005).

[27]Além das numerosas resenhas do livro, veja Chris Tilling, org., *Beyond old and new perspectives on Paul: reflections on the work of Douglas Campbell* (Eugene: Cascade, 2014).

imaginação apocalíptica].[28] A coleção tem ensaios de acadêmicos renomados e de perspectivas variadas (às vezes quase antitéticas): de Boer, Campbell, Gaventa e Ziegler, da escola apocalíptica; Wright, seu aluno J. P. Davies e o presente autor, que procuram a aliança, a promessa e a história da salvação *bem como* a incursão repentina; e outras vozes importantes. Alguns ensaios, portanto, representam um coro crescente de estudiosos que declaram ser incorreto colocar em oposição as perspectivas apocalíptica e a da aliança (ou histórico-salvífica). Esses temas, de acordo com tais estudiosos, são aspectos complementares da teologia de Paulo.[29]

A perspectiva participativa/transformacional

Os temas da participação e da transformação em Cristo são aspectos das cartas de Paulo que todos os estudiosos de Paulo observam. Alguns intérpretes, todavia, seguindo as alegações de estudiosos do começo do século 20, como Albert Schweitzer e Adolf Deissmann e depois E. P. Sanders, acreditam que a participação está no centro da teologia e da experiência de Paulo. Dois elementos linguísticos centrais exprimem a participação nas cartas de Paulo: a expressão "em Cristo" (e similares) e a preposição e prefixo *syn/sym-*-[sin-/sim-], que significa *com* ou *co-*.[30] Além dos próprios termos *participação* e *(estar) em Cristo*, entre os termos empregados para designar a teologia paulina da participação (ou aspectos dela) estão *incorporação*, *identificação*, *união*, *habitação (mútua)* e mesmo *misticismo (de Cristo)*.

Uma coleção recente de ensaios sobre o assunto, coorganizada pelo teólogo Kevin Vanhoozer, inclui uma valiosa pesquisa do próprio Vanhoozer sobre os avanços do estudo do tema.[31] Entre os colaboradores, estão os intérpretes apocalípticos Douglas Campbell, que defende que a "fé" em Paulo é participativa, e Susan Eastman, que se concentra na participação e no Espírito. A presença deles reflete a frequente intersecção entre os enfoques apocalíptico e participatório em Paulo. Constantine Campbell, Joshua Jipp

[28]Ben C. Blackwell; John K. Goodrich; Jason Maston, orgs., *Paul and the apocalyptic imagination* (Minneapolis: Fortress, 2016).

[29]Veja tb., e.g., Jamie P. Davies, *Paul among the apocalypses? An evaluation of the "apocalyptic Paul" in the context of Jewish and Christian apocalyptic literature*, LNTS 562 (London: Bloomsbury T&T Clark, 2016); D. A. B. Shaw, "Apocalyptic and covenant: perspectives on Paul or antinomies at war?", *JSNT* 36 (2013): 155-71.

[30]Para uma análise exegética e teológica completa, veja Constantine R. Campbell, *Paul and union with Christ: an exegetical and theological study* (Grand Rapids: Zondervan, 2012); para uma abordagem penetrante que usa a linguística cognitiva, veja Frederick S. Tappenden, *Resurrection in Paul: cognition, metaphor, and transformation*, ECIL 19 (Atlanta: SBL Press, 2016).

[31]Michael J. Thate; Kevin J. Vanhoozer; Constantine R. Campbell, orgs., *"In Christ" in Paul: explorations in Paul's theology of union and participation* (Grand Rapids: Eerdmans, 2018). Para uma visão geral, Veja tb. Haley Goranson Jacob, *Conformed to the image of His Son: reconsidering Paul's theology of glory in Romans* (Downers Grove: InterVarsity, 2018), p. 123-40.

e Grant Macaskill contribuíram para a discussão com uma monografia cada um e têm ensaios no livro.[32] A minha contribuição conecta o tema da participação (teose) ao da missão.

Embora tenha afirmado que a participação era central em Paulo, Sanders também disse que não sabia exatamente o que significa a participação. Richard Hays arriscou uma resposta, propondo quatro "modelos" de participação em Paulo: pertencer a uma família, ser solidário política ou militarmente com Cristo, participar da *ekklēsia* e (sobretudo, para Hays) viver na "história de Cristo".[33] Outros seguiram o exemplo de variadas maneiras.

Incitados em parte pela análise de Morna Hooker dos textos paulinos de "intercâmbio" (como Rm 8.3,4; 2Co 5.21; Gl 3.13), que se assemelham à ideia patrística de que "Cristo se tornou o que somos para que nós nos tornássemos o que ele é", e também pela sugestão de Richard Hays de que os estudiosos "olhem para o Oriente" (i.e., para os Pais e a ortodoxia oriental) para entender o idioma participativo de Paulo,[34] alguns estudiosos alegaram que, em virtude do vocabulário sobre a participação incluir a ideia de transformação, talvez sejam necessários outros termos para designar sua teologia. Isso produziu investigações históricas e literárias/teológicas que usam palavras como *cristificação* e *cristose* (e.g., Ben Blackwell) e mesmo *deificação* ou *teose* (e.g., David Litwa, Gorman) para caracterizar a teologia paulina de participação e transformação.[35] *Cruciformidade*, pode-se dizer, é, na verdade, *teo*formidade. Blackwell foi pioneiro entre os estudiosos ocidentais na leitura de Paulo com a ajuda dos Pais da Igreja, especialmente Ireneu e Cirilo de Alexandria. Litwa, por sua vez, situou o conceito paulino de deificação no ambiente religioso contemporâneo de Paulo.

A sugestão de "olhar para o Oriente" também se concretizou de outras formas. Athanasios Despotis, estudioso ortodoxo que trabalha na Alemanha, publicou uma monografia e organizou uma coleção de ensaios em que perspectivas ortodoxas dialogam com outras perspectivas sobre Paulo, sobretudo

[32]Veja tb. C. Campbell, *Paul and union with Christ*; Joshua W. Jipp, *Christ is King: Paul's royal ideology* (Minneapolis: Fortress, 2015); Grant Macaskill, *Union with Christ in the New Testament* (New York: Oxford University Press, 2013) [edição em português: *Vivendo em união com Cristo: o evangelho de Paulo e a identidade moral cristã* (São José dos Campos: Fiel, 2021)].

[33]Richard B. Hays, "What is 'real participation in Christ'? A dialogue with E. P. Sanders on Pauline soteriology", in: *Redefining first-century Jewish and Christian identities: essays in honor of Ed Parish Sanders*, Fabian E. Udoh et al., orgs. (Notre Dame, IN: University of Notre Dame Press, 2008), p. 335-51.

[34]Morna D. Hooker, *From Adam to Christ: essays on Paul* (Cambridge: Cambridge University Press, 1990); Hays, "What is 'real participation'?", p. xxxii.

[35]Ben C. Blackwell, *Christosis: engaging Paul's soteriology with his Patristic interpreters* (Grand Rapids: Eerdmans, 2016); M. David Litwa, *We are being transformed: deification in Paul's soteriology*, BZNW 187 (Berlim: de Gruyter, 2012); Gorman, *Inhabiting the cruciform God*.

as perspectivas antiga e nova.[36] Entre os colaboradores da coleção, há estudiosos ortodoxos, como o próprio Despotis, Edith Humphrey, Konstantinos Nikolakopoulos e James Buchanan Wallace, bem como estudiosos não ortodoxos como Michael Wolter, Jacobus (Kobus) Kok, John Anthony Dunne e este autor. De forma mais ou menos similar, algumas contribuições católicas romanas recentes, sobretudo a respeito da justificação, têm travado um diálogo crítico com as novas perspectivas e defendido o entendimento transformacional da justificação.[37]

O tema da participação também tem sido por vezes associado a preocupações hermenêuticas específicas. Por exemplo, Pathipati Victor Paul, na Índia, defende uma "eclesiologia libertadora inclusiva" em seu estudo da expressão "em Cristo" empregada por Paulo.[38]

Perspectivas políticas (anti-imperialistas, liberacionistas, pós-coloniais)

Chegamos agora a um grupo de perspectivas políticas intimamente relacionadas. A perspectiva anti-imperialista sobre Paulo — já rotulada por N. T. Wright de "novíssima perspectiva"[39] — defende que o evangelho de Paulo era implícita ou explicitamente uma crítica e uma alternativa a Roma: a seus senhores e deuses, sobretudo o imperador; a seu "evangelho", ou ideologia, subjacente; a seus valores de honra, piedade, fidelidade e justiça. Os proponentes dessa perspectiva afirmam que Paulo apresenta Jesus, e não César, como o verdadeiro Senhor e a comunidade "em Cristo" como política alternativa ao império opressor. Nas tantas vezes citadas palavras de Wright: "Se Jesus é Senhor, César não é".

Uma versão anterior dessa perspectiva é o livro de Dieter Georgi, *Theocracy in Paul's* praxis *and theology* [Teocracia na *praxis* e na teologia de Paulo.[40] Um de seus principais arquitetos é Richard Horsley, cuja obra pioneira incluiu a organização de vários volumes de ensaios de diferentes

---

[36]Athanasios Despotis, *Die "New Perspective on Paul" und die griechisch-orthodoxe Paulusinterpretation*, VIOTh 11 (St. Ottilien: EOS-Verlag, 2014); Athanasios Despotis, org., *Participation, justification, and conversion: Eastern Orthodox interpretation of Paul and the debate between "old and new perspectives on Paul"*, WUNT 2/442 (Tübingen: Mohr Siebeck, 2017).

[37]E.g., Jean-Noël Aletti, *Justification by faith in the letters of Saint Paul: keys to interpretation*, trad. Peggy Manning Meyer (Roma: Gregorian & Biblical Press, 2015); Thomas D. Stegman, "Paul's use of *dikaio*-terminology: moving beyond N. T. Wright's forensic interpretation", *TS* 72 (2011): p. 496-524. Stegam aprecia as obras de Hays e Gorman.

[38] Pathipati Victor Paul, *Exploring socio-cultural aspects of Pauline ecclesiology: a study of Paul's term "in Christ"*, Biblical Hermeneutics Rediscovered 13 (Nova Deli, Índia: Christian World Imprints, 2018).

[39]N. T. Wright, *Paul: in fresh perspective* (Minneapolis: Fortress, 2005), p. 40, 59-79 [edição em português: *Paulo: novas perspectivas* (São Paulo: Loyola, 2009)].

[40]Dieter Georgi, *Theocracy in Paul's praxis and theology*, trad. David E. Green (Minneapolis: Fortress, 1991).

defensores da perspectiva.[41] Entre seus principais proponentes, além de Horsley e Wright, estão Neil Elliott, Sylvia Keesmaat e Gordon Zerbe.[42]

A interpretação anti-imperialista de Paulo se originou na percepção do imperialismo político e econômico dos dias atuais e, segundo a maioria de seus defensores, trata implícita ou explicitamente dessa percepção. Isto é, tal interpretação oferece uma perspectiva histórica e hermenêutica sobre Paulo. Por conseguinte, seus críticos fizeram acusações contra os dois aspectos. Entre os críticos que partem de uma perspectiva histórica e exegética estão John Barclay (em um famoso diálogo com Wright na reunião anual de 2007 da Society of Biblical Literature) e Seyoon Kim.[43]

Do mesmo modo, um número cada vez maior de estudos da teologia paulina tem interpretado Paulo a partir de uma perspectiva liberacionista ou pós-colonial. Apesar de alguns desses estudos virem de estudiosos do mundo desenvolvido, os estudiosos do mundo majoritário lideram esse campo acadêmico. As abordagens liberacionistas e pós-coloniais a Paulo apresentam as preocupações gerais desses comprometimentos ideológicos: (1) identificar e opor as forças de opressão e o colonialismo exprimidas em textos e nos intérpretes desses textos; e (2) identificar textos e intérpretes que ajudem a desmantelar a opressão e o colonialismo. Muitas obras oriundas do mundo majoritário têm o cuidado especial de interpretar Paulo dentro de um contexto inter-religioso e com sensibilidade para com o cristianismo global.

A obra *The colonized apostle* [O apóstolo colonizado], organizada por Christopher Stanley, é um compêndio prático de vários enfoques de Paulo e do colonialismo.[44] A maioria dos colaboradores da obra se constitui de acadêmicos americanos, embora alguns venham de (ou tenham vivido em) lugares fora dos Estados Unidos que passaram por várias formas de opressão e colonialismo. Uma defensora dessa perspectiva, Elsa Tamez, escreveu

---

[41] Os volumes organizados por Horsley incluem *Paul and Empire: religion and power in Roman imperial society* (Harrisburg, PA: Trinity Press International, 1997) e *Paul and politics: ekklesia, Israel, imperium, interpretation: essays in honor of Krister Stendahl* (Harrisburg, PA: Trinity Press International, 2000).

[42] E.g., Neil Elliott, *The arrogance of nations: reading Romans in the context of Empire* (Minneapolis: Fortress, 2008); Brian J. Walsh e Sylvia C. Keesmaat, *Colossians remixed: subverting the Empire* (Downers Grove: InterVarsity, 2004); Keesmaat e Walsh, *Romans disarmed: resisting Empire, demanding justice* (Grand Rapids: Brazos, 2019); Gordon Mark Zerbe, *Citizenship: Paul on peace and politics* (Winnipeg: CMU Press, 2012). Veja tb. John Dominic Crossan e Jonathan Reed, *In search of Paul: how Jesus' apostle opposed Rome's empire with God's kingdom* (New York: HarperCollins, 2004) [edição em português: *Em busca de Paulo: como o apóstolo de Jesus opôs o reino de Deus ao império romano* (São Paulo: Paulus, 2007)].

[43] Veja John M. G. Barclay, "Why the Roman Empire was significant to Paul", in: *Pauline churches and Diaspora Jews* (Grand Rapids: Eerdmans, 2016), p. 363-87; Seyoon Kim, *Christ and Caesar: the Gospel and the Roman Empire in the writings of Paul and Luke* (Grand Rapids: Eerdmans, 2008). Cf. Scot McKnight; Joseph B. Modica, orgs., *Jesus is Lord, Caesar is not: evaluating Empire in New Testament studies* (Downers Grove: IVP Academic, 2013).

[44] Christopher Stanley, org. *The colonized apostle: Paul in postcolonial eyes*, Paul in Critical Contexts (Minneapolis: Fortress, 2011).

uma obra pioneira sobre a justificação a partir de perspectiva liberacionista latino-americana. Mais recentemente, ela publicou ensaios e um comentário liberacionista e feminista de Filipenses.[45] Nestor Míguez semelhantemente interpretou 1Tessalonicenses como uma mensagem de esperança na perspectiva latino-americana.[46] Do ponto de vista asiático e asiático-americano, Yung Suk Kim, concentrado-se no corpo *crucificado* de Cristo, interpreta a metáfora do corpo em 1Coríntios mais da perspectiva da diversidade do que de unidade, de atenção aos marginalizados e como uma crítica ao poder.[47]

Outros tipos de interpretação liberacionista de Paulo continuam surgindo. Por exemplo, podem-se encontrar leituras feministas recentes de Paulo em parte da obra da intérprete apocalíptica Beverly Gaventa, nos Estados Unidos, e da de Kathy Ehrensperger, na Grã-Bretanha e Europa.[48]

Relacionada a esse grupo de perspectivas e à globalização dos estudos paulinos está a questão de entender e interpretar Paulo de forma transcultural. Ehrensperger, por exemplo, entende que Paulo teologiza acerca de Cristo no "espaço entre" judeus e gentios.[49] Outros estudiosos tentaram situar Paulo em diálogo com culturas atuais de todo o mundo, da americana à asiática e à africana.[50]

A perspectiva "Paulo no judaísmo"

Uma reação proeminente recente contra as perspectivas nova e antiga é a perspectiva "Paulo no judaísmo" (às vezes chamada de "perspectiva radical" ou "nova perspectiva radical"). Esse enfoque surge do trabalho de Stanley Stowers, Lloyd Gaston e John Gager no final do último século. Os três encontraram duas vias de salvação em Paulo: Cristo, para os gentios; e a observância da Torá, para os judeus. Os defensores acreditam que tanto a antiga acusação de legalismo quanto a nova acusação de etnocentrismo — "-ismos" que Paulo supostamente achava problemáticos no judaísmo de sua época — são caracterizações equivocadas tanto do judaísmo antigo quanto de Paulo.

---

[45]Elsa Tamez, *The amnesty of grace: justification by faith from a Latin American perspective*, trad. Sharon H. Ringe (Nashville: Abingdon, 1993); Tamez, "Philippians", in: *Phillipians, Colossians, Philemon*, Elsa Tamez et al., orgs., Wisdom Commentary (Collegeville, MN: Liturgical Press, 2017).

[46]Nestor O. Míguez, *The practice of hope: ideology and intention in 1Tessalonians*, trad. Aquíles Martínez, Paul in critical contexts (Minneapolis: Fortress, 2012).

[47]Yung Suk Kim, *Christ's body in Corinth: the politics of a metaphor*, Paul in Critical Contexts (Minneapolis: Fortress, 2008).

[48]Beverly Roberts Gaventa, *Our mother Saint Paul* (Louisville: Westminster John Knox, 2007); Kathy Ehrensperger, *That we may be mutually encouraged: feminism and the new perspective in Pauline studies* (New York: T&T Clark, 2004).

[49]Kathy Ehrensperger, *Paul at the crossroads of cultures: theologizing in the space between*, LNTS 456 (London: Bloomsbury T&T Clark, 2013).

[50]Veja, e.g., Charles H. Cosgrove, Herold D. Weiss e K. K. (Khiok-Khng) Yeo, *Cross-cultural Paul: journeys to others, journeys to ourselves* (Grand Rapids: Eerdmans, 2005).

Eles também acreditam que as perspectivas tradicionais, e mesmo as novas, estão tão influenciadas pelas próprias convicções cristãs de seus proponentes, que não conseguem entender adequadamente Paulo e suas comunidades. Os defensores da perspectiva Paulo-no-judaísmo sustentam que Paulo permaneceu firmemente dentro judaísmo, como um judeu observante da Torá, mesmo sendo apóstolo do Messias. Entre os estudiosos cristãos e judeus que adotam esse enfoque de Paulo estão Pamela Eisenbaum, Neil Elliott, Paula Fredriksen, Mark Nanos, Matthew Thiessen e Magnus Zetterholm. Nanos e Zetterholm organizaram uma coleção de ensaios desses estudiosos.[51]

Dois exemplos dessa perspectiva, um da autoria de um estudioso judeu e o outro escrito por um cristão, são *Paul was not a Christian* [Paulo não era cristão], de Eisenbaum, e *Paul and the Gentile problem* [Paulo e o problema dos gentios], de Thiessen.[52] Eisenbaum alega, de forma incontroversa, que Paulo viveu e morreu judeu. Ela, portanto, demonstra certo apreço pela nova perspectiva, mas adota postura extremamente crítica em relação à antiga. Em última análise, contudo, Eisenbaum se afasta da NPP, alegando que os judeus já estão justificados e, portanto, não precisam de Cristo. Do mesmo modo, embora talvez um pouco mais sensível a aspectos da perspectiva tradicional, Thiessen defende que Paulo não se opunha de forma alguma aos judeus, à lei ou à prática judaica da lei; ele apenas era contra exigir que os gentios praticassem a lei. Thiessen defende ainda que os gentios se tornam parentes de Abraão não pela circuncisão, mas por receberem o *pneuma* (espírito) do Messias Jesus.

Os proponentes da nova perspectiva radical encontraram apoio em sua insistência no aspecto judeu de Paulo. Mas ainda há dúvidas acerca de quão observante da Torá Paulo era e, sobretudo, a respeito da assertiva de que ele não considerava Cristo o caminho de salvação para os judeus.

A perspectiva "wrightiana" (N. T. Wright e seus alunos)

N. T. Wright é, sem dúvida, o intérprete de Paulo mais influente das últimas quatro décadas. Mesmo seus críticos mais veementes se veem obrigados a levar sua obra a sério. Aqui, vamos examinar apenas dois de seus livros.[53]

Paul: in fresh perspective [Paulo: novas perspectivas][54] é a revisão de Wright de suas Hulsean Lectures, ministradas em Cambridge. As duas partes do

---

[51]Mark D. Nanos; Magnus Zetterholm, orgs., *Paul within Judaism: restoring the first-century context to the apostle* (Minneapolis: Fortress, 2015).

[52]Pamela Eisenbaum, *Paul was not a Christian: the original message of a misunderstood apostle* (New York: HarperOne, 2009); Matthew Thiessen, *Paul and the Gentile problem* (New York: Oxford University Press, 2016).

[53]Veja tb., entre outras obras, seu livro *Pauline perspectives: essays on Paul, 1978—2013* (Minneapolis: Fortress, 2013).

[54]Edição em português: *Paulo: novas perspectivas* (São Paulo: Loyola, 2009).

livro lidam, respectivamente, com "temas" e "estruturas". Entre os temas, estão questões como os três mundos de Paulo, criação e aliança, messias e apocalíptica, e império. As estruturas, por sua vez, compreendem reexaminar Deus, o povo de Deus e o futuro de Deus. A primeira parte interage com algumas questões dos estudos paulinos, enquanto a segunda apresenta o entendimento de Wright da tarefa teológica de Paulo: retrabalhar os principais temas da teologia do judaísmo do Segundo Templo à luz de Cristo e do Espírito.

Paul and the faithfulness of God (*PFG*) [Paulo e a fidelidade de Deus][55], a obra-prima de Wright, é seu desenvolvimento completo das teses encontradas em *Fresh perspective*: a reconfiguração paulina do monoteísmo judeu, da eleição e da escatologia em torno de Jesus e do Espírito, tudo em diálogo simultâneo com a filosofia e a religião gregas, bem como com as realidades do Império Romano. Defendendo a coerência narrativa e teológica do pensamento de Paulo, Wright busca superar numerosas dicotomias que caracterizaram os estudos paulinos recentes, como, por exemplo, a perspectiva jurídica *versus* participativa e a perspectiva apocalíptica *versus* aliancística/histórico-soteriológica. Wright começa com a visão de mundo paulina, ou a mentalidade do apóstolo, que, segundo ele, inevitavelmente levou à teologia a fim de que a visão de mundo se sustentasse. A *ekklēsia* é o símbolo central da nova visão de mundo e constitui, em sua unidade e santidade, um "microcosmo" do futuro de Deus.

Wright percebe em Paulo, desde cedo, uma cristologia e uma pneumatologia "elevadas", que estão no âmago de sua reinterpretação da narrativa soteriológica de Paulo sobre YHWH e Israel. Essa estrutura narrativa tem três componentes principais: (1) o retorno de YHWH em e como Jesus, produzindo o novo êxodo e encerrando o exílio contínuo de Israel; (2) Deus pondo o mundo em ordem não por meio de Israel, que não cumpriu a tarefa da qual havia sido incumbida, mas por meio do Messias Jesus como o representante fiel de Israel; e (3) o forte contraste entre a atividade de YHWH em Jesus e a narrativa de salvação do Império Romano. A restauração de Israel e a nova aliança prometidas nas profecias começaram, de modo estarrecedor (i.e., "apocalíptico"), na e mediante a morte e ressurreição do Messias, criando um novo templo (a *ekklēssia*) para a habitação do Espírito de Deus.

A obra de Wright foi alvo constante tanto de elogios quanto de críticas. Entre as críticas havia acusações de compreensões equivocadas a respeito da justificação (como declaração divina de quem está na aliança), falta de evidências para sustentar a ideia de um exílio contínuo de Israel no judaísmo

[55]Edição em português: *Paulo e a fidelidade de Deus: as origens cristãs e a questão de Deus* (São Paulo: Paulus, 2021).

do Segundo Templo e adoção da teologia da substituição (substitucionismo). Além das muitas resenhas de seus principais livros, há também uma coleção inteira de ensaios sobre *PFG*.[56] Entre os doutorandos orientados por Wright, tanto de períodos anteriores quanto mais recentes, vemos alguns de seus temas prosseguindo em novas direções.[57] Não menos importantes, no entanto, tem sido os alunos distantes informais de Wright, inclusive colegas acadêmicos, que também desenvolveram partes de sua obra.

A perspectiva da ciência social

Os enfoques sociocientíficos de Paulo o interpretam à luz das realidades sociais do primeiro século e/ou de modelos extraídos das ciências sociais. Wright, para surpresa de alguns, simpatiza com essa abordagem, exemplificada sobretudo na obra de Wayne Meeks e David Horrell.[58] A obra mais antiga e inovadora de Meeks (1983) é uma descrição social das igrejas de Paulo e suas práticas, com atenção especial a Corinto. Como história social, a obra tem consequências inerentes, mas não explícitas, para a eclesiologia contemporânea. O livro de Horrell, por sua vez, é explicitamente hermenêutico, pois enquadra o problema paulino da diferença e da solidariedade nas perspectivas éticas liberais e comunitárias contemporâneas. As teses de Horrell sobre a pureza e o caráter marcante da *ekklēsia* em relação à cultura circundante, bem como sua solidariedade interna combinada com a consideração pelo outro exemplificada em Cristo, que permite a expressão de certas diferenças culturais, estão alinhadas com grande parte dos estudos paulinos recentes (inclusive os de Wright), bem como com estudos no campo da ética cristã.

Entre outros adeptos desse tipo de abordagem geral estão Francis Watson e Peter Oakes. A obra de Oakes sobre interpretar Romanos como uma pregação à igreja doméstica de artesãos "respirando o ar" de uma cidade do primeiro século pode ser caracterizada como um destaque implícito da realidade "encarnacional" de viver o evangelho em circunstâncias concretas.[59] Watson é mais explicitamente teológico — e mais complicado.[60] A primeira

---

[56]Christoph Heilig; J. Thomas Hewitt; Michael F. Bird, orgs., *God and the faithfulness of Paul: a critical examination of the Pauline theology of N. T. Wright*, WUNT 2/413 (Tübingen: Mohr Siebeck, 2016); a obra contém trinta ensaios e resposta de sessenta páginas de Wright. Veja tb. James M. Scott, *Exile: a conversation with N. T. Wright* (Downers Grove: InterVarsity, 2017).

[57]Veja, e.g., Sylvia C. Keesmaat, *Paul and his story: (re)interpreting the exodus tradition*, JSNTSup 181 (Sheffield: Sheffield Academic, 1999); Davies, *Paul among the apocalypses?*; Jacob, *Conformed to the image of his Son*.

[58]Veja Wayne A. Meeks, *The first urban Christians: the social world of the apostle Paul*, 2. ed. (New Heaven: Yale University Press, 2003; 1ª ed., 1983); David G. Horrell, *Solidarity and difference: a contemporary reading of Paul's ethics*, 2. ed. (London: Bloomsbury T&T Clark, 2016; 1ª ed., 2005).

[59]Peter Oakes, *Reading Romans in Pompeii: Paul's letter at ground level* (Minneapolis: Fortress, 2009).

[60]Examinaremos apenas Francis Watson, *Paul, Judaism, and the Gentiles: beyond the new perspective*, ed. rev. (Grand Rapids: Eerdmans, 2007; primeiro publicado em 1986).

edição de seu livro *Paul, Judaism, and the Gentiles* [Paulo, o judaísmo e os gentios] (1986) é uma crítica veemente à perspectiva "luterana"/bultmanniana a favor de algo mais próximo da NPP e tudo isso a partir de uma abordagem sociológica que enfatizava a natureza sectária das comunidades paulinas. A segunda edição, no entanto, tem o subtítulo *Além da nova perspectiva*. Essa edição mantém a tese sectária, mas identifica uma separação mais ampla entre as comunidades paulinas e o "judaísmo", basicamente o farisaísmo. A forte ênfase de Paulo na graça e no Espírito transformador, *versus* a lei, é muito importante. A perspectiva de Watson a respeito de Paulo é obviamente muito diferente das perspectivas da escola Paulo-no-judaísmo, mas, ao contrário do que dizem alguns críticos, ela não é um simples retorno a uma interpretação protestante "tradicional".

A obra de John Barclay sublinhou mais rematadamente as consequências de interpretar Paulo com atenção voltada ao mundo social do apóstolo. Sua obra-prima, *Paul and the gift* [*Paulo e o dom*], foi comparado em importância a *Paul and Palestinian Judaism* [Paulo e o judaísmo palestino], de Sanders, ainda que, é claro, esse tipo de veredicto ainda não seja definitivo.[61]

Barclay situa seu estudo da graça/dom divino (*charis* no grego) em Paulo (Gálatas e Romanos) no contexto das práticas da antiguidade quanto à troca de presentes, do judaísmo do Segundo Templo, da recepção de Paulo do Marcionismo, passando também pela NPP e indo adiante, para a teoria antropológica moderna e a doação de presentes do mundo contemporâneo. Para Paulo, a dádiva Cristo é, acima de tudo, incongruente: é o amor de Deus pelos inamáveis, eliminando todos os sistemas de valor anteriores e está disponível a todos, judeus e gentios. Ademais, no contexto das práticas antigas de troca de presentes, o evento da vida, morte e ressurreição de Cristo como dom divino incomensurável é *incondicionado*, mas não *incondicional*: a graça exige obediência e fé. Quando recebido, o dom deve ser correspondido em certo sentido. Além disso, ele cria uma nova comunidade, como resultado à altura do dom, onde se constrói um *habitus* cristão. Assim como Deus em Cristo, essa comunidade também se caracteriza pela graça contracultural.

Este breve resumo está longe de fazer justiça ao livro de Barclay.[62] As assertivas da obra, todavia, têm vastas e profundas implicações para o entendimento da graça tanto do ponto de vista histórico quanto teológico, impactando a compreensão da natureza e do alcance do evangelho de Paulo e do autoentendimento das próprias comunidades cristãs.

[61]John M. G. Barclay, *Paul and the gift* (Grand Rapids: Eerdmans, 2015), com sumário proveitoso em p. 562-74 [edição em português: *Paulo e o dom* (São Paulo: Paulus, 2018)].

[62]Por exemplo, não examinei sua abordagem às seis "perfeições" da graça, que exigiria muito mais espaço.

AS TEOLOGIAS PAULINAS: ALÉM DE WRIGHT, CAMPBELL E BARCLAY

Tratar da teologia paulina como um todo tem sido tema bastante polêmico (mesmo independentemente do pensamento controverso de alguns estudiosos recentes). Durante um tempo, foi comum examinar a teologia de Paulo carta por carta. Era essa a abordagem básica da unidade de teologia paulina da Society of Biblica Literature, que publicou quatro obras na década de 90 do último século. A teologia paulina sintética de James Dunn, 1998, que refletia uma nova perspectiva um pouco mais contida e com um viés participativo, era deliberadamente moldada pela carta mais sistemática de Paulo, Romanos.[63] Porém, Dunn às vezes é criticado por permitir que Romanos sirva de esboço da teologia paulina, apesar de sua predileção por ressaltar que Paulo é tanto um teologizador quanto um teólogo.

Talvez seja verdade que, hoje, uma pessoa isolada não seria capaz de realizar todo o "trabalho pesado" que uma teologia paulina exige. Em 2004, uma espécie de esforço conjunto reuniu alguns dos maiores estudiosos internacionais para escrever sobre a teologia paulina como uma obra em andamento (tanto a de Paulo quanto a deles).[64] Entre os colaboradores estavam Jean-Noël Aletti, Giuseppe Barbaglio, James Dunn, Neil Elliott, Daniel Marguerat, Romano Penna e Udo Schnelle.

Schnelle é um dos dois importantes estudiosos alemães que escreveram recentemente teologias paulinas que foram traduzidas para o inglês. Antes de propor uma síntese das estruturas básicas da teologia de Paulo (a teologia propriamente, a cristologia, etc.), Schnelle faz uma abordagem gradualista e contextualizada da vida e do pensamento pré-cristãos de Paulo por meio de uma leitura sequencial de suas sete cartas incontestes (de 1Tessalonicenses a Romanos).[65] Para Schnelle, o ponto central dessa teologia é a presença da salvação, que inclui forte ênfase na participação e na transformação (a "vida dentro da esfera de Cristo") e também na justiça. Schnelle também destaca que Paulo se envolvia na formação de sentido histórico (interpretando acontecimentos) e na formação da identidade cristã para a ação no mundo.

---

[63]James D. G. Dunn, *The theology of Paul the Apostle* (Grand Rapids: Eerdmans, 1998) [edição em português: *A teologia do apóstolo Paulo* (São Paulo: Paulus, 2003)].

[64]Andreas Dettwiler; Jean-Daniel Kaestli; Daniel Marguerat, orgs., *Paul, une Théologie en Construction* (Genebra: Labor et Fides, 2004). Veja tb. Stanley E. Porter, org., *Paul and his theology*, Pauline Studies 3 (Boston: Brill, 2006).

[65]Udo Schnelle, *Apostle Paul: his life and theology*, trad. M. Eugene Boring (Grand Rapids: Baker Academic, 2005) [edição em português: *Paulo: vida e pensamento* (São Paulo: Paulus, 2010)].

Assim como a de Schnelle, a obra de Michael Wolter sobre Paulo também trata da formação de identidade.[66] Diferentemente de Schnelle, Wolter não trata de cartas individualmente, mas as considera um conjunto teológico completo. A contribuição de Wolter também se distingue em vários outros aspectos. Particularmente, em que ele entenda Paulo como uma figura ecumênica: o incidente de Antioquia, narrado em Gálatas, foi quase tão decisivo para a teologia de Paulo quanto a sua conversão. O que une os cristãos diversos, tanto naquela época quanto hoje, é a "fé em Cristo", a interpretação de todas as coisas (e.g., as relações sociais) à luz da nova criação que existe em Cristo. A justificação diz respeito tanto à soteriologia quanto à eclesiologia, tanto à declaração quanto à transformação. Os diálogos ecumênicos do próprio Wolter claramente moldaram seu enfoque de Paulo.

A teologia paulina de Frank Matera é singular de um modo diferente: ela trata das treze cartas. Concentra-se, como a obra-prima de Barclay, no tema inconteste, mas altamente importante, da "graça salvadora de Deus", que é, Matera também enfatiza, transformadora.[67] Matera busca demonstrar a coerência teológica inerente às treze cartas, bem como as inter-relações teológicas entre elas, sem tentar a harmonização dos textos diversos. Colossenses, Efésios e as Pastorais são essencialmente fiéis a Paulo, alega Matera. Entre outras contribuições, seu livro mostra a inseparabilidade entre justificação e santificação e argumenta que, entre as "obras da lei", se incluem os marcadores de fronteira, como a circuncisão, e todas as tentativas de observância da lei.

A monografia de Garwood Anderson, que de certa forma une as perspectivas de Schnelle e Matera, adota uma abordagem gradualista à teologia de Paulo ao longo das treze cartas, alegando que a participação é o "fio condutor" que perpassa todo esse *corpus*.[68] Para Anderson, a NPP entende corretamente o Paulo inicial, enquanto a perspectiva antiga entende corretamente as últimas cartas (as que contêm a "nova perspectiva" do próprio Paulo!).

Minha própria teologia de Paulo e de suas cartas tem muito em comum com a obra de Dunn, a de Schnelle, a de Anderson e a de Matera ao enfatizar a participação e a transformação. Entre os aspectos que diferem minha abordagem

---

[66]Michael Wolter, *Paul: an outline of his theology*, trad. Robert L. Brawley (Waco: Baylor University Press, 2015).

[67]Frank J. Matera, *God's saving grace: a Pauline theology* (Grand Rapids: Eerdmans, 2012). Ênfase similar tanto na graça divina como na transformação humana aparece em Brant Pitre, Michael P. Barber e John A. Kincaid, *Paul, a New Covenant Jew: rethinking Pauline theology* (Grand Rapids: Eerdmans, 2019). Os autores, católicos romanos como Matera, buscam sintetizar algumas das abordagens rivais a Paulo.

[68]Garwood P. Anderson, *Paul's new perspective: a soteriological itinerary* (Downers Grove: InterVarsity Press, 2016).

estão a centralidade da cruciformidade (sem deixar de lado a ressurreição) e a natureza profética de Paulo como defensor do *shalom* bíblico (paz e justiça).[69]

TEMAS PERENES: ALGUNS DESDOBRAMENTOS

Tendo examinado o quadro geral, agora nos voltamos para algumas questões específicas. Nas breves resenhas das tendências recentes apresentadas abaixo, um tema importante parece vir à tona: a importância do *relacionamento* na teologia de Paulo.

Cristologia: cruz, ressurreição, identidade

A cristologia continua sendo um tema importante na teologia paulina, com atenção especial nos últimos anos concentrada na importância da morte e ressurreição de Jesus, bem como de sua identidade como o Messias e, talvez, como Deus — o que às vezes é chamado de contribuição paulina para uma "cristologia primitiva elevada".

Quanto à cruz, podemos mencionar dois livros influentes, apesar de nenhum deles tratar apenas de Paulo nem ter foco exclusivamente acadêmico. Do lado apocalíptico, há *The crucifixion* [A crucificação], de Fleming Rutledge, enquanto N. T. Wright oferece uma interpretação mais narrativa e histórico-soteriológica.[70] Para Wright, a morte de Jesus em Paulo é sobretudo uma nova Páscoa/Êxodo, em que as grandes narrativas das Escrituras alcançam seu objetivo. Mas esse objetivo é "revolucionário", na verdade um "resgate revolucionário" que emana do amor divino e cria um povo novo e missionário. Para Wright, há verdade tanto no entendimento substitutivo quanto no apocalíptico/*Christus victor* da expiação.[71]

Alguns estudos recentes demonstraram interesse renovado na ressurreição para contrabalançar, por assim dizer, a atenção dada à cruz em Paulo. O volumoso livro de Wright sobre a ressurreição de Jesus aborda em profundidade vários textos paulinos.[72] Daniel Kirk argumenta que a ressurreição é a chave de Romanos; que o tema confirma a fidelidade de Deus a Israel e a inclusão

[69]Michael J. Gorman, *Apostle of the crucified Lord: a theological introduction to Paul and his letters*, 2. ed. (Grand Rapids: Eerdmans, 2017) [edição em português: *Apóstolo do Senhor crucificado: uma introdução teológica a Paulo e suas cartas* (São Paulo: Hagnos, 2022)].

[70]Fleming Rutledge, *The crucifixion: understanding the death of Jesus Christ* (Grand Rapids: Eerdmans, 2015); N. T. Wright, *The day the revolution began: reconsidering the meaning of Jesus' crucifixion* (New York: HarperCollins, 2016), espec. p. 227-351 [edição em português: *O dia em que a revolução começou* (Brasília: Chara, 2017)].

[71]Quanto à cruz, Veja tb. Gorman, *Cruciformity*; Gorman, *The death of the Messiah and the birth of the New Covenant: a (not so) new model of the atonement* (Eugene: Cascade, 2014).

[72]N. T. Wright, *The resurrection of the Son of God*, vol. 3 de *Christian origins and the question of God* (Minneapolis: Fortress, 2003) [edição em português: *A ressurreição do filho de Deus* (São Paulo: Paulus, 2020)].

dos gentios, vindicando/justificando tanto Deus quanto a humanidade; e que, para os cristãos, ela consiste na presente ressurreição (para a nova vida) e não apenas na ressurreição escatológica.[73] Para Andrew Boakye, a teologia da ressurreição e revivificação é central em Gálatas, advinda dos profetas bíblicos e sendo essencial para a retificação, a nova vida e o novo cosmo.[74]

A identidade do Jesus crucificado e ressuscitado continua a ser explorada. A influente obra de Matthew Novenson sobre o messianismo argumenta que, para Paulo, "Cristo" não é nem nome nem título, mas um "honorífico", semelhante a "Augusto (*Augustus*)" ou "Epifânio" em contextos políticos seculares, não obstante carregado de importância plenamente judia e messiânica.[75] Joshua Jipp defende que o termo "Cristo" de Paulo revela sua adaptação criativa de antigas ideologias sobre bons reis e que essa inovação permeia aspectos significativos da teologia cristocêntrica de Paulo: lei, ética, retidão/justiça, adoração e participação (i.e., no governo do rei messias).[76] Jipp também acredita que a ideologia régia — em que tanto Deus quanto o messias têm direitos e responsabilidades de rei — é a chave para entender a "identidade divina" de Jesus em Paulo.

Quanto à questão da identidade divina, o monumental estudo de todas as treze cartas realizado por Gordon Fee, antes de apresentar uma síntese delas, concentra-se sobretudo na "pessoa" de Cristo, o que se depreende dos títulos e prerrogativas divinos atribuídos a ele. Fee conclui que Paulo continua monoteísta, mas inclui Cristo (e o Espírito) na identidade divina.[77] David Capes também argumenta vigorosamente a favor da cristologia primitiva elevada paulina: Paulo reinterpreta as Escrituras de Israel atribuindo a Jesus as passagens relativas a YHWH. O livro recente de Capes, *The divine Christ* [O Cristo divino], retoma suas investigações anteriores sobre o mesmo tema, em diálogo com os estudos paulinos recentes.[78]

Conclusões semelhantes são encontradas nas influentes contribuições de Richard Bauckham.[79] O termo preferido de Bauckham é "monoteísmo

---

[73]J. R. Daniel Kirk, *Unlocking Romans: ressurrection and the justification of God* (Grand Rapids: Eerdmans, 2008). Quanto à ressurreição presente, Veja tb. Tappenden, *Resurrection in Paul*.

[74]Andrew K. Boakye, *Death and life: Jesus' resurrection, Israel's restoration, and humanity's rectification in Paul's Letter to the Galatians* (Eugene: Pickwick, 2017).

[75]Matthew V. Novenson, *Christ among the Messiahs: Christ language in Paul and Messiah language in ancient Judaism* (Oxford: Oxford University Press, 2012).

[76]Jipp, *Christ is King*.

[77]Gordon D. Fee, *Pauline christology: an exegetical-theological study* (Peabody, MA: Hendrickson, 2007) [edição em português: *Cristologia paulina: um estudo exegético-teológico* (São Paulo: CPAD, 2023)].

[78]David B. Capes, *The divine Christ: Paul, the Lord Jesus, and the Scriptures of Israel* (Grand Rapids: Baker Academic, 2018); Capes, *Old Testament Yahweh texts in Paul's Christology*, WUNT 2/47 (Tübingen: Mohr Siebeck, 1992).

[79]Richard Bauckham, *Jesus and the God of Israel: God crucified and other studies on the New Testament's Christology of divine identity* (Grand Rapids: Eerdmans, 1008), que inclui e amplia sua obra anterior, *God crucified: monotheism and christology in the New Testament* (Grand Rapids: Eerdmans, 1998).

cristológico". Assim como Fee, Capes e outros, Bauckham examina as numerosas "passagens YHWH" ao longo de Paulo, com atenção especial a Romanos 10.13; 1Coríntios 8.5,6; e Filipenses 2.6-11. De modo geral, Bauckham descarta a relevância das figuras intermediárias judaicas, que alguns tinham proposto como precedentes para a cristologia de Paulo. Por isso, surge a pergunta de como Jesus veio a ser incluído na identidade divina.

Recentemente, a cristologia de Paulo foi examinada sobretudo no que diz respeito à relação dos crentes com o Senhor ressuscitado. O abrangente estudo de Larry Hurtado sobre a devoção a Jesus entre os primeiros cristãos inclui um exame aprofundado do "cristianismo paulino primitivo" que investiga seis grandes temas cristológicos: Jesus como Cristo, Filho de Deus, Senhor, preexistente, redentor mediante a morte e ressurreição e como exemplo. Hurtado enxerga em Paulo (e, na verdade, antes dele) um entendimento "binitário" do Deus único de Israel que inclui Jesus, o Filho, na devoção cúltica ao Deus único, ao mesmo tempo dando "primazia" ao Pai.[80] Já o parecer de Chris Tilling é de que as obras de Fee, Bauckham e Hurtado são "vulneráveis". Ele defende, portanto, que os paralelos entre textos sobre as relações judaicas e cristãs primitivas com *Deus*, por um lado, e os textos paulinos sobre relações com o Senhor *Jesus* ressuscitado, por outro, devem ser a base para falar da identidade divina de Cristo em Paulo.[81]

Pneumatologia e Trindade

A teologia paulina do Espírito Santo, muitas vezes negligenciada no passado, ganhou impulso em 1994 com a publicação de *God's empowering presence* [A presença capacitadora de Deus], de Gordon Fee.[82] Mais recentemente, Volker Rabens publicou vários artigos e uma monografia sobre o papel relacional e transformacional do Espírito.[83] Mesmo assim, o Espírito continua sendo um aspecto relativamente ignorado da teologia paulina.

Em suas abordagens da cristologia e pneumatologia de Paulo, Fee refere-se a Paulo como "prototrinitário" e "funcionalmente trinitário".[84] Duas monografias importantes apresentam longa argumentação a favor da presença de uma teologia trinitária em Paulo. São elas: *Paul and the Trinity*

---

[80]Larry W. Hurtado, *Lord Jesus Christ: devotion to Jesus in earliest Christianity* (Grand Rapids: Eerdmans, 2003), p. 79-153 [edição em português: *Senhor Jesus Cristo: devoção a Jesus no cristianismo primitive* (São Paulo: Paulus, 2012)].

[81]Chris Tilling, *Paul's divine Christology* (Grand Rapids: Eerdmans, 2015).

[82]Gordon D. Fee, *God's empowering presence: the Holy Spirit in the letters of Paul* (Peabody, MA: Hendrickson, 1994).

[83]Volker Rabens, *The Holy Spirit and ethics in Paul: transformation and empowering for religious-ethical life*, 2. ed. rev. (Minneapolis: Fortress, 2014).

[84]Fee, *Pauline Christology*, p. 586-93; Fee, *God's empowering presence*, p. 839-42.

[Paulo e a Trindade], de Wesley Hill, e *The birth of the Trinity* [O nascimento da Trindade], de Matthew Bates.[85]

Hill faz a teologia sistemática dialogar com os estudos bíblicos críticos em uma investigação do que ele chama de relações ignoradas da "conversa-sobre-Deus" paulina. Em seguida, passa a examinar Deus (i.e., o Pai) em relação a Jesus, Jesus em relação a Deus e o Espírito em relação a ambos. Para Paulo, a identidade de Deus e de Jesus é inseparável da relação mútua entre eles. Mas Hill também se opõe ao binitarianismo, alegando que o Espírito é teológica e cristologicamente determinado e que o Espírito é decisivo para determinar a identidade do Pai e a do Filho. A teologia trinitária, portanto, é a devida consequência da própria compreensão e experiência que Paulo teve de Deus.

A obra de Bates, apesar de não tratar exclusivamente de Paulo, desenvolve sua discordância de que Paulo (e outros cristãos primitivos) interpretava as Escrituras de forma prosopológica ou teodramática.[86] Isto é, Paulo atribui várias vozes nas passagens bíblicas (AT) a personagens específicos, especialmente a Cristo ou a Deus Pai. Para Paulo, portanto, as Escrituras dão testemunho das relações e mesmo das conversas entre Pai, Filho e Espírito anteriores ao envio do Filho e do Espírito pelo Pai.

Justificação e fé

Já nos deparamos com o problema da justificação nas discussões anteriores. Aqui, observaremos de início apenas o óbvio: o tema continua polêmico. A justificação diz respeito a relações "verticais" ou "horizontais"? Ao indivíduo ou à comunidade? É só declarativa ou também é inerentemente transformadora? Qual sua relação com a participação? Andy Johnson publicou um panorama conciso de algumas das principais vozes.[87] Porém, é claro que um capítulo inteiro poderia ter sido dedicado a esse tema.

Ao mesmo tempo, e por várias razões, hoje há — em alguns círculos — maior concordância sobre questões exegéticas e teológicas básicas do que havia em gerações anteriores.[88] A *Declaração conjunta sobre a doutrina da*

---

[85]Wesley Hill, *Paul and the Trinity: persons, relations, and the Pauline letters* (Grand Rapids: Eerdmans, 2015); Matthew W. Bates, *The birth of the Trinity: Jesus, God, and Spirit in New Testament and early Christian interpretations of the Old Testament* (New York: Oxford University Press, 2015).

[86]Veja Matthew Bates, *The hermeneutics of the apostolic proclamation: the center of Paul's method of scriptural interpretation* (Waco: Baylor University Press, 2012).

[87]Andy Johnson, "Navigating justification: conversing with Paul", Catalyst: Contemporary Evangelical Perspectives for United Methodist Seminarians, 1º de novembro de 2010, http://www.catalystresources.org/navigating-justification-conversing-with-paul.

[88]Para uma tentativa de encontrar um meio-termo entre antigas e novas perspectivas, veja Michael F. Bird, *The saving righteousness of God: studies on Paul, justification, and the New Perspective* (Eugene: Wipf & Stock, 2007).

justificação, publicada em 1999 por católicos romanos e luteranos (e posteriormente aceita por corpos metodistas, reformados e anglicanos) talvez seja um fator nessa convergência, além dos contínuos diálogos acadêmicos e eclesiais. Uma palavra promissora (literalmente) é o neologismo cunhado por Peter Leithart: "salvadicto[89]"., que resume sua alegação de que a justificação é tanto um veredicto quanto um ato de salvação divina.[90]

Também ainda controversa entre os estudiosos é a expressão grega *pistis Christou* (e similares). Paulo associa a justificação apenas à fé humana, "fé em Cristo" (a chamada interpretação objetiva da estrutura genitiva), ou também à "fé (na acepção de fidelidade) de Cristo" (a chamada interpretação subjetiva)?[91] Alguns propuseram que *pistis Christou* implica tanto uma quanto outra. Essa expressão às vezes é chamada de "fé crística".

Um importante avanço na discussão da fé (humana) em Paulo foi a expansão de fé para além do "assentimento", a fim de incluir relacionamento: confiança, participação e fidelidade.[92] Como ocorre com outros temas teológicos em Paulo, debates antigos sobre fé encontraram "novas perspectivas" relacionadas à participação e às relações.

PAULO, O TEÓLOGO "PRÁTICO"

A questão do sentido de "fé" nos lembra de que entendemos Paulo corretamente quando percebemos que ele não é um "teólogo de sofá". Os aspectos moral, missionário e espiritual da teologia paulina indicam que ele é um "teólogo prático". *Practicing with Paul* [Praticando com Paulo], organizado por Presian Burroughs, é um bom exemplo dessa preocupação de inserir Paulo em seu contexto — e da voz do apóstolo como recurso para preocupações contemporâneas.[93] Entre outros colaboradores estão John Barclay, Beverly Gaventa, Douglas Campbell, Philip Ziegler e Lisa Bowens. Entre os temas abordados estão os pobres, gênero, oração, protesto, pacificação e morrer bem.

---

[89]O neologismo no original é *deliverdict*, isto é, "veredicto" (sentença) mais "salvação". [N. da R.]

[90]Peter J. Leithart, *Delivered from the elements of the world: atonement, justification, mission* (Downers Grove: InterVarsity, 2016).

[91]Veja Michael F. Bird; Preston M. Sprinkle, orgs., *The faith of Jesus Christ: exegetical, biblical and theological studies* (Peabody, MA: Hendrickson, 2009).

[92]Veja, e.g., Gorman, *Cruciformity*, p. 95-154; Teresa Morgan, *Roman faith and Christian faith: pistis and fides in the early Roman Empire and early churches* (New York: Oxford University Press, 2015), espec. p. 262-306; Matthew W. Bates, *Salvation by allegiance alone: rethinking faith, works, and the Gospel of Jesus the King* (Grand Rapids: Baker Academic, 2017); Nijay K. Gupta, *Paul and the language of faith* (Grand Rapids: Eerdmans, 2020) [edição em português: *Paulo e a linguagem da fé* (São Paulo: Thomas Nelson Brasil, 2023)].

[93]Presian R. Burroughs, ed., *Practicing with Paul: reflections on Pail and the practices of ministry in honor of Susan G. Eastman* (Eugene: Cascade, 2018).

Ética e identidade

A questão da ética — a vida em Cristo — é de perene interesse para os estudos paulinos. Já observamos a contribuição de David Horrell para os temas abrangentes da unidade e diversidade guiadas pelo amor que se espelha em Cristo, ou amor cruciforme. Os defensores da NPP produziram uma coleção de ensaios sobre Paulo e a vida cristã.[94] Sampley oferece uma ética paulina plenamente desenvolvida que encontra no batismo e na Ceia do Senhor as principais "estrelas guias" que orientam os crentes na vida enquanto eles, vivificados pelo Espírito, anseiam pela *parousia*.[95]

Estudos nas áreas de formação moral e eclesiologia ampliaram o conceito de ética a fim de incluir a existência peculiar, ou "altercultural", dos cristãos como corpo no mundo antigo (e atual).[96] Um novo avanço nesse aspecto tem sido o foco na formação de identidade nas comunidades paulinas, geralmente empregando alguma forma de abordagem sociocientífica da identidade. Podemos tratar o recente interesse em Corinto como caso de teste: Stephen Chester aborda a conversão inicial (incompleta) e a conversão necessária e contínua dos corintos, enquanto Brian Tucker defende que Paulo propõe uma nova e comum identidade em Cristo que também permite a continuação (e a transformação) das identidades culturais e étnicas existentes.[97] Na obra de Love Sechrest aparecem preocupações semelhantes, com foco em raça e etnicidade.[98] De modo um pouco diferente e mais amplo, Erin Heim usa a teoria da metáfora para analisar o significado cultural de adoção para Paulo e suas comunidades.[99]

Questões morais específicas que merecem menção breve são gênero e sexualidade, justiça econômica, paz e reconciliação, e ecologia.

Cynthia Long Westfall argumenta que Paulo muitas vezes subverte as normas culturais referentes a ambos os gêneros e ao relacionamento mútuo entre eles.[100] Em *Remember the poor* [Lembrem-se dos pobres], Bruce

---

[94]Scot McKnight; Joseph B. Modica, orgs., *The apostle Paul and the Christian life: ethical and missional implications of the New Perspective* (Grand Rapids: Baker Academic, 2016). Para uma abordagem diferente, veja a obra dos estudiosos jesuítas Daniel J. Harrington e James F. Keenan, *Paul and virtue ethics: building bridges between New Testament studies and moral theology* (Lanham, MD: Rowman & Littlefield, 2010).

[95]Sampley, *Walking in love*.

[96]Veja, entre outros, os livros de James Thompson mencionados mais adiante.

[97]Stephen J. Chester, *Conversion in Corinth: perspectives on conversion in Paul's theology and the Corinthian church* (London: T&T Clark, 2003); J. Brian Tucker, *You belong to Christ: Paul and the formation of social identity in 1Corinthians 1—4* (Eugene: Pickwick, 2010); Tucker, *Remain in your calling: Paul and the continuation of social identities in 1Corinthians* (Eugene: Pickwick, 2011).

[98]Love L. Sechrest, *A former Jew: Paul and the politics of race*, LNTS 410 (London: T&T Clark, 2009).

[99]Erin M. Heim, *Adoption in Galatians and Romans*, BIS 153 (Boston: Brill, 2017).

[100]Cynthia Long Westfall, *Paul and gender: reclaiming the apostle's vision for men and women in Christ* (Grand Rapids: Baker Academic, 2016).

Longenecker defende que Paulo tinha uma preocupação geral pelos pobres (além da coleta para os pobres de Jerusalém) e esperava que essa preocupação se expressasse em suas comunidades.[101] Jeremy Gabrielson, um dos doutorandos orientado por Longenecker, defende de forma persuasiva que a não violência e a pacificação eram centrais para a identidade, o evangelho e as comunidades de Paulo.[102] Semelhantemente, Juan Manuel Granado Rojas desenvolve uma teologia paulina da reconciliação.[103]

Os interessados no meio-ambiente começaram a recrutar Paulo como colaborador do diálogo. *Greening Paul* [Esverdeando Paulo], por exemplo, é uma obra interdisciplinar que analisa várias perspectivas sobre Paulo e a ecologia, nomeando Romanos 8 e Colossenses 1 como os "mantras" ecoteológicos paulinos.[104] Horrell, um dos três colaboradores, procura ampliar a preocupação com o outro motivada cristologicamente a fim de incluir o outro *não humano*. No campo da ecoteologia de forma mais geral, também há atenção aos textos paulinos, além de atenção cada vez maior, da parte de alguns estudiosos paulinos, aos trabalhos bíblico-teológicos mais amplos na área do cuidado da Criação.[105]

Sofrimento e perseguição

O sofrimento e a perseguição são a realidade associada ao campo geral da vida em Cristo. A obra exegética e teológica de Ann Jervis sobre o sofrimento, *At the heart of the Gospel* [Na essência do Evangelho], passou a ser uma pedra de toque para as discussões sobre o tema em Paulo.[106] Jervis identifica alguns tipos de sofrimento nas cartas de Paulo: o sofrimento específico dos crentes; o sofrimento dos não crentes; e o sofrimento da humanidade toda,

---

[101]Bruce W. Longenecker, *Remember the poor: Paul, poverty, and the Greco-Roman world* (Grand Rapids: Eerdmans, 2010). Veja tb. Viateur Habarurema, *Christian generosity according to 2Corinthians 8—9: its exegesis, reception, and interpretation today in dialogue with the Prosperity Gospel in Sub-Saharan Africa* (Carlisle, UK: Langham Partnership, 2017). Quanto à justiça de forma mais geral, veja A. Katherine Grieb, "'So that in him we might become the righteousness of God' (2Co 5.21): some theological reflections on the Church becoming Justice", *Ex Auditu* 22 (2006): p. 58-80; Michael J. Gorman, *Becoming the Gospel: Paul, participation, and mission* (Grand Rapids: Eerdmans, 2015), p. 212-96.

[102]Jeremy Gabrielson, *Paul's non-violent Gospel: the theological politics of peace in Paul's life and letters* (Eugene: Pickwick, 2014).

[103]Juan Manuel Granados Rojas, *La teología de la reconciliación en las Cartas de San Pablo* (Estella, Navarra, Espanha: Editorial Verbo Divino, 2016).

[104]David G. Horrell, Cherryl Hunt e Christopher Southgate, *Greening Paul: rereading the apostle in a time of ecological crisis* (Waco: Baylor University Press, 2010).

[105]Quanto aos primeiros, veja, e.g., Felipe de Jesús Legarreta-Castillo, *The figure of Adam in Romans 5 and 1 Corinthians 15: the New Creation and its ethical and social reconfiguration* (Minneapolis: Fortress, 2014); quanto aos segundos, veja, e.g., Douglas J. Moo e Jonathan A. Moo, *Creation care: a biblical theology of the natural world* (Grand Rapids: Zondervan, 2018).

[106]L. Ann Jervis, *At the heart of the Gospel: suffering in the earliest Christian message* (Grand Rapids: Eerdmans, 2007).

associado ao sofrimento da criação. Ela também aponta as ligações entre sofrimento e esperança.

À medida que os estudos paulinos se tornam cada vez mais globais, a experiência humana e cristã do sofrimento também vem sendo interpretada universalmente. Siu Fung Wu, escrevendo com base em suas experiências na Ásia Oriental, concentra-se no sofrimento e na esperança em Romanos. Além disso, ele organizou uma coleção de ensaios sobre o sofrimento em Paulo, com contribuidores de cinco países e três continentes diferentes.[107] A importância teológica da perseguição nas comunidades de Paulo também foi analisada por John Anthony Dunne, entre outros.[108] Em todos esses estudos, o sofrimento está intimamente associado à participação em Cristo.[109]

Espiritualidade

O campo da espiritualidade como disciplina de teologia acadêmica deu à luz estudos que expõem e envolvem a própria espiritualidade de Paulo. O interesse atual em Paulo como pessoa espiritual, ou mesmo mística, talvez remonte à obra de Albert Schweitzer.[110] Embora as investigações e análises históricas da espiritualidade de Paulo em si mesma continuem acontencendo,[111] elas muitas vezes também se mesclam com o interesse teológico na espiritualidade de Paulo para hoje.

De particular importância tem sido o tema de morrer e ressuscitar com Cristo, às vezes mencionado como cruciformidade (ressurrecional) ou cristoformidade, e às vezes (especialmente entre católicos romanos) como participação no mistério pascal.[112] A obra recente de Craig Keener sobre a mente — sua corrupção e renovação em Cristo pelo Espírito — preenche uma lacuna nos estudos paulinos, revelando uma pesquisa histórica meticulosa mesclada com preocupação teológica e pastoral.[113]

---

[107]Siu Fung Wu, *Suffering in Romans* (Eugene: Pickwick, 2015); Wu, org., *Suffering in Paul: perspectives and implications* (Eugene: Pickwick, 2018). Veja tb. Bruce T. Clark, *Completing Christ's afflictions: Christ, Paul,and the reconciliation of all things*, WUNT 2/383 (Tübingen: Mohr Siebeck, 2015).

[108]John Anthony Dunne, *Persecution and participation in Galatians*, WUNT 2/454 (Tübingen: Mohr Siebeck, 2017).

[109]É esse o foco particularmente perceptivo de Wesley Thomas Davey, *Suffering as participation with Christ in the Pauline corpus* (Lanham, MD: Lexington Books/Fortress Academic, 2019).

[110]Albert Schweitzer, *The mysticism of Paul the Apostle*, trad. William Montgomery (London: Black; New York: Holt, 1931).

[111]Veja, e.g., Nils Aksel Røsæg, "The spirituality of Paul: an active life", *Studies in spirituality* 14 (2004): p. 49-92; Litwa, *We are being transformed*.

[112]Veja especialmente Gorman, *Cruciformity*; Rodney Reeves, *Spirituality according to Paul: imitating the apostle of Christ* (Downers Grove: InterVarsity, 2011); Frank J. Matera, *The spirituality of Saint Paul: a call to imitation* (New York: Paulist Press, 2017). Quanto à cruciformidade "ressurrecional", veja Gorman, *Participating in Christ*.

[113]Craig S. Keener, *The mind of the Spirit: Paul's approach to transformed thinking* (Grand Rapids: Baker Academic, 2016) [edição em português: *A mente do Espírito: a visão de Paulo sobre a mente transformada* (São Paulo: Vida Nova, 2018)]O .

O Paulo missionário/pastoral

Paulo, sem dúvida, foi um missionário, e os estudos sobre esse aspecto dele continuam.[114] Todavia, o campo ainda em desenvolvimento da hermenêutica missionária se inspira em Paulo para moldar a missão cristã contemporânea. A base exegética para esse tipo de abordagem foi estabelecida em *Mission and moral reflection in Paul* [Missão e reflexão moral em Paulo], de Michael Barram.[115] Dois outros exemplos práticos são o comentário de Andy Johnson a 1 e 2Tessalonicenses e minha monografia intitulada *Becoming the Gospel* [Tornando-se o Evangelho].[116] No mundo majoritário, Paulo continua sendo importante como um missionário internacional em um contexto inter-religioso e intercultural.[117]

Paulo também foi pastor das comunidades que fundou. Sua teologia foi moldada por essas experiências. James Thompson escreveu uma trilogia sobre Paulo como pastor, pregador e guia moral, com ligações às vezes explícitas e às vezes implícitas com o ministério pastoral contemporâneo.[118] Vários aspectos do ministério pastoral de Paulo em localidades concretas, com algumas conexões com o ministério de hoje, são analisadas em uma coleção de ensaios intitulada *Paul as pastor* [Paulo como pastor]. *Pastor Paul* [Pastor Paulo], de Scot McKnight, concentra-se mais diretamente no ministério de hoje, mas se baseia no contexto paulino do primeiro século.[119]

Reflexões: olhando para trás e olhando para a frente

Este capítulo examinou obras recentes sobre a teologia paulina com destaque duplo: (1) várias perspectivas que surgiram ou se desenvolveram em novas direções; e (2) temas perenes tratados de novas formas. Além disso, o capítulo analisou brevemente contribuições para a teologia paulina no todo.

---

[114] E.g., Peter Bolt; Mark Thompson, orgs., *The Gospel to the nations: perspectives on Paul's mission* (Downers Grove: InterVarsity, 2000); Trevor J. Burke; Brian S. Rosner, orgs., *Paul as missionary: identity, activity, theology, and practice*, LNTS 420 (London: T&T Clark, 2011).

[115] Michael Barram, *Mission and moral reflection in Paul*, StBibLit 75 (New York: Peter Lang, 2006).

[116] Andy Johnson, *1—2Thessalonians*, THNTC (Grand Rapids: Eerdmans, 2016).

[117] Veja, e.g., Subhro Sekhar Sircar, *Paul's theology of mission to the nations in Romans*, Biblical Hermeneutics Rediscovered 8 (Nova Deli, Índia: Christian World Imprints, 2017).

[118] James W. Thompson, *Preaching like Paul: homiletical wisdom for today* (Louisville: Westminster John Knox, 2001); Thompson, *Pastoral ministry according to Paul: a biblical vision* (Grand Rapids: Baker Academic, 2006); Thompson, *Moral formation according to Paul: the context and coherence of Pauline ethics* (Grand Rapids: Baker Academic, 2011).

[119] Brian S. Rosner; Andrew S. Malone; Trevor J. Burke, orgs., *Paul as pastor* (London: Bloomsbury T&T Clark, 2018); Scot McKnight, *Pastor Paul: nurturing a culture of Christoformity in the church* (Grand Rapids: Brazos, 2019).

Ao longo de todo o ensaio, chamei atenção para a contribuição de estudiosos do mundo majoritário. Em vista das limitações de espaço e da enorme quantidade de trabalhos acadêmicos dedicados a Paulo, o capítulo não pôde examinar alguns outros aspectos importantes do campo, como a produção contínua de comentários (tanto os mais histórico-críticos, quanto os mais teológicos) e o foco cada vez maior na história da recepção das cartas paulinas.

O avanço mais significativo nos estudos paulinos recentes talvez tenha sido a proliferação de enfoques. Examinamos contribuições representativas de nove perspectivas básicas: tradicional, nova, narrativa, apocalíptica, participativa, política, Paulo-no-judaísmo, wrightiana e das ciências sociais. Cada uma dessas abordagens entende Paulo como um judeu do primeiro século cuja teologia surgiu nesse contexto antigo. Embora haja intersecções entre as várias perspectivas, cada uma representa uma forma particular de entender o enquadramento e o foco básicos da teologia paulina. Muitas obras dentre essas várias perspectivas constituem uma tentativa explícita ou implícita de sintetizar a teologia paulina encontrada em suas várias cartas.

Seria impossível, no entanto, sintetizar os muitos estudos recentes de aspectos particulares da teologia paulina. Este capítulo, contudo, não deixou de observar que a atenção à dimensão do "relacionamento" (e.g., de Cristo com Deus, dos cristãos com a cultura deles etc.) é um aspecto digno de nota dos estudos paulinos recentes. Além disso, muitos intérpretes trabalharam para fazer a ponte entre os estudos bíblicos e outras subdisciplinas teológicas, entre elas a teologia sistemática, ética e teologia prática.

Embora eu não seja profeta, aqui vão algumas observações breves sobre o futuro da teologia paulina.

Primeiro, os acadêmicos continuarão situando todos os aspectos da teologia de Paulo no(s) contexto(s) do judaísmo do Segundo Templo, mesmo quando discordam quanto ao lugar preciso de Paulo nesse ambiente. Ao mesmo tempo, eles não vão enquadrar (ou pelo menos não deveriam) Paulo em estruturas de pensamento e práticas preexistentes. Em vez disso, também esperam encontrar, e, portanto, analisar, a criatividade do apóstolo: a reconfiguração de suas convicções e de sua conduta em Cristo.

Segundo, os estudiosos vão continuar procurando meios adequados de integrar e sintetizar os vários aspectos da teologia de Paulo. Alguns insistirão sobretudo em reconhecer o desenvolvimento e a contextualização de seu pensamento, mas isso não vai afastar as tentativas de interpretar o *corpus* como um todo. A tarefa vai implicar trazer as várias perspectivas acadêmicas para um diálogo ainda maior umas com as outras — tentativas adicionais, ao estilo paulino, de reconciliação. Ademais, como a autoria das cartas controversas continua sendo reavaliada, a compreensão da teologia paulina continuará se expandindo a fim de incluir pelo menos 2Tessalonicenses, Colossenses e Efésios.

Terceiro, a relação entre a teologia paulina, a teologia sistemática e a teologia prática continuará crescendo e prosperando, apesar das objeções de alguns intérpretes de Paulo. O muro entre os estudos bíblicos e a teologia está no processo de ser derrubado.[120]

Por último, os estudos paulinos serão uma atividade cada vez mais internacional, com interpretações da teologia paulina contextualizadas teológica, cultural e politicamente, que continuarão enriquecendo a interpretação dos escritos do apóstolo. As palavras que nos provocam a quase 2 mil anos continuarão provocando.[121]

[120]Veja agora, e.g., Douglas A. Campbell, *Pauline dogmatics: the triumph of God's love* (Grand Rapids: Eerdmans, 2019).

[121]Sou grato a Ron Witherup e Andy Johnson pelas conversas sobre este capítulo e a Michelle Rader por revisá-lo.

11

ESCATOLOGIAS DO NOVO TESTAMENTO

PATRICK MITCHEL

INTRODUÇÃO

A escatologia é um dos campos mais complexos, controversos e teologicamente significativos dos estudos do NT. Como tal, é ao mesmo tempo fascinante e desafiadora. É fascinante, por um lado, porque a escatologia constitui o tecido do pensamento neotestamentário onde costuramos temas como cristologia, pneumatologia, somatologia, ética, eclesiologia, missão e salvação. Para trocar de metáfora, uma das contribuições mais valiosas dos estudos teológicos modernos talvez seja amplamente amplo reconhecimento que a escatologia constitui a estrutura principal do ensino de Jesus sobre o reino de Deus nos Sinóticos, assim como, de formas distintas, do ensino de Paulo, João e de outros autores do NT. Já se foi o tempo em que escatologia era só um anexo no fim dos sistemas doutrinários cristãos, equiparada a uma preocupação estreita quanto ao destino pessoal após a morte.[1] O objetivo principal deste capítulo é esboçar os desdobramentos por trás dessa tendência dentro do incansável vaivém da maré dos estudos acadêmicos da escatologia neotestamentária. A primeira edição de *The face of New Testament studies* [*Faces do Novo Testamento*] não dedicou um capítulo exclusivamente à escatologia, por isso, este capítulo vai resenhar a história da escatologia

[1]Comentando Jerry L. Walls, org., *The Oxford Handbook of Eschatology* (Oxford: Oxford University Press, 2008), o missiólogo Rian Venter nota que "claramente, na casa da escatologia, as coisas hoje não estão como de costume". As questões tradicionais concernentes ao "fim do mundo" estão presentes; contudo, além desses capítulos, há a extensa discussão sobre a pluralidade de perspectivas escatológicas entre várias confissões teológicas e confessionais e o diálogo com a escatologia de outras religiões mundiais. Particularmente notória é a última seção, de notável engajamento cultural, cujos onze capítulos vão de escatologia e modernidade a política, identidade pessoal, cosmologia, epistemologia, experiências de quase-morte, belas artes e cultura pop. Rian Venter, "Trends in contemporary Christian eschatological reflection", *Missionalia* 43, n. 1 (2015): p. 106.

dentro dos estudos modernos antes de se concentrar em exemplos selecionados de pesquisas contemporâneas. Ao fazer isso, importantes questões teológicas e hermenêuticas virão à tona.

Por outro lado, o estudo da escatologia do NT também pode ser, por uma série de razões, uma empreitada desafiadora ou mesmo esmagadora. Uma das razões é o tamanho da tarefa. Já aludimos à considerável diversidade de imaginações escatológicas no próprio NT. A essa multiplicidade pode-se acrescentar uma abundância de adjetivos descritivos, tais como, escatologia pessoal, escatologia cósmica, escatologia completa ou consistente, escatologia realizada, escatologia inaugurada, escatologia consumada, escatologia apocalíptica e ecoescatologia, para não mencionar os vários sistemas milenaristas e as várias teologias dispensacionalistas.

Associado a isso, em segundo lugar, está o considerável desafio hermenêutico de entender e interpretar a vasta gama de linguagem figurada e símbolos escatológicos nos textos bíblicos. O tema tem uma série de aspectos que podem ser descompactados mediante uma série de perguntas. Qual é o caráter e o conteúdo específico das escatologias do Jesus histórico, de Paulo, de Lucas-Atos, de João, de Hebreus e de outros autores do NT? Essas escatologias têm coerência interna? Quando dispostas lado a lado, é possível reconstruir uma imagem coerente de algo chamado "escatologia do Novo Testamento"? O que essa imagem comunica sobre o conteúdo da esperança cristã: a parúsia de Jesus Cristo, o céu, o juízo, o futuro do corpo, a nova criação e o povo de Deus?

Um terceiro desafio acompanha qualquer reconstrução da escatologia do NT — a saber, como ela foi entendida e recebida nas comunidades a que se dirigia? Intrínsecas a essa pergunta são as origens históricas das metáforas escatológicas cristãs, particularmente a relação delas com o apocalipticismo judeu.[2]

---

[2]O termo *apocalipse* é muitas vezes definido usando-se uma descrição desenvolvida pelo Grupo Apocalipse, do "Projeto de Gêneros" da Society of Biblical Literature, do fim da década de 1970. Ele afirma que "'apocalipse' é um gênero de literatura revelatória com um enquadramento narrativo, em que uma revelação é mediada por um ser extramundano a um recipiente humano, revelando uma realidade transcendente que é tanto temporal, na medida em que vislumbra a salvação escatológica, quanto espacial, na medida em que envolve outro mundo, um mundo sobrenatural" (John J. Collins, *Apocalypse: the morphology of a genre*, Semeia 14 [Atlanta: Scholars Press, 1979], p. 9). Embora isso capture bem a forma e o conteúdo da literatura apocalíptica, a definição não trata de sua motivação. Portanto, o seguinte texto foi posteriormente acrescentado: "[Um apocalipse tem] o intuito de interpretar as circunstâncias terrenas presentes à luz do mundo sobrenatural e do futuro e influenciar tanto a compreensão quanto o comportamento de seu público por meio de autoridade divina" (Adela Yarbro Collins, introdução a *Early Christian apocalypticism: genre, social setting*, Adela Yarbro Collins, org., Semeia 36 [Decatur, GA: Scholars Press, 1986], p. 6). Essa expansão captura bem o diálogo dinâmico entre características futuras e presentes em grande parte do NT. Nesse sentido, o gênero apocalíptico pode ser visto como subgênero de uma literatura escatológica mais ampla.

A quarta pergunta, e talvez a mais desafiadora, é como a escatologia neotestamentária se relaciona com a "concretude" do nosso mundo moderno. Em outras palavras, qual o impacto que essa esperança do *futuro* causa na vida cristã *presente*? Como abordaremos a seguir, as respostas a essa última questão dão forma a um considerável debate na teologia acadêmica assim como na popular. As esperanças escatológicas do NT são um componente intrínseco da doutrina cristã que deve ser ensinado e crido hoje? Ou isso seria ingenuamente "literalista"? Será que a terminologia escatológica do NT deveria ser entendida como símbolos de verdades religiosas que precisam ser internalizadas pelo cristão (Friedrich Schleiermacher)? Ou será que ela dá o referencial figurado, separado da História, para um salto existencial de fé por meio do qual o sentido pode ser criado no presente (Rudolf Bultmann)? Ou será que os Evangelhos de fato captam com precisão um lado de Jesus como o temível profeta apocalíptico judeu, que, como qualquer ser humano, era passível de se iludir e morreu sem testemunhar a chegada do seu anelado reino escatológico de Deus (Albert Schweitzer)?

Do mesmo modo, se Paulo esperava o retorno iminente de Cristo durante sua vida (1Ts 4.15,17; 1Co 15.52), mas estava enganado, isso significa que o argumento de Jörg Frey é válido? "As expectativas de Paulo", escreve Frey, "estão longe de ser uma base firme para qualquer doutrina cristã sobre o porvir; elas precisam ser interpretadas em termos históricos como uma expressão cronológica de seus próprios pontos de vista religiosos, como uma perspectiva que teve de ser corrigida, pelo menos porque Paulo — como todos os demais da primeira geração de cristãos (cf. Mc 9.1; Jo 21.22,23) — morreu antes do fim do mundo".[3] Para Frey, isso significa que "foi no campo da escatologia que as perspectivas tradicionais da doutrina cristã tiveram de encarar sua crise mais grave".[4] Se ponderar como as ideias de uma cosmovisão antiga "podem ter relevância teológica ou mesmo ser significativas para a vida cristã dentro da cosmovisão moderna ou pós-moderna" for uma tarefa premente da hermenêutica escatológica, então "qualquer transmissão ingênua dos conceitos do NT para o presente — como é prática frequente em círculos cristãos tradicionais e conservadores ou, sobretudo, na pregação evangélica — tem de encarar problemas imensos".[5]

Os comentários de Frey são um lembrete de que, em se tratando de escatologia, não só o cristianismo "popular", mas também os estudos acadêmicos

[3]Jörg Frey, "New Testament eschatology — an introduction: classical issues, disputed themes and current perspectives", in: *Eschatology of the New Testament and some related documents*, Jan G. van der Watt, org., WUNT 2/315 (Tübingen: Mohr Siebeck, 2011), p. 5.

[4]Frey, "New Testament eschatology", p. 5.

[5]Frey, "New Testament eschatology", p. 8.

enfrentam perguntas concernentes à constituição da própria realidade: da existência de Deus e sua ação graciosa no mundo; de alguma espécie de *descontinuidade* radical entre este mundo e um mundo vindouro; da "gramática" essencialmente escatológica do cristianismo; e de questões epistêmicas que não podem ser separadas da prática da exegese bíblica. Voltaremos várias vezes à questão do lugar da escatologia no mundo moderno ao longo deste capítulo. A seção a seguir traçará a história da recuperação da centralidade da escatologia nos estudos do NT. Após, virá um breve exame de algumas vozes importantes da escatologia contemporânea. A seção final vai examinar alguns desafios futuros para a escatologia do NT.

A ESCATOLOGIA NO SÉCULO 20: DA MARGEM AO CENTRO

Existem vários sistemas para classificar os enfoques interpretativos da escatologia do NT.[6] Um que particularmente vale a pena lembrar é o usado por N. T. Wright, que retoma uma imagem originalmente usada por T. W. Manson[7] e depois por Norman Perrin,[8] ao argumentar que os estudos críticos sobre Jesus na década de 1990 podiam ser divididos em dois campos: os que em geral seguiam a *Wredestrasse* (a via de Wrede, Wilhelm) e os que em geral seguiam a *Schweitzerstrasse* (a via de Schweitzer, Albert). Embora cada *Strasse* [do alemão: rua, via] tenha se transformado em uma complexa *Autobahn* [al. "autoestrada"] e tenha havido até tentativas de construir ligações entre

[6]Em resumo anterior desse campo, Scot McKnight propôs um esquema tríplice, heuristicamente proveitoso, para categorizar os estudiosos dos Evangelhos: literais (Weiss e Schweitzer, seguidos de várias maneiras por E. P. Sanders, D. C. Allison e o próprio McKnight); mito e metáfora (estudiosos com ênfases distintas, como R. Bultmann, C. H. Dodd, G. B. Caird e N. T. Wright); e inautênticos (herdeiros de W. Wrede, como M. Borg). Scot McKnight, "Jesus of Nazareth", in: *The face of New Testament studies: a survey of recent research*, Scot McKnight; Grant R. Osborne, orgs. (Grand Rapids: Baker Academic, 2004), p. 162-70 [edição em português: *Faces do Novo Testamento* (São Paulo: CPAD, 2018)]. Já Richard Fountain identifica cinco paradigmas amplos para entender a escatologia apocalíptica do NT: (1) o gênero apocalíptico como desimportante no liberalismo clássico (e.g., H. S. Reimarus, F. C. Baur, H. J. Holzman, D. E. Strauss, A. Ritschl); (2) o apocalíptico como central (J. Weiss e A. Schweitzer, seguidos, em direções bem diferentes, por W. Bousset e R. Bultmann); (3) o apocalíptico como reinterpretação do AT pela igreja (representado de várias formas por E. Käsemann, C. H. Dodd, N. Perrin e M. Borg e outros membros do Jesus Seminar); (4) o apocalíptico como metáfora de renovação (G. B. Caird e N. T. Wright); (5) o apocalíptico como central para Jesus e a igreja (J. C. Beker, Dale Allison). Veja J. Richard Fountain, *Eschatological relationships and Jesus in Ben F. Meyer, N. T. Wright and progressive dispensationalism* (Eugene: Wipf & Stock, 2018), p. 42-56.

[7]T. W. Manson, "The life of Jesus: some tendencies in present-day research", in: *The background of the New Testament and its eschatology*, W. D. Davies; David Daube, orgs. (Cambridge: Cambridge University Press, 1964), p. 216. Manson chamou a *Wredestrasse* de "rua que não leva a lugar nenhum".

[8]Norman Perrin, "The *Wredestrasse* becomes the *Hauptstrasse*: reflection on the reprinting of the Dodd *Festschrift*", *JR* 46 (abril de 1966): p. 297-98. Perrin, em contraste com Manson, propôs que "a *Wredestrasse*, uma rua, tornou-se a *Hauptstrasse*, uma avenida, e nos está conduzindo a novo e empolgante país".

elas, "a distinção entre as duas continua esclarecedora [...] Será que sabemos pouco sobre Jesus e os Evangelhos nos oferecem um retrato bastante enganoso (Wrede)? Ou será que Jesus foi um profeta apocalíptico judeu e os Evangelhos refletem, em seus próprios contextos, uma boa medida de sua proclamação do reino (Schweitzer)?"[9]

Wright entende a *Wredestrasse* como a opção que dominou o século, conforme demonstram Bultmann e os estudiosos do Jesus Seminar, como Robert Funk, Burton Mack, John Dominic Crossan e Marcus Borg. Em sua própria obra, que retomaremos mais adiante, Wright se situa firmemente ao lado de Schweitzer na tentativa de recuperar a valorização da diversidade e profundidade escatológica do judaísmo do Segundo Templo e da interpretação dos Evangelhos Sinóticos como documentos históricos de fato confiáveis nesse contexto. Menciono esses enquadramentos diferentes por dois motivos. Primeiro, para ilustrar a complexidade do assunto. Não há meio óbvio para classificar uma gama tão desconcertante de estudos escatológicos. Segundo, apesar disso, a complexidade pode ser melhor apreciada mediante algum tipo de estrutura organizadora. A seguir, vamos mencionar muitos desses estudiosos, mas vamos empregar um método interpretativo que seja o mais simples possível. Considerando que a escatologia gira, fundamentalmente, em torno da dinâmica entre presente e futuro, vamos organizar nossa análise ao redor das diferentes interpretações dadas a essa questão.

Weiss e Schweitzer: "ressurreição" e "sepultamento" da escatologia

A escatologia mal existia como categoria exegética significativa antes da chegada da "escatologia consequente" de Johannes Weiss, articulada em um explosivo livreto de 67 páginas publicado em 1892.[10] Weiss era genro de Albrecht Ritschl, a voz clássica do liberalismo luterano alemão do século 19, corrente para a qual o reino de Deus em geral era uma realidade interior, espiritual e já presente, dissociada quase por completo do judaísmo da época e suas esperanças escatológicas apocalípticas. A motivação dessa escatologia era demonstrar que a natureza essencial do pensamento cristão se concentrava neste mundo e na experiência religiosa atual, não em algum vago reino futuro. Em total contraste, Weiss seguiu um caminho exegético que o levou a acreditar no "caráter completamente apocalíptico e escatológico da ideia

[9]N. T. Wright, *Jesus and the victory of God*, vol. 2 de *Christian origins and the question of God* (London: SPCK, 1996), p. 21.

[10]Johannes Weiss, *Jesus' proclamation of the Kingdom of God*, trad. e org. R. H. Hiers e D. L. Holland (Philadelphia: Fortress, 1971).

do Reino enunciada por Jesus".[11] A missão de Jesus era proclamar o reino iminente, não estabelecê-lo. Quando a missão dos Doze não logrou persuadir muitos da chegada próxima do reino, Jesus decidiu expiar a culpa das pessoas com sua própria morte. Ele esperava retornar, depois da morte, em glória messiânica, revelando-se enfim como o Filho do Homem danielico na chegada do reino.

Essa reconstrução difere apenas ligeiramente daquela que foi desenvolvida e popularizada pelo notável Schweitzer em uma obra que permanece o livro mais relevante já publicado nos estudos sobre Jesus.[12] Sua rejeição da ilusão de que um Jesus moderno moderado pudesse se separar de seu contexto histórico continua pairando sobre todo debate escatológico cristão. Podemos achar que temos Jesus claramente definido como "um de nós", mas as palavras de advertência de Schweitzer ecoam pelas décadas: "Mas Ele não fica aqui; ele passa pela nossa época e volta à dele".[13] Para Schweitzer, toda a vida e todo o pensamento de Jesus são moldados pela ideia escatológica, o que produz sua tentativa heroica, mas destinada ao fracasso, de forçar o curso da história mediante sua própria atuação humana. O Jesus de Schweitzer viaja a Jerusalém para morrer, dando a vida como expiação para possibilitar a vinda do reino. A escatologia, na verdade, é sepultada com Jesus. É apenas Jesus, o humano, cujas valentes ações de renúncia do mundo continuam falando radicalmente em nosso tempo. O futuro deveria revolucionar o presente, mas não conseguiu. Ironicamente, a reconstrução de Weiss e Schweitzer resulta em um cristianismo ético truncado não diferente do liberalismo contra o qual eles reagiam.

Os três estudiosos a seguir também lutaram com a tensão escatológica entre presente e futuro. Todos eles, de diferentes maneiras, ressaltaram a importância do presente sobre o futuro.

Karl Barth: o futuro no presente

Particularmente depois da Primeira Guerra Mundial, do golpe cataclísmico que ela representou contra a fé no progressismo humano, os estudos liberais

[11]Weiss, *Jesus' proclamation*, p. 56.

[12]Albert Schweitzer, *The quest for the historical Jesus*, trad. W. Montgomery (London: A&C Black, 1910); primeiro publicado como *Von Reimarus zu Wrede* (Tübingen: Mohr Siebeck, 1906) [edição em português: *A busca do Jesus histórico* (São Paulo: Fonte, 2018)]. A segunda edição foi publicada em 1913 como *Geschichte der Leben-Jesu-Forschung*; 9ª ed. (Tübingen: Mohr Siebeck, 1984). A recepção à tradução inglesa de 1910, com seu famoso título, é belamente analisada por Francis Watson, "Eschatology in the twentieth century: on the reception of Schweitzer in English", in: *Eschatology: the sixth Durham-Tübingen research symposium; eschatology in Old Testament, ancient Judaism and early Christianity*, Hans-Joachim Eckstein et al., orgs. (Tübingen: Mohr Siebeck, 2011), p. 331-47.

[13]Schweitzer, *Quest for the historical Jesus*, p. 397.

alemães abandonaram em grande parte a busca de um Jesus histórico. À medida que o século avançava, novos teólogos, como Karl Barth e Emil Brunner, começaram a fazer novas perguntas que ampliaram o debate escatológico. A oposição de Barth a toda forma de teologia antropocêntrica gerou a famosa declaração em seu comentário a Romanos de 1922, de que se "o cristianismo não for absoluta e inteiramente escatologia, não resta nele nenhuma relação com Cristo".[14] A escatologia, nesse sentido barthiano inicial, se torna um tipo abstrato e existencial de abreviar a "diferença qualitativa infinita" entre Deus e o homem, em vez de consistir em uma fé em qualquer acontecimento específico ou ponto final da história. Depois, em *Church dogmatics* [Dogmática eclesiástica], Barth se move para além do forte contraste existencialista entre tempo e eternidade para uma escatologia cristológica mais bem definida. Se Deus só é conhecido em Cristo, isso significa que o *eschaton* é a "*re*velação" (o "*des*velar" ou a parúsia) do que Deus, desde toda a eternidade, decidiu realizar em Cristo. No que diz respeito ao futuro eterno de cada pessoa, trata-se não tanto de um novo começo após a morte, mas da vida como já redimida mediante o juízo salvífico de Deus em Cristo. Não se sabe se o esquema de Barth deixou muito espaço, se é que deixou, para uma escatologia transformadora futura, e sua obra Church dogmatics permanece inacabada. O impressionante é sua insistência na importância desta vida terrena como uma vida que um dia veremos do ponto de vista da eternidade de Deus. O destaque de Barth se harmoniza com a posterior valorização da natureza não linear, já-ainda-não, da escatologia neotestamentária abordada anteriormente. A ênfase dele nesta vida, mesmo que vista da perspectiva futura de Deus, também teve implicações para a ética social no "agora". Nossa missão é seguir a vontade de Deus para a sociedade e para nossa própria vida.[15]

Rudolf Bultmann: escatologia atemporalizada

O projeto de Bultmann de desmitologização foi um desdobramento de seu compromisso inflexível com o conceito proposto por Weiss-Schweitzer da alteridade da visão escatológica de Jesus. O reino de Deus é um conceito inteiramente escatológico.[16] No enquadramento existencialista de

[14]Karl Barth, *The epistle to the Romans*, trad. E. C. Hoskyns (London: Oxford University Press, 1968), p. 314. [edição em português: *Carta aos Romanos* (São Paulo: Templus, 2017)].

[15]Brian Hebblethwait argumenta que Barth, apesar de sua aguda consciência da ambiguidade da relação entre fé e política, permaneceu politicamente radical. Sua simpatia pelo socialismo cristão era consequência lógica de sua escatologia. Brian Hebblethwaite, *The Christian hope*, ed. Rev. (Oxford: Oxford University Press, 2010), p. 142-43.

[16]Rudolf Bultmann, *Theology of the New Testament*, vol. 1 (London: SCM, 1952), p. 4-11. [edição em português: *Teologia do Novo Testamento* (Santo André: Academia Cristã, 2009)].

Bultmann, escatologia passa a ser um modo abreviado de se referir a tudo o que é particularmente cristão. Assim como Barth, ele acreditava que, na proclamação do kerigma, nos vemos diante de uma decisão escatológica na qual a eternidade invade nosso presente, libertando-nos de nosso passado espúrio. "Todo instante tem a possibilidade de ser um instante escatológico e, na fé cristã, essa possibilidade se realiza".[17] Nesse sentido, escatologia se reduz a um princípio de valor abstrato e geral no aqui e agora. "Acaba-se a história da descida de Cristo ao inferno e de sua ascensão ao céu. Não podemos mais ansiar pela vinda do Filho do Homem nas nuvens nem esperar que os fiéis vão encontrá-lo no ar (1Ts 4.15ss)".[18] Para ser relevante, a narrativa deve ser desmitologizada. Com isso Bultmann se referia a um processo radical em que os acontecimentos futuros ou apocalípticos são implacavelmente interpretados dentro de um horizonte presente — o chamado para a decisão autêntica. Nesse esquema, a forte ênfase do Evangelho de João na escatologia de orientação presente (e.g., a vida eterna experimentada agora [Jo 5.24]) reflete a consciência escatológica mais avançada do NT. A escatologia é atemporalizada; o futuro foi absorvido pelo presente.

C. H. Dodd: o reino agora

Se Bultmann admitia que grande parte da terminologia escatológica do NT tinha sentido literal mas precisava ser desmitologizada, Charles Harold Dodd, seu equivalente britânico, questionava a ideia de que Jesus fosse um profeta de um reino escatológico futuro. Assim com o de Bulltmann, seu projeto de "escatologia realizada", delineado em seu livro *The parables of the kingdom* [Parábolas do reino], de 1935, também salientava a natureza presente do reino iminente, mas por razões muito diferentes.[19] Ao contrário do enquadramento completo de Weiss-Schweitzer, Dodd procurava harmonizar os aspectos futuro e presente do ensino de Jesus sobre o reino. Uma realização decisiva foi demonstrar que as parábolas colocavam a realidade presente do reino de Deus diante dos ouvintes, na pessoa de Jesus; *agora* era o momento tanto de juízo quanto de salvação. "Este mundo se tornou o cenário de um drama divino, drama em que as questões eternas são desnudadas. É a hora da decisão. É a escatologia realizada."[20] Embora esse reino

[17]Rudolf Bultmann, *History and eschatology: the Gifford lectures, 1955* (Edimburgo: University Press, 1957), p. 154.

[18]Rudolf Bultmann, "New Testament and eschatology", in: *Kerygma and myth: a theological debate*, Hans Werner Bartsch, org., Reginald H. Fuller, org. e trad. (New York: Harper & Row, 1961), p. 5.

[19]C. H. Dodd, *The parables of the Kingdom* (London: The Religious Book Club, 1935). [edição em português: *Parabolas do reino* (São Paulo: Fonte, 2010)].

[20]Dodd, *Parables of the Kingdom*, p. 198.

não seja simplesmente terreno, tampouco é uma realidade futura a ser consumada.[21] Ele representa o desafio da eternidade dentro do tempo. Aqueles que respondem com fé têm a vida eterna agora. Diante disso, o reino de Deus nos Sinóticos faz paralelo com a escatologia realizada do menos apocalíptico Evangelho de João e também com Paulo. Se a concepção de tempo e eternidade de Dodd era platônica demais e sua escatologia realizada não conseguiu prevalecer, ele certamente abriu caminho para escatologias neotestamentárias posteriores em que o presente reino inaugurado e a consumação futura são mantidos em paralelo, em uma tensão mais holística.

Kümmel, Cullmann e outros: escatologia inaugurada

Esse desdobramento está representado na obra de Werner George Kümmel, na Alemanha, e de Oscar Cullmann, na Suíça. Concentrando-se primeiro em Jesus,[22] mas depois estendendo a análise a Paulo e João, Kümmel argumentou que uma síntese dinâmica entre as escatologias presente e futura é a melhor forma de representar o pensamento do NT. "Com base na crença na ressurreição do Crucificado e com base na experiência do dom do Espírito, a comunidade primitiva estendeu a declaração de Jesus para dizer que o prometido portador da salvação do fim dos tempos, como Senhor celestial, já governa sua comunidade escatológica, onde estão reunidos os que, com fé no Senhor já atuante, agora vivem juntos a realidade da salvação definitiva que lhes é prometida".[23] A teologia *heilsgeschicthliche* [histórico-salvífica] de Cullmann confrontou a desescatologização e a desistoricização neotestamentária de Bultmann, bem como a escatologia consequente de Weiss-Schweitzer, alegando que a escatologia do NT reflete uma tensão entre aspectos "já realizados" e "ainda não consumados" existente em um panorama histórico-salvífico.[24] Essa tensão reflete a "natureza mais íntima" da mensagem do NT.[25] A fé cristã é decididamente histórica, aguarda o que ainda não aconteceu à luz do que já aconteceu. O futuro é realmente futuro. Os novos acontecimentos ainda estão por acontecer: a parúsia, a ressurreição

---

[21]Dodd concluiu que "não temos, parece, nenhuma base no ensino de Jesus para afirmar que os longos ciclos da História conduzirão inevitavelmente a um "Reino Vindo" na terra". Dodd, *Parables of the Kingdom*, p. 209.

[22]W. G. Kümmel, *Promise and fulfilment: the eschatological message of Jesus*, trad. Dorothea M. Barton (London: SCM, 1957).

[23]W. G. Kümmel, *The theology of the New Testament according to its major witnesses: Jesus-Paul-John*, trad. John E. Steely (London: SCM, 1976), p. 330-31.

[24]Duas obras se destacam: Oscar Cullmann, *Christ and time: the primitive Christian conception of time and history*, trad. Floyd V. Filson (London: SCM, 1951) [edição em português: *Cristo e o tempo* (Santo André: Fonte, 2020)]; Cullmann, *Salvation in history*, trad. Sidney G. Sowers (London: SCM, 1967).

[25]Cullmann, *Christ and time*, p. 3.

e a nova criação.[26] A escatologia não é um conceito existencial e abstrato; ela diz respeito a acontecimentos que ainda se desenrolarão dentro de um quadro temporal. O espaço aqui não permite uma discussão mais detalhada, mas a integração da presente realidade do reino (Dodd) com uma expectativa futura a ser consumada (Weiss-Schweitzer) também se reflete de formas variadas em estudiosos, como Joachim Jeremias,[27] Günther Bornkamm,[28] G. E. Ladd[29] e George R. Beasley-Murray.[30]

Jürgen Moltmann: o futuro determina o presente

Esses desdobramentos nos estudos do NT se interseccionavam com a recuperação da importância do futuro na teologia sistemática alemã, particularmente na obra de Wolfhart Pannenberg[31] e Jürgen Moltmann.[32] O trabalho deles teve implicações importantes para os avanços na escatologia em geral. Como a sistemática não é nossa especialidade, vamos comentar apenas brevemente sobre Moltmann.[33] Fazendo isso, levamos a sério a afirmação de Richard Bauckham de que "toda escatologia teológica do início do século 21 tem de ter um diálogo pelo menos implícito com Moltmann".[34] A obra seminal de Moltmann sobre escatologia, *Theologie der Hoffnung* [*Teologia da esperança*], foi publicada originalmente (em alemão) em 1964.[35] Escrita em um

---

[26]Cullmann, *Salvation in history*, p. 177. É dentro dessa perspectiva que Cullmann desenvolveu sua famosa ilustração do Dia D e Dia da Vitória para a primeira e segunda vindas de Jesus.

[27]J. Jeremias, *The parables of Jesus*, 3ª ed. rev. (London: SCM, 2003). [edição em português: *As parábolas de Jesus* (São Paulo: Paulus, 1976)].

[28]G. Bornkamm, *Jesus of Nazareth*, trad. Irene e Fraser McLuskey com James M. Robinson (New York: Harper & Row, 1960). Originalmente publicado como *Jesus von Nazareth* (Stuttgart: Kohlhammer, 1956). Com Bornkamm a ênfase decididamente jazia em um presente projeto realizado de um reino de Deus como realidade transcendente atemporal em grande parte despida da particularidade judaica.

[29]G. E. Ladd, *The Gospel of the kingdom: Scriptural studies in the kingdom of God* (London: Paternoster, 1959) [edição em português: *O evangelho do reino* (São Paulo: Shedd, 2008)]; Ladd, *A theology of the New Testament* (Grand Rapids: Eerdmans, 1974) [edição em português: *Teologia do Novo Testamento* (São Paulo: Hagnos, 2003)]; Ladd, *The presence of the future: the eschatology of biblical realism* (Grand Rapids: Eerdmans, 1974). [edição em português: *A presença do futuro* (São Paulo: Shedd, 2021)].

[30]George R. Beasley-Murray, *Jesus and the kingdom of God* (Grand Rapids: Eerdmans, 1986).

[31]Para abordagem específica à escatologia em sua teologia de três volumes, veja Wolfhart Pannenberg, *Systematic theology*, vol. 2, trad. Geoffrey W. Bromiley (Grand Rapids: Eerdmans, 1998), p. 527-646. [Edição em português: *Teologia sistemática*, vol. 2 (São Paulo: Paulus, 2009)]

[32]Outros teólogos alemães como Johann-Baptist Metz e Gerhard Sauter fizeram contribuições significativas a teologias da esperança em relação ao futuro do mundo, desenvolvidas da década de 1960 em diante.

[33]Para um exame proveitoso, veja Stephen Williams, "Thirty years of hope: a generation of writing on eschatology", in: *"The reader must understand": eschatology in Bible and theology*, K. E. Brower; M. W. Elliott, orgs. (Leicester, UK: Apollos, 1997), p. 243-62.

[34]Richard Bauckham, "Conclusion: emerging issues in eschatology in the twenty-first century", in: Walls, *Oxford handbook of eschatology*, p. 671. Bauckham é o estudioso anglófono de Moltmann mais influente.

[35]Jürgen Moltmann, *The theology of hope: on the ground and the implications of a Christian eschatology*, trad. James Leitsch (New York: Harper & Row, 1967) [edição em português: *Teologia da esperança* (São Paulo:

contexto de convulsão social, também era uma reação consciente tanto ao individualismo e neopietismo de Bultmann quanto à efetiva falta de teleologia de Barth.[36] O programa de Moltmann, tendo em vista particularmente a marginalização da escatologia por parte da teologia durante a maior parte do século 20, não foi nada menos que revolucionário.

Enquanto Weiss-Schweitzer, Bultmann e Dodd concluíram, de diferentes maneiras, que a escatologia futura era um *problema* a ser superado a fim de tornar o cristianismo crível no mundo moderno, Moltmann se propôs defender precisamente o oposto.[37] É famosa sua declaração: "Do princípio ao fim, e não apenas no epílogo, o cristianismo é escatologia, é esperança, é olhar para o futuro e avançar e, portanto, também revolucionar e transformar o presente. O escatológico não é um elemento do cristianismo, mas é o meio da fé cristã como tal, a escala em que tudo se define, o esplendor que inunda tudo aqui no alvorecer do novo e anelado dia".[38] Trata-se de um programa complexo e abrangente de recuperação da escatologia, alicerçado na premissa de que a esperança futura define toda teologia autenticamente cristã.[39] A ressurreição é o alicerce da esperança cristã, mas a ressurreição se segue à cruz:

Loyola, 2005)]; primeiro publicado como *Theologie der Hoffnung: Untersuchungen zuer Begründung und zu den Kosequenzen einer christlichen Eschatologie* [Munique: Chr. Kaiser, 1964]); a obra posterior de Moltmann tem sido prolífica. Suas obras mais importantes no campo da escatologia são *The crucified God: the cross as the foundation and criticism of Christian theology*, trad. R. A. Wilson e J. Bowden (London: SCM, 1974; primeiro publicado como *Der gekreuzigte Gott* [Munique: Chr. Kaiser, 1972]) [edição em português: *O Deus crucificado* (São André: Academia Cristã, 2011)]; *The church in the power of the Spirit: a contribution to messianic eschatology*, trad. M. Kohl (London: SCM, 1977; primeiro publicado como *Kirche in der Kraft des Geistes* [Munique: Chr. Kaiser, 1975]); *The future of creation*, trad. M. Kohl (London: SCM, 1979; primeiro publicado como *Zukunft der Schöpfung: gesamelle Aufsätze* [Munique: Chr. Kaiser, 1977]) [edição em português: *O futuro da criação* (Rio de Janeiro: Mauad X, 2011)]; *God in creation: an ecological doctrine of creation*, trad. M. Kohl (London: SCM, 1985; primeiro publicado como *Gott in der Schöpfung: ökologische Schöpfungslehre* [Munique: Kaiser, 1985]); *History and the triune God: contributions to trinitarian theology*, trad. J. Bowden (London: SCM, 1992; primeiro publicado como *In der Geschichte des dreieinigen Gottes: Beiträge zur trinitarischen Theologie* [Munique: Kaiser, 1991]); *The coming of God: Christian eschatology*, trad. M. Kohl (Minneapolis: Fortress, 1996; primeiro publicado como *Das Kommen Gottes: christliche Eschatologie* [Gütersloh: Kaiser, 1995]).

[36]Moltmann, *Theology of hope*, p. 39. Para Moltmann, a escatologia, tanto em Bultmann quanto em Barth, continuou sendo uma ideia exageradamente abstrata de uma eternidade transcendental separada da História que ruma para um fim conclusivo. Mesmo na *Church Dogmatics*, de Barth, o futuro permanece meramente um desvelar do que Deus já fez em Cristo. Outro diálogo significativo foi com o marxista Ernst Bloch; por meio desse diálogo, Moltmann veio a perceber como a Bíblia e a igreja dispunham de ricos recursos para articular a esperança *neste mundo*, dependendo não de esperanças imanentes da História, mas da ação transcendente de Deus na ressurreição de Jesus Cristo.

[37]Richard Bauckham, "Moltmann's Theology of hope revisited", *SJT* 42, n. 2 (1989): p. 199-214.

[38]Moltmann, *Theology of hope*, p. 16.

[39]Para uma crítica em grande parte positiva, veja Richard Bauckham, *The theology of Jürgen Moltmann* (Edinburgh: T&T Clark, 1995). Para uma abordagem menos simpática, veja Tim Chester, *Mission and the coming of God: escathology, the Trinity and mission in the theology of Jürgen Moltmann and contemporary Evangelicalism* (Milton Keynes, UK: Paternoster, 2006). Veja tb. Lanier Burns, "The doctrine of the future in Jürgen Moltmann", in: *Eschatology: biblical, historical and practical approaches: a volume in honor of Craig R. Blaising*, D. Jeffery Bingham; Glenn R. Kreider, orgs. (Grand Rapids: Kregel, 2016).

a cruz figura como testemunho da solidariedade de Deus para com a impiedade do mundo (*The crucified God*). A dialética entre a cruz e a ressurreição está sendo resolvida pelo Espírito, que está transformando as trevas presentes em um futuro reino de glória (*The church in the power of the Spirit*).

Isso representa um "*Novum*" na história — algo transcendentalmente novo, efetuado por Deus. A ressurreição abre a possibilidade de um futuro que abraçará a nova criação de todas as coisas e, portanto, fomenta a esperança, sobretudo para os marginalizados. Desse modo, "o futuro excede o presente e o passado".[40] Por causa da ressurreição, "o futuro da nova criação derrama seu esplendor sobre o presente do mundo velho".[41] Isso é apenas o esboço mais simples possível de uma obra volumosa. Antes de prosseguir, precisamos apenas observar, em concordância com Bauckham e seguindo Moltmann, a proposição de "que a ressurreição do Cristo crucificado oferece, em certo sentido, um modelo, assim como uma promessa, do qual o significado possível para a ressurreição geral futura e a nova criação de todas as coisas, tem sido vastamente aceita e desenvolvida na teologia recente".[42]

Norman Perrin e Marcus Borg: o presente ofusca o futuro

Dito isso, as tensões mais antigas entre o Jesus de William Wrede e o de Weiss-Schweitzer continuam em vigor em algumas vertentes dos estudos acadêmicos modernos. No mundo anglófono, Norman Perrin concluiu que uma vinda futura apocalíptica do Filho do Homem não é uma perspectiva própria de Jesus, que "não deu forma específica à sua expectativa futura (além da forma geral da justificação e do juízo implícito) nem a expressou da perspectiva de um elemento temporal específico".[43] Ao falar de "presente e futuro", Jesus não estava enfatizando o temporal, mas o experiencial. Por isso, Perrin reinterpreta o reino de Deus como um "símbolo de tensão" usado "para evocar o mito de Deus atuando como rei".[44] O significado real é que o reino de Deus é um "mito verdadeiro, i.e., como um meio narrativo de demonstrar 'o sentido íntimo do universo e da vida humana'".[45] Um destaque muito semelhante foi depois elaborado no Jesus não escatológico de Borg[46]

[40]Moltmann, *Coming of God*, p. 26.

[41]Moltmann, *Coming of God*, p. 28.

[42]Bauckham, "Conclusion", p. 672.

[43]Norman Perrin, *Rediscovering the teachings of Jesus* (London: SCM, 1967), p. 204.

[44]Norman Perrin, *Jesus and the language of the kingdom: symbol and metaphor in New Testament interpretation* (Philadelphia: Fortress, 1976), p. 196.

[45]Perrin, *Jesus and the language of the kingdom*, p. 23.

[46]E.g., veja Marcus J. Borg, *Jesus in contemporary scholarship* (Harrisburg, PA: Trinity Press International, 1994); Borg, *Jesus: uncovering the life, teachings, and relevance of a religious revolutionary* (San Francisco: HarperSanFrancisco, 2006); Borg, *Convictions: how I learned what matters most* (New York: HarperOne, 2014); Marcus J. Borg e N. T. Wright, *The meaning of Jesus: two visions*

e de outros participantes do *Jesus Seminar*. Escrevendo em tom pessoal e em nível popular pouco antes de morrer, em 2015, Borg definiu sua compreensão "pós-crítica" do cristianismo como expressão da verdade em linguagem metafórica e simbólica. Uma escatologia dominada pelo futuro distorce gravemente o entendimento cristão de salvação.[47] As expressões escatológicas do NT (reino de Deus nos Sinóticos e estar "em Cristo", em Paulo) dizem respeito à transformação em uma nova vida aqui e agora.[48] É difícil imaginar um abismo maior entre a escatologia de Perrin e Borg e a de Moltmann. Pode-se perguntar se as tentativas de Perrin e Borg de "resgatar" o cristianismo da escatologia deixam de pé qualquer coisa que possa ser reconhecida, teológica ou historicamente, como cristã.

ESCATOLOGIAS CONTEMPORÂNEAS

Os estudos mais recentes da escatologia do NT têm origem nas tradições críticas mencionadas anteriormente. Cinco grandes temas podem ser identificados. Primeiro, a tensão contínua entre as escatologias de orientação predominantemente presente e as de orientação predominantemente futura. Segundo, não obstante a discussão sobre Perrin e Borg acima, que reflete desdobramentos da "Terceira Busca" do Jesus histórico, o debate escatológico contemporâneo de forma geral superou as ênfases despolitizadas, individualizadas e não apocalípticas outrora dominantes. Terceiro, os trabalhos mais interessantes e instigantes feitos hoje são de uma gama diversa de estudiosos que levam a sério o mundo religioso, político e social de Jesus e Paulo e situam sua compreensão do futuro nesse contexto judaico.[49] Quarto, na era pós-Moltmann, a escatologia contemporânea passou a ter uma relação mais estreita com a ética social, em particular, por exemplo, no que diz respeito à crise ecológica e à sustentabilidade futura deste mundo.[50] Quinto,

---

(San Francisco: HarperSanFrancisco, 1999); Marcus J. Borg, Dale Allison, John Dominic Crossan e Stephan J. Patterson, *The apocalyptic Jesus: a debate* (Santa Rosa, CA: Polebridge Press, 2001).

[47]De acordo com Borg, essa esperança dominada pelo futuro transforma o cristianismo em uma religião de exigências e recompensas; cria uma compreensão contratual da vida cristã; torna o cristianismo uma religião de autopreservação; fomenta o individualismo; divide as pessoas entre "salvas" e "não salvas"; e leva a negligenciar a justiça nesta vida. *Convictions*, p. 63-65.

[48]Borg, *Convictions*, p. 62.

[49]Nesse contexto, mesmo a influente definição que Ladd faz do reino de Deus, como "primariamente o reino dinâmico ou governo régio de Deus e, de forma derivada, a esfera em que esse governo é vivido", é conceitualmente abstrata e por demais separada de seu contexto judaico. Ladd, *Theology of the New Testament*, p. 109.

[50]E.g., veja Richard Bauckham, *The Bible and ecology: rediscovering the community of Creation* (Waco: Baylor University Press, 2010); Douglas J. Moo, "Nature in the New Creation: New Testament eschatology and the environment", *JETS* 49 (2006): p. 449-88; Keith Innes, "Towards an ecological eschatology: continuity and discontinuity", *EQ* 81, n. 2 (2009): p. 126-44.

uma influência significativa é a recuperação da teologia narrativa e como as escatologias do NT são mais bem interpretadas dentro de uma metanarrativa bíblica coerente.[51] De modo geral, podemos dizer que a *Schweitzerstrasse* (a via de Schweitzer) é hoje a mais transitada. O que se segue é um breve guia para uma amostra representativa, espera-se, dos tipos de ideias que trafegam nessa sinuosa rodovia. Começaremos pelo gigante N. T. Wright,[52] a quem daremos o maior espaço.

N. T. Wright: a escatologia pela lente do realismo histórico

A escatologia de Wright é fundamental para seu projeto monumental de reconstrução histórica das convicções de Jesus, Paulo e os primeiros cristãos, exprimido com mais detalhes na série *Christian origins and the question of God* [As origens cristãs e a questão de Deus], mas presente na maior parte de sua obra. Como ocorre com outras propostas surgidas da mente fértil de Wright, sua síntese escatológica é célebre, criativa e controversa. Quando *Jesus and the victory of God* [Jesus e a vitória de Deus] (*JVG*) foi publicado pela primeira vez, alguns resenhistas pensaram que Wright havia abandonado a crença na segunda vinda e adotado uma posição completamente preterista.[53] Havia motivos para isso, dentre os quais a reação de Wright contra o que ele julgava ser a escatologia platonizada do cristianismo popular — isto é, suas reiteradas investidas contra a ideia de que o céu é o objetivo da

[51]Essa premissa é fundacional para a obra de estudiosos como E. P. Sanders, N. T. Wright e J. Richard Middleton. Uma obra recente e significativa sobre o tema, defendendo que a metanarrativa judaica de exílio e restauração é crucial para interpretar a teologia do NT, é Timo Eskola, *A narrative theology of the New Testament: exploring the metanarrative of exile and restoration*, WUNT 30 (Tübingen: Mohr Siebeck, 2015), abordada abaixo.

[52]Desde sua obra *Jesus and the victory of God* (1996), Wright continuou a produzir obras relacionadas a temas escatológicos em Jesus e Paulo. Algumas das mais importantes são *What Saint Paul really said* (Oxford: Lion, 1997); *The challenge of Jesus* (London: SCPK, 1999); "Romans", in: *The New Interpreter's Bible*, vol. 10 (Nashville: Abingdon, 2002), p. 393-770; *The resurrection of the Son of God* (London: SPCK, 2003) [edição em português: *A ressurreição do filho de Deus* (São Paulo: Paulus, 2020)]; *Paul: fresh perspectives* (London: SPCK, 2005); *Surprised by hope* (London: SPCK, 2007) [edição em português: *Surpreendido pela esperança* (Viçosa: Ultimato, 2009)]; *Justification: God's plan and Paul's vision* (London: SPCK, 2009) [edição em português: *Justificação: o plano de Deus e a Visão de Paulo* (Maceió: Sal Cultural, 2019)]; *Pauline perspectives (collected essays, 1978-2013)* (London: SPCK, 2013); *Paul and the faithfulness of God* (London: SPCK, 2013) [Edição em português: *Paulo e a fidelidade de Deus* (São Paulo: Paulus,, 2021)]; *Paul and his recent interpreters* (London: SPCK, 2015); *The day the revolution began: reconsidering the meanings of Jesus' crucifixion* (London: SPCK, 2016) [edição em português: *O dia em que a revolução começou* (Brasília: Chara, 2017)].

[53]Para uma abordagem antiga, veja Craig Blomberg, "Eschatology and the church: some New Testament perspectives", in: *Themelios* 23, n. 3 (Junho 1998): p. 3-26, espec. p. 15-18; Steve Walton, "Exit the Second Coming? N. T. Wright's *Jesus and the victory of God*", *Anvil* 16, n. 4 (1999): p. 281-91; Carey C. Newman, org., *Jesus and the restoration of Israel: a critical assessment of N. T. Wright's "Jesus and the victory of God"* (Downers Grove: InterVarsity Press, 1999); Robert Stein, "N. T. Wright's *Jesus and the victory of God:* a review article", *JETS* 44, n. 2 (Junho 2001): p. 207-18. A interpretação parcialmente preterista mais antiga do Discurso do Monte das Oliveiras mais influente é a de R. T. France, desenvolvida em maiores detalhes em sua obra *Matthew*, NICNT (Grand Rapids: Eerdmans, 2007).

esperança escatológica, aliando uma forte ênfase na escatologia realizada (na linha de Dodd e G. B. Caird) a uma abordagem historicamente realista de Jesus como Messias judeu sociopolítico, que veio a se entender como a personificação de um Israel no exílio aguardando o retorno de YHWH para seu povo eleito. Esse retorno assumiu a forma de Jesus lendo as Escrituras de Israel e chegando à conclusão arriscada e cheia de fé de que ele era o verdadeiro israelita em quem Deus age e está singularmente presente.[54] Por conseguinte, e no verdadeiro estilo schweitzeriano, esse Messias age corajosamente em si mesmo para confrontar o mal por meio de sua morte expiatória e representativa. Sua vinda institui o juízo divino contra a rejeição de seu verdadeiro rei e, simultaneamente, traz o seu evangelho da vinda do reino. A forma mais explícita do anúncio de juízo por parte de Jesus é o do Sermão do Monte das Oliveiras (Mt 24 e 25; Mc 13; Lc 21). A interpretação histórico-realista que Wright faz de Daniel 7.13 e do estilo apocalíptico judeu insiste que Marcos 13 seja lido como linguagem figurada escatológica da vindicação do Filho do Homem *na* história (a saber, a queda de Jerusalém em 70 d.C.) e não como a descrição literal da segunda vinda de Jesus nas nuvens com poder e glória.[55]

Mais de vinte anos transcorreram desde a publicação de *JVG* e, apesar de ter havido alguns esclarecimentos e acréscimos importantes ao longo dos anos (entre eles, os enormes *Resurrection of the Son of God* [A Ressurreição do Filho de Deus][56] [*RSG*] e *Paul and the faithfulness of God* [*Paulo e a fidelidade*

[54]Vale a pena notar como o forte historicismo imanente de Wright enfatiza a humanidade judaica de Jesus e vai de "baixo" para "cima" rumo a uma cristologia mais elevada. Wright foi criticado por sua aparente "baixa" cristologia. (Lembro-me de estar presente quando D. A. Carson formulou essa crítica em um debate. Wright respondeu que sentiu "uma acusação de arianismo passar assobiando pelo meu nariz". A razão de mencionar isso é que essa crítica tem a mesma raiz que parte da resistência posterior à sua escatologia aparentemente realizada demais.

[55]Wright, *JVG*, p. 80-82, 96-97, 207-9. J. D. G. Dunn descreve a escatologia de Wright aqui como contendo aspectos apocalípticos que são "apenas efeitos sonoros cósmicos". Eles não nos dizem se Jesus esperava qualquer coisa além da destruição do Templo em 70 d.C. (J. D. G. Dunn, *Jesus remembered* [Grand Rapids: Eerdmans, 2003], p. 479). Outras críticas à interpretação historicamente realizada de Wright incluem a de Edward Adams, segundo o qual esses textos de fato têm uma catástrofe futura em vista. Embora não sejam necessariamente descrições literais do fim do mundo, sua função é evocar imaginativamente o incognoscível (Edward Adams, *The stars will fall from heaven: "cosmic catastrophe" in the New Testament and its world*, LNTS 347 [London: T&T Clark, 2007]). Alternativamente, uma versão radical da escatologia realizada erigida sobre o alicerce estabelecido por Wright é a de Andrew Perriman, *The coming of the Son of Man: New Testament eschatology for an emerging church* (Milton Keynes, UK: Paternoster, 2005). Perriman retorna a Dodd ao defender que o NT imagina três horizontes escatológicos: a vinda do Filho do Homem anunciada por Jesus, a parúsia do Senhor e a esperança de uma nova criação. Os primeiros dois horizontes *já ocorreram*: o sofrimento do Filho do Homem, associado a 70 d.C., e a parúsia, associada à queda do Império Romano, que vindicou o povo sofredor de Deus e revelou Cristo como Senhor. Assim, para Perriman, a "ação central da escatologia do Novo Testamento" *já* se desenrolou *dentro* da História (p. 225). A igreja agora existe na "era que já chegou".

[56]Edição em português: *A Ressurreição do Filho de Deus* (São Paulo: Paulus, 2020).

de Deus] [*PFG*]), a perspectiva geral de Wright não mudou substancialmente. Nas Conferências Gifford de 2018, por exemplo, ele rearticula as linhas gerais da narrativa descrita acima em diálogo com Caird[57] e outros oponentes conhecidos, representantes de diferentes formas de dualismo — seja uma ruptura iluminista entre passado e presente, uma separação epicurista entre céu e terra ou um bultmannianismo desistoricizado.[58] O que se desenvolveu desde o lançamento de *JVG* é uma expressão mais elaborada de uma escatologia inaugurada do tipo "já e ainda não" — na qual se encontram algumas de suas próprias propostas mais contestadas.[59] Jesus é um profeta escatológico e apocalíptico em quem e por meio de quem o reino chega. *Este* mundo foi mudado em consequência e em virtude da ressurreição de Jesus e será plenamente transformado no futuro. Por isso, para Paulo, "essa esperança *se cumprira* mediante Jesus, em sua morte e ressurreição fundadoras do reino e no espírito transformador da vida, e *ainda há de se cumprir* na segunda vinda de Jesus e na obra do mesmo espírito para ressuscitar da morte todos os que pertencem ao Messias".[60] A natureza dessa transformação é integral. Ela abrange o espiritual, o político e o social em uma criação

[57]Para a série inteira de palestras, veja "2018 Lecture Series: NT Wright", website da Universidade de Aberdeen, https://www.abdn.ac.uk/sdhp/events/gifford-lectures/2018-lecture-series-n-t-wright-1089.php. Refiro-me à palestra 4, "The end of the world? Eschatology and apocalyptic in historical perspective", https://www.youtube.com/watch?v=DHubt-njRIM&feature=youtu.be. O diálogo é com G. B. Caird, *The language and imagery of the Bible* (London: Duckworth, 1980), e com as definições de Caird de escatologia e apocalíptico.

[58]Wright, "End of the world?", Palestra Gifford 4.

[59]Pode-se argumentar que ênfase de *JVG* no fato de o único referente do Discurso do Monte das Oliveiras ser 70 d.C. passou uma impressão confusa da destruição do Templo como a apoteose do juízo de Deus. Veja a rejeição específica de Wright ao preterismo total em *Surprised by hope*, p. 139. A desconfiança de Wright em relação a toda escatologia de matiz "ultramundano" levou alguns a afirmarem que ele marginaliza o lugar do céu na esperança cristã — acusação que Wright rejeita. Veja Markus Bockmuehl, "Did St. Paul go to heaven when he died?", in: *Jesus, Paul and the people of God: a theological dialogue with N. T. Wright*, Nicholas Perrin; Richard Hays, orgs. (London: SPCK, 2011), p. 211-34. Similarmente, Nicholas Perrin, in: resenha profundamente elogiosa, comenta que *JVG* negligenciou, reagindo ao pietismo desistoricizado, as convocações escatológicas de Jesus a que se adentre o reino de Deus no presente e assim se garanta a esperança para o futuro—crítica que Wright aceita (Nicholas Perrin, "Jesus' escathology and kingdom ethics", in: Perrin e Hays, *Jesus, Paul and the people of God*, p. 113). Outro tema escatológico altamente contestado é a ideia "retrabalhada" de Wright sobre o povo de Deus, tópico que ocupa 268 páginas do cap. 10 ("The people of God, freshly reworked") em *PFG* e mais 140 páginas no cap. 11 ("God's future for the world, freshly imagined"). Perguntas são suscitadas pela compreensão que Wright apresenta de Israel e Jesus dentro da obra escatológica de Deus. O Israel étnico falhou em seu chamado eletivo a ser o meio divino de redenção? Jesus cumpre o chamado de Israel ao entregar a si mesmo fielmente em sua vida e morte, efetivamente "tornando-se Israel" no processo? Todos os que têm fé em Jesus tornam-se, então, membros efetivos de Israel (a igreja)? Isso significa que, em Paulo, termos como "judeu" e "Israel" são tão radicalmente retrabalhados que não se referem mais a judeus e ao Israel literais? Para um questionamento crítico das respostas de Wright a essas questões, veja, e.g., Michael G. Vanlaningham, "An evaluation of N. T. Wright's view of Israel em Romans 11", *BSac* 170 (Abril-Junho 2013): p. 179-93.

[60]Wright, *PFG*, p. 1258-59.

renovada. Um tema constante de Wright é que a natureza indubitavelmente "terrena" dessa esperança futura tem implicações sociais para a práxis da ética cristã no "aqui e agora".[61]

Também ficou mais claro que, em contraste marcante com a metodologia atomista dos que se aproximam do *Jesus Seminar*, Wright enxerga uma coerência narrativa essencial entre as diversas vertentes da escatologia do NT como um todo. A escatologia de Paulo, tal como apresentada em *PFG*, segue os contornos amplos das escatologias dos Sinóticos apresentadas em *JVG* com a importância a mais do Espírito na esperança escatológica paulina.[62] Similarmente, nas Conferências Gifford, Wright defende que Paulo, os Sinóticos, João e outros autores do NT expressam, de formas distintas, uma esperança escatológica reconhecidamente coerente à luz da história de Jesus Cristo. Em oposição ao comentário de Frey sobre as esperanças equivocadas de Paulo tratadas há pouco, Wright, ao resumir Paulo, defende que "a fé em um reino inaugurado 'já e ainda não' mediante a exaltação do ser humano Jesus, o messias de Israel, não era apenas uma obra apologética inteligente inventada no fim do primeiro século, muito menos em meados do século 20. Ela já fazia parte da versão mais antiga do próprio evangelho apostólico".[63] Com respeito aos Evangelhos, "João tem seu próprio jeito de dizer a mesma coisa, mas é a mesma coisa [dos Sinóticos]. Os evangelhos não contêm material apocalíptico; no sentido que esse termo tinha no primeiro século, eles são apocalípticos. Eles estão dizendo que a revelação, o desvelar, a vinda visível de Deus aconteceu".[64] É aqui que Wright se afasta de Weiss-Schweitzer. No NT não há nenhum indício, ele alega, de que os cristãos estivessem angustiados com o malogro de suas esperanças escatológicas. Na verdade, há uma escatologia inaugurada generalizada que veio a entender retrospectivamente a morte, a ressurreição e a vindicação de Jesus Cristo. Isso se expressa em estilo apocalíptico, que é "a terminologia bíblica para comunicar o sentido daquele evento único. Isto é, um sentido que manifestou seu papel único e *radical dentro* da narrativa de criação e aliança".[65]

---

[61] E.g., veja Wright, *Surprised by hope*, caps. 12-15; Wright, *PDG*, p. 1095-1128.

[62] Veja Wright, *PFG*, p. 1061-95.

[63] Wright, "The end of the world?", Palestra de Gifford 4.

[64] Wright, "The end of the world?", Palestra de Gifford 4.

[65] Wright, "The end of the world?", Palestra de Gifford 4. Nessa palestra Wright especificamente responde à crítica de Jörg Frey de que a interpretação que Wright faz de Paulo, situando-o numa "grande narrativa", efetivamente neutraliza o apocalipticismo de Paulo e distancia o apóstolo de Jesus. Jörg Frey, "Demythologizing apocalyptic? On N. T. Wright's Paul, apocalyptic interpretation, and the constraints of construction", in: *God and the faithfulness of Paul: a critical examination of the Pauline theology of N. T. Wright*, Christoph Heilig; J. Thomas Hewitt; Michael F. Bird, orgs., WUNT 2/413 (Tübingen: Mohr Siebeck, 2016), p. 489-532.

Brant Pitre: Jesus, o profeta da tribulação escatológica

Wright é um dos principais parceiros de diálogo na importante obra de Brant Pitre sobre a escatologia do NT publicada em 2005.[66] No livro, há dois objetivos gerais: (i) identificar o desenvolvimento e o conteúdo do conceito de tribulação escatológica no período final do judaísmo do Segundo Templo e (ii) determinar se o Jesus histórico falava ou agia baseado em sua própria expectativa de um período de tribulação escatológica e, se sim, como.[67] O fantasma de Schweitzer surge vultoso aqui e Pitre conscientemente trilha na sombra dele. Se a expectativa de Jesus de uma tribulação messiânica final constituía a essência da escatologia consequente de Schweitzer, Pitre decide investigar quais podem ter sido as feições dessa expectativa à luz de um estudo histórico e exegético detalhado. Fazendo isso, ele se distancia de estudiosos como E. P. Sanders e outros que dissociam a ideia de uma tribulação escatológica da vida e do ensino de Jesus e daqueles que questionam a autenticidade das profecias escatológicas do sermão do monte das Oliveiras.[68]

Pitre difere nitidamente da visão de Wright de que o "fim" do exílio babilônico deve ser interpretado em termos políticos e metafóricos.[69] Em vez disso, Pitre defende que ele deve ser entendido em uma perspectiva literal alinhada com o que os profetas do AT predisseram — a saber, "*a reunião em Sião das doze tribos de Israel dispersas entre os gentios*".[70] Por exemplo, os "muitos", de Marcos 10.45, são os judeus do exílio e "resgate" refere-se à morte de Jesus, que vai inaugurar a última grande tribulação.[71] Pitre resume sua conclusão mais importante assim: "*Jesus, falando de si mesmo como o Filho do Homem e como o Messias, tomou voluntariamente os sofrimentos da tribulação sobre si com o fim de expiar os pecados de Israel, pecados esses que levaram os israelitas ao exílio. Porque considerava essa tribulação nada menos que uma Páscoa escatológica, ele procurou inaugurá-la tanto em palavra quanto em ação para, assim, causar o Fim do Exílio e a restauração das doze tribos, em um Novo Êxodo*".[72] Esse retrato do autoentendimento de Jesus e da importância da tribulação e do fim do exílio é marcante e continuará sendo debatido nos estudos da escatologia e do Jesus histórico.

---

[66]Brant Pitre, *Jesus, the tribulation, and the end of exile: restoration eschatology and the origin of the atonement*, WUNT 2/204 (Tübingen: Mohr Siebeck, 2005). Outros parceiros de diálogo segundo os quais a vinda de uma nova era de salvação está associada de alguma forma a um tempo de tribulação incluem Albert Schweitzer, C. H. Dodd, J. Jeremias, Ben F. Meyer, Dale Allison, James D. G. Dunn, C. Marvin Pate e Doug Kennard.

[67]Pitre, *Jesus, the tribulation, and the end of Exile*, p. 3.

[68]E. P. Sanders, *Jesus and Judaism* (Philadelphia: Fortress, 1985).

[69]Pitre, *Jesus, the tribulation, and the end of Exile*, p. 31-40.

[70]*Jesus, the tribulation, and the end of Exile*, p. 40.

[71]*Jesus, the tribulation, and the end of Exile*, p. 384-454.

[72]*Jesus, the tribulation, and the end of Exile*, p. 505-6 (itálicos do original).

Timo Eskola: exílio e restauração como a história que emoldura o NT

Os temas da metanarrativa, do exílio e da restauração também fazem parte do ambicioso estudo de Timo Eskola, de 2015, que investiga se a identidade escatológica de Jesus como aquele que reconstrói o Templo, anunciando juízo contra Israel, era intrínseca a seu ensino. Eskola, contudo, amplia o diálogo para examinar como a teologia narrativa de Paulo, bem como a de João, de Hebreus, de 1Pedro, Tiago e de Apocalipse, se relacionam com a de Jesus.[73] Em vez de uma história "real" oculta atrás de textos supostamente corrompidos (Wrede), a história, ele alega, chega até nós na forma de narrativas. Por isso, "o entendimento correto da teologia do Novo Testamento depende da leitura correta das narrativas".[74] Ele situa seu estudo especificamente no rasto da expansão de Wright de seu arcabouço interpretativo de *JVG* para incluir Paulo[75] e adota como ponto de partida a convicção de Jesus de que tinha a vocação messiânica para pôr fim ao exílio e reformar o culto de Israel mediante a construção de um templo escatológico. Sua tese é que os temas do exílio e da restauração constituem uma metanarrativa dentro da Bíblia que dá poder explicativo para a construção da soteriologia neotestamentária. "Ler os profetas ensinou a Jesus e aos primeiros apóstolos que a reconciliação vem por meio da expiação. O Servo Sofredor deve oferecer seu sacrifício a fim de trazer paz para Israel. A ressurreição de Jesus, portanto, torna-se a entronização do fim dos tempos, onde Deus é Rei e começa seu jubileu, o ano de misericórdia e libertação dos escravizados. Só depois disso os acontecimentos triunfais da escatologia podem ocorrer e o Rei Celestial pode retornar com seu poder."[76]

Essa soteriologia é indissociável da cristologia da ressurreição dos seguidores de Jesus. Para os crentes, o exílio findou; Jesus é o Salvador escatológico exaltado, o Filho de Davi entronizado governando um novo reino em que o Templo foi reconstruído na forma de cristãos renovados.[77] Para Paulo, essa "nova comunidade é o templo de Cristo para onde o Espírito Santo retornou".[78] Eskola conclui que a escatologia da restauração permeia a soteriologia de Paulo[79] e é crucial para uma nova reflexão acerca da relação

[73]Eskola, *Narrative theology*, p. 13. Eskola edifica sobre a obra anterior de Sanders (*Jesus and Judaism*, 1985), que enfatizou a importância do Exílio no judaísmo do Segundo Templo, bem como sobre Ben F. Meyer, *The aims of Jesus* (London: SCM, 1979).

[74]Eskola, *Narrative theology*, p. 8.

[75]Eskola, *Narrative theology*, p. 11.

[76]Eskola, *Narrative theology*, p. 418.

[77]Eskola, *Narrative theology*, p. 387.

[78]Eskola, *Narrative theology*, p. 419.

[79]Eskola argumenta que Paulo segue a maioria dos temas da missão de Jesus: (1) cumprimento do tempo, (2) evangelho, (3) tribulação, (4) sofrimento, (5) sacrifício substitutivo, (6) ressurreição dentre os mortos, (7) entronização no trono da glória, (8) realização da restauração, (9) reunião das tribos e missão às nações, (10) parúsia, (11) juízo final e (12) restauração final do Éden. *Narrative theology*, p. 424.

de Paulo com a Lei e outras questões dentro da Nova Perspectiva. Embora elementos dessa reconstrução sem dúvida venham a ser debatidos, essa leitura oferece uma explicação muito mais satisfatória e convincente do NT do que interpretações mais antigas do século 20, que muitas vezes desjudaizavam, desistoricizavam e desescatologizavam o texto, erigindo uma barreira entre Jesus e o resto do NT.

James D. G. Dunn: escatologia metafórica

Na virada do milênio, o prolífico James D. G. Dunn completou a sua enorme série em três volumes: *Christianity in the making* [Cristianismo em construção][80]. Desde então, nenhuma análise dos estudos acadêmicos da escatologia do NT pode ignorar sua contribuição.[81] Dunn costuma demonstrar mais prudência histórica do que Wright.[82] No ensino de Jesus sobre o reino de Deus — e em Paulo[83] e nos outros autores do NT[84] — Dunn propõe uma escatologia já inaugurada "padrão", que abrange tanto as vertentes presentes quanto as futuras fortemente enraizadas no próprio Jesus. Ele rejeita as tentativas de promover uma tendência em detrimento da outra, quer se trate de Dodd, Käsemann[85], quer do *Jesus Seminar*, que enfatizam demais o presente, quer de Weiss, Schweitzer, Sanders, Dale Alisson[86] e Bart Ehrman,[87] que fazem o mesmo com o futuro.[88] Contudo, ele também resiste àqueles que enxergam a tradição de Jesus por meio de alguma grande

---

[80]James D. G. Dunn, *Jesus remembered*, vol. 1 de *Christianity in the making* (Grand Rapids: Eerdmans, 2003) [edição em português: *Jesus recordado* (Contagem: Biblioteca Teológica, 2022)]; Dunn, *Beginning from Jerusalem*, vol. 2 de *Christianity in the making* (Grand Rapids: Eerdmans, 2009); Dunn, *Neither Jew nor Greek: a contested identity*, vol. 3 de *Christianity in the making* (Grand Rapids: Eerdmans, 205). Grande parte do material em Dunn, *A new perspective on Jesus: what the quest for the historical Jesus missed*, Arcadia studies in Bible and theology (Grand Rapids: Baker Academic, 2005), é abordado em maiores detalhes em *Jesus remembered*; a abordagem aqui, portanto, se concentrará na obra maior.

[81]*Jesus remembered* contém abordagem magistral a dois séculos de estudos sobre o Jesus histórico. Veja cap. 3, "The (re-)awakening of historical awareness"; cap. 4, "The flight from dogma"; e cap. 5, "The flight from history".

[82]É o caso tanto na escatologia quanto na cristologia. Para um exemplo da cristologia historicamente contida de Dunn, veja J. D. G. Dunn, *Did the first Christians worship Jesus?* (London: SPCK, 2010).

[83]Por exemplo, ao comentar 2Tessalonicenses, Dunn conclui que "em tudo isso, vale a pena repetir, o ensino de Paulo era coerente com o ensino de Jesus sobre a vinda do reino: iminente, mas com um intervalo antes de sua vinda plena". Dunn, *Beginning from Jerusalem*, p. 719.

[84]Resumindo o legado de Pedro, Dunn escreve que "a expectativa do retorno de Cristo como dando início ao juízo final é clara em várias passagens (...). A viva esperança de um iminente 'fim de todas as coisas' (4.7) é tão claro quanto na tradição sinótica e em Paulo, ainda preservada mesmo depois de uma geração inteira após a missão de Cristo". Dunn, *Beginning from Jerusalem*, p. 1161.

[85]E. Käsemann, *New Testament questions for today* (London: SCM, 1969), p. 82-107.

[86]Veja, e.g., Dale Allison, "A plea for a thouroughgoing eschatology", *JBL* 112, n. 4 (1994): p. 651-66; Allison, "The eschatology of Jesus", in: *The encyclopedia of Apocalypticism*, John J. Collins, org., vol. 1, *The origins of Apocalypticism in Judaism and Chrsitianity* (New York: Continuum, 1998), p. 267-302.

[87]Bart D. Ehrman, *Jesus: Apocalyptic prophet of the New Millenium* (Oxford: Oxford University Press, 1999).

[88]Dunn, *Jesus remembered*, p. 466.

metanarrativa unificadora — mesmo versões radicalmente divergentes, como as de Crossan[89] e Wright.[90]

Quando se trata de responder à sua própria pergunta: "Que tipo de 'fim' a tradição de Jesus vislumbra?", Dunn permanece circunspecto. Ele reconhece alguma espécie de síntese entre o presente e o futuro, salientando o Espírito como a "primeira parte" do reino, cuja herança plena ainda está por vir.[91] Todavia, ele também afirma que essas escatologias "já e ainda não" têm dificuldade para explicar a expectativa de Jesus de um desenrolar *iminente* dos eventos finais ainda não realizados. Isso dá a entender que (1) "grosso modo, o curso dos acontecimentos mostrou que Jesus estava errado" e (2) "essa não é, tampouco, uma conclusão a que eu, de minha parte, desejaria resistir".[92] Entretanto, ele acrescenta uma importante observação: na tradição profética/apocalíptica judaica havia certo reconhecimento de que o cumprimento parcial da esperança não invalidava essa esperança. Esperança, por definição, é indeterminada e, não raro, está "equivocada" porque anseia por um futuro incognoscível. Ainda mais importante, a esperança judaica não é centrada na esperança em si nem em um calendário de acontecimentos, mas em Deus. Por isso, Dunn especula se a natureza indeterminada da esperança judaica, moldada por metáforas e símbolos, é uma razão para o suposto "atraso" da parúsia não ter sido grande problema para os primeiros cristãos.[93] Em vez disso, eles conseguiam viver com uma "narrativa desordenada" intrinsecamente caracterizada por expressões metafóricas e míticas (em vez de impor uma narrativa organizada como a de Wright). Esse vocabulário é pictórico e alusivo, mas apesar disso pode denotar o que está *além* da história.

Dunn, portanto, resiste à aplicação confiante do estilo apocalíptico do Sermão profético do monte das Oliveiras feita por Wright em relação a um único referente (70 d.C.). A melhor pergunta, propõe Dunn, não é o que ela *significa*, mas o que ela *evoca*. A terminologia escatológica se aplica mais

[89]J. D. Crossan, *The birth of Christianity* (San Francisco: Harper, 1998).

[90]Dunn identifica três problemas significativos na narrativa wrightiana de exílio e restauração: (1) importância exagerada concedida ao tema do retorno do exílio dentro do judaísmo palestino; (2) a diversidade de expectativas judaicas entre os contemporâneos de Jesus; (3) a incapacidade de Wright de demonstrar que a narrativa do exílio era fator controlador no ensino de Jesus. *Jesus remembered*, p. 470-77.

[91]Dunn, *Jesus remembered*, p. 479. Para abordagem mais detalhada, veja J. D. G. Dunn, *Jesus and the Spirit*, vol. 2, *Pneumatology* (Grand Rapids: Eerdmans, 1998), p. 133-41.

[92]Dunn, *Jesus remembered*, p. 479-80.

[93]Dunn, *Jesus remembered*, p. 482. De que forma essa sugestão se alinha conceitualmente à sua concordância anterior com a ideia de que Jesus estava equivocado requer esclarecimento. O argumento de Dunn aqui é próximo (ainda que diferente) ao de Scot McKnight, *A new vision for Israel: the teachings of Jesus in national context* (Grand Rapids: Eerdmans, 1999), p. 128-39. McKnight não chega a dizer que Jesus estava equivocado, mas diz que "precisamos admitir que seu conhecimento do futuro era limitado da mesma forma que as visões dos profetas hebraicos estavam limitadas aos acontecimentos de suas respectivas gerações" (p. 138).

ao coração do que à mente.[94] Os argumentos de Dunn são bem elaborados. Suas conclusões, particularmente sobre Jesus estar equivocado, podem parecer excessivamente negativas para muitos. Do mesmo modo, essa cautela se estende ao entendimento de que a expressão "a ressurreição de Jesus" é uma metáfora que diz algo "*que não poderia ser dito de outra maneira*" e à alegação de que entendê-la literalmente é "abandonar" a metáfora.[95] Muitos vão discordar; insistir que a ressurreição é uma metáfora não preserva seu poder de explicação, mas corre o risco de esvaziá-la de significado — por mais que Dunn afirme sua natureza essencialmente escatológica.[96]

J. Richard Middleton: por uma escatologia integral

Uma interpretação recente e bem aceita da escatologia bíblica, escrita para um público amplo, mas respaldada por considerável erudição, é o de J. Richard Middleton em seu livro *A new heaven and a new earth: reclaiming biblical eschatology* [Novo céu e nova terra: recuperando a escatologia bíblica].[97] A "recuperação", nesse caso, é do *telos* da escatologia, assim como do *telos* do novo céu e nova terra, não a ideia geralmente confusa e dualista do céu como um reino atemporal e imaterial.[98] A obra de Middleton é uma excelente articulação dos temas escatológicos modernos mencionados anteriormente: a esperança bíblica como a apoteose de uma narrativa ainda em curso,[99] a unidade coerente de escatologias neotestamentárias diferentes interpretadas em seu contexto judaico e a interação dinâmica entre esperança futura e ética presente.[100] Influenciado por Ladd e com ecos nítidos de Wright, Middleton

[94]Dunn, *Jesus remembered*, p. 486.

[95]Dunn, *Jesus remembered*, p. 878 (itálico do original). Dunn explicitamente afirma a ressurreição de Jesus, mas argumenta que, como metáfora, ela não é tanto um critério de fé mas um paradigma de esperança (p. 479).

[96]Dunn explica melhor a significância da ressurreição no vol. 2 de *Christianity in the making*. Contudo, devidamente compreendida, ela "provavelmente [foi] vista como inaugurando a nova era, o fim do tempo que há muito era visto como a apoteose do propósito de Deus na Criação e para Israel em particular. [...] A colheita do fim dos tempos havia começado. A conclusão não podia mais ser prorrogada por muito tempo. [...] É isso que se quer dizer quando o termo 'escatológico' é usado para descrever a primeira comunidade e sua mensagem. No começo, ela trazia todos os matizes de expectativa final em via de ser realizada, a plena consumação sendo iminente". Dunn, *Beginning from Jerusalem*, p. 213-14.

[97]J. Richard Middleton, *A new heaven and a new earth: reclaiming biblical eschatology* (Grand Rapids: Baker Academic, 2014).

[98]O apêndice excepcionalmente útil, "What happened to the new earth?", examina historicamente como o desdobramento da esperança em um céu ultramundano veio a dominar a escatologia cristã. Grandes pontos de virada incluíram o neoplatonismo de Agostinho, o impacto do milenarismo, a ascensão da teologia do arrebatamento dispensacionalista e a recuperação da escatologia holística durante o século vinte e adiante. Middleton, *A new heaven and a new earth*, p. 282-312.

[99]Middleton, *A new heaven and a new earth*, p. 37-175, consistindo em: parte 1, "From creation to *eschaton*" ; parte 2, "Holistic salvation in the Old Testament"; e parte 3, "The New Testament's vision of cosmic renewal".

[100]Middleton, *A new heaven and a new earth*, parte 5, "The ethics of the kingdom", p. 241-82.

visa "esclarecer como a escatologia do Novo Testamento, em vez de ser um acréscimo especulativo à Bíblia, na verdade, é coerente com a teologia holística do conjunto das Escrituras, da qual ela é o desdobramento lógico".[101] Nessa tarefa ele é muito bem sucedido. Se todos serão convencidos por sua síntese de diversas esperanças bíblicas ainda é uma questão aberta.[102]

Richard Bauckham: a centralidade da escatologia

Poucos estudiosos deram uma contribuição tão significativa ao estudo da escatologia quanto o historiador cristão Richard Bauckham. Em uma carreira extraordinária, caracterizada por notável envergadura teológica e bíblica,[103] ele escreveu amplamente sobre temas de matizes profundamente escatológicas, como o Evangelho de João,[104] os estudos sobre o Jesus histórico,[105] a literatura apocalíptica,[106] (e, particularmente, o livro de Apocalipse)[107] a escatologia de Jürgen Moltmann[108] e vários temas

[101]Middleton, *A new heaven and a new earth*, p. 15.

[102]Veja, e.g., Brian C. Dennert, resenha de Middleton, *New creation*, em *BBR* 25, n. 4 (2015): p. 590-91.

[103]O espaço aqui só permite referências a obras relacionadas à escatologia nos último vinte anos aproximadamente. Para uma lista completa de livros e artigos veja o website "Richard Bauckham: Biblical Scholar and Theologian", http://richardbauckham.co.uk/index.php?publications.

[104]Richard Bauckham, *Gospel of glory: major themes in Johannine theology* (Grand Rapids: Baker Academic, 2015); Bauckham, "Dualism and soteriology in Johannine theology", in: *Beyond Bultmann: reckoning a New Testament theology*, Bruce W. Longenecker; Mikeal C. Parsons, orgs. (Waco: Baylor University Press, 2014), p. 133-53; Bauckham, *The testimony of the beloved disciple: narrative, history, and theology in the Gospel of John* (Grand Rapids: Baker Academic, 2007).

[105]Richard Bauckham, "The future of Jesus Christ", in: *The cambridge companion to Jesus*, M. Bockmuehl, org. (Cambridge: Cambridge University Press, 2001), p. 265-80; Bauckham, "The restoration of Israel in Luke-Acts", in: *Restoration: Old Testament, Jewish and Christian perspectives*, J. M. Scott, org., JSJSup 72 (Leiden: Brill, 2001), p. 435-87; Bauckham, "Life, death, and the afterlife in Second Temple Judaism", in: *Life in the face of death: the resurrection message of the New Testament*, Richard Longenecker, org. (Grand Rapids: Eerdmans, 1998), p. 80-95.

[106]Richard Bauckham, "Non-canonical apocalypses and prophetic works", in: *The Oxford handbook of early Christian apocrypha*, Andrew Gregory; Christopher Tuckett, orgs. (Oxford: Oxford University Press, 2015), p. 115-37; Bauckham, "Apocalypses and prophetic works in volume 1 of the new pseudepigrapha", *Early Christianity* 5 (2014): p. 127-38; Bauckham, "Apocalypses", in: *Justification and variegated nomism*, vol. 1, *The complexities of Second Temple Judaism*, D. A. Carson et al., orgs. (Tübingen: Mohr Siebeck, 2001), p. 135-87; Bauckham, *The fate of the dead: studies on the Jewish and Christian apocalypses* (Leiden: Brill, 1998).

[107]Richard Bauckham, "Judgment in the book of Revelation", em *The book of Revelation: currents in British research on the apocalypse*, Garrick V. Allen et al., orgs., WUNT 2/411 (Tübingen: Mohr Siebeck, 2015), p. 55-79; Bauckham, "The language of warfare in the book of Revelation", in: *Compassionate eschatology: the future as friend*, Ted Grimsrud; Michael Hardin, orgs. (Eugene: Cascade, 2011), p. 28-41; Bauckham, *The climax of prophecy: studies on the book of Revelation* (Edinburgh: T&T Clark, 1993); Bauckham, *The theology of the book of Revelation* (Cambridge: Cambridge University Press, 1993) [edição em português: *A teologia do livro de Apocalipse* (São Paulo: Thomas Nelson Brasil, 2022)].

[108]Richard Bauckham, org., *God will be all in all: the eschatology of Jürgen Moltmann* (Edinburgh: T&T Clark, 1999), espec. cap. I/1, "Eschatology in *The coming of God*"; cao. IV/1, "The millenium"; cap. V/1, "Time and eternity". Veja tb. Bauckham, "Must Christian eschatology be millenarian? A response to Jürgen Moltmann" (Palestra de Doutrina Cristã em Tyndale de 1997), em "*The reader must understand*": *eschatology in Bible and theology*, K. E. Brower; M. W. Elliott, orgs. (Leicester: Apollos, 1997), p. 263-77; Bauckham, *The theology of Jürgen Moltmann* (Edinburgh: T&T Clark, 1995).

relacionados à ética escatológica[109] e à escatologia em geral.[110] Em vista de tão prodigiosa e variada obra e do espaço limitado que temos aqui, nem sequer tentarei fazer uma síntese do trabalho dele.[111] Em vez disso, apenas como amostra das preocupações bauckhamianas, vamos tratar de suas reflexões recentes sobre as questões que emergiram na escatologia durante o século 21.[112]

Em relação à sua divisão sétupla da escatologia de Moltmann,[113] Bauckham argumenta que "é comum que a escatologia cristã do século 21 que vise à fidelidade à essência teológica do evangelho e à pertinência em relação aos contextos culturais a que se dirige apresente essas características".[114] Ele se concentra nas primeiras duas. Primeiro, a esperança cristã se alicerça em um futuro escatológico prometido por Deus na ressurreição do Cristo crucificado. A ressurreição é "a base para esperar de Deus o que ainda não aconteceu, em um futuro ainda aberto à nova criação de todas as cosias,"[115] e está intimamente relacionada a questões de continuidade e descontinuidade entre a velha criação e a nova. Mas uma escatologia autenticamente cristã também deve se lembrar da insistência de Moltmann de que a esperança é na ressurreição de um Messias *crucificado* que morreu identificado com os ímpios e os abandonados por Deus. Dessa perspectiva, uma escatologia cristologicamente moldada demonstrará solidariedade com "os culpados e os desesperados, os empobrecidos e os doentes terminais, todos os miseráveis da terra e, por último, mas não menos importante, os mortos. Geralmente, são os ricos e os seguros que julgam não precisar da escatologia".[116]

---

[109]Richard Bauckham, "God's creation and its goal: a Christian perspective", em *God's creativity and human action: Christian and Muslim perspectives*, Lucinda Mosher; David Marshall, orgs. (Washington, DC: Georgetown University Press, 2017), p. 51-62; Bauckham, "Ecological hope in crisis?", em *Creation care and the Gospel: reconsidering the mission of the church*, Colin Bell; Robert S. White, orgs. (Peabody, MA: Hendrickson, 2016), p. 43-52; Bauckham, "Ecological hope in crisis?", *Anvil* 30 (2014): p. 43-54; Bauckham, "The story of the earth according to Paul: Romans 8.18-23", *Review and Expositor* 108 (2011): p. 91-97.

[110]Bauckham, "Conclusion"; Bauckham, "Escathology", em *The Oxford Handbook of Systematic Theology*, John Webster et al., orgs. (Oxford: Oxford University Press, 2007), p. 306-22; Bauckham, "The year 200 and the end of secular eschatology", em *Called to one hope: perspectives on the life to come*, J. Colwell, org. (Carlisle, UK: Paternoster, 2000), p. 240-51; Bauckham, "Escathology", em *The Oxford Companion to Christian Thought*, A. Hastings, org. (Oxford: Oxford University Press, 2000), p. 206-9; Bauckahm, "The decline of progress and the prospects for Christian hope", *Evangel* 17 (1999): p. 87-95; Bauckham, "Approaching the millenium", *Anvil* 16 (1999): p. 255-67; Richard Bauckham e Trevor Hart, *Hope against hope: Christian eschatology in contemporary context* (London: Darton, Longman & Todd, 1999).

[111]Para uma *Festschrift* recente, veja Daniel M. Gurtner et al., orgs., *The fullness of time: essays on Christology, creation, and eschatology in honor of Richard Bauckham* (Grand Rapids: Eerdmans, 2016).

[112]Bauckham, "Conclusion".

[113]As sete características são (1) escatologia cristológica, (2) escatologia integrativa, (3) escatologia redentora, (4) escatologia processual, (5) escatologia teocêntrica, (6) escatologia contextual e (7) escatologia responsável política e pastoralmente. Para uma análise mais detalhada veja Bauckham, "Eschatology in *The coming of God*".

[114]Bauckham, "Conclusion", p. 672.

[115]Bauckham, "Conclusion", p. 672.

[116]Bauckham, "Conclusion", p. 673.

Segundo, ecoando Moltmann e alguns temas em Wright, Middleton e muitos outros, Bauckham propõe uma escatologia integrativa que se recusa a dividir a criação de Deus entre imortais e perecíveis, mostrando uma "visão integral de redenção e transfiguração para toda a criação de Deus".[117] Essa escatologia integral fala da crise ecológica que a humanidade enfrenta, sobretudo em relação ao destino da criação não humana — *Somos salvos dela ou com ela?* — e provavelmente será um caminho produtivo para mais reflexões escatológicas.

Esse pequeno recorte da impressionante gama de escritos escatológicos de Bauckham e o impacto de Moltmann sobre ela indicam que Bauckham, talvez mais que qualquer outro estudioso vivo hoje, apresentou uma defesa esmagadora do lugar absolutamente central da escatologia no pensamento do NT. Bauckham tem a notável capacidade de ampliar o zoom da pesquisa histórica e exegética especializada para refletir criticamente sobre temas teológicos mais amplos e suas implicações para a vida e a ética cristãs. No restante do capítulo, por exemplo, ele analisa como a escatologia cristã confronta as metanarrativas modernas de progresso, sejam elas as agora praticamente inacreditáveis esperanças iluministas de um futuro utópicas, seja a mais recente ideologia neoliberal da globalização de livre mercado,[118] sejam as reivindicações messiânicas dos inevitáveis benefícios da ciência contemporânea,[119] seja a contestação pós-moderna do progressismo racional e a posterior tendência do pós-modernismo a um hedonismo focado no presente.[120] A tensão criativa da escatologia cristã contemporânea, portanto, oscila entre expressar esperança nas possibilidades transcendentes de Deus e garantir que essa esperança se fundamente na cruz e na ressurreição de Jesus Cristo. Aqui, Bauckham propõe que a riqueza da linguagem figurada da escatologia bíblica se destaca. A esperança é essencialmente um exercício de imaginação que transcende as realidades presentes e vislumbra um futuro transformado. Metáforas e símbolos falam de um futuro transcendente que tem

[117]Ele acrescenta que "o pensamento escatológico com demasiada frequência separou a alma do corpo e separou também o indivíduo da comunidade e a história humana do resto da criação". Bauckham, "Conclusion", p. 673.

[118]Bauckham nota que, em sua versão americana, "a antiga ideia da América como nação messiânica continua a justificar um papel imperialista retratado como missão de trazer liberdade ao resto do mundo" (Bauckham, "Conclusion", p. 677). A eleição de Trump em 2016, sugiro, mudou a narrativa para uma forma diferente de messianismo: uma história nacionalista internamente focada que promete outro mito de progresso — "tornar a América grande novamente".

[119]Forte exemplo desse tipo de confronto emerge do questionamento por parte de Bauckham à pressuposição de que a inteligência, abstraída de outras qualidades da pessoalidade, é um bem supremo: "O projeto de criar pós-humanos é mais um exemplo da tentativa moderna de tornar realidade imanente o que a escatologia cristã espera do poder transcendente de Deus: nesse caso, a humanidade glorificada do Cristo exaltado e daqueles que serão como ele na ressurreição". Bauckham, "Conclusion", p. 678.

[120]Bauckham, "Conclusion", p. 673-80.

continuidade com nossa experiência atual. Se assim não fosse, eles seriam incompreensíveis. Mas eles não podem ser descritos literalmente nem reduzidos a conceitos abstratos; é equivocado tentar fazer isso. Esse é o grande defeito de grande parte do discurso escatológico cristão de nível popular. A linguagem figurada escatológica das Escrituras, na verdade, convida os leitores a um mundo imaginativo que precisa de exposições renovadas continuamente em engajamento com a cultura contemporânea.[121]

Reflexões

Dada a complexidade e o tamanho da matéria, este exame do estado atual dos estudos em escatologia do NT precisou adotar uma abordagem mais ampla. Nossa esperança é que nosso retrato, mesmo tirado à distância e sem detalhes muito elaborados, tenha saído relativamente em foco. Nossa "lente" é a tensão dinâmica entre o presente e o futuro nos estudos acadêmicos do NT. Por isso, fizemos questão de evitar os debates pormenorizados a respeito de questões mais tradicionais da escatologia bíblica,[122] como, por exemplo, a morte, o estado intermediário, o corpo da ressurreição, o retorno de Cristo,[123] o milenarismo,[124] o céu, o inferno e o juízo final,[125] o universalismo[126] e a esperança suprema cristã ser o anseio por estar na presença do próprio Deus trino, em

[121]Bauckham, "Conclusion", p. 680-82. Bauckham oferece sugestões quanto ao uso das artes, como história, música, dança e artes visuais. O cinema, sugiro, é outra área de ricas possibilidades. Para análise mais ampla das imagens escatológicas, veja Bauckham e Hart, *Hope against hope*, p. 72-173.

[122]Para exploração bíblica e teológica crítica de temas tradicionais, veja Anthony C. Thiselton, *Life after death: a new approach to last things* (Grand Rapids: Eerdmans, 2012).

[123]Para uma análise intrigante do "problema" entre a linguagem escatológica iminente do NT e o fato de que quase dois milênios se passaram desde então, veja Christopher M. Hays et al., *When the Son of Man didn't come: a constructive proposal on the delay of the parousia* (Minneapolis: Fortress, 2016).

[124]Para desdobramentos escatológicos no dispensacionalismo progressivo, veja Bingham e Kreider, *Eschatology*; Craig R. Blaising e Darrell L. Bock, *Progressive dispensationalism* (Grand Rapids: Bridgepoint Books, 1993). Para reafirmação recente do pré-milenarismo não dispensacional, veja Craig R. Blomberg; Sung Wook Chung, orgs., *A case for historic premillennialism: an alternative to "Left Behind" eschatology* (Grand Rapids: Baker Academic, 2009).

[125]O inferno — o que o NT quer dizer com o termo, quem irá para lá e por quanto tempo — continua a ser tema muito debatido. A defesa bíblica e teológica que Edward Fudge faz da imortalidade condicional está em sua terceira edição e conta com prefácio de Richard Bauckham: *The fire that consumes: a biblical and historical study of the doctrine of final punishment*, 3ª ed. (Eugene: Cascade, 2011). Veja tb. Christopher M. Date et al., orgs., *Rethinking hell: readings in Evangelical conditionalism* (Eugene: Cascade, 2014), com contribuições de muitos estudiosos renomados do NT. Para uma análise criativa veja Ramon W. Baker, *Issuant views of hell in contemporary Anglo-American theology* (Estocolmo: Åbo Akademi University Press, 2014).

[126]Historicamente, o universalismo tem sido minoritário na tradição cristã e particularmente no movimento evangélico. A publicação da segunda edição da proposta de Robin Parry (originalmente publicada sob o pseudônimo Gregory MacDonald) e o fato de que ela se tornou uma vertente legítima do pensamento evangélico é indicativo do crescente interesse no universalismo. Gregory MacDonald, *The Evangelical universalist*, 2. ed. (Eugene: Cascade, 2012). Para uma resposta, veja Derek Tidball, "Can Evangelicals be universalists?", *Evangelical Quarterly* 84 (2021): p. 19-32.

vez de saber exatamente "onde" será a nova criação e "como" ela será.[127] Dada a perspectiva que adotamos, podemos fazer dez observações finais.

1. No auge do não-apocalipticismo liberal, Ernst Troeltsch teria afirmado que "hoje, o escritório da escatologia costuma estar fechado. Fechado, porque as ideias sobre as quais ele se firma perderam as raízes".[128] Hoje, são as suposições de Troeltsch que tiveram as raízes arrancadas. A volta da escatologia se fundamenta na convicção amplamente aceita de que as metáforas e as ideias da esperança neotestamentária se originam no mundo do pensamento narrativo judeu dos primeiros cristãos e do próprio Jesus.[129]
2. Como mostrou nossa discussão de Wright, Pitre, Eskola e Dunn, o modo que as esperanças neotestamentárias se relacionam com as veterotestamentárias talvez seja uma das questões mais interessantes e mais debatidas da escatologia moderna.[130]
3. O renascimento da escatologia, particularmente depois de Moltmann, reforçado por Bauckham, se caracteriza pelo reconhecimento de que ela representa a espinha dorsal da fé dos primeiros cristãos e dá suporte, forma e funcionalidade ao resto do esqueleto. Sem ela, o corpo todo desaba. Essa escatologia é específica por natureza. De ponta a ponta no NT, ela é implacavelmente cristológica, concentrada na pessoa, na ressurreição e na entronização de Jesus.
4. Juntamente com esse último tópico, observa-se que os estudos contemporâneos da escatologia estão dando considerável atenção à sua relação com a missão da igreja. Nessa tendência, há críticas ao dualismo e uma ênfase na escatologia holística — tanto no que diz respeito ao corpo ressurreto quanto à redenção de toda a criação.[131]

---

[127]Thiselton oferece uma valiosa análise desse tema importante em *Life after death*, p. 185-215.

[128]Ernst Troeltsch, *Glaubenslehre*, Martha Troeltsch, org. (Munique: Duncker & Humblot, 1925), p. 36, citado em Gerhard Sauter, "The doctrine of last things", em Walls, *Oxford Handbook of Eschatology*, p. 253.

[129]É por isso que Richard Hays argumenta que "a igreja precisa da escatologia apocalíptica para levar a história de Israel adiante". É em Jesus Cristo que as esperanças de Israel encontram seu cumprimento. Richard Hays, "'Why do you stand looking up toward heaven?' New Testament eschatology at the turn of the millennium", *Modern Theology* 16, n. 1 (2000): p. 125-26.

[130]Um "sintoma" desse fato é uma série de estudos sobre a importância do Templo na escatologia cristã. Veja, e.g., Desmond Alexander; Simon Gathercole, orgs., *Heaven on earth: the Temple in biblical theology* (Carlisle, UK: Paternoster, 2004); Gregory Beale, *The Temple and the church's mission: a biblical theology of the dwelling place of God* (Downers Grove: InterVarsity Press, 2004) [edição em português: *O templo e a missão da igreja* (São Paulo: Vida Nova, 2021)]; Nicholas Perrin, *Jesus the Temple* (London: SPCK, 2010).

[131]Para resposta importante e crítica a partir de perspectiva sistemática a certas associações sendo feitas entre a escatologia e a atividade da igreja no mundo, veja Stephen N. Williams, *The limits of hope and the logic of love: essays on eschatology and social action* (Vancouver: Regent College Publishing, 2006). Veja tb. Chester, *Mission and the coming of God*.

5. Há várias razões para a mudança nas respostas oferecidas pelos estudos do NT sobre como as esperanças presentes e futuras se relacionam entre si. Uma das mais importantes é a natureza imprecisa da própria linguagem figurada da escatologia. Se hoje existe considerável concordância de que a esperança presente e a futura precisam ser mantidas juntas em uma tensão dinâmica, como isso acontece provavelmente continuará sendo fonte de muito diálogo criativo.
6. A escatologia contemporânea corretamente dá grande atenção à análise das implicações teológicas e éticas da esperança futura. Digo "corretamente", porque a essência da escatologia do NT, em suas mais diversas expressões, é esmagadoramente ética.[132]
7. Os que enfatizam algum tipo de grande narrativa escatológica no NT (e.g., Wright, Middleton, Eskola e Andrew Perriman) costumam enxergar uma unidade essencial entre as diversas escatologias neotestamentárias. Outros, cautelosos em relação às narrativas abrangentes, permanecem mais contidos (e.g., Dunn, Frey). As escatologias de "visão ampla e geral" também costumam ter dificuldade para incorporar adequadamente as escatologias individuais em seus arcabouços.[133]
8. Nossa discussão tem sido muito ocidental, com foco na história e nos desafios hermenêuticos da escatologia na Europa e nos Estados Unidos. Dada a mudança de concentração da igreja mundial para o hemisfério sul, o futuro dos estudos do NT em geral e da escatologia em particular sem dúvida será muito diferente. Rian Venter tem *insights* importantes sobre isso. Novas vozes da África, da Ásia e da América Latina são bastante promissoras nos estudos da teologia em geral e da escatologia em particular. "O cristianismo mundial pode trazer correções muito produtivas; pode sublinhar orientações que não são bíblicas, mas tipicamente ocidentais; e pode nos estimular uma atenção mais frutífera à Bíblia".[134]
9. Se a história da escatologia moderna nos ensina alguma coisa, é a importância dos pressupostos hermenêuticos e das convicções filosóficas do intérprete. Essa questão está próxima à superfície de todo debate sobre

[132]A obra clássica de Richard Hays sobre ética inclui excelente exploração do relacionamento entre ética e escatologia cristãs; veja *The moral vision of the New Testament: a contemporary introduction to New Testament ethics* (London: T&T Clark, 1996). Veja tb. Helmut Löhr, "The role of eschatology in New Testament moral thought: some introductory observations", in: van der Watt, *Eschatology of the New Testament*, p. 644-65.

[133]Para resposta crítica a Wright quanto a essa questão, veja Richard H. Bell, "Individual eschatology", em Heilig, Hewitt e Bird, *God and the faithfulness of Paul*, p. 553-54.

[134]Venter, "Trends in contemporary eschatological reflection", p. 110. Venter dá o exemplo de Katongole (2008), africano que critica a ansiedade ocidental sobre o futuro do indivíduo. Veja Emmanuel Katongole e Chris Rice, *Reconciling all things: a Christian vision for justice, peace and healing*, Resources for Reconciliation (Downers Grove: IVP Books, 2008).

escatologia. Nesse sentido, o falecido Paul Minear escreveu: "Se o fim de fato já começou, o tempo histórico é capaz de abraçar simultaneamente a era antiga e a nova. Nenhuma metodologia cujas hipóteses sobre o tempo se limitem à era antiga será adequada para lidar com a historicidade da nova era ou com a colisão temporal entre as duas épocas".[135] São palavras francas sobre um fator importante mas muitas vezes ignorado nos estudos do NT. Philip Ziegler acrescenta seu comentário sobre a natureza apocalíptica da cruz ofuscar qualquer estudo das Escrituras. Toda "teologia inteiramente historicista acabará por decretar que a dogmática escatológica é um erro categórico contínuo e elaborado, ou talvez, na melhor das hipóteses, um longo exercício de 'poesia vigorosa'. Seja como for, [a dogmática escatológica] é intelectualmente suspeita".[136] Em contrapartida, "uma dogmática propriamente escatológica vai considerar o historicismo um modo de incredulidade intelectualmente sofisticado'.[137] Para Ziegler, tudo isso suscita a pergunta: quando se trata de interpretar a escatologia do NT, será que estamos lidando com uma situação "ou isso, ou aquilo" entre a teologia historicista e a escatológica?[138]

10. Por fim, uma parte significativa das discussões está avançando para "além" do NT e querendo saber como as esperanças ali exprimidas contestam narrativas da política, cultura, ciência e tecnologia contemporâneas.[139] Ninguém foi mais perspicaz ou se expressou melhor aqui do que Bauckham ao dizer que a escatologia do NT confronta a erosão da esperança do século 21. Essa sem dúvida continuará sendo uma área de contínua reflexão crítica, sobretudo para os estudiosos que consideram seu trabalho um serviço prestado à missão da igreja.

---

[135]Paul S. Minear, *God and the historian: breaking the silence about God in biblical studies* (Nashville: Abingdon, 2002), p. 54-55, citado em Philip G. Ziegler, "Eschatological dogmatics — to what end?", em van der Watt, *Eschatology of the New Testament*, p. 359.

[136]Ziegler, "Eschatological dogmatics", p. 359.

[137]Ziegler, "Eschatological dogmatics", p. 359.

[138]Ziegler, "Eschatological dogmatics", p. 359. Ele observa que a questão, quando enquadrada dessa maneira, ecoa Karl Barth: "A revelação não é predicado da História, mas a História é predicado da revelação". Barth, *Church dogmatics* I/2, p. 58, citado em Ziegler, "Eschatological dogmatics", p. 359.

[139]Uma questão específica aqui é: como a esperança bíblica de uma nova criação "física" pode ser reconciliada com as descobertas da ciência e da cosmologia modernas que preveem um "congelamento cósmico" e o fim de toda vida e matéria do universo? E.g., veja Robert John Russell, "Resurrection, eschatology and the challenge of big bang cosmology", *Int* 70, n. 1 (2016): p. 48-60. Veja tb. Anna Case-Winters, "The end? Christian eschatology and the end of the world", *Int* 70, n. 1 (2016): p. 61-74. Tais questões incitaram C. J. Steckel a propor, em data relativamente recente, que "é hora de deixar a escatologia de lado, de dar um tempo". Não só as críticas pós-modernas erodiram a fé no progressismo futuro, mas a natureza entrópica do cosmo descrito pela ciência moderna reforça a descrença em relação ao progressismo. C. J. Steckel, "Confessions of a post-eschatologist", *Theology Today* 64 (2007): p. 144.

12

A ÉTICA DO NOVO TESTAMENTO

NIJAY K. GUPTA

INTRODUÇÃO

Em 1985, Wayne A. Meeks fez o discurso presidencial da reunião anual da *Society of Biblical Literature* e anunciou o problema que inspirou seu artigo intitulado "Entendendo a ética cristã primitiva". Meeks confessou: "Em meu primeiro ano como professor, ofereci um curso chamado 'Ética do Novo Testamento'. Os alunos que se matricularam eram brilhantes e interessados, e mergulharam com vigor em nossa análise de alguns textos difíceis. Não obstante, no fim do período ficou claro, tanto para eles quanto para mim, que nenhum de nós tinha um conceito claro do que era a ética do Novo Testamento. Não repeti o experimento".[1] Meeks e seus alunos não estavam sozinhos. Embora "ética do Novo Testamento" talvez pareça um assunto simples, não é; e Meeks, mais adiante na mesma palestra, recomendou que essa expressão fosse abandonada.[2] Hoje quase não existem "escolas de pensamento" com o título de "Ética do Novo Testamento" e, até pouco tempo atrás, não havia nenhum estudioso especializado nessa área. Agora, contudo, podemos dizer com segurança que existe um campo chamado Ética do Novo Testamento. O que mudou e por quê? Primeiro, vamos examinar

[1]Wayne A. Meeks, "Understanding early Christian ethics", *JBL* 10, n. 1 (1986): 3. Em 1987, Abraham Malherbe apresentou um artigo importante à *Christian Scholars Conference* (Pepperdine University), intitulado "New Testament ethics and the church today". Naquela época, Malherbe pronunciou confiante: "Aspecto marcante dos estudos do NT é o relativo descaso em relação à ética. A ética só muito raramente recebe a mínima atenção em livros sobre a teologia do NT e é igualmente raro que estudos separados sejam dedicados a ela" (1). Ele afirmou ainda (pouco mais de trinta anos atrás): "O estudo da ética do NT parece estar deixando de ser uma área de concentração nos estudos do NT e começando a se tornar uma verdadeira subdisciplina do campo". Ele conclui, contudo, que essa área emergente carecia de força metodológica, algo que, creio, Malherbe não teria dito hoje. Malherbe, "New Testament ethics and the church today", *Restoration Quarterly* 55, n. 1 (2013): p. 15-23.

[2]Sua preferência era discorrer sobre a "ética cristã primitiva" a partir de uma perspectiva sócio-histórica mais concreta.

o nascimento e o desenvolvimento do estudo da ética neotestamentária no século 20 e em seguida vamos analisar as correntes atuais da ética do NT.

O SURGIMENTO DE UMA DISCIPLINA MODERNA

Falar das origens ou do surgimento da disciplina "Ética do Novo Testamento" (doravante ENT) no século 20 *não* deveria dar a entender que nenhum livro sobre ENT foi escrito até recentemente. Sempre houve estudos voltados para a prática ou concentrados nos valores relacionados com as Escrituras. Podemos apontar aqui as obras *New Testament ethics: an introduction* [Ética do Novo Testamento: uma introdução] (1930), de Charles A. A. Scott, ou *Principles of conduct* [*Princípios de conduta*] (1957), de John Murray.[3] E não deveria surpreender a longa história de estudos sobre o Sermão do Monte, como vemos com *The moral teaching of Jesus* [O ensino moral de Jesus] (1937), de A. D. Lindsay ou, mais recentemente, *The Sermon on the Mount: inspiring the moral imagination* [O Sermão do Monte: inspirando a imaginação moral] (1999), de Dale Allison e *The Sermon on the Mount and human flourishing* [O Sermão do Monte e o florescer humano] (2017), de Jonathan Pennington.[4]

Contudo, quando examinamos o enfoque que alguns desses livros dão à ENT, vemos que eles costumam se concentrar em como determinados compromissos ou práticas do NT se relacionam com o mundo moderno (assuntos como casamento, guerra e pena de morte). De modo geral, a mentalidade costumava ser que podemos ou devemos consultar as Escrituras para balizar como nos orientamos em relação a determinado problema ético.[5] Isso significou que a Bíblia sempre tinha algo a dizer sobre questões éticas, mas também deu a entender que apenas porções muito *específicas* das Escrituras são pertinentes a essas questões.

Daqui a pouco, trataremos de obras que inspiraram ou catalisaram o desenvolvimento do campo da ENT, mas antes temos de examinar os motivos

[3]Charles A. A. Scott, *New Testament ethics: an introduction* (Cambridge: Cambridge University Press, 1930); John Murray, *Principles of conduct: aspects of biblical ethics* (Grand Rapids: Eerdmans, 1957) [edição em português: *Princípios de conduta: aspectos da ética bíblica* (Brasília: Monergismo, 2020)].

[4]A. D. Lindsay, *The moral teaching of Jesus: an examination of the sermon on the mount* (London: Hodder, 1937); Dale C. Allison Jr., *The Sermon on the Mount: inspiring the moral imagination* (New York: Crossroad, 1999); Jonathan Pennington, *The Sermon on the Mount and human flourishing* (Grand Rapids: Baker Academic, 2017).

[5]Duas exceções notáveis a isso, do começo do século 20, seriam James Stalker, *The ethic of Jesus according to the Synoptic Gospels* (New York: Hodder and Stoughton, 1909); Francis N. Davey e Edwyn C. Hoskyns, *Crucifixion-resurrection: the pattern of the theology and ethics of the New Testament*, Gordon S. Wakefield, org. (London: SPCK: 1981). Cumpre notar que Hoskyns e Davey pretendiam escrever o livro juntos, mas Hoskyns faleceu subitamente em 1937 e Davey, em 1973. Wakefield reuniu as notas de ambos para formar o livro. Embora realmente recebamos pistas e vislumbres da ética teológica do NT segundo Davey e Hoskyns, trata-se muito mais de "teologia", com pouca reflexão direta sobre a "ética".

pelos quais esses movimentos podem ter sido atrasados ou descarrilhados. Primeiro, podemos dizer com confiança que grande parte do estudo do NT tem se preocupado com questões relacionadas à "fé" e à "salvação". Em outras palavras, os estudos protestantes têm há muito enfatizado as investigações relativas ao *crer*, mas não têm dado muita atenção às questões e temas que tratam do *fazer*.[6]

Um obstáculo mais específico são as preocupações suscitadas no passado — sobretudo na primeira metade do século 20 — de que é um erro usar a palavra "ética" (*Ethik* em alemão) para se referir às intenções e perspectivas dos autores do NT. Para alguém como Albert Schweitzer, o ensino moral de Jesus não oferecia uma ética universal, mas uma "ética do interim", válida apenas até o iminente *eschaton*. Schweitzer afirmava que Jesus não apresentara nenhuma "*Ethik*" do reino de Deus, "pois, no Reino de Deus, todos os relacionamentos naturais [...] são abolidos. Tentação e pecado não existem mais [...] Servir, humilhar-se, sofrer perseguição e morte pertencem à 'ética do interim' tanto quanto a penitência".[7] Martin Dibelius tinha uma preocupação diferente ao estudar a ENT. Ele defendia que alguém como Paulo era tão motivado pela perspectiva iminente da parúsia que jamais pretendeu realmente desenvolver ou transmitir um código moral ou um *ethos* para suas igrejas.[8] Dibelius desprezava as seções parenéticas das cartas de Paulo, alegando, por exemplo, que "elas nada têm que ver com a fundamentação teórica da ética do Apóstolo e muito pouco com outras ideias peculiares a ele".[9] Em outras palavras, para Dibelius, os mandamentos morais de Paulo eram "tradicionais", emprestados e não essenciais para suas ideias teológicas.

Talvez uma preocupação maior com o uso do termo "ética" tenha sido a hipótese de que o termo envolve a aplicação de um rígido sistema de regras, normas e condutas que o indivíduo tinha de seguir dentro de determinado grupo. Rudolf Bultmann resistiu vigorosamente a essa ideia. Em seu livro *Theology of the New Testament* [Teologia do Novo Testamento], ele escreve: "A proclamação da vontade de Deus por parte de Jesus não é uma ética de reforma do mundo. Antes, deve ser definida como uma ética escatológica. Porque ela não vislumbra um futuro a ser moldado dentro deste mundo por planos e esboços de ordenamento da vida humana. Ela só dirige o homem

[6]Veja o ensaio de Stanley Hauerwas, "How 'Christian ethics' came to be", em *The Hauerwas reader*, John Berkman; Michael G. Cartwright, orgs. (Durham, NC: Duke University Press, 2001), p. 37-50.

[7]Albert Schweitzer, *The quest of the historical Jesus*, trad. W. Montgomery (New York: A. and C. Black, 1910), p. 364; traduzido de *Von Reimarus zu Wrede: eine Geschichte der Leben-Jesu-Forschung* (Tübingen: Mohr Siebeck, 1906) [edição em português: *A busca do Jesus histórico* (São Paulo: Fonte, 2018)].

[8]Veja Martin Dibelius, *Urchristentum und Kultur* (Heidelberg: C. Winter, 1928).

[9]Martin Dibelius, *From tradition to Gospel*, trad. B. L. Woolf (London: Ivor Nicholson and Watson, 1934), p. 239.

ao Agora de seu encontro com o próximo. É uma ética que, ao exigir mais do que a lei que regula a sociedade humana exige e ao exigir do indivíduo a renúncia a seus próprios direitos, torna o indivíduo imediatamente responsável diante de Deus".[10] Bultmann resistiu a toda tentativa de sistematizar e/ou extrair uma "*Ethik*" do NT, porque nossa relação com Deus e nossa reação a ele devem acontecer *no momento*, por assim dizer — conceito que é marca registrada de seu enfoque existencial das Escrituras. Um tanto ironicamente, e apesar dessas críticas, Bultmann foi amplamente responsável por inspirar uma nova abordagem à ENT, porque se atribui a ele principalmente o enfoque "indicativo e imperativo" de Paulo, a ideia de que, pela fé, o cristão pode responder ao chamado divino com obediência.[11] "O indicativo chama o imperativo. O indicativo dá expressão ao novo autoentendimento do crente, pois a declaração 'estou livre do pecado' não é dogmática, mas existencial [...] o imperativo lembra o indivíduo de que ele está livre do pecado, contanto que sua vontade seja renovada em obediência ao mandamento de Deus".[12] Ernst Käsemann, a exemplo de seu mestre Bultmann, também rejeitava qualquer tentativa de artificialmente sintetizar uma ENT.[13] Assim como Bultmann, Käsemann afirma que a conduta e a vida cristã devem sempre remontar à natureza de um *relacionamento*. Para Bultmann, isso se expressava do ponto de vista da reatividade no momento da decisão; para Käsemann, tratava-se de adoração verdadeira e discipulado verdadeiro. Käsemann investiu seriamente em uma perspectiva teológica inspirada pelo mandamento bíblico de honrar a Deus e rejeitar os ídolos — todo proceder humano está refletido nesse mandamento. Em transcrição de palestra publicada postumamente, Käsemann explicou: "Para o cristão, se o Novo Testamento for levado a sério,

[10]Rudolf Bultmann, *Theology of the New Testament* (New York: Scribner, 1951-55), 1:19. [edição em português: *Teologia do Novo Testamento* (Santo André: Academia Cristã, 2009)].

[11]Veja Rudolf Bultmann, "Das Problem der Ethik bei Paulus", *ZNW* 23, n. 1 (1924): p. 123-40; republicado em Brian S. Rosner, org., *Understanding Paul's ethics: twentieth-century approaches* (Grand Rapids: Eerdmans, 1995).

[12]Rudolf Bultmann, *Jesus Christ and mythology* (New York: Scribner, 1958), p. 76-77, citado em David G. Horrell, *Solidarity and difference: a contemporary reading of Paul's ethics*, 2. ed. (London: Bloomsbury T&T Clark, 2016), p. 11-12. Importante crítica à formulação indicativo/imperativo, surgida pouco depois, foi Hans Windisch, "Das Problem des paulinischen Imperativs", *ZNW* 23 (1924): p. 271; cf. também Hans Weder, "Gesetz und Gnade", em *Ja und nein: christliche Theologie im angesicht Israels*, K. Wengst et al., orgs. (Neukirchen-Vluyn: Neukirchener Verlag, 1998), p. 171-73; Knut Backhaus, "Evangelium also Lebensraum: Christologie und Ethick bei Paulus", in: *Paulinische Christologie: exegetische Beiträge*, Udo Schnelle; Thomas Söding, orgs. (Göttingen: Vandenhoeck & Ruprecht, 2000), p. 9-14; Karl Kertelge, *Ethik im Neuen Testament* (Viena: Herder, 1984).

[13]É fácil ver a influência de Bultmann na afirmação de Käsemann aqui: "As injunções individuais podem [...] apenas servir como lembretes de que o comportamento cristão é questão de descobrir a exigência do momento presente e que Deus, como Senhor do mundo, deseja ser reconhecido na vida interior do homem". Ernst Käsemann, "Worship and everyday life", in: *New Testament questions for today*, trad. W. J. Montague (Philadelphia: Fortress, 1979), p. 189.

não existe absolutamente nenhum valor básico". Com isso, Käsemann só queria dizer que o cristão não age segundo um manual de regras, pois isso seria uma forma espiritualmente vazia de *nomismo*. Em vez disso, o cristão responderia ao próprio Deus com discipulado. Do mesmo modo, Dietrich Bonhoeffer insistia que é um erro estabelecer um padrão ético segundo o qual o cristianismo opera, porque fazer isso é negar a primazia da revelação divina. Ora, Bonhoeffer publicou um livro sobre ética, mas seu objetivo declarado era que fosse "uma crítica a toda ética simplesmente enquanto ética".[14]

Talvez nenhum estudioso do NT tenha sido tão negativo em relação à empreitada da ENT quanto Jack T. Sanders.[15] Em seu *Ethics in the New Testament* [Ética no Novo Testamento], Sanders reafirma a famosa advertência de Henry Cadbury sobre "o perigo de modernizar Jesus".[16] Segundo Cadbury, os estudiosos do Jesus apresentado no NT devem reconhecer que não vemos em parte alguma Jesus discorrer sobre direitos civis ou mesmo sobre como a sociedade deve funcionar em geral.[17] Sanders também leva a sério a perspectiva de Schweitzer de que é fácil cair na armadilha de deixar de lado a escatologia iminente para examinar a "ética" em si. Isso seria um erro catastrófico, tiraria Jesus de sua época e, na prática, destruiria sua mensagem central sobre o reino de Deus.[18]

Em obras mais recentes sobre a ENT, vemos surgir as mesmas cautelas e hesitações como reação ao uso do termo "ética", mas há claramente mais disposição de lhe atribuir um sentido geral em relação ao comportamento que deve corresponder à graça e ao chamado de Deus em Jesus Cristo. Stephen Barton, por exemplo, comentando as epístolas do NT e a questão da "ética", adverte que esses documentos não propõem nenhum "compêndio de reflexão sistemática sobre o bem", mas que há muito a examinar no que diz respeito às "implicações da conversão e do batismo".[19]

Como já observamos, essas preocupações realmente tiveram efeito sobre o desenvolvimento desse campo de estudo, mas a ENT surgiu mesmo assim.

---

[14]Dietrich Bonhoeffer, *Ethics*, trad. Reinhard Kraus, Charles C. West e Douglas W. Stott (2005; reed., Minneapolis: Fortress, 2015; originalmente escrito em alemão entre 1940 e 1943 e publicado em 1949 por Christian Kaiser Verlag; primeira tradução inglesa, London: SCM, 1955), p. 1 [Edição em português: *Ética* (Porto Alegre: EST, 2011)].

[15]Jack T. Sanders, *Ethics in the New Testament: change and development* (Philadelphia: Fortress, 1975; London: SCM, 1986).

[16]Veja Henry J. Cadbury, *The peril of modernizing Jesus* (New York: Macmillan, 1937), citado em Sanders, *Ethics in the New Testament*, p. 1.

[17]Cadbury, *Peril of modernizing Jesus*, p. 86-119.

[18]Sanders, *Ethics in the New Testament*, p. 29.

[19]Stephen C. Barton, "The Epistles and Christian ethics", in: *The Cambridge companion to Christian ethics*, Robin Gill, org. (Cambridge: Cambridge University Press, 2001), p. 63-73, 63.

É inútil tentar atribuir a origem da disciplina da ENT a alguma pessoa ou obra. A ENT, ao que tudo indica, surgiu naturalmente, ou pelo menos sem uma cooperação intencional de algum grupo específico. Aqui, podemos assinalar nove obras fundamentais que sustentaram o surgimento da ENT.

C. H. Dodd: o evangelho e a lei

Para começar, vamos voltar no tempo até 1946, quando C. H. Dodd ministrou as Bampton Lectures na Columbia University, publicando seus artigos no ano seguinte com o título *Gospel and law: the relation of faith and ethics in early Christianity* [O evangelho e a lei: a relação entre fé e ética no cristianismo primitivo].[20] Dodd notou que seria impossível e irresponsável *não* analisar que efeitos os compromissos religiosos dos primeiros cristãos teriam surtido na vida deles. Ele observa que os primeiros cristãos foram claramente influenciados pela herança judaica manifestada em seus valores, comportamentos e práticas. Mas esses cristãos também acreditavam que eram movidos por uma urgência escatológica. Grande parte do interesse de Dodd na ética se concentrava nos princípios e motivações que inspiraram e impulsionaram os movimentos cristãos primitivos.

Dodd deu particular atenção ao simbolismo paulino da "lei de Cristo" (Gl 6.2), presumindo que a expressão se referia à ideia da transformação em Cristo. No que diz respeito à ENT, ele apresentou a seguinte explicação:

> A lei de Cristo opera estabelecendo em nós um processo que em si mesmo é atividade ética. Seus preceitos estimulam a imaginação, despertam a consciência, desafiam o pensamento e dão impulso à vontade, resultando em ação. À medida que reagimos, tendo os mandamentos constantemente em vista, refletindo sobre eles e também os tratando não apenas como objetos de contemplação, mas como estímulos para a ação, aos poucos começa a se desenvolver em nós certa perspectiva de vida, uma inclinação da mente e um padrão de julgamento moral. Os preceitos não podem ser transferidos diretamente da página escrita para a ação. Eles devem se tornar, mediante reflexão e empenho, cada vez mais parte de nossa visão global da vida, da inclinação total de nossa mente. Então, eles se manifestarão em ações apropriadas às situações mutáveis em que nos encontramos.[21]

Essa afirmação é um bom resumo de como os estudiosos da época começaram a se interessar pelos *efeitos*, por assim dizer, da teologia do NT, passando

[20] C. H. Dodd, *The Gospel and the law of Christ* (New York: Green, 1947).
[21] Dodd, *Gospel and the law of Christ*, p. 77.

da fé ao compromisso e à ação. Que um estudioso da estatura de Dodd desse atenção séria a isso certamente abriu caminho para que outros o seguissem.

Victor Furnish: teologia e ética em Paulo

Quase duas décadas depois, Victor Furnish escreveu seu *Theology and ethics in Paul* [Teologia e ética em Paulo], livro que, em minha opinião, é o manancial principal da ENT.[22] Como Furnish explica na obra, seu objetivo era estabelecer "o caráter e a estrutura essenciais da ética paulina".[23] Ele argumenta que os estudiosos paulinos haviam se concentrado nos conceitos *teológicos* do apóstolo sem examinar a ideia de que o apóstolo estava profundamente interessado na *conduta* cristã. Furnish começou com a questão das fontes: o que influenciou a ética de Paulo? Não surpreende que aqui ele tenha apontado duas fontes fundamentais: o AT e as tradições cristãs primitivas. Contudo, em se tratando do AT, Furnish logo observa que Paulo não cita nem se refere aos mandamentos do AT de forma casuística; o apóstolo não tratava o AT como manual de ética.[24] Uma das contribuições significativas de Furnish para o problema das "fontes" está ligada à famosa tensão entre o judaísmo e o helenismo, justaposição que Furnish contestou: "Uma decisão unilateral sobre o contexto originário de Paulo, seja a favor de sua herança judaica, seja a favor da herança grega, está fadada a resultar em uma interpretação unilateral de sua ética. O foco dessa ética pode ficar mais nítido quando se reconhece que Paulo era um judeu da Diáspora — um judeu pertencente ao mundo helenístico".[25] Furnish sublinhou que, no fim das contas, a maior influência da ética de Paulo foi o evento Cristo, que serviu como a principal "fonte" e inspiração para o ensino ético do apóstolo.

Furnish também atentou para o que ele chamou de "lógica" da ética de Paulo. Ele explicou essa ética como um composto de convicções teológicas, escatológicas e cristológicas. Sustentou que, para Paulo, o aspecto escatológico tinha maior peso, constituindo uma "chave heurística" para o pensamento e o ensino paulinos.[26] O evangelho que Paulo pregava dizia respeito ao poder libertador de Deus, que liberta a humanidade escravizada e abre a possibilidade de uma nova vida. Assim, a decisão de obedecer à verdade do evangelho de Cristo torna-se um ato de lealdade ao poder e à autoridade de Cristo: "A exigência total que o senhorio de Cristo impõe ao crente é

[22]V. P. Furnish, *Theology and ethics in Paul* (Nashville: Abingon, 1968; reed., Louisville: Westminster John Knox, 2009).

[23]Furnish, *Theology and ethics in Paul*, p. 8.

[24]Furnish, *Theology and ethics in Paul*, p. 33-34.

[25]Furnish, *Theology and ethics in Paul*, p. 50.

[26]Furnish, *Theology and ethics in Paul*, p. 114.

um elemento fundamental e onipresente no pensamento paulino".[27] No que diz respeito à cristologia, a união do crente com Cristo e sua dependência dele viabilizam essa mudança de senhorio: o senhorio do pecado dá lugar ao senhorio da justiça. Desse ponto de vista, argumentou Furnish, a ética de Paulo concerne mais à obediência que à determinação do que é "certo" ou "errado". O Espírito guia o cristão e a comunidade de fé o educa e caminha a seu lado.[28] Entre as contribuições duradouras de Furnish à ENT, encontram-se a atenção dele à escatologia e à ética e também à dinâmica da relação divina — a nova orientação social que os seres humanos têm com Deus e também uns com os outros em Cristo e no Espírito.

Rudolf Schnackenburg: o ensino moral do NT

Mais ou menos na mesma época em que Furnish trabalhava em seu estudo da ética paulina, o padre e estudioso alemão Rudolf Schnackenburg escrevia seu *Die sittlich Botschaft des Neuen Testaments* [A mensagem moral do Novo Testamento], publicado em inglês em 1962 como *The moral teaching of the New Testament*.[29] Enquanto Furnish se concentrava apenas em Paulo, Schnackenburg se interessou de forma muito mais ampla na ética cristã primitiva, examinando em profundidade a ética de Jesus e do reino de Deus. A obra também inclui seções sobre Paulo, João e Tiago, bem como sobre as Epístolas Gerais e o Apocalipse. Para Schnackenburg, o ponto de partida para o estudo da ética cristã primitiva era Jesus (conforme narrado nos Evangelhos). Embora seja possível se concentrar em temas como o amor paternal de Deus, a salvação das almas ou o discipulado, Schnackenburg argumentou que o alicerce é claramente "a proclamação do reinado de Deus".[30] Em se tratando do imperativo ético do NT, Schnackenburg insistia que a ENT não consiste meramente em recitar como papagaio os mandamentos contidos no NT, mas, sim, em conservar a fidelidade ao nosso chamado escatológico, à vigilância e ao discernimento. Ao tratar dos autores do NT, Schnackenburg afirma que "a missão que eles realizaram na época deles para suas comunidades ainda é nossa, para a cumprirmos em nosso tempo: proclamar o evangelho de Jesus com igual ardor na fé, igual seriedade moral e, sobretudo, igual vigilância escatológica".[31]

---

[27]Furnish, *Theology and ethics in Paul*, p. 169.

[28]Furnish, *Theology and ethics in Paul*, p. 231-33.

[29]Rudolf Schnackenburg, *The moral teaching of the New Testament*, trad. J. Holland-Smith e W. J. O'Hara (London: Burns & Oates, 1962).

[30]Schnackenburg, *Moral teaching of the New Testament*, p. 13; Veja tb. p. 13-25.

[31]Schnackenburg, *Moral teaching of the New Testament*, p. 388.

Tão influente foi a obra de Schnackenburg (especialmente nos estudos alemães) que, em 1989, foi escrito um *Festschrift* em sua homenagem com o título *Neues Testament und Ethik* [O Novo Testamento e a ética] com quase trinta contribuidores, totalizando quase seiscentas páginas. Isso demonstra a capacidade inimitável de Schnackenburg de examinar a ENT tanto de forma diacrônica (de Jesus até o fim do primeiro século), quanto sincrônica (concentrando-se na obra dos autores individuais).

Allen Verhey: a grande inversão

Passamos agora ao trabalho de Allen Verhey, muito mais breve, mas reconhecidamente influente, intitulado *The great reversal* [A grande inversão], publicado em 1984. Verhey, eticista teológico, desejava ir além da análise de mandamentos éticos específicos no NT e examinar a visão de mundo singular de Jesus e dos autores neotestamentários. O que ele denominou a "grande inversão" foi a forma que os autores do NT subverteram e inverteram as convenções e valores de sua época, não só em parênese, mas também na expressão de suas convicções e na vida deles em geral.[32] Verhey insistia que, para os primeiros cristãos, o reino de Deus questionava "as regras convencionais de prestígio e protocolo" da presente ordem. Os primeiros cristãos estavam comprometidos com uma "transformação de valores" que procurasse minar os conhecidos juízos de valores em relação a superioridade e violência.[33] Assim como Furnish, Verhey explicou que a ENT não se encontra nas regras, mas nas perspectivas, nos valores e princípios contraculturais adotados pelos primeiros cristãos.

Wolfgang Schrage: a ética do NT

O estudioso bíblico alemão Wolfgang Schrage dedicou tempo e energia consideráveis à ENT, sobretudo em sua obra de 1982, *Ethik des Neuen Testaments* (tradução para o inglês: *The ethics of the New Testament* [1988] [A ética do Novo Testamento]).[34] Assim como Schnackenburg, Schrage também se interessava em "como a vida era vivida nas comunidades cristãs mais antigas".[35] Ele considerava a ética cristã primitiva dinâmica e relativamente orgânica.

[32]Veja Allen Verhey, *The great reversal: ethics and the New Testament* (Grand Rapids: Eerdmans, 1984), p. 15.

[33]Verhey, *Great reversal*, p. 22.

[34]W. Schrage, *The ethics of the New Testament*, trad. David E. Green (Philadelphia: Fortress, 1988). Outras obras cruciais de Schrage sobre a ENT incluem "Zur Frage nach der Einheit und Mitte neutestamentlicher Ethik", in: *Die Mitte des Neuen Testaments*, Eduard Schweizer; Urlich Luz; Hans Weder, orgs. (Gottingen: Vandenhoeck & Ruprecht, 1983), p. 238-53; Schrage, *Kreuzestheologie und Ethic im Neuen Testament* (Gottingen: Vandehoeck & Ruprecht, 2004).

[35]Schrage, *Ethics of the New Testament*, p. 1.

Funcionava de acordo com uma dialética entre "liberdade e contenção".[36] Também alinhada com Furnish e Schnackenburg, a ética neotestamentária de Schrage era inteiramente cristológica, centrada no "ato salvífico de Deus em Jesus Cristo".[37] Schrage rejeitava amplamente o enfoque ético existencial de Bultmann e concentrou sua ENT no senhorio divino e na obediência humana mediante a participação em Cristo. A ética não é um dever em si para Schrage, mas uma realidade estabelecida por uma nova vida em Cristo.[38] Schrage interpretava o conceito de participação por meio da ideia de teologia sacramental, para a qual "um sacramento não é nada mais do que a presente realidade do evento Cristo".[39]

Não surpreende que a escatologia também desempenhe papel importante na obra de Schrage sobre ENT. Os sistemas e modelos de poder e autoridade mundanos estão passando e os cristãos anseiam pela consumação em pensamento e na vida: "Na melhor das hipóteses, a perspectiva do último transforma todo o resto em penúltimo".[40] No tempo presente, o amor é o padrão mais elevado, além de ser o cerne da ética paulina. Schrage também se concentrou na importância da corporeidade e da vida em relacionamento com os outros. Diferentemente de Bultmann, Schrage acreditava que a palavra grega σῶμα (*sōma*) no NT se referia ao corpo *físico*, não só à pessoa. Assim, "porque o corpo é o lugar principal onde Cristo exerce domínio na realidade do mundo presente, é aqui e em nenhum outro lugar que os cristãos encontram seu Senhor".[41]

J. Paul Sampley: caminhando entre as épocas

Outra contribuição fundamental para o avanço do estudo da ENT é *Walking between the times* [Caminhando entre as épocas] (1991),[42] de J. Paul Sampley. Como o título dá a entender, Sampley estava interessado em escatologia, não particularmente a escatologia apocalíptica e cósmica de Furnish, mas, sim, no que significa de forma mais geral viver entre a morte/ressurreição de Jesus e sua volta: "Paulo está preocupado com o modo que os cristãos vivem, ou caminham, entre essas duas eras".[43] Sampley tinha especial interesse pela natureza do discernimento cristão nesse tempo intermediário. O evento

[36]Schrage, *Ethics of the New Testament*, p. 10.
[37]Schrage, *Ethics of the New Testament*, p. 8.
[38]Veja Schrage, *Ethics of the New Testament*, p. 172.
[39]Schrage, *Ethics of the New Testament*, p. 174.
[40]Schrage, *Ethics of the New Testament*, p. 182.
[41]Schrage, *Ethics of the New Testament*, p. 219.
[42]J. Paul Sampley, *Walking between the times: Paul's moral reasoning* (Minneapolis: Fortress, 1991).
[43]Sampley, *Walking between the times*, v.

Cristo nos livrou da escravidão do pecado, de acordo com Paulo, mas os cristãos continuam passíveis de serem tentados e enganados. Isto é, "[Paulo] pensa no pecado como se ele fosse um poder caminhando por aí procurando uma cabeça de ponte [...] de onde possa iniciar uma campanha para dominar a vida de alguém".[44] O necessário não é o comprometimento com regras éticas específicas, mas a capacidade ativa e atenta de responder a Deus.[45]

A contribuição mais importante de Sampley para o estudo da ENT é sua aplicação da lógica ética de Paulo ao raciocínio moral atual. Ele reconhece que muitas decisões éticas se concentram no eu (*Isso vai me fazer pecar?*), mas Paulo se interessava especificamente pelo impacto da decisão sobre a comunidade — *isso vai produzir benefício para os outros?* Não surpreende, portanto, que Sampley tenha sublinhado a centralidade do amor em Paulo (assim como fez Schrage), aquele *ethos* que implica "agir com atenta consideração pelo bem-estar dos outros".[46]

Richard Hays: a concepção moral do Novo Testamento

Talvez nenhuma obra moderna em língua inglesa sobre a ENT tenha sido usada mais amplamente do que *Moral vision of The New Testament* [Concepção moral do Novo Testamento], de Richard B. Hays. A singularidade da obra de Hays é que ele aborda a ENT de uma perspectiva panorâmica, incluindo não apenas o estudo histórico do NT, mas também uma extensa análise hermenêutica que abrange comparação com as perspectivas de eticistas modernos e longas análises de uma série de preocupações éticas modernas.

Hays aborda o tema da ENT usando a metáfora de uma lente com três "imagens focais": a escatologia, a cruz e a nova comunidade em Cristo. A escatologia diz respeito ao contexto temporal da ENT e à esperança da nova criação em Cristo. Quanto à cristologia, Hays sublinha a imagem da cruz como o paradigma supremo do discipulado, de tal modo que "[ela] passa a ser a metáfora dominante para a obediência cristã".[47] Hays escolhe a comunidade de fé como a terceira imagem focal, visto que, segundo ele, o objetivo do evangelho é a formação de corpos sociais centrados em Deus, liderados pelo Espírito e que "prefiguram e incorporam a reconciliação e a cura do mundo".[48]

---

[44]Sampley, *Walking between the times*, p. 13.

[45]Veja Sampley, *Walking between the times*, p. 104.

[46]Sampley, *Walking between the times*, p. 62. Veja tb. a obra máxima de Sampley, que resume sua carreira de estudo, *Walking in love* (Minneapolies: Fortress, 2017).

[47]Richard B. Hays, *Moral vision of the New Testament: a contemporary introduction to New Testament ethics* (San Francisco: HarperSanFrancisco, 1996), p. 31.

[48]Hays, *Moral vision of the New Testament*, p. 32.

Além dessas "imagens focais", Hays também discute mandados, normas e fontes da ENT. Ele dá atenção à união transformadora com Cristo e ao chamado à obediência que ocorre quando o cristão é libertado por Cristo e se volta para ele com lealdade. Hays também aponta o papel do Espírito Santo de inspirar e capacitar essa transformação para a santidade e retidão em Cristo.

Hays vai além de obras anteriores sobre a ENT em seus capítulos teológico-hermenêuticos. Alinhado com suas obras anteriores, Hays fala do envolvimento entre leitor e texto como um ato de imaginação. Aqui, as metáforas desempenham o importante papel de remodelar a percepção e mudar todo o sistema de valores do indivíduo — uma conversão da imaginação, por assim dizer.[49]

Brian Rosner: entendendo a ética de Paulo

Brian Rosner escreveu sua tese de doutorado sobre ética e Escrituras em 1Coríntios.[50] Também organizou uma importante coleção de ensaios sobre a ENT intitulada *Understanding Paul's ethics* [Entendendo a ética de Paulo], que traz contribuições fundamentais de estudiosos como Bultmann, Edwin Judge e Gerd Theissen.[51] Rosner deu sua própria contribuição para o tema, refletindo sobre sete elementos fundamentais do estudo da ENT: origem, contexto, aspecto social, formato, lógica, fundamentos e relevância. No final do século 20, a reflexão de Rosner passou em revista os estudos da ENT realizados ao longo dos últimos cinquenta anos, organizando-os e classificando segundo essas sete categorias. O que aprendemos com esse exercício é que muitas vezes os estudiosos ou as comunidades, quando abordam a ENT, tratam apenas de uma ou duas das categorias ou dimensões elencadas por Rosner e que são raros os estudos que levam em conta todas elas (ou a maioria).

Dicionário de Escrituras e ética

Nosso objetivo nesta seção foi refletir sobre o desenvolvimento da disciplina da ENT no século 20 e depois voltar aos principais diálogos da área e ao "estado" atual da ENT. No entanto, quando falamos do nascimento de uma disciplina, um indicador de que o "filho" da ENT havia nascido foi a publicação da bem-recebida obra de consulta intitulada *Dictionary of Scripture and ethics* [Dicionário de Escrituras e ética] (*DSE*; 2011), organizado por Joel Green, Jacqueline Lapsley, Rebekah Miles e Allen Verhey. Um aspecto

[49]Veja Hays, *Moral vision of the New Testament*, p. 300-301.
[50]Brian S. Rosner, *Paul, Scripture, and ethics: a study of 1 Corinthians 5—7* (Leiden: Brill, 1994).
[51]Brian S. Rosner, *Understanding Paul's ethics: twentieth century approaches* (Grand Rapids: Eerdmans).

notável desse dicionário é a inclusão de contribuições não só de estudiosos da Bíblia (e.g., Richard Burridge, Furnish, Michael Gorman, Rosner e Willard Swartley), mas também de teólogos e eticistas (e.g., Ellen Charry, David Gushee, Christine Pohl, Wyndy Corbin Reuschling, Ronald Sider e Glen Stassen), totalizando mais de duzentos ensaistas ao todo.

Na introdução, Green menciona o lamento dele e de outros estudiosos, durante anos, de que os estudos bíblicos e a ética cristã raramente se mesclavam na academia. Green usa a metáfora de um "labirinto" para retratar como estudantes, pastores e acadêmicos concebem o tema "Escrituras e ética". O dicionário objetiva oferecer, de forma interdisciplinar, a orientação de especialistas para quem está percorrendo esse labirinto.[52] O *DSE* também tem três importantes ensaios já no início: "Ethics in Scripture" [Ética nas Escrituras] (Allen Verhey), "Scripture in ethics: a history" [As Escrituras na ética: uma história] (Charles H. Cosgrove) e "Scripture in ethics: methodological issues" [As Escrituras na ética: questões metodológicas] (Bruce C. Birch).[53]

CORRENTES ATUAIS DA ENT (2000-2017)

Apesar de que hoje podemos falar de uma disciplina chamada ENT, ela está longe de ser homogênea e centralizada. Poucos estudiosos que escrevem nesse campo se autodenominariam eticistas do NT e menos estudiosos ainda dedicariam todo o seu programa de pesquisa à ENT. Na verdade, vemos um punhado de estudiosos participarem regularmente do diálogo atual e muitos outros fazendo observações e apresentando ideias a partir de perspectivas várias à medida que seus interesses se interseccionam com a ENT. Um meio de examinar as "correntes" do debate na área da ENT hoje seria nos concentrarmos nos indivíduos ou talvez em livros específicos do NT. Mas é possível obter uma compreensão geral melhor da forma e do "fluxo" da ENT analisando três áreas que geram interesse: métodos e abordagens, contexto histórico-social e temas éticos.

Métodos e abordagens

Como nosso exame do desenvolvimento da ENT no século 20 deve ter deixado claro, a necessidade de uma metodologia mais sofisticada tem sido uma das grandes preocupações dos estudiosos da área. Que ferramentas, abordagens e métodos são mais responsáveis e profícuos para quem deseja analisar

[52]Joel B. Green, introdução a *Dictionary of Scripture and ethics*, Joel B. Green; Jacqueline E. Lapsley; Rebekah Miles; Allen Verhey, orgs. (Grand Rapids: Baker Academic, 2011), p. 2.

[53]*DSE*, p. 5-12, 13-26, 27-34.

o NT no que diz respeito à ética? Já notamos a abordagem de Rosner a esse tema e sua relação com Paulo em sua obra *Understanding Paul's ethics*. Ruben Zimmerman fez algumas contribuições importantes para a área que ele denomina "ética implícita", a ideia de que o NT não oferece um manual de ética ou uma apresentação sistemática de normas, mas retrata um mundo moral por meio de histórias ou conceitos que nos incitam à ação.[54] Crucial à análise da ética implícita realizada por Zimmerman é o papel da comunidade de fomentar essas normas e essa ética.[55] Zimmerman e colegas de mentalidade semelhante aplicaram a perspectiva da ética implícita a textos como os escritos joaninos e encontraram neles um profundo interesse pela sabedoria moral e pela formação do comportamento (interesse esse que outros costumam negar).[56]

Nota-se que grande parte das reflexões sobre a ENT no século 20 se concentrou em Paulo e em outras epístolas do NT, sobretudo por causa da existência de parênese explícita nessas cartas. Comparativamente, os Evangelhos e Atos foram mais ignorados durante muitos anos. O que temos visto nas últimas décadas — paralelamente à proeminência da crítica narrativa nos estudos do NT e certamente ligada a ela — é a reflexão metodológica sobre como as *histórias* podem suportar e comunicar a moralidade. Em 1985, ao discorrer sobre Marcos, Dan O. Via ofereceu uma ideia sobre como podemos identificar uma ética cristã construtiva desenvolvida nesse Evangelho.[57] Mais recentemente, Burridge apresentou sua própria perspectiva de que uma abordagem à ética que leva em consideração o gênero literário dos Evangelhos deve levar a sério os elementos moralmente formativos das *ações* retratadas de Jesus, e não só de suas *palavras*.[58]

Uma conversa em andamento bastante robusta envolveu a hermenêutica moral aplicada do NT — isto é, como passar do texto bíblico antigo para a "vida atual" na teologia e na ética. Não se trata de um tema "novo", é claro, mas nas duas últimas décadas tem havido interesse considerável e renovado nesse assunto. Parte do ressurgimento teve origem na nova intersecção com a hermenêutica filosófica e parte foi gerada por questões éticas urgentes (ecológicas, antropológicas, políticas etc.) de nossa época. A "Hermenêutica

[54]Veja Ruben Zimmerman, "The 'implicit ethics' of New Testament writings: a draft on a new methodology for analyzing New Testament ethics", *Neot* 43, n. 2 (2009): p. 403.

[55]Zimmerman, "'Implicit ethics' of New Testament writings", p. 403.

[56]Veja Jan G. van der Watt; Ruben Zimmermann, orgs., *Rethinking the ethics of John: "implicit ethics" in the Johannine writings* (Tübingen: Mohr Siebeck, 2012); Veja tb. Sherri Brown e Christopher W. Skinner, *Johannine ethics: the moral world of the Gospels and epistles of John* (Minneapolis: Fortress, 2017).

[57]Dan O. Via, *The ethics of Mark's Gospel: in the middle of time* (Philadelphia: Fortress, 1985); veja especialmente o texto introdutório, "An approach to New Testament ethics and narrative" (p. 3-23).

[58]Richard Burridge, *Imitanting Jesus: an inclusive approach to NTE* (Grand Rapids: Eerdmans, 2007).

do Movimento de Redenção", de William Webb, tem sido objeto tanto de intensos elogios quanto de críticas incisivas.[59] Webb também contribuiu para um debate de múltiplas perspectivas denominado *Four views on moving beyond the Bible to theology* [Quatro perspectivas sobre passar da Bíblia à teologia].[60] N. T. Wright também tem inspirado a imaginação teológica e ética de muitos com sua maneira de descrever a hermenêutica da tragetória como uma "peça em cinco atos".[61]

Outro desdobramento relacionado à metodologia e à ENT envolve o interesse na "ética da virtude" e no emprego da "hermenêutica missionária". Quanto à primeira, o interesse na ética da virtude existe há muitas eras, mas ultimamente os estudiosos do NT descobriram que a categoria da "virtude" se ajusta muito bem à dinâmica da ética implícita dos autores do NT e do *ethos* deles. As virtudes dizem respeito a "disposições habituadas, envolvendo tanto um desejo afetivo pelo bem, quanto a capacidade de discernir e agir conformemente".[62] A tradição e a vida da comunidade são essenciais para nutrir as virtudes e, em se tratando do NT, as qualidades de caráter relevantes são orientadas para o caminho de Jesus.[63]

O que é a "hermenêutica missional"? Ela aborda a Bíblia com o pressuposto de que Deus tem uma missão a realizar no mundo e a igreja é uma comunidade missionária que participa dessa operação divina.[64] Para muitos envolvidos no diálogo sobre hermenêutica missional e teologia missional, um dos conceitos nucleares é que a Bíblia existe não só para transmitir doutrina aos

---

[59]Veja William J. Webb, *Slaves, women and homosexuals: exploring the hermeneutics of cultural analysis* (Downers Grove: InterVarsity, 2001).

[60]Gary T. Meadors, org., *Four view on moving beyond the Bible to theology* (Grand Rapids: Zondervan, 2009); Veja tb. o diálogo entre I. H. Marshall, Kevin Vanhoozer e Stanley Porter em *Beyond the Bible: moving from Scripture to theology* (Grand Rapids: Baker Academic, 2004); cf. também Hays, *Moral vision of the New Testament*.

[61]N. T. Wright, *The last word* (New York: HarperCollins, 2005); para uma versão condensada da abordagem de Wright, veja N. T. Wright, "How can the Bible be authoritative?", NT-WrightPage, http://ntwrightpage.com/2016/07/12/how-can-the-bible-be-authoritative/. Veja tb. a autorreflexão metodológica na obra dos teólogos Glenn Stassen e David Gushee, *Kingdom ethics: following Jesus in contemporary context*, 2. ed. (Grand Rapids: Eerdmans, 2016).

[62]*DSE*, p. 814.

[63]Veja Daniel Harrington e James F. Keegan, *Jesus and virtue ethics* (Lanham, MD: Rowman & Littlefield, 2005) [edição em português: *Jesus e a ética da virtude* (São Paulo: Loyola, 2006)]; Harrington e Keegan, *Paul and virtue ethics* (Lanham, MD: Rowman & Littlefield, 2010); Robert L. Brawley, org., *Character ethics and the New Testament: moral dimensions of Scripture* (Louisville: Westminster John Knox, 2007); cf. também N. T. Wright, *After you believe: why Christian character matters* (New York: HarperOne 2010) [edição em português: *Eu creio, e agora?* (Viçosa: Ultimato, 2012)]; cf. Pennington, *Sermon on the mount and human flourishing*.

[64]Veja Michael J. Gorman, *Becoming the Gospel: Paul, participation, and mission* (Grand Rapids: Eerdmans, 2015); Veja tb. Michael W. Goheen, *A light to the nations: the missional church and the Biblical story* (Grand Rapids: Baker Academic, 2011) [edição em português: *A igreja missional na Bíblia: luz para as nações* (São Paulo: Vida Nova, 2016)]; Goheen, org., *Reading the Bible missionally* (Grand Rapids: Eerdmans, 2016).

crentes, mas também para formar vidas e comunidades para a missão de redenção no mundo.[65] Isso inspirou o modo que os estudiosos pensam sobre justiça e atividade redentora como parte de "evangel*hizar*" o mundo.

Em se tratando de ENT e hermenêutica, também podemos dirigir a atenção a certas interpretações bíblicas explícitas de "compromisso" ou "perspectivais", que tiveram um impulso conscientemente ético, como a hermenêutica da libertação, a crítica afro-americana, a crítica feminista, a interpretação pós-colonial e as interpretações agrárias das Escrituras.[66] Desnecessário dizer, isso apontou para a direção do reconhecimento de que o leitor não simplesmente "descobre" a ética no texto bíblico, mas ele próprio faz parte da formação do sentido ético no ato mesmo da leitura.

Contexto histórico-social

Como se observou anteriormente, alguns estudiosos abordaram a ENT com intencionalidade no que diz respeito a uma metodologia apropriada e produtiva. Outra "porta" para a discussão da ENT foi o exame minucioso do contexto histórico-social do texto neotestamentário. Particularmente curioso aqui é que alguns estudiosos que chegaram ao NT com olhar de historiador nem sempre almejavam contribuir para a ENT, mas acabaram fazendo isso, porque o mundo dos primeiros cristãos ganhou vida para eles de tal modo que sua conduta — tanto em relação a seus próximos e antecessores quanto em oposição a eles — era digna de nota. Talvez nenhum estudioso tenha realizado trabalho mais fundacional nessa área do que Meeks, com seus três importantes volumes, *The first urban Christians: the social world of the apostle Paul* [*Os primeiros cristãos urbanos*] (1983), *The moral world of the first Christians* [*O mundo moral dos primeiros cristãos*] (1986) e *The origins of Christian morality: the first two centuries* [*As origens da moralidade cristã*] (1993).[67] Quando observamos a contribuição geral de Meeks para o

[65]Veja Dean Flemming, *Recovering the full mission of God: a biblical perspective on being, doing, and telling* (Downers Grove: InterVarsity, 2013); veja, também, capítulos relevantes de Jon C. Laansma, Grant Osborne e Ray van Neste, *New Testament theology in light of the church's mission* (Eugene: Cascade, 2011); Stanley E. Porter; Cynthia Long Westfall, orgs., *Christian mission: Old Testament foundations and New Testament developments* (Eugene: Pickwick, 2011).

[66]Veja cap. 3, de Dennis R. Edwards, neste volume; Joel Green, *Hearing the New Testament: strategies for interpretation*, 2. ed. (Grand Rapids: Eerdmans, 2010); cf. também Michael J. Gorman, *Scripture and its interpretation: an ecumenical, global introduction to the Bible* (Grand Rapids: Baker Academic, 2017).

[67]Wayne Meeks, *The first urban Christians: the social world of the apostle Paul* (New Haven: Yale University Press, 1983) [edição em português: *Os primeiros cristãos urbanos* (São Paulo: Paulus, 2015)]; Meeks, *The moral world of the first Christians* (Philadelphia: Westminster, 1986) [edição em português: *O mundo moral dos primeiros cristãos* (São Paulo: Paulus, 1996)]; Meeks, *The origins of Christian morality: the first two centuries* (New Haven: Yale University Press, 1993) [edição em português: *As origens da moralidade cristã* (São Paulo: Paulus, 1997)].

tema da ética cristã dos primórdios, podemos ver que ele desejava examinar o assunto com interesse no papel desempenhado pelos fatores sociais e políticos.[68] Inspiradas pelas obras de Meeks e por outros estudos do NT interessados no mundo social do cristianismo primitivo, obras importantes sobre a ENT foram produzidas no século 21 relacionadas a áreas como economia, política, religião e filosofia. Vamos examinar brevemente cada uma dessas áreas.

Nos últimos anos, tem havido interesse cada vez maior na economia do Império Romano na época do NT e na questão da riqueza e da pobreza na época.[69] Essa investigação trouxe à tona questões sobre como os autores do NT (e os cristãos do primeiro século) lidavam com o dinheiro e refletiam sobre os pobres. Alguns estudiosos, como Bruce Longenecker, defenderam a ideia de que "o cuidar dos pobres" era preocupação profunda do apóstolo Paulo, convicção que ele transmitiu às igrejas que estavam sob os seus cuidados.[70]

Durante séculos os estudiosos bíblicos se envolveram em estudos religiosos e culturais comparativos, mas foi só mais recentemente que essa área começou a se concentrar na comparação entre normas e estilos de vida comunitários. Pode-se apontar a importante obra de Edwin Judge intitulada *Social distinctives of the Christians in the first century* [Características sociais dos cristãos no primeiro século].[71] Mais recentemente, Larry Hurtado abordou o caráter social e normativo único dos primeiros cristãos em sua obra *Destroyer of the gods: early Christian distinctiveness in the Roman world* [Destruidor dos deuses: a peculiaridade dos primeiros cristãos no mundo romano].[72] Como

---

[68]Veja, similarmente, Wolfgang Stegemann, "The contextual ethics of Jesus", in: *The social setting of Jesus and the Gospels*, Wolfgang Stegemann; Bruce Malina; Gerd Theissen, orgs. (Minneapolis: Fortress, 2002), p. 45-61.

[69]Veja, e.g., Justin Meggitt, *Paul, poverty, and survival* (Edinburgh: T&T Clark, 1998); Steven J. Friesen, "Poverty in Pauline studies: beyond the so-called New Consensus", *JSNT* 26 (2004): p. 323-61; Bruce W. Longenecker e Kelly D. Liebengood, *Engaging economics: New Testament scenarios and early Christian reception* (Grand Rapids: Eerdmans, 2009); Thomas R. Blanton IV; Raymond Pickett, orgs., *Paul and economics: a handbook* (Minneapolis: Fortress, 2017).

[70]Veja Bruce W. Longenecker, *Remember the poor: Paul, poverty, and the Greco-Roman world* (Grand Rapids: Eerdmans, 2010). Estudo comparativo interessante também pode ser encontrado em Eyal Regev, "Wealth and sectatianism: comparing Qumranic and early Christian social approaches", in: *Echoes from the caves: Qumran and the New Testament*, F. Garcia Martinez, org. (Leiden: Brill, 2009), p. 211-29; mais recentemente, Helen Rhee, *Loving the poor, saving the rich: wealth, poverty, and early Christian formation* (Grand Rapids: Baker Academic, 2012); Gary A. Anderson, *Charity: the place of the poor in biblical tradition* (New Haven: Yale University Press, 2013); David J. Armitage, *Theories of poverty in the world of the New Testament* (Tübingen: Mohr Siebeck, 2016).

[71]Edwin A. Judge, *Social distinctives of the Christians in the first century*, David M. Scholer, org. (Grand Rapids: Baker Academic, 2008).

[72]Larry W. Hurtado, *Destroyer of the gods: early Christian distinctiveness in the Roman world* (Waco: Baylor University Press, 2016); cf. Jan Willem van Henten; Joseph Verheyden, orgs., *Early Christian ethics in interaction with Jewish and Greco-Roman contexts* (Leiden: Brill, 2013), espec. George J. Brooke, "Some issues behind the ethics in the Qumran scrolls and their implications for New Testament ethics", p. 83-106, e

o título do livro deixa claro, Hurtado considera os primeiros cristãos incomuns em vários aspectos, alguns deles relacionados ao comportamento ético, inclusive a ética sexual estrita e a oposição a práticas culturais comuns como deixar filhos indesejados ao relento e os degradantes, sanguinários e mortíferos jogos gladiatórios.[73]

Mais uma vez, em relação a todas essas questões mencionadas, também podemos identificar (por razões heurísticas) que as questões éticas são tratadas por meio do ambiente político do mundo greco-romano.[74] Basta dizer aqui que um dos assuntos mais candentes nos estudos do NT ultimamente é a ideologia e a propaganda imperial romana e até que ponto os primeiros cristãos as subverteram, parodiaram, ignoraram ou apoiaram.[75] Muito da inspiração provém da obra de John Howard Yoder, *The politics of Jesus* [A política de Jesus], em que Yoder argumenta que Jesus é retratado nos Evangelhos como um "modelo de ação política radical".[76] Na linha de frente do atual diálogo sobre política, macroética e cristianismo primitivo estão estudiosos como Wright, John Dominic Crossan, Richard Horsley e Warren Carter.[77] Grande parte dessa obra se desenvolveu em vista das óbvias tensões no mundo atual em relação ao domínio dos "superpoderes" políticos e da influência formativa da ideologia política quando se trata de moldar os valores culturais do mundo.[78] Parece que os estudiosos, sobretudo muitos dos que também são historiadores, continuaram reconhecendo o poder que os impérios tiveram ao longo da história na formação de povos e ideias — para o bem ou para o mal — de modo que, mesmo que eles estejam no "pano de fundo" do mundo do NT, certamente são muito mais do que mero "cenário". Não há passagem alguma do NT em que sua vida e pensamento não tenham sido tocados de alguma maneira pelo império, inclusive na formação moral

Thomas H. Tobin, "The importance of Hellenistic Judaism for the study of Paul's ethics", p. 147-66. Com respeito ao cristianismo primitivo e ao judaísmo primitivo, veja Gordon Zerbe, *Non-retaliation in early Jewish and New Testament ethics* (Sheffield: Sheffield Academic, 1993).

[73]Veja, e.g., J. T. Fitzgerald, "Orphans in Mediterranean antiquity and early Christianity", *Acta Theologica Supplement* 23 (2016): p. 29-48; P. Lampe, "Social welfare in the Greco-Roman world as a background for early Christian practice", *Acta Theologica Supplement* 23 (2016): p. 1-28.

[74]Veja cap. 1, de Greg Carey, neste volume.

[75]Para uma abordagem do tipo "espelho retrovisor", veja Scot McKnight; Joseph Modica, orgs., *Jesus is Lord, Caesar is not: evaluating Empire in New Testament studies* (Downers Grove: IVP Academic, 2013).

[76]John H. Yoder, *The politics of Jesus* (Grand Rapids: Eerdmans, 1972), p. 2.

[77]Veja Wes Howard-Brook e Anthony Gwyther, *Unveiling Empire: reading Revelation then and now* (Maryknoll, NY: Orbis, 1999); J. Nelson Kraybill, *Apocalypse and allegiance: worship, politics, and devotion in the book of Revelation* (Grand Rapids: Brazos, 2010); Veja tb. David A. de Silva, *Unholy allegiances: heeding Revelation's warning* (Peabody, MA: Hendrickson, 2013). Quanto a Atos, veja C. Kavin Rowe, *World upside down: reading Acts in the Graeco-Roman Age* (Oxford: Oxford University Press, 2011).

[78]Veja Richard A. Horsley, org., in: *The shadow of Empire: reclaiming the Bible as a history of faithful resistance* (Louisville: Westminster John Knox, 2008).

(em todas as muitas formas como os cristãos primitivos contestaram e aceitaram a ideologia imperial e participaram dela).[79]

Ultimamente, também tem havido uma onda de interesse em como os primeiros cristãos se relacionavam com os filósofos da época e se assemelhavam ou não a eles. Afinal, a maioria dos filósofos tinha profundo interesse no tema da "vida ideal". Uma vez que os primeiros cristãos eram "amantes dos livros" e apaixonados por suas convicções religiosas centrais (além de suas práticas religiosas), sem dúvida essas convicções teriam sido tratadas por muitos pagãos *como se fosse* uma filosofia. Estamos vendo agora uma proliferação de estudos que comparam e contrastam os autores do NT e as várias filosofias antigas (especialmente o estoicismo) no que diz respeito a variados temas, entre eles o bem, a estrutura da casa e da sociedade, questões relacionadas ao sofrimento e à coragem e questões ligadas a gênero, raça, guerra e paz entre outras.

O que vemos em todos esses estudos sócio-históricos é a forma que os estudiosos do NT estão tentando juntar as peças do mundo social dos primeiros cristãos e entender a vida, a cultura, a normas, as lealdades, as relações, a política e a religião deles no todo e em relação à sociedade.[80] Isso, é claro, inevitavelmente suscita perguntas de "ética" sobre os valores culturais que os primeiros cristãos compartilhavam com seus próximos não cristãos, mas também, por certo, nos aspectos em que os cristãos se demonstravam únicos e contraculturais.

Temas éticos específicos

O exame da questão da ética por meio da história social e da história das ideias nos fez recuar um passo e olhar para a macroética — e há muita discussão recente a esse respeito. Entretanto, podemos igualmente demonstrar que existe interesse cada vez maior no exame mais detido de temas éticos, virtudes e lealdades muito específicos no NT. Mais do que nunca se viu na história acadêmica, estamos testemunhando uma grande ênfase no tema da justiça (social).[81] Relacionados a isso, há reflexão e discussão sobre crime e castigo,

---

[79]Veja Peter Oakes, org., *Rome in the Bible and the early church* (Grand Rapids: Baker Academic, 2002).

[80]Veja C. Kavin Rowe, *One true life: the Stoics and early Christians as rival traditions* (New Haven: Yale University Press, 2016); Abraham J. Malherbe, *Light from the Gentiles: Hellenistic philosophy and early Christianity*, Carl R. Holloday et al., orgs. (Boston: Brill, 2015); F. W. Horn, U. Volp, R. Zimmerman; Esther Verwold, orgs., *Ethische Normen des frühen Christentums: Gut-Leben-Leib-Tugend* (Tübingen: Mohr Siebeck, 2013); John T. Fitzgerald, *Passions and moral progress in Greco-Roman thought* (New York: Routledge, 2008); T. Engberg-Pedersen, *Paul and the Stoics* (Edinburgh: T&T Clark, 2000).

[81]Cynthia Long Westfall; Bryan Dyer, orgs., *The Bible and social justice* (Eugene: Pickwick, 2015); Matthew Coomber, org., *Bible and justice* (London: Equinox, 2010); N. T. Wright, *Evil and the justice of God* (Downers Grove: InterVarsity, 2006). Associado a isso, há também a preocupação com a justiça econômica. Veja, e.g., T. M. Garrett, "The message to the merchants in James 4.13-17 and its relevance for today", *JTI* 10, n. 2 (2016): p. 299-315.

sobre equidade e justiça[82] e o tema permanentemente polêmico de guerra/conflito e paz.[83] Outros temas importantes têm sido humildade[84] e amor.[85] É impossível não perceber uma dinâmica em que (quase certamente) estudiosos e comunidades estão observando problemas éticos em nossa própria sociedade atual (discriminação, violência com armas de fogo etc.)[86] e fazendo perguntas sobre o NT e os primeiros cristãos no tempo e no local deles. Os temas em si são uma janela de reflexão para as preocupações e os problemas que as pessoas e as comunidades enfrentam em nossos tempos turbulentos.

Reflexões

A dificuldade deste ensaio foi tentar apresentar uma visão muito ampla do avanço dos estudos da ENT e das tendências atuais do diálogo. Não conseguimos examinar em detalhes os trabalhos acadêmicos antigos e presentes. Contudo, o que vemos está bastante claro — nos últimos trinta anos, a ENT realmente surgiu como tema independente, fato talvez assinalado em parte pelos vários grupos da Society of Biblical Literature e de outras sociedades acadêmicas que se dedicam à "ética bíblica". Ao que parece, antigamente considerava-se "ética" qualquer interesse moderno "[n]o que a Bíblia tem a dizer sobre ______". Preencha a lacuna com qualquer preocupação ética moderna (aborto, divórcio, guerra etc.). Com frequência, as respostas eram binárias e/ou implicavam em juízos generalizados.

O que mudou e por quê? A que se deve a atenção e o interesse crescentes que a ENT atrai hoje? Muitos estudiosos, como Furnish, argumentaram com

[82]Christopher D. Marshall, *Beyond retribution: a New Testament vision for justice, crime, and punishment* (Grand Rapids: Eerdmans, 2002).

[83]William M. Swartley, *Covenant of peace: the missing peace in New Testament theology and ethics* (Grand Rapids: Eerdmans, 2006); Swartley, *The love of enemy and non-retaliation in the New Testament* (Louisville: Westminster John Knox, 1992).

[84]Reinhard Feldmeier, *Power, service, humility: a New Testament ethic* (Waco: Baylor University Press, 2014); cf. Craig E. Hill, *Status, ambition, and the way of Jesus* (Grand Rapids: Eerdmans, 2016).

[85]Thomas Söding, *Das Liebesgebot bei Paulus: die Mahnung zur Agape im Rahmen der paulinischen Ethik*, NTAbh N. F. 26 (Münster: Aschendorff, 1992); Francis J. Moloney, *Love in the Gospel of John* (Grand Rapids: Baker Academic, 2013); M. Ebner et al., orgs., *Liebe* (Neukirchen-Vluyn: Neukirchener Verlag, 2015); Oda Wischmeyer, *Liebe als Agape: das frühchristliche konzept und der moderne Diskurs* (Tübingen: Mohr Siebeck, 2015); Sampley, *Walking in love*; veja seções relevantes de Gorman, *Becoming the Gospel*; Horrell, *solidarity and difference*.

[86]Note que o *JBL* publicou em 2017 um artigo de Bernadette Brooten intitulado "Research on the New Testament and early Christian literature may assist the churches in setting ethical priorities" (*JBL* n. 1 [2017]: p. 229-36), onde Brooten aborda o tema polêmico do racismo e violência e #BlackLivesMatter na América moderna. É bastante notável que o principal periódico americano de estudos bíblicos publique um artigo que conclui com uma afirmação como esta: "A vida das pessoas negras de todos os gêneros só importará para todos quando as pessoas não negras fizerem com que isso aconteça" (p. 236). Menciono isso não como louvor ou crítica a Brooten ou ao *JBL*, mas como indicador de que a "academia" não pode deixar de ser afetada hoje por temas éticos de relevância pública.

êxito que não é possível isolar a "teologia" dos autores neotestamentários dos propósitos sociais e eticamente formativos de suas prédicas. As cartas de Paulo, sobretudo, são documentos fundamentalmente pastorais e parenéticos. Não devemos nos esquecer, todavia, de outras vozes, como Bultmann, que advertiram contra forçar o NT a se encaixar em certos quadros ou sistemas éticos pré-fabricados. Tais preocupações exigiram importantes diálogos sobre método. Por isso, percebemos uma maior precisão nas ferramentas interpretativas e mais autoconsciência no que diz respeito às inclinações pessoais e culturais, e quanto ao poder de nossos pressupostos. Ademais, como obtivemos janelas mais amplas e mais claras para observar a vida social do mundo antigo, hoje podemos reconstituir o mundo do NT com tanta nitidez que a vida social e política dos primeiros cristãos, um acesso que vem gerando toda sorte de novos diálogos sobre quanto esses homens e mulheres eram semelhantes a seus vizinhos pagãos ou quão diferentes eles eram, tanto em pequena quanto em larga escalas.

O que o futuro reserva para a ENT? Alguns textos, especialmente das cartas paulinas, receberam a maior parte da atenção neste assunto. Imagino que ainda vamos ver estudos mais concentrados nos Evangelhos, em Atos, nas Epístolas Universais e no Apocalipse. O trabalho interdisciplinar também continuará contribuindo para a ENT, oferecendo ideias de campos como a filosofia, a teologia global, a antropologia social e as ciências sociais. Outros temas a serem explorados são a comparação entre a ética do AT e a do NT, a transformação moral resultante do dom do Espírito Santo e temas éticos relacionados ao discurso público moderno, como honestidade, integridade, diplomacia e caridade.

QUARTA PARTE

TEXTOS DO NOVO TESTAMENTO

13

O EVANGELHO DE MATEUS

Rodney Reeves

INTRODUÇÃO

Resumindo 35 anos de estudos acadêmicos sobre o Evangelho de Mateus, Graham Stanton previu a direção que os estudos desse Evangelho tomariam depois de 1980.[1] Stanton menciona:

1. tentativas de "expor sistematicamente o pensamento do Evangelista";
2. "necessidade urgente de vários comentários completos sobre o Evangelho";[2]
3. empenho para situar a comunidade de Mateus com mais clareza na sua relação com o judaísmo do primeiro século;
4. aplicação das ciências sociais e da crítica da narrativa a Mateus.[3]

Stanton encerrou seu prognóstico com esta observação: "Os estudos mateanos de 1945 a 1980 foram dominados pelo avanço da crítica editorial. Nos anos vindouros, esse método precisará ser redefinido para continuar sendo produtivo".[4] Que a crítica editorial tinha encerrado seu ciclo — não sendo mais capaz de carregar sozinha o fardo dos interesses acadêmicos — é algo

[1]Graham N. Stanton, "The origin and purpose of Matthew's Gospel: Matthean scholarship from 1945 to 1980", *ANRW*, part 2, *Principat*, 25.3:1889—1951. A obra foi posteriormente republicada sob o mesmo título em *Studies in Matthew and early Christianity*, Markus Bockmuehl; David Lincicum, orgs. (Tübingen: Mohr Siebeck, 2013), p. 9-76. Essa publicação será citada será citada nas notas a seguir.

[2]Vários comentários foram publicados: Carson (EBC, 1984), Schnackenburg (1985-87; ET, 2002), Luz (1985-2002; Hermeneia, 2001-7), Bruner (1987-90), Davies e Allison (ICC, 1988-97), Harrington (SP, 1991), Morris (PNTC, 1992), Blomberg (NAC, 1992), Hagner (WBC, 1993-95), Hare (Interpretation, 1993), Senior (1997), Keener (1999), Garland (2001), Carter (2003), Wilkins (NIVAC, 2004), Nolland (NIGTC, 2005), Witherington (SHBC, 2006), Hauerwas (BTC, 2006), France (NICNT, 2007), Turner (BECNT, 2008), Talbert (PCNT, 2010), Osborne (ZECNT, 2010), Doriani (REC, 2011), Evans (NCBC, 2012), Allen (FBP, 2013), J. Brown (TTC, 2015), Quarles (EGGNT, 2017), Reeves (SGBC, 2017).

[3]Stanton, "Origin and purpose of Matthew's Gospel", p. 67-68.

[4]Stanton, "Origin and purpose of Matthew's Gospel", p. 68.

que ficou claro para muitos ao longo das duas décadas seguintes: houve quem questionasse seu alicerce (a hipótese dos dois documentos) e quem atribuísse as modificações mateanas de Marcos e Q ao estilo (não à teologia); outros ainda encontraram profundo significado teológico no Evangelho *como um todo* (o material compartilhado por Mateus, Marcos e Q revela tanto o intento teológico quanto as modificações mateanas).[5] Reconhecendo Mateus como o autor criativo do Evangelho inteiro, os estudiosos se voltaram à crítica composicional[6] para superar as limitações da crítica editorial[7] e aos métodos sociocientíficos para determinar o *Sitz im Leben* [al. (literalmente) "lugar na vida"] do Evangelho de Mateus.[8]

Precisar a localização social da comunidade de Mateus — se ela era cristã-judia ou judaico-cristã — foi assunto que dominou os estudos mateanos na década de 1990.[9] Mateus e sua comunidade se considerariam uma seita dentro do judaísmo (*intra muros*), um dos vários grupos de "judaísmo formativo" que competiam por influência contra os fariseus e sua interpretação da Lei pós-70 d.C.?[10] Ou será que o Evangelho de Mateus é um dos primeiros sinais de ruptura? Será que eles eram *extra muros*, expulsos das "sinagogas deles" como hereges (vítimas do *birkat ha-minim*)?[11] Será que eles saíram voluntariamente em virtude de sua cristologia[12] ou de sua missão aos gentios?[13] Ou será que estavam prestes a se tornar *extra muros* por causa do Evangelho de Mateus, onde ele estimula uma missão aos gentios de foco

---

[5]Veja Donald Senior, *What are they saying about Matthew?*, ed. rev., WATSA (New York: Paulist Press, 1996).

[6]H. Benedict Green afirmou que a crítica editorial havia chegado a um beco sem saída a não ser que passasse "à crítica composicional: as unidades de material acrescentado precisam ser examinados primeiro como textos literários em si mesmos e, em segundo lugar, em sua relação com a composição total que é o Evangelho. Onde essa propriedade não é observada, a crítica editorial tende a recair nos dois métodos que a precederam: [a crítica da fonte a crítica da forma]" (*Matthew, poet of the Beatitudes*, JSNTSup 203 [Sheffield: Sheffield Academic, 2001], p. 20). Em defesa da crítica editorial, veja Gerd Häfner, "Das Matthäus-Evangelium und seine Quellen", in: *The Gospel of Matthew at the crossroads of early Christianity*, Donald Senior, org. (Leuven: Peeters, 2011), p. 25-71.

[7]Veja Graham N. Stanton, "Redaction criticism: the end of an era?", in: *A Gospel for a new people: studies in Matthew* (Louisville: Westminster John Knox, 1992), p. 23-53.

[8]Veja o sumário de Graham N. Stanton, "Matthew's Gospel and the Damascus Document in sociological perspective", in: *Gospel for a new people*, p. 85-107; Dennis C. Duling, *A marginal scribe: studies in the Gospel of Matthew in social-scientific perspective* (Eugene: Cascade, 2012), p. 36-61.

[9]Donald A. Hagner, "Matthew: Christian Judaism or Jewish Christianity?", in: *The face of New Testament studies: a survey of recent research*, Scot McKnight; Grant R. Osborne, orgs. (Grand Rapids: Baker Academic, 2004), p. 263-82 [edição em português: *Faces do Novo Testamento* (São Paulo: CPAD, 2018)].

[10]J. A. Overman, *Matthew's Gospel and formative Judaism: the social world of the Matthean community* (Minneapolis: Fortress, 1990).

[11]G. D. Kilpatrick, *The origins of the Gospel according to St. Matthew* (Oxford: Oxford University Press, 1946), p. 106-23 — ainda que ele continue a retratar a oposição de Mateus "dentro do judaísmo".

[12]Stanton, *Gospel for a new people*, p. 169-91.

[13]Veja Eung Chun Park, *The mission discourse in Matthew's interpretation*, WUNT 2/81 (Tübingen: Mohr Siebeck, 1995).

cristológico e observante da Lei?[14] Quase todas as questões mateanas (a cristologia de Mateus, seu uso do AT, sua visão do discipulado) foram obrigadas a serem debatidas da perspectiva do debate *intra/extra muros* — tendência que continuou ao longo dos últimos 25 anos de estudos sobre Mateus.[15]

O MUNDO DENTRO DO TEXTO

As supostas antíteses do Sermão do Monte (Mt 5.21-48) podem ser consideradas um microcosmo do Evangelho de Mateus como um todo, em que várias incongruências e aparentes "contradições" são comuns. Por exemplo, se os escribas e fariseus são hipócritas e guias cegos, por que ouvir o que eles dizem (23.2,3,16)? Se os gentios e os coletores de impostos devem ser acolhidos na comunidade de Mateus, o que significa tratar um irmão não arrependido como gentio e coletor de impostos? (18.17; 21.31; 28.19)? Se os "filhos do reino" são boa semente, por que são lançados nas "trevas exteriores" no dia do juízo (8.12; 13.38)?[16] Não surpreende que estudiosos cheguem a conclusões diferentes sobre a cristologia de Mateus, seu uso do AT ou sobre suas ideias acerca do discipulado.[17]

A cristologia de Mateus

Como a maioria dos estudiosos defende que o Evangelho de Mateus foi escrito por um judeu para judeus, identificar a influência da literatura judaica (tanto o AT quanto os escritos extracanônicos) na apresentação mateana de Jesus como o Cristo continua sendo um importante campo de pesquisa, talvez até indicando o propósito de Mateus. Por exemplo, de acordo com David Kupp, o ímpeto para a cristologia da presença divina em Mateus foi a polêmica que brotou na ruptura com o judaísmo. Mateus não almejava produzir uma "cristologia Emanuel" em si. Na verdade, diante do trauma pós-70 d.C., que deflagrou uma crise de identidade social no seio do judaísmo, Mateus apresentou Jesus como a força "centrípeta" da presença de Deus para sua comunidade — um novo templo que atraía adoradores para

[14]Anthony J. Saldarini, *Matthew's Christian-Jewish community* (Chicago: University of Chicago Press, 1994).

[15]Veja tb. Daniel M. Gurtner, "The Gospel of Matthew from Stanton to present: a survey of some recent developments", in: *Jesus, Matthew's Gospel and early Christianity: studies in memory of Graham N. Stanton*, Daniel M. Gurtner; Joel Willitts; Richard A. Burridge, orgs. (London: T&T Clark, 2011), p. 23-38.

[16]Veja Dale C. Allison Jr., "Deconstructing Matthew", in: *Studies in Matthew: interpretation past and present* (Grand Rapids: Baker Academic, 2005), p. 237-49.

[17]Segundo Edwin K. Broadhead, visto ser o Evangelho de Mateus uma "tradição viva", não nos deveria surpreender que ele preserve vozes dissonantes em sua narrativa. *The Gospel of Matthew on the landscape of Antiquity* (Tübingen: Mohr Siebeck, 2017), p. 13-24.

o Deus "eu estou convosco" de Israel.[18] E, como o Evangelho de Mateus não é um texto estático para uma única comunidade em uma época específica, ele "talvez reflita momentos *intra muros* e momentos *extra muros*" da crise.[19] De acordo com A. D. A. Moses, Mateus se valeu de uma tipologia Moisés-Sinai (face radiante, vestes brilhantes, voz divina), inspirada na teofania do monte Sinai e na figura do "Filho do Homem" de Daniel 7.13,14, para apresentar a transfiguração como sinal e prolepse da "vinda de Deus" em Cristo. Dessa forma, Mateus apresenta a transfiguração como superior ao evento da "vinda de Deus" no Sinai para responder aos judeus que opunham Jesus a Moisés e para exaltar Pedro acima de Paulo (que também reivindicava autoridade apostólica em virtude de experiência semelhante em 2Co 3—4) na polêmica entre o cristianismo judaico e o gentio que estava em andamento.[20]

Visto que a primeira aparição de Jesus no Evangelho de Mateus é como o "filho de Davi" (1.1), alguns estudiosos veem correlações entre as tradições judaicas sobre um Messias davídico e a cristologia única de Mateus — sobretudo o retrato mateano de um "filho de Davi" terapêutico. Considerando que a maioria das aparições do título "Filho de Davi" aparece nas histórias de cura desse Evangelho e que o messianismo davídico não incluía a expectativa de um Messias que cura, por que Mateus teria feito essa correlação?[21] De acordo com Lidija Novakovic, a ideia de um "filho de Davi" que traz cura não provinha das tradições dos exorcistas salomônicos, nem da ideia de um profeta semelhante a Moisés que realizava sinais. Na verdade, visto haver indícios na literatura judaica que associavam as promessas davídicas à expectativa do perdão de pecados (Sl. Sal. 17—18), Mateus apresentou Jesus como um Salvador davídico (1.20,21) por meio de seu ministério de cura (caps. 8—9) e de sua crucificação.[22] Usando o método de Richard Hays para identificar intertextualidade, Young S. Chae alega que Mateus se baseava na tradição do Pastor davídico (Mq 2—5; Zc 9—14; Ez 34—37) modificada pela literatura do período do Segundo templo (1En 85—90; Sl. Salm. 17—18; textos de Qumran). Ele encontra três tipos de alusão no Evangelho de

[18]Veja tb. Blaine Charette, *Restoring presence: the Spirit in Matthew's Gospel*, JPTSup 18 (Sheffield: Sheffield Academic, 2000).

[19]David D. Kupp, *Matthew's Emmanuel: divine presence and God's people in the first Gospel*, SNTSMS 90 (Cambridge: Cambridge University Press, 1996), p. 223. Quanto à ideia de que a cristologia de Mateus tenha sido significativamente influenciada pela alienação de sua comunidade, veja Camille Focant, "La christologie de Matthieu à la croisée des chemins", in: Senior, *Matthew at the crossroads*, p. 73-97.

[20]A. D. A. Moses, *Matthew's Transfiguration story and Jewish-Christian controversy*, JSNTSup 122 (Sheffield: Sheffield Academic, 1996).

[21]Walter T. Wilson lê as história de milagres em Mt 8—9 pela lente dos estudos sobre deficientes, percebendo como Mateus enfatizou a importância de transpor barreiras no ministério de cura de Jesus. *Healing in the Gospel of Matthew: reflections on method and ministry* (Minneapolis: Fortress, 2014).

[22]Lidija Novakovic, *Messiah, the healer of the sick: a study of Jesus as the Son of David in the Gospel of Matthew*, WUNT 2/170 (Tübingen: Mohr Siebeck, 2003).

Mateus: (1) textos com metáforas de ovelhas e pastor, (2) textos que ressaltam o "Filho de Davi terapêutico" e (3) "o padrão ezequieliano" do Pastor davídico escatológico na visão de Mateus da restauração de Israel (restauração de YHWH como Pastor, estabelecimento do novo líder/Rei-Pastor davídico, o reagrupamento escatológico de Israel como as ovelhas da pastagem de Deus). Rebatendo a ideia de que um filho de Davi terapêutico provinha de lendas judaicas de Salomão como exorcista ou da tradição grega do homem divino, Mateus se inspirou sobretudo na metáfora do pastor de Ezequiel 34, criando um "esquema de dois Pastores": o Pastor Escatológico (juízo [Mt 25]) e o Pastor Davídico (restauração [Mt 10]) de Israel e do mundo todo.[23]

Aceitando as implicações geopolíticas do messianismo davídico de Mateus, Joel Willitts investiga o símbolo do Rei-Pastor no AT, no capítulo 17 dos Salmos de Salomão e na literatura de Qumran como contexto para a missão de Jesus de resgatar as "ovelhas perdidas" de Israel — o remanescente das dez tribos perdidas. "A missão de Jesus tal como Mateus a interpreta concentra-se na restauração de Israel como estado-nação e relaciona-se à futura reconstituição da liga de doze tribos do Israel político em sua Terra ideal".[24] Ademais, Mateus acreditava que sua comunidade era o verdadeiro remanescente de Israel e (assim como Qumran) acreditava que os que se recusassem a ingressar em sua comunidade messiânica (fossem judeus ou gentios) receberiam o juízo no último dia. Tentando ampliar o foco do símbolo do Pastor davídico do primeiro Evangelho, Wayne Baxter também enxerga a cristologia do Pastor mateana em termos nacionais judaicos, situando a comunidade de Mateus em um contexto sociorreligioso que contesta o debate *intra/extra muros*. Mateus demonstra que Jesus "salvou seu povo de seus pecados" ao cumprir a figura do Pastor Davídico de Ezequiel 34 mediante milagres de cura, condenando os líderes religiosos e por fim vencendo as autoridades romanas na sua parúsia. Por isso, Mateus faz questão de mostrar que Jesus não só se recusou a abandonar a missão de restaurar Israel, mas também defendeu a Lei como meio de renovação moral também para os gentios. Baxter, portanto, situa a comunidade de Mateus no judaísmo ao mesmo tempo que mantém uma missão "étnica aberta" para os gentios, cuja obediência à lei teria fomentado a comunhão à mesa entre judeus e gentios.[25]

---

[23]Young S. Chae, *Jesus as the eschatological Davidic shepherd: studies in the Old Testament, Second Temple Judaism, and in the Gospel of Matthew*, WUNT 2/216 (Tübingen: Mohr Siebeck, 2006).

[24]Joel Willitts, *Matthew's Messianic Shepherd-King in search of "the lost sheep of the house of Israel"*, BZNW 147 (Berlim: de Gruyter, 2007), p. 31.

[25]Wayne Baxter, *Israel's only shepherd: Matthew's shepherd motif and his social setting*, LNTS 457 (London: Bloomsbury T&T Clark, 2012).

Mas será que "filho de Davi" poderia ser uma referência a Salomão? Quão antiga e disseminada no judaísmo era a tradição de "Salomão como exorcista"? De acordo com Jiří Dvořáček, alusões implícitas a essa tradição na Sabedoria de Salomão e nos Manuscritos do Mar Morto, bem como referências explícitas em Josefo, no *Testamento de Salomão*, na literatura gnóstica e em textos mágicos aramaicos e gregos (vasilhas e papiros), revelam que a tradição judaica de Salomão como exorcista era proeminente na época de Mateus. Mas será que o exorcismo pertence ao tema davídico terapêutico, uma vez que exorcismo não é a mesma coisa que cura? Em certos textos judaicos, episódios de exorcismo e cura se mesclam — embora o próprio Salomão jamais seja retratado como alguém que realiza curas. Não obstante, Dvořáček defende que se considere que a tradição moldou a apresentação de Jesus em Mateus como "filho de Davi" quando o Evangelista mesclou o Filho de Davi terapêutico com as tradições do Salomão exorcista, motivo pelo qual Jesus afirmou: "Aqui está o que é maior que Salomão".[26]

Daniel Zacharias, contudo, segue uma linha diferente ao examinar a tipologia do filho de Davi em Mateus. Desde o primeiro versículo do Evangelho (que Zacharias vê como um provável título para o livro todo), Mateus se baseia na tipologia davídica, tipologia que culmina quando Jesus cita o lamento davídico (Sl 22) na cruz. Além disso, Mateus apresenta Jesus como um antítipo de Davi (acolhendo o cego no Templo) — correspondência particularmente clara no sepultamento e ressurreição de Jesus. "A ausência de tipologia nesse caso, na verdade, serve para ressaltar o quanto Jesus é único".[27] Mateus, portanto, desconstrói a tipologia davídica, apresentando Jesus não como um líder ativista que haveria de produzir a restauração geopolítica de Israel (Sl. Sal. 17 e MMM), mas como um pastor que cura e como um rei humilde, usando as palavras do próprio Davi nos Salmos para confirmar o retrato mateano de Jesus como o último "Filho de Davi".

Visto que Mateus se baseou tão fortemente no AT, não surpreende que os estudiosos encontrem outras tipologias no primeiro Evangelho. Apoiando-se em anotações presentes na genealogia de Jesus ("e de seus irmãos" e menções a mulheres) do Evangelho de Mateus, Jason Hood explica que a genealogia funciona como uma versão compacta da história de Israel, apoiando, assim, a cristologia de Mateus. Tendo em vista a profecia de que Judá governaria seus irmãos e que Judá e Jeconias foram heróis que se sacrificaram para redimir

[26]Jiří Dvořáček, *The Son of David in Matthew's Gospel in the light of the Solon as exorcist tradition*, WUNT 2/415 (Tübingen: Mohr Siebeck, 2016).

[27]H. Daniel Zacharias, *Matthew's presentation of the Son of David: Davidic tradition and typology in the Gospel of Matthew* (London: Bloomsbury T&T Clark, 2016), p. 19.

Israel, Mateus usou essa micronarrativa dentro da história de Israel para retratar Jesus como o redentor messiânico destinado a governar seus irmãos. Ademais, Mateus assinala sua intenção de destacar os gentios louváveis ao incluir quatro mulheres gentias na árvore genealógica de Jesus, revelando que Jesus cumpriu a vocação de Israel de levar as nações a Deus.[28] Segundo Alistair Wilson, Mateus apresenta Jesus como "o Profeta" e "a Sabedoria" de Deus, que traz juízo escatológico moldado apenas pelo AT (não por apocalipses extracanônicos). Mateus cita metáforas apocalípticas do AT "como expressões figuradas usadas para descrever fatos que podem pertencer à esfera da experiência histórica".[29] Portanto, como profeta e sábio pronunciando o juízo de Deus contra Israel e toda a humanidade, Jesus (1) realizou atos simbólicos contra o Templo (limpando, curando, amaldiçoando a figueira), (2) contou parábolas e proclamou ais contra os líderes judaicos, (3) predisse a destruição do templo e (4) predisse o juízo escatológico de Israel e de todas as nações na ocasião de sua parúsia.

Em relação ao Templo, de acordo com Daniel Gurtner, o véu rasgado no momento da morte de Jesus não só simbolizou o juízo de Deus contra a liderança do templo, mas também foi um sinal messiânico da promessa da presença escatológica de Deus. De acordo com a "cristologia Emanuel" de Mateus, o véu rasgado representa a acessibilidade a Deus para todas as pessoas por meio da morte de Cristo. Além disso, como o Templo simbolizava o cosmo (com o véu representando o firmamento celeste), o véu rasgado retrata a abertura do céu, o derramamento de segredos divinos a serem revelados durante a era messiânica e Deus habitando entre seu povo para a restauração de Israel (Ez 37).[30] Leroy Huizenga vê as metáforas do Templo mesclando-se com a tipologia referente a Isaque ao longo do Evangelho de Mateus. Mateus se apoiou em um leitor modelo (munido de uma enciclopédia judaica) que ouvisse as alusões à tipologia de Isaque moldada pelas tradições que giravam em torno da Akedá (Gn 22), ouvida da voz divina no batismo e na transfiguração de Jesus e revelada por Jesus como o "filho voluntário do sacrifício", o qual é o novo Templo, onde "o Senhor provê".[31] De acordo com Catherine Hamilton, o episódio de Pilatos lavando as mãos e a resposta do povo ("Que o sangue dele caia sobre nós e nossos filhos!") é o clímax do tema do sangue

[28]Jason B. Hood, *The Messiah, his brothers, and the nations (Matthew 1.1-17)* (London: T&T Clark, 2011).

[29]Alistair I. Wilson, *When will these things happen? A study of Jesus as judge in Matthew 21—25* (Milton Keynes, UK: Paternoster Press, 2004), p. 22.

[30]Daniel M. Gurtner, *The torn veil: Matthew's exposition of the death of Jesus*, SNTSMS 139 (Cambridge: Cambridge University Press, 2007).

[31]Leroy A. Huizenga, *The new Isaac: tradition and intertextuality in the Gospel of Matthew* (Leiden: Brill, 2012).

inocente, que percorre todo o Evangelho de Mateus. Hamilton baseia-se em tradições judaicas referentes ao sangue inocente para entender o propósito de Mateus: explicar tanto o fim do exílio com a profanação e a destruição quanto a restauração de Israel com a purificação e nova criação mediante a morte de Jesus. Por conseguinte, Hamilton contesta a falsa dicotomia entre as leituras intramuros e extramuros de Mateus 27.25.[32]

Em seu estudo de uma das palavras favoritas de Mateus (*proskyneō*), Joshua Leim argumenta que o Evangelista atribuía a Jesus a *theologoumena* (atribuição divina) reservada para o Deus de Israel. Estudando o padrão narrativo-cristológico de episódios de "expressões de adoração" no Evangelho, Leim mostra que Mateus une a identidade do Pai e a do Filho enquanto afirma "a unidade na distinção" entre YHWH e Jesus: "O Filho é a repetição filial do Pai, sua presença imanente no meio de seu povo".[33] Por isso, "não conhecer o Filho é não conhecer o Pai".[34] Usando a encarnação como modelo para céu e terra (dois domínios revelados em uma pessoa), Patrick Schreiner defende o significado espacial do reino à luz da cristologia de Mateus. Concebemos o espaço de três formas: física (o que é), ideológica (o sentido que lhe atribuímos) e imaginativa (o que deveria ser). "*Teologicamente*, a missão de Jesus é a reorganização da terra com seu corpo como o núcleo. Em termos *metafísicos*, o aspecto espacial do reino se localiza no corpo humano, e, por meio do viver social, os corpos humanos criam espaços 'imaginados'".[35] Portanto, no mundo narrativo de Mateus, Schreiner considera o capítulo 12 o ponto de virada na recuperação da terra para o propósito do céu conforme revelado nos corpos humanos — sobretudo a polêmica concernente a Belzebu, onde Jesus revela que "algo maior" que o "Senhor da terra" (Belzebu) está presente *espacialmente*.

O uso do AT por Mateus

As perguntas de sempre sobre como Mateus interpretava o AT, que forma textual ele usou para suas citações[36] e até que ponto a intertextualidade revela a influência do AT em Mateus continuaram atraindo a atenção de alguns estudiosos mateanos ao longo dos últimos 25 anos. Por exemplo,

---

[32]Catherine Sider Hamilton, *The death of Jesus in Matthew: innocent blood and the end of exile* (New York: Cambridge University Press, 2017).

[33]Joshua E. Leim, *Matthew's theological grammar: the Father and the Son*, WUNT 2/402 (Tübingen: Mohr Siebeck, 2015), p. 243.

[34]Leim, *Matthew's theological grammar*, p. 243.

[35]Patrick Schreiner, *The body of Jesus: a spatial analysis of the Kingdom in Matthew*, LNTS 555 (London: Bloomsbury T&T Clark, 2016), p. 14 (itálico do original).

[36]Robert H. Gundry, *The use of the Old Testament in St. Matthew's Gospel* (Leiden: Brill, 1967); Krister Stendahl, *The school of St. Matthew and its use of the Old Testament* (Ramsey, NJ: Sigler, 1990).

de acordo com Benedict Green, Mateus não usou Q como fonte para as Bem-Aventuranças. Na verdade, ele usou alguns textos do AT para redigir a poesia, um padrão evidente pela forma que Mateus reelaborou a Septuaginta (LXX) para seus propósitos. Por exemplo, quando combina alguns textos ao longo do Evangelho, Mateus costuma dar "ao resultado uma clara estrutura rítmica"[37] — em uma preferência por estrofes de quatro versos. Em outras palavras, onde os estudiosos enxergam a mão de um redator de Q, Green atribui a Mateus a autoria do trabalho de composição — o "versificador" do AT. Quando se trata de citações diretas do AT no Evangelho de Mateus, Maarten Menken sustenta que a forma textual das citações de Mateus não deriva da LXX nem do texto hebraico. Embora algumas variantes possam ser atribuídas ao modo que Mateus editou suas fontes (Marcos e Q), muitas citações relativas a cumprimento divergem da LXX, apesar de se basearem nela. Como essas variações são consideravelmente diferentes do modo que Mateus editou Marcos e Q, Menken propõe que Mateus não revisou a LXX por conta própria nem traduziu por vezes as Escrituras hebraicas. Na verdade, Mateus usou uma versão revisada da LXX que circulava na época.[38]

Lena Lybæk afirma que Mateus usou a tradição de Jesus (Q e Marcos) da mesma forma que citava as Escrituras hebraicas, o que revela uma função normativa das três fontes. Ademais, ao situar a história de Jesus no contexto das Escrituras, Mateus reescreve o Evangelho como abalizado e fidedigno para seus propósitos teológicos (revelados em Mt 11—13): apresentar Jesus como o "que vem", o personagem "mais do que" prefigurado em Elias, Salomão e Jonas e o revelador/ocultador de Isaías. Uma vez que "Mateus acrescenta continuamente a história de Jesus às Escrituras",[39] revelando sua função normativa e formativa para Mateus, seu Evangelho não necessariamente reflete o contexto social da comunidade mateana — por exemplo, na diatribe contra os escribas e os fariseus. Na verdade, a crítica enfática de Mateus, parcialmente preservada pela tradição de Jesus, tem origem em sua interpretação do AT. De acordo com Michael Theophilos, talvez

[37]H. Benedict Green, *Matthew, poet of the Beatitudes*, JSNTSup 203 (Sheffield: Sheffield Academic, 2001), p. 50.

[38]Maarten J. J. Menken, *Matthew's Bible: the Old Testament text of the Evangelist* (Leuven: Leuven University Press, 2004).

[39]Lena Lybæk, *New and Old in Matthew 11—13: normativity in the development of three theological themes*, FRLANT 198 (Göttingen: Vandenhoeck & Ruprecht, 2002), p. 248. Veja tb. Anne M. O'Leary, *Matthew's Judaization of Mark: examined in the context of the use of sources in Graeco-Roman Antiquity*, LNTS 323 (Leiden: T&T Clark, 2006). Da mesma forma que autores antigos de literatura greco-romana produziam obras de "imitação criativa", Mateus reordenou a macroestrutura de Marcos para refletir números simbólicos judaicos (grupos de cinco, sete e doze), inserindo citações, alusões e ecos do AT não só para "judaizar" Marcos e assim "legitimar" Jesus como o Cristo, mas para "cristianizar" as Escrituras hebraicas para a comunidade mateana, apresentando Jesus como a "nova Torá".

a afronta de Jesus contra os escribas e os fariseus em Mateus 23 tenha sido moldada pelas advertências em Deuteronômio sobre a maldição de Deus contra os desobedientes. Portanto, a predição de Jesus sobre a destruição do Templo em Mateus 24 seria o cumprimento da punição divina. Usando a predição de Daniel sobre a abominação da desolação — aplicada ao inimigo de Israel na Revolta Macabeia— como comentário sobre a destruição do Templo judaico, Mateus apresenta uma reviravolta irônica da profecia: Israel é o inimigo que Deus usa contra o próprio Israel para punir seu povo. Portanto, Theophilos sugestivamente propõe um cumprimento dúplice e em dois estágios da vinda do Filho do Homem: o primeiro estágio para Israel (ministério de Jesus) e para as nações (pregar o evangelho aos gentios pós-Mateus 28.20); o segundo estágio para Israel (destruição do Templo) e para as nações (a segunda vinda de Cristo).[40] Brandon Crowe segue abordagem diferente, argumentando que Mateus aplicou a Jesus a ênfase de Deuteronômio na responsabilidade de Israel de obedecer ao Deus de Israel como seu Pai, revelando, assim, que Jesus cumpriu as Escrituras como o "filho obediente". O propósito de Mateus era mostrar que Jesus teve êxito onde Israel fracassou: na tentação de Cristo (referências diretas a Deuteronômio 6 e 8), no Sermão do Monte (várias referências a Deuteronômio, a bênçãos e maldições [também em Mateus 23], a Deus como Pai [dezessete vezes] e aos discípulos como "filhos" obedientes que refletem o caráter justo de seu Pai) e em referência ao "filho desobediente" (Dt 21.18-21) em Mateus 11.16-19.[41]

Em vista do retrato que Mateus faz de Jesus como o "servo sofredor", é surpreendente que, ao citar Isaías 42.1-4 (Mt 12.18-21), ele tenha omitido a frase que melhor apoia seu propósito: "não mostrará fraqueza nem se deixará ferir" (Is 42.4). Ademais, a citação de Isaías não parece ter relação com o contexto circundante. Assim, por que Mateus a empregaria? Mostrando como o uso de Mateus reflete a fluidez e a variedade das formas textuais de Isaías 42.1-4 na literatura do judaísmo do Segundo Templo (não raramente aparecendo como texto "não alinhado"), Richard Beaton sustenta que o Evangelista mostra uma interpretação "birreferencial" do texto: no nível literário, a citação valida a retirada de Jesus; no aspecto teológico, o material alheio acrescentado ao texto por Mateus revela seu propósito cristológico de apresentar Jesus como o servo dotado do Espírito que traz justiça às nações. Isso explica por que Mateus omitiu Isaías 42.4a, já que a "humildade" do

[40]Michael P. Theophilos, *The abomination of desolation in Matthew 24.15* (London: Bloomsbury T&T Clark, 2012).

[41]Brandon D. Crowe, *The obedient Son: Deuteronomy and Christology in the Gospel of Matthew* (Berlim: de Gruyter, 2012).

servo não era o foco principal de sua cristologia.[42] Usando a metodologia de Hays para identificar a intertextualidade, Charlene Moss infere que Mateus foi consideravelmente influenciado por Zacarias — não só na narrativa da Paixão (dezoito referências), onde seria esperado que Zacarias 9—14 desempenhasse papel saliente, mas também nas narrativas da infância de Jesus (três referências) e em seu ministério galileu (três referências), ecoando textos de Zacarias 1—8. Esses "ecos alusivos" talvez não representem a "escolha consciente de Mateus" de importar material textual de Zacarias, mas podem muito bem refletir o que Moss chama de "consciência bíblica" de Mateus ao retratar Jesus como o "rei pastor" que cura e cuida de seu rebanho até o fim, quando é ferido de morte e estabelece uma nova aliança por meio de seu sangue.[43] De acordo com Nicholas Piotrowski, Mateus misturou dois temas (o Messias davídico e o fim do Exílio) derivados de diversos profetas (Isaías, Miqueias, Oseias e Jeremias) para convencer seu leitor modelo (munido de uma enciclopédia judaica) de que aqueles que rejeitam Jesus como o rei escatológico de Deus continuam sofrendo o exílio. Não obstante, a comunidade de Mateus deveria "efetivamente se situar no calendário histórico-redentivo como o povo aliancístico de Yahweh do fim-do-exílio".[44]

A perspectiva de Mateus sobre o discipulado

"Com muita frequência, o primeiro Evangelista, ao tratar de questões cristológicas com a mão direita, está simultaneamente ensinando sobre o discipulado com a esquerda".[45] Realmente, em certos episódios (como o "acalmar da tempestade"; Mt 8.23-27), muitas vezes é difícil precisar se a ênfase de Mateus é cristológica ou eclesiológica. Portanto, a visão mateana do discipulado continua despertando interesse entre os acadêmicos, que ou buscam se amparar na crítica narrativa para estudar certos personagens do Evangelho que possam refletir o propósito de Mateus — estratégia de leitura para seu leitor implícito — ou empregam métodos sociocientíficos para desvelar as dinâmicas sociais do mundo narrativo de Mateus, sobretudo considerando que as pessoas marginalizadas desempenham papel significativo no primeiro Evangelho. Por isso, alguns estudiosos se perguntam se diferentes

[42]Richard Beaton, *Isaiah's Christ in Matthew's Gospel*, SNTSMS 123 (Cambridge: Cambridge University Press, 2004).

[43]Charlene McAfee Moss, *The Zechariah tradition and the Gospel of Matthew*, BZNW 156 (Berlim: de Gruyter, 2008). Veja tb. Clay Alan Ham, *The coming king and the rejected shepherd: Matthew's reading of Zechariah's Messianic hope* (Sheffield: Sheffield Phoenix Press, 2005).

[44]Nicholas G. Piotrowski, *Matthew's new David at the end of Exile: a socio-rhetorical study of Scriptural quotations*, NovTSup 170 (Leiden: Brill, 2016), p. 243.

[45]W. D. Davies e Dale C. Allison Jr., *The Gospel according to St. Matthew*, ICC (Edinburgh: T&T Clark, 1991), 2:512-13.

personagens dentro do Evangelho de Mateus funcionam como uma janela para enxergarmos a comunidade do Evangelista. Será que a eclesiologia de Mateus revela uma veia polêmica que refletiria o mundo social da comunidade mateana? Resistindo à tendência de interpretar o leitor implícito do Evangelho como "transparente" em relação à comunidade mateana, Jeannine Brown usa um modelo de três níveis para demonstrar a função dos discípulos enquanto um personagem do primeiro Evangelho. No mundo "textual", os discípulos costumam entender mal a autoridade e a missão de Jesus, agindo como "contraparte negativa" para o leitor implícito. Brown reluta em usar as caracterizações mateanas dos Doze como reflexo do mundo "concreto" da comunidade de Mateus, visto que os Evangelhos funcionavam como *bioi*[46] para o público leitor. Finalmente, os discípulos no mundo "simbólico" de Mateus funcionam como parte de um construto de discipulado ideal: os exemplos negativos dos Doze, aliados ao ensino de Jesus e à sua vida exemplar, oferecem ao leitor implícito uma visão holística do discipulado.[47]

De acordo com J. R. C. Cousland, as multidões nos dão uma ideia da visão mateana do discipulado. Elas funcionam como um personagem literário ora favorável a Jesus e ao ministério dele, ora não. O retrato "ambivalente" pintado por Mateus reflete como o povo judeu costuma ser caracterizado nas Escrituras hebraicas: ovelhas vulneráveis maltratadas por pastores maus e um povo de dura cerviz que apedreja os profetas que lhe foram enviados. Mateus usa essa mesma temática para retratar o povo judeu de sua época, que está igualmente em conflito acerca do evangelho. As multidões funcionam, portanto, como o caráter "transparente" do povo judeu — diferente dos líderes religiosos —, que ainda pode reagir da mesma maneira a Jesus, o que Mateus apresenta como estímulo à sua comunidade *extra muros* para que ela continue a missão evangelística para as "ovelhas perdidas" da casa de Israel — uma "rejudaização" do evangelho.[48] Talvikki Mattila amplia o foco a fim de incluir alguns grupos no Evangelho de Mateus. Depois de uma análise de personagem dos doze discípulos, das multidões e das mulheres em Mateus, Mattila infere que, embora as mulheres não sejam designadas como discípulas, elas cumprem um papel exemplar de seguidoras fiéis de Jesus. Oriundas das margens da sociedade, elas representam as verdadeiras virtudes do reino: serviço, humildade, sofrimento e cura — desconstruindo, portanto, a hierarquia do patriarcado.[49]

---

[46]Para um exame do termo *bios* (pl. *bioi*), veja cap. 5.

[47]Jeannine K. Brown, *The disciples in narrative perspective: the portrayal and function of the Matthean disciples* (Atlanta: SBL Press, 2002).

[48]J. R. C. Cousland, *The crowds in the Gospel of Matthew*, NovTSup 102 (Leiden: Brill, 2002).

[49]Talvikki Mattila, *Citizens of the Kingdom: followers in Matthew from a feminist perspective* (Göttingen: Vandenhoeck & Ruprecht, 2002). Veja tb. Baby Parambi, *The discipleship of the women in the Gospel according to Matthew: an exegetical theological study of Matt 27:51B-56, 57-61 AND 28:1-10* (Roma: Editrice

Robert Gundry segue o sentido oposto, estreitando o foco sobre um único personagem: Simão Pedro. Em virtude das repetidas advertências de Jesus sobre os falsos discípulos, Gundry avalia o retrato mateano de Pedro e conclui que ele, assim como Judas Iscariotes, se enquadra nessa categoria. Enquanto outros estudiosos defendem a reabilitação de Pedro, Gundry considera a edição mateana de Marcos uma prova de que ele desejava que os leitores considerassem Pedro um falso discípulo. Os autores dos evangelhos posteriores (Lucas e João) teriem abrandado o retrato mateano de Pedro como falso discípulo, algo que obscureceu nossa leitura de Mateus. Por exemplo, "sobre esta pedra" (Mt 16.18) não se refere a Pedro, mas às palavras de Jesus, que reverberam seu ensino no Sermão do Monte (7.24). Se o Evangelho de Mateus foi escrito para cristãos que viviam na Antioquia na década de 60 d.C., seu retrato de Pedro como discípulo hesitante confirma a caricatura que Paulo faz de Pedro no incidente de Antioquia (Gl 2.11-14). Pedro serve, portanto, como advertência pastoral aos leitores de Mateus: se uma pessoa como Pedro pode cair da graça, quanto mais vocês![50]

Tendo em conta o contexto judaico pós-70 d.C., Margaret Hannan argumenta que Mateus escreveu seu Evangelho para "garantir a sobrevivência da fé judaica apesar da destruição de seu templo e da perda de suas instituições políticas a ele associadas".[51] Mateus enquadra a importância do reino ao redor de certos marcadores literários (*inclusios*, dísticos, e fórmulas ou agrupamentos temáticos de certos episódios — e.g., a forma que os personagens "chegam" a Jesus), guiando o leitor implícito a abraçar o caminho de Jesus (o tão esperado Messias), que traz o governo soberano de Deus à terra no tempo presente — repreendendo a injustiça, dando poder aos marginalizados, estabelecendo a nova família suposta de Jesus, contestando as normas sociais e econômicas mediante uma comunidade alternativa. "Desse modo, Mateus usa a expressão [*hē basileia tōn ouranōn*, "o reino dos céus"] para se referir à atividade passada e presente de Deus, como governante soberano, e não ao evento escatológico, quando o governo de Deus sobre a criação estará plenamente estabelecido".[52] O primeiro Evangelho funciona, portanto, como

Pontifica Università Gregoriana, 2003); Stuart L. Love, *Jesus and marginal women: the Gospel of Matthew in social-scientific perspective* (Cambridge: James Clarke, 2010). De acordo com Love, as mulheres aparecem como personagens marginais no Evangelho de Mateus (diferentemente dos discípulos e dos líderes judaicos), mas encontram seu lugar entre as multidões, onde são reveladas como seguidoras fiéis de Jesus em contraste com a "pouca fé" dos doze. O mesmo se aplica, portanto, à comunidade mateana.

[50]Robert H. Gundry, *Peter: false disciple and apostate according to Saint Matthew* (Grand Rapids: Eerdmans, 2015).

[51]Margaret Hannan, *The nature and demands of the sovereign rule of God in the Gospel of Matthew*, LNTS 308 (London: T&T Clark, 2006), p. 10.

[52]Hannan, *Nature and demands of the sovereign rule of God*, p. 34.

um "manual de instruções da natureza e das exigências do governo soberano de Deus" para a comunidade mateana.[53]

Mas por que Mateus prefere a expressão "reino dos céus" no plural? De acordo com Jonathan Pennington, "reino do(s) céu(s)" não funciona como circunlóquio de "reino de Deus", já que Mateus usou ambas as expressões. Na verdade, Mateus pretendia acentuar as diferenças entre o governo humano e o divino para mostrar que o governo de Deus no céu vem à terra por meio de Jesus Cristo — tanto o governo terreno (visível) quanto o espiritual (invisível). A forma plural não deriva da morfologia semítica (as palavras hebraica e a aramaica para "céu" são substantivos duais/plurais). Mateus criou um uso diferente do termo — singular e plural — para descompactar o rico pano de fundo literário da terminologia para céu/terra na literatura judaica (sobretudo a visão de mundo dualista da literatura apocalíptica), ressaltando a universalidade do domínio de Deus. No Evangelho de Mateus, portanto, a forma singular "o reino do céu" designa a esfera visível do governo de Deus (céu e terra). A forma plural, "o reino dos céus", refere-se à esfera invisível do reinado de Deus. Por isso, a comunidade de Mateus devia considerar-se o "povo celestial", em oposição aos impérios mundanos (e mesmo rompendo com o judaísmo) ao viver os caminhos radicais do reino de Cristo na terra, aguardando o *eschaton* final.[54]

Mas o que Mateus esperava de sua comunidade nesse meio-tempo? Esperava que ela realizasse a missão de Israel ou não? Segundo Wesley Olmstead, Mateus desejava levar seus leitores a inferirem que o juízo de Deus pela rejeição de Jesus como Messias não pode ser restrito aos líderes religiosos — apesar de suas duras críticas à liderança judaica. Embora Mateus retrate o povo de forma favorável, Olmstead crê que a trilogia de parábolas de Mateus (os dois filhos, a vinha e a festa de casamento) foi concebida como uma advertência a todo o Israel por causa do papel do povo na rejeição do filho de Deus, o Messias. No entanto, Mateus não considera o povo de Israel uma causa perdida, sobretudo os marginalizados. Na verdade, assim como Jesus olhou compadecido para as multidões, o Evangelho de Mateus tinha o propósito de incentivar a comunidade mateana (a nova "nação") não só a dar prosseguimento à missão messiânica de recuperar as "ovelhas perdidas", mas também a estender a bênção abraâmica de Deus a todas as nações — um "subenredo gentio" que percorre todo o Primeiro Evangelho.[55] Alguns, porém, argumentam que as duas missões do Evangelho de Mateus, a primeira

[53]Hannan, *Nature and demands of the sovereign rule of God*, p. 230.

[54]Jonathan T. Pennington, *Heaven and earth in the Gospel of Matthew*, NovTSup 126 (Leiden: Brill, 2007).

[55]Wesley G. Olmstead, *Matthew's trilogy of parables: the nation, the nations and the reader in Matthew 21:28—22:14*, SNTSMS 127 (Cambridge: Cambridge University Press, 2003).

a Israel (10.6) e a outra às nações (28.19,20), representam uma progressão no propósito narrativo de Mateus.[56] Será, então, que Jesus fundou a *ekklēsia* para substituir a posição privilegiada de Israel na aliança (por causa da rejeição de Jesus como o Messias pelos israelitas) ou será que a igreja representa uma expansão da promessa da aliança?

Para Matthias Konradt, a resposta depende de como Mateus retrata a reação do povo a Jesus como versão "terapêutica" do tema davídico do Pastor-Rei: ao distinguir a reação do povo da reação dos líderes judaicos, ao situar o ensino de Jesus e "sua atividade terapêutica dentro do tema do conflito"[57] com os líderes religiosos, ao realçar a hipocrisia dos escribas e dos fariseus e ao retratar o povo de Jerusalém como culpável (distinguindo-se esse povo de "todo o Israel") pela morte de Jesus — com a trilogia de parábolas (Mt 21.28—22.14) e a predição da destruição do Templo confirmando as mesmas coisas. O vocabulário de transferência em Mateus 21.43 refere-se aos discípulos de Jesus (não aos gentios), capacitados para criar o reino de Deus na terra com o ensino de Jesus, o qual cumpriu a Lei e os Profetas. "Os discípulos, contudo, não são os pastores de *Israel* somente nem a luz para as *nações* como o santo remanescente de *Israel* ou no lugar de *Israel*. Na verdade, os discípulos — e isso inclui os discípulos ganhos dentre os gentios — são incumbidos de serem a luz do *mundo*, para todas as outras pessoas, quer judias, quer gentias".[58] Segundo Anders Runesson, Mateus nunca quis que seu Evangelho fosse algo além de um apelo a que Israel obedeça toda a lei.[59] Porque só aqueles que obedecem verdadeiramente a Deus serão salvos da ira divina no último dia. De acordo com Mateus, portanto, é a interpretação da lei por Jesus que é decisiva para a justiça. Visto que o Evangelista apresenta Jesus como o "enviado" que interpreta corretamente a lei de Deus, a obediência à Torá, segundo Jesus, resulta na salvação para os que têm ouvidos para ouvir. Isso significa, é claro, que só judeus e prosélitos podem ser salvos. As histórias de gentios buscando a Jesus só são incluídas em Mateus para estimular Israel a se arrepender, porque o dia do juízo se avizinha. Também descobrimos, à medida que a história de Mateus se desenrola, que os fariseus são o principal alvo do juízo de Jesus contra "esta geração", porque não obedecem à lei. É por isso que Jesus os culpa pela iminente destruição do Templo — o sinal da ira de Deus.

[56]Ulrich Luz, *Matthew 8-20*, trad. James E. Crouch, Hermeneia (Minneapolis: Fortress, 2011), 2:72-75.

[57]Matthias Konradt, *Israel, church, and the Gentiles in the Gospel of Matthew*, trad. Kathleen Ess (Waco: Baylor University Press, 2014), p. 136; em alemão, *Israel, Kirche und die Völker im Matthäusevangelium* (Tübingen: Mohr Siebeck, 2007).

[58]Konradt, *Israel, church, and the Gentiles*, p. 349-50 (itálico do original).

[59]Anders Runesson, *Divine wrath and salvation in Matthew: the narrative world of the first Gospel* (Minneapolis: Fortress, 2016).

Convencido de que Mateus foi "instruído à maneira educativa convencional observada na *progymnasmata*"[60] e de que ele conhecia a retórica do elogio e da culpa, Jerome Neyrey argumenta que Mateus compôs seu Evangelho com um foco missional diferente: subverter as normas sociais de honra e vergonha para sua comunidade. Quando os leitores de Mateus aprendem a louvar Jesus por seu nascimento divinamente orquestrado, sua vida contracultural e sua morte nobre, "Jesus prepara os candidatos a discípulos para uma nova série de expectativas sobre o que é honrado e o que é vergonhoso"[61] — eles abraçam a cruz como a perda de honra e aprendem a honrar o "desonrado", sabendo que Deus recompensa os que o louvam. Mas Louise Lawrence questiona as tendências reducionistas do modelo honra/desonra quando aplicado ao Evangelho de Mateus. Amparando-se nas ideias de Mikhail Bakhtin sobre vozes sociais diversas reveladas na interação dialógica, Lawrence contesta a dicotomia honra/desonra: a hipótese de "anti-introspecção" na busca de honra (Lawrence encontra vários exemplos em Mateus nos quais a introspecção desempenha papel fundamental nas relações sociais — e.g., as dúvidas de Pilatos sobre a culpa de Jesus), presumindo um contexto beligerante que fomentava apenas a precedência da honra (buscar a honra em público), e não a virtude da honra (o senso íntimo de honra proveniente de Deus apesar das ameaças sociais) e as divisões de gênero embutidas na busca da precedência da honra (no mundo de Mateus, as mulheres personificam a virtude da honra).[62]

Finalmente, Warren Carter investiga como o Evangelho de Mateus funcionava como contranarrativa ("obra de resistência") ao poder imperial romano dominante.[63] Mateus escreveu seu Evangelho para incentivar uma comunidade alternativa de discípulos a contestar o modo de vida romano — econômico (tributos), político (soberania romana) e social (promover uma comunidade igualitária).[64]

O MUNDO POR TRÁS DO TEXTO

Até que ponto a veia polêmica da narrativa revela a situação social por trás do Evangelho de Mateus? De acordo com David Sim, Mateus escreveu seu

[60] Jerome H. Neyrey, *Honor and shame in the Gospel of Matthew* (Louisville: Westminster John Knox, 1998), p. 4. Os *progymnasmata* são exercícios retóricos preliminares; para um exame mais aprofundado veja cap. 15 neste volume, sob "Lucas, o artista literário".

[61] Neyrey, *Honor and shame in the Gospel of Matthew*, p. 227.

[62] Louise Joy Lawrence, *An ethnography of the Gospel of Matthew: a critical assessment of the use of the honour and shame model in New Testament studies*, WUNT 2/165 (Tübingen: Mohr Siebeck, 2003).

[63] Warren Carter, *Matthew and Empire: initial explorations* (Harrisburg, PA: Trinity Press International, 2001).

[64] Veja tb. a coleção de ensaios *The Gospel of Matthew in its Roman imperial context*, John Riches; David C. Sim, orgs. (London: T&T Clark, 2005).

Evangelho para uma seita judaica em Antioquia que lutava uma guerra em duas frentes: (1) pela preservação do recém-adquirido "evangelho observante da lei" de Tiago/Pedro, a comunidade mateana oposta aos remanescentes do evangelho "livre da lei" de Paulo em Antioquia, e (2) ao afirmar uma missão de fé em Cristo que era "observante à lei" para os judeus (e para os gentios que se submeteram à circuncisão), a comunidade mateana debatia contra os fariseus expulsos depois de 70 d.C. a respeito da verdadeira obediência à lei. Como seita dentro do judaísmo, a comunidade de Mateus não se reunia mais com outros judeus na sinagoga e, enfrentando um isolamento cada vez maior,[65] precisava de um Evangelho que a ajudasse a definir sua identidade.[66] Paul Foster, entretanto, sustenta que o Evangelho de Mateus foi escrito para uma comunidade originada no judaísmo, mas que experimentara uma "séria ruptura" com a sinagoga, revelada pela forma que Jesus interpretou a Torá no Sermão do Monte. "A composição das antíteses (Mt 5.21-48) reflete tanto as circunstâncias sociais da comunidade quanto a maneira criativa com que Mateus apresenta sua compreensão de Jesus a fim de abordar as necessidades pastorais de sua comunidade. Para esse fim, ele não retrata Jesus apenas como o supremo intérprete da Torá, mas, sim, como a fonte suprema de autoridade dentro da comunidade."[67] Depois de ter sido excluído pela sinagoga, o grupo precisava ir além da missão para Israel (Mt 10) e começar a converter gentios (28.19,20), o que causou problemas significativos para alguns membros judeus mais conservadores em relação à justiça segundo a lei.

Se o Evangelho de Mateus é uma janela para a comunidade do Evangelista, como ele empregava as fontes[68] "cristãs" talvez revele alguns estágios de história

[65]A alienação também contribuiu para seu interesse na escatologia apocalíptica, realçada por Mateus. Veja David C. Sim, *Apocalyptic eschatology in the Gospel of Matthew*, SNTSMS 88 (Cambridge: Cambridge University Press, 1996); Robert Charles Brandon denomina Mateus "o escriba apocalíptico"; veja *Satanic conflict and the plot of Matthew*, StBibLit 89 (New York: Peter Lang, 2006), p. 85-89.

[66]David C. Sim, *The Gospel of Matthew and Christian Judaism: the history and social setting of the Matthean community* (Edimburgo: T&T Clark, 1998). Segundo Charles E. Carlston e Craig A. Evans, a guerra em duas frentes consistia na rejudaização da igreja e na ameaça de serem assimilados pela cultura gentia. Veja *From synagogue to ecclesia. Matthew's community at the crossroads* (Tübingen: Mohr Siebeck, 2014). Quanto à tese de que Mateus rejeitava a cultura judaica mas continuava a nutrir esperança em relação à salvação dos gentios, veja Anders Runesson, "Judging Gentiles in the Gospel of Matthew: between 'othering' and inclusion", em Gurtner, Willitts e Burridge, *Jesus, Matthew's Gospel and early Christianity*, p. 138-51.

[67]Paul Foster, *Community, law and mission in Matthew's Gospel* (Tübingen: Mohr Siebeck, 2004), p. 142. Veja tb. John-Han Yieh, *One teacher: Jesus' teaching role in Matthew's Gospel report*, BZNW 124 (Berlim: de Gruyter, 2004); Jesus como "o único mestre" surtiu efeito social quádruplo na comunidade: polêmico (contra a sinagoga), apologético (novo povo de Deus com missão aos gentios), didático (os doze como modelos de discipulado) e pastoral (cuidar dos menores).

[68]Segundo Alan Garrow, as fontes "cristãs" do Evangelho de Mateus incluíam a Didaquê. Como as similaridades entre Mateus e a Didaquê ocorrem nas primeiras camadas da tradição, Garrow infere que Mateus usou uma versão primitiva da Didaquê. Veja Alan J. P. Garrow, *The Gospel of Matthew's dependence on the Didache*, JSNTSup 254 (London: T&T Clark, 2004).

social por trás do Evangelho. Kenneth Newport infere que (1) Mateus 23 não provém de Q; (2) Mateus 23 não foi criação mateana; mas, sim, que (3) Mateus usou uma fonte extensa (Mt 23.2-31) que pertencia a um *Sitz im Leben* diferente (um contexto *intra muros* anterior a 70 d.C., semelhante ao do Sermão do Monte) e lhe acrescentou um juízo escatológico contra os líderes religiosos (v. 32-39).[69] Andrew Doole vai ainda mais longe, questionando a tese de que Mateus se serviu principalmente de Q e só recorreu ao Evangelho de Marcos quando necessário. Mateus não era um "cristão Q", que recentemente tomara posse do Evangelho de Marcos. Mateus, na verdade, se baseou em Marcos como *o* relato autorizado de Cristo e decidiu suplementar a narrativa com material Q para produzir uma "nova edição de Marcos".[70] Wim Weren descobre três camadas de desenvolvimento literário que correspondem a três fases de história social. Antes de 70 d.C., os judeus cristãos se consideravam membros plenos da multiforme comunidade judaica (o material judeu sem paralelos em Marcos e Q). Durante a segunda fase (c. 70-80), eles se tornaram um grupo minoritário dentro da comunidade judaica em conflito com os fariseus (material censurado de Marcos e Q — e.g., conflitos crescentes com os fariseus). "Na terceira fase (c. 80-90), os judeus cristãos aos poucos se desvencilharam da comunidade judaica e entraram em contato com uma vasta rede multicultural de comunidades cristãs"[71] (redação final que reflete um contexto *extra muros* — e.g., advertências contra "falsos profetas").

De acordo com Boris Repschinski, a forma que Mateus editou a versão de Marcos dos relatos das polêmicas revela um padrão: (1) conflito mais

[69]Kenneth G. C. Newport, *The sources and Sitz im Leben of Matthew 23*, JSNTSup 117 (Sheffield: Sheffield Academic, 1995).

[70]Andrew Doole, *What was Mark for Matthew? An examination of Matthew's relationship and attitude to his primary source* (Tübingen: Mohr Siebeck, 2013), p. 79. Alan Kirk contesta o status "sub-literário" de Q como coleção aleatória de ditos — contrariando James D. G. Dunn, que vê um Q desestruturado usado por Mateus (que se baseou em Marcos para a estrutura de seu Evangelho) (Dunn, "How did Matthew go about composing his Gospel?", in: Gurtner, Willits e Burridge, *Jesus, Matthew's Gospel and early Christianity*, p. 39-58). Segundo Kirk, como os manuscritos eram usados por escribas (os corretores de textos da tradição cultural) como repositórios para guardar o que já havia sido memorizado pela recitação oral, a interdependência entre textos orais e escritos revela um processo de "utilização de fontes" que explica como Mateus usou Q e Marcos — duas fontes escritas que haviam sido memorizadas por Mateus (Alan Kirk, *Q in Matthew: ancient media, memory, and early scribal transmission of the Jesus tradition*, LNTS 564 [New York: Bloomsbury T&T Clark, 2016). Duling vê Mateus como um "escriba marginal" (outrora pertencente aos "estruturalmente marginalizados" da Judeia, talvez até mesmo aos fariseus), que operava como um corretor de textos para sua comunidade culturalmente determinada (judaica) e ideologicamente marginalizada (crente em Cristo) (Duling, *A marginal scribe: studies in the Gospel of Matthew in social-scientific perspective* [Eugene: Cascade, 2012]). Segundo Aaron M. Gale, o Evangelho de Mateus presume não só que o autor/redator/editor fosse versado nos conhecimentos que costumavam deter os escribas, mas também uma "comunidade instruída" de leitores que apreciaria as técnicas literárias do Evangelho. Gale, *Redefining ancient borders: the Jewish scribal framework of Matthew's Gospel* (London: T&T Clark, 2005).

[71]Wim J. C. Weren, *Studies in Matthew's Gospel: literary design, intertextuality, and social setting* (Leiden: Brill, 2014), p. 9.

acentuado entre Jesus e a liderança judaica (e.g., Jesus chama esses líderes de "maus"), (2) os escribas e os fariseus identificados como os principais oponentes de Jesus, (3) as multidões caracterizadas como geralmente solidárias com Jesus durante as disputas, (4) Jesus apresentado como mais fiel à lei do que seus oponentes. Repschinski interpreta os principais personagens como uma expressão transparente dos desafios que a comunidade de Mateus enfrentava em um contexto pós-1970 d.C. "Por isso, a reivindicação mateana de liderança dentro do judaísmo não busca apenas desalojar os fariseus de sua posição de proeminência. Ela também busca apresentar uma forma de judaísmo radicalmente diferente da de seus opositores"[72] — uma diferença centrada na justiça mediante a lei de acordo com Jesus como o Messias. Semelhantemente, Glenna Jackson argumenta que Mateus editou a versão de Marcos do encontro de Jesus com a mulher cananeia para reforçar a lei judaica, elevar as mulheres e demonstrar requisitos de inclusão gentia — um paradigma para o proselitismo feminino na comunidade mateana. A persistência de uma mulher gentia (assim como Rute, que figura na versão mateana da genealogia de Jesus) é defendida por Mateus, visto que quem iniciou os procedimentos para a membresia foram os convertidos — algo também exigido pela comunidade de Mateus, já que a história de Rute funcionava como fórmula rabínica para testar o candidato a prosélito. Essa história, portanto, revela o contexto inteiramente *intra muros* de Mateus: os gentios devem se tornar judeus para ingressar na comunidade.[73] Anthony Ewherido, contudo, argumenta que a versão mateana das parábolas em Mateus 13 revela o "*corpus mixtum*" da igreja — o campo do semeador, por exemplo, é um corpo misto (o judaísmo formativo) que reflete os desafios do discipulado na comunidade *extra muros* de Mateus.[74]

O MUNDO DIANTE DO TEXTO

Refletir sobre a medida em que os preconceitos e os pressupostos nos influenciam como interpretes é um assunto que atraiu a atenção de alguns

[72]Boris Repschinski, *The controversy stories in the Gospel of Matthew: their redaction, form and relevance for the relationship between the Matthean community and formative Judaism* (Göttingen: Vandenhoeck & Ruprecht, 2000), p. 346.

[73]Glenna S. Jackson, "*Have mercy on me:" the story of the Canaanite woman in Matthew 15:21-18*, JSNT 228 (Sheffield: Sheffield Academic, 2002).

[74]Anthony O. Ewherido, *Matthew's Gospel and Judaism in late first century CE: the evidence from Matthew's chapter on parables (13:1-52)*, StBibLit 91 (New York: Peter Lang, 2006). Segundo Petri Luomanen, não há evidências diretas o bastante no Evangelho de Mateus para inferir um "*corpus mixtum*"; veja *Entering the Kingdom of Heaven: a study on the structure of Matthew's view of salvation*, WUNT 2/101 (Tübingen: Mohr Siebeck, 1998), p. 265-66.

estudiosos para Mateus. Elaine Wainwright apresenta uma interpretação do Evangelho de Mateus que é "atenta à questão de gênero", realçando as vozes femininas da narrativa a fim de contestar as leituras convencionais e predominantemente masculinas do Evangelho. Por exemplo, ela considera a confissão da mulher cananeia tão importante para a narrativa de Mateus quanto a de Pedro. Mas a incipiente "igreja patrikyriarcal, decidida a preservar sua base de poder androcêntrica", favoreceu o episódio petrino a fim de "subjugar" as vozes daquelas que buscavam uma "casa" mais inclusiva — vozes estas que ainda perduram no texto.[75] Em uma significativa coleção de ensaios, alguns estudiosos apresentaram uma leitura feminista do Evangelho de Mateus — por exemplo, a Cristologia da Sabedoria de Mateus à luz da metáfora feminina da "Senhora Sabedoria";[76] contestando a presunção (e os preconceitos que a acompanham) de que a mulher com hemorragia estivesse menstruando;[77] e sublinhar o papel de várias mulheres no Evangelho de Mateus, tanto como personagens no Evangelho[78] quanto como personagens de suas parábolas.[79] Ademais, além de Carter, alguns estudiosos também apresentaram leituras pós-coloniais do Evangelho de Mateus.[80]

Reflexões

Apesar de ter começado nossa análise com a predição de Stanton a respeito do futuro dos estudos mateanos, reluto em dar opiniões sobre a direção desses estudos para além das trajetórias atuais: (1) visto que Jesus é o principal tema do Evangelho de Mateus, as investigações em sua cristologia continuarão ocupando o palco principal; (2) em vista de estudos mais nuançados da comunidade de Mateus (e.g., o que queremos dizer com os termos "judeu" e "cristão"?),[81] a dicotomia estrita de um contexto *extra/intra muros* não será mais útil; e (3) os estudiosos continuarão adotando um tratamento

---

[75]Elaine M. Wainwright, *Shall we look for another? A feminist rereading of the Matthean Jesus* (Maryknoll, NY: Orbis, 1998), p. 100.

[76]Celia Deutsch, "Jesus as Wisdom: a feminist reading of Matthew's Wisdom Christology", in: *A feminist companion to Matthew*, Amy-Jil Levine; Marianne Blickenstaff, orgs. (Sheffield: Sheffield Academic, 2001), p. 88-113.

[77]Amy-Jil Levine, "Discharging responsibility: Matthean Jesus, Biblical law, and hemorrhaging woman", in: Levine e Blickenstaff, *Feminist companion to Matthew*, p. 70-87.

[78]Gail R. O'Day, "Surprised by faith: Jesus and the Caananite woman", in: Levine e Blickenstaff, *Feminist companion to Matthew*, p. 114-25.

[79]Marie-Eloise Rosenblatt, "Got into the part after all: women's issues and the five foolish virgins", in: Levine e Blickenstaff, *Feminist companion to Matthew*, p. 171-95.

[80]Veja Fernando F. Segovia, "Postcolonial criticism and the Gospel of Matthew", in: *Methods for Matthew*, Mark Alan Powell, org. (Cambridge: Cambridge University Press, 2009), p. 216-28.

[81]Christopher Tuckett, "Matthew: the social and historical context — Jewish Christian and/or Gentile?", in: Senior, *Matthew at the crossroads*, p. 99-129.

eclético, combinando métodos variados para explorar as riquezas do Primeiro Evangelho.

Uma abordagem canônica que se baseie em Mateus para esmiuçar a cristologia neotestamentária dos Evangelhos Sinóticos[82] deve sempre trazer à luz a singularidade da visão mateana de Cristo. Embora se possa querer minimizar os aspectos singulares do Cristo mateano na busca de uma cristologia coerente, as incongruidades no próprio retrato mateano de Cristo continuarão intrigando os estudiosos, advertindo-nos: "Calma lá. Isso não se encaixa tão bem". Obviamente, o que torna a cristologia de Mateus tão intrigante é a confiança dele no AT, quer por citações diretas, quer por tipologias e alusões, quer por ecos. E eu desconfio que haja mais coisas a serem descobertas na empreitada de investigar até que ponto o AT influenciou a perspectiva mateana de Cristo. Mas é a tradição judaica que circunda esses textos, bem como as várias formas textuais da "Bíblia" de Mateus, que demanda representações mais nuançadas da cristologia mateana. Ademais (em virtude de meu interesse particular), pergunto-me se a cristologia de Mateus estaria tão relacionada com sua visão do discipulado quanto com qualquer tentativa de dar uma resposta polêmica a outras comunidades judaicas ou cristãs. Em outras palavras (como descobrimos nos estudos paulinos), é difícil separar a cristologia da eclesiologia. Para Mateus, quem Jesus é revela quem seus discípulos são. Senhorio e discipulado são simbióticos. Portanto, estudos mais aprofundados da visão mateana do discipulado[83] e da espiritualidade[84] talvez se mostrem tão úteis para desvendar seu propósito cristológico quanto qualquer contexto social suposto.

Embora os métodos das ciência sociais tenham ajudado a aguçar nossa visão do *Sitz im Leben* de Mateus nos trechos onde a crítica editorial não logrou fazê-lo, situar a comunidade de Mateus em relação ao judaísmo parece ser mais complexo do que as categorias ou isso/ou aquilo que uma abordagem *intra/extra muros* permite. E isso porque, de forma geral, a visão mateana do judaísmo (quer da lei, dos fariseus, quer do Templo) embaçou a linha que separa a identidade judaica da cristã. É claro que Mateus pertence à matriz literária judaica que busca defender a verdadeira identidade de

[82]Simon Gathercole, *The preexistent Son: recovering the Christologies of Matthew, Mark, and Luke* (Grand Rapids: Eerdmans, 2006).

[83]Veja Michael J. Wilkins, *Discipleship in the ancient world and Matthew's Gospel*, 2. ed. (Grand Rapids: Baker, 1995); depois de examinar os fundos clássico e helenístico, veterotestamentário e intertestamentário do termo *mathētēs* (discípulo), Wilkins estuda o uso mateano do termo — sobretudo no que diz respeito ao papel de Pedro como exemplar no Primeiro Evangelho.

[84]Nijay Gupta, "The spirituality of faith in the Gospel of Matthew", in: *Matthew and Mark across perspectives: essays in honour of Stephen C. Barton and William R. Telford*, Kristian A. Bendoraitis; Nijay Gupta, orgs., LNTS 538 (London: Bloomsbury T&T Clark, 2016), p. 108-24.

Israel (seja Josefo, Filo, os Apócrifos do AT, os Pseudepigráficos, sejam os MMM). Porém, a diversidade dentro do judaísmo do Segundo Templo bem como no cristianismo incipiente torna muito mais difícil determinar exatamente onde o Evangelho de Mateus se encaixa nessa "separação". Termos como "judeu" e "cristão" (sejam como adjetivos ou substantivos) parecem inadequados diante da ambiguidade da identidade no mundo narrativo de Mateus. Além disso, tratar o Evangelho de Mateus como se fosse uma das cartas de Paulo produz uma "interpretação espelhada" do texto, em que determinados personagens supostamente teriam de refletir a situação social da comunidade de Mateus — algo mais presumido do que provado. Em se tratando do contexto histórico da comunidade de Mateus, costumamos encontrar o que estamos procurando.

É por isso que a tendência atual nos estudos mateanos — usar métodos variados para servir a nossos interesses acadêmicos — permanecerá no futuro próximo. Passávamos muito tempo refinando os procedimentos de uma metodologia específica a fim de obter os melhores resultados, não importavam quais. Havia certa confiança no próprio método (mais recentemente, a crítica literária e os métodos sociocientíficos), como se criar e aplicar uma metodologia rigorosa servisse para o nosso propósito. É por isso que (acredito) as predições sobre o futuro dos estudos mateanos realçavam novos métodos de pesquisa. Mas os estudos mateanos nos últimos 25 anos adotaram um tratamento mais "híbrido", combinando vários métodos para examinar um tema particular.[85] Essa é a área de interesse que orienta nosso estudo (e não os métodos) e usaremos as ferramentas que forem necessárias para realizar o trabalho. Usando uma analogia do mundo do golfe, antigamente tínhamos de jogar no *fairway*[86] com taco de madeira ou de ferro. Hoje em dia a maioria usa um taco híbrido para se aproximar do *green*.

[85]Para ilustrar a questão, de início tentei dividir minha análise neste ensaio segundo os vários métodos existentes (editorial, literário, sócio-científico, ideológico), mas logo desisti da ideia.

[86]"*Fairway* é uma parte do campo de golfe, uma espécie de corredor de terreno regular no centro do campo, entre o *tee* e o *green*, onde a relva é cortada aproximadamente a 12mm. O *tee* é a área de saída, de onde se dá a primeira tacada de cada buraco. O *green* é a área de relva mais fina, compacta e rente, onde está situado o buraco." [N. de R. segundo definição do site Tecla SAP].

14

O EVANGELHO DE MARCOS

Jin Young Choi

INTRODUÇÃO

Este capítulo apresenta a situação atual dos estudos marcanos. Ele classifica as diferentes abordagens interpretativas em quatro paradigmas: crítica histórica, crítica literária, crítica social e crítica ideológica.[1] A crítica histórica, predominante de meados do século 19 até meados da década de 1970 e que ainda vigora nos estudos ocidentais do Evangelho de Marcos, normalmente se concentra no *autor*. Ela procura desvendar o sentido que Marcos pretendia no texto. Vou começar com o tema predominante do suposto segredo messiânico[2] e prosseguir examinando as reconstruções históricas do contexto em que a teologia de Marcos foi produzida. Os estudos das formas e padrões literários de Marcos no seu contexto cultural mais amplo também se incluem aqui.

Em segundo lugar, conforme se apresentava nas décadas de 1980 e 1990, a crítica literária dos estudos de Marcos é basicamente voltada para o *texto*, mas há múltiplas maneiras de desvendar o sentido de um texto. Essa seção trata primeiro de uma abordagem formalista conhecida como crítica narrativa e depois examina algumas obras que descobrem múltiplas texturas e ideologias na narrativa de Marcos. Embora o tratamento das texturas e ideologias do texto necessariamente envolva investigar as realidades históricas por trás das texturas conflitantes da narrativa, essa seção conclui apresentando o movimento pós-estruturalista voltado para o *leitor* na crítica literária.

[1]Aproprio-me dos quatro modelos interpretativos "guarda-chuva" de Fernando F. Segovia, encontrados em "'And they began to speak in other tongues': competing modes of discourse in contemporary biblical criticism", in *Reading from this place*, vol. 1, *Social location and biblical interpretation in the United States*, Fernando F. Segovia; Mary Ann Tolbert, orgs. (Minneapolis: Fortress, 1995), p. 1-32.

[2]William Wrede, *The Messianic secret*, trad. J. C. G. Greig (Cambridge, MA: J. Clarke, 1971; primeira edição 1901).

Terceiro, examinaremos a crítica social em uma seção separada. Essa abordagem trata da reconstrução histórica ao mesmo tempo que reconhece não só a natureza ideológica do texto literário, mas também a posição do intérprete. Entre essas abordagens, desenvolvidas nas décadas de 1980 e 1990, estão as interpretações sociopolíticas, sociolinguísticas e sociorretóricas. O sentido se situa na história dos primeiros cristãos na forma da narrativa e no seu aspecto social, mas alguns desses intérpretes salientam a práxis da comunidade leitora.

Por último, a crítica ideológica ressalta a posição social dos leitores, dando a entender que o sentido se encontra diante dos leitores. Sendo o discurso interpretativo mais recente e incipiente dos estudos marcanos, esse paradigma pode ser representado pela crítica feminista, pela hermenêutica da libertação e pela crítica pós-colonial. No que diz respeito à situação presente dos estudos marcanos, é inevitável que esta resenha seja restrita e a escolha de fontes é reconhecidamente eclética e subjetiva. Não obstante, a contribuição deste capítulo pode ser a ampliação do escopo dos estudos marcanos ao envolver as vozes de intérpretes marginalizados e abordar, simultaneamente, interpretações mais tradicionais.

CRÍTICA HISTÓRICA

O "segredo messiânico"

Para os estudos acadêmicos mais antigos, Marcos era a primeira narrativa sobre Jesus e a fonte original do Jesus histórico. Com base nos textos em que ele pede segredo, os estudantes do Jesus histórico alegavam que Jesus revelava sua identidade deliberadamente à medida que sua consciência messiânica se desenvolvia de forma que os discípulos alcançassem uma compreensão mais profunda da identidade dele. William Wrede, por outro lado, alegava que o segredo messiânico não prova a consciência messiânica de Jesus, mas reflete a experiência que os primeiros cristãos tiveram de Jesus como o Messias depois da Páscoa. Tal descoberta resultou na criação marcana da ideia teológica de que o segredo do messianismo de Jesus só se revelou depois de sua ressurreição.[3]

Contudo, surge um problema relativo ao segredo messiânico quando Marcos menciona que, mesmo antes da ressurreição, nem sempre o segredo foi guardado. Wrede admite que há um recorte de materiais em que o segredo é excluído. Ele atribui esses relatos à tradição.[4] Os críticos procuraram resolver essas incoerências. Enquanto Ulrich Luz faz distinção entre

[3]Wrede, *Messianic secret*, p. 236.
[4]Wrede, *Messianic secret*, p. 125-29.

a ordem de silêncio relativa aos milagres de cura e o verdadeiro segredo messiânico concernente à identidade de Jesus, Heikki Räisänen subdivide o tema em quatro subtemas: (1) a ordem de silêncio dada aos demônios e aos discípulos, (2) as curas secretas, (3) a teoria das parábolas e (4) a falta de entendimento dos discípulos.[5]

Outros estudiosos alegam que os textos ligados ao segredo não necessariamente constituem o tema unificado "do segredo *messiânico*".[6] Em vez de se concentrar na preocupação cristológica de Marcos, David F. Watson sustenta que Marcos pretendia se opor ao convencional código honra-desonra.[7] Para Kelly R. Iverson, contudo, Watson contradiz seu próprio argumento quando ignora os indícios textuais conflitantes, como a manifestação que Jesus faz de "seu poder com demonstração pública".[8] A crítica narrativa-performática de Iverson o faz alegar que o tema do segredo inclui subtemas aparentemente sem relação entre si no texto mas que o público, ouvindo a repetição do tema, experimenta o efeito da "divulgação reveladora".[9] Adam Winn melhora o argumento fraco de Watson afirmando que Marcos se apropria do tema imperial de "resistir à honra pública", como faziam os imperadores, e por isso mostra Jesus como o verdadeiro soberano do mundo para o público de Roma.[10]

Enquanto Watson e Winn mudam da ênfase tradicional na importância cristológica do segredo para análises dos códigos culturais greco-romanos e a política imperial, respectivamente, foi Wrede quem mudou o percurso da crítica histórica e da busca pelo Jesus histórico no século 19 para os estudos da própria época e teologia de Marcos nos estudos históricos do século 20. Além disso, a abordagem literária de Wrede ao segredo antecipou a crítica editorial, iniciada por Willi Marxsen em relação a Marcos.

A reconstrução histórica e a teologia de Marcos

A crítica editorial da década de 1960 considerava o autor de Marcos um compilador, um transmissor ou um editor de tradições herdadas. Para Marxsen,

[5]Ulrich Luz, "The secrecy motif and the Marcan Christology", in *The Messianic secret*, C. M. Tuckett, org. (Philadelphia: Fortress, 1983), p. 75-96; Heikki Räisänen, "The 'Messianic secret' in Mark's Gospel, in Tuckett, *Messianic secret*, p. 132-33.

[6]Kelly R. Iverson, "Whereas the Gospel is preached", in *Mark as story: retrospect and prospect*, Kelly R. Iverson; Christopher W. Skinner, orgs. (Atlanta: SBL Press, 2011), p. 186.

[7]David F. Watson, *Honor among Christians: the cultural key to the Messianic secret* (Minneapolis: Fortress, 2010); cf. Bruce Malina, *The New Testament world: insights from cultural anthropology*, 3ª edição (Louisville: Westminster John Knox, 2001), p. 125.

[8]Iverson, "Whereas the Gospel is preached", p. 188.

[9]Iverson, "Whereas the Gospel is preached", p. 189, 203.

[10]Adam Winn, "Resisting honor: the Markan secrecy motif and Roman political ideology", *JBL* 133, n. 3 (2014): p. 599-600.

todavia, Marcos é um "Evangelho" galileu e a Galileia "tem importância não essencialmente histórica, mas, sim, teológica, como o local da iminente parúsia".[11] Visto que Marxsen defendia a necessidade de "investigar a situação da comunidade" em que o Evangelho foi escrito, os críticos da edição tentaram reconstruir as circunstâncias históricas da comunidade de Marcos.[12] Com mais ênfase em Marcos como teólogo imaginativo, Norman Perrin assinala que cristologia, discipulado e circunstâncias históricas constituem o interesse predominante dos estudos marcanos.[13] Supõe-se que essas construções teológicas sejam reação de Marcos a circunstâncias históricas específicas.

Theodore J. Weeden representa uma dessas posições. Os adversários de Marcos sustentam uma teologia *theios-anēr* — a teologia da glória sob a influência de ideias helenísticas do "homem divino".[14] Marcos refuta a cristologia do homem-divino com uma teologia da cruz baseada no sofredor Filho do Homem. Os discípulos não conseguem entender a verdadeira identidade de Jesus por causa da lealdade obstinada deles a uma falsa cristologia. Werner Kelber também reconstrói Marcos como oposição à teologia de Jerusalém — uma teologia de poder, ao contrário de sua teologia da cruz.[15] O retrato negativo dos discípulos reflete a comunidade judaico-cristã de Jerusalém, que aguardava a parúsia do Filho do Homem antes da queda de Jerusalém, em 70 d.C.

Como interpretação alternativa, Ernest Best propõe que a comunidade de Marcos enfrentava perseguição. Por isso, os milagres de Jesus são considerados o seu cuidado pela jornada em curso da comunidade cristã e não a representação de uma cristologia equivocada, e a figura dos discípulos anima os cristãos perseguidos, ensinando-lhes o verdadeiro discipulado.[16]

---

[11]Willi Marxsen, *Mark the Evangelist: studies on redaction history of the Gospel*, trad. J. Boyce et al. (Nashville: Abingdon, 1969; primeira edição 1956), p. 92.

[12]Marxsen, *Mark the Evangelist*, p. 24-29. Para um argumento sobre a composição do Evangelho de Marcos em Roma, veja Martin Hengel, *Studies in Mark* (Philadelphia: Fortress, 1985), p. 28-29. Mais estudiosos sugerem a Palestina ou a Síria como o local da composição (Howard Kee, *The community of the new age: studies in Mark's Gospel* [Macon, GA: Mercer University Press, 1983]). Para paralelos entre Marcos e os documentos de Qumran à luz do apocalipticismo judaico, veja Joel Marcus, *The mystery of the kingdom of God* (Atlanta, Scholars Press, 1986).

[13]Dennis C. Duling e Norman Perrin, *The New Testament: proclamation and parenesis, myth and history*, 3ª ed. (Fort Worth: Harcourt Brace, 1994), p. 332. Alguns estudiosos acrescentam a escatologia de Marcos à lista de temas principais; veja Adam Winn, *The purpose of Mark's Gospel: an early Christian response to Roman imperial propaganda* (Tübingen: Mohr Siebeck, 2008), p. 150-52.

[14]Theodore J. Weeden, *Mark: traditions in conflict* (Philadelphia: Fortress, 1971). Para uma abordagem à cristologia régia e davídica, veja Frank K. Matera, *What are they saying about Mark?*, WATSA (New York: Paulist Press, 1987), p. 32. Cf. Marie Noon Sabin, *Reopening the world: reading Mark as theology in the context of early Judaism* (New York: Oxford University Press, 2002).

[15]Werner H. Kelber, *The kingdom in Mark: a new place and a new time* (Philadelphia: Fortress, 1974).

[16]Ernest Best, *Disciples and discipleship: studies in Gospel according to Mark* (Edinburgh: T&T Clark, 1986), p. 130.

As tentativas de combinar a comunidade de Marcos com suas construções teológicas eram predominantes na década de 1970 e a cristologia *theios-anēr* foi particularmente reanimada na década de 1990.[17] A crítica histórica, contudo, foi questionada, porque tais reconstruções, embora aparentemente objetivas, não raramente refletem representações teológicas subjetivas do intérprete.[18] Alguns estudos históricos recentes prestam atenção ao ambiente político do Império Romano e não ao meio cultural mediterrâneo e entendem o Evangelho de Marcos como uma reação intencional ao poder e à teologia imperiais.[19] Essa perspectiva contra o Império também é empregada na maioria das interpretações sociopolíticas e em alguns estudos pós-coloniais.

Gênero textual e retórica

Em vez de reconstruir o contexto e a teologia de Marcos, outros estudiosos se concentraram na forma literária do Evangelho e procuraram relacioná-lo a gêneros literários greco-romanos, como biografia, épico, mito, tragédia, comédia e romance. A "aretologia", por exemplo, uma forma de biografia de uma figura divina extraordinária, é muitas vezes considerada o protótipo literário de Marcos.[20] Whitney T. Shiner demonstra que os discípulos de Jesus desempenham um papel retórico no Evangelho de Marcos. Ela investiga como as biografias filosóficas gregas, bem como os ensinos da sabedoria judaica do Sirácida, apresentam discípulos falhos para sublinhar seus heróis filosóficos como figuras dotadas de autoridade e fundadores de suas comunidades.[21] Enquanto alguns estudiosos questionam a existência de tal gênero e consideram a hipótese biográfica uma construção acadêmica artificial,[22] os estudos que associam os Evangelhos com os gêneros literários antigos prosseguem.[23]

---

[17]Edwin K. Broadhead, *Teaching with authority: miracles and Christology in the Gospel of Mark* (Sheffield: JSOT Press, 1992).

[18]George Aichele, *Jesus framed* (New York: Routledge, 1996), p. 2.

[19]Winn, *Purpose of Mark's Gospel*. A leitura anti-imperial de Winn situa a "reação de Marcos ao poder imperial romano na cidade de Roma" (Adam Winn, "Tyrant or servant? Roman political ideology and Mark 10.42-45", *JSNT* 36, n. 4 [2014]: p. 329). Cf. Craig A. Evans, "The beginning of the good news and the fulfillment of Scripture in the Gospel of Mark", in *Hearing the Old Testament in the New Testament*, Stanley E. Porter, org. (Grand Rapids: Eerdmans, 2006), p. 83-103.

[20]Kee, *Community of the new age*, p. 17.

[21]Whitney Taylor Shiner, *Follow me! Disciples in Markan rhetoric*, SBLDS 145 (Atlanta: Scholars Press, 1995), p. 32-34, 186-91.

[22]W. R. Telford, *The theology of the Gospel of Mark*, NTT (Cambridge: Cambridge University Press, 1999), p. 97-98; Richard A. Burridge, *What are the Gospels? A comparison with Graeco-Roman biography*, 2ª edição (Grand Rapids: Eerdmans, 2004), p. 16-18. A obra de Burridge é considerada um divisor de águas no campo do uso da teoria do gênero literário.

[23]Dennis R. MacDonald, *The Homeric epics and the Gospel of Mark* (New Haven: Yale University Press, 2000); Justin Marc Smith, *Why bios? On the relationship between Gospel genre and implied audience* (New York: Bloomsbury T&T Clark, 2015).

Outros, em vez de buscar ligações entre o Evangelho e os gêneros greco-romanos, observam padrões ou exercícios retóricos, como *chreia*.[24] Esse tipo de análise retórica se aplica à narrativa de Marcos ou às falas dos personagens. Michael Strickland e David M. Young examinam os discursos de Jesus no contexto da retórica greco-romana. As principais perguntas deles giram em torno de "como os ouvintes do primeiro século teriam escutado os sermões de Jesus e o que eles teriam entendido 'a respeito' do que eles tratavam".[25]

Como se demonstrou há pouco, uma multidão de estudos se concentra no público de Marcos, empregando teorias de atuação, oralidade e ato de fala.[26] Se a crítica retórica se preocupa com o efeito do texto sobre os ouvintes, essa audiência autoral faz parte da reconstrução histórica e, portanto, essa crítica retórica não raramente serve a fins históricos. Todavia, as abordagens retóricas podem ser empregadas tanto na crítica literária quanto na crítica sociopolítica. Quando uma análise retórica se concentra nas propriedades estéticas ou literárias inerentes ao discurso do Evangelho, esse método de análise literária muitas vezes se mescla com a chamada Nova Crítica.[27]

CRÍTICA LITERÁRIA

A crítica da narrativa e estudos de personagens

A crítica da narrativa, influenciada tanto pela Nova Crítica quanto pela narratologia dos estudos literários seculares, desenvolveu-se plenamente nos estudos dos Evangelhos entre a década de 1980 e meados da década de 1990. O estudo narratológico de David M. Rhoads, Joanna Dewey e Donald

---

[24] A *chreia* era um exercício retórico ensinado em nível de educação intermediário, usando-se livros retóricos chamados *progymnasmata*. A *chreia* é uma breve anedota sobre uma pessoa famosa e inclui suas falas, ações ou ambas as coisas. Alguns estudiosos argumentam que a *chreia* é a forma predominante na história de Marcos, em que Jesus se envolve em polêmicas ou em diálogos do tipo "desafio e resposta". Vernon Robbins, *Jesus the teacher: a socio-rhetorical interpretation of Mark* (Minneapolis: Fortress, 1992); Jerome H. Neyrey, "Questions, *chreiai*, and challenges to honor: the interface of rhetoric and culture in Mark's Gospel", *CBQ* 60, n. 4 (1998): p. 657-81.

[25] Michael Strickland e David M. Young, *The rhetoric of Jesus in the Gospel of Mark* (Minneapolis: Fortress, 2017), xix.

[26] Werner Kelber, *The oral and written Gospel: the hermeneutics of speaking and writing in the Synoptic tradition, Mark, Paul and Q* (Philadelphia: Fortress, 1983); Mary Ann Beavis, *Mark's audience: the literary and social setting of Mark 4.11-12* (Sheffield: Sheffield Academic, 1989); Whitney Shiner, *Proclaiming the Gospel: first-century performance of Mark* (Harrisburg, PA: Trinity Press International, 2003); Bridget Gilfillan Upton, *Hearing Mark's endings: listening to ancient popular texts through speech act theory* (Leiden: Brill, 2006); Richard A. Horsley, Jonathan A. Draper e John M. Foley, *Performing the Gospel: orality, memory, and Mark* (Minneapolis: Fortress, 2006).

[27] A Nova Crítica caracteriza-se pelo interesse exclusivo no "texto em si mesmo": veja C. Clifton Black, "Rhetorical criticism", in *Hearing the New Testament: strategies for interpretation*, Joel B. Green, org. 2ª ed. (Grand Rapids: Eerdmans, 2010), p. 171.

Michie é considerado um marco importante nesse avanço.[28] Os críticos da narrativa costumam se servir da distinção que Seymour Chatman propõe entre história e discurso.[29] Se a história consiste em elementos como ambiente, acontecimentos, personagens e enredo, o discurso diz respeito a como se conta a história usando recursos retóricos. O autor implícito apresenta a história de Marcos ao leitor implícito, de quem se espera que entenda a história.[30]

Mary Ann Tolbert argumenta que os níveis de autor-leitor implícitos e de narrador-narratário se mesclam em um só nível no Evangelho de Marcos. O leitor implícito é informado sobre quem é Jesus pelo narrador desde o começo (1.1).[31] No nível dos personagens da história, Jesus como o narrador privado de parábolas compartilha um grau significativo de onisciência com o autor e o narrador implícitos. Essa aliança entre autor implícito, narrador e Jesus cria uma estrutura robusta para o leitor avaliar a fala e a ação dos personagens da narrativa.

Os estudos de narrativa recentes concentram-se nos personagens ou na caracterização no Evangelho de Marcos.[32] Classificando os personagens de Marcos em discípulos, líderes judeus e personagens menores,[33] todos interagindo entre si, Elizabeth Struthers Malbon argumenta que os discípulos, particularmente as discípulas no sepulcro vazio, são tão somente aprendizes falíveis e não aqueles que falhamem absoluto. Os discípulos, portanto, servem de "modelos realistas e incentivadores" do discipulado para os ouvintes/leitores.[34]

Em um volume anterior, Malbon trata do discipulado com base em uma análise estruturalista do texto. Ela propõe que "o caminho" (*ho hodos*) é a mediação definitiva da oposição fundamental — a oposição entre ordem

---

[28]David M. Rhoads, Joanna Dewey e Donald Michie, *Mark as story: an introduction to the narrative of a Gospel*, 3ª ed. (Philadelphia: Fortress, 2012; edições anteriores publicadas em 1982, 1999).

[29]Elizabeth Struthers Malbon, "Characters in Mark's story: changing perspectives on the narrative process", in Iverson e Skinner, *Mark as story*, p. 45. Seymour Chatman, *Story and discourse: narrative structure in fiction and film* (Ithaca, NY: Cornell University Press, 1978).

[30]Elizabeth Struthers Malbon, "Narrative criticism: how does the story mean?", in *Mark and method*, Janice Capel Anderson; Stephen D. Moore, orgs. (Minneapolis: Fortress, 2008), p. 32-33.

[31]Mary Ann Tolbert, *Sowing the Gospel: Mark's world in literary-historical perspectives* (Minneapolis: Fortress, 1996; primeiro publicado em 1989), p. 93-103.

[32]Jack Dean Kingsbury, *Conflict in Mark: Jesus, authorities, disciples* (Minneapolis: Fortress, 1989); Elizabeth Struthers Malbon, *Between author and audience in Mark: narration, characterization, interpretation* (Sheffield: Sheffield Phoenix, 2009); Cornelis Bennema, *A theory of character in New Testament narrative* (Minneapolis: Fortress, 2014), p. 114-32.

[33]Joel F. Williams, *Other followers of Jesus: minor characters as major figures in Mark's Gospel* (Sheffield: JSOT Press, 1994); Kelly R. Iverson, *Gentiles in the Gospel of Mark* (New York: T&T Clark, 2007).

[34]Elizabeth Struthers Malbon, *In the company of Jesus: characters in Mark's Gospel* (Louisville: Westminster John Knox, 2000), xii. Para Malbon, Williams e Iverson, o retrato dos discíplos não é necessariamente negativo.

e caos.[35] Apesar de reconhecerem que os discípulos são apresentados de maneira mista, muitos estudos da crítica da narrativa ressaltam a solução de conflitos dentro do texto e buscam uma lógica narrativa interna e um sentido coerente mediante uma interpretação consistente. Tolbert entende que a tarefa do leitor é preencher a "lacuna" narrativa da história e dar sentido para o todo.[36] No entanto, alguns estudiosos se opõem a tal perspectiva estruturalista, reconhecendo múltiplos níveis de discurso ou uma pluralidade de sentidos na narrativa.

Texturas e ideologias múltiplas na narrativa

Usando a crítica literária, John Riches alega que as ideologias conflitantes — isto é, o mito forense e o mito cosmológico — estão incorporadas na narrativa de Marcos.[37] Do ponto de vista da mitologia cosmológica, o fracasso dos discípulos é causado por Satanás e Jesus luta contra esse poder satânico. Entretanto, pela perspectiva mitológica forense, o fracasso deles é causado pela tentação moral. Por isso, Jesus luta para restaurar o coração das pessoas para a vontade divina com seus ensinamentos e curas.[38] Do mesmo modo, Burton Mack argumenta que havia diversas configurações do movimento de Jesus que produziam diferentes tipos de mitos. Marcos integrou essas múltiplas tradições em uma única narrativa do mártir obediente, que Mack chama de "mito da inocência".[39]

Enquanto o estudo de Mack mostra diferentes camadas de tradições por trás da narrativa, em uma abordagem diacrônica, Vernon K. Robbins explica essas tensões na narrativa explorando os múltiplos níveis do discurso, como textura interna, intertextura, textura social e cultural e textura ideológica. Sua crítica sociorretórica é essencialmente sincrônica à medida que incorpora a análise multidiscursiva e um método das ciências sociais, que investiga o sistema social e os valores culturais no mundo mediterrâneo do primeiro século.[40]

Comum a todos esses estudos é o uso das abordagens literárias, mas elas não dão como certo que o sentido narrativo e o sentido textual de Marcos sejam a mesma coisa. Além disso, elas consideram o Evangelho não só um

[35]Elizabeth Struthers Malbon, *Narrative space and mythic meaning in Mark* (San Francisco: Harper & Row, 1986), p. 68-71.

[36]Tolbert, *Sowing the Gospel*, p. 3, 7.

[37]John K. Riches, *Conflicting mythologies: identity formation in the Gospels of Mark and Matthew* (Edinburgh: T&T Clark, 2000).

[38]Riches, *Conflicting mythologies*, p. 145-79.

[39]Burton Mack, *A myth of innocence: Mark and Christian origins* (Minneapolis: Fortress, 1988).

[40]Vernon K. Robbins, *The tapestry of early Christian discourse: rhetoric, society and ideology* (London: Routledge, 1996); cf. David Rhoads, *Reading Mark, engaging the Gospel* (Minneapolis: Fortress, 2004).

artefato literário, mas também um "discurso ideológico" diverso "originado em um contexto específico da vida real" para além do mundo narrado.[41] No entanto, as abordagens literárias ou retóricas deles, amparadas em métodos históricos ou sociocientíficos, podem ser consideradas cientificistas e objetivistas.[42]

Tanto o tratamento formalista quanto o científico-social da crítica literária demonstram uma inclinação estruturalista ou lidam com as estruturas sociais e a gramática cultural do Mediterrâneo como se fossem fixas e aplicáveis universalmente. Contrária a isso, a interpretação pós-estruturalista, ainda empregando a crítica da narrativa ou a narratologia, resiste em enxergar "a interpretação crítico-narrativa do personagem" como algo unificado e coerente. Mesmo quando os leitores se identificam com certos personagens, os leitores e suas subjetividades são "construídos narrativamente".[43] Entre as abordagens pós-estruturalistas da crítica literária ao Evangelho estão a desconstrução e a crítica da resposta do leitor, que sublinham os sentidos múltiplos do texto e o papel do leitor.

A crítica desconstrutivista e a reação do leitor

Embora a crítica centrada na reação do leitor de Robert Fowler siga a distinção da crítica narrativa entre história e discurso, ele argumenta que o discurso do Evangelho de Marcos mostra incerteza, mistério e dúvida por meio de uma retórica indireta, a qual muitas vezes cria tensão entre história e discurso.[44] Por exemplo, ele alega que "um enigma perene como o segredo messiânico" não é o que se encontra na história, mas aquilo com o que alguém se "depara na leitura da história".[45] Assim, o principal objetivo do Evangelho não é transmitir informação ao leitor, mas trazer o leitor para a "experiência" de ler o Evangelho. Fowler tende a privilegiar o processo de leitura do crítico e a limitar a experiência do leitor comum ao nível da história.

[41]P. Merenlahti e R. Hakola, "Reconceiving narrantive criticism", in *Characterization in the Gospels: reconceiving narrative criticism*", David Rhoads; Kari Syreeni, orgs. (Sheffield: Sheffield Academic, 1999), p. 17.

[42]Elisabeth Schüssler Fiorenza, "Challenging the rhetorical half-turn: feminist and rhetorical Bible criticism", in *Rhetoric and ethic: the politics of biblical studies* (Minneapolis: Fortress, 1999), p. 83-102.

[43]Scott S. Elliott, *Reconfiguring Mark's Jesus: narrative criticism after poststructuralism* (Sheffield: Sheffield Phoenix, 2011), citado em Stephen D. Moore, "Biblical narrative analysis from the New Criticism to the New Narratology", in *The Oxford Handbook of Biblical Narrative*, Dana Nolan Fewell, org. (New York: Oxford University Press, 2016), p. 40-41; veja também Stephen D. Moore, "Why there are no humans or animals in the Gospel of Mark", in Iverson e Skinner, *Mark as story*, p. 78.

[44]Robert M. Fowler, *Let the reader understand: reader-response criticism and the Gospel of Mark* (Harrisburg, PA: Trinity Press International, 2001), p. 20.

[45]Fowler, *Let the reader understand*, p. 174-75. Fowler vê o segredo messiânico como ironia. Veja também Jerry Camery-Hoggatt, *Irony in Mark's Gospel: text and subtext* (New York: Cambridge University Press, 1992).

George Aichele argumenta que os críticos muitas vezes assumem a posição de quem está dentro quando interpretam o texto e propõe "ler de fora".[46] Como aqueles que fazem parte grupo conhecem o segredo do reino, eles supostamente são os legítimos donos do texto e, portanto, os discípulos genuínos (4.11,12). No entanto, Aichele defende que ninguém pode estar legitimamente dentro do texto, porque isso dá a entender que os valores de dentro e de fora são relativos (2.17; 8.35).[47] Aichele reconhece o fracasso definitivo da leitura, porque o texto é sempre incompleto e chega a expressar a leitura como uma violência infligida ao texto, porque ele resiste à interpretação.[48] Todavia, sua ideia pós-moderna de um "texto sem sentido, sem ideologia" é contestada quando o texto é considerado um produto cultural e ideológico.[49]

Para Stephen D. Moore, o texto, pelo contrário, não é completamente inocente. Moore adapta as estratégias desconstrutivistas de interpretação dos "primeiros" escritos de Jacques Derrida, cujo principal objetivo é desestabilizar oposições binárias.[50] Quando Moore trata do problema de dentro/fora, sua interpretação política e eticamente desconstrutiva o leva a focalizar a oposição étnica central entre gentio e judeu e, por conseguinte, entre cristão e judeu em Marcos. Para Moore, as palavras do centurião oscilam de modo inconciliável entre a confissão cristológica criptocristã e o desdém de um gentio por um judeu (15.39).[51]

Enquanto os críticos que se valem de métodos centrados na reação do leitor ou desconstrutivistas sublinham a indeterminação e minam a oposição binária de dentro/fora do texto, outros alegam que o argumento dos pós-estruturalistas sobre a autonomia do texto literário é elitista e modernista, pois eles não raramente ignoram a história do colonialismo, que deve ser parte integrante da cosmovisão pós-moderna.[52] Portanto, determinadas interpretações alternativas salientam a posição social tanto do leitor implícito quanto do leitor presente, sublinhando a política do Império Romano e/ou do contexto imperial presente. As interpretações sociopolíticas e culturais vão além da mera abordagem literária, pressupondo que o sentido é

---

[46]Aichele, *Jesus framed*, p. 2.

[47]Aichele, *Jesus framed*, p. 3, 85.

[48]Aichele, *Jesus framed*, p. 33.

[49]Aichele, *Jesus framed*, p. 5.

[50]Stephen D. Moore, "Deconstructive criticism: turning Mark inside-out", in Anderson e Moore, *Mark and method*, p. 95-110. Para Moore, são as parábolas que "inesperadamente começam a ameaçar *todo mundo* de exclusão em Marcos". Moore, "Deconstructive criticism", 101; Moore, *Mark and Luke in post-structuralist perspectives: Jesus begins to write* (New Haven: Yale University Press, 1992), p. 23-24.

[51]Moore, "Deconstructive criticism", p. 106-8.

[52]Tat-siong Benny Liew, *Politics of parousia: reading Mark inter(con)textually* (Leiden: Brill, 1999), p. 7-16.

produzido quando o leitor situado em uma circunstância histórico-social específica se envolve com o texto.

CRÍTICA SOCIAL

Interpretações sociopolíticas

Richard A. Horsley interpreta Marcos a partir de uma perspectiva sociopolítica como narrativa e não da teologia, que ele considera um constructo acadêmico.[53] Assim como os críticos pós-estruturalistas, Horsley argumenta que a história de Marcos é "cheia não só de ambiguidades, mas também de incongruências e duplos sentidos" por causa das metáforas, ironias e paradoxos empregados na história.[54] Mas, na apresentação histórica de Marcos, "erigida sobre formas narrativas da tradição cultural israelita",[55] o enredo proeminente é "a renovação de Israel realizada por Jesus nos vilarejos galileus" em oposição à exploração econômica por governantes romanos e elites da Judeia, e o discipulado é um enredo secundário.[56]

Herman C. Waetjen alega que a Palestina ocupada por Roma, onde Jesus realizou seu ministério, e a Síria ocupada por Roma, onde o texto se originou, fundem-se no Evangelho.[57] Para Waetjen, não obstante, o Evangelho não é uma biografia nem um registro documental do passado, mas uma criação literária estética. A representação dos discípulos é ideológica, não histórica. Por isso, o Evangelho autentica a si mesmo na leitura e na sua consequente produção de sentido.[58]

Do mesmo modo, Ched Myers sustenta que Marcos emprega o discurso apocalíptico para subverter os códigos culturais dominantes de Roma e dos judeus.[59] Enquanto as boas novas de Jesus, o Messias, questionam a propaganda romana, Marcos defende o fim da economia abusiva do Templo e a construção de uma comunidade igualitária.[60] O discipulado inaugura o novo mundo envolvendo um engajamento político de alto preço que Myers denomina "revolução não violenta".[61] O retrato negativo dos discípulos serve para

[53]Richard A. Horsley, *Hearing the whole story: the politics of plot in Mark's Gospel* (Louisville: Westminster John Knox, 2001), x.

[54]Horsley, *Hearing the whole story*, p. 17.

[55]Horsley, *Hearing the whole story*, p. 23.

[56]Horsley, *Hearing the whole story*, xiv, p. 91.

[57]Herman C. Waetjen, *A reordering of power: a socio-political reading of Mark's Gospel* (Minneapolis: Fortress, 1989), p. 4.

[58]Waetjen, *A reordering of power*, p. 2, 17.

[59]Ched Myers, *Binding the strong man: a political reading of Mark's story of Jesus* (Maryknoll, NY: Orbis, 1992), p. 416. [Edição em português: *O Evangelho de Marcos* (São Paulo: Paulus, 2021)].

[60]Myers, *Binding the strong man*, p. 166-67.

[61]Myers, *Binding the strong man*, p. 416, 438.

"reduzir a distância entre o leitor e esses personagens".[62] Desse modo, apresentando um modelo "centro-periferia", Myers traz para o primeiro plano a posição social do leitor presente e a do leitor autoral.

Essas interpretações sociopolíticas do Evangelho de Marcos têm alguns elementos em comum. Primeiro, elas não estão preocupadas com a busca da identidade de Jesus nem com cristologia, mas, sim, em destacar a práxis política dos discípulos, que traz o reino de Deus para o presente. Segundo, essas interpretações, ao contrário da crítica histórica tradicional, vão além da reconstrução histórica, voltando a atenção para a natureza ideológica da narrativa do Evangelho como produção cultural ou apresentação oral. Por último, esses críticos atentam não só para a situação histórico-social da redação do Evangelho, mas também para a situação social dos leitores atuais.

Intervenções sociolinguísticas e retóricas

Brian K. Blount também analisa o contexto histórico-social do Evangelho de Marcos usando um modelo sociolinguístico, mas no contexto da igreja e da sociedade afro-americana.[63] O que a linguagem transmite é o *potencial* de sentido, não o sentido em si, e o acesso a esse potencial é adquirido mediante o contexto.[64] Assim, para entender o potencial sentido do reino de Deus — o sinal mais significativo em Marcos —, Blount investiga o contexto cultural de Marcos, em que uma comunidade de pessoas de fé no norte da Palestina e no sul da Síria enfrentaram conflitos e perseguição na guerra de 66—70 d.C. Nesse contexto, a pregação de Jesus sobre o reino é entendida como intervenção apocalíptica — um "bolsão de resistência" apocalíptico. Assim, discipulado significa "seguir o plano de missão que ele apresentou como *o* meio tático de participar do plano estratégico do reino de Deus" mediante o ministério da pregação.[65] A interpretação apocalíptica e iconoclástica que Blount faz da mensagem do reino tem impacto direto no seu próprio contexto — a luta da igreja das pessoas pretas para exorcizar forças demoníacas como o racismo e o sexismo da cultura americana.[66]

Prestando atenção à localização sociopolítica e à situação retórica da história de Marcos, Elisabeth Schüssler Fiorenza argumenta que o movimento galileu centrado em Jesus, como movimento de renovação intrajudaico com

[62]Myers, *Binding the strong man*, p. 106.

[63]Brian K. Blount, *Go preach! Mark's Kingdom message and the black church today* (Maryknoll, NY: Orbis, 1998).

[64]Blount, *Go preach!*, p. 35; cf. Brian K. Blount, *Cultural interpretation: reorienting New Testament criticism* (Minneapolis: Fortress, 1995).

[65]Blount, *Go preach!*, p. 35; cf. Brian K. Blount, *Cultural interpretation: reorienting New Testament criticism* (Minneapolis: Fortress, 1995).

[66]Blount, *Go preach!*, p. 10-12.

seu ideal e sua prática inclusivas, apresenta uma opção alternativa às estruturas patriarcais dominantes. Embora tenha sido uma mulher gentia que se uniu ao incipiente movimento de Jesus (7.24-30), as discípulas galileias foram decisivas para a extensão e continuação do movimento para os gentios "como exemplo de discipulado sofredor" além de "as testemunhas oculares apostólicas" do evento Jesus (14.3-9; 15.47; 16.1-8).[67] A reconstrução feminista de Schüssler Fiorenza do movimento Jesus é acompanhada de uma "retórica da indagação", que se aplica não só aos textos androcêntricos, mas também aos interesses sociopolíticos dos estudos acadêmicos "que fortalecem uma autoconcepção como ciência isenta de valores e objetivista".[68] Como o enfoque crítico-retórico feminista de Schüssler Fiorenza vê "a Bíblia e a interpretação bíblica como lugar de luta por autoridade, valores e sentidos",[69] ela abre caminhos para interpretações feministas e libertacionistas.

CRÍTICA IDEOLÓGICA

Crítica feminista

A crítica feminista traz a questão do gênero para o primeiro plano no tema discipulado em Marcos. Enquanto algumas críticas feministas procuram recuperar a história do papel decisivo das discípulas no movimento de Jesus, outras buscam construir o caráter das mulheres da narrativa de Marcos como discípulas ideais ou potenciais.[70] No entanto, ao explorar sobretudo personagens femininas, essas interpretações feministas buscam restaurar a mulher ideal e com isso presumir uma experiência feminina universal.

Hisako Kinukawa interpreta as personagens femininas das histórias de Marcos considerando a posição social dela no Japão, onde se valoriza um sistema divisivo honra-desonra juntamente com a estrutura social patriarcal. Ao elucidar a relação recíproca entre as mulheres e Jesus, Kinukawa sustenta que discipulado significa "assumir a vergonha" e a prática vivificante, cuja consequência é o sofrimento por seguir Jesus em uma sociedade patriarcal.[71]

---

[67]Elisabeth Schüssler Fiorenza, *In memory of her: a feminist theological reconstruction of Christian origins* (New York: Crossroad, 1994; primeiro publicado em 1983), p. 136-38, p. 321.

[68]Schüssler Fiorenza, *Rhetoric and ethic*, p. 85.

[69]Schüssler Fiorenza, *Rhetoric and ethic*, p. 45.

[70]Winsome Munro, "Women disciples in Mark?", *CBQ* 44, n. 2 (1982): p. 232; Mary Ann Beavis, "Women as models of faith in Mark", *BTB* 18 (1988): p. 3-9; Marla Jean Selvidge, *Woman, cult, and miracle recital: a redactional critical investigation on Mark 5:24-34* (Lewisburg, PA: Bucknell University Press, 1990), p. 107; Joan L. Mitchell, *Beyond fear and silence: a feminist-literary reading of Mark* (New York: Continuum, 2001); Susan Miller, *Women in Mark's Gospel* (New York: T&T Clark, 2004), p. 259; Joanna Dewey, "Women in the Gospel of Mark", *WW* 26 (2006): p. 22-29.

[71]Hisako Kinukawa, *Women and Jesus in Mark: a Japanese feminist perspective* (New York: Orbis, 1994), p. 98-102.

Para Raquel Anette St. Clair, contudo, Kinukawa "assumir a vergonha" e postular a necessidade de sofrimento no discipulado pode ser perigoso se levarmos em conta as experiências de sofrimento, vergonha e substituição judicial passadas pelas mulheres afro-americanas.[72] Assim como Kinukawa, St. Clair defende que o sofrimento é uma consequência (inevitabilidade) do discipulado, não uma condição (necessidade divina).[73] Ela identifica uma relação correspondente entre dor e sofrimento e honra e desonra, porque dor e honra são consequências do discipulado, enquanto sofrimento e substituição são considerados vergonhosos.[74] Dessa forma, St. Clair oferece uma correção para as tradicionais afirmações afro-americanas de Jesus como cossofredor divino e da cruz como autonegação, promovendo os valores mulheristas de integridade e honra.

Empregando a crítica feminista da resposta do leitor, Janice Capel Anderson se concentra nas "ideologias de gênero" — as construções de gênero sociais e simbólicas — de Marcos e de seus intérpretes.[75] As interpretações predominantemente masculinas consideram Herodias uma mãe depravada com base no temor masculino diante das mulheres que têm poder e veem a filha e sua dança como inocente ou erótica (6.14-29). Anderson argumenta que esses pontos de vista representam "construções masculinas do gênero feminino" como o Outro. Anderson não só analisa as construções de gênero androcêntricas das personagens femininas no texto e na cultura, mas também interpreta a imagem feminina ou feminizada da cabeça de João na bandeja e do corpo eucarístico de Cristo como a fonte de vida: "Ambos são fontes de comida que sangram e alimentam assim como as mulheres sangram e alimentam".[76]

Embora muitas críticas feministas promovam o papel das mulheres no movimento de Jesus ou caracterizem as mulheres como discípulas ideais, tais interpretações, que reforçam a oposição entre os gêneros, impõem um ideal a todas as mulheres e excluem as que não se enquadrem nos estereótipos de gênero.[77] Ademais, a representação ideal das discípulas pode reforçar

---

[72]Raquel Annette St. Clair, *Call and consequences: a womanist reading of Mark* (Minneapolis: Fortress, 2008), p. 96.

[73]St. Clair, *Call and consequences*, p. 67-68.

[74]St. Clair, *Call and consequences*, p. 28.

[75]Janice Capel Anderson, "Feminist criticism: dancing daughter", in Anderson e Moore, *Mark and method*, p. 125.

[76]Anderson, "Feminist criticism", p. 140.

[77]Veja a interpretação "queer" que Manuel Villalobos Mendoza faz da paixão da narrativa de Marcos, que desconstrói os papeis normativos de gênero e sublinha a ambiguidade produzida pela alteridade de gênero, racial, cultural e étnica. Mendoza, *Abject bodies in the Gospel of Mark* (Sheffield: Sheffield Phoenix, 2012).

o sofrimento das mulheres que já sofreram. Assim como na interpretação de Kinukawa e na de St. Clair, o discipulado e o sofrimento são considerados distintamente, de acordo com a posição e as experiências sociais delas. A interpretação "resposta do leitor" de Anderson demonstra que o gênero molda a interpretação e nela se constrói. Os estudos acadêmicos feministas prestam mais atenção que antes a essa construção de gênero à medida que ela se intersecciona com raça/etnia, classe, religião e outros fatores identitários.

Hermenêutica da libertação

A interpretação feminista crítica se preocupa com a libertação das mulheres e dos homens, mas a interpretação feminista ocidental muitas vezes deixou de associar o patriarcado ao colonialismo. A hermenêutica da libertação foi produzida originalmente no ambiente latino-americano, em que os pobres (e.g., as Comunidades Eclesiais de Base, da Igreja Católica) tomaram nas próprias mãos a Bíblia dos conquistadores e começaram a lê-la pela perspectiva de seus próprios sofrimentos e lutas. O princípio hermenêutico mais fundamental é a opção preferencial de Deus pelos oprimidos.

Elsa Tamez interpreta o Evangelho de Marcos levando em conta três contextos que compartilham a mesma situação de conflito armado: o de Jesus, o de Marcos e o do leitor colombiano atual.[78] Seguir a Jesus em tempos de guerra e conflito armado interno inevitavelmente causa silêncio e medo. A busca de sigilo por parte de Jesus e o silêncio autoimposto de seus seguidores podem ser considerados uma estratégia de sobrevivência, o que não era desconhecido dos ouvintes romanos. A interpretação de Tamez mostra que esse contexto de vida latino-americano pode funcionar como uma lente para interpretar Marcos no contexto da vida dos primeiros cristãos.

Byung-Mu Ahn interpreta o Evangelho de Marcos como uma biografia social do *ochlos* (gr.) no ambiente coreano da década de 1970, em que as *minjung* (as "massas") sofriam com opressão política e injustiça social. Ahn alega que Marcos foi o primeiro autor a usar o termo *ochlos* no NT e *ochlos* não é apenas o pano de fundo das narrativas ou dos ouvintes de Jesus. Na verdade, o *ochlos-minjung* transmitia a tradição de Jesus por meio de rumores, para que o testemunho do fato Jesus por parte das *minjungs* fosse preservado na tradição narrativa.[79] Jesus se colocou ao lado das *minjungs* sofredoras na linha de frente do advento do reino de Deus e isso lhes trouxe uma nova

[78]Elsa Tamez, "The conflict in Mark: a reading from the armed conflict in Colombia", in *Mark*, Nicole W. Duran; Teresa Okure; Daniel M. Patte, orgs., Texts @ Contexts (Minneapolis: Fortress, 2010).

[79]Volkner Küster, "Jesus and the Minjung revisited: the legacy of Ahn Byung-Mu (1922-96)", *BibInt* 19 (2011): p. 1-18; Jin-Ho Kim; Yung Suk Kim, orgs., *Reading Minjung theology in the twenty-first century: selected writings by Ahn Byung-Mu and modern critical responses* (Eugene, OR: Pickwick, 2013), p. 27-48, 49-64.

esperança. Recentemente, vários outros contextos se apropriaram da hermenêutica *minjung* de Ahn. Entre esses contextos estão *minjungs* transnacionais e as multidões de pessoas pretas dos Estados Unidos.[80]

Os *dalits*, pejorativamente chamados de "intocáveis", são vítimas do sistema de castas indiano. A hermenêutica *dalit* se desenvolveu a partir da década de 1980 e, assim como outras hermenêuticas da libertação, começa com uma análise contextual de experiências opressivas causadas sobretudo pela pobreza, pela casta e pela discriminação de gênero.[81] A interpretação *dalit* busca dar voz às lutas coletivas dos *dalits* e exprimir o conceito de libertação. A consciência *dalit*, ou éthos *dalit*, é indispensável para a hermenêutica da libertação *dalit*. Usando a categoria heurística de "dalithos", Peniel Jesudason Rufus Rajkumar interpreta a história marcana do endemoninhado geraseno.[82] O exorcismo realizado por Jesus demonstra a libertação da alienação e das imagens autodestrutivas dos *dalits* e critica o conluio com o sistema de castas. Pela perspectiva feminista *dalit* e por sua experiência autobiográfica, Surekha Nelavala lê Marcos 7.24-30 no contexto do sistema de castas. Ela compara a mulher siro-fenícia com a figura do "trapaceiro" empregada por James C. Scott como uma forma de resistência, bem como com a mulher *dalit*, que é "suja" por sua casta e seu nascimento.[83]

Apesar de parecer que a energia política da hermenêutica da libertação diminuiu, as comunidades autóctones da África, Ásia e América Latina continuam lutando por libertação. A crítica pós-colonial também destaca as lutas sociopolíticas por libertação, mas muitas vezes é realizada por intérpretes das margens, entre eles os de identidade pluralista ou da diáspora que vivem nos centros metropolitanos.

Crítica pós-colonial

Tat-siong Benny Liew desenvolve uma leitura inter(con)textual focada nos aspectos sociopolítico e apocalíptico do Evangelho de Marcos.[84] Segundo Liew, o Evangelho como literatura apocalíptica foi produzido no (con)texto da colonização romana, mas ela também acredita que o Evangelho constrói

---

[80]Kim e Kim, *Reading Minjung theology in the twenty-first century*; Jin Young Choi, *Postcolonial discipleship of embodiment: an Asian and Asian American feminist reading of the Gospel of Mark* (New York: Palgrave Macmillan, 2015), p. 97-106.

[81]Monica Jyotsna Melanchton, "Dalits, Bible, and method", in *Voices from the margin: interpreting the Bible in the third world*, R. S. Sugirtharajah, ed. de 25° aniversário (Maryknoll, NY: Orbis, 2016), p. 115-28.

[82]Melanchton, "Dalits, Bible, and method", p. 125; veja Peniel Jesudason Rufus Rajkumar, "A Dalithos reading of a Markan exorcism: Mark 5.1-20", *ExpTim* 118, n. 9 (2007): p. 428-35.

[83]Surekha Nelavala, "Smart Syrophoenician woman: a Dalit feminist reading of Mark 7:24-31", *ExpTim* 118, n. 2 (2006): p. 64-69. James C. Scott, *Domination and the arts of resistance: hidden scripts* (New Haven: Yale University Press, 1990), p. 162-66.

[84]Liew, *Politics of parousia*.

sujeitos coloniais com a pregação da parúsia. Na construção do sujeito proposta por Liew, Marcos imita a ideologia colonial romana, sobretudo no que diz respeito a autoridade, atuação e gênero. A réplica colonial de Marcos culmina na apresentação da autoridade absoluta de Jesus, sobretudo na parúsia, resultando que os seres humanos, entre eles os discípulos e particularmente as mulheres, não têm atuação, mas são apenas objetos salvos ou destruídos pela violenta intervenção de Deus.[85]

Ao contrário da ênfase de Liew "mais na réplica cultural do que na resistência",[86] Simon Samuel argumenta que a epígrafe do Evangelho de Marcos (1.1) mostra a assimilação e a revogação simultâneas feitas por uma comunidade minoritária tanto da ideologia imperial quanto dos discursos nacionalistas judaicos dominantes.[87] No fim das contas, essa ambivalência política e o hibridismo cultural descentralizam os discursos dominantes. A interpretação de Samuel concentra-se principalmente no papel de Jesus como o Filho da Humanidade, que ao mesmo tempo exerce seu poder e sofre na concepção mimética de Marcos.[88] Seong Hee Kim também emprega o conceito de hibridez, mas o aplica aos personagens marginais de Marcos — as mulheres subalternas — a partir da experiência pós-colonial das mulheres coreanas.[89] Essas mulheres subalternas são sujeitos híbridos que vivem no "terceiro espaço" ou "no período transicional entre dois impérios".[90] Nesse lugar, essas mulheres criam uma vida alternativa, como no ato de opção radical da viúva pobre pelo império de Deus ao devolver a César tudo o que recebeu de César.[91]

Na minha própria interpretação feminista pós-colonial, o tema que desestabiliza a presença do Império é o mistério do corpo de Jesus (lacerado, crucificado e ausente) e do próprio Jesus, que interage com os sujeitos — aqueles invisíveis, sem lugar, sem voz (Mc 6—7).[92] Eu alego que o mistério não pode ser

---

[85]Liew, *Politics of parousia*, p. 123.

[86]Tat-siong Benny Liew, "Re-Mark-able masculinities? Jesus, the Son of Man, or the (sad) Sum of Manhood", in *New Testament masculinities*, Janice Capel Anderson; Stephen Moore, orgs. (Atlanta: SBL Press, 2003), p. 94.

[87]Simon Samuel, *A postcolonial reading of Mark's story of Jesus*, LNTS 340 (New York: T&T Clark, 2007).

[88]Samuel, *Postcolonial reading of Mark's story of Jesus*, p. 103.

[89]Seong Hee Kim, *Mark, women and Empire: a Korean postcolonial perspective* (Sheffield: Sheffield Phoenix, 2010).

[90]Kim, *Mark, women and Empire*, p. 73-77, 131.

[91]Kim, *Mark, women and Empire*, p. 92-96. David Joy também aborda o Evangelho de Marcos como narrativa anticolonial produzida por grupo social subordinado, especificamente representado pelas mulheres subalternas. David Joy, *Mark and its subalterns: a hermeneutical paradigm for a postcolonial context* (London: Equinox, 2008).

[92]Choi, *Postcolonial discipleship of embodiment*. Os capítulos de 5 a 7 fornecem interpretações de Marcos 6.45-52; 7.24-30; e 7.31-27, concentrando-se nos temas do corpo "fantásmico", "consumado" e "passivo" de Cristo, respectivamente.

dominado pelo conhecimento da identidade ou do sigilo messiânico de Jesus, mas é uma memória cultural assombrosa de sujeitos colonizados.[93] O discipulado, portanto, significa uma forma específica de "entendimento" — isto é, de incorporar o mistério. Relacionadas a esse estudo, estão novos interesses de interpretar o Evangelho de Marcos usando esses estudos culturais como a psicanálise, os estudos do trauma e a teoria afetiva.[94]

Todas as interpretações pós-coloniais tratam do passado não representado ou da história subalterna que inevitavelmente envolve os sujeitos do ambiente imperial-colonial de Marcos. Além disso, as interpretações pós-coloniais constroem sujeitos coloniais, desprovidos de ação, ou a ação de subalternos, que resistem ao Império enquanto têm consciência de sua própria construção do texto.[95] Por essa razão, a crítica pós-colonial, assim como ocorre com outras críticas ideológicas, muitas vezes enfrenta contestações de que sua interpretação perspectivista é subjetiva e parcial.

Reflexões

Delineei os estudos marcanos segundo quatro paradigmas de interpretação. O Evangelho de Marcos, embora o mais breve dos Evangelhos canônicos, tem recebido considerável atenção acadêmica e, por isso, este ensaio não pode ser exaustivo. Ademais, essas quatro abordagens não são "mutuamente excludentes", mas estão "sujeitas à interação criativa".[96] Por exemplo, o tema do sigilo e o do silêncio são recorrentes em vários modelos de interpretação relativa à consciência ou identidade messiânica de Jesus, dos propósitos retóricos, dos códigos de honra-desonra, de estratégias de sobrevivência em situações de guerra e da atuação dos sujeitos que participam do mistério de Jesus. Enquanto as interpretações histórico-sociais muitas vezes se servem tanto da crítica histórica quanto da literária, as abordagens retóricas são

[93]Choi, *Postcolonial discipleship of embodiment*, p. 63-84.

[94]Abraham Smith, "Cultural studies: marking Mark", in Anderson e Moore, *Mark and method*, p. 181-209; Maia Kotrosits e Hal Tausssig, *Re-reading the Gospel of Mark amidst loss and trauma* (New York: Palgrave Macmillan, 2013); Tat-siong Benny Liew, "Haunting silence: trauma, failed orality, and Mark's messianic secret", in *Psychoanalytic meditations between Marxist and postcolonial readings of the Bible*, Tat-siong Benny Liew; Erin Runions, orgs. (Atlanta: SBL Press, 2016), p. 99-128.

[95]Para mais estudos pós-coloniais, veja Stephen D. Moore, *Empire and Apocalypse: postcolonialism and the New Testament* (Sheffield: Sheffield Phoenix, 2006); Laura Donaldson, "Gospel hauntings: the postcolonial demons of New Testament criticism", in *Postcolonial biblical criticism: interdisciplinary intersections*, Stephen D. Moore; Fernando F. Segovia, orgs. (New York: T&T Clark, 2007), p. 97-113; Malebogo Kgalemang, "A postcolonial feminis reading of Mark 14-16", in *Postcolonial perspectives in African biblical scholarship*, Musa W. Dube; Andrew Mbuvi; Dora Mbuwayesango, orgs. (Atlanta: SBL Press, 2012); Hans Leander, *Discourses of Empire: the Gospel of Mark from a postcolonial perspective* (Atlanta: SBL Press, 2013).

[96]Segovia, "And they began to speak", p. 5.

empregadas em toda sorte de modelos interpretativos. Particularmente na crítica ideológica, os intérpretes não se restringem a um método específico, mas podem recorrer a métodos históricos, literários, crítico-imperiais e culturais, segundo a perspectiva e os valores do intérprete.

Apesar da natureza interseccional dos diferentes paradigmas interpretativos, esse mapeamento demonstra que a crítica histórica, tanto como modelo quanto como método de interpretação, tem sido onipresente nas interpretações modernas de Marcos, mas tem perdido força ultimamente. Ao mesmo tempo, podemos detectar uma perceptível mudança demográfica entre os críticos, bem como uma mudança no sistema interpretativo empregado. Novas vozes oriundas das margens, como as minorias raciais/étnicas e sexuais, bem como vozes do sul global, vêm ingressando no campo dos estudos marcanos.

Finalmente, ainda que eu tenha evitado organizar este ensaio de maneira temática, os estudiosos de Marcos continuam prestando atenção em temas recorrentes, e em diferentes enfoques, da pessoa e do ministério de Jesus e do discipulado em Marcos. No entanto, os estudiosos também trazem novas ideias concernentes a temas não tradicionais na interpretação do Evangelho (tais como performatividade, memória, assombro, trauma, abjeção e seres não humanos, como demônios e animais). Esses novos aspectos e temas talvez sejam chocantes para certos leitores do Evangelho. Todavia, assim como a história de Marcos conclui com medo e encantamento, ou com uma mistura de ambos, Marcos convida o leitor para um final aberto —uma nova fase de estudos marcanos.

15

O EVANGELHO DE LUCAS

DREW J. STRAIT

INTRODUÇÃO

Henry J. Cadbury certa vez escreveu que "a obra de Lucas não foi produzida totalmente pelo cérebro dele [...] como a teia é produzida pela aranha". Na verdade, de acordo com Cadbury, o Evangelho de Lucas nasce de acontecimentos reais e vividos que tiveram início com a vida de Jesus — ou o que Lucas chama de "os fatos que se cumpriram entre nós" (1.1).[1] As ramificações teológicas desses fatos históricos, catalisadas pelo impulso missionário do cristianismo primitivo — e cristalizadas na palavra escrita por Lucas — cativaram a imaginação tanto de historiadores quanto de teólogos. Realmente, a quantidade de literatura secundária sobre o Evangelho de Lucas nos últimos cinquenta anos é vultosa, por isso, temos uma dívida para com François Bovon por seu magistral trabalho de elaborar um panorama desse material entre 1950 e 2005 em *Luke the theologian* [Lucas, o teólogo].[2] Não vou medir palavras: se você é um estudante sério do Evangelho de Lucas, deve parar o que está fazendo agora para comprar e ler essa dádiva de Bovon a todos nós, tomando notas detalhadas. Depois você pode continuar com o que tenho para oferecer aqui. Deve-se reconhecer que passar em revista os estudos acadêmicos recentes é um exercício de subjetividade. Mesmo assim, tentei escolher o que considero tendências legitimamente novas ou em desenvolvimento que têm repercutido nos estudos lucanos desde a publicação do compêndio de Bovon. A seguir, trato de três temas: (1) as abordagens literárias ao Evangelho de Lucas, especificamente à medida que se relacionam com a cristologia de Lucas, e a caracterização literária; (2) interpretações

[1]Henry J. Cadbury, *The making of Luke-Acts* (Peabody, MA: Hendrickson, 1958), p. 22.

[2]François Bovon, *Luke the theologian: fifty-five years of research (1950-2005)* (Waco: Baylor University Press, 2006).

crítico-imperiais e pós-coloniais do Evangelho de Lucas; e (3) novas óticas oriundas de intérpretes historicamente marginalizados.

LUCAS, O ARTISTA LITERÁRIO

Lucas registrou o início do movimento de Jesus na história baseando-se nos *topoi* e nas estratégias persuasivas do mundo greco-romano. Com a Septuaginta em uma mão e, talvez, Homero ou os estudos retóricos preliminares (*progymnasmata*) na outra, Lucas narra a expansão do evangelho de Jerusalém para Roma.[3] Enquanto perguntas sobre historicidade e fontes impregnavam os estudos acadêmicos de Lucas nas gerações anteriores, as últimas três décadas têm presenciado o ressurgimento do interesse por Lucas como narrativa.[4] Por trás dessa mudança está a convicção de que a teologia de Lucas não está incrustada nos efeitos atomísticos da escola da crítica da editorial, mas, ao contrário, "está intricada e irreversivelmente associada à história que ele conta".[5] Duas tendências literárias recentes se destacam. Primeira, desde o revolucionário hífen de Cadbury (Lucas-Atos), a maioria dos pesquisadores presume em maior ou menor grau a unidade da obra lucana de dois volumes.[6] Curiosamente, não há muito tempo desde que esse consenso foi problematizado pela escassez de indícios de que Lucas *e* Atos eram interpretados juntos no segundo século d.C.[7] As novas ideias advindas da história da recepção vieram para ficar. Esses debates não devem passar despercebidos. Segunda, a crítica da narrativa continua sendo uma força tácita nesse campo. Essa disciplina se desenvolveu particularmente em sua utilidade para interpretar a cristologia do Evangelho de Lucas e a caracterização de Jesus e de vários outros protagonistas. Volto-me agora para esses dois últimos pontos.

A caracterização no Evangelho de Lucas

O prólogo do Evangelho de Lucas revela *o que* Lucas está escrevendo — a saber, um relato narrativo (*diegesis*) das coisas que se cumpriram na vida de

[3]Quanto ao gênero de Lucas-Atos, veja Sean A. Adams, "The genre of Luke and Acts: the state of the question", in *Issues in Luke-Acts*, Sean A. Adams; Michael Pahl, orgs. (Piscataway, NJ: Gorgias Press, 2012), p. 97-120. Quanto a Lucas e aos manuais retóricos, veja Mikeal Parsons, *Luke: storyteller, interpreter, evangelist* (Peabody, MA: Hendrickson, 2007), p. 15-52.

[4]Diz Bovon: "Muitos desses livros abandonaram a crítica editorial e preferiram uma abordagem literária (*Luke the theologian*, p. 563). A questão das fontes de Lucas não saiu de moda inteiramente. Aliás, um recente volume de ensaios concentra-se nas estratégias autoriais lucanas de "reescrita" das tradições, incluindo Marcos *e* Mateus. Veja os ensaios em Mogens Müller; Jesper Tang Nielsen, orgs., *Luke's literary creativity* (London: Bloomsbury T&T Clark, 2016).

[5]Beverly Gaventa, "Toward a theology of Acts: reading and rereading", *Int* 42, n. 2 (1988): p. 150.

[6]Veja Henry Cadbury, "Lexical notes on Luke-Acts: I", *JBL* 44 (1925): p. 214-27.

[7]Veja os ensaios em Andrew Gregory; C. Kavin Rowe, orgs., *Rethinking the unity and reception of Luke and Acts* (Columbia: University of South Caroline Press, 2010).

Jesus (1.1-4).[8] Desde a obra de Cadbury, muita energia se gastou para entender os métodos literários de Lucas.[9] Em reação aos estudos cirúrgicos das escolas da crítica editorial e da crítica formal, a obra de dois volumes de Robert Tannehill, *The narrative unity of Luke-Acts* [A unidade narrativa de Lucas-Atos], apresentou uma nova trajetória e uma apreciação renovada pela coerência temática da obra de dois volumes de Lucas.[10] Mais recentemente, a tendência à crítica da narrativa mudou de estratégia e passou a se concentrar mais na caracterização lucana de vários agentes em sua narrativa.[11] O breve exame a seguir vai ilustrar as diversas formas com que essa metodologia foi empregada.

Mikeal Parsons adota um enfoque altamente criativo da caracterização, investigando o impacto da antiga fisionomia grega, romana e judaica na caracterização de Lucas-Atos. Com "fisionomia", Parsons se refere à prática antiga de interpretar o caráter interior de uma pessoa analisando suas características físicas externas.[12] Depois de uma análise da fisionomia na Antiguidade, Parsons investiga a caracterização lucana dos aspectos físicos de quatro agentes (a mulher encurvada [Lc 13], Zaqueu [Lc 19], o homem coxo [At 3—4] e o eunuco etíope [At 8]). Parsons conclui que, no retrato lucano desses personagens, "ninguém é excluído da comunidade escatológica com base na aparência".[13] Uma vantagem do estudo de Parsons é que ele baseia sua abordagem à caracterização inteiramente na cultura literária helenística.

Com base na teoria literária contemporânea, Michal Beth Dinkler examina o papel do silêncio no Evangelho de Lucas — no que ela chama de "a paisagem sonora da narrativa de Lucas".[14] Dinkler preenche uma importante lacuna de pesquisa, mostrando que a comunicação narrativa e entre os personagens mediante o silêncio é um tipo de discurso multivalente, determinado

[8] Quanto à poética narrativa de Lucas em seu contexto helenista, a obra de David Moessner continua crucial. Veja os ensaios expandidos e atualizados em *Luke the historian of Israel's legacy, theologian of Israel's 'Christ': a new reading of the 'Gospel of Acts' of Luke* (Berlim: de Gruyter, 2016).

[9] Henry J. Cadbury, *The style and literary method of Luke* (Cambridge: Harvard University Press, 1920).

[10] Robert C. Tannehill, *The narrative unity of Luke-Acts: a literary interpretation*, vol. 1 (Philadelphia: Fortress, 1986); Tannehill, *The narrative unity of Luke-Acts: a literary interpretation*, vol. 2 (Philadelphia: Fortress, 1990).

[11] Particularmente fundacionais foram David B. Gowler, *Host, guest, enemy, and friend: portraits of the Pharisees in Luke and Acts* (New York: Peter Lang, 1991); John A. Darr, *On character building: the reader and the rhetoric of characterization in Luke-Acts* (Louisville: Westminster John Knox, 1992); Darr, *Herod the Fox: audience criticism and Lukan characterization in Luke-Acts* (Sheffield: Sheffield Academic, 1998).

[12] Mikeal Parsons, *Body and character in Luke and Acts: the subversion of physiognomy in early Christianity* (Grand Rapids: Baker Academic, 2006), p. 12.

[13] Parsons, *Body and character*, p. 82. Veja também o doutorando orientado por Parsons, Chad Hartstock, que emprega metodologia similar em *Sight and blindness in Luke-Acts: the use of physical features in characterization* (Leiden: Brill, 2008).

[14] Michal Beth Dinkler, *Silent statements: narrative representations of speech and silence in the Gospel of Luke* (Berlim: Walter de Gruyter, 2013), p. 2.

pelo contexto e com muito poder retórico.[15] Como componente das estratégias de persuasão de Lucas, o narrador lucano emprega o silêncio para "moldar o leitor/ouvinte em uma testemunha ideal para sua mensagem".[16] Com silêncio, Dinkler se refere à capacidade do narrador de construir sentido por meio do anonimato dos personagens, de lacunas literárias, atrasos, finais em aberto e monólogos internos (este último diz respeito especificamente às parábolas).[17] A meu ver, a parte mais interessante do estudo de Dinkler é sua interpretação do estudo de Jesus na narrativa da Paixão. Dinkler pergunta: "O que significa ele não empunhar aqui a arma das palavras, que ele empunhara tão poderosamente até esse ponto?"[18] O silêncio de Jesus, para Dinkler, é convite a que os discípulos "se lembrem de suas palavras e sejam suas testemunhas".[19] Dinkler se demonstra a principal construtora de pontes entre a teoria literária e os estudos lucanos — fato evidente sobretudo em seu artigo mais recente sobre o estado do campo da caracterização lucana e de sua perícope de Emaús.[20]

Frank Dicken emprega a crítica da narrativa para dar sentido ao enigma histórico que é a apresentação de Lucas da dinastia herodiana. Os historiadores há muito observam que Lucas incorre em anacronismo ao usar o nome "Herodes" *tanto* para Herodes Antipas, que encarcerou João Batista (Lc 3.19,20), *quanto* para Agripa I, que morre devorado por vermes (At 12.20-23). Dicken não vê esse anacronismo como incoerência, mas, sim, como um recurso literário em que Lucas reúne três governantes *diferentes* em *um só* "personagem composto".[21] Dicken situa o papel dos personagens compostos na Septuaginta (LXX) e na literatura greco-romana e traça o retrato da família herodiana conforme os escritos de Josefo. A chave para o estudo de Dicken é o "conflito cósmico" na narrativa da tentação, onde Satanás é retratado como detentor de autoridade sobre os reinos do mundo (i.e., o Império Romano [Lc 4.5,6]).[22] Esse antagonismo cósmico é personificado na caracterização lucana da família herodiana, que obstrui o trabalho de João Batista, de Jesus e dos apóstolos de "pregar as boas novas até os confins da terra".[23] Embora sua obra não trate explicitamente de teologia política,

[15] Dinkler, *Silent statements*, p. 5, 10-13.
[16] Dinkler, *Silent statements*, p. 3.
[17] Dinkler, *Silent statements*, p. 148, 180.
[18] Dinkler, *Silent statements*, p. 201.
[19] Dinkler, *Silent statements*, p. 202.
[20] Michal Beth Dinkler, "Building character on the road to Emmaus: Lukan characterization in contemporary literary perspective", *JBL* 136, n. 3 (2017): p. 687-706.
[21] Frank Dicken, *Herod as a composite character in Luke-Acts* (Tübingen: Mohr Siebeck, 2014), p. 1-3.
[22] Dicken, *Herod as a composite character*, p. 140-45.
[23] Dicken, *Herod as a composite character*, p. 7.

Dicken fornece muito material a ser ponderado por estudos futuros em relação à atitude de Lucas para com Roma.

A tendência à caracterização não dá sinais de que vá diminuir. Isso fica claro na publicação recente organizada por Frank Dicken e Julia Snyder, *Character and characterization in Luke-Acts* [Personagem e caracterização em Lucas-Atos].[24] O livro se concentra nas perspectivas que consideram a resposta do leitor, a utilidade da caracterização para o entendimento das relações sociais e da ética e em várias abordagens a Atos. Como reconhecem os organizadores, "alguns personagens mais famosos" do NT vêm à tona no Evangelho de Lucas. Essa questão, aliás, continuará inspirando estudos futuros em um campo de teorizações cada vez mais sofisticadas.

A cristologia do Evangelho de Lucas

O tema principal do Evangelho de Lucas é Jesus. Mas a cristologia de Lucas reflete um espectro de pontos de vista em relação à divindade, ao poder, à humilhação e à exaltação de Jesus, "o que dificulta propor um destaque único e convincente que caracterize a obra".[25] É fato que a monografia de Douglas Buckwalter, de 1996, lista dezoito lentes temáticas pelas quais os estudiosos procuram interpretar a cristologia de Lucas.[26] Estudos recentes ainda empregam metodologias semelhantes às desses estudos mais antigos, mas fizeram a discussão avançar com novas ideias intertextuais e literárias sobre a representação (ou representações) lucana(s) de Jesus.

O ponto de partida para as tendências recentes no campo da cristologia lucana é o estudo de C. Kavin Rowe sobre o título cristológico "Senhor" (*kyrios*) no Evangelho de Lucas.[27] Curiosamente, até a monografia de Rowe, "não tinha sido feita" na história da interpretação nenhuma investigação detida do uso de Lucas do termo *kyrios*.[28] Rowe emprega uma metodologia narrativa para demonstrar que o uso de *kyrios* por Lucas evoca ambiguidade e pode ser aplicado tanto ao Deus de Israel quanto a Jesus. Ao tratar da narrativa completa, Rowe consegue fazer uma defesa refinada de uma alta cristologia, onde Jesus e Deus são entendidos juntos como *kyrios*.[29] Uma desvantagem do estudo de Rowe é não tratar do amplo uso do termo *kyrios*

---

[24]Frank Dicken; Julia Snyder, orgs., *Characters and characterization in Luke-Acts* (London: Bloomsbury T&T Clark, 2016).

[25]Larry Hurtado, "Christology in Acts: Jesus in early Christian belief and practice", in Adams e Pahl, *Issues in Luke-Acts*, p. 220.

[26]Douglas Buckwalter, *The character and purpose of Luke's Christology* (Cambridge: Cambridge University Press, 1996), p. 3-24.

[27]C. Kavin Rowe, *Early narrative Christology: the Lord in the Gospel of Luke* (Berlim: de Gruyter, 2006).

[28]Rowe, *Early narrative Christology*, p. 2.

[29]Rowe, *Early narrative Christology*, p. 218.

no segundo volume de Lucas.[30] Como adverte Bovon: "Quando tratamos de cristologia, dificilmente se justifica a distinção entre o Evangelho e Atos. O Cristo de Atos não pode ser dissociado do Jesus do Evangelho, pelo menos se nos colocarmos na perspectiva lucana".[31]

Joshua Jipp se baseia em intertextos ignorados para dar sentido à declaração de Jesus na perícope de Emaús: "Está escrito que o Cristo haveria de sofrer" (Lc 24.46). Jipp observa que os estudiosos tiveram dificuldade para descobrir onde essa ênfase messiânica no sofrimento está "escrita", inclusive nas fontes do judaísmo do Segundo Templo. Enquanto muitos estudiosos indicam o servo isaiânico de Isaías 53, Jipp defende que os salmos davídicos oferecem o molde cristológico correto para a "paradoxal combinação de realeza e sofrimento de um justo" em Lucas.[32] Jipp se baseia em Salmos 22, 31, 38 e 69 para intensificar a ênfase de Lucas no sofrimento régio na narrativa da Paixão. Vale a pena notar que Jipp estende seu argumento para uma investigação das falas apostólicas de Atos.[33] A exegese de Jipp fornece um vislumbre de como Lucas tece as Escrituras de Israel em sua apresentação de Jesus.

Duas monografias recentes se concentram na cristologia de Lucas por ângulos diferentes, mas ambas empregam métodos narrativos. Ao contrário de Hans Conzelmann, cujos métodos da crítica editorial o fizeram afirmar que Lucas não apresenta Jesus como divino, Nina Heinrichs-Tarsenkova argumenta, com enfoque matizado na caracterização e na construção de identidade no antigo Mediterrâneo, que Lucas "indiretamente caracteriza Jesus (junto com Yahweh) como o único Deus de Israel".[34] A análise exegética de Heinrichs-Tarsenkova do Evangelho de Lucas se concentra apenas na narrativa da infância. Todavia, sua contextualização prolongada da ideia de Richard Bauckham de "identidade divina" nos padrões de caracterização judaicos e greco-romanos é uma contribuição significativa.[35] Em última análise, o estudo de Heinrichs-Tarsenkova mapeia um caminho a seguir que evita a dicotomia entre alta e baixa cristologia, preferindo o que ela denomina de a "cristologia divina de Lucas".[36]

---

[30]Contudo, veja o excurso sobre *kyrios* em Atos 2.36. Rowe, *Early narrative Christology*, p. 189-96.

[31]Bovon, *Luke the Theologian*, p. 134.

[32]Joshua W. Jipp, "Luke's Scriptural suffering Messiah: a search for precedent, a search for identity", *CBQ* 72, n. 2 (2010): p. 259. Veja também a abordagem de David P. Moessner ao Messias sofredor pela lente da poética narrativa helenística em "Reading Luke's Gospel as ancient hellenistic narrative: Luke's narrative plan of Israel's suffering Messiah as God's saving 'plan' for the world", in *Reading Luke: interpretation, reflection, formation*, Craig G. Bartholomew; Joel B. Green; Anthony C. Thiselton, orgs. (Grand Rapids: Zondervan, 2005), p. 125-56.

[33]Jipp, "Luke's Scriptural suffering Messiah", p. 266-73.

[34]Nina Henrichs-Tarsenkova, *Luke's Christology of divine identity* (London: Bloomsbury T&T Clark, 2016), p. 194.

[35]Henrichs-Tarsenkova, *Luke's Christology of divine identity*, p. 64-88.

[36]Henrichs-Tarsenkova, *Luke's Christology of divine identity*, p. 195.

Sabemos bem que os temas davídicos estão na base da cristologia de Lucas.[37] Sarah Harris emprega crítica da narrativa e a intertextualidade para mostrar que a cristologia de Lucas é influenciada pela linguagem figurada do Rei-pastor davídico da LXX.[38] A metáfora davídica do pastor é entretecida na mensagem lucana de salvação universal à medida que fornece "outro estilo de liderança" — um estilo alternativo ao dos líderes religiosos e ao de César Augusto — uma liderança que opera com base na inclusão radical, procurando as ovelhas perdidas, apascentando-as e comendo com elas.[39] O estudo de Harris merece elogio pela hábil interpretação teológica e importância neste momento da história.

O livro de Jocelyn McWhirter, *Rejected prophets: Jesus and his witnesses in Luke-Acts* [Profetas rejeitados: Jesus e suas testemunhas em Lucas-Atos], busca entender a rejeição judaica a Jesus e a inclusão dos gentios pela lente do profeta rejeitado na Bíblia hebraica. McWhirter dá a entender que profetas rejeitados como Oseias, Sofonias, Zacarias, Isaías, Jeremias e Ezequiel "criaram um precedente para a inclusão dos gentios, a rejeição dos judeus e a condenação do Templo".[40] Com uma leitura atenta da apresentação de Jesus por Lucas, McWhirter mostra que esse modelo tripartido garante aos ouvintes de Lucas que a rejeição a Jesus faz parte do plano de Deus.[41] A relação entre cristologia e povo de Deus é retomada por Jens Schröter em *From Jesus to the New Testament* [De Jesus ao Novo Testamento]. Schröter investiga duas linhas de cristologia lucana que ele denomina "davídica" (com base em Lucas 1.32-35) e "profética" (com base em 2.30-35).[42] A cristologia davídica de Lucas, defende Schröter, se estende do anúncio do nascimento por Gabriel, passa pela incorporação dos gentios mediante a ressurreição de Jesus e pelo dom do Espírito a "toda carne" e chega até a missão universal.[43] A cristologia profética de Lucas, no entanto, entende a rejeição de Jesus por parte de Israel (4.16-30) como parte do plano de Deus de incluir os gentios entre o povo de Deus. Não é, portanto, que a "salvação passe de Israel para a igreja, mas, sim, que os gentios são *incluídos* na história de Deus com Israel".[44] Schröter propõe

---

[37]Veja especialmente Mark Strauss, *The Davidic Messiah in Luke-Acts* (Sheffield: Sheffield Academic, 1995).

[38]Sarah Harris, *The Davidic Shepherd King in the Lukan narrative* (London: Bloomsbury T&T Clark, 2016), p. 19-36.

[39]Harris, *Davidid Shepherd King*, p. 156.

[40]Jocelyn McWhirter, *Rejected prophets: Jesus and his witnesses in Luke-Acts* (Minneapolis: Fortress, 2013), p. 4.

[41]McWhirter, *Rejected prophets*, p. 123.

[42]Jens Schröter, *From Jesus to the New Testament: early Christian theology and the origin of the New Testament canon*, trad. Wayne Coppins (Waco: Baylor University Press, 2013), p. 230.

[43]Schröter, *From Jesus to the New Testament*, p. 330-37.

[44]Schröter, *From Jesus to the New Testament*, p. 244.

uma correção importante para os que acham que Lucas rejeita os judeus.[45] Para nossos propósitos, o interessante é que Schröter encontra na cristologia de Lucas uma chave hermenêutica para entender a incorporação dos gentios ao povo de Deus.

INTERPRETAÇÕES CRÍTICAS AO IMPERIALISMO DO EVANGELHO DE LUCAS

A atitude de Lucas em relação à Roma imperial tem sido área profícua ao longo das últimas duas décadas. Se ainda há um "núcleo de tempestade" nos estudos lucanos, a atitude de Lucas para com Roma é o próprio olho do furacão.[46] Sem dúvida, até o começo do século 21, Lucas era entendido como o documento mais pró-romano do NT, consenso acadêmico mais ou menos hegemônico ao longo de três séculos.[47] Subjacente a essa perspectiva estava a suposta apresentação positiva dos governantes e administradores romanos em Lucas, bem como sua apresentação da inocência (*dikaios*) de Paulo sob custódia romana.[48] Ademais, embora Lucas seja o único autor do NT a identificar imperadores romanos pelo nome (Augusto [Lc 2.1], Tibério [3.1] e Cláudio [At 11.28; 18.2]), ele não reconhece nem critica explicitamente o culto ao imperador em passagem alguma.[49] Essas observações levaram uma série de estudiosos — entre eles gigantes acadêmicos como Cadbury, Conzelmann e F. F. Bruce — a sugerir que Lucas escreveu uma apologia política a favor da igreja (*apologia pro ecclesia*) para mostrar a Roma que a igreja era um movimento politicamente inócuo.[50] Em anos recentes esse consenso foi alvo de questionamentos, o que resultou no que Raymond Pickett chama de "mudança de paradigma".[51] A seguir faço um breve panorama das recentes tendências da crítica ao Império e das abordagens ao Evangelho de Lucas.

---

[45]Assim como Hans Conzelmann, *Acts of the apostles*, trad. J. Limburg, A. T. Kraabel e D. H. Juel (Philadelphia: Fortress, 1987), p. 227.

[46]W. C. van Unnik, "Luke-Acts, a storm center in contemporary scholarship", in *Studies in Luke-Acts*, Leander Keck; J. Louis Martyn, orgs. (Philadelphia: Fortress, 1966), p. 15-32.

[47]É o caso de C. A. Heumann, "Dissertatio de Theophilo: cui Lucas historiam sacram inscripsit", *BHPT* classis IV (Bremen, Alemanha, 1720): p. 483-505.

[48]Para uma visão geral de abordagens apologéticas, veja especialmente Alexandru Neagoe, *The trial of the Gospel: an apologetic reading of Luke's trial narratives*, SNTSMS 116 (Cambridge: Cambridge University Press, 2002), p. 4-22.

[49]Mas veja C. Kavin Rowe, "Luke-Acts and the imperial cult: a way through the conundrum?", *JSNT* 27, n. 3 (2005): p. 279-300.

[50]Cadbury, *Making of Luke-Acts*, p. 308-15; Hans Conzelmann, *The theology of St. Luke* (London: Faber, 1960), p. 137-49; Ernst Haenchen, *The Acts of the Apostles: a commentary*, trad. Bernard Noble et al. (Oxford: Basil Blackwell, 1971), p. 106; e F. F. Bruce, *The Book of Acts* (Grand Rapids: Eerdmans, 1988), p. 8-13.

[51]Raymond Picket, "Luke and Empire: an introduction", in *Luke-Acts and Empire: essays in honor of Robert L. Brawley*, David Rhoads, David Esterline; Jae Won Lee, orgs. (Eugene, OR: Pickwick, 2011), p. 1.

Por que uma mudança de paradigma?

Antes de examinar algumas fontes secundárias, vale a pena parar e perguntar: por que, agora, uma mudança de paradigma na direção de uma interpretação do Evangelho de Lucas com enfoque na crítica do Império? Afinal, se o brilhante Cadbury não viu críticas a Roma, por que nós deveríamos ver? Duas observações merecem consideração. Em primeiro lugar, até a publicação, em 1984, da monografia de Simon Price sobre a adoração ao imperador, intitulada *Rituals and power* [Rituais e poder], os classicistas haviam descrevido os cultos imperiais romanos de forma caricata, como uma tosca superstição política imposta pelo poder governante.[52] A tese de Price rompeu o consenso, mostrando que as honras divinas conferidas aos reis guerreiros helenísticos/romanos eram uma forma de expressão religiosa verdadeira, estabelecida de baixo para cima pelos súditos como reação à esmagadora concentração de poder suprarregional do rei. Em outras palavras, os súditos assimilavam a imagem e o poder do rei no "sistema simbólico" de seus deuses locais tradicionais, conferindo ao rei "honras como aos deuses" (*isotheoi timai*).[53] A tese de Price forçou os estudiosos do NT a reconhecerem a integração entre política e religião na Antiguidade e a levarem mais a sério os conflitos cultuais e as lealdades rivais que poderiam surgir entre a adoração a Jesus e a adoração ao imperador.

A segunda razão para essa mudança de paradigma é uma apreciação mais profunda pela crítica pós-colonial da relação de poder assimétrica entre a autoridade imperial e os súditos subordinados. Os críticos pós-coloniais se esforçaram para fortalecer a metanarrativa imperial no mundo subjacente ao texto, inclusive o papel da dominação imperial, dos estressores hegemônicos, e, sobretudo, das estratégias não binárias de resistência, denominadas "hibridismo", nas quais os súditos contestam o poder imperial no "terceiro espaço" entre assimilação e resistência violenta.[54] Portanto, quando avalia a atitude de Lucas em relação a Roma, o intérprete deve procurar (1) manter em tensão — ou tentar entender! — os retratos positivos *e* negativos de Roma no Evangelho de Lucas e (2) discernir as estratégias de resistência *e* os objetos

[52]Simon Price, *Rituals and power: the Roman imperial cult in Asia Minor* (Cambridge: Cambridge University Press, 1984), p. 11-15, 224-25. Para quem precisa de um guia sobre a relação entre a adoração a soberanos e o cristianismo/judaísmo primitivos, não conheço melhor discussão diacrônica que a oferecida por Hans-Josef Klauck em *The religious context of early Christianity: a guide to Graeco-Roman religions*, trad. Brian McNeil (Minneapolis: Fortress, 2003), p. 250-330.

[53]Price, *Rituals and power*, p. 247-48, mas veja também p. 29-30.

[54]Quanto à hibridez, veja Homi K. Bhabha, *The location of culture* (New York: Routledge, 1994), p. 37. Quanto à metanarrativa imperial, veja Leo G. Perdue e Warren Carter, *Israel and Empire: a postcolonial history of Israel and early Judaism*, Coleman Baker, org. (New York: Bloomsbury T&T Clark, 2015), p. 30-32.

de resistência de Lucas — isto é, os estressores cultuais e/ou hegemônicos que as estratégias de persuasão de Lucas buscam criticar.[55]

Enfoques históricos e literários sobre Lucas e o Império

A primeira grande reavaliação da atitude de Lucas para com Roma depois da chamada mudança de paradigma nos estudos do NT é o ensaio de Steve Walton de 2002, "The State they were in: Luke's view of the Roman Empire" [O Estado em que estavam: a visão de Lucas do Império Romano].[56] Walton critica cinco perspectivas anteriores sobre a visão de Lucas do Império Romano — das políticas às apolíticas — concluindo que Lucas se situa "em ambos os polos do espectro político", o que, segundo Walton, proporciona uma estratégia para os primeiros cristãos permaneceram a uma "distância crítica" do Império.[57] O ensaio de Walton vai além das meras abordagens políticas apologéticas ao reconhecer o atrito entre os títulos cristológicos lucanos e os epítetos régios conferidos aos imperadores (e.g., Senhor e Salvador [Lc 2.11] e Rei [19.38]). Walton também observa que em seu segundo volume Lucas critica abertamente e com matizes variadas alguns administradores romanos (veja Sóstenes [At 18.17], Lísias [23.27], Félix [24.26,27] e Festo [25.25]).[58]

Seguindo os passos de Walton, Gary Gilbert é mais radical alegando que Lucas se apropria da propaganda política romana para "criticar Roma e suas reinvindicações de autoridade e domínio universais".[59] Apoiando-se em evidências epigráficas e literárias, Gilbert mostra que Augusto foi louvado como salvador e instaurador da paz, o que gera um ambiente de polêmica para a simultaneidade entre o nascimento de Jesus e o censo de Augusto em Lucas (Lc 2.1).[60] Para Gilbert, portanto, é Jesus o verdadeiro instaurador da paz (1.79) e salvador do mundo habitado (2.11).[61] Gilbert também interpreta

[55]Aqui, baseio-me na linguagem de condições de resistência, objetos de resistência e estratégias de resistência de Anathea Portier-Young em *Apocalypse against Empire: theologies of resistance in early Judaism* (Grand Rapids: Eerdmans, 2011), p. 11.

[56]Steve Walton, "The State they were in: Luke's view of the Roman Empire", in *Rome in the Bible and the early Church*, Peter Oakes, org. (Grand Rapids: Baker Academic, 2002), p. 1-41.

[57]Walton, "State they were in", p. 40-41.

[58]Veja Walton, "State they were in", p. 26-28; Steve Walton, "Trying Paul or trying Rome? Judge and the accused in the Roman trials of Paul in Acts", in Rhoads, Esterline e Lee, *Luke-Acts and Empire*, p. 122-41.

[59]Gary Gilbert, "Roman propaganda and Christian identity in the worldview of Luke-Acts", in *Contextualizing Acts: Lukan narrative and Greco-Roman discourse*", Todd C. Penner; Carline Vander Stichele, orgs. (Atlanta: Scholars Press, 2003), p. 255.

[60]Gilbert, "Roman propaganda and Christian identity", p. 237-42.

[61]Quanto aos sincronismos políticos de Lucas, veja também Christian Blumenthal, "Augustus' Erlass un Gottes Macht: Überlegungen zur Charakterisierung der Augustusfigur un ihrer erzählstrategischen Funktion in der lukanischen Erzählung", *NTS* 57 (2010): p. 1-30; Richard Hays, "The liberation of Israel in Luke-Acts: intertextual narration as countercultural practice", in *Reading the Bible intertextually*, Richard B. Hays; Stefan Alkier; Leroy A. Huizenga, orgs. (Waco: Baylor University Press, 2009), p. 113-18.

a ascensão de Jesus (Lc 24.50; At 1.9-11) à luz da propaganda política romana em torno dos rituais de apoteose do imperador, nos quais, segundo se acreditava, a alma do imperador ascendia ao céu depois da morte.[62] Lucas se apropria da propaganda romana para legitimar conjuntamente o movimento cristão e sua mensagem de que Cristo é o verdadeiro governante universal das nações.

Craig Evans usa uma tática semelhante à de Gilbert com o propósito específico de lançar luz sobre os aspectos políticos de Lucas-Atos. Para Evans, "no mundo antigo política e religião eram entrelaçadas de modo inextricável".[63] Embora Evans não reconheça isso ostensivamente, sua tese reflete o pensamento pós-Simon Price ao tratar política e religião como uma esfera integrada no mundo subjacente ao texto a fim de mostrar "que Jesus era percebido como rei e rival do próprio César".[64] Particularmente útil é o enfoque de Evans na benemerência, em que ele se vale de uma rica tapeçaria epigráfica e de numerosas evidências literárias greco-romanas e judaicas que louvam os governantes helenísticos e romanos com o título real de "benfeitor" (*euergetēs*).[65] Evans observa que Lucas é o único autor do NT a empregar o termo *euergetēs* e que faz isso em direta associação com os governantes gentios (Lc 22.25,26). O ensaio de Evans carece da interpretação teológica que a passagem merece, mas alude acertadamente ao potencial polêmico da crítica de Jesus à benemerência gentílica. Ademais, Evans tem o mérito de levar a sério o registro epigráfico e as fontes judaicas que refletem sobre a ideologia régia gentílica. Essa ênfase seria ainda mais fortalecida por meio da maior atenção dada aos tratados helenísticos sobre a realeza.

Assumindo uma postura mais cautelosa, Dean Pinter analisa a atitude de Lucas para com Roma ao comparar os escritos de Lucas com os do historiador T. Flávio Josefo (37—95/96 d.C.) Pinter se ampara na obra de John M. G. Barclay para mostrar que Josefo "rosna com suavidade" para a Roma imperial — isto é, Josefo dissimula retoricamente sua crítica a Roma para evitar retaliações.[66] Mas Pinter não acredita que Lucas tenha escrito nas mesmas

---

[62]Gilbert, "Roman propaganda and Christian identity", p. 242-47. Mais cautelosamente, veja James Buchanan Wallace, "Viewing Jesus' ascension in Luke-Acts through Greco-Roman traditions", in *Ascent into Heaven in Luke-Acts*, David K. Brian; David W. Pao, orgs. (Minneapolis: Fortress, 2016), p. 83-110.

[63]Craig A. Evans, "King Jesus and His ambassadors: Empire and Luke-Acts", in *Empire in the New Testament*, Stanley Porter; Cynthia Long Westfall, orgs. (Eugene, OR: Pickwick, 2011), p. 120-37.

[64]Veja Price, *Rituals and power*, p. 15-22.

[65]Evans, "King Jesus and His ambassadors", p. 125-30. Para um exame mais aprofundado do evergetismo no Evangelho de Lucas, veja Jonathan Marshall, *Jesus, patrons, and benefactors* (Tübingen: Mohr Siebeck, 2009).

[66]Dean Pinter, "The Gospel of Luke and the Roman Empire", in *Jesus is Lord, Caesar is not: evaluating Empire in New Testament studies*, Scot McKnight e Joseph B. Modica (Downers Grove, IL: IVP Academic, 2013), p. 109. Veja John M. G. Barclay, "Snarling sweetly: Josephus on image and idolatry", in *Idolatry:*

circunstâncias que Josefo ou que Roma fosse "um estado policial com agentes secretos prontos para interceptar comunicações escritas".[67] Essa alegação leva Pinter a questionar a existência de linguagem cifrada no Evangelho de Lucas, inclusive uma "relação competitiva" entre Jesus e o culto ao imperador por meio dos títulos régios interseccionados.[68] Subjacente à abordagem de Pinter está a afirmação problemática de que "se Lucas de fato é livre para escrever como lhe apraz, é de surpreender que ele não use essa liberdade para fazer comentários diretos *contra* o Império".[69] Contudo, aqui Pinter ignora a arte da crítica segura na Antiguidade, por meio da qual as vozes dissidentes faziam suas críticas de maneira alusiva. A estratégia da crítica oculta foi especialmente importante no período que se seguiu à ascensão de Augusto ao poder, quando o alcance das leis sobre traição foi ampliado para incluir "difamação escrita" (Tácito, *Annales* 1.72).[70] Mesmo assim, a metodologia comparativa de Pinter merece ser levada em conta pelos estudos futuros e ele sem dúvida está certo em contestar a redução dos objetivos políticos de Lucas a uma dicotomia polêmica "Jesus contra César". Na verdade, para Pinter, as estratégias de resistência de Lucas são mais amplas, elas incluem uma crítica ao reino demoníaco, ao poder e às múltiplas hierarquias presentes na estratificada sociedade romana.[71]

Três estudos recentes revisitaram a apresentação lucana dos governantes e soldados romanos como uma abordagem heurística para entender o papel do poder romano na narrativa de Lucas. O primeiro estudo é o de Kazuhiko Yamazaki-Ransom, intitulado *The Roman Empire in Luke's narrative* [O Império Romano na narrativa de Lucas]. Yamazaki-Ransom segue uma abordagem inovadora ao examinar os retratos judaicos de governantes gentios no AT e na literatura do Segundo Templo com o objetivo de entender a relação triangular entre Deus, o povo de Deus e os governantes provinciais romanos e a dinastia herodiana na narrativa de Lucas. Yamazaki-Ransom conclui que a caracterização que Lucas apresenta de oito soberanos — com exceção de Sérgio Paulo — é negativa.[72] A atitude de Lucas em relação a Roma

---

false worship in the Bible, early Judaism and Christianity, Stephen C. Barton, org. (New York: T&T Clark, 2007), p. 73-87.

[67]Pinter, "Gospel of Luke", p. 109.

[68]Pinter, "Gospel of Luke", p. 110.

[69]Pinter, "Gospel of Luke", p. 109-10.

[70]Veja Frederick Ahl, "The art of safe criticism in Greece and Rome", *AJP* 105, n. 2 (1984): p. 174-208. Quanto à polícia secreta, veja Ramsay MacMullen, *Enemies of the Roman order: treason, unrest, and alienation in the Empire* (Cambridge: Harvard University Press, 1966), p. 164-65; Christopher J. Fuhrmann, *Policing the Roman Empire: soldiers, administration, and public order* (Oxford: Oxford University Press, 2012), p. 143.

[71]Pinter, "Gospel of Luke", p. 113.

[72]Kazuhiko Yamazaki-Ransom, *The Roman Empire in Luke's narrative*, LNTS 404 (New York: T&T Clark, 2010), p. 201.

é negativa, diz ele, porque esses soberanos "não reconhecem a soberania de Deus e o senhorio de Cristo".[73] O estudo de Yamazaki-Ransom é louvável por se basear na literatura do judaísmo do Segundo Templo para alicerçar sua tese, porta de entrada que ele próprio reconhece "ser campo profícuo para estudos futuros".[74] A ausência de qualquer análise mais pormenorizada da apresentação lucana positiva dos centuriões, todavia, deixará alguns estudiosos querendo mais (veja Lc 7.1-10; 23.47; At 10.1-48; 27.1-44).

Os dois próximos estudos retratam a atitude de Lucas em relação a Roma sob uma luz mais amigável. Laurie Brink focaliza a caracterização lucana dos soldados mediante a análise comparativa com uma impressionante gama de caracterizações literárias gregas e romanas de soldados. Para Brink, Lucas subverte os estereótipos negativos de soldados romanos violentos e brutos para mostrar que até os inimigos do povo de Deus não estão fora do âmbito da salvação de Deus. Brink conclui em última análise que os soldados romanos funcionam como "exemplo parabólico de bom discípulo" e refletem "a expectativa otimista do autor acerca da benevolência imperial".[75] Mas como o leitor ativo da Antiguidade entenderia essa ironia? Brink insinua que ela fomentaria "uma visão positiva do Império".[76] Mas essa ironia também não poderia receber uma reação negativa, sobretudo em um mundo de indiretas em que a caracterização elogiosa da autoridade política poderia evocar a antítese vivida pela figura retratada?[77] Por outro ângulo, ao retratar sob luz positiva soldados notoriamente corruptos, não é possível que Lucas pretenda evocar uma caricatura irônica do poder romano no sentido de que o reino "supraimperial" de Deus sobrepuja o coração dos soldados e o controle deles sobre os súditos para enfim avançar a missão da igreja?[78] Em outras palavras, os soldados romanos são, em última análise, subordinados de Deus — e não de Roma. Seguindo linhas metodológicas similares, Joshua Yoder investiga a apresentação lucana de governantes romanos (Pôncio Pilatos, Sérgio Paulo, Gálio, Félix e Festo) em Lucas-Atos valendo-se para isso da "crítica narrativo-retórica".[79] Yoder apresenta um panorama notável dos governantes

[73]Yamazaki-Ransom, *Roman Empire in Luke's narrative*, p. 202.

[74]Yamazaki-Ransom, *Roman Empire in Luke's narrative*, p. 203.

[75]Laurie Brink, *Soldiers in Luke-Acts: engaging, contradicting, and transcending stereotypes* (Tübingen: Mohr Siebeck, 2014), p. 56.

[76]Brink, *Soldiers in Luke-Acts*, p. 175.

[77]Veja Drew J. Strait, *Hidden criticism of the angry tyrant in early Judaism and the Acts of the Apostles* (Minneapolis: Lexington/Fortress Press Academic, 2019).

[78]Empresto o termo de Karl Galinsky, "The cult of the Roman Emperor: uniter or divider?", in *Rome and religion: a cross-disciplinary dialogue on the imperial cult*, Jeffrey Brodd; Jonathan L. Reed, orgs. (Atlanta: SBL Press, 2011), p. 222.

[79]Joshua Yoder, *Representatives of Roman rule: Roman provincial governors in Luke-Acts* (Berlim: de Gruyter, 2014).

romanos em fontes judaicas e greco-romanas em comparação com os governantes em Lucas-Atos. Yoder reconhece a "ambiguidade" e a ausência de um "ponto de vista claro em cada caso", mas acaba concluindo que Lucas adota "atitude fundamentalmente positiva para com o sistema romano".[80]

Resistência dos subalternos

Servindo-se de uma tática metodológica diferente, Eric Barreto se baseia em reflexões da teoria pós-colonial para reforçar o modo que Lucas trata da Roma imperial pela ótica dos oprimidos (que alguns chamam de "subalternos").[81] Barreto se baseia especificamente na ideia de ambivalência e hibridismo para demonstrar que as comunidades colonizadas podiam adotar "uma postura que aparentemente sanciona a identidade imposta pelo colonizador e ao mesmo tempo minar essa mesma identidade".[82] A vantagem da metodologia de Barreto é que ela penetra os métodos multidimensionais que os subordinados usavam para resistir ao poder imperial — como resistir "de formas que o império não reconhecesse como traição".[83] Mas de que forma Lucas tece essas estratégias de resistência em sua narrativa? Para começar, Barreto sugere que os sincronismos políticos de Lucas não são meros marcadores cronológicos (Lc 2.1,2; 3.1,2).[84] Na verdade, "eles são pontos simbólicos de resistência", pelos quais o poder investido em João Batista e em Jesus apresenta um contraste "entre os servos de Deus e as forças imperiais que os temem".[85] Esse sutil contraste polêmico, para Barreto, torna-se mais nítido nas cenas da tentação, quando Satanás oferece a Jesus autoridade sobre "os reinos do mundo" (4.5, mas note que a palavra grega aqui traduzida por "mundo" é *oikoumenē*, que também pode ser traduzida por "império").[86] Barreto enxerga veneno na insinuação de Lucas: o aparato imperial de Roma está sob a autoridade do Diabo (4.6).[87]

---

[80]Yoder, *Representatives of Roman rule*, p. 40, p. 336.

[81]Veja Gayatri Spivak, "Can the subaltern speak?", in *Marxism and the interpretation of culture*, C. Nelson; L. Grossberg, orgs. (Urbana: University of Illinois Press, 1988), p. 271-314.

[82]Eric D. Barreto, "Crafting colonial identities: hybridity and the Roman Empire in Luke-Acts", in *An introduction to Empire in the New Testament*, Adam Winn, org. (Atlanta: SBL Press, 2016), p. 108. Yong-Sung Ahn emprega a teoria pós-colonial para investigar o papel de Roma na morte de Jesus; veja *The reign of God and Rome in Luke's Passion narrative: an East-Asian global perspective* (Leiden: Brill, 2006).

[83]Barreto, "Crafting colonial identities", p. 107.

[84]Barreto, "Crafting colonial identities", p. 111.

[85]Barreto, "Crafting colonial identities", p. 111-12.

[86]Barbara Rossing argumenta que *oikoumenē* em Lucas-Atos deveria ser traduzido como "império" e não como "todo o mundo habitado". Veja "Turning Empire (οἰκουμένη) upside down: a response", in *Reading Acts in the discourse of masculinity and politics*, Eric D. Barreto; Matthew L. Skinner; Steve Walton, orgs. (London: Bloomsbury T&T Clark, 2017), p. 148-55. Lucas emprega essa palavra em Lucas 2.1; 4.5; 21.25; At 11.28; 17.6,31; 19.27; 24.5.

[87]Barreto, "Crafting colonial identities", p. 113.

Barreto em seguida procura decifrar o retrato positivo que Lucas faz dos coletores de impostos e dos soldados romanos (3.12-14; 7.1-10). Barreto pergunta por que Lucas não os chama — a esses agentes da ocupação colonial de Israel — ao arrependimento ou, mais agressivamente, por que ele não os convida a novas identidades profissionais. Aqui Barreto alega que Lucas não está fazendo nenhuma concessão a Roma quando retrata positivamente os agentes de César. Na verdade, com identidades híbridas, esses inimigos de Israel são desafiados a produzir frutos dignos de arrependimento mediante entendimento diferente de poder e riqueza e assim transformar o Império de dentro para fora. Ao atentar para as identidades híbridas dos subordinados, a análise de Barreto leva os intérpretes para além das leituras binárias pró-/anti-imperiais, conduzindo-os a uma avaliação mais sofisticada da negociação entre o poder e a hegemonia imperiais e o cristianismo primitivo, rumo a alternativas às tentativas de Roma de universalizar a homogeneidade étnica.

Também criticando as leituras binárias da postura política de Lucas, temos o estudo metodologicamente refinado que Amanda Miller faz de três passagens de inversão de status no Evangelho de Lucas (o *Magnificat* de Maria [1.46-55], o sermão de Jesus em Nazaré [4.16-30] e o rico e Lázaro [16.19-31]). O estudo de Miller se baseia na popular teoria de James C. Scott de "transcrições ocultas", em que os oprimidos disfarçam sua dissidência "fora dos palcos" por meio de várias táticas predominantemente orais de "fazer corpo mole" (canções de resistência codificadas, resistência coletiva anônima, fofoca e assim por diante).[88] Miller defende que as passagens lucanas de inversão de status são permeadas de transcrições ocultas que contestam as relações de poder sem atrair a "retaliação das elites que controlavam a situação".[89] Esse ângulo metodológico permite que Miller explique a ausência de críticas explícitas a Roma no Evangelho de Lucas, que não é "completamente resistente, nem completamente cúmplice e conciliatório".[90] Uma questão para futuros estudos será a relação entre a natureza oral das transcrições ocultas e a resistência discursiva. Como a própria Miller observa, a "transcrição oculta é praticamente impossível de recuperar, visto ser oculta por definição, raramente registrada por escrito".[91] Uma resposta a esse enigma

[88] Amanda C. Miller, *Rumors of resistance: status reversals and hidden transcripts in the Gospel of Luke* (Minneapolis: Fortress, 2014), p. 44-51. Para um método similar aplicado ao *Magnificat* de Maria, veja Warren Carter, "Singing in the reign: performing Luke's songs and negotiating the Roman Empire" (Luke 1—2)", in Rhoads, Esterline e Lee, *Luke-Acts and Empire*, p. 23-43.

[89] Miller, *Rumors of resistance*, p. 253.

[90] Miller, *Rumors of resistance*, p. 255.

[91] Miller, *Rumors of resistance*, p. 51. Quanto aos comentários de Scott sobre a preferência pela resistência oral e suas vantagens entre os oprimidos, veja James C. Scott, *Domination and the arts of resistance: hidden transcripts* (New Haven: Yale University Press, 1990), p. 160.

histórico é investigar com mais critério as formas que a resistência discursiva judaica e greco-romana antiga pode ter influenciado a mão de Lucas, sobretudo no que diz respeito às estratégias retóricas de insinuações anti-imperiais em um contexto de repressão do discurso. Essa abordagem metodológica, que defendo em meu livro, oferece uma ótica útil para entender as estratégias de resistência presentes entre literatos refinados como Lucas, claramente influenciados pela cultura literária helenística.[92]

NOVAS ÓTICAS DE INTÉRPRETES HISTORICAMENTE MARGINALIZADOS

A produção de sentido no mundo diante do texto é um espaço contestado nos estudos bíblicos. Embora a interpretação bíblica pós-moderna não fosse novidade na década passada, ela cresceu em presença e em substância à medida que os intérpretes lutavam para entender como os leitores mapeiam o sentido de textos da Antiguidade. A influência da localização social do intérprete e a polivalência de um texto são idiomas metodológicos comuns entre os intérpretes pós-modernos. A importância da localização social é brilhantemente ilustrada em recente estudo de caso da autoria de Mark Allan Powell sobre a Parábola do Filho Pródigo no Evangelho de Lucas (Lc 15.11-32).[93] Powell viajou a três grupos culturais separados — americanos, russos e tanzanianos — para dar palestras a seminaristas sobre essa parábola e pediu que cada grupo a contasse de memória. Curiosamente, cada grupo contou a decadência e o consequente estado de miséria do pródigo por um prisma diferente. Para os americanos, o pródigo gastou tudo o que tinha (influência do capitalismo); para os russos, o pródigo passou fome (influência dos novecentos dias de fome ocasionada pela ocupação alemã de São Petersburgo em 1941); para os tanzanianos, todavia, os vizinhos do pródigo deixaram de lhe dar hospitalidade (influenciados pelo v. 16: "... ninguém lhe dava nada"). Todas as três respostas são interpretações viáveis de Lucas 15.13-16, mas cada comunidade interpretativa filtra a história mediante suas experiências culturais compartilhadas, produzindo diferentes sentidos.

O estudo de Powell nos mostra por que nossas lentes hermenêuticas são importantes e as riquezas que uma lente multicultural pode trazer para um texto. Assim, o que os estudantes do Evangelho de Lucas devem fazer com uma história de interpretação dominada pelas vozes de homens brancos

---

[92]Veja Strait, *Hidden criticism of the angry tyrant*.

[93]Mark Allan Powell, *What do they hear? Bridging the gap between pulpit and pew* (Nashville: Abingdon, 2007), p. 11-28.

privilegiados (entre os quais me incluo)? É uma pergunta que, creio, receberá mais atenção crítica nos anos vindouros, sobretudo quando movimentos como #BlackLivesMatter e #MeToo enfatizam as disparidades raciais e de gênero em nossa sociedade — disparidades também impregnadas na academia. O movimento para levantar (e ouvir!) as vozes dos intérpretes marginalizados do Evangelho de Lucas fez algum progresso lento na última década. Ressalte-se a palavra "algum". Quero aqui passar brevemente em revista contribuições recentes de intérpretes afro-americanos/mulheristas, latinxs[94] e feministas.

Entre os intérpretes afro-americanos, a obra de Brian Blount se destaca como pioneira. Blount é um estudioso acadêmico do NT — não um teólogo em senso estrito — que estabeleceu um diálogo entre narrativas escravas pré-Guerra Civil e a ética do NT. Em *Then the whisper put on flesh* [Então o sussurro se revestiu de carne], Blount se baseia na ênfase de Lucas na "inversão social e política" para elucidar que os escravos liam a Bíblia pela lente da libertação para resistir às interpretações bíblicas opressivas de seus senhores.[95] Mais recentemente, Blount organizou um comentário ao NT de volume único que reúne textos de estudiosos afro-americanos, intitulado *True to our native land: an African American New Testament commentary* [Fiéis à nossa terra nativa: um comentário afro-americano ao Novo Testamento]. O comentário a Lucas, de Stephanie Buckhanon Crowder, interpreta o Evangelho de Lucas em diálogo com uma série de importantes intelectuais negros e fatos históricos racialmente relevantes na luta pelos direitos civis. A ótica de Crowder abrange tanto oprimidos quanto opressores; nela, Jesus veio "não só para oferecer compaixão aos feridos, mas também para denunciar o mal dos que ferem".[96] A leitura mais holística que Crowder realiza do Evangelho de Lucas reflete os princípios da interpretação mulherista, que busca uma "hermenêutica da completitude" como reação à experiência das mulheres negras com problemas como "racismo, sexismo e classismo".[97] Bridgett Green aplica essa hermenêutica de interseccionalidade à passagem em que Jesus abençoa as crianças (Lc 18.15-17). Green mostra que, ao permitir que as crianças cheguem até ele, Jesus confronta o privilégio dos

---

[94][N.R.: Neologismo na língua inglesa que busca "neutralizar" o adjetivo "latino/a". Para facilitar a leitura, apenas este termo será grafado com a terminação "x" ao longo deste capítulo. Ver capítulo 3.]

[95]Brian K. Blount, *The the whisper put on flesh: New Testament ethics in an African American context* (Nashville: Abingdon, 2001), p. 79.

[96]Stephanie Buckhanon Crowder, "Luke", in *True to our native land: an African American New Testament commentary*, Brian K. Blount et al., orgs. (Minneapolis: Fortress, 2007), p. 158.

[97]Raquel St. Clair, "Womanist biblical interpretation", in Blount et al., *True to our native land*, p. 54-55.

discípulos. Isso empodera os marginalizados *e* confronta as dinâmicas de poder que minam a "equidade e dignidade de todas as pessoas".[98]

Os intérpretes latinxs do Evangelho de Lucas dispõem de um verdadeiro banquete teológico na obra de Justo González. Na década passada, González publicou um comentário teológico ao Evangelho de Lucas e, mais recentemente, uma teologia do Evangelho de Lucas intitulada *The story Luke tells us: Luke's unique witness to the Gospel* [A história que Lucas nos conta: o testemunho único que Lucas dá do Evangelho].[99] González também contribuiu com um ensaio sobre a leitura de Lucas pela lente da teologia da libertação em *Methods for Luke* [Métodos para Lucas] (org. Joel Green).[100] Central na intepretação teológica de González é a ênfase no padrão subversivo da "grande inversão" para os marginalizados no Evangelho de Lucas e a prioridade da práxis em detrimento da metodologia para os intérpretes latinxs.[101]

Os enfoques do Evangelho de Lucas baseados na teoria de gênero atuam sobre um terreno incerto. Mais do que qualquer outro Evangelho, Lucas menciona mulheres pelo nome (mas os nomes masculinos superam os femininos em proporção de treze para um).[102] A presença das mulheres inspirou alguns a enxergar Lucas como um meio de resistência a manifestações tóxicas de misoginia e androcentrismo.[103] Contudo, estudiosos feministas recentes, em grande parte influenciados pela crítica mais holística de Elisabeth Schüssler Fiorenza às "estruturas quiriárquicas", chegaram a conclusões mais negativas, como, por exemplo, que Lucas "ameaça toda tentativa da parte das mulheres [...] de encontrar uma voz, quer na sociedade, quer na igreja".[104] A diversidade de leituras entre intérpretes feministas pode ser percebida ao longo dos ensaios em *A feminist companion to Luke* [Guia feminista de Lucas] — tensão que Turid Karlsen Seim recentemente aplicou à história das moedinhas da viúva (Lc 21.1-4). Reconhecendo a caracterização negativa do silêncio

---

[98]Bridgett A. Green, "'Nobody's free until everybody's free': exploring gender and class injustice in a story about children (Luke 18.15-17)", in *Womanist interpretations of the Bible: expanding the discourse*, Gay L. Byron; Vanessa Lovelace, orgs. (Atlanta: SBL Press, 2016), p. 307.

[99]Justo L. González, *Luke* (Louisville: Westminster John Knox, 2010); González, *The story Luke tells: Luke's unique witness to the Gospel* (Grand Rapids: Eerdmans, 2015).

[100]Justo L. González, "A latino perspective", in *Methods for Luke*, Joel Green, org. (Cambridge: Cambridge University Press, 2010), p. 113-43.

[101]González, *Story Luke tells us*, p. 113-18, 127.

[102]Jane D. Schaberg e Sharon H. Ringe, "Gospel of Luke", in *Women's Bible commentary: twentieth-anniversary edition*, C. A. Newsom; S. H. Ringe; J. E. Lapsley, orgs. (Louisville: Westminster John Knox, 2012), p. 499.

[103]É o caso de F. Scott Spencer, *Salty wives, spirited mothers, and savvy widows: capable women of purpose and persistence in Luke's Gospel* (Grand Rapids: Eerdmans, 2012).

[104]Amy-Jill Levine, introdução a *A feminist companion to Luke*, Amy-Jill Levine, org. (London: Sheffield Academic, 2002), p. 1. Veja Elisabeth Schüssler Fiorenza, *In memory of her: a feminist theological reconstruction of Christian origins* (New York: Crossroad, 1983).

da viúva, Seim busca situar as ações dela no centro da história, de forma que a viúva pobre serve de paradigma de "justiça profética" para os seguidores de Jesus quando expõe o "sistema que a explora".[105] Mais recentemente, Brittany Wilson mudou nossa ótica do gênero no Evangelho de Lucas ao se basear em estudos sobre a masculinidade para demonstrar que a caracterização lucana dos homens não se alinha aos padrões greco-romanos de varonilidade. No Evangelho de Lucas, tanto Zacarias (com a perda da voz) quanto Jesus (com a crucificação) são emasculados. A consequência disso é uma "desvirilização dos homens" que reorienta a identidade masculina em torno do poder de Deus e não mais da varonilidade no sentido machista greco-romano.[106]

Reflexões

Como obra de história e teologia helenística, o Evangelho de Lucas demanda múltiplas estratégias de leitura para compreendermos sua mensagem "teocêntrica" encarnada em Jesus de Nazaré.[107] A ascensão da crítica narrativa nos últimos trinta anos gerou muitos frutos nas áreas da cristologia e da caracterização. Será, porém, que essas abordagens literárias devem eclipsar os métodos históricos? Aqui, volto-me mais uma vez a Bovon. Ele adverte que, embora esses métodos literários sejam importantes, "do ponto de vista histórico e teológico, é um erro negligenciar a questão do material, das fontes e tradições em que os autores bíblicos se apoiaram".[108] Presumindo haver alguma verdade nas palavras de Bovon, como os estudos futuros podem preservar a tensão entre os métodos históricos e os literários e fazer isso sem sucumbir à tentação de compartimentar a forma final do Evangelho de Lucas?

Quanto à atitude de Lucas em relação à Roma imperial, onde estamos desde o ensaio publicado por Walton em 2002? Uma coisa é certa: o método *apologia pro ecclesia* não tem mais o quórum necessário para ser chamado de "consenso acadêmico". As novas tendências refletem (1) uma apreciação mais profunda pelo culto ao imperador como lealdade concorrente com a devida a Cristo, o rei, (2) uma compreensão mais nuançada de como Lucas consegue se sair com referência à hegemonia/dominação imperial nas relações de poder e (3) um forte e claro alerta para preservar a tensão lucana entre

---

[105]Turid Karlsen Heim, "Feminist criticism", in Green, *Methods for Luke*, p. 64, 73.

[106]Brittany E. Wilson, *Unmanly men: refigurations of masculinity in Luke-Acts* (Oxford: Oxford University Press, 2015), p. 257.

[107]Joel Green, *The theology of the Gospel of Luke* (Cambridge: Cambridge University Press, 1995), p. 22-23.

[108]Bovon, *Luke the theologian*, p. 563.

representações literárias positivas *e* negativas de Roma.[109] O resultado é um foco mais nítido nas narrativas contrastantes do cristianismo incipiente e do poder colonial romano. Vai ser bom para os estudos futuros situar ainda mais os objetivos historiográficos de Lucas dentro das estratégias literárias de resistência discursiva helenística, com o propósito de melhor entender como Lucas caminha sobre uma linha estreita produzida por uma retórica de subversão, mas não insurreição (*stasis*), de crítica, mas não de discurso óbvio, de respeito, mas não de anuência, de redefinição, mas não de nacionalismo, e de paz, mas não de coerção violenta.

Finalmente, o perigo sempre presente em nossa(s) interpretação(ões) do Evangelho de Lucas é a força gravitacional que atrai para uma leitura realizada dentro de uma câmara de eco homogênea — algo que Willie James Jennings chama de "hábitos mentais segregacionistas".[110] Esses hábitos de interpretação tribais, sem dúvida, estão entrincheirados nos estudos do NT e os estudos de Lucas não são exceção. Como os intérpretes majoritários fomentam novos padrões de leitura que inculquem uma postura de receptividade intencional às vozes de intérpretes marginalizados? E como as vozes minoritárias — sobretudo as que se encontram no campo do estudo da teologia — encontram lugar à mesa no mar de branquitude que são os estudos lucanos? Na resposta a essas perguntas certamente há uma chave hermenêutica que pode abrir uma ótica mais multidimensional que abranja o alcance e o desafio da ênfase de Lucas na salvação universal, na comunhão inclusiva à mesa, na inversão de status e na missão até os confins da terra.

---

[109]Quanto a essa tensão, veja sobretudo a ênfase de C. Kavin Rowe no "efeito pêndulo" em *World upside down: reading Acts in the Graeco-Roman age* (Oxford: Oxford University Press, 2011), p. 55. Uma apreciação dessa dinâmica crítica ao império no Evangelho de Lucas pode ser percebida nas excelentes abordagens em John T. Carroll, *Luke: a commentary* (Louisville: Westminster John Knox), p. 398-404, e na introdução de Karl Allen Kuhn, *The kingdom according to Luke and Acts: a social, literary, and theological introduction* (Grand Rapids: Baker Academic, 2015); veja também p. 223-28.

[110]Willie James Jennings, "The change we need: race and ethnicity in theological education", *Theological education* 49, n. 1 (2004): p. 42.

16

O EVANGELHO DE JOÃO

ALICIA D. MYERS

INTRODUÇÃO

Os estudos recentes do Evangelho de João variam consideravelmente quanto ao enfoque. Entretanto, é difícil ignorar a predominância das interpretações literárias ou narrativas, sobretudo em círculos americanos.[1] Os estudos acadêmicos sincrônicos do Quarto Evangelho vêm proliferando há mais de trinta anos, em grande parte trilhando o caminho aberto pela obra monumental de R. Alan Culpepper, *Anatomy of the Fourth Gospel* [Anatomia do Quarto Evangelho].[2] As reconstruções diacrônicas e as preocupações históricas, contudo, não desapareceram, apesar de algumas predições de que isso provavelmente ocorreria.[3] Ler o Evangelho como documento unificado, ou pelo menos congruente e coerente — mesmo que os estudiosos reconheçam um complicado processo de redação —, abriu a porta para novas leituras e análises. Como essas leituras sincrônicas conversam com abordagens mais diacrônicas tem sido tema constante de reflexão e debate. Muitos estudiosos de João defendem uma relação complementar entre essas abordagens, ainda que outros enxerguem uma divisão persistente.[4]

[1]Para sumários mais completos dos estudos da área, veja Tom Thatcher, org., *What we have heard from the beginning: the past, present, and future of Johannine studies* (Waco: Baylor University Press, 2007); Tom Thatcher; Stephen D. Moore, orgs., *Anatomies of narrative criticism: the past, present, and futures of the Fourth Gospel as literature*, RBS 55 (Atlanta: SBL, 2008); Francis J. Moloney, "Recent Johannine studies, part one: commentaries", *ExpTim* 123, n. 7 (2012): 313-22; Moloney, "Recent Johannine studies, part two: monographs", *ExpTim* 123, n. 9 (2012): p. 417.28; Tom Thatcher; Catrin H. Williams, orgs., *Engaging with C. H. Dodd: sixty years of tradition and interpretation on the Gospel of John* (Cambridge: Cambridge University Press, 2013). Veja também Marianne Meye Thompson, *John: a commentary*, NTL (Louisville: Westminster John Knox, 2015).

[2]R. Alan Culpepper, *Anatomy of the Fourth Gospel: a study in literary design* (Philadelphia: Fortress, 1983).

[3]Robert Kysar, *John: the maverick Gospel*, 3ª ed. (Louisville: Westminster John Knox, 2007), p. 159-64; Paul N. Anderson; Felix Just; Tom Thatcher, orgs., *John, Jesus, and history*, vols. 1—3, SBLSymS 44 e ECIL 2, 18 (Atlanta: SBL, 2007, 2009, 2016).

[4]E.g., Thatcher e Moore, *Anatomies of narrative criticism.*

O panorama atual dos estudos do Evangelho de João aqui apresentado se divide em três partes principais. A primeira delineia as leituras fundamentalmente sincrônicas de João, a segunda se volta para as fundamentalmente diacrônicas. Enquanto essa divisão é conveniente para o propósito deste resumo, uma divisão clara demais entre os grupos seria falsa, como indica o parágrafo anterior. A terceira seção deste panorama vai tratar com mais detalhes alguns temas perenes do estudo desse Evangelho, bem como algumas abordagens oriundas de vozes e perspectivas tradicionalmente marginalizadas, muitas das quais alcançaram maior proeminência em grande parte graças à guinada literária nos círculos joaninos.

LIÇÕES DE ANATOMIA: LENDO O EVANGELHO DE JOÃO COMO UMA HISTÓRIA

A partir da metade do século 20, o estudo do Evangelho de João foi dominado por teorias de redação, do desenvolvimento de tradições e sobre o autor, redatores ou comunidade responsável.[5] Entre as obras mais proeminentes estão as de Raymond Brown, J. Louis Martyn e Robert Fortna, bem como a dissertação de Culpepper.[6] Todavia, mesmo enquanto esses estudos se desenvolviam, uma nova onda de estudiosos começou a implementar técnicas de estudos literários.[7] Embora essa abordagem tenha tido início no Evangelho de Marcos, os estudiosos joaninos não tardaram a adotá-los em suas obras, das quais a principal é *Anatomy of the Fourth Gospel*, de Culpepper. Surgida em 1983, a obra de Culpepper usou teorias de críticos literários, como Seymour Chatman, para tratar o Evangelho de João como narrativa coerente e intencional.[8] A "anatomia" que Culpepper desnudou não consistia em camadas de tradição, mas, sim, em sete peças que constituíam a

[5]Nesse período, a obra de Rudolf Bultmann dominou o campo dos estudos joaninos (*Das Evangelium des Johannes* [Göttingen: Vandenhoeck & Ruprecht, 1941]). Para um resumo mais completo, veja Tom Thatcher, "Anatomies of the Fourth Gospel: past, present, and future probes", in Thatcher e Moore, *Anatomies of narrative criticism*, p. 1-35.

[6]Raymond Brown, *Community of the beloved disciple: the life, love, and hates of an individual church in New Testament times* (New York: Paulist Press, 1979); J. Louis Martyn, *History and theology in the Fourth Gospel*, 3ª ed. (Nashville: Abingdon, 2003; primeiro publicado em 1968); Robert T. Fortna, *The Fourth Gospel and its predecessor: from narrative source to present Gospel* (Philadelphia: Fortress, 1980); R. Alan Culpepper, *The Johannine school: an evaluation of the Johannine-school hypothesis based on an investigation of the nature of ancient schools*, SBLDS 26 (Missoula, MT: Scholars Press, 1975).

[7]De particular importância é David Rhoads, Joanna Dewey e Donald Michie, *Mark as story: an introduction to the narrative of a Gospel*, 3ª ed. (Minneapolis: Fortress, 2012; primeiro publicado em 1982). Para uma introdução mais geral à crítica narrativa, veja James L. Resseguie, *Narrative criticism of the New Testament: an introduction* (Grand Rapids: Baker Academic, 2005).

[8]Seymour Chatman, *Story and discourse: narrative structure in fiction and film* (Ithaca, NY: Cornell University Press, 1978); Culpepper, *Anatomy of the Fourth Gospel*, p. 6-11. Enquanto seu "modelo teórico"

unidade narrativa da forma final do Evangelho: narrador, ponto de vista, tempo narrativo, enredo, personagens, comentário implícito e leitor implícito. Embora a obra de Culpepper fosse, em suas próprias palavras, "investigativa e experimental", ela logo ganhou fôlego entre outros estudiosos, a quem seu método pareceu promissor e passível de ser desenvolvido.[9]

Quando nos aproximamos de completar quarenta anos desde a publicação da obra de Culpepper, os estudos narrativos e literários dominam o campo dos estudos joaninos, embora não descartem inteiramente as preocupações históricas. Em vez de negar a história da escrita do Evangelho, muitos desses estudiosos são céticos em relação à capacidade acadêmica de identificar e analisar tais camadas, preferindo em vez disso lidar com o texto "como ele existe" em vez de construir um texto possível cuja existência não se pode *provar*.[10] Neste breve capítulo, não será possível fazer uma lista completa dos estudos narrativos sobre o Evangelho de João. Por isso, vou destacar apenas algumas áreas que atraíram interesse considerável de estudiosos nos últimos anos. Muitos desses estudos desenvolvem uma das sete áreas "anatômicas" investigadas por Culpepper, defendendo maior clareza terminológica ou fornecendo maior profundidade de estudo.[11]

Ponto de vista e ironia

Uma das áreas de interesse são os vários pontos de vista exprimidos no Evangelho. O mais evidente é o contraste entre o ponto de vista do narrador (em geral, alinhado com o do "autor implícito"), os dos vários personagens do Evangelho e os dos ouvintes do Evangelho ("leitor implícito"). Por meio de diversos comentários esclarecedores dirigidos aos ouvintes do Evangelho indisponíveis para os personagens do texto, o narrador cria um dualismo que faz separação entre os personagens e os leitores do Evangelho, uma ironia que atrai os leitores para "o ponto de vista ideológico do narrador".[12]

---

depende da obra de Chatman, Culpepper se vale das obras de uma gama de teóricos literários (Thatcher, "Anatomies of the Fourth Gospel", p. 18-27).

[9]R. Alan Culpepper, "Pursuing the elusive", in Thatcher, *What we have heard*, p. 113; Thatcher e Moore, *Anatomies of narrative criticism*.

[10]Marinus de Jonge, "The Gospel and the Epistles of John read against the background of the history of the Johannine communities", in Thatcher, *What we have heard*, p. 127-48.

[11]As sete áreas são: narrador, ponto de vista, tempo narrativo, enredo, personagens, comentário implícito e leitor implícito. A recente coleção organizada por Douglas Estes e Ruth Sheridan inclui muitos desses tópicos, embora não sejam sempre identificados pelos mesmos termos, além de outros que emergiram em estudos literários para além das primeiras obras de Culpepper. *How John works: storytelling in the Fourth Gospel*, RBS 86 (Atlanta: SBL Press, 2016).

[12]Culpepper, *Anatomy of the Fourth Gospel*, p. 164. Obras significativas sobre o uso da ironia por parte de João incluem Paul D. Duke, *Irony in the Fourth Gospel* (Atlanta: John Knox, 1985); Gail R. O'Day, *Revelation in the Fourth Gospel: narrative mode and theological claim* (Philadelphia: Fortress, 1986); Jeffrey Lloyd Staley, *The print's first kiss: a rhetorical investigation of the implied reader in the Fourth Gospel*, SBLDS 82

James Resseguie, por exemplo, analisa cinco pontos de vista em João: "espacial, temporal, psicológico, fraseológico e ideológico".[13] Resseguie alega que esses cinco aspectos funcionam juntos para mostrar "o modo que a história [de João] é contada", causando impacto nos ambientes da narrativa, na relação entre os ouvintes e os fatos da narrativa, o modo que os personagens são apresentados e o objetivo persuasivo geral da narrativa ou seu "ponto de vista ideológico". Para Resseguie, esse último ponto de vista é o mais importante. É nada menos que o "paradoxo", apresentado no prólogo do Evangelho, de que "a natureza sobrenatural de Jesus só pode ser vista na carne dele" (1.14).[14] Enquanto alguns personagens e membros do público são atraídos a crer por esse paradoxo, outros são irremediavelmente alienados por ele.

Imagens, simbolismo e metáfora

As imagens usadas ao longo do Quarto Evangelho levaram outros estudiosos a mergulharem mais fundo em seu uso do simbolismo, da linguagem figurada e da metáfora. Dorothy Lee, Craig Koester, Jan G. van der Watt e Ruben Zimmermann são apenas alguns dos estudiosos que analisaram esses elementos do Evangelho, notando como as camadas de linguagem figurada tecem redes de sentido ao longo da história de João.[15] Lee observa que o Evangelho de João estimula a investigação simbólica com seu uso frequente de duplos sentidos e motivos repetidos da vida cotidiana (e.g., água, pão, luz/trevas, nascimento), das Escrituras de Israel e de outros contextos judaicos (e.g., festivais judaicos, Moisés, Abraão, maná), além de seu ambiente romano imperial (e.g., "Salvador do mundo" [João 4.42]).[16] Ao adentrar e tentar se orientar nas redes de metáforas joaninas, os ouvintes de seu Evangelho formam entendimentos novos e mais profundos acerca de Jesus. Em vez de empregar esses símbolos e metáforas um de cada vez, o Evangelho sobrepõe essas figuras umas sobre as outras, de tal modo que é impossível isolar uma única imagem dentre todas as outras. Por essa razão, os estudiosos muitas

(Atlanta: Scholars Press, 1988); Adele Reinhartz, *The word in the world: the cosmological tale in the Fourth Gospel*, SBLMS 45 (Atlanta: Scholars Press, 1992).

[13]James Resseguie, "Point of view", in Estes e Sheridan, *How John works*, p. 81-82.

[14]Resseguie, "Point of view", p. 96.

[15]Dorothy A. Lee, *The symbolic narratives of the Fourth Gospel: the interplay of form and meaning*, JSNTSup 95 (Sheffield: Sheffield Academic, 1994); Lee, "Imagery", in Estes e Sheridan, *How John works*, p. 151-69; Craig R. Koester, *Symbolism in the Fourth Gospel: meaning, mystery, community*, 2ª ed. (Minneapolis: Fortress, 2003; primeira edição 1995); Jan G. van der Watt, *Family of the King: dynamics of metaphor in the Gospel according to John*, BIS 47 (Leiden: Brill, 2000); Ruben Zimmermann, "Metaphoric networks at hermeneutic keys in the Gospel of John: using the example of the mission imagery", in *Repetitions and variations in the Fourth Gospel: style, text, interpretation*, Gilbert van Belle; Michael Labahn; Petrus Maritz, orgs., BETL 223 (Leuven: Peeters, 2009), p. 381-402.

[16]As categorias são adaptadas a partir de Lee, "Imagery", p. 152.

vezes mencionam a dificuldade de avançar de forma linear pelo Evangelho de João, uma vez que se caminha para a frente e para trás no texto a fim de ligar as imagens, os símbolos e as metáforas para interpretar a narrativa.[17] Realmente, Lee sugere que os ouvintes podem ser transformados por esse processo quando usam a imaginação para interpretar os complexos símbolos, sentidos e metáforas do Evangelho.[18]

Literatura comparada antiga: gênero e retórica

A análise literária do Evangelho de João também estimulou alguns estudiosos a investigar a relação desse Evangelho com outros gêneros literários e técnicas de escrita, ou retórica, antigos.[19] Harold Attridge argumenta que o Evangelho de João ajusta o gênero evangélico recebido, mesclando aspectos históricos e biográficos com características do romance e do drama para contar outra história de Jesus. Longe de ser uma invenção extraordinária, a mistura de gêneros presente no Evangelho é um aspecto comum da literatura greco-romana do primeiro século, bem como da literatura judaica do período.[20] Jo-Ann Brant e George Parsenios analisam as conexões entre o Evangelho de João e o drama, em particular, inclusive os reiterados encontros individuais de Jesus com algum outro personagem, os aspectos de coro dos personagens de grupo e os padrões retóricos dos sermões de Jesus.[21] Para Parsenios, João ocupa um espaço "entre a narrativa e a peça teatral", misturando itens biográficos com elementos formais do teatro, onde o narrador desaparece por detrás da cena para permitir que os personagens principais falem e ocupem o palco sozinhos.[22]

Contudo, embora Brant e Parsenios concordem quanto aos aspectos de dramaturgia do Evangelho de João, eles estabelecem diferentes objetivos

---

[17]Zimmermann denomina as coleções de termos no Evangelho de João "aglomerados". Ruben Zimmerman, "Imagery in John: opening up paths into the tangled thicket of John's figurade world", in *Imagery in the Gospel of John: texts, forms, themes, and theology of Johannine figurade language*, Jörg Frey et al, orgs., WUNT 200 (Tübingen: Mohr Siebeck, 2007), p. 31.

[18]Lee, "Imagery", p. 167-69.

[19]Kasper Bro Larsen, "Introduction: the Gospel of John as genre mosaic", in *The Gospel of John as genre mosaic*, Kasper Bro Larsen, org., SANt 3 (Göttinger: Vandenhoeck & Ruprecht, 2015), p. 13-24; Alicia D. Myers, "Rhetoric", in Estes e Sheridan, *How John works*, p. 187-203; Ruth Sheridan, "Persuasion", in Estes e Sheridan, *How John Works*, p. 204-23.

[20]Harold Attridge, "The Gospel of John: genre matters?", in Larsen, *Gospel of John as genre mosaic*, p. 27-45; Harold Attridge, "Genre", in Estes e Sheridan, *How John works*, p. 7-22.

[21]Jo-Ann A. Brant, *Dialogue and drama: elements of Greek tragedy in the Fourth Gospel* (Peabody, MA: Hendrickson, 2004); Brant, *John*, PCNT (Grand Rapids: Baker Academic, 2011); George L. Parsenios, *Departure and consolation: the Johannine farewell discourses in light of Greco-Roman literature*, NovTSup 117 (Leiden: Brill, 2005).

[22]George Parsenios, "The silent spaces between narrative and drama: *mimesis* and *diegesis* in the Fourth Gospel", in Larsen, *Gospel of John as genre mosaic*, p. 85-97.

retóricos para o Evangelho no todo. Brant argumenta que o Evangelho é essencialmente epidíctico, o que reforça a crença da plateia na identidade de Jesus como "o Cristo, o Filho de Deus" (Jo 20.31). Desse modo, Brant concorda com Jerome Neyrey, que enxerga elementos contrastantes de encômio (louvor) e vituperação (censura) dirigidos a Jesus ao longo do Evangelho.[23] Parsenios, todavia, concentra-se em aspectos jurídicos da narrativa de João. Isso o leva a interpretar o Evangelho como a investigação de Jesus por vários personagens, o que culmina no julgamento de Jesus por Pilatos.[24] Para Parsenios, a combinação de elementos dramáticos e jurídicos é comparável a outras narrativas dramáticas do mundo antigo, como *Eumênides*, de Ésquilo, que narra o julgamento de Orestes diante de Atena. Kasper Bro Larsen trilha outro caminho ainda, notando similaridades entre as conversas de Jesus com personagens e as "cenas de reconhecimento" presentes na literatura antiga.[25] Outros estudiosos investigaram os sermões de Jesus à luz de enigmas e propuseram que os duplos sentidos e as contradições de Jesus funcionam como recursos pedagógicos para os ouvintes.[26] Em geral, a maioria dos estudiosos joaninos não estão dispostos a limitar o Evangelho de João a um único gênero, mas, sim, detectam ressonâncias entre ele e alguns tipos de literatura antiga. Enquanto nosso panorama destaca comparações literárias greco-romanas, Brant e outros notaram relações também com a literatura judaica, sobretudo porque o Evangelho recorre regularmente ao AT.[27]

Personagens, caracterização e ética

Talvez nenhuma área de estudo narrativo de João tenha atraído tanta atenção nos últimos anos quanto a da caracterização e dos personagens. Como no caso da discussão anterior sobre o gênero literário, esses estudos observam o foco do Evangelho em seu protagonista, Jesus, e seus diálogos episódicos com

---

[23]Brant, *John*, p. 11-12; Jerome H. Neyrey, *The Gospel of John in cultural and rhetorical perspective* (Grand Rapids: Eerdmans, 2009), p. 3-28.

[24]George Parsenios, *Rhetoric and drama in the Johannine lawsuit motif*, WUNT 258 (Tübingen: Mohr Siebeck, 2010); Andrew T. Lincoln, *Truth on trial: the lawsuit motif in the Fourth Gospel* (Peabody, MA: Hendrickson, 2000); Per Jarle Bekken, *The lawsuit motif in John's Gospel from new perspectives: Jesus Christ, crucified criminal and emperor of the world*, NovTSup 158 (Leiden: Brill, 2015).

[25]Kasper Bro Larsen, *Recognizing the stranger: recognition scenes in the Gospel of John*, BIS 93 (Leiden: Brill, 2008); Meredith J. C. Warren, *My flesh is meat indeed: a nonsacramental reading of John 6.51-58* (Minneapolis: Fortress, 2015).

[26]Tom Thatcher, *The riddles of Jesus in John: a study in tradition and folklore*, SBLMS 53 (Atlanta: SBL, 2000); Paul N. Anderson, *The riddles of the Fourth Gospel: an introduction to John* (Minneapolis: Fortress, 2011); Attridge, "Genre", p. 18-22; Jason S. Sturdevant, *The adaptable Jesus of the Fourth Gospel: the pedagogy of the Logos*, NovTSup 162 (Leiden: Brill, 2015), espec. p. 47-93.

[27]Jo-Ann A. Brant, "John and Jewish novels", in Larsen, *Gospel of John as genre mosaic*, p. 157-68; Lincoln, *Truth on trial*, p. 36-56; Bekken, *Lawsuit motif in John's Gospel*; Peder Borgen, *The Gospel of John: more light from Philo, Paulo and archaeology: the Scriptures, tradition, settings, meaning*, NovTSup 154 (Leiden: Brill, 2014).

personagens individuais e grupos de personagens. Esses aspectos tornam os estudos de personagem atraentes para estudiosos que analisam a cristologia de João, as perspectivas do judaísmo antigo, o entendimento da "fé" e os discípulos, entre outros dados.[28] Estudos narrativos maiores dedicaram capítulos à discussão dos personagens de João e seus métodos de caracterização, porém, mais recentemente surgiram estudos e coleções individuais totalmente dedicados ao assunto.[29] Esses estudos usam uma variedade de métodos, alguns dão prosseguimento à tradição de Culpepper de se amparar essencialmente na crítica literária contemporânea, outros priorizam modelos e técnicas antigos e ainda outros apresentam uma combinação desses métodos. Embora os estudos anteriores tenham definido os personagens de João como representantes tipológicos rasos, os estudos atuais defendem uma consciência mais profunda da ambiguidade joanina, mesmo em se tratando de alguns personagens ou grupos tradicionalmente interpretados nos termos mais negativos. Susan Hylen assinala a ambiguidade na descrição joanina dos judeus, que muitas vezes são apontados no Evangelho como os "oponentes" de Jesus por excelência. Hylen argumenta que, em vez de inteiramente hostis, os judeus apresentam um caráter em conflito e mesmo "contraditório" na relação com Jesus (e.g., 7.14-52). Desse modo, convida os ouvintes/leitores de João a reconsiderarem seu próprio entendimento de Jesus e das pessoas ou grupos que talvez julguem serem seus oponentes.[30]

Motivadas especialmente pela obra de van der Watt e Zimmermann, discussões sobre personagens de João estimularam os estudiosos a reavaliarem a consagrada posição de que o Evangelho de João carece de ética. Esses estudiosos argumentam que, em vez de apresentar imperativos éticos à maneira dos Sinóticos (e.g., o Sermão do Monte de Mateus), João apresenta uma ética "implícita", ressaltando as "obras de Deus" e o amor, bem como

[28]Ruben Zimmermann resenha estudos recentes em "Figurenanalyse im Johannesevangelium: ein Beitrag zu Sinn und Warheit narratologischer Exegese", *ZNW* 105 (2014): p. 20-53.

[29]E.g., Judith Hartenstein, *Charackterisierung im Dialog: Maria Magdalena, Petrus, un die Mutter Jesu im Johannesevangelium*, NTOA 64 (Göttingen: Vandenhoeck & Ruprecht, 2007); Cornelis Bennema, *Encountering Jesus: character studies in the Gospel of John*, 2ª ed. (Minneapolis: Fortress, 2014; primeira edição 2009); Alicia D. Myers, *Characterizing Jesus: a rhetorical analysis of the Fourth Gospel's use of Scripture in its presentation of Jesus*, LNTS 458 (London: Bloomsbury T&T Clark, 2012); Steve A. Hunt; D. François Tolmie; Ruben Zimmermann, orgs., *Character studies in the Fourth Gospel: narrative approaches to seventy figures in John*, WUNT 314 (Tübingen: Mohr Siebeck, 2013); Christopher W. Skinner, org., *Characters and characterization in the Gospel of John*, LNTS 461 (London: Bloomsbury T&T Clark, 2013); Skinner, "Characterization", in Estes e Sheridan, *How John works*, p. 115-32; Mark W. G. Stibbe, "Protagonist", in Estes e Sheridan, *How John works*, p. 133-50.

[30]Susan Hylen, *Imperfect believers: ambiguous characters in the Gospel of John* (Louisville: Westminster John Knox, 2009), p. 118. Veja também Alicia D. Myers, "Just opponents? Ambiguity, empathy, and the Jews in the Gospel of John", in *Johannine ethics: the moral world of the Gospel and Epistles of John*, Sherrie Brown; Christopher W. Skinner, orgs. (Minneapolis: Fortress, 2017), p. 195-212.

a descrição do comportamento dos personagens.[31] A nova coleção organizada por Christopher Skinner e Sherri Brown, por exemplo, contém estudos de personagens individuais voltados para a formação ética implícita que pode resultar das caracterizações de João.[32] Esses estudiosos observam que, embora talvez não se seja uma obra "ética" no sentido tradicional, o Evangelho de João não obstante influenciou a ética de vários indivíduos e grupos ao longo da história cristã. Para alguns leitores, isso destaca o mandamento joanino do "amor" (13.34,35).[33] No entanto, Adele Reinhartz e Ruth Sheridan acrescentam nuances significativas, notando a importância de resistir a alguns aspectos potencialmente negativos da ética de João, particularmente em relação aos judeus e a outros não cristãos.[34] Reinhartz também adverte contra se concentrar demais na ética no Evangelho de João, lembrando aos leitores que a principal preocupação desse Evangelho é a cristologia e não a validação de normas antigas ou contemporâneas.[35]

JOÃO E A HISTÓRIA: DECIFRANDO CAMADAS E DEBATENDO CONTEXTOS

Apesar de sua insistente ênfase na "forma final" do Evangelho, a vasta maioria dos críticos narrativos e literários de João valoriza os contextos históricos do livro. Realmente, a maioria desses estudiosos reconhece que a história da composição do Evangelho é complicada e arrastada, mas acredita que é impossível recuperá-la com algum grau de certeza. Portanto, o que prevalece é simplesmente o contexto da "forma final" — isto é, o fim do primeiro século d.C. É essa questão controversa que mais frustra os estudiosos histórico-críticos tradicionais de João. John Ashton nos servirá aqui de exemplo. Em uma análise particularmente sincera de seus colegas que focam na narrativa, Ashton considera o desprezo deles pela tradição e pelos métodos da crítica editorial algo ingênuo e pouco refinado, sobretudo porque desmente a própria natureza construída da "forma final" do texto grego em análise. O texto,

[31]Jan G. van der Watt; Ruben Zimmermann, orgs., *Rethinking the ethics of John: "implicit ethics" in the Johannine writings*, WUNT 291 (Tübingen: Mohr Siebeck, 2012); Karl Weyer-Menkhoff, *Die Ethik des Johannesevangeliums im sprachlichen Feld des Handelns*, Kontexte und Normen neutestamentlicher Ethik, WUNT 2/359 (Tübingen: Mohr Siebeck, 2014); Lindsey M. Trozzo, *Exploring Johannine ethics: a rhetorical approach to moral efficacy in the Fourth Gospel narrative*, WUNT 2/449 (Tübingen: Mohr Siebeck, 2017).

[32]Brown e Skinner, *Johannine ethics*.

[33]E.g., Francis J. Moloney, *Love in the Gospel of John: an exegetical, theological, and literary study* (Grand Rapids: Baker Academic, 2013).

[34]Adele Reinhartz, *Befriending the beloved disciple: a Jewish reading of the Gospel of John* (London: Continuum, 2001); Sheridan, "Persuasion", p. 221-23.

[35]Adele Reinharz, "The lyin' king? Deception and Christology in the Gospel of John", in Brown e Skinner, *Johannine ethics*, p. 117-34, espec. 134.

Ashton lembra aos narratologistas, é "resultado de milhares de decisões mínimas por parte de [os] editores" que examinaram milhares de manuscritos com variantes em praticamente todos os versículos de João.[36] Bastaria comparar as várias versões do Nestle-Aland para perceber isso. Para Ashton, os críticos narrativos e literários ignoram a valiosa, e, na verdade, indispensável, história do texto, minimizando sua complicada construção. Esse desprezo não só ignora camadas recuperáveis de redação e, portanto, lampejos do desenvolvimento da tradição joanina, mas também omite as costuras (*aporias*) remanescentes no Evangelho, preferindo enxergar esses sinais editoriais como aspectos estilísticos ou retóricos e não como transições abruptas no Evangelho (e.g., Jo 14.31).[37]

Cumpre notar, no entanto, que, em vez de ignorar completamente essas costuras, muitos críticos narrativos (a maioria deles, ouso dizer) aceitavam em maior ou menor proporção o desenvolvimento proposto por Martyan e Brown, cujas teorias da comunidade joanina dominaram os estudos joaninos ao longo dos últimos cinquenta anos, mesmo que os críticos narrativos não tenham participado da divisão de camadas no texto.[38] Concentrando-se nas únicas passagens *aposynagōgos* ("fora da sinagoga") de João (9.22; 12.42; 16.2), junto com a dura polêmica contra os judeus (e.g., João 8), Martyn e Brown propuseram uma história da expulsão dos cristãos joaninos das sinagogas judaicas à medida que eles gradualmente desenvolviam cristologias cada vez mais elevadas. Brown argumenta que a controvérsia não parou no Evangelho, mas prosseguiu para as Epístolas, conforme os cristãos debatiam vários temas como a inspiração pelo Espírito, a contínua relevância de Jesus e a escatologia.[39] Embora não defendessem divisões textuais específicas e até questionando aspectos dessa "peça teatral em dois níveis", os estudiosos joaninos ainda percebem muitas vezes o conflito (geralmente cristológico) como componente central da redação do Evangelho. O conflito não existia durante a vida de Jesus, mas surgiu posteriormente na vida da comunidade joanina quando ela procurava se definir dentro, ao lado ou fora das comunidades judaicas locais e outros grupos cristãos primitivos.

Um dos principais benefícios das leituras de Martyn e Brown foi uma explicação da dura polêmica de João referente aos judeus. Em vez de

---

[36]John Ashton, "Second thoughts", in Thatcher, *What we have heard*, p. 8.

[37]Ashton, "Second thoughts", p. 2-9. Veja também Ashton, *Understanding the Fourth Gospel*, 2ª ed. (Oxford: Oxford University Press, 2007), p. 11-22; Ashton, *The Gospel of John and Christian origins* (Minneapolis: Fortress, 2014), p. 119-32.

[38]A expulsão da sinagoga é uma tendência em grande parte da obra de R. Alan Culpepper, além de ser recorrente nas leituras narrativas. Mesmo que não postulem uma ruptura formal com a sinagoga, os estudiosos joaninos muitas vezes argumentam a favor de conflitos cristológicos por trás do Evangelho (Thatcher, "Anatomies of the Fourth Gospel", p. 6-8).

[39]Brown, *Community of the beloved disciple*, p. 93-144.

um Evangelho claramente "antijudaico", João é o produto de um debate intrajudaico. O Evangelho de João não é uma rejeição geral dos judeus pelos primeiros "cristãos", mas, sim, um debate sectário, localizado. Essa jogada também exclui o contexto histórico de João dos contextos predominantemente helenísticos e gnósticos e o situa em contextos judaicos, salvando o Evangelho de João das acusações de sincretismo e, portanto, vinculando o Evangelho mais intimamente ao Jesus histórico. É essa vertente de estudos que inspirou os membros do Grupo João, Jesus e a história da Society of Biblical Literature a investigar o Evangelho de João em busca de mais vislumbres do Jesus histórico, resistindo à maré acadêmica que excluía João desse campo tradicionalmente cobiçado. Para Paul Anderson, o Evangelho de João é um testemunho independente de tradições primitivas em torno de Jesus que posteriormente foram desenvolvidas com preocupações joaninas específicas em mente, ainda que tenham influenciado os autores de Lucas e Mateus (e contrastado agudamente com Marcos).[40] Tom Thatcher também argumenta a favor da independência, embora seu foco se concentre no papel da memória na preservação e no cultivo das tradições em torno de Jesus no Evangelho de João.[41] Ao mesmo tempo, entretanto, Frans Neirynck estimulou outros estudiosos a retomarem a análise dos indícios de que João se baseou em mais de um dos Evangelhos Sinóticos.[42] Há, portanto, um número cada vez maior de argumentos a favor de potenciais interações entre João e outros Evangelhos, mesmo entre os estudiosos que enfatizam um papel editorial significativo de João no moldar de tradições compartilhadas.[43]

Teorias da redação mais robustas também foram apresentadas. Jean Zumstein e Andreas Dettwiler desenvolveram uma teoria de "*re*leitura" (*relecture*) dentro do Evangelho, argumentando que as transições abruptas e as

[40]Veja Paul Anderson, "Why this study is needed and why it is needed now", in *John, Jesus, and history*, vol. 1, *Critical appraisals of critical views*, Paul N. Anderson; Felix Just; Tom Thatcher, orgs.; SBLSyms 44 (Atlanta: SBL Press, 2007), p. 13-74; bem como Anderson, *The Fourth Gospel and the quest for Jesus: modern foundations reconsidered*, LNTS 321 (London: T&T Clark, 2006); Anderson, "The community that Raymond Brown left behind: reflections on the Johannine dialectical situation", in *Communities in dispute: current scholarship on the Johannine epistles*, R. Alan Culpepper; Paul N. Anderson, orgs., ECIL 13 (Atlanta: SBL Press, 2014), p. 47-94.

[41]Tom Thatcher, *Why John wrote a Gospel: Jesus, memory, history* (Louisville: Westminster John Knox, 2006); Richard Horsley e Tom Thatcher, *John, Jesus, and the renewal of Israel* (Grand Rapids: Eerdmans, 2013).

[42]Frans Neirynck, "John 4:46-51: signs, source and/or Synoptic Gospels", *ELT* 60 (1984): p. 367-75; Frans van Segbroeck; C. M. Tuckett, orgs., *The Four Gospels 1992: Festschrift Frans Neirynch*, 3 vols., BETL 100 (Leuven: Peeters, 1992); D. Moody Smith, *John among the Gospels*, 2ª ed. (Columbia: University of South Carolina Press, 2001; primeiro publicado em 1992).

[43]E.g., Thatcher e Williams, *Engaging with C. H. Dodd*; Wendy E. S. North, *A journey round John: tradition, interpretation and context in the Fourth Gospel*, LNTS 534 (London: Bloomsbury T&T Clark, 2015), p. 179-92, 207-19; James W. Barker, *John's use of Matthew* (Minneapolis: Fortress, 2015).

repetições são resultado da reformulação do material tradicional pela comunidade e posterior preservação dessas revisões juntamente com os textos mais antigos. Klaus Scholtissek ampara-se na obra de Zumstein e Dettwiler, mas sugere que esse trabalho pode ser da autoria de um único autor e não de uma comunidade, como um processo de "*re*escrita" (*réécriture*).[44] Em anos mais recentes, contudo, a reconstrução mais completa do processo de composição do Evangelho e das Epístolas de João é a do comentário em três volumes de Urban von Wahlde.[45] Amparando-se em grande parte em Brown, von Wahlde estabelece critérios para a divisão do material joanino em camadas de redação. Ele encontra indícios da existência de três edições do Evangelho, defendendo que sua forma final é posterior a 1João, carta que, segundo ele, esclarece aspectos de edições anteriores dos Evangelhos. Esses esclarecimentos, alega, foram em seguida incorporados à forma final do Evangelho para criar uma teologia joanina mais uniforme.[46] A crítica recorrente a esses tipos de reconstrução é que elas não enumeram adequadamente seus critérios para a divisão das camadas, resumindo-se a comentar as "claras" transições abruptas ou incoerências ideológicas no texto. A precisão da abordagem de von Wahlde é, em parte, uma reação a essas críticas.

Nas últimas décadas, surgiram mais reações contra a ênfase de Brown e Martyn na comunidade joanina. O aspecto da teoria de Martyn que foi alvo das críticas mais vigorosas é sua confiança no uso questionável que ele faz do Birkat Ha-Minim ("amaldiçoar os hereges") nas sinagogas locais no final do primeiro século.[47] Mesmo quando os estudiosos recentes renovaram os argumentos a favor desse uso, Reinhartz defende que o Evangelho de João registra apenas um lado da história da divisão.[48] Por causa disso, os preconceitos do próprio Evangelho devem ser reconhecidos, em vez de lidos como uma janela transparente para o mundo por trás do texto. Outros estudiosos, todavia, questionam a reconstrução de Brown, propondo um debate cristológico único nos círculos joaninos em vez de uma divisão dupla, primeiro de grupos

---

[44]Jean Zumstein, *La mémoire revisitée: etudes johanniques*, MdB 71 (Genebra: Labor et Fides, 2017); Zumstein, "Intratextuality and intertextuality in the Gospel of John", trad. Mike Gray, in Thatcher and Moore, *Anatomies of narrative criticism*, p. 121-35. A obra mais recente de Scholtissek concentra-se no potencial da *relecture* na interpretação de 1João. Veja Klaus Scholtissek, "Die relecture des Johannesevangeliums im ersten Johannesbrief", *BK* 59 (2004): p. 152-65.

[45]Urban von Wahlde, *A commentary on the Gospel and letters of John*, 3 vols., ECC (Grand Rapids: Eerdmans, 2010).

[46]Von Wahlde, *Commentary*, vol. 1; von Wahlde, "Raymond Brown's view of the crises of 1John: in the light of some peculiar features of the Johannine Gospel", in Culpepper and Anderson, *Communities in dispute*, p. 19-45.

[47]E.g., Reinhartz, *Befriending the beloved disciple*, p. 39-40.

[48]Joel Marcus, "*Birkat Ha-Minim* Revisited", *NTS* 55 (2009): p. 523-51. Cf. Reinhartz, *Befriending the beloved disciple*, p. 40-53; Reinhartz, "Incarnation and covenant: the Fourth Gospel through the lens of trauma theory", *Int* 69 (2015): p. 35-48.

judaicos e depois dentro da comunidade joanina. Udo Schnelle, por exemplo, defende que a Segunda e a Terceira Epístolas de João são os primeiros escritos joaninos, servindo como respostas breves e enfáticas a uma onda docetista em desenvolvimento. A epístola de 1João, e depois o Evangelho, são argumentos teológicos mais completos que visam combater esses ensinamentos contrários à Encarnação.[49] Ainda outros, liderados por Richard Bauckham, argumentam que nenhum Evangelho deve ser lido como se estivesse limitado ou se dirigisse a uma única comunidade cristã primitiva. Bauckham sugere que a essência do Evangelho de João está no testemunho ocular do discípulo amado (que não é João, filho de Zebedeu) e que o Evangelho foi concebido para ser ouvido em várias comunidades cristãs primitivas.[50] Por essa razão, Bauckham considera o Evangelho de João útil para reconstruções históricas das tradições em torno de Jesus (como testemunho "ocular") embora não seja útil para reconstruir uma comunidade joanina. Na verdade, para ele não existe nenhuma "comunidade" puramente "joanina" a ser reconstruída.[51]

TEMAS PERENES E NOVOS HORIZONTES

O panorama apresentado anteriormente já tocou em alguns temas perenes dos estudos joaninos, especialmente a atribulada história de como o Evangelho de João apresenta os judeus (*hoi Ioudaioi*).[52] O estudo desses temas tem sido influenciado pela abundância dos estudos crítico-narrativos e do pós-modernismo, particularmente a consciência da realidade de que as ideologias influenciam todas as interpretações. Não obstante, como no caso dos outros estudos mencionados anteriormente, tal consciência não necessariamente leva os estudiosos a separarem o estudo deles do Evangelho de João dos contextos históricos. Pelo contrário, abre perspectivas para novos contextos, tanto antigos quanto modernos, para os intérpretes lerem o Evangelho. A seguir, vou dividir esses temas finais em duas categorias para facilitar a análise: os estudos baseados em contextos essencialmente judaicos

---

[49]Udo Schnelle, *Antidocetic Christology in the Gospel of John: an investigation of the place of the Fourth Gospel in the Johannine School*, trad. Linda M. Maloney (Minneapolis: Fortress, 1992); Georg Strecker, *Theology of the New Testament*, Friedrich Wilhelm Horn, org., trad. M Eugene Boring (Berlim: de Gruyter, 2000), p. 419-515.

[50]Richard Bauckham, org., *The Gospels for all Christians: rethinking the Gospel audiences* (Grand Rapids: Eerdmans, 1998), espec. p. 9-48, 147-71; Bauckham, *The testimony of the beloved disciple: narrative, history, and theology in the Gospel of John* (Grand Rapids: Baker Academic, 2007), p. 73-123.

[51]Edward W. Klink III, *The sheep of the fold: the audience and origin of the Gospel of John*, SNTSMS 141 (Cambridge: Cambridge University Press, 2007); Jonathan Bernier, Aposynagōgos *and the historical Jesus in John: rethinking the historicity of the Johannine expulsion passages*, BIS 122 (Leiden: Brill, 2013); David A. Lamb, *Text, context, and the Johannine community: a sociolinguistic analysis of the Johannine writings*, LNTS 477 (London: Bloomsbury T&T Clark, 2015).

[52]Quanto à tradução de *hoi Ioudaioi*, veja Myers, "Just opponents?", p. 195.

e os estudos focados em contextos do Império Romano e pós-coloniais. Embora essas categorias estejam separadas aqui, na prática, elas necessariamente se interseccionam.

Contextos judaicos

A intricada relação de João com os judeus e o judaísmo, bem como sua complexa apresentação deles, continua sendo um tema importante para os estudiosos joaninos. Os intérpretes não raramente debatem se João pode ser classificado como "antijudaico", em vista de seus contextos antigos e do uso que ele faz da história cristã.[53] A forma muitas vezes polêmica que João apresenta os judeus em seu Evangelho torna-se ainda mais complicada pela frequente incorporação de elementos do AT e do judaísmo do Segundo Templo. O Evangelho de João valoriza o AT, o calendário litúrgico judaico e as práticas judaicas, mesmo que os interprete de formas radicalmente cristocêntricas (e.g., 5.39-47; 10. 30 [cf. Dt 6.5]). Em seu estudo recente, Ruth Sheridan investiga como o Evangelho usa as Escrituras para retratar os judeus como personagens negativos.[54] Outros estudiosos investigam padrões e métodos de citação, bem como vínculos intertextuais maiores que dão profundidade à incorporação desses elementos pelo Evangelho. Entre as áreas de interesse, estão como a memória contribui para o uso das tradições por João e como a retórica de João pode ser comparada a práticas retóricas antigas empregadas por autores judeus e não judeus.[55]

Além de se valer de tradições do AT, o Evangelho de João também apresenta intersecções interessantes com textos dos Manuscritos do Mar Morto (MMM). Esses pergaminhos foram inicialmente considerados um potencial tesouro de ideias sobre o movimento joanino. Alguns estudos mais recentes, todavia, minimizaram os vínculos diretos entre o Evangelho e os MMM. As áreas de intersecção realmente existem, porém, também há intersecções entre João e o mundo do primeiro século de maneira mais geral. Como explica James Charlesworth, essa observação significa que não é mais necessário recorrer a textos helenísticos para encontrar semelhanças com

---

[53]Reinhartz, *Befriending the beloved disciple*; Lars Kierspel, *The Jews and the world in the Fourth Gospel: parallelism, function, and context*, WUNT 2/220 (Tübingen: Mohr Siebeck, 2006); R. Alan Culpepper; Paul N. Anderson, orgs., *John and Judaism: a contested relationship in context*, RBS 87 (Atlanta: SBL Press, 2017).

[54]Ruth Sheridan, *Retelling Scripture: "the Jews" and the Scriptural citations in John 1:19—12:15*, BIS 110 (Leiden: Brill, 2012). Veja também Jaime Clark-Soles, *Scripture cannot be broken: the social function of the use of Scripture in the Fourth Gospel*, 2. ed. (Leiden: Brill, 2003).

[55]Alicia D. Myers; Bruce G. Schuchard, orgs., *Abiding words: perspectives on the use of the Old Testament in the Gospel of John*, RBS 81 (Atlanta: SBL Press, 2015); Richard B. Hays, *Echoes of Scripture in the Gospels* (Waco: Baylor University Press, 2016).

o pensamento joanino.[56] João está em casa em um ambiente judeu. Aliás, alguns desses vínculos são tão estreitos que Charlesworth e outros afirmam que João pode ter vindo de um judaísmo do tipo essênio, ou mesmo do próprio Qumran.[57] O interesse atual também se volta para examinar a relação de João com aspectos apocalípticos do judaísmo, pelo menos em parte por causa da intersecção entre o dualismo qumranita e o joanino. Aprofundando-se na proposta de Ashton, Catrin Williams, Christopher Rowland e outros investigam a possibilidade do Evangelho de João, embora não sendo um apocalipse, conservar elementos apocalípticos.[58] Assim como outros textos apocalípticos judaicos, por exemplo, João também se concentra sobretudo na revelação. Ademais, esse Evangelho é tradicionalmente associado a Apocalipse como parte do *corpus* joanino.

Interpretações pró-imperiais e anti-imperiais

Impulsionados sobretudo pela obra de Warren Carter, os estudiosos também estão examinando o que significa o Evangelho de João ter sido escrito no seio do Império Romano. Isso muitas vezes resulta em interpretações anti-imperiais, observando que o Evangelho promove Jesus como o "Salvador do mundo" (e não César [Jo 4.42]) e mostra a impotência e a ignorância do representante de Roma, Pilatos (Jo 18 e 19).[59] Esses estudos se encaixam bem com as abordagens pós-coloniais que igualmente questionam as chamadas interpretações normativas ou imperiais de João. R. S. Sugirtharajah explica que "o pós-colonialismo nunca foi concebido como uma grande teoria, mas como literatura criativa e como discurso de resistência surgido nas ex-colônias dos impérios ocidentais". Essa literatura foi posteriormente retomada, sobretudo junto com o feminismo e a globalização, "para analisar as diversas estratégias mediante as quais os colonizadores construíram imagens dos colonizados" e "para estudar como os próprios colonizados fizeram uso e foram além de muitas dessas estratégias para expressar sua identidade, valor próprio e empoderamento".[60]

---

[56]James Charlesworth, "The Fourth Evangelist and the Dead Sea Scrolls: assessing trends over nearly sixty years", in *John, Qumran, and the Dead Sea Scrolls: sixty years of discovery and debate*, Mary L. Coloe; Tom Thatcher, orgs., EJIL 32 (Atlanta: SBL, 2011), p. 164.

[57]Charlesworth, "Fourth Evangelist", p. 165-72.

[58]Ashton, *Understanding the Fourth Gospel*, p. 305-29; Catrin H. Williams; Christopher Rowland, orgs., *John's Gospel and intimations of apocalyptic* (London: Bloomsbury T&T Clark, 2014).

[59]Warren Carter, *John and Empire: initial explorations* (London: T&T Clark, 2008); Tom Thatcher, *Greater than Caesar: Christology and Empire in the Fourth Gospel* (Minneapolis: Fortress, 2009); Thomas Rasimus, org., *The legacy of John: second-century reception of the Fourth Gospel*, NovTSup 132 (Leiden: Brill, 2010).

[60]R. S. Sugirtharajah, "Charting the aftermath: a review of postcolonial criticism", in *The postcolonial biblical reader*, R. S. Sugirtharajah, org. (Malden, MA: Blackwell, 2006), p. 7. Fernando Segovia examina obras pós-coloniais nos círculos joaninos em "Johannine studies and the geopolitical: reflections upon absence and interruption", in Thatcher, org., *What have we heard*, p. 281-306.

Seguindo esse caminho, vários estudos recentes analisam e desconstroem uma série de princípios normativos no texto. Colleen Conway e Lee, por exemplo, foram pioneiros analisar como o Evangelho emprega o gênero. Conway em particular concentra-se na lente do entendimento greco-romano de masculinidade e feminilidade para compreender os personagens de João.[61] Embora Conway argumente que o Jesus de João se conforme à "masculinidade hegemônica" do Império Romano, eu e Jason Ripley demos nuances a essa interpretação, mesmo sem deixar de afirmar a dívida de João para com os pressupostos masculinos antigos.[62] A obra de Conway e Lee também estimulou os estudiosos a investigarem o uso e as hipóteses do Evangelho concernentes ao corpo, inclusive aos corpos "deficientes".[63] A função do corpo em João é particularmente significativa em vista da ênfase do Evangelho no Espírito. Realmente, como se mencionou anteriormente, em geral interpreta-se que João combate tendências docetistas. Gitte Buch-Hansen e Christina Pettersen resistem a tais interpretações, a primeira por meio de influências estoicas no Evangelho, e a segunda ao sugerir que João deve ser lido em seus próprios termos, sem os temores gnósticos posteriores.[64] Por isso, ela alega que o Evangelho comunica a presença de Cristo e, na verdade, fica no lugar do corpo de Cristo, como o veículo de revelação para os ouvintes/leitores do Evangelho.

Reflexões

A visão geral dos estudos sobre João aqui oferecida poderia facilmente ser muito mais ampla, mas procurei apresentar uma amostra representativa de alguns temas mais persistentes e das tendências metodológicas dos últimos anos. Nos círculos da crítica da narrativa, o enredo, o espaço, o tempo, a metáfora e o discurso são a ocupação dos estudiosos, que ganharam novo vigor pela guinada narrativa nos estudos joaninos.[65] Mesmo assim, o foco

---

[61]Colleen M. Conway, *Behold the man: Jesus and Greco-Roman masculinity* (New York: Oxford University Press, 2008); Dorothy Lee, *Flesh and glory: symbol, gender, and theology in the Gospel of John* (New York: Crossroad, 2002).

[62]Conway, *Behold the man*, 157; Alicia D. Myers, "Gender, rhetoric and recognition: characterizing Jesus and (re)defining masculinity in the Gospel of John", *JSNT* 38 (2015): p. 191-218; Jason Ripley, "'Behold the Man'? Subverting imperial masculinity in the Gospel of John", *JBRec* 2 (2015): p. 219-39.

[63]Jaime Clark-Soles, "John, First-Third John, and Revelation", in *The Bible and Disability: a commentary*, Sarah J. Melcher; Mikael C. Parsons; Amos Young, orgs. (Waco: Baylor University Press, 2017), p. 333-60.

[64]Gitte Buch-Hansen, *"It is the Spirit that gives life": a Stoic understanding of Pneuma in John's Gospel*, BZNW 173 (Berlin: de Gruyter, 2010); Christina Petterson, *From tomb to text: the body of Jesus in the Book of John* (London: Bloomsbury T&T Clark, 2016). Veja também Warren, *My flesh is meat indeed.*

[65]E.g., Estes e Sheridan, *How John works*; Beth M. Stovell, *Mapping metaphorical discourse in the Fourth Gospel: John's eternal King*, LBS 5 (Leiden: Brill, 2012); Adesola Joan Akala, *The Son-Father relationship and Christological symbolism in the Gospel of John*, LNTS 505 (London: Bloomsbury T&T Clark, 2014).

nos elementos e na coerência da narrativa de João não deixa de ter críticos. Stephen Moore observa que muitos estudiosos que adotam a crítica narrativa não são versados em teoria literária. Por conseguinte, ele argumenta, os estudiosos domesticam (ou, talvez nos círculos joaninos, "dissecam") a teoria, atando-a a metodologias repetíveis por causa de preocupações com historicidade e de comprometimentos eclesiológicos e profissionais muitas vezes não declarados.[66] Outros estudiosos, todavia, argumentam que tais estudos não prestam atenção suficiente à História e com isso abrem caminho para leituras mais individualizadas (e a-historicizadas).[67] Enquanto alguns estudiosos consideram esse distanciamento libertador, outros ficam alarmados. Recusando-se a separar João de seus contextos históricos e da complicada história de sua composição, esses estudiosos continuam interessados em investigações histórico-críticas mais tradicionais.

Os constantes debates sobre a história do Evangelho de João e sobre a história que ele pode ou não conter a respeito de Jesus ou de uma "comunidade joanina" demonstram que, apesar das previsões em contrário, as abordagens histórico-críticas seguem firmes e fortes entre os intérpretes joaninos. Aliás, os estudiosos continuam debatendo e decifrando as várias camadas do texto na esperança de delinear o desenvolvimento (e a recepção) do Evangelho e das comunidades que o construíram, sejam elas especificamente joaninas ou não. Isso não quer dizer, no entanto, que tais abordagens não tenham sido influenciadas pela ascensão dos estudos narrativos e literários sobre João, sobretudo por suas reflexões pós-modernas a respeito do papel inescapável que as ideologias desempenham na interpretação. Refletindo sobre essa tensão, Reinhartz escreve: "Minha posição quanto ao destino da crítica histórica é um tanto conflituosa".[68] Tendo sido inspirada pelos estudos narrativos, ela também é motivada pelos povos e grupos históricos por trás da história de João. Porém, é uma questão altamente controversa se é ou não possível acessar esses povos e grupos e, se sim, até que ponto. Seja como for, ela não deixa de concordar que o Evangelho de João é um produto da História, o que equivale a dizer que ele também é motivado, construído e preservado por pessoas históricas, às quais ele também influencia. Há, portanto, ideias a serem desenvolvidas ao analisar os contextos, ainda que as abordagens ideológicas sempre matizem as interpretações propostas.

[66]Stephen Moore, "Afterword: things not written in this book", in Moore and Thatcher, *Anatomies of narrative criticism*, p. 253-58.

[67]Thatcher, "Anatomies of the Fourth Gospel", p. 28.

[68]Adele Reinhartz, "Building skyscrapers on toothpicks: the literary-critical challenge to historical criticism", in Thatcher e Moore, *Anatomies of narrative criticism*, p. 69.

Essa visão geral dos estudos joaninos conclui, portanto, como começou: assinalando a relação inevitável entre os estudos literários e os estudos histórico-críticos do Evangelho de João. Lucrando com a energia obtida ao investigarem o Evangelho como uma história coerente, os críticos da narrativa também se beneficiam da resistência a essas interpretações por parte dos críticos históricos, que continuam lembrando-os da importância da realidade histórica inerente ao texto do Evangelho, mesmo quando a própria ideia de "História" é tema de debate.[69] Os atritos e a colaboração entre esses grupos de estudiosos deflagraram o desenvolvimento contínuo dos estudos joaninos de outras novas formas. Lembrar-se de que o Evangelho é uma história inspirada, escrita e preservada por pessoas reais lembra os leitores contemporâneos de seus próprios contextos e representação concreta. Nessa linha, Conway observa que estudar o Evangelho como literatura a incitou a lhe examinar criticamente os ambientes históricos, o relacionamento do Evangelho com a História e a própria ideia de "História", dando a entender que talvez o Evangelho de João apresente uma perspectiva mais "pós-moderna" do que os estudiosos imaginam.[70] Em vez de abandonar a investigação histórica, portanto, os atuais estudiosos joaninos costumam debater de que maneira João, enquanto literatura religiosa, se relaciona com a História. Reinhartz, por exemplo, sugere que os estudiosos fazem isso com "humildade, imaginação e bom humor".[71]

---

[69]Colleen Conway, "New historicism and the historical Jesus in John: friends or foes?", in Anderson, Just e Thatcher, *John, Jesus, and history*, 1:199-215; veja também Claire Clivaz, "'Asleep by grief' (Luke 22:45): reading from the body at the crossroads of Narratology and New Historicism", *The Bible and Critical Theory* 2, n. 3 (2015): 29.1-29.15.

[70]Conway, "New Historicism", 210; Colleen Conway, "There and back again: Johannine history on the other side of literary criticism", in Thatcher e Moore, *Anatomies of narrative criticism*, p. 89-91.

[71]Reinhartz, "Building skyscrapers", p. 70.

17

OS ATOS DOS APÓSTOLOS

JOSHUA W. JIPP

INTRODUÇÃO

É difícil resumir os estudos acadêmicos sobre Atos em apenas alguns temas pontuais. Muitos estudos excelentes não são abordados neste capítulo e lamento ter passado superficialmente por alguns temas importantes relacionados a gênero e historiografia, caracterização literária, questões relacionadas à historicidade e alguns importantes comentários recentes. Mesmo assim, os quatro temas que escolhi refletem bem onde se investiu considerável parte dos estudos recentes sobre o livro de Atos ao longo dos últimos vinte anos: (1) Atos e judaísmo, (2) Atos e a religião e cultura greco-romanas, (3) masculinidade e raciocínio étnico e (4) o conceito de Deus.

ATOS E JUDAÍSMO

Uma das questões persistentes que dominaram os estudos de Atos é sua relação com o judaísmo. Atos representa uma forma de cristianismo gentio que deslocou o judaísmo? E teria feito isso a ponto de agora ocupar o lugar de Israel? A missão aos gentios tem origem na rejeição do evangelho por parte de Israel (e.g., At 13.46; 18.6; 28.26-28) e, portanto, está desligada de suas origens judaicas? Muitos — apesar de suas posições carecerem de mais nuances — realmente consideram Atos representante de um texto cristao que estabelece uma clara ruptura entre o "judaísmo" e o "cristianismo" (gentio), aquele sendo retratado por Lucas por uma ótica negativa.[1] A conhecida obra

[1]E.g., Jack T. Sanders, *The Jews in Luke-Acts* (Philadelphia: Fortress, 1987); Lawrence M. Wills, "The depiction of the Jews in Acts", *JBL* 110 (1991): p. 631-54; Ernst Haenchen, *The Acts of the Apostles: a commentary* (Philadelphia: Westminster, 1971). Exame proveitoso da história dos estudos sobre a questão pode ser encontrado em Joseph B. Tyson, *Luke, Judaism, and the scholars: critical thinking approaches to Luke-Acts* (Columbia: University of South Carolina Press, 1999). É claro, nem todos os estudos recentes

de Jacob Jervell sobre Atos procurou derrubar essa perspectiva de forma quase sistemática, salientando uma continuidade maior entre a eterna eleição divina de Israel e a inclusão dos crentes gentios no povo de Deus. Jervell alega que, em vez da substituição de Israel como povo de Deus pelos cristãos gentios, Atos retrata um grau notável de fé judaica no evangelho e que faz mais sentido falar de uma "divisão" no povo de Deus do que de rejeição ou substituição.[2]

Embora muitos detalhes dos argumentos de Jervell continuem polêmicos, em minha opinião, os últimos vinte anos de estudos acadêmicos na área deram forte apoio a uma relação mais positiva que salienta maior continuidade eclesiológica entre o judaísmo e o povo de Deus nos Atos dos Apóstolos.[3] Alguns argumentaram, por exemplo, que os primórdios do cristianismo conforme narrados em Atos têm raízes nas promessas proféticas de restauração de Israel.[4] Simon David Butticaz defende que Atos faz precisamente isso ao mostrar que a origem da igreja, em Atos 1—7, reencena padrões importantes da história de Israel.[5] Lucas, por exemplo, fala da apostasia de Judas no contexto da reconstituição dos doze apóstolos como a continuação escatológica de Israel (At 1.15-26); o derramar do Espírito é narrado dentro das promessas proféticas e do reagrupamento de Israel em Sião (2.1-21); e os discursos em Atos 3—5 declaram que a ressurreição do Messias é a entronização majestosa do rei davídico, que dessa forma dá prosseguimento à história de Abraão e Moisés (e.g., 3.18-26).[6] Butticaz não considera a fala de Estêvão uma rejeição do judaísmo, mas, sim, uma expressão da história de Israel que destaca a continuidade entre a revelação anterior de Deus a seu povo fora da terra de Israel e o atual movimento do evangelho fora da terra de Israel. O derradeiro encontro de Paulo com os judeus em Roma ressalta ao mesmo tempo a continuidade da história da salvação entre o movimento cristão e Israel mesmo no momento em que o próprio Israel rejeita cada vez mais a mensagem do evangelho (28.16-31).

---

enfatizaram um relacionamento positivo entre Atos e o judaísmo. Veja aqui especialmente Shelly Matthews, *Perfect martyr: the stoning of Stephen and the construction of Christian identity* (Oxford: Oxford University Press, 2012).

[2]Veja aqui especialmente Jacob Jervell, *Luke and the people of God: a new look at Luke-Acts* (Minneapolis: Augsburg, 1972); Jacob Jervell, *Die Apostelgeschichte*, KEK 3 (Göttingen: Vandenhoeck & Ruprecht, 1998).

[3]Certamente houve obras mais antigas continuando a trajetória de Jervell em que ele vê Atos como tomando uma abordagem mais positiva a Israel. Veja, por exemplo, Robert L. Brawley, *Luke-Acts and the Jews: conflict, apology, and conciliation*, SBLMS 33 (Atlanta: Scholars Press, 1987).

[4]Veja aqui também Alan J. Thompson, *The Acts of the risen Lord Jesus: Luke's account of God's unfolding plan*, NSBT 27 (Downers Grove, IL: InterVarsity Press, 2011).

[5]Simon David Butticaz, *L'Identité de l'église dans les Actes des Apôtres de la restauration d'Israël à la conquête universelle*, BZNW 174 (Berlim: de Gruyter, 2011).

[6]Há similaridades entre o argumento de Butticaz e a tese de David W. Pao, *Acts and the Isaianic New Exodus* (Grand Rapids: Baker Academic, 2002), p. 111-46.

Jens Schröter alega que a questão da continuidade é mais bem abordada quando se analisa a relação "entre a cristologia e a concepção do povo de Deus em Lucas".[7] Schröter examina tanto a vertente "davídica" quanto a "profética" da cristologia de Lucas. A visão lucana de Jesus como o Messias davídico apresenta desde o primeiro momento uma orientação universal, pois diz respeito tanto a Israel quanto às nações (Lc 1.32-25; 24.44-49; At 13.17-38; 26.6-8,22,23). Schröter resume: "A nova definição de povo de Deus é, portanto, consequência direta da cristologia de Lucas e já está ancorada na designação de Jesus como o que foi gerado por Deus. Faz parte do plano salvífico divino de orientação universal, que se alicerça nos escritos de Israel, assume forma concreta no anúncio do Filho de Deus e descendente de Davi e se realiza na História desde seu nascimento".[8] Na mesma linha, Schröter assinala que a cristologia profética de Lucas é coerentemente orientada para a salvação de Israel e dos gentios (e.g., Lc 2.30-35; 4.16-30).[9] Assim, o provimento da salvação divina cumpre as promessas feitas por Deus *a Israel*. Por isso, não faz sentido falar do entendimento de Lucas de que o povo de Deus não tem lugar para Israel dentro de si.[10] Israel não é deserdado nem rejeitado, mesmo que atualmente esteja ocorrendo algum "endurecimento" de Israel no plano salvífico de Deus.

A monografia de Susan Wendel é digna de nota aqui por sua análise de como os escritos de Lucas-Atos e de Justino retratam os crentes no Messias como o povo de Deus. Ela argumenta que Lucas retrata os apóstolos como intérpretes proféticos das Escrituras de Israel. Há, portanto, um forte senso de continuidade entre essas Escrituras sagradas e os acontecimentos mencionados em Atos.[11] Pode-se dizer que Atos é a continuação da história bíblica de Israel. Se Justino enxerga contraste e clara distinção entre "cristãos" e "gentios", Atos retrata a rejeição da mensagem do evangelho por parte de *alguns judeus*. Em Atos, portanto, não há juízo universal nem rejeição do povo judeu. Wendel demonstra que, enquanto Justino considera os crentes em Cristo os recipientes das promessas de Deus *a Israel*, Atos deixa claro que

[7]Jens Schröter, "Salvation for the Gentiles and Israel: on the relationship between Christology and the people of God in Luke", in *From Jesus to the New Testament: early Christian theology and the origin of the New Testament canon*, trad. Wayne Coppins, Baylor-Mohr Siebeck studies in early Christianity (Waco: Baylor University Press, 2013), p. 230.

[8]Schröter, "Salvation for the Gentiles and Israel", p. 236-37.

[9]Enquanto Schröter se concentra na interpretação das Escrituras de Israel como vistas nas falas de Atos, argumento similar a favor da visão lucana do povo de Deus como arraigado tanto em um cristianismo profético como em uma cristologia davídica-messiânica é proposto em Luke Timothy Johnson, *Septuagintal Midrash in the speeches of Acts* (Milwaukee: Marquette University Press, 2002).

[10]Schröter, "Salvation for the Gentiles and Israel", p. 243.

[11]Susan Wendel, *Scriptural interpretation and community self-definition in Luke-Acts and the writings of Justin Martyr*, NovTSup 139 (Leiden: Brill, 2011).

"somente os judeus que creem em Cristo [são] herdeiros" das promessas divinas feitas a Israel (veja sobretudo At 3.22-26).[12] Assim, Lucas não remove nem nega a importância de Israel *mesmo quando* retrata judeus crentes em Cristo *e* cristãos gentios como partes integrantes do povo de Deus.

Representando uma abordagem em grande parte complementar à dos que sublinham uma relação mais positiva entre a visão eclesiológica de Atos e o judaísmo, alguns estudiosos ressaltaram que os principais protagonistas de Lucas são observantes da Torá. Isaac Oliver contrapõe sua obra aos que entendem Atos como representante de uma forma de cristianismo gentio que não conhece o judaísmo e não se preocupa com ele.[13] Oliver faz a ousada e surpreendente declaração de que o conhecimento profundo e impressionante de Lucas sobre a observância da Torá e da *halakah* demonstra a probabilidade de que o autor de Lucas-Atos nasceu e foi criado como judeu observante da Torá.[14] Oliver defende que não há nada em Lucas-Atos que justifique falar da revogação das leis alimentares do Pentateuco.[15] O ponto central da visão do céu que Pedro tem, por exemplo, não está na comida, mas em pessoas. Em outras palavras, a declaração de Deus diz respeito a limpar e purificar pessoas e não a justificar a desobrigação para com as leis alimentares.

Ademais, Oliver sustenta que o contexto do decreto apostólico em Atos 15 encontra-se em Levítico 17—18 e, portanto, um dos propósitos do decreto é incentivar os cristãos gentios a demonstrarem o devido respeito à observância judaica das leis alimentares quando cristãos judeus e cristãos gentios compartilharem refeições. O relato de Lucas da circuncisão de João Batista e de Jesus seria bastante estranho, observa Oliver, se Lucas não esperasse que os judeus crentes em Cristo seguissem a mesma prática. Além disso, os cristãos gentios são desestimulados de se submeterem à circuncisão, porque os convertidos gentios obviamente não podem cumprir o mandamento da circuncisão *ao oitavo dia* (veja Lc 2.20-23; At 7.8). Isso apoia a inferência do Tiago lucano de que Paulo não ensina os judeus da Diáspora a deixarem de circuncidar seus filhos (At 21.20,21).[16]

Matthew Thiessen, igualmente, nota que a circuncisão no oitavo dia de João, de Jesus e de Isaque indica que Lucas "ressalta reiteradas vezes o momento correto [da circuncisão] [e] não a retrata de forma pejorativa".[17]

---

[12]Wendel, *Scriptural interpretation and community self-definition*, p. 214.

[13]Isaac W. Oliver, *Torah praxis after 70 CE: reading Matthew and Luke-Acts as Jewish texts*, WUNT 2/355 (Tübingen: Mohr Siebeck, 2013).

[14]Oliver, *Torah praxis after 70 CE*, p. 447-48.

[15]Para esse parágrafo, veja Oliver, *Torah praxis after 70 CE*, p. 320-98.

[16]Oliver, *Torah praxis after 70 CE*, p. 401-38.

[17]Matthew Thiessen, *Contesting conversion: genealogy, circumcision, and identity in ancient Judaism and Christianity* (Oxford: Oxford University Press, 2011), p. 122.

Por isso, Lucas insiste na necessidade de que os cristãos judaicos circuncidem os filhos e rejeita essa mesma necessidade quando se trata dos cristãos gentios. Assim como Oliver, Thiessen enfatiza que o sentido da visão de Pedro está centrado em Deus purificar os gentios por meio do Espírito de Deus, algo que não implica a rejeição da observância das leis alimentares para os cristãos judeus. Por isso, "Judeus continuam sendo judeus. Gentios continuam sendo gentios. Os laços étnicos que ligam Abraão e seus descendentes continuam intactos e importantes para Lucas. Os gentios agora podem pertencer ao lado puro do binarismo puro/impuro, mas Lucas a distinguir gentios e judeus".[18]

Uma valorização cada vez maior da análise lucana mais positiva do judaísmo também resultou na reavaliação da representação de Paulo em Atos, muitas vezes com um exame mais franco da relação entre o Paulo de Atos e o chamado Paulo histórico (ou talvez melhor chamá-lo de "Paulo epistolar").[19] Ressaltei, por exemplo, a forma que o Paulo de Atos apresenta semelhanças notáveis com o que os estudiosos paulinos que trabalham com a abordagem "Paulo dentro do judaísmo" destacam.[20] O Paulo de Atos, por exemplo, é enfático ao afirmar que observa a Torá e é leal à sua herança judaica de todas as maneiras. Ele é um judeu da seita farisaica que é zeloso pelo Deus de Israel (21.20-26; 22.1-3; 23.1,4; 26.4,5) e acredita em tudo o que está escrito na Lei e nos Profetas (24.14,15; 26.22,23). Ele é acusado em juízo por causa da "esperança de Israel", que é a "promessa que nossas doze tribos esperam alcançar" (26.6,7; cf. 28.20). Circuncida Timóteo (16.1-5). Dá esmolas quando visita Jerusalém (24.17-24). Paulo cumpre sua missão primeiro proclamando o evangelho nas sinagogas judaicas (9.19-29; 13.4,5,42,43; 14.1; 16.12,13). As pregações de defesa de Paulo em Atos 22—28 são notavelmente enfáticas ao retratar o apóstolo como alguém que é leal ao judaísmo histórico, obedece estritamente à Torá e tem como missão a proclamação da esperança de Israel.[21]

Oliver abrange o mesmo campo no ensaio "The 'historical Paul' and the Paul of Acts" [O "Paulo histórico" e o Paulo de Atos] ao chamar a atenção para quatro exemplos em que as declarações positivas de Paulo sobre a Torá e

[18]Thiessen, *Contesting conversion*, p. 139-40.

[19]O clássico ensaio em que se enfatiza a diferença e a incompatibilidade entre o Paulo de Atos e o Paulo histórico é Philipp Vielhauer, "On the 'Paulinism' of Acts", in *Studies in Luke-Acts*, Leander E. Keck; J. Louis Martyn, orgs. (Mifflintown, PA: Sigler Press, 1966), p. 33-50.

[20]Joshua W. Jipp, What are the implicatons of the ethnic identity of Paul's interlocutor? Continuing the conversation", in *The so-called Jew in Paul's letter to the Romans*, Rafael Rodriquez; Matthew Thiessen, orgs. (Minneapolis: Fortress, 2016), p. 183-203; veja especialmente p. 196-96. SObre isso, veja também o valioso ensaio de Reidar Hvalvik, "Paul as a Jewish believer—according to the Book of Acts", in *Jewish believers in Jesus: the early centuries*, Oskar Skarsaune; Reidar Hvalvik, orgs. (Grand Rapids: Baker Academic, 2007), p. 121-51.

[21]Isso foi persuasivamente argumentado por Jervell, para quem essas narrativas funcionavam como defesa da lealdade de Paulo ao povo judeu. Veja Jervell, *Luke and the people of God*, p. 153-83.

o judaísmo em Romanos têm paralelos importantes em Atos.[22] Mais especificamente, ambos os textos afirmam a eleição divina de Israel e seu *status* privilegiado; os dois confirmam a Torá como sagrada e boa; retratam Paulo como alguém que continua vivendo como judeu; e ambos afirmam a salvação final para o Israel étnico após um período de endurecimento e ignorância. Oliver conclui que tanto Romanos como Atos demonstram "que muitos judeus seguidores de Jesus permaneceram leais à sua herança judaica, tanto antes, como depois de 70 d.C.; que a relação entre o movimento de Jesus, por um lado, e o judaísmo, por outro, continuou sendo preocupação perene para muitos seguidores de Jesus que continuaram ansiando pela restauração de Israel".[23]

Aliás, uma coleção de ensaios recente se dedicou a reexaminar o Paulo de Atos diante do judaísmo.[24] Richard B. Hays, um dos colaboradores, examina o envolvimento intertextual com as Escrituras de Israel em Paulo e Atos e propõe que existe "um perfil [sobreposto] de uma série de temas e convicções teológicas compartilhadas pelas cartas de Paulo e o autor de Atos".[25] Butticaz afirma que Lucas se empenha "para *traduzir narrativamente* as principais teclas em que Paulo bate na argumentação de Romanos 9—11", mesmo que "a esperança paulina da salvação de todo o Israel seja reduzida ao mínimo dos mínimos em Lucas".[26] A conclusão dos organizadores do volume também nos servirá para resumir a tendência geral analisada aqui. Eles concluem observando que acabaram os dias de entender que Atos marginaliza e menospreza o judaísmo como uma religião do passado, substituída pelo evangelho universal de Paulo e o cristianismo. Em vez disso, o livro de Atos deve ser visto como um "promotor, e não um arquivador, da história e da herança de Israel no Messias Jesus".[27]

ATOS E A RELIGIÃO E A CULTURA GRECO-ROMANAS

Se tem havido uma tendência crescente de enxergar uma relação mais positiva entre Atos e o judaísmo, será que se pode dizer o mesmo de como Atos

[22]Isaac W. Oliver, "The 'Historical Paul' and the Paul of Acts: which is more Jewish?". In *Paul the Jew: rereading the apostle as a figure of Second Temple Judaism*, Gabriele Bocaccini e Carlos A. Segovia (Minneapolis: Fortress, 2016), p. 51-80.

[23]Oliver, "'Historical Paul' and the Paul of Acts", p. 71.

[24]David P. Moessner, Daniel Marguerat, Mikeal C. Parsons; Michael Wolter, orgs., *Paul and the heritage of Israel: Paul's claim upon Israel's legacy in Luke and Acts in the light of the Pauline letters* (London: Bloomsbury T&T Clark, 2012).

[25]Richard B. Hays, "The Paulinism of Acts, intertextually reconsidered", in Moessner et al., *Paul and the heritage of Israel*, p. 44.

[26]Simon Butticaz, "'Has God rejected his people?' (Romans 11.1): the salvation of Israel in Acts; narrative claim of a Pauline legacy", in Moessner et al., *Paul and the heritage of Israel*, p. 163-64.

[27]Veja o título à conclusão a Moessner et al., *Paul and the heritage of Israel*, p. 321.

retrata os povos não judeus e interage com eles? A relação entre o movimento cristão primitivo em Atos e a religião e a cultura greco-romanas é uma relação de conflito direto? Alternativamente, será que o movimento cristão representa algo de fato novo, diferente e inovador, ou devemos vê-lo como algo que carrega muitas marcas características das religiões mediterrâneas?

C. Kavin Rowe escreveu uma análise de notável perspicácia sobre o encontro entre o movimento cristão inicial (como se vê em Atos) e o paganismo.[28] O estudo recente de Rowe representa muitos estudiosos para quem essa relação é de crítica e conflito e que destacam as características dos primeiros cristãos.[29] O título do livro de Rowe deriva da acusação contra os primeiros cristãos de que eles adoravam a outro rei em vez de César e de que haviam virado o mundo de cabeça para baixo (At 17.6,7). Há verdade na acusação, pois os protagonistas de Atos realmente dedicam lealdade exclusiva a Jesus, o Rei. Contudo, eles não têm apresentam qualquer interesse em um golpe político contra Roma. Antes, eles têm como objetivo a criação de uma nova cultura e um novo modo de vida diametralmente opostos à cultura e à religião greco-romanas.[30] A concepção mais antiga de que Atos apresenta o Império Romano por uma perspectiva positiva como um meio de apologética política provavelmente não se sustenta mais. E muitos além de Rowe observaram que Atos não retrata as autoridades imperiais romanas positivamente.[31]

Rowe examina em detalhes históricos e exegéticos quatro cenas de Atos centradas no conflito de Paulo com as crenças e práticas religiosas greco-romanos (Listra em At 14; Filipos em At 16; Atenas em At 17; e Éfeso em At 19). Rowe define o cristianismo como uma "nova cultura" que nasce do "choque entre a exclusividade do Deus cristão e o modo mais amplo

---

[28]C. Kavin Rowe, *World upside down: reading Acts in the Graeco-Roman age* (Oxford: Oxford University Press, 2011). Abordarei sobretudo os caps. 2 e 4.

[29]Em geral favorável à tese geral de Rowe, portanto, é Larry W. Hurtado, *Destroyer of the gods: early Christian distinctiveness in the Roman world* (Waco: Baylor University Press, 2016). Embora o livro de Hurtado não seja primariamente sobre Atos, ele enfatiza formas como o cristianismo primitivo era único e diferente em relação aos — e em conflito com os outros valores religiosos que caracterizavam a religião e a cultura greco-romanas.

[30]O argumento de Rowe tem consequências significativas para nossa forma de conceber o relacionamento entre o cristianismo em Atos e o Império Romano. Quanto a isso, veja especialmente Matthew Skinner, "Who speaks for (or against) Rome? Acts in relation to Empire", in *Reading Acts in the discourses of masculinity and politics*, Eric D. Barreto; Matthew L. Skinner; Steve Walton, orgs., LNTS 559 (London: Bloomsbury T&T Clark, 2017), p. 107-25. Veja também o argumento de que o discurso do cristianismo em Atos opera dentro dos discursos da ideologia imperial e, assim, reinscreve a exploração e a dominação dentro de si mesmo, argumento oferecido por Christian Petterson, *Acts of Empire: the Acts of the Apostles and imperial ideology*, Sino-Christian Studies Supplement Series 4 (Chung Li, Taiwan: Chung Yuan Christian University Press, 2012).

[31]Além de Rowe, *World upside down*, cap. 3, veja Kazuhiko Yamazaki-Ransom, *The Roman Empire in Luke's narrative*, LNTS 404 (London: T&T Clark, 2010).

da religiosidade pagã".[32] Atos pretende retratar a profunda incompatibilidade e incomparabilidade entre o evangelho de Jesus Cristo e os modos de vida comuns pagãos.[33] Por isso, toda vez que Paulo e o evangelho adentram território não judaico, o resultado é conflito e transtorno, pois o evangelho desestabiliza profundamente a religião pagã. Rowe resume: a completa incomparabilidade entre o cristianismo e o paganismo "jaz em última instância na afirmação teológica da ruptura entre Deus e o cosmo. Porque afirmar que Deus 'criou céu e terra' é, ao mesmo tempo, na narrativa de Lucas, chamar de idolatria todo o complexo de religiosidade e, portanto, atribuir a essa religiosidade a qualidade de ignorância. A religião pagã [...] não conhece a Deus".[34]

Por conseguinte, Rowe assinala energicamente que não se pode realizar uma "tradução" entre o paganismo e o cristianismo, pois são duas gramáticas antagônicas.[35] Particularmente, Rowe sustenta, em um artigo importante, que as interpretações de Atos 17 que "defendem um profundo *Anknüpfungspunkt* [al.: elemento de conexão] entre o pensamento filosófico pagão e a pregação de Paulo" estão inteiramente equivocados, *embora*, como ele reconhece, essa "longa história da interpretação de Atos 17 [...] constitua uma tradição hermenêutica relativamente estável e coerente".[36] Novamente, Rowe enfatiza a desorientada história da interpretação padrão de Atos 17.22-31: "Dados o poder e a longevidade dessa forma de pensar, não é menos surpreendente que Atos 17 não esteja realmente afirmando isso". Com "essa forma de pensar", Rowe se refere à ideia de que o sermão de Paulo é "um encômio dos feitos intelectuais ou espirituais gregos".[37] O sermão de Paulo é, antes, "a apresentação de um padrão de vida alternativo".[38] Logo, a mensagem de Paulo (o "cristianismo") e o estoicismo são completamente incompatíveis e até mesmo incomparáveis. Ao contrário, a pregação dá evidências do "conflito e do confronto que ocorre quando padrões de vida específicos e inflexíveis apresentam modos de ser irredutivelmente diferentes".[39] Rowe expandiu

---

[32]Rowe, *World upside down*, p. 18.

[33]Veja também a obra de Christoph W. Stenschke, *Luke's portrait of Gentiles prior to their coming to faith*, WUNT 2/108 (Tübingen: Mohr Siebeck, 1999). Stenschke argumenta que Lucas faz críticas reiteradas à religiosidade dos gentios, sua escravidão ao pecado e sua ignorância e fracasso espirituais.

[34]Rowe, *World upside down*, p. 50.

[35]Interagi com Rowe quanto a essa questão, concordando em alguns pontos e criticando outros, em ensaio a ser publicado: Joshua W. Jipp, "Does Paul translate the Gospel in Acts 17.22-31? A critical engagement with C. Kawin Rowe's *One true life*", *PRS* 45, n. 4 (2018): p. 361-76.

[36]C. Kavin Rowe, "The grammar of life: the Areopagus speech and pagan tradition", *NTS* 57, n. 1 (2011): 34.

[37]Para ambas as citações, veja Rowe, "Grammar of life", p. 35.

[38]Rowe, "Grammar of life", p. 35.

[39]Rowe, "Grammar of life", p. 49-50.

esse argumento em uma extensa monografia que compara o cristianismo primitivo (inclusive Lucas-Atos) com o estoicismo. Ele alega que, em todos os quesitos importantes, o estoicismo e o cristianismo são tradições rivais que oferecem visões de vida incompatíveis e *incomparáveis*.[40] Não é possível, portanto, ser estoico e cristão ao mesmo tempo, pois as tradições exigem dois tipos completamente diferentes de vida e, como disse Rowe, temos apenas uma vida. Uma vez que tanto o cristianismo quanto o estoicismo são *tradições*, no sentido mais grosseiro do termo, *as comparações só podem ser feitas*, segundo Rowe, como "investigação do conflito entre tradições".[41]

Outros, contudo, consideraram a relação entre o movimento cristão primitivo e a religião e a cultura greco-romanas, conforme relatado em Atos, como sendo um pouco menos antagônica. Por exemplo, embora em grande parte eu concorde com a maneira de Rowe interpretar o discurso de Paulo no Areópago, observei, por minha vez, que o sermão enfatiza *tanto* o conflito entre o evangelho de Paulo e a religião gentia, *quanto* a exaltação do "movimento cristão como movimento que contém os melhores aspectos da sensibilidade filosófica greco-romana e, portanto, constitui uma filosofia superior".[42] Rowe argumenta que qualquer tipo de "tradução" seja impossível, mas ele não explica bem como o discurso de Paulo se serve de alguns dos melhores aspectos da filosofia helenística, sobretudo as tradições estoicas, como meio de exaltar o movimento cristão como filosofia legítima e mesmo superior. A óbvia intersecção entre a fala de Paulo e a filosofia estoica, portanto, não é acidental nem seundário no sermão de Paulo e todos os estudiosos reconhecem que temas como monoteísmo, a crítica aos templos e sacrifícios, o arranjo providencial das estações pela divindade e a ideia de uma humanidade una se harmonizam claramente com a filosofia estoica. Paulo age dentro da lógica cultural e religiosa do estoicismo e apresenta os filósofos helenistas como capazes de reagirem corretamente ao Deus de Paulo, mesmo que a partir de seus próprios comprometimentos filosóficos.

Hans-Josef Klauck escreveu um exame muito proveitoso do paganismo em Atos dos Apóstolos e sugere que Lucas demonstra, ao mesmo tempo, táticas de intersecção e de distanciamento ao descrever seus protagonistas. Por exemplo, Lucas faz questão de mostrar que os feitos poderosos de seus apóstolos não são mágica, mas resultado do poder superior do Deus singular

[40]C. Kavin Rowe, *One true life: the Stoics and early Christians as rival traditions* (New Haven: Yale University Press, 2016).

[41]Rowe, *One true life*, p. 205.

[42]Joshua W. Jipp, "Paul's Areopagus speech of Acts 17.16-34 as *both* critique *and* propaganda", *JBL* 131 (2012): p. 568.

que age neles, e que os apóstolos "rejeitam todo culto às personalidades".[43] O público de Lucas, de acordo com Klauck, dedica-se a "um difícil ato de equilíbrio, continuamente necessário, entre buscar pontos de contato e apresentar contradição, entre a procura de elementos comuns e o trabalho de identificar limites, i.e., entre a inculturação e a evangelização".[44]

Se isso está certo, podemos adotar a ênfase de Rowe na crítica, no conflito e na desestabilização cultural e, ao mesmo tempo, reconhecer que Lucas se baseia em uma infinidade de textos culturais greco-romanos em sua expressão do evangelho.[45] Além do conhecido exemplo da apropriação de Paulo da filosofia estoica na sua proclamação em Atenas (At 17.16-34),[46] diversos estudos demonstraram que Lucas adaptou o evangelho a padrões e tradições culturais greco-romanos. Penso, por exemplo, nos prefácios literários de Lucas e em suas semelhanças com a historiografia helenística (Lc 1.1-4; At 1.1,2);[47] na lista de nações em Atos 2.5-11 que exprime a soberania de Roma sobre o mundo então conhecido;[48] na transformação das tradições sobre a crucificação de Jesus em uma tradição de morte nobre (Lc 23; cf. At 4.27-30; 5.29-31);[49] em como Lucas louva admiravelmente os primeiros cristãos pela *philantrōpia* deles e por sua bem sucedida resolução de conflitos;[50] na elaboração do relato das aparições do Jesus sob o disfarce literário de uma visitação divina (Lc 24.13-35; cf. At 28.1-10);[51] no uso de termos filosóficos de amizade para exaltar a vida comum da igreja de Jerusalém (At 2.41-47; 4.32-35);[52] na validação do movimento cristão por Deus, conforme exemplificam as

[43]Hans-Josef Klauck, *Magic and paganism in early Christianity: the world of the Acts of the Apostles*, trad. Brian McNeil (Edinburgh: T&T Clark, 2000), p. 120.

[44]Klauck, *Magic and paganism in early Christianity*, p. 121.

[45]Veja aqui a importante obra de Luke Timothy Johnson, *Among the Gentiles: Greco-Roman religion and Christianity*, AYBRL (New Haven: Yale University Press, 2009), que chama a atenção a algumas das profundas similaridades entre os antigos pagãos e os antigos cristãos no que diz respeito a seus impulsos, convicções e práticas religiosos. Baseio-me aqui (adaptando brevemente o material original) em meu texto "Does Paul translate the Gospel in Acts 17.22-31?".

[46]Quanto a Atos 17.22-31 explicado pelo "nó de tradições cristalizadas em torno da figura de Epimênides no segundo século d.C.", veja Clare K. Rothschild, *Paul in Athens: the popular religious context of Acts 17*, WUNT 341 (Tübingen: Mohr Siebeck, 2014).

[47]Quanto a isso, veja a importante obra de David Paul Moessner, *Luke the historian of Israel's legacy, theological of Israel's 'Christ': a new reading of the 'Gospel Acts' of Luke*, BZNW 182 (Berlim: de Gruyter, 2016).

[48]Gary Gilbert, "The list of nations in Acts 2: Roman propaganda and the Roman response", *JBL* 121 (2002): p. 497-529.

[49]Greg Sterling, "*Mors philosophi*: the death of Jesus in Luke", *HTR* 94 (2001): p. 383-402.

[50]Todd Penner, *In praise of Christian origins: Stephen and the Hellenists in Lukan apologetic historiography* (London: T&T Clark, 2004).

[51]Joshua W. Jipp, *Divine visitations and hospitality to strangers in Luke-Acts: an interpretation of the Malta episode in Acts 28.1-10*, Nov TSup 153 (Leiden: Brill, 2012). Veja também Rick Strelan, "Recognizing the gods (Acts 14.8-10", *NTS* 46 (2000): p. 488-503.

[52]Gregory E. Sterling, "'Athletes of virtue': an analysis of the summaries in Acts (2.41-47; 4.32-35; 5.12-16)", *JBL* 113 (1994): p. 679-96.

ocasiões em que o apóstolo escapa da prisão (5.19,20; 12.1-17; 16.25-34);[53] na descrição dos apóstolos envolvidos nas poderosas proclamações em que tratam de temas relacionados à virtude, à piedade e à etnicidade;[54] no relato da viagem marítima de Paulo, que se baseia em outros relatos greco-romanos de viagens marítimas e, assim, declara o mar Mediterrâneo como território cultural dos apóstolos (27.1-44);[55] e na descrição do poder e do êxito do movimento cristão, validado por curas e exorcismos vitoriosos em guerras territoriais contra seus competidores (8.14-25; 13.5-12; 19.11-20; 28.3-6).[56] Uma vertente dos estudos recentes sobre Atos, portanto, ressalta a crítica e o intenso conflito do movimento cristão primitivo com a religiosidade greco-romana. Ao mesmo tempo, outros têm feito inúmeras contribuições, sublinhando que a pregação dos primeiros cristãos em Atos se baseia em temas, escrituras religiosas e filosofia greco-romanos, de tal modo que, ao mesmo tempo em que critica a religião greco-romana, demonstra convergências culturais entre ela e o cristianismo.

ATOS, MASCULINIDADE E RACIOCÍNIO ÉTNICO

Enquanto as questões acadêmicas tradicionais sobre Atos como "Atos e o judaísmo" e "Atos e o mundo greco-romano" não dão nenhum sinal de arrefecimento, métodos e questões mais novos relacionados a como Atos constrói e expressa identidades sociais representam uma tendência recente e importante. Embora os estudos feministas sobre Atos estejam longe de ser novidade,[57] uma análise mais recente debruçou-se sobre a realidade do gênero em Atos e na maneira que o livro constrói a identidade masculina e a masculinidade.[58] Não se pode, é claro, subestimar a influência dos três

[53]John B. Weaver, *Plots of epiphany: prison-escape in Acts of the Apostles*, BZNW 131 (Berlim: de Gruyter, 2004).

[54]Quanto a isso, veja Laura S. Nasrallah, *Christian responses to Roman art and architecture: the second century church amid the spaces of Empire* (Cambridge: Cambridge University Press, 2010), p. 87-118; Todd Penner, "Civilizing discourse: Acts, declamation, and the rhetoric of the *Polis*", in *Contextualizing Acts: Lukan narrative and Greco-Roman discourse*, Todd Penner; Caroline Vander Stichele, orgs., SBLSymS 20 (Atlanta: SBL Press, 2003), p. 65-104.

[55]Loveday Alexander, "'In journeyings often': voyaging in the Acts of the Apostles and in Greek romance", in *Acts in its ancient literary context: a classicist looks at the Acts of the Apostles*, LNTS 298 (London: T&T Clark, 2005), p. 69-96.

[56]Veja Lee M. Jefferson, *Christ the miracle worker in early Christian art* (Minneapolis: Fortress, 2014).

[57]Veja, por exemplo, Margaret Aymer, "Acts of the Apostles", in *Women's Bible commentary*, Carol A. Newsom, Sharon H. Ringe; Jacqueline E. Lapsley, orgs., 3ª ed. (Louisville: Westminster John Knox, 2012), p. 536-46; Turid Karlsen Seim, *The double message: patterns of gender in Luke-Acts* (Nashville: Abingdon, 1994).

[58]Veja os comentários metodológicos de Caroline Vander Stichele, "Gender and genre: acts in/of interpretation", in Penner e Vander Stichele, *Contextualizing Acts*, p. 311-29.

volumes da *A história da sexualidade*, de Michel Foucault, e sua alegação de que as representações da sexualidade e de gênero estão profundamente relacionadas com o poder, o status e os sistemas de controle.[59] Por isso, a análise da masculinidade é muitas vezes acompanhada de um movimento para analisar como o gênero se situa mais amplamente no projeto ideológico e retórico de Atos.[60] Por exemplo, Caroline Vander Stichele e Todd Penner assinalam que, embora as mulheres desempenhem um papel importante em Atos, "Lucas prefere se concentrar nos personagens masculinos públicos, [e] são esses homens que incorporam todas as virtudes da narrativa cristã que Lucas está criando. As mulheres, por sua vez, são usadas para realçar essa imagem sempre que convier". Desse modo, as mulheres precisam ser analisadas dentro de entendimentos ideológicos e sociopolíticos lucanos mais amplos de masculinidade. Por exemplo, o papel que elas desempenham na prática da hospitalidade em Atos indica o papel formativo das mulheres no cristianismo primitivo. Porém, dada a identidade de Lucas como "homem de elite", que deve muito a "uma *poética imperial*", essas mulheres são "hospitaleiras, mas em geral participantes marginais".[61]

A maior parte dos estudiosos lucanos sobre a masculinidade, aliás, tem em geral simpatia por uma perspectiva semelhante — a saber, de que Lucas retrata seus personagens como personificação das virtudes romanas da masculinidade, sobretudo a do domínio próprio e dos discursos poderosos.[62] O parágrafo inicial do capítulo de Colleen Conway sobre a masculinidade em Lucas-Atos declara isso sem dúvida: "Com Lucas-Atos, entramos em um mundo narrativo que se sente completamente à vontade nas estruturas de poder do Império Romano. A qualquer lugar que vamos nesse mundo, encontraremos os elementos necessários para a construção do homem ideal no mundo romano. Os heróis com quem nos deparamos nesse mundo — Jesus, Estêvão, Pedro e Paulo — são retratados como homens educados, que se expressam bem, sensatos, disciplinados, piedosos, plenamente capazes

[59]Michel Foucault, *The history of sexuality*, 3 vols., trad. R. Hurley (New York: Pantheon, 1978-88). Importante aqui também é Judith Butler, *Gender trouble: feminism and the subversion of identity* (New York: Routledge, 1990).

[60]Veja aqui Christina Petterson, "The language of gender in Acts", in Barreto, Skinner e Walton, *Reading Acts in the discourses of masculinity and politics*, p. 3-16.

[61]Veja como um todo Caroline Vander Stichele e Todd Penner, "'All the world's a stage': the rhetoric of gender in Acts", in *Luke and his readers: Festchrisft A. Denaux*, R. Bieringer; G. van Belle; J. Verheyden, orgs. (Leuven: Leuven University Press, 2005), p. 373-96.

[62]Mary Rose D'Angelo, "The ANHR question in Luke-Acts: imperial masculinity and the deployment of women in the early second century", in *A feminist companion to Luke*, Amy-Jill Levine, org. (London: Sheffield Academic, 2002), p. 44-69. Também se argumentou que Estêvão é a personificação do ideal romano do domínio próprio masculin. Veja, por exemplo, Abraham Smith, "'Full of Spirit and wisdom': Luke's portrait of Stephen (Acts 6:1—8:1a) as a man of self-mastery", in *Asceticism and the New Testament*, L. E. Vaage; Vincent L. Wimbush, orgs. (New York: Routledge, 1999), p. 97-114.

de se apresentarem perante os nos altos escalões do mundo masculino do Império Romano".[63]

Dois estudos recentes, no entanto, questionam o entendimento predominante de que Atos imita os valores masculinos da elite imperial no seu modo de retratar os personagens principais. Bonnie J. Flessen analisa como Atos caracteriza Cornélio positivamente, como alguém submisso, piedoso e doador de esmolas.[64] Mas Cornélio é um *centurião romano* submisso ao *Deus de Israel* e a Pedro, um homem da Judeia. Como líder militar, Cornélio não exerce autoridade sobre seus súditos da Judeia nem os subjuga brutalmente. Aliás, ele e os outros protagonistas masculinos de Atos não são homens poderosos e másculos, pois não são exemplos de domínio próprio, mas são controlados e guiados do começo ao fim pelo Espírito Santo. Assim, para Flessen, a visão de masculinidade propagada por Atos desestabiliza e, de certas formas, até subverte as concepções romanas imperiais de homem varonil. Embora não seja um estudo da masculinidade, a análise de Laurie Brink da caracterização dos centuriões em Lucas-Atos complementa muito bem o argumento de Flessen. Brink afirma que Lucas usa e transforma estereótipos reconhecíveis de soldados romanos. A exemplo de Flessen, Brink assinala que ao longo de Lucas-Atos encontramos centuriões romanos retratados como exemplos de fé, amor, piedade, temor a Deus e bondade humana.[65]

Na obra *Unmanly men* [Homens não varonis], Brittany Wilson argumenta contra a perspectiva dominante de que Lucas-Atos imita e reproduz os valores masculinos romanos da elite. Ela observa, em vez disso, que o ato de Deus em Jesus "em última análise transforma as formas predominantes de enxergar o mundo, *inclusive os conceitos de masculinidade*".[66] Wilson examina a caracterização lucana de Zacarias, Jesus, Paulo e do eunuco etíope para demonstrar que eles "não se alinham facilmente às categorias masculinas da elite, pois Lucas afirma que Deus derrotou muitas categorias preconcebidas ao morrer em uma cruz".[67] A título de exemplo, Wilson assinala que Lucas menciona mais de uma vez o homem de Atos 8.26-40 como um "eunuco" (cinco referências).[68] Os eunucos eram considerados homens efeminados, não viris e às vezes até mesmo aberrações sexuais, já que alteravam o binarismo

[63]Colleen M. Conway, *Behold the Man: Jesus and Greco-Roman masculinity* (New York: Oxford University Press, 2008), p. 127.

[64]Bonnie J. Flessen, *An exemplary man: Cornelius and characterization in Acts 10* (Eugene, OR: Pickwick, 2011).

[65]Laurie Brink, *Soldiers in Luke-Acts: engaging, contradicting, and transcending stereotypes*, WUNT 2/362 (Tübingen: Mohr Siebeck, 2014).

[66]Brittany E. Wilson, *Unmanly men: refigurations of masculinity in Luke-Acts* (New York: Oxford University Press, 2015), p. 4.

[67]Wilson, *Unmanly men*, p. 9.

[68]Wilson, *Unmanly men*, p. 113-49.

masculino-feminino. Contudo, mesmo que esse personagem transgrida as normas de gênero, Lucas o retrata como um convertido exemplar: ele procura adorar ao Deus da Judeia em Jerusalém, está lendo Isaías 53, busca orientação de Filipe e recebe o batismo cristão. A versão do cristianismo de Lucas, portanto, não é profundamente ligada ao poder procriador e não se conforma às normas masculinas da elite romana.

Os últimos vinte anos também testemunharam um aumento dos estudos que examinam o pensamento étnico em Atos. Com "pensamento étnico", refiro-me ao que Denise Kimber Buell chamou de "conhecimentos culturalmente disponíveis da diferença humana, o que podemos analisar da perspectiva de nossos conceitos modernos de 'etnicidade', 'raça' e 'religião'".[69] Já mencionei o papel do eunuco etíope relativamente à masculinidade, mas não é nenhuma surpresa que os que estudam o pensamento étnico em Atos também sublinhem o eunuco *etíope* como um indivíduo negro. Gay Byron, por exemplo, observou na literatura antiga a variedade de estereótipos negativos de negritude associados a egípcios e etíopes. Contudo, embora o cristianismo antigo tenha reproduzido algumas interpretações problemáticas de discursos étnicos, a história do eunuco etíope em Atos o identifica "como modelo de virtude e emprega dicas sutis dentro da história para demonstrar aos leitores [de Lucas] que o cristianismo pode se estender para todas as nações — *até* a Etiópia".[70]

Uma das contribuições mais inovadoras aqui está no exame do pensamento étnico em Atos 16 feito por Eric Barreto.[71] O estudo de Barreto é marcado por uma investigação metodológica impressionante da etnia, sintonizada com o mundo antigo e com os estudos de raça e etnia atuais. Barreto afirma que a definição desses conceitos sociais precisa levar em conta tanto a natureza flexível da etnia quanto a percepção dos membros do grupo em questão de que a etnia é algo fixo e imutável. Barreto aborda o difícil episódio de Atos 16.1-5, a circuncisão de Timóteo por Paulo, e assinala que Timóteo não é retratado como grego nem como judeu, mas como intermediário entre essas duas etnias. Isso se encaixa no projeto mais amplo de Lucas, no qual ele não elimina a etnicidade, nem procura criar uma nova etnia (e.g., uma "terceira raça"). Em vez disso, Lucas retrata o movimento cristão dos primórdios como um movimento flexível e híbrido, que incorporava todas as etnias e

---

[69]Denise Kimber Buell, *Why this new race? Ethnic reasoning in early Christianity* (New York: Columbia University Press, 2005), p. 2.

[70]Gay L. Byron, *Symbolic blackness and ethnic difference in early Christian literature* (New York: Routledge, 2002), p. 115.

[71]Eric D. Barreto, *Ethnic negotiations: the function of race and ethnicity in Acts 16*, WUNT 2/276 (Tübingen: Mohr Siebeck, 2010).

raças. Nas palavras de Barreto: "Em última análise, a diferença étnica não era obstáculo, mas uma oportunidade, um recurso para a reflexão teológica sobre a expansão dos seguidores de Jesus" nas diferentes cidades e regiões do Mediterrâneo.[72] Laura S. Nasrallah também afirma que o autor de Atos participa do pensamento étnico, retratando as diferentes comunidades cristãs étnicas como "unificadas por origem, parentesco e adoração comuns (divinos)".[73] O autor de Atos faz isso de uma forma notavelmente semelhante ao *Panhellenion* de Adriano. Por isso, visto que os conceitos de etnia antigos estão profundamente associados à identidade cívica do indivíduo, o autor de Atos "se vale da história de Paulo viajando entre cidades para oferecer um mito fundacional ao cristianismo".[74]

O livro *The Christian imagination: theology and the origins of race* [A imaginação cristã: teologia e as origens da raça], de Willie James Jennings, afirma que o cristianismo tem uma imaginação social adoentada e racista oriunda de sua subavaliação da eleição divina de Israel. O "escândalo da particularidade" do cristianismo foi trocado por um discurso universalizante que carece de "padrões de comunhão" mediante os quais entenda e se relacione com "a lógica cultural interna dos povos".[75] Jennings também escreveu um notável comentário teológico de Atos que desenvolve muitas reflexões teológicas suas sobre raça e etnia. Jennings adverte contra a interpretação de Atos 1 como apoio para uma visão nacionalista "que entende os povos em um plano de uniformidade de grupo, cada um buscando sua autodeterminação, o domínio de sua terra e seus recursos e desejando participação plena na economia global".[76] Atos conta uma história de revolução em que a identidade judia não é destruída, mas o "espaço de Israel se expande pelo Espírito" com a inclusão dos gentios cuja conversão ao Deus de Israel significa que "eles estão no caminho da comunhão com os judeus sem deixarem de serem gentios. Eis o aspecto mais temido da interrupção: o amor".[77] Uma breve citação não faz justiça à interpretação oferecida por Jennings, pois sua interpretação tem consequências importantes para entender as ramificações teológicas da visão de Atos de raça e etnia, a importância da eleição divina de Israel e a importância e a valorização da lógica cultural dos outros.[78] Descobri que

[72]Barreto, *Ethnic negotiations*, p. 184.

[73]Nasrallah, *Christian responses to Roman art and architecture*, p. 89.

[74]Nasrallah, *Christian responses to Roman art and architecture*, p. 90.

[75]Willie James Jennings, *The Christian imagination: theology and the origins of race* (New Haven: Yale University Press, 2010), p. 154.

[76]Willie James Jennings, *Acts* (Louisville: Westminster John Knox, 2017), p. 21.

[77]Jennings, *Acts*, p. 8.

[78]Veja Joshua W. Jipp, "Hospitable barbarians: Luke's ethnic reasoning in Acts 28.1-10", *JTS 68* (2017): p. 23-45.

The Christian imagination, de Jennings, é um excelente prospecto na busca de uma reflexão sobre raça e etnia junto com Atos e observei que Atos muitas vezes retrata a inversão e a rejeição dos estereótipos étnicos negativos, empregando a prática sociocultural da "amizade formalizada" como meio de falar de como os primeiros cristãos conseguiam conceituar o ato de passar a ser parte de uma família sem abandonar sua identidade étnica.

ATOS E O ASPECTO DIVINO

Uma última tendência é o ressurgimento de obras dedicadas à representação de Deus, às ações continuadas do Cristo ressurreto e entronizado e à textura e às consequências teológicas de Atos. Afirmei, por exemplo, que Atos é do começo ao fim uma explicação narrativa de Deus e da atividade divina.[79] Personagens reagem à atividade divina e a rejeitam, as Escrituras de Israel são invocadas para dar testemunho dos atos de Deus, o Espírito capacita personagens a profetizarem a respeito do plano de Deus, personagens reagem com louvor quando a atividade de Deus é discernida e o plano de Deus se expressa em palavras como "a vontade / o propósito de Deus" e outros termos que exprimam necessidade divina. Apesar da primazia de Deus como tema de Atos, Daniel Marguerat demonstrou que o narrador raramente retrata Deus *diretamente* realizando alguma coisa e Deus nunca aparece de forma direta e óbvia.[80] Na verdade, identificar, nomear e interpretar a obra de Deus no mundo geralmente fica a cargo dos personagens, a quem cabe discernir a atividade divina por vários meios. Por isso, vários estudos se dedicam a examinar *como* os personagens discernem a obra divina — mediante, por exemplo, sonhos, visões, profecias e a interpretação das Escrituras.[81] Scott Schauf escreveu uma obra importante, comparando o papel do divino em Atos com obras contemporâneas de historiografia, e demonstra as semelhanças e diferenças entre Atos e as outras obras de historiografia judaica referentes à obra de Deus. Ele assinala que, em Atos, há um extraordinário enfoque no Espírito de Deus e "uma intensidade da presença e da ação

[79]Porções dessa seção foram reproduzidas e revisadas a partir de Joshua W. Jipp, "The beginnings of a theology of Luke-Acts: divine activity and human response", *JTI* 8 (2014): p. 23-43.

[80]Daniel Marguerat, *The first Christian historian: writing the "Acts of the Apostles"*, trad. Ken McKinney, Gregory J. Laughery e Richard Bauckham, SNTSMS 121 (Cambridge: Cambridge University Press, 2002), p. 86-92.

[81]Veja, por exemplo, John B. F. Miller, *Convinced that God had called us: dreams, visions, and the perception of God's will in the Book of Acts*, BIS (Leiden: Brill, 2006); Ling Cheng, *The characterisation of God in Acts: the indirect portrayal of an invisible character*, Paternoster Biblical Monographs (Milton Keynes, UK: Paternoster, 2011); Michael A. Salmeier, *Restoring the Kingdom: the role of God as the "Ordainer of times and seasons" in the Acts of the Apostles*, Princeton Theological Monographs (Eugene, OR: Pickwick, 2011).

divinas sem precedentes na historiografia antiga a que temos acesso e sem precedentes no intenso foco dedicado a esse grupo tão pequeno de pessoas".[82]

O mais importante retrato que Atos faz de Deus agindo no mundo talvez seja o Messias ressurreto e entronizado. Um dos estudos mais proveitosos aqui é o exame de Matthew Sleeman das "consequências terrenas de um Cristo elevado ausente mas ativo" que organiza o espaço geográfico e o espaço narrativo do livro de Atos.[83] Muito se poderia dizer sobre o estudo de Mathew Sleeman, mas o mais importante é sua demonstração de que a ascensão e a localização celestial de Cristo exercem influência central sobre Atos para além dos tradicionais textos de ascensão. Uma gama de estudos importantes sobre Atos tratando da importância da ressurreição, ascensão e entronização do Messias surgiu recentemente.[84]

Embora concebido para ser mais acessível, *Intrusive God, disruptive Gospel* [Deus invasivo, Evangelho perturbador], de Matthew Skinner, apresenta uma leitura completa de Atos que examina em profundidade como o livro retrata Deus e a atividade divina, atividade não raro surpreendente, desconcertante e perturbadora. Skinner nota que a surpreendente e perturbadora "visão teológica de Atos" tem o poder de "revigorar as expectativas que nutrimos a respeito de Deus e de que Deus se conecte com nossa vida, [agindo para nos fazer] mais criativos, mais imaginativos e mais perceptivos e às vezes até mais cuidadosos em nossa perspectiva de onde e como procurar ou encontrar Deus".[85] A obra *Prophetic Jesus, prophetic church* [Jesus profético, igreja profética], de Luke Timothy Johnson, também apresenta um exame literário de Lucas-Atos em que vemos um chamado teologicamente engajado a que a igreja leve Lucas-Atos a sério como meio de restaurar sua visão profética. Tanto Jesus quanto os apóstolos, na perspectiva de Johnson, são personagens proféticos que desafiam o público de Atos a dar prosseguimento à visão profética de Lucas-Atos "sendo guiado pelo espírito, compartilhando bens, participando de missão itinerante, exercendo a liderança de servo [e] dando testemunho poderoso diante das autoridades estatais e religiosas".[86]

---

[82]Scott Shauf, *The divine in Acts and in ancient historiography* (Minneapolis: Fortress, 2015), p. 264.

[83]Matthew Sleeman, *Geography and the ascension narrative in Acts*, SNTSMS 146 (Cambridge: Cambridge University Press, 2009), p. 49.

[84]Por exemplo, Thompson, *Acts of the Risen Lord Jesus*; Lidija Novakovic, *Raised from the dead according to Scripture: the role of Israel's Scripture in the early Christian interpretations of Jesus' resurrection*, Jewish and Christian Texts in Contexts and Related Studies Series (London: Bloomsbury T&T Clark, 2012), p. 197-215; David K. Bryan; David W. Pao, orgs., *Ascent into heaven in Luke-Acts: new explorations of Luke's narrative hinge* (Minneapolis: Fortress, 2016).

[85]Matthew L. Skinner, *Intrusive God, disruptive Gospel: encountering the divine in the Book of Acts* (Grand Rapids: Brazos, 2015), xiii-xiv.

[86]Luke Timothy Johnson, *Prophetic Jesus, prophetic church: the challenge of Luke-Acts to contemporary Christians* (Grand Rapids: Eerdmans, 2011), p. 5.

Reflexões

Concluir minha discussão de Atos por aqui é, de certa forma, arbitrário, já que muitas obras importantes de pesquisa poderiam ser abordadas. Contudo, busquei oferecer uma visão panorâmica substancial do que julgo serem algumas das mais importantes e interessantes obras recentes sobre Atos. Encerro com duas reflexões. Primeiro, não é nenhuma surpresa que as novas pesquisas sobre Atos tenham sido estimuladas por novas questões e métodos. Por exemplo, os estudos sobre gênero e masculinidade em Atos são, em parte, resultado do surgimento de novos métodos e indagações centrados em como o discurso e a ideologia se relacionam com o poder e o controle. O senso étnico de Lucas assumiu um papel importante nos estudos sobre Atos sem dúvida por causa das preocupações relacionadas à teologia cristã da substituição (substitucionismo) e as perguntas relativas à natureza racializada das interpretações bíblicas. Não tenho nada de profundo a dizer aqui, a não ser que isso continua nos lembrando de que existe uma relação inextricável entre todas as nossas interpretações ou exegeses de Atos e os enquadramentos hermenêuticos que usamos e trazemos para nossas leituras. Portanto, as avaliações de nossas interpretações de Atos não devem se divorciar de nossas avaliações dos métodos que empregamos.

Em segundo lugar, discernir os propósitos e os planos de um texto narrativo como Atos não é simples e é facilmente passível de reducionismo. Apegar-se a uma linha de Atos pode render alguma ideia importante sobre o propósito do livro, mas é muito fácil ignorar as evidências que não se encaixam bem na interpretação de quem segue a linha. Por exemplo, estudos recentes sobre Atos tendiam a destacar um retrato positivo do judaísmo em Atos. Mas será que essas interpretações de Atos também podem explicar satisfatoriamente as acusações lançadas contra Estêvão (6.11-15) e Paulo (21.15-21)? Será que havia algo cultural e religiosamente perturbador nos apóstolos que causou as acusações de apostasia contra eles? Igualmente, pode-se explicar como os personagens masculinos de Lucas às vezes se conformam aos ideais da elite romana *e* outras vezes os abalem? É possível uma intepretação de Atos que demonstre que os primeiros cristãos desestabilizam e criticam a religiosidade pagã sem deixar de reconhecer o copioso uso positivo que Lucas faz de scripts culturais e religiosos pagãos para comunicar o evangelho? A capacidade de manter unidos aspectos de Atos que talvez pareçam contraditórios e lhes fazer justiça pode funcionar como uma bênção para leituras mais robustas e não reducionistas de Atos.

18

PAULO E ROMANOS

SCOT MCKNIGHT

INTRODUÇÃO

Ler Romanos é ler Paulo. Isso significa que a missão e a teoria paulina—tanto de forma abstrata quanto a maneira que ela foi vivida — são Romanos e Romanos é ambas as coisas e ainda mais. Ler Romanos significa também ler a história da teologia cristã, sobretudo a protestante. Não se pode pensar em Agostinho, Lutero, Calvino, Tyndale, Wesley, Edwards ou Barth sem pensar em Romanos e todo teólogo neotestamentário importante hoje escreve (na prática) uma teologia de Paulo. Isto é, a começar com Rudolf Bultmann, o estudioso do NT que foi um contraponto de Barth, não podemos pensar em nenhum dos estudiosos a seguir sem pensar em Romanos: Ernst Käsemann, W. D. Davies, C. E. B. Cranfield, E. P. Sanders, J. Christiaan Beker, James D. G. Dunn, Douglas J. Moo, Peter Stuhlmacher, N. T. Wright, J. Louis Martyn, Leander E. Keck, Robert Jewett, Douglas A. Campbell, John M. G. Barclay, Richard N. Longenecker e Beverly Roberts Gaventa. E esse é só o começo de uma lista incompleta! Dunn, em sua magistral teologia de Paulo, afirma abertamente que o lugar para começar esse diálogo é Romanos.[1] Como ele diz: "Em resumo, Romanos está muito distante de ser um tratado dogmático ou sistemático de teologia, mas ainda assim é a declaração mais extensa e reflexiva da própria teologia de Paulo feita pelo próprio Paulo".[2]

Ler Romanos é ler a teologia paulina, uma disciplina que transcende Romanos, mas que não pode prescindir da carta como cerne estrutural. Portanto, será bom que identifiquemos algumas das apresentações mais importantes de Paulo no cenário atual, embora o capítulo de Michael J. Gorman deste volume ofereça um esboço muito mais completo.[3] Fiz uma

[1]James D. G. Dunn, *The Theology of Paul the Apostle* (Grand Rapids: Eerdmans, 1998), p. 19-26 [edição em português: *A teologia do apóstolo Paulo* (São Paulo: Paulus, 2003)]; daqui em diante *TPA*.

[2]Dunn, *TPA*, p. 25.

[3]Veja o cap. 10 neste livro.

lista de alguns temas importantes por causa do papel que eles vão desempenhar no meu esboço do conhecimento de Romanos. Em seguida, daremos uma amostra — não é possível fazer mais do que isso com a pilha de livros e artigos acerca de Romanos que existe à disposição — de estudos representativos sobre Romanos. A literatura sobre Romanos confunde a mente, pois a carta continua fascinando professores, pastores, filósofos e políticos.[4] Um conjunto recente de livros expandiu os estudos ao buscar a influência de Romanos na história e na cultura.[5]

PAULO APÓS E. P. SANDERS

Um momento decisivo, senão o mais decisivo, nas interpretações modernas de Romanos ocorreu em 1977. O famoso estudo de E. P. Sanders sobre Paulo no ambiente do judaísmo palestino e em oposição à leitura tradicional luterana (e um tanto reformada) de Romanos desencadeou uma tempestade de estudos sobre Paulo, questionou polemicamente estudos mais antigos sobre Paulo e criou a oportunidade de reler Romanos. James D. G. Dunn, em uma série de publicações, batizou a leitura de Paulo posterior a Sanders de "nova perspectiva", o que subentende uma perspectiva "antiga", e gerou o magistral comentário de Dunn sobre Romanos.[6] Sanders não apenas criou a "nova" perspectiva, mas também as abordagens apocalíptica, participacionista e a "Paulo no judaísmo", causando impacto em todas as abordagens

[4]Para estudos recentes sobre a história da interpretação de Romanos, veja Mark Reasoner, *Romans in full circle: a history of interpretation* (Louisville: Westminster John Knox, 2005); Jeffrey P. Greenman; Timothy Larsen, orgs., *Reading Romans through the centuries: from the early church to Karl Barth* (Grand Rapids: Brazos, 2005); Magnus Zetterholm, *Approaches to Paul: a student's guide to recent scholarship* (Minneapolis: Fortress, 2009); Benjamin L. White, *Remembering Paul: ancient and modern contests over the image of the apostle* (New York: Oxford University Press, 2014); Patrick Gray, *Paul as a problem in history and culture: the apostle and his critics through the centuries* (Grand Rapids: Baker Academic, 2016).

[5]O título da série é Romans through history and culture, e os volumes incluem K. K. Yeo, org., *Navigating Romans through cultures: challenging readings by charting a new course* (New York: T&T Clark, 2004); Kathy L. Gaca; L. L. Welborn, orgs., *Early Patristic readings of Romans* (New York: T&T Clark, 2006); Daniel Patte; Vasile Mihoc, orgs., *Greek Patristic and eastern Orthodox interpretations of* Romans (London: Bloomsbury T&T Clark, 2013); Daniel Patte; Eugene TeSelle, orgs., *Engaging Augustine on Romans: self, context, and theology in interpretation* (Harrisburg: Trinity Press International, 2003); William S. Campbell; Peter S. Hawkins; Brenda Deen Schildgen, orgs., *Medieval readings of Romans* (New York: T&T Clark, 2007); Kathy Ehrensperger; R. Ward Holder, orgs., Reformation readings of Romans (London: T&T Clark, 2008); David Odell-Scott, org., *Reading Romans with contemporary philosophers and theologians* (New York: T&T Clark, 2007); Cristina Grenholm; Daniel Patte, orgs., *Reading Israel in Romans: legitimacy and plausibility of divergent interpretations* (Harrisburg: Trinity Press International, 2000); Patte; Grenholm, orgs., *Modern interpretations of Romans: tracking their hermeneutical/theological trajectory* (London: Bloomsbury T&T Clark, 2013).

[6]James D. G. Dunn, *Romans*, 2 vols., WBC 38 (Waco: Thomas Nelson, 1988) [edição em português: *Comentário à carta de Paulo aos Romanos* (São Paulo: Paulus, 2022)]; Dunn, *The new perspective on Paul*, ed. rev. (Grand Rapids: Eerdmans, 2008) [edição em português: *A nova perspectiva sobre Paulo* (São Paulo: Paulus, 2011)].

mediadoras e até políticas de Paulo. Já que o artigo de Gorman neste livro mapeia essa discussão, é preciso uma palavra breve sobre as recentes abordagens a fim de definir o que deve ser dito sobre os estudos de Romanos.

A perspectiva "antiga", ou talvez, dito com mais sensibilidade, a da "Reforma", provém de uma antropologia agostiniana (o ser humano foi criado bom, mas se corrompeu e se perverteu pelo pecado de Adão, sendo incapaz de agradar a Deus) que dá forma a uma interpretação soteriológica de Paulo (graça divina, não obras; salvação pela fé, não por obras; redenção realizada por Cristo; e noções como a imputação dupla — nosso pecado a Cristo, a justiça de Cristo para os cristãos), e muito dessa interpretação de Paulo se baseia em Romanos, com um pouco de Gálatas. Inerente a essa perspectiva há uma correlação: os seres humanos infectados por essa natureza pecaminosa procuram se apresentar diante de Deus com base em suas obras. É aqui que Sanders entrou no debate. Essa perspectiva sobre a humanidade — orientada por obras — surgiu de uma interpretação imprecisa do judaísmo e ele procurou corrigir o judaísmo para depois reler Paulo por meio dessa nova visão do judaísmo. Agora o judaísmo era definido não como uma religião de obras e justiça, mas uma religião baseada na graça, a que ele chamou de "nomismo da aliança".[7] Isto é, não se obedecia à lei (nomismo) para *entrar* na aliança (obediência que merece a salvação), mas, ao contrário, com base na graça e no favor da aliança de Deus (Gn 12; 15), obedecia-se à Torá a fim de *conservar* a posição na aliança.[8] Em outras palavras, Sanders redefiniu o que a perspectiva "antiga" realmente estava fazendo e talvez seja necessário ressaltar que o que ele diz não diz respeito a informações triviais acerca da história, mas algo que dá origem a muitas abordagens sobre soteriologia na tradição protestante:[9]

> O principal elemento é a teoria de que obras *ganham* a salvação; de que o destino da pessoa é determinado pelo *sopesamento* entre cumprimentos e transgressões. A manutenção dessa perspectiva necessariamente implica *negar* ou contornar de alguma outra forma *a graça de Deus na eleição* [...]. Um terceiro aspecto da perspectiva de Weber, que também é vinculada à teoria da salvação pelas obras,

[7]Sanders respondeu aos seus críticos: veja E. P. Sanders, *Comparing Judaism and Christianity: common Judaism, Paul, and the inner and the outer in ancient religion* (Minneapolis: Fortress, 2016), p. 51-83. Veja também Sanders, *Judaism: practice and belief*, 63 BCE–66 CE (Minneapolis: Fortress, 2016), p. 430-51.

[8]John Barclay avança a perspectiva de graça de Sanders para além da prioridade: veja John M. G. Barclay, *Paul and the gift* (Grand Rapids: Eerdmans, 2015), p. 151-8 [Edição em português: *Paulo e o dom* (São Paulo: Paulus, 2018)].

[9]É preciso questionar em alta voz se a "aliança de obras" que molda boa parte da teologia reformada poderia ser até mesmo articulada se a perspectiva de judaísmo não tivesse sido modelada pela justiça mediante obras.

> é a determinação do mérito e a possibilidade da *transferência de mérito* no juízo final. O quarto elemento está relacionado com a atitude supostamente refletida na literatura rabínica: *incerteza* da salvação misturada com o sentimento presunçoso de realização. Isso também depende da perspectiva de que a pessoa é salva por obras. Essa pessoa tem duas alternativas: ou não terá certeza se fez o suficiente ou se tornará orgulhosa de ter sido tão justa. Além desses elementos principais da soteriologia de Weber, sua visão de que Deus é *inacessível* também se conserva até hoje.[10]

É assim que Sanders define o que agora se chamada de perspectiva "antiga" e Sanders declara intrepidamente que quer "destruir a ideia do judaísmo rabínico que ainda prevalece em muitos, talvez na maioria, dos estudos acadêmicos do NT".[11] Sanders cita nomes, inclusive de reformadores.[12] A principal consequência da obra de Sanders de 1977 foi que os estudiosos não poderiam mais supor a teoria tradicional de que o judaísmo era marcado pela justiça de obras e que, portanto, o cristianismo se diferencia fundamentalmente por ser uma religião da graça.[13]

A "nova" perspectiva — o termo usado hoje principalmente para se referir a Dunn e N. T. Wright — não pode ser resumida de um modo que se encaixe perfeitamente em Dunn ou em Wright[14], porque eles diferem entre si em aspectos importantes.[15] Proponho o seguinte resumo:

1. O cenário da teologia paulina é a história de Israel e a obra do único e verdadeiro Deus em Israel de abençoar toda a ordem criada e esse

[10]E. P. Sanders, *Paul and Palestinian Judaism: a comparison of patterns of religion*, ed. reimpr. (Philadelphia: Fortress, 2017), p. 54.

[11]Sanders, *Paul and Palestinian Judaism*, p. xii.

[12]Agora resgatando os reformadores de estereótipos, iniciado em parte por Sanders e continuado em outros, está Stephen J. Chester, *Reading Paul with the Reformers: reconciling old and new perspectives* (Grand Rapids: Eerdmans, 2017).

[13]Essa antiga perspectiva e a refutação dela por Sanders são agora contestadas a partir de outro ângulo em Barclay, *Paul and the gift*.

[14]Dunn, *Romans*; Dunn, *New perspective on Paul*; Dunn, *TPA*; Dunn, *Beginning from Jerusalem*, vol. 2 de *Christianity in the Making* (Grand Rapids: Eerdmans, 2009); N. T. Wright, "The Letter to the Romans", in: *The New Interpreter's Bible*, vol. 10, Leander E. Keck, org. (Nashville: Abingdon, 2002), p. 393-770; N. T. Wright, *Paul and the faithfulness of God*, 2 vols., parte 4 de *Christian origins and the question of God* (Minneapolis: Fortress, 2013) [edição em português: *Paulo e a fidelidade de Deus* (São Paulo: Paulus, 2021)]; N. T. Wright, *Pauline perspectives: essays on Paul, 1978-2013* (Minneapolis: Fortress, 2013); N. T. Wright, *Paul and his recent interpreters* (Fortress, 2015).

[15]Para uma análise aprofundada do projeto de Wright sobre Paulo, veja Christoph Heilig; J. Thomas Hewitt; Michael F. Bird, orgs., *God and the faithfulness of Paul: a critical examination of the Pauline theology of N. T. Wright*, WUNT 2/413 (Tübingen: Mohr Siebeck, 2016). Para a resposta do próprio Dunn, veja "An insider's perspective on Wright's version of the new perspective on Paul", in: Heilig; Hewitt; Bird, *God and the faithfulness of Paul*, p. 347-58.

cenário difere das leituras antropológicas e soteriológicas agostinianas da perspectiva "antiga", apesar de convergir com ela em alguns pontos.

2. O judaísmo é nomismo de aliança e o Deus de Israel tem um plano único para a redenção de toda a criação. Portanto, a aliança com Israel é o plano único de Deus.
3. Entre os problemas resolvidos em Cristo estão o problema do pecado, o fracasso de Israel em abençoar as nações, o fracasso de Israel em ser obediente e o privilégio de Israel usurpando sua missão.
4. Obras da lei dizem respeito a barreiras sociais entre judeus e gentios, além de serem também entendidas como um compromisso com a Torá de Moisés como um todo.
5. A aliança de Deus com Abraão se cumpre em Jesus, o Messias. A nova criação, portanto, começa com um novo êxodo, mas a nova criação permanece no molde israelita.
6. A cristologia da teologia paulina é uma encarnação do Messias que inclui vida, morte, ressurreição e exaltação como o meio completo de redenção para os que creem nele.
7. Sua ética é cristocêntrica, mas também pneumocêntrica e eclesiocêntrica: a pessoa segue a Cristo no poder do Espírito em comunhão com outros crentes.

Em resumo, portanto, judeus *e* gentios são centrais ao plano messiânico. O cerne da obra de Deus no mundo é a igreja, que é o cumprimento da promessa de uma terra e a comunhão concreta visível de pessoas de todos os tipos (judeus, gentios, escravos, livres, homens, mulheres, bárbaros, citas etc.). Desse modo, a igreja se torna o local da redenção de Deus no mundo. Em comparação com outras enfoques sobre Paulo, essa linha afirma que a teologia paulina se fundamenta mais em historiografia, eclesiologia e cristologia do que em antropologia. O problema se encontra na história de Israel em busca de cumprimento e esse cumprimento da história envolve soteriologia por meio de Cristo no poder do Espírito.

Juntamente com essa nova perspectiva e se desenvolvendo de novas maneiras a partir da revolução de Sanders está a abordagem apocalíptica de Paulo.[16]

[16]Ernst Käsemann, *Commentary on Romans* (Grand Rapids: Eerdmans, 1980); J. Christiaan Beker, *Paul the Apostle: the triumph of God in life and thought* (Philadelphia: Fortress, 1980); J. Louis Martyn, "The apocalyptic gospel in Galatians", Int 54, n. 3 (2000): 246-66; Martinus C. de Boer, *The defeat of death: apocalyptic eschatology in 1Corinthians 15 and Romans 5*, LNTS 22 (Sheffield: Sheffield Academic, 1988); Douglas A. Campbell, *The quest for Paul's gospel* (London: T&T Clark, 2005); Campbell, *The deliverance of God: an apocalyptic rereading of justification in Paul* (Grand Rapids: Eerdmans, 2013); Beverly Roberts Gaventa, *When in Romans: an invitation to linger with the gospel according to Paul* (Grand Rapids: Baker Academic, 2016); Ben C. Blackwell; John K. Goodrich; Jason Maston, orgs., *Paul and the apocalyptic imagination*

Porém, antes de chegar a ele, observe que o significado do termo *apocalíptico* está em debate. Uma tentativa recente de encontrar um denominador comum conclui que apocalíptica funciona em três eixos que se interseccionam: os eixos espaço-temporais da escatologia (p. ex., duas eras) e da revelação (espacial/vertical), bem como epistemologia.[17] Essa conclusão é de que, portanto, há duas perspectivas fundamentais: uma ênfase na invasão escatológica ou no cumprimento revelado, uma destacando a descontinuidade e a novidade e outra, a continuidade e a novidade. O que é esse Paulo apocalíptico?[18]

Nuances à parte, a perspectiva de Paulo começa com uma invasão apocalíptica que estilhaça todas as categorias anteriores. Primeiro, Deus em Cristo liberta, ou redime, tudo incondicionalmente. Tudo se faz novo. Segundo, o apocalipse de Deus em Cristo caracteriza retrospectivamente tudo o que veio antes para que o problema seja entendido de novo em relação à solução em Cristo — isto é, a morte, a ressurreição e a ascensão. Esse problema diz respeito aos poderes hostis do Pecado e da Morte residentes na carne que escravizam a humanidade.[19] A lei agrava essa escravidão, o que também torna os seres humanos incapazes de conhecer o problema e a solução sem a revelação divina mediante o Espírito. Terceiro, a graça ou benevolência de Deus motiva o Pai a enviar o Filho para participar da condição humana (adâmica) a fim de destruir a condição adâmica, fazendo expiação por ela, mas a morte do Filho é vencida por sua ressurreição a fim de inaugurar a nova condição: a nova era com vida nova em Cristo. A ressurreição do Filho produz a exaltação do Filho como o eterno Filho de Deus. Quarto, o Espírito incorpora os seres humanos em Cristo. Os seres humanos precisam morrer primeiro e depois serem ressuscitados para a nova vida em Cristo mediante o Espírito (no batismo) e, com isso, os seres humanos em Cristo recebem uma nova ontologia. Logo, a redenção em Cristo é definida como libertação da escravidão para uma nova identidade comunitária[20] e uma nova família, a comunidade do Espírito em Cristo.

O enfoque participacionista, apresentado em uma de suas exposições mais claras nas várias obras de Gorman, está começando a influenciar os estudos de Romanos. Observe este resumo da perspectiva participacionista apresentado em uma única frase:

(Minneapolis: Fortress, 2016); Susan Grove Eastman, *Paul and the person: reframing Paul's anthropology* (Grand Rapids: Eerdmans, 2017).

[17]Ben C. Blackwell; John K. Goodrich; Jason Maston, "Paul and the apocalyptic imagination: an introduction", in: *Paul and the apocalyptic imagination* (Minneapolis: Fortress, 2016), p. 3-21.

[18]Campbell, *Deliverance of God*, p. 72-3.

[19]Termos com maiúsculas são abundantes em estudos acadêmicos acerca de Paulo apocalíptico — e por bons motivos.

[20]Especialmente Eastman, *Paul and the person*.

> Paulo pregava e depois explicava por meio de diversas cartas pastorais formadoras de comunidade um evangelho narrativo, apocalíptico e teopolítico da extraordinária graça e fidelidade de Deus, (1) em continuidade com a história de Israel e (2) diferente do evangelho imperial de Roma (e dos poderes análogos), centrado no Messias Jesus de Deus crucificado e exaltado, cuja encarnação, vida e morte por crucificação foram validadas e vindicadas por Deus na sua ressurreição e exaltação como Senhor, o que inaugurou a nova era, ou nova criação, na qual todos os membros desta raça humana diversa, porém consideravelmente desajustada em relação à aliança, que respondem com uma fé de autorrenúncia e compromisso individual participam, assim, da morte e da ressurreição de Cristo e são (1) justificados ou restaurados para as relações de aliança corretas com Deus e com os outros e adotados na família de Deus; (2) incorporados em uma manifestação particular do corpo de Cristo, o Senhor, na terra, a igreja, que é uma comunidade alternativa ao *status quo* das comunidades humanas, comprometidas com César e governadas por ele (e governantes semelhantes) e por valores contrários ao evangelho; e (3) infundidos individual e coletivamente pelo Espírito do Filho de Deus para poderem viver uma vida "bifocal", um foco no passado, na primeira vinda de Cristo, e outro no futuro, na sua segunda vinda, consistindo na semelhança de Cristo, cruciforme, em sua (1) fé (fidelidade) e (2) esperança em relação a Deus e (3) amor para com os próximos e também para com os inimigos (um amor marcado por tranquilidade e hospitalidade), assim dando, em palavras e ações, testemunho do único e verdadeiro Deus e do Senhorio de Cristo e participando pelo poder do Espírito Santo na missão divina de reconciliação e da justiça restauradora em Cristo, mesmo correndo o risco de sofrimento e morte, tudo na feliz esperança (1) do retorno de Cristo, (2) da ressurreição dos mortos para a vida eterna e (3) da renovação de toda a criação.[21]

Pode-se ler o resumo de um parágrafo de Gorman e ouvir os ecos do que há de melhor nas abordagens antiga, nova e apocalíptica; podem-se ouvir temas novos (a participação, em particular); pode-se ver a orientação soteriológica de Paulo, que é nova sem negligenciar a histórico-salvífica, a eclesiológica ou a ética; e pode-se simplesmente respirar fundo no final da leitura, recomeçá-la e se perguntar se poderia ser dividida em seções mais manejáveis (o que é possível!).

---

[21]Michael J. Gorman, *Apostle of the crucified Lord: a theological introduction to Paul and his Letters*, 2ª ed. (Grand Rapids: Eerdmans, 2016), p. 183 [edição em português: *Apóstolo do Senhor crucificado: uma introdução teológica a Paulo e suas cartas* (São Paulo: Hagnos, 2022)]. Para os livros formativos de Gorman, veja *Cruciformity: Paul's narrative spirituality of the cross* (Grand Rapids: Eerdmans, 2001); *Inhabiting the cruciform God: kenosis, justification, and theosis in Paul's narrative soteriology* (Grand Rapids: Eerdmans, 2009); *Becoming the gospel: Paul, participation, and mission* (Grand Rapids: Eerdmans, 2015).

Muito mais poderia ser dito e mais uma vez remeto o leitor para o esboço mais completo de Gorman neste livro, mas, até agora, o estudo de Romanos tem sido influenciado sobretudo pelas abordagens mencionadas anteriormente. Outras merecem uma menção breve, entre elas a sugestão de Garwood Anderson de que a "nova" perspectiva era dominante nos primeiros anos de Paulo, mas mudou para uma perspectiva "antiga" nos escritos paulinos posteriores.[22] Sempre alguém encontrará em Paulo mais política do que a tradição encontrou, e aqui quem fez uma contribuição singular foi Neil Elliott. Elliot analisa com vigor e perspicácia o Império, a justiça, a misericórdia, a "piedade" e a virtude no contexto romano.[23] Muitos hoje encontram muito anti-imperialismo nas cartas de Paulo e no cerne de suas igrejas missionárias.[24] Em toda interpretação de Paulo estão as leituras paulinas de suas escrituras judaicas e esses enfoques de Paulo tornam simplistas algumas abordagens únicas. Se alguns destacam um uso quase arbitrário da Bíblia, outros, sobretudo agora Francis Watson, defendem que Paulo tem uma hermenêutica excepcional que se reconhece na leitura do Pentateuco e dos Profetas.[25] Não é simplismo perguntar se Paulo chegou à essa hermenêutica lendo o Pentateuco ou se ele sabia fazer essa leitura por causa da revelação de Cristo,[26] mas veremos sobre isso adiante. Uma abordagem liberacionista sensata, de uma perspectiva afro-americana, é vista na contribuição de Thomas Hoyt Jr. em *True to our native land* [Fiéis à nossa terra nativa], em que uma interpretação soteriológica e eclesiológica se equilibra com um olhar para justiça social, conciliação racial e o evangelho como agente de redenção.[27] Deve-se reservar um lugar especial também para o que alguns chamam de "Paulo no judaísmo", enquanto outros falam aqui de pós- substitucionismo e outros, de um enfoque de Paulo pós-nova perspectiva. Foi Mark Nanos que trouxe isso para o primeiro plano. Nanos deixou sua marca nos estudos paulinos e de Romanos quando publicou seu estudo sobre Romanos

---

[22]Garwood P. Anderson, *Paul's new perspective: charting a soteriological journey* (Downers Grove: IVP Academic, 2016).

[23]Neil Elliott, *The arrogance of nations: reading Romans in the shadow of empire* (Minneapolis: Fortress, 2008).

[24]Richard A. Horsley, org., *Paul and the Roman Imperial order* (Harrisburg: Trinity Press International, 2004).

[25]Francis Watson, *Paul and the hermeneutics of faith* (New York: T&T Clark, 2004); Preston M. Sprinkle, *Paul and Judaism revisited: a study of divine and human agency in salvation* (Downers Grove: IVP Academic, 2013).

[26]Por ora, Richard B. Hays, *The faith of Jesus Christ: the narrative substructure of Galatians 3:1—4:11*, 2ª ed. (Grand Rapids: Eerdmans, 2002); Hays, *Echoes of Scripture in the Gospels* (Waco: Baylor University Press, 2016); Hays, *The conversion of the imagination: Paul as interpreter of Israel's Scripture* (Grand Rapids: Eerdmans, 2005).

[27]Thomas Hoyt Jr., "Romans", in: *True to our native land: an African American New Testament commentary*, Brian K. Blount et al, org. (Minneapolis: Fortress, 2007), p. 249-75.

antes mesmo de obter o seu doutorado.[28] Outros deram forma a esse debate, entre ele Pamela Eisenbaum,[29] mas, em geral, os estudiosos acreditam que os primeiros ouvintes/leitores de Romanos eram um grupo de participantes de uma sinagoga. Diz-se que os Fracos são aqueles que "tem Jesus como não messias", enquanto os Fortes são os crentes judeus e gentios e o próprio livro, portanto, vem a ser não tanto uma depreciação do judaísmo quanto uma forma de judaísmo para o mundo gentio. Temas do trabalho de Nanos vão aparecer em seções específicas sobre Romanos a seguir.

LENDO ROMANOS HOJE

Os comentários têm sido a força vital de pregadores e professores desde pelo menos o terceiro século. Quer a pregação esteja baseada em um lecionário, quer seja gerada pela própria Bíblia, os comentários continuarão sendo um alimento de primeira necessidade. Cada geração produz comentários que a refletem e são destinados para ela. Passar uma hora com Crisóstomo ou com Agostinho e em menor medida com Tomás de Aquino, Lutero, ou Calvino permite tomar consciência da imensa e profunda diferença entre abordagens, temas, questões e, às vezes, até mesmo da mensagem básica.

Comentários

Em nossa geração, somos servidos por muitos comentários volumosos e às vezes quase inacessíveis (para o estudante e para o pastor) sobre Romanos. Mesmo os autores acessíveis transformam Romanos em um livro de mil páginas. Os comentários mais acessíveis hoje são os de Leander E. Keck, Paul Achtemeier, A. Katherine Grieb, Craig Keener, Sarah Lancaster, Robert Jewett (o seu comentário mais conciso), Stanley Porter e Michael Bird.[30] Em nosso esboço anterior, Keck e Lancaster são inclinados para o apocalíptico; Lancaster se apoia em grande medida na obra de Jewett; Grieb oferece um estudo mais narrativo, político e um pouco apocalíptico; Jewett tem uma

[28]Mark D. Nanos, *The mystery of Romans: the Jewish context of Paul's letters* (Minneapolis: Fortress, 1996); Nanos, *Reading Romans within Judaism: collected essays of Mark D. Nanos* (Eugene: Cascade, 2018).

[29]Pamela Eisenbaum, *Paul was not a Christian: the original message of a misunderstood apostle* (New York: HarperOne, 2010).

[30]Leander E. Keck, *Romans*, ANTC (Nashville: Abingdon, 2005); Paul J. Achtemeier, *Romans*, Interpretation (Atlanta: John Knox, 1986); A. Katherine Grieb, *The story of Romans: a narrative defense of God's righteousness* (Louisville: Westminster John Knox, 2002); Craig S. Keener, *Romans*, New Covenant Commentary (Eugene: Wipf & Stock, 2009); Sarah Heaner Lancaster, *Romans*, Belief: a theological commentary on the Bible (Louisville: Westminster John Knox, 2015); Robert Jewett, *Romans: a short commentary* (Minneapolis: Fortress, 2013); Stanley E. Porter, *The Letter to the Romans: a linguistic and literary commentary* (Sheffield: Sheffield Phoenix, 2015); Michael F. Bird, *Romans*, SGBC (Grand Rapids: Zondervan, 2016).

interpretação social de Romanos e moldada em missão e império; Porter é ao mesmo tempo teológico, linguístico e retórico-literário; e Achtemeier, Keener e Bird fazem o possível para ser ecléticos: um pouco de antigo aqui, um pouco de novo ali e um pouco de apocalíptico acolá. O ponto mais divisivo entre os comentários sobre Romanos será abordado a seguir, mas, por enquanto, digo isto: ou a carta é interpretada como uma carta soteriológica, até mesmo como um último testamento, dando menos destaque para Romanos 12—16, ou ela é interpretada com foco mais eclesiológico e contextual, com mais destaque nos últimos capítulos, sobretudo as seções acerca dos Fortes e dos Fracos nos capítulos 14 e 15. Dos autores mencionados, Jewett se destaca como a leitura mais eclesiológica.

Entre os comentários de nível médio, com leitura mais acessível sobretudo para pastores e alunos de exegese em seminários ou faculdades, estão os de Wright, A. Hultgren, Joseph A. Fitzmyer, Stuhlmacher, Moo e Colin Kruse.[31] Exceto o de Wright e o de Fitzmyer, esses comentários representam abordagens luteranas ou reformadas, mas cada um deles analisa plenamente todos os principais assuntos. Wright é uma voz determinante na nova perspectiva, e Fitzmyer é católico romano, com amplas oportunidades de serem mais orientados historicamente. Todos eles têm enfoque soteriológico.

Três comentários acadêmicos, cada um a sua maneira, moldam o debate moderno:[32] a orientação pioneira da nova perspectiva de Dunn, na qual ele desenvolveu sua compreensão de judaísmo e "obras da lei" e do privilégio da eleição para Israel; a análise de 27 anos de Jewett dos contextos greco-romano e judaico, que produziu um enfoque socialmente sensível dos planos missionários de Paulo de ir para a Espanha com uma forte configuração eclesiológica para toda a epístola de Romanos; e o comentário de Richard Longenecker de mil e cem páginas, das quais quase quinhentas são de introdução. Longenecker é eclético, mas se concentra na mensagem do evangelho de Paulo pregada aos gentios em sua missão, na importância de Roma para a missão futura de Paulo à Espanha e na tensão entre os Fracos e os Fortes. O que distingue Longenecker, e aparece cada vez mais

[31]Wright, "Romans"; Arland J. Hultgren, *Paul's Letter to the Romans: a commentary* (Grand Rapids: Eerdmans, 2011); J. A. Fitzmyer, *Romans*, AYB 33 (New Haven: Yale UniversityPress, 2007); Peter Stuhlmacher, *Paul's Letter to the Romans: a commentary* (Louisville: Westminster John Knox, 1994); Douglas J. Moo, *The Epistle to the Romans*, 2ª ed., NICNT (Grand Rapids: Eerdmans, 2018) [edição em português: *Romanos* (São Paulo: Vida Nova, 2023)]; Colin G. Kruse, *Paul's Letter to the Romans*, PNTC (Grand Rapids: Eerdmans, 2012).

[32]Dunn, *Romans*; Robert Jewett, *Romans: a commentary*, Hermeneia (Minneapolis: Fortress, 2007); Richard N. Longenecker, *Introducing Romans: critical issues in Paul's most famous letter* (Grand Rapids: Eerdmans, 2011); Richard N. Longenecker, *The Epistle to the Romans*, NIGTC (Grand Rapids: Eerdmans, 2016).

nos estudos acadêmicos atuais, é que ele considera que Romanos 1—4 e 9—11 são voltados para um público misto, enquanto Romanos 5—8 é a mais clara expressão da mensagem paulina para a missão gentia, e 12:1—15:13 vem a ser sua aplicação.

Contexto de Romanos

Existem dois estudos importantes sobre o ambiente de Romanos, os quais enfatizam Romanos 12—16 mais do que muitos, e eles se destacam como metodológica e historicamente inovadores. O estudo de Peter Lampe acerca de evidências arqueológicas, prosopográficas e literárias de Roma delineia não só onde os primeiros cristãos (ou seguidores de Jesus, ou messianistas) viviam, mas também onde eles formaram igrejas.[33] Peter Oakes analisou com máximo cuidado as evidências arqueológicas de Pompeia e as transferiu com nuances históricas para Roma a fim de traçar o perfil de quem teria estado em uma casa se estivermos falando de igrejas nas casas. Além disso, Oakes nos leva a uma dessas igrejas domésticas para ouvir como os diversos membros da casa teriam ouvido a carta que Paulo escrevera a Roma.[34] Esses dois livros são necessários para todas as leituras de Romanos, quer soteriológicas, quer eclesiológicas. Além disso, dois livros voltados para estudantes ajudam a introduzir Romanos em seu mundo. Ben Blackwell, John Goodrich e Jason Maston reúnem uma variedade de autores que investigam diversas seções de Romanos à luz de seu contexto histórico,[35] e Neil Elliott e Mark Reasoner tratam de temas importantes nos estudos paulinos no contexto de fontes não literárias.[36]

Temas teológicos selecionados

Qualquer pessoa que percorra as estantes de uma biblioteca acadêmica de teologia sabe que há prateleiras e mais prateleiras de livros sobre Romanos. Um professor meu certa vez me mostrou sua biblioteca e ele tinha quase dois metros de comentários de Romanos. Eu me arrisco a dar uma amostra, embora muito sumariamente, de algumas monografias ou estudos temáticos recentes de Romanos.

---

[33]Peter Lampe, *From Paul to Valentinus: Christians at Rome in the first two centuries*, Marshall D. Johnson, org., tradução para o inglês de Michael Steinhauser (Minneapolis: Fortress, 2003). Veja também Harry J. Leon, *The Jews of ancient Rome*, ed. rev. (Peabody: Hendrickson, 1995); Peter Oakes, org., *Rome in the Bible and the early church* (Grand Rapids: Baker Academic, 2002).

[34]Peter Oakes, *Reading Romans in Pompeii: Paul's letter at ground level* (Minneapolis: Fortress, 2009).

[35]Ben C. Blackwell; John K. Goodrich; Jason Maston, orgs., *Reading Romans in context: Paul and Second Temple Judaism* (Grand Rapids: Zondervan, 2015).

[36]Neil Elliott; Mark Reasoner, orgs., *Documents and images for the study of Paul* (Minneapolis: Fortress, 2010).

Uma voz importante nos estudos paulinos é Francis Watson,[37] cuja dissertação fala de uma teologia muito mais particularista e, portanto, teologicamente não tão proveitosa, moldada para um contexto social específico, mas que teve sua dissertação modificada. Junto com essa modificação, Watson agora desenvolve uma abordagem de Paulo "além da nova perspectiva" e, fazendo isso, se arrisca em mais uma posição mediadora na teologia paulina. Talvez seja melhor delinear o que distingue sua nova abordagem: ele reafirma o nomismo aliancístico como característica irredutível do judaísmo com o qual Paulo tinha polêmicas diretas. Contudo, ele não considera o nomismo aliancístico um tema da aliança da graça, mas da lei; a ação divina é mais proeminente na teologia paulina do que no judaísmo que Paulo contesta; ele afirma que "obras da lei" são a lei de Moisés e, como tais,[38] são características do judaísmo, mas não se trata de (como Dunn defendeu) marcadores de fronteiras; a estratégia de Paulo é separar os cristãos de Roma do judaísmo em vez de formar uma comunidade inclusiva do povo único de Deus. Watson dá um passo ousado contra a maioria acadêmica atual ao afirmar que a perspectiva de Paulo de "judaísmo" é o "farisaísmo". No entanto, Watson continua convencido das particularidades sociais da mensagem paulina e dos crentes de Roma, tão concentrados nos Fracos (judeu) e nos Fortes (paulinos, gentios). Paulo não é tanto teólogo quanto agente missionário. Assim, a teologia de Paulo como tal é um instrumento legitimador para a separabilidade dos cristãos gentios do judaísmo. A lei, em um movimento antiluterano, é o que distingue o judaísmo, enquanto o que marca uma comunidade eclesial paulina é a fé.

No seu estudo da identidade social, Philip F. Esler afirma que a comunicação de Paulo com os romanos serve para solidificar a identidade social como parte da igreja, ou a comunidade de Cristo, apresentando-a como superior a todas as outras identidades propostas em Roma.[39] Com isso, Esler mostra que se importa profundamente com o contexto histórico em Roma, referindo-se a Cláudio e Nero e às tensões e categorias sociais e étnicas e às questões relativas a fortes e fracos — não apenas aos temas teológicos ou soteriológicos da carta. É a identidade em Cristo dos destinatários da carta que deve remodelar a imaginação e a prática deles, além de transcender suas diversidades étnicas.

---

[37]Sua dissertação publicada sob o mesmo título foi revisada em Francis Watson, *Paul, Judaism, and the gentiles: beyond the new perspective*, 2ª ed. (Grand Rapids: Eerdmans, 2007); Watson, *Paul and the hermeneutics of faith*.

[38]Não podemos entrar aqui em um resumo de Watson, *Paul and the hermeneutics of faith*. Esse livro, que distancia Watson ainda mais de sua abordagem anterior, analisa como Paulo resolve a tensão do Pentateuco sobre lei e promessa. Veja também Sprinkle, *Paul and Judaism revisited*.

[39]Philip Francis Esler, *Conflict and identity in Romans* (Minneapolis: Augsburg, 2003).

Uma das principais abordagens atuais é a apocalíptica. Anteriormente, usei Douglas A. Campbell. Agora, me volto para uma importante coleção de artigos organizada por Gaventa.[40] Quais as principais propostas que ela apresenta em seu livro? Primeiro, a palavra-chave é *"apocalíptica"*, mas esse termo não é sequer definido pelos apocalipses judaicos, sendo quase equivalente a uma redenção cósmica, universalista, que agora invadiu o mundo em Cristo (a antiga era é destruída pela nova era). Nessa abordagem, o apocalíptico está estreitamente associado com a soteriologia, sobretudo soteriologia cósmica. A ação de Deus na história é fortemente ressaltada; a ação divina está no centro do Paulo apocalíptico. Tudo se desenrola no palco cósmico por meio de categorias grandiosas — quase abstrações. Na verdade, um dos principais intérpretes — Martinus de Boer — considera Paulo um mitologizador. Isto é, ele mitologiza a redenção cósmica e seus principais atores. A seguir, o que disse Boer:

> *Paulo*, argumentei, introduziu a compreensão cosmológica de pecado e morte nas tradições judaicas sobre Adão — e fez isso para mostrar que a Lei e (não como solução para o pecado e, consequentemente, para a morte, como em 2Baruque e 4Esdras) apenas consolidou o poder do Pecado e, portanto, da Morte sobre os seres humanos: infelizmente, a Lei não tem nenhuma relação com obter a justiça necessária nem com justificação, logo, tampouco com vida (eterna). Nada.
>
> Em Cristo, o próprio Deus entrou no cosmo humano, e a Graça poderosa de Deus, ao contrário da Lei fraca e ineficaz, está mais do que à altura da missão de pôr fim aos domínios do Pecado e da Morte.[41]

Em segundo lugar, termos teológicos são transformados em poderes cósmicos grafados com iniciais maiúsculas: Pecado, Lei, Carne, Graça, Amor e Redenção. Alguém poderia perguntar se são personificações, agentes ou mitologizações. Porém, no pensamento apocalíptico, são atores no palco cósmico — e todos estão vestidos de acordo com as roupas de Adão ou com as de Cristo. O mundo é o palco de uma batalha soteriológica cósmica agora vencida por Cristo mediante sua morte e ressurreição. A invasão redentora de Deus neste mundo, portanto, é a apresentação da Nova Criação em Amor e Graça e Perdão contra o império maligno do Pecado e da Morte, da Lei e da Culpa.

---

[40]Beverly Roberts Gaventa, org., *Apocalyptic Paul: cosmos and anthropos in Romans 5—8* (Waco: Baylor University Press, 2013).

[41]Martinus de Boer, "Paul's mythologizing program in Romans 5—8", in: Gaventa, *Apocalyptic Paul*, p. 18, 20.

Terceiro, no livro de Gaventa, encontramos os seres humanos como agentes nessa batalha moral cósmica, mas a batalha se transformou desde os dias do passado distante, quando era muito individualista, para assumir proporções cósmicas. Adão é a figura central, não Abraão; Lei, Pecado e Carne são as categorias, não a Torá de Moisés; as alternativas são Cristo contra Adão e Vida contra Morte. Além de editar a coletânea, Gaventa contribuiu com um esboço inicial de alguns temas teológicos importantes que vão aparecer no seu comentário completo sobre Romanos da série New Testament Library. Seu livro *When in Romans* [Quando em Romanos] se concentra em temas importantes, entre eles, Deus, adoração, salvação, ética, identidade e igreja, mas ela embrulha cada um desses temas na redenção universal e cósmica de Deus em Cristo.[42]

Livros com autoria múltipla nem sempre tratam de um assunto com uma voz unificada, embora às vezes a dificuldade esteja no assunto ou texto escolhido. Todd Still, organizador de *God and Israel: providence and purpose in Romans 9—11* [Deus e Israel: providência e propósito em Romanos 9—11], reúne diversos estudos sobre três capítulos de Romanos que são tão difíceis de arranjar organizadamente quanto qualquer outro assunto na Bíblia como um todo.[43] De fato, J. Ross Wagner se refere a esses três capítulos como um "debate atormentador",[44] enquanto alguém como Wright propõe uma leitura quiástica inteligente dos capítulos, que nos obriga a prestar atenção em 10:5-13, sobretudo na confissão com os lábios e a fé no coração de 10:9.[45] O livro de Still não é unívoco: Wagner se concentra na total confiabilidade do amor de Deus por Israel como um portal para os capítulos e as afirmações de Paulo, enquanto Simon Gathercole procura mostrar que mesmo Deus sendo proeminente e apesar da alegação de haver, atualmente, um *Sonderweg* [al. caminho especial] de redenção para alguns, a cristologia permanece central na totalidade desses três capítulos em Romanos.[46] Jonathan Linebaugh trata da questão histórica e de como interpretá-la com foco apocalíptico no seu artigo em *God and Israel*, defendendo, entre outras coisas, que "Paulo conhece o futuro, porque ele conhece o presente e o passado". Isto é, "o foco hermenêutico não é, em primeira instância, da história de Israel para o Cristo de Israel; é, mais propriamente, do Cristo de Israel para a história de Israel".[47]

---

[42]Gaventa, *When in Romans*.

[43]Todd D. Still, org., *God and Israel: providence and purpose in Romans 9—11* (Waco: Baylor University Press, 2017).

[44]J. Ross Wagner, "'Enemies' yet 'beloved' still: election and the love of God in Romans 9—11", in: Still, *God and Israel*, p. 95.

[45]Wright, *PFG*, p. 1156-259.

[46]Simon Gathercole, "Locating Christ and Israel in Romans 9—11", in: Still, *God and Israel*, p. 115-39.

[47]Jonathan Linebaugh, "Not the end: the history and hope of the unfailing Word in Romans 9—11", in: Still, *God and Israel*, p. 141-63, aqui p. 144, 161.

Em se tratando de temas teológicos selecionados, o lugar de destaque aqui talvez se reserve para o estudo mais profundo sobre Paulo desde a obra de Sanders: o estudo de John Barclay a respeito da graça.[48] Sua fenomenologia de graça/dom — que se baseia em antropologia e em fontes antigas (gregas, romanas, judaicas) e expõe com desenvoltura a rica, variada e, às vezes, bastante equivocada tradição da graça na história da teologia cristã — detecta seis "perfeições" da graça: (1) superabundância, (2) singularidade, (3) prioridade, (4) incongruência, (5) eficácia e (6) não-circularidade. Barclay, ao que parece, examinou minuciosamente e fez o mesmo com o clássico "judaísmo e obras" em oposição à hermenêutica "cristianismo e graça"; a tensão agostiniana, luterana e calvinista com as estruturas arminiana e anabatista; e a tensão entre a antiga e a nova abordagem e a apocalíptica. Também pôs sobre uma nova base muito do que entra em jogo na teologia de Paulo e, portanto, na teologia sistemática.

Nas cartas paulinas, o pecado parece ser mais do que a violação de uma ordem e ganha força sistêmica. As doutrinas da teologia cristã sobre pecado original e culpa são apenas um exemplo de tentativas teológicas de aceitar os pecados comuns, com "p" minúsculo, e ver como um tirano o Pecado com "p" maiúsculo. A dissertação de Matthew Croasmun, *The emergence of Sin* [O surgimento do pecado], recém-publicada, apresenta uma série de propostas de soluções inovadoras para todas as tensões anteriores e mais.[49] O uso paulino de pecado como um agente (Rm 6:6,12,14; 7:8) significa o ato de um pecador individual? É mitológico? É uma personificação? É sistêmico? Ou é cósmico? Croasmun procura encontrar respostas para essas perguntas. Ele conclui que o fenômeno dos pecados se transformando em Pecado (ações individuais que se tornam ação sistêmica) se explica melhor com a teoria do surgimento — isto é, como propriedades de ordem mais elevada fazem surgir complexidades (Pecado) que tanto se baseiam no original (pecado), quanto são mais complexas. A essência da explicação de Croasmun sobre a própria teoria do surgimento é a relação dialética de superveniência e causalidade descendente. A superveniência não é tão clara intuitivamente quanto a causalidade descendente: a primeira diz respeito a uma base causal de onde emergem propriedades mais elevadas, enquanto a segunda afirma que o que surge retroage quase que de modo cíclico sobre a base da superveniência, tornando-a mais daquilo que ela já é. Ambas se retroalimentam e se formam mutuamente. Por isso, os agentes humanos pecam e desses pecados

---

[48]Barclay, *Paul and the gift*.

[49]Matthew Croasmun, *The emergence of sin: the cosmic tyrant in Romans* (New York: Oxford University Press, 2017).

cometidos surge o Pecado; o Pecado, por sua vez, como um agente, retroage sobre os seres humanos para precipitar mais pecado e atos pecaminosos. A existência do Pecado (com "p" maiúsculo) depende ontologicamente dos pecados cometidos pelos seres humanos.

O estudo de Croasmun entra na interconexão entre pessoas de nossa sociedade e me leva a mencionar o estudo recente de Susan Eastman.[50] Ela afirma que, na teologia/antropologia paulina, os seres humanos são um *nós* antes de serem um *eu*, que nós estamos integrados e incorporados. Ela vincula isso com a teologia da encarnação de Cristo para dizer que todos os seres humanos por meio de Cristo são imagem de Deus. O senso ocidental de liberdade sofre um golpe fatal quando Eastman afirma várias vezes que nós somos "egos em relação" e que — ligando com Croasmun — o pecado, portanto, é sistêmico e mediado socialmente antes de ser individual. A obra de Eastman também está vinculada à teologia participativa de Gorman. Croasmun e Eastman, portanto, questionam a teoria histórica de pecado original e culpa baseada em Agostinho e os dois são seguidos pela monografia recente de Miryam T. Brand, um estudo sobre a origem do pecado em escritos judaicos.[51] O livro de Brand questiona a alegação de Eastman de uma relação mais de mão única do mal com o pecado individual, mostrando que fontes judaicas, consideravelmente moldadas por gênero, enxergam a fonte do pecado tanto na pessoa quanto em forças exteriores (demoníacas). Coerente com o judaísmo, mas em desacordo com Romanos, na minha opinião, é a noção de lei como um meio de vencer o pecado e o mal. Desse modo, postular Adão e Eva como a fonte do pecado é raro na literatura do judaísmo do Segundo Templo e data quase inteiramente do período posterior à destruição do Templo.

Os teólogos cristãos costumam presumir o significado de palavras até alguém dizer: "Está na hora de fazer uma nova investigação sobre esse termo!" O trabalho de décadas de Barclay sobre Paulo produziu uma reformulação da graça e desconfio que a dissertação publicada de Haley Goranson Jacob produzirá novos estudos do que significa *glória* na teologia paulina.[52] Enquanto a maioria acha que *glória* em Romanos 8:18 ou 8:21 e 8:29 fale do esplendor da salvação pessoal no *eschaton* (i.e., céu), a transformação em santidade ou amor, ou mesmo a transcendência do sofrimento com Cristo ou a restauração à presença de Deus, Jacob afirma que *glória* aqui se refere

[50]Eastman, *Paul and the person*.

[51]Miryam T. Brand, *Evil within and without: the source of sin and its nature as portrayed in Second Temple literature*, Journal of Ancient Judaism Supplements 9 (Göttingen: Vandenhoeck & Ruprecht, 2013).

[52]Haley Goranson Jacob, *Conformed to the image of his Son: reconsidering Paul's theology of glory in Romans* (Downers Grove: IVP Academic, 2018).

a vocação, à missão divinamente atribuída a Adão e Eva em Gênesis 1 e Salmos 8. Os seres humanos são libertados da morte para a vida, e essa vida deve ser tudo o que Deus planejou para nós quando criou o cosmo. Desse modo, *glória* se refere à participação vocacional pela nova família, a igreja, na posição exaltada do Filho de Deus e no governo sobre toda a criação.

O debate sobre Romanos

Existe um livro que todos os estudiosos de Romanos conhecem, ele se chama *The Romans debate* [O debate sobre Romanos].[53] Que debate é esse? Afinal, podemos dizer isso a respeito de duas dezenas de assuntos. Em resumo, poderíamos dizer que diz respeito ao grau de integração de Romanos 1—8 ou 1—11 com Romanos 12—16. A teologia de Romanos 1—8 (ou 1—11) é abstrata e desvinculada de qualquer coisa específica relativa às igrejas domésticas romanas mencionadas em Romanos 16? Ou Romanos 1—8 (ou 1—11) está tão fortemente ligado com 12—16 a ponto de ser preciso interpretar o problema desses últimos capítulos dentro da teologia dos capítulos anteriores? Muitas edições desse "debate sobre Romanos" foram publicadas, a primeira em 1977, com versões revisadas e expandidas publicadas em 1991, 2003, 2006 e 2011.[54]

Esse "debate sobre Romanos"[55] específico ganhou impulso com a alegação de Günther Bornkamm de que Romanos não tem contexto e era o testamento de Paulo, que fazia parte de um debate a respeito da confiabilidade dos nomes de Romanos 16 (T. W. Manson) e se havia fundamento apostólico nas igrejas de Roma (G. Klein). Jacob Jervell depois disse que a carta na verdade fora enviada a Jerusalém, e foi sugerido que os nomes de Romanos 16 foram acrescentados depois. Tudo isso originou a discussão da importância de Romanos 14—15 (Strong e Weak; R. J. Karris) e da comunidade judaica em Roma (W. Wiefel), e isso fez Karl P. Donfried produzir sua coleção e seu próprio capítulo metodológico, um capítulo que ainda lança luz sobre todos os debates.

Mais estudos sobre a situação da igreja de Roma se completaram mais ou menos na obra de Lampe mencionada anteriormente. Os estudos sobre a retórica, o gênero literário e o fluxo estrutural de Romanos vêm na sequência, até que estudos mais recentes assumam protagonismo. Donfried coleta um artigo de cada uma das quatro perspectivas distintas: de Dunn, uma defesa da nova perspectiva; de Lloyd Gaston, uma análise sobre a questão da teologia

[53]Karl P. Donfried, org., *The Romans debate* (Minneapolis: Augsburg, 1977).

[54]Karl P. Donfried, org., *The Romans debate*, ed. rev. e exp. (Peabody: Hendrickson, 1991, 2003, 2006). Donfried, org., *The Romans debate*, ed. rev. e exp. (Grand Rapids: Baker Academic, 2011).

[55]O que se segue é um esboço breve e inadequado do que se encontra em Donfried.

da substituição (substitucionismo); de J. C. Beker, sua conhecida análise da fidelidade de Deus a Israel; e, por fim, uma clássica "antiga" perspectiva vinda de Stuhlmacher.[56] *The Romans debate* foi publicado em 1991, mas o estudo acadêmico sobre Romanos não parou nem cessou o seu debate. Por isso, Jerry Sumney reuniu artigos relevantes acerca dos estudos em Romanos de debates mais recentes, entre eles o surgimento de vozes mais diversificadas: o artigo de Sylvia C. Keesmaat sobre a interpretação política de Romanos contra o Império, o artigo de Grieb sobre a justiça de Deus; o importante artigo de Rodrigo J. Morales acerca de como a Escritura é usada em Romanos; o artigo muito debatido de Elizabeth Johnson sobre a fidelidade de Deus a Israel; e a análise de Caroline Johnson Hodge sobre o papel de Israel.[57]

O estudioso A. Andrew Das tem sido uma parte tão considerável desse debate sobre Romanos que produziu quatro volumes acadêmicos acerca da teologia paulina em diálogos recentes, contestando especialmente a nova perspectiva em favor da antiga com suas próprias sutilezas. Mas ele se concentrou particularmente na análise da relação de crentes judeus e gentios em Roma e se o público é de cristãos judeus (não) ou de gentios judaizados (sim).[58] É preciso evitar simplificações, mas as considerações do debate sobre Romanos costumam gerar tensão entre interpretações soteriológicas, mais abstratas, e interpretações contextuais e eclesiais, mais particularistas. Isso gera um debate intenso recente entre estudiosos de Romanos, o qual será seguido por mais investigações acerca da natureza contextual de Romanos.

Retórica e ouvintes gentios

Surgiu um debate sobre a audiência original de Romanos e alguns argumentaram acaloradamente a favor de um público totalmente gentio. Baseando seu argumento em parte na identificação explícita de um público gentio em Romanos 1:5 e 11:13 e 15:15-16, esse grupo de estudiosos sustenta que a totalidade do público é de gentios e que as partes que parecem judaicas são, na verdade,

---

[56]James D. G. Dunn, "The new perspective on Paul", in: Donfried, *Romans debate*, p. 245-50; Lloyd Gaston, "Israel's misstep in the eyes of Paul", in: Donfried, *Romans debate*, p. 309-26; J. C. Beker, "The faithfulness of God and the priority of Israel in Paul's Letter to the Romans", in: Donfried, *Romans debate*, p. 327-32; Peter Stuhlmacher, "The theme of Romans", in: Donfried, *Romans debate*, p. 333-46.

[57]Jerry L. Sumney, *Reading Paul's Letter to the Romans* (Atlanta: SBL Press, 2012). Veja nesse volume, Keesmaat, "Reading Romans in the capital of the Empire", p. 47-64; Grieb, "The righteousness of God in Romans", p. 65-78; Morales, "'Promised through his prophets in the Holy Scriptures': the role of Scripture in the Letter to the Romans", p. 109-24; Johnson, "God's covenant faithfulness to Israel", p. 157-68; Johnson Hodge, "'A light to the nations': the role of Israel in Romans 9—11", p. 169-86.

[58]A. Andrew Das, *Paul and the Jews* (Peabody: Hendrickson, 2004); Das, *Paul, the law, and the covenant* (Peabody: Hendrickson, 2001) [edição em português: *Paulo, a Lei e o povo de Deus* (São Paulo: Paulus, 2008)]; Das, *Solving the Romans debate* (Minneapolis: Fortress, 2006); Das, *Paul and the stories of Israel: grand thematic narratives in Galatians* (Minneapolis: Fortress, 2016).

dirigidas a gentios judaizantes — isto é, gentios convertidos ao judaísmo e à observância da Torá, os quais podem provavelmente estar exercendo pressão sobre outros para que se juntem ao grupo. Esses estudos são impressionantes (e não vou descartá-los levianamente como alguns fizeram).[59] Isso em parte se relaciona com como definir o que a Torá e as partes haláquicas significam em Romanos 14, como interpretar Romanos 1:18-32 em conjunto com Romanos 2 e se o "juiz" de Romanos 2:1 é um judeu ou um gentio judaizante. Tem sido costumeiro equiparar o juiz de 2:1 com o "suposto judeu" de 2:17. Stanley Stowers examina com maestria a retórica do discurso dramatizado por Paulo em Romanos 2:1-16, 2:17-29, 3:1-9, e de 3:27—4:2, assim como em Romanos 7, embora sua aplicação ao restante de Romanos não seja tão sugestiva. Stowers resistiu considerar o público real de Romanos 16 com o público pretendido de Romanos em si e concentrou seu trabalho no tema de domínio próprio em Romanos. Stowers desencadeou uma reavaliação de Romanos.

Esse tipo de atenção à retórica foi captado por Runar Thorsteinsson, cujo interesse em retórica e em epístolas levou à conclusão de que o interlocutor em Romanos será sempre a mesma pessoa personificada nos destinatários da carta. Esse interlocutor, ele afirma, é um gentio ao longo de toda a carta. Quando Romanos então se dirige apenas a um público gentio, a carta inteira é virada do avesso e confronta a tradição da igreja, que tem visto uma proeminência de judeus na carta, ou pelo menos de judeus cristãos.[60]

Audiência

Nosso último tema diz respeito à audiência da carta, e podemos deixar de lado nesse ponto a questão das saudações em Romanos 16[61], porque este estudo acredita que a audiência de Romanos 16 corresponde aos destinatários pretendidos da própria carta. Podemos mencionar três momentos dos estudos.[62] Voltemos a 1971, quando Paul Minear defendeu que a carta

---

[59]Relaciono aqui somente as vozes principais, porém o volume editado por Rafael Rodríguez e Matthew Thiessen, mencionado abaixo, é um bom começo: Stanley K. Stowers, *A rereading of Romans: justice, Jews, and gentiles* (New Haven: Yale University Press, 1994); Runar Thorsteinsson, *Paul's interlocutor in Romans 2: function and identity in the context of ancient epistolography*, ConBNT 40 (Stockholm: Almqvist & Wiksell, 2003); Joshua D. Garroway, *Paul's Gentile-Jews: neither Jew nor gentile, but both* (New York: Palgrave Macmillan, 2012); Rafael Rodríguez, *If you call yourself a Jew: reappraising Paul's Letter to the Romans* (Eugene: Cascade, 2014); Gabriele Boccaccini; Carlos A. Segovia, orgs., *Paul the Jew: rereading the apostle as a figure of Second Temple Judaism* (Minneapolis: Fortress, 2016); Rafael Rodríguez; Matthew Thiessen, orgs., *The so-called Jew in Paul's Letter to the Romans* (Minneapolis: Fortress, 2016); Matthew Thiessen, *Paul and the gentile problem* (New York: Oxford University Press, 2016).

[60]Thorsteinsson, *Paul's interlocutor in Romans 2*.

[61]Veja a respeito Jewett, *Romans: a commentary*, p. 949-74.

[62]Dois outros que examinaram a totalidade de Romanos tendo em mente o público de Romanos 14—15 são Esler, *Conflict and identity in Romans*; Watson, Paul, *Judaism, and the gentiles*.

inteira se dirigia em vários trechos a cinco grupos diferentes em Roma:[63] (1) os Fracos que condenavam os Fortes; (2) os Fortes que desprezavam os Fracos; (3) os céticos (cf. 14:23); (4) os Fracos que não condenavam os Fortes; e (5) os Fortes que não desprezavam os Fracos. É lamentável que a percepção de Minear tenha sido ignorada porque alguns acham que ele exagerou na especificação dos destinatários — uma vez que alguém aceite os grupos 1 e 2, os demais são apenas questão de bom senso — ao passo que outros descartam o estudo dele por não terem certeza se é possível mapear as passagens. O problema é que esses são os destinatários de Paulo como ele mesmo os descreve e deveriam desempenhar um papel maior.

E isso aconteceu na obra de A. J. M. Wedderburn.[64] A questão por trás da escrita de Romanos, por mais complexa que possa ser e por mais subtemas que se queira procurar (como a missão espanhola ou o decreto de Cláudio, a economia e os impostos de Nero, sem ignorar a iminente viagem de Paulo a Jerusalém), é uma igreja dividida, sobretudo por critérios étnicos, mas estabelecida com base na concordância com a missão paulina. Chamar alguns de "Fortes" significa concordar com essa missão; chamar outros de "Fracos" significa rejeitá-la. Paulo quer que os Fortes abracem a fidelidade do Deus de Israel e a confiabilidade da vontade de Deus revelada nas Escrituras, embora ele não pense que o caminho a seguir seja a observância da Torá da parte dos cristãos gentios.

Peço permissão para falar de um estudo meu, intitulado *Reading Romans backward* [Lendo Romanos de trás para frente]. Nesse trabalho, defendo que a carta de Paulo é inteiramente moldada pela tensão entre os Fracos (em grande parte judeus, mas também cristãos que pensam que a observância da Torá permanece para todo o povo de Deus) e os Fortes (sobretudo gentios e comprometidos até a medula com a missão paulina e os que acreditam que a observância da Torá não é para os gentios e para os cristãos judeus é adiáfora). Os Fracos são os cristãos judeus que estão no grupo da eleição de Deus e necessitam ter sua eleição confirmada, mas têm perguntas acerca da fidelidade de Deus a essa eleição e que precisam aceitar os movimentos surpreendentes de Deus ao longo da história de Israel. Os Fracos conhecem a Torá e a praticam, mas, na persona do Juiz, julgam os gentios, sobretudo os Fortes da comunidade cristã de Roma, embora eles (os Fracos) não tenham *status*, privilégio nem poder. Ademais, os Fracos são tentados a resistir ao pagamento de impostos a Roma com base na tradição de fanatismo judaica.

[63]Paul S. Minear, *The obedience of faith: the purposes of Paul in the Epistle to the Romans*, SBT 2.19 (London: SCM, 1971).

[64]A. J. M. Wedderburn, *The reasons for Romans* (Minneapolis: Fortress, 1991).

Mais ainda, os Fracos — diante do Juiz — precisam aplicar a "fé em Cristo" mais radicalmente a si mesmos. Fazendo isso, eles descobrirão que são um novo exemplo do "remanescente" de Israel. E eles precisam entender que a suficiência da fé significa que os gentios crentes em Cristo são irmãos e a observância da Torá não é o caminho da transformação para eles mesmos nem para os Fortes de Roma.

Os Fortes são predominantemente gentios que creem em Jesus como Messias ou rei, que não observam a Torá como a vontade de Deus para eles e que provavelmente têm atitudes de superioridade e desprezo em relação a judeus, sobretudo em relação a judeus crentes em Jesus; tudo isso está envolvido na condição superior dos Fortes de Roma. Paulo e os judeus crentes que adotam a não necessidade da observância da Torá fazem parte, pelo menos às vezes, dos Fortes quanto a suas convicções teológicas acerca da observância da Torá como o meio para a semelhança de Cristo. Porém, os Fortes estão tirando vantagem de sua condição social superior para depreciar a Torá e a santidade como a busca dos cristãos de Roma e, assim, coagem os Fracos a participarem da comunhão à mesa servida de comida não *kosher*. Os Fortes, portanto, são conhecidos tanto por sua posição em relação à observância da Torá e por seu *status*, quanto por causa de sua etnia.

Procuro demonstrar que, uma vez que tenhamos em mãos Romanos 12—16, veremos que Romanos 1—8 e 9—11 são argumentos típicos usados por Paulo na sua missão aos gentios, com Romanos 1—4 se equiparando consideravelmente com Romanos 9:1—11:10, e Romanos 5—8 mais alinhado com Romanos 11:11-36. Digo que Romanos 1—4 é totalmente dirigido, ou quase, ao argumento dos Fracos a favor do privilégio da eleição e que a leitura soteriológica deixa de valorizar o que está acontecendo em Romanos 1:18-32, considerando quanto essa passagem está vinculada a Romanos 2 e a forte ênfase dada em Romanos 3—4 a perguntas. A teoria de como encontrar paz no Império, que é o núcleo de Romanos 12—15 especialmente, é a vida batismal da habitação pelo Espírito.[65]

Reflexões

O estudo sobre Romanos obriga o viajante a refletir sobre diversas direções de uma só vez — como se fosse uma rotatória europeia. Querendo saber que caminho tomar, muitos acabam dirigindo em círculos até adquirir alguma segurança acerca da direção. É preciso decidir sobre a perspectiva geral da

[65]Scot McKnight, *Reading Romans backward* (Waco: Baylor University Press, 2019).

teologia de Paulo — antiga, nova, apocalíptica, participacionista ou alguma combinação eclética delas. Deve-se escolher entre fazer uma leitura soteriológica ou eclesiológica — isto é, essa carta é destinada especificamente para as questões relativas aos Fortes e Fracos em Roma ou é uma carta teológica mais geral com algumas aplicações à situação de Roma? O pesquisador deve decidir se a carta é endereçada a um público misto de crentes judeus e gentios ou a um público exclusivamente gentio.

Alguns estudos estimulantes surgem de análises de retórica e aqui vem à mente a contribuição seminal de Stowers, bem como os estudos que se concentram em um público de cristãos gentios. As interpretações apocalípticas de Romanos, sobretudo a de Campbell, demonstraram uma concentração mais profunda em temas de libertação e eu espero que as interpretações apocalípticas ganhem força na próxima década. Os estudos da nova perspectiva que evitam o senso mais acentuado de teologia da substituição (substitucionismo), ao mesmo tempo que enfatizam a conciliação dos crentes judeus e cristãos, podem se tornar um paradigma para integrar diferenças, mas também para as igrejas se tornarem mais moldadas pelo evangelho ao se tornarem mais conciliadas. Como americano, oro para que a voz branca privilegiada e dominante aprenda a ética pragmática de Romanos 14 e 15, enquanto cede e aprende a compartilhar o poder com vozes minoritárias. As vozes feministas e afro-americanas, assim como africanas, latinas e asiáticas, estão começando a ser cada vez mais ouvidas nos estudos sobre Romanos, e esperamos que a pesquisa em Romanos mude, avance e assuma novas formas na próxima década à medida que essas vozes ganhem atenção e as vozes anglófonas passem a ser menos privilegiadas.

19

A EPÍSTOLA AOS HEBREUS

DAVID M. MOFFITT

INTRODUÇÃO

As primeiras duas décadas deste século testemunharam uma maré crescente de interesse pela Epístola aos Hebreus. Hebreus continua sendo, como George Guthrie opinara quinze anos atrás, a Cinderela do baile.[1]

Levando em conta o artigo anterior de Guthrie, eu observo publicações selecionadas datadas de 2003 em diante.[2] Hebreus tem figurado em várias conferências e seminários acadêmicos.[3] Surgiram algumas coleções de artigos antigos e novos[4] e foram publicados diversos artigos de periódicos sobre a epístola. Aqui, no entanto, eu me concentro principalmente em livros publicados recentemente.[5] As limitações de espaço impedem um envolvimento crítico com os trabalhos analisados. Por isso, resumo suas

[1]George H. Guthrie, "Hebrews in its first-century contexts: recent research", in: *The face of New Testament Studies: a survey of recent research*, Scot McKnight; Grant R. Osborne, orgs. (Grand Rapids: Baker Academic, 2004), p. 414-43 [edição em português: *Faces do Novo Testamento* (São Paulo: CPAD, 2018)]. Guthrie empresta e desenvolve a metáfora de J. C. McCullough, "Hebrews in recent scholarship", *IBS* 16 (1994): 66.

[2]Para outra análise brilhante do trabalho feito até esse ponto, veja Daniel J. Harrington, *What are they saying about the Letter to the Hebrews?*, WATSA (New York: Paulist, 2005).

[3]Por exemplo, Rainer Kampling, org., *Ausharren in der Verheissung: Studien zum Hebräerbrief*, Stuttgarter Bibelstudien 204 (Stuttgart: Katholisches Bibelwerk, 2004); Gabriella Gelardini, org., *Hebrews: contemporary methods — new insights*, BIS 75 (Leiden: Brill, 2005), Richard Bauckham et al, orgs., *A cloud of witnesses: the theology of Hebrews in its ancient contexts*, LNTS 387 (London: T&T Clark, 2008); Richard Bauckham et al, orgs., *The Epistle to the Hebrews and Christian theology* (Grand Rapids: Eerdmans, 2009); Dirk J. Human; Gert Jacobus Steyn, orgs., *Psalms and Hebrews studies in reception*, LHBOTS 527 (London: T&T Clark, 2010); Jon C. Laansma; Daniel J. Treier, orgs., *Christology, hermeneutics, and Hebrews: profiles from the history of interpretation*, LNTS 423 (London: Bloomsbury T&T Clark, 2012); Gabriella Gelardini; Harold W. Attridge, orgs., *Hebrews in contexts*, AJEC 91 (Leiden: Brill, 2016); Régis Burnet; Didier Luciani; Geert Van Oyen, orgs., *The Epistle to the Hebrews: writing at the borders*, CBET 85 (leuven: Peeters, 2016).

[4]Por exemplo, Knut Backhaus, *Der sprechende Gott: gesammelte Studien zum Hebräerbrief*, WUNT 240 (Tübingen: Mohr Siebeck, 2009); Harold W. Attridge, *Essays on John and Hebrews*, WUNT 264 (Tübingen: Mohr Siebeck, 2010).

[5]Mais de trinta obras, muitas das quais dissertações de doutorado revisadas, surgiram só nas principais coleções acadêmicas (p. ex., BIS, BZNW, LNTS, NovTSup, WUNT e WUNT 2).

principais observações a fim de auxiliar os leitores interessados a avaliar o terreno e orientá-los sobre os livros e estudiosos recentes mais apropriados aos seus interesses. As seguintes categorias estabelecem os parâmetros desta pesquisa: (1) questões amplamente pertinentes ao contexto histórico de Hebreus (p. ex., destinatários, gênero literário, procedência, pressupostos culturais e teológicos), (2) discussões textuais e hermenêuticas relacionadas ao uso do AT em Hebreus e (3) reflexões sobre tendências atuais.

QUESTÕES RELATIVAS AOS ANTECEDENTES HISTÓRICOS: OS CONTEXTOS DE HEBREUS

O autor de Hebreus se dirigiu a uma congregação que confessava crenças centrais acerca de Jesus (especialmente sua identidade como Filho Divino, Messias e sumo sacerdote celestial). Mas questões sobre a procedência continuam sendo objeto de debate. Quando a carta foi escrita, quem a escreveu, e para quem? Além disso, quais são o gênero literário e o propósito de Hebreus e quais seriam as questões contextuais mais úteis para interpretar a epístola e/ou a identidade dos destinatários originais?

Uma ampla variedade de comentários,[6] assim como alguns livros dedicados a assuntos introdutórios e temas atuais em Hebreus, têm sido publicados.[7] Com poucas exceções,[8] os autores desses trabalhos em geral concordam que não sabemos quem escreveu Hebreus. Um número cada vez

[6]Martin Karrar, *Der Brief an die Hebräer*, ÖTK 20, n. 1-2 (Gütersloh: Gütersloher Verlagshaus, 2002-8); Edgar V. McKnight; Christopher Church, *Hebrews-James*, SHBC (Macon: Smyth & Helwys, 2004); George Wesley Buchanan revisou seu comentário anterior, *The Book of Hebrews: its challenge from Zion* (Eugene: Wipf & Stock, 2006); Luke Timothy Johnson, *Hebrews: a commentary*, NTL (Louisville: Westminster John Knox, 2006); Alan C. Mitchell, *Hebrews*, SP 13 (Collegeville: Liturgical Press, 2007); Ben Witherington III, *Letters and homilies for Jewish Christians: a socio-rhetorical commentary on Hebrews, James and Jude* (Downers Grove: IVP Academic, 2007); James W. Thompson, *Hebrews*, PCNT (Grand Rapids: Baker Academic, 2008); David L. Allen, *Hebrews*, NAC 35 (Nashville: Broadman & Holman, 2010); D. Stephen Long, *Hebrews*, Belief (Louisville: Westminster John Knox, 2011); Gareth Lee Cockerill, *The Epistle to the Hebrews*, NICNT (Grand Rapids: Eerdmans, 2012); Mary Ann Beavis; HyeRan Kim-Cragg, *Hebrews*, Wisdom Commentary 54 (Collegeville: Liturgical Press, 2015); Thomas R. Schreiner, *Commentary on Hebrews*, BTCP (Nashville: Broadman & Holman, 2015); Mary Healy, *Hebrews*, CCSS (Grand Rapids: Baker Academic, 2016); Jean Massonnet, *L'Épître aux Hébreux*, Commentaire Biblique: Nouveau Testament (Paris: Cerf, 2016); James Swetnam, *Hebrews: an interpretation*, SubBi 47 (Rome: Gregorian & Biblical Press, 2016); John W. Kleinig, *Hebrews*, ConcC (St. Louis: Concordia, 2017); Jon C. Laansma, *The Letter to the Hebrews: a commentary for preaching, teaching and Bible study* (Eugene: Cascade, 2017). Como o editor faz menção do comentário e da monografia de Peter O'Brien sobre Hebreus, não os incluí nesta pesquisa.

[7]Kenneth L. Schenck, *Understanding the Book of Hebrews: the story behind the sermon* (Louisville: Westminster John Knox, 2003); Andrew T. Lincoln, *Hebrews: a guide* (London: T&T Clark, 2006); Eric F. Mason; Kevin B. McCruden, *Reading the Epistle to the Hebrews: a resource for students*, SBLRBS 66 (Atlanta: SBL Press, 2011); David A. deSilva, *The Letter to the Hebrews in social-scientific perspective* (Eugene: Cascade, 2012).

[8]Apolo é preferido por Johnson (*Hebrews*, p. 42-4), Witherington (*Letters and homilies*, p. 22-4) e Cockerill (*Epistle to the Hebrews*, p. 41).

maior defende a possibilidade de uma data anterior à destruição do templo de Jerusalém em 70 d.C.[9] Muitos acreditam que Roma continua sendo o destino mais provável,[10] mas alguns acham Jerusalém mais plausível.[11] Uma porção de obras, entretanto, oferece novas perspectivas e argumentos sobre essas questões.

Novas (e renovadas) hipóteses de autoria

David L. Allen (não confundir com David M. Allen, cuja obra é apresentada adiante) recupera a tradição antiga de que Lucas é o autor.[12] Ruth Hoppin continua insistindo na autoria de Priscila.[13] Mais inédita é a tese defendida por Clare Rothschild de que, apesar de não haver nenhuma menção de autor, Hebreus deve ser reconhecida como um escrito pseudepigráfico paulino.[14]

O gênero de Hebreus: sermão antigo

A maioria dos estudiosos conclui que Hebreus originalmente era uma homilia pregada a uma congregação judaico-cristã no ambiente de culto. Como acontece em muitas subseções deste panorama, os estudos não podem ser organizadamente separados com dos de outras subseções. As obras analisadas nesta seção, no entanto, dão destaque especial à natureza sermônica de Hebreus.

Gabriella Gelardini propõe uma explicação original da situação e da estrutura quiástica de Hebreus.[15] Com base em comparações com a liturgia

---

[9]Para os que acreditam que uma data pré-70 d.C. é muito provável, veja, p. ex., D. L. Allen, *Hebrews*, p. 74-8; Cockerill, *Epistle to the Hebrews*, p. 39-41; Healy, *Hebrews*, p. 22-3; Johnson, *Hebrews*, p. 39-40; Kleinig, *Hebrews*, p. 9; Massonnet, *L'Épître aux Hébreux*, p. 31; Schreiner, *Commentary on Hebrews*, p. 5-6; Witherington, *Letters and homilies*, p. 27-30. Por outro lado, Schenck insiste em uma data posterior e mais específica, durante os anos do reinado de Domiciano em 81-96 EC (*Understanding the Book of Hebrews*, p. 104). Pamela M. Eisenbaum argumenta a favor da probabilidade de uma data no segundo século em seu artigo "Locating Hebrews within the literary landscape of Christian origins" in: Gelardini, *Hebrews*, p. 213-37.

[10]Desse modo, Cockerill, *Epistle to the Hebrews*, p. 41; Laansma, *Letter to the Hebrews*, p. 8-9; Lincoln, *Hebrews*, p. 38-9; Schenck, *Understanding the Book of Hebrews*, p. 91; Witherington, *Letters and homilies*, p. 28-33.

[11]Carl Mosser sinaliza para essa conclusão em seu artigo "Rahab outside the camp", in: Bauckham, *Hebrews and Christian theology*, p. 404.

[12]David L. Allen, *The Lukan authorship of Hebrews*, NACSBT (Nashville: Broadman & Holman, 2010).

[13]Veja a reedição de Ruth Hoppin, *Priscilla's letter: finding the author of the Epistle to the Hebrews* (Ft. Bragg: Lost Coast Press, 2009).

[14]Clare K. Rothschild, *Hebrews as pseudepigraphon: the history and significance of the Pauline attribution of Hebrews*, WUNT 235 (Tübingen: Mohr Siebeck, 2009).

[15] Gabriella Gelardini, *"Verhärtet eure Herzen nicht": der Hebräer, eine Synagogen-homilie zu Tischa be-Aw*, BIS 83 (Leiden: Brill, 2006). Para um resumo de seu argumento em inglês, veja Gabriella Gelardini, "Hebrews, an ancient synagogue homily for Tisha be-Av: its function, its basis, its theological interpretation", in: Gelardini, *Hebrews: contemporary methods*, p. 107-27.

rabínica posterior, ela conclui que Hebreus é um sermão de sinagoga proferido originalmente no nono dia do mês de *Av*, o dia de jejum em memória da destruição do primeiro e do segundo Templo judaico. O autor visa confortar uma congregação abalada pela perda do Templo mostrando aos membros que, por intermédio de Jesus, eles têm acesso às realidades celestiais, que excedem em muito as do culto terreno.

Markus-Liborius Hermann defende que Hebreus procura convencer os cristãos judeus da necessidade deles de entenderem que sua identidade agora se afasta e diverge daquela da sinagoga helenística com a qual têm tanto em comum.[16] A homilia recorre a métodos e tradições exegéticos do judaísmo helenístico para reinterpretar as Escrituras e as categorias escriturísticas à luz do evento Cristo. O autor elabora o seu sermão para enfrentar a atração do ritual e da liturgia da sinagoga. Jesus oferece um sacrifício melhor e mais eficaz, serviço sacerdotal e Dia da Expiação para celebrar.

Jonathan Griffiths identifica Hebreus como um sermão estruturado em torno da exposição de textos do AT.[17] A forma e o conteúdo do discurso de Deus (*logos*) assim como a experiência da palavra divina (*rhēma*) chegam à congregação em parte como exposição das Escrituras no discurso. O próprio sermão media a palavra divina para os ouvintes. Deus se encontra com o povo mediante a pregação, que transmite e efetua um encontro com a palavra divina sobre a salvação proferida em Jesus e por ele mesmo.

A estrutura de Hebreus

Cynthia Westfall examina Hebreus pelas lentes da análise do discurso.[18] Ela trabalha metodicamente por toda a epístola, observando em especial os grupos de verbos subjuntivos exortativos do autor (p. ex. "esforcemo-nos") em Hebreus 4 (veja v. 1, 11-16) e 10 (veja v. 22-24). Com base nesses grupos, ela propõe uma estrutura tripartite na epístola constituída de três temas e temas exortativos correspondentes — (1) Jesus é um apóstolo/mensageiro, portanto, "apeguemo-nos" com firmeza à confissão (1:1—4:16); (2) Jesus é um sumo sacerdote, portanto, "aproximemo-nos" de Deus (4:11—10:25); e (3) os destinatários são participantes com Jesus, por isso, "avancemos" espiritualmente (10:19—13:16).

John Paul Heil faz uma abordagem diferente, afirmando que o foco em características linguísticas dá a entender que a carta aos Hebreus inteira se

---

[16]Markus-Liborius Hermann, *Die "hermeneutische Stunde" des Hebräerbriefs: Schriftauslegung in Spannungsfeldern*, Herders Biblische Studien 72 (Freiburg: Herder, 2014).

[17]Jonathan I. Griffiths, *Hebrews and divine speech*, LNTS 507 (London: Bloomsbury T&T Clark, 2014).

[18]Cynthia L. Westfall, *A discourse analysis of the Letter to the Hebrews: the relationship between form and meaning*, LNTS 297 (London: T&T Clark, 2005).

organiza em forma de quiasmo.[19] Ele se manifesta a favor de três unidades principais (A, 1:1—5:10; B, 5:11—9:28; A', 10:1—13:25), cada qual contendo onze subunidades que podem conter outras relações quiásticas.

A situação de Hebreus

Jason Whitlark propõe uma explicação nova sobre o objetivo e as circunstâncias de Hebreus. Ele reinterpreta grandes porções da epístola como um chamado dirigido principalmente aos cristãos gentios que viviam em Roma no governo dos imperadores Tito e Domiciano.[20]

Bryan Dyer analisa a ênfase de Hebreus nos temas de sofrimento e morte, afirmando que os receptores originais enfrentavam essas provações por causa de sua confissão.[21] O autor propõe uma explicação teológica do sofrimento como disciplina divina com a intenção de mostrar que o sofrimento é um sinal do amor salvífico de Deus. A morte de Jesus não somente traz salvação para o seu povo, mas também dá evidências de que a morte foi derrotada e de que o povo de Deus receberá o que ele prometeu. Jesus é o exemplo supremo de perseverança e obediência e sua vida, não obstante sua morte, incentiva os destinatários da carta a perseverarem diante do sofrimento que estão enfrentando.

Pano de fundo greco-romano geral

Diversas monografias tratam da importância potencial dos aspectos do ambiente cultural greco-romano da homilia para entender Hebreus. Patrick Gray examina os pressupostos de Hebreus referentes a temor e destemor diante da filosofia moral helenística, especialmente Plutarco, uma vez que estão relacionados a sofrimento, morte e deidades.[22] Com esse plano de fundo, o chamado de Hebreus à fé não é uma espécie de superstição, mas um chamado fundamentado na morte expiatória de Jesus para encontrar equilíbrio entre o temor impróprio a Deus e a recusa em crer em Deus. Esse equilibrado temor divino (*eulabeia*) capacita o crente a viver de um modo que agrada a Deus.

---

[19]John Paul Heil, *Hebrews: chiastic structures and audience response*, CBQMS (Washington: Catholic Biblical Association of America, 2010).

[20]Jason A. Whitlark, *Resisting Empire: rethinking the purpose of the Letter to "the Hebrews"*, LNTS 484 (London: Bloomsbury T&T Clark, 2014). Para análises adicionais relacionadas com o contexto imperial de Hebreus, veja os artigos relevantes na parte 2 de Gelardini; Attridge, *Hebrews in contexts*, como também Ellen Bradshaw Aitken, "Life on the frontier: the transformation of liminality in the Epistle to the Hebrews", in: Burnet; Luciani; Van Oyen, *Epistle to the Hebrews*, p. 205-28.

[21]Bryan R. Dyer, *Suffering in the face of death: The Epistle to the Hebrews and its context of situation*, LNTS 568 (London: Bloomsbury T&T Clark, 2017).

[22]Patrick Gray, *Godly fear: The Epistle to the Hebrews and Greco-Roman critiques of superstition*, AnBib 16 (Atlanta: SBL Press, 2003).

Whitlark estuda a perseverança em Hebreus no contexto de sistemas de reciprocidade no mundo mediterrâneo antigo.[23] Enquanto a caridade era importante para garantir a fidelidade nas relações humanas, a caridade [graça] de Deus sozinha não garante a fidelidade humana em Hebreus, porque os seres humanos não conseguem cumprir suas obrigações. Somente a capacitação divina — isto é, um ato constante de transformação divina da condição humana — é capaz de possibilitar a fidelidade humana.

Kevin McCruden observa que, em papiros jurídicos e documentais do Egito, o verbo que significa "aperfeiçoar" (*teleioun*) tem relação com o atestado definitivo (isto é, a conformação vinculativa e publicamente disponível) de que uma obrigação vinculante (como uma transação comercial ou um empréstimo) foi realizada e suas cláusulas e condições são válidas e vigentes.[24] Se é esse o sentido pretendido em Hebreus, a perfeição de Jesus pressupõe a manifestação e a confirmação de seu caráter amoroso evidente em seu sofrimento e morte.

A interação de ideias platônicas e apocalípticas

Até que ponto Hebreus reflete ideias filosóficas, sobretudo platônicas, e como elas se relacionam com os elementos escatológicos e apocalípticos do texto continua sendo objeto de debate.

Estudos que destacam o platonismo de Hebreus

De acordo com Wilfried Eisele, Hebreus afirma um dualismo platônico entre a esfera do ser e a do vir a ser.[25] As categorias concretas de tempo e espaço que o autor usa em relação ao domínio celestial são apenas metáforas. Por causa da morte salvífica de Jesus, a morte de cada crente permite-lhe que sua alma deixe a esfera material e herde o reino imaterial e inabalável para onde Jesus já foi. A segunda aparição de Cristo (veja 9:28) se refere, portanto, não ao seu retorno no final da história, mas ao momento em que o crente morre, sai do corpo material e encontra o Jesus exaltado no invisível mundo celestial.

Kenneth Schenck afirma que Hebreus representa uma mistura de elementos filosóficos e escatológico-judaicos.[26] O autor correlaciona uma

---

[23]Jason A. Whitlark, *Enabling fidelity to God: perseverance in Hebrews in light of the reciprocity systems of the ancient Mediterranean world*, Paternoster Biblical Monographs (Eugene: Wipf & Stock, 2008).

[24]Kevin B. McCruden, *Solidarity perfected: beneficent Christology in the Epistle to the Hebrews*, BZNW 159 (Berlin: de Gruyter, 2008).

[25]Wilfried Eisele, *Ein unerschütterliches Reich: die mittelplatonische Umformung des Parusiegedankens im Hebräerbrief*, BZNW 116 (Berlin: de Gruyter, 2003).

[26]Kenneth L. Schenck, *Cosmology and eschatology in Hebrews: the settings of the sacrifice*, SNTSMS 143 (Cambridge: Cambridge University Press, 2007).

escatologia apocalíptica de duas eras com um dualismo entre o mundo corpóreo/físico e a esfera espiritual/celestial. Na era vindoura, a materialidade será destruída e somente as realidades celestiais eternas permanecerão. Hebreus conjugou noções apocalípticas de uma criação transformada e um juízo vindouro com um dualismo platônico entre as esferas do corpo/material e da alma/imaterial.

Stefan Svendsen propõe que Hebreus combina ideias apocalípticas com ideias de Filo de Alexandria.[27] O escritor transforma o enfoque alegórico de Filo, baseado no dualismo platônico, combinando-o com uma metafísica diferente — a do dualismo apocalíptico judaico. Hebreus usa a forma de alegoria proposta por Filo para minar as práticas do judaísmo a fim de convencer os cristãos gentios a não adotarem a Torá.[28]

Estudos que destacam a escatologia judaica e o apocaliptismo

Muitas publicações recentes questionam a ideia de que Hebreus concebe a salvação em relação à fuga da alma da esfera material.[29] Outras defendem ainda que o dualismo da epístola faz mais sentido quando compreendido em relação aos tipos de compromissos cosmológicos e temporais encontrados em textos apocalípticos judaicos.

Scott Mackie afirma que a escatologia apocalíptica de duas eras motiva a exortação de Hebreus.[30] O autor subordina ideias platônicas a seu compromisso com a escatologia. A plenitude da era eterna ainda está por vir, porém, a morte e a exaltação de Jesus significam que os crentes estão vivendo nos "últimos dias" (1:2). O alvorecer da era vindoura explica a urgência da exortação do autor. O juízo final virá em breve, mas, porque Jesus agora mora no santuário celestial, os destinatários de sua carta têm acesso direto a Deus.[31]

---

[27]Stefan Nordgaard Svendsen, *Allegory transformed: the appropriation of Philonic hermeneutics in the Letter to the Hebrews*, WUNT 2/269 (Tübingen: Mohr Siebeck, 2009).

[28]Um argumento de certa forma parecido é desenvolvido por A. J. M. Wedderburn em "*Sawing off the branch: theologizing dangerously ad Hebraeos*" JTS 56 (2005): 393–414. Wedderburn não especifica quem é o público nem discute sobre alegoria, porém sua perspectiva do conflito entre elementos platônicos e apocalípticos em Hebreus o leva a concluir que o autor abandona o sacrifício judaico embora ainda recorra a categorias sacrificiais.

[29]Desse modo, p.ex., Edward Adams, "The cosmology of Hebrews", in: Bauckham et al., *Hebrews and Christian Theology*, p. 122-39; Jon C. Laansma, "The cosmology of Hebrews", in: Jonathan T. Pennington; Sean M. McDonough, orgs., *Cosmology and New Testament theology*, LNTS 355 (London: T&T Clark, 2008), p. 125-43; Philip Church, "Hebrews 1:10–12 and the renewal of the cosmos", *TynBul* 67 (2016): 269-86.

[30]Scott D. Mackie, *Eschatology and exhortation in the Epistle to the Hebrews*, WUNT 2/223 (Tübingen: Mohr Siebeck, 2007).

[31]Mackie continuou a argumentar em diversos artigos a favor de elementos místicos em Hebreus. Veja especialmente Scott D. Mackie, "Heavenly sanctuary mysticism in the Epistle to the Hebrews", JTS 62 (2011): 77-117.

Eric Mason analisa textos da época do Segundo Templo, especialmente os de Qumran, que contêm tradições sacerdotais messiânicas e noções a respeito de Melquisedeque como uma figura angelical.[32] A reflexão sobre Melquisedeque evidente nessas obras apresenta uma analogia útil para a cristologia sacerdotal de Hebreus. De especial interesse são os textos de influência apocalíptica (p. ex., Documento de Levi em aramaico, Testamento de Levi, Cânticos do Sacrifício Sabático, 11QMelquisedeque), que preveem um sacerdócio celestial ocupado por anjos e Melquisedeque como um dos principais sacerdotes angelicais. Essas noções refletem os tipos de ideias que Hebreus assume e invoca ao retratar Jesus como o grande sumo sacerdote celestial.[33]

Hebreus e o tabernáculo celestial

Diversas obras analisam explicitamente como o sacrifício de Jesus, seu ministério sumo-sacerdotal e o conceito do tabernáculo celestial se inter-relacionam. Georg Gäbel situa Hebreus no contexto amplo do judaísmo primitivo.[34] Hebreus, segundo ele, situa coerentemente o serviço sacerdotal de Jesus e sua oferta sacrificial na esfera do tabernáculo celestial. A exaltação de Jesus marcou sua investidura como sumo sacerdote e seus atos cultuais de inauguração da nova aliança e aproximação de Deus para se oferecer a si mesmo. Entretanto, a obra celestial de Jesus pressupõe sua obediência terrena. Sua obra terrena realiza tudo o que tinha de ser feito, porque Jesus serve no céu.

No meu próprio trabalho, observo que a morte de Jesus inaugura a nova aliança e que sua ressurreição no corpo assinala a perfeição/purificação de sua humanidade mortal e o momento de sua investidura como sumo sacerdote.[35] A culminação do processo de seu sacrifício ocorreu quando, como sumo sacerdote e também oferta, ele ascendeu corporalmente ao santo dos santos celestial e apresentou-se vivo ao Pai.[36] A expiação sacrificial — o perdão dos

---

[32]Eric F. Mason, *"You are a priest forever": Second Temple Jewish Messianism and the priestly Christology of the Epistle to the Hebrews*, STDJ 74 (Leiden: Brill, 2008).

[33]Mason publicou artigos adicionais enfatizando a importância do apocalipticismo judaico em Hebreus. Veja, p. ex., Eric F. Mason, "'Sit at my right hand': enthronement and the heavenly sanctuary in Hebrews", in: *A teacher for all generations: essays in honor of James C. VanderKam*, Eric F. Mason et al., orgs., JSJSup 153 (Leiden: Brill, 2012), 2:901-16.

[34]Georg Gäbel, *Die Kulttheologie des Hebräerbriefes: eine exegetisch-religionsgeschichtliche Studie*, WUNT 2/212 (Tübingen: Mohr Siebeck, 2006).

[35]David M. Moffitt, *Atonement and the logic of resurrection in the Epistle to the Hebrews*, NovTSup 141 (Leiden: Brill, 2011). Veja também o meu artigo "Blood, life, and atonement: reassessing Hebrews' Christological appropriation of Yom Kippur", in: *The Day of Atonement: its interpretation in early Jewish and Christian traditions*, Thomas Heike; Tobias Nicklas, orgs., TBN 15 (Leiden: Brill, 2011), p. 211-24.

[36]Curiosamente, algo semelhante a essa interpretação de Hebreus parece ter sido assumida por diversos cristãos primitivos. Veja David M. Moffitt, "Jesus' heavenly sacrifice in early Christian reception of Hebrews: a survey", JTS 68 (2017): 46-71.

pecados e a purificação ritual — se tornou, portanto, disponível inclusive no nível da consciência humana. A intercessão contínua de Jesus mantém a nova aliança que ele inaugurou. Dessa forma, o autor vê analogias entre a aproximação do sumo sacerdote levítico da presença de Deus para oferecer sangue sacrificial no santo dos santos no Dia da Expiação e a morte, ressurreição, ascensão e perpétua intercessão do Filho, encarnado como sumo sacerdote por seu povo no santo dos santos do tabernáculo celestial.[37]

Jody Barnard investiga como o misticismo apocalíptico constitui a essência de Hebreus, observando que o aspecto místico da epístola muitas vezes é ofuscado pela ênfase acadêmica na escatologia apocalíptica.[38] Jesus entrou no tabernáculo celestial na presença dos anjos e ali apresentou sua oferta ao Pai. O autor e os destinatários praticam uma liturgia que tem como intuito guiá-los a uma experiência mística dessas realidades celestiais.[39]

Jared Calaway afirma que Hebreus se baseia em conceitos sacerdotais judaicos que, assim como os Cânticos do Sacrifício Sabático, vinculavam a celebração do Sábado com o acesso ao santuário onde Deus habita.[40] Tanto Hebreus quanto os Cânticos imaginam suas respectivas comunidades ganhando acesso às realidades celestiais mediante liturgias vinculadas com o Sábado, embora de maneiras diferentes. A liturgia do Sábado de Cânticos auxilia sua comunidade a ter acesso semanal ao culto no tabernáculo celestial. Hebreus entende que a morte de Jesus possibilita o acesso constante ao Sábado eterno, que é o santuário/mundo celestial vindouro. Isto é, Hebreus transformou o Sábado e o santuário em estados perenes contíguos ao reino celestial.

Benjamin Ribbens propõe que Hebreus considera os sacrifícios levíticos em relação à tipologia cristológica sacramental.[41] Desse modo, os sacrifícios levíticos terrenos eram eficazes, porque acessavam prolepticamente o tabernáculo celestial e os benefícios do sacrifício de Jesus. O culto celestial estabelece o padrão que legitima o culto terreal e assegura a eficácia de seus sacrifícios. O culto e o ministério terrenos, portanto, eram símbolos que ansiavam por Jesus e pela salvação agora tornada acessível mediante a obra que ele realizou de uma vez por todas.

---

[37]Defendo mais extensivamente essa perspectiva em "Serving in the tabernacle in heaven: sacred space, Jesus's high-priestly sacrifice, and Hebrews' analogical theology", in: Gelardini; Attridge, *Hebrews in contexts*, p. 259-79.

[38]Jody A. Barnard, *The mysticism of Hebrews: exploring the role of Jewish apocalyptic mysticism in the Epistle to the Hebrews*, WUNT 2/331 (Tübingen: Mohr Siebeck, 2012).

[39]Mackie recentemente defendeu em diversos artigos conclusões semelhantes. Veja, p. ex., Mackie, "Heavenly sanctuary mysticism".

[40]Jared C. Calaway, *The Sabbath and the sanctuary: access to God in the Letter to the Hebrews and its priestly context*, WUNT 2/349 (Tübingen: Mohr Siebeck, 2013).

[41]Benjamin J. Ribbens, *Levitical sacrifice and heavenly cult in Hebrews*, BZNW 222 (Berlin: de Gruyter, 2016).

Contrariamente à tendência crescente de ressaltar a realidade espacial do tabernáculo celeste em Hebreus (como o céu propriamente dito ou como algum tipo de realidade espacial localizada nos céus), Philip Church argumenta que essa terminologia pretende apenas representar a plenitude da habitação de Deus entre a humanidade.[42] A morte e a exaltação de Jesus possibilitam o acesso a essa habitação verdadeira. A linguagem metafórica do tabernáculo celestial de Hebreus fala da era escatológica e do mundo celestial onde Deus habita verdadeira e plenamente no meio do seu povo. Tendo em conta esse acesso, Church propõe para a epístola uma modificação da teoria de relapso. Seus destinatários não podem deixar o cristianismo para voltar ao judaísmo, uma vez que ainda não eram religiões distintas. Entretanto, eles podem não perceber que sua capacidade atual de entrar na presença de Deus significa que o símbolo antigo (o templo terreno) deve ser abandonado.

ESTUDOS TEMÁTICOS

Fé e fidelidade em Hebreus

De acordo com Matthew Marohl, os termos referentes a fidelidade funcionam como um marcador de identidade em Hebreus.[43] Marohl sugere que os membros da comunidade vieram a enxergar negativamente a fé que tinham em Jesus. O autor cria uma categoria simbólica, os *infiéis* (um *eles* ou grupo de fora), sem demonstrar qualquer interesse verdadeiro em identificar esses que estão fora do grupo. Em vez disso, ele ressalta o simbolismo negativo do rótulo a fim de encorajar a congregação a permanecer fiel a Jesus. A epístola pretende convencer seus leitores de que eles são os fiéis e que a fidelidade à sua confissão acerca de Jesus é um sinal positivo da identidade deles.

Christopher Richardson analisa a fidelidade de Jesus em Hebreus.[44] Esse aspecto da vida de Jesus assinala uma das contribuições da epístola para a cristologia primitiva. Sendo fiel até a morte, Jesus é o modelo de fidelidade para o povo de Deus e o meio pelo qual o povo de Deus obtém a salvação. A natureza encomiástica de Hebreus 11:1—12:3 dá a seus leitores os tipos de fidelidade à guisa de uma repetição da narração da história de Israel que prevê e culmina na fé perfeita do próprio Jesus. Desse modo, a fidelidade de Jesus conduz a história de Israel ao seu clímax.

---

[42]Philip Church, *Hebrews and the temple: attitudes to the temple in Second Temple Judaism and in Hebrews*, NovTSup 171 (Leiden: Brill, 2017).

[43]Matthew J. Marohl, *Faithfulness and the purpose of Hebrews: a social identity approach*, Princeton Theological Monograph Series 82 (Eugene: Pickwick, 2008).

[44]Christopher A. Richardson, *Pioneer and perfecter of faith: Jesus' faith as the climax of Israel's history in the Epistle to the Hebrews*, WUNT 2/338 (Tübingen: Mohr Siebeck, 2012).

Matthew Easter defende que Hebreus contrasta duas identidades moldadas narrativamente — a da *incredulidade* (a história humana padrão), que leva à morte, e a da *fé* (uma narrativa reescrita), que conduz à vida ressurreta e ao prazer e júbilo da herança eterna.[45] A ressurreição de Jesus significa que a história dele (a narrativa reescrita) é a história da qual é necessário participar para ganhar vida. A fé, portanto, pode ser vista em quatro aspectos. Por causa da fidelidade de Jesus (o aspecto cristológico), outros podem seguir seu exemplo (o aspecto ético) e receber a ressurreição como ele (o aspecto escatológico). Portanto, ganha-se a vida mediante o exercício da fé em Jesus e da caminhada com a comunidade de fiéis (o aspecto eclesial).

A crítica de Hebreus ao judaísmo e à aliança mosaica

Muitos estudos neste panorama abordam a relação de Hebreus com elementos da aliança mosaica. Alguns, no entanto, tratam diretamente da perspectiva crítica de Hebreus acerca da aliança mosaica e/ou de como essa aliança e sua lei se relacionam com a nova aliança.

Barry Joslin examina o envolvimento de Hebreus com a lei mosaica, assinalando que a obra de Cristo permite ao autor afirmar tanto a continuidade quanto a descontinuidade entre a lei mosaica e a nova aliança.[46] O uso de Jeremias 31 em Hebreus e o tema da internalização da lei significam que muito do que a lei diz ainda serve de guia moral na nova aliança. Os aspectos externos do sacrifício e da purificação na antiga aliança foram cumpridos e são obsoletos. Todavia, graças à obra perdoadora de Jesus, a lei moral agora pode ser observada.

Chamando atenção para as declarações polêmicas de Hebreus a respeito de personagens e instituições judaicas, Lloyd Kim afirma que alguns aspectos do judaísmo foram suplantados em Hebreus, mas que o autor não deve ser rotulado de antissemita.[47] A interação de continuidade e descontinuidade com o judaísmo sugere uma tentativa de esclarecer a identidade sectária da comunidade e defender sua legitimidade. Hebreus não é, portanto, uma rejeição do povo judeu. Antes, o autor pretende aperfeiçoar distinções entre a sua comunidade e outros judeus. A sua perspectiva cristocêntrica das instituições judaicas como o sacerdócio e o sacrifício levíticos visa legitimar as crenças e práticas de sua comunidade.

[45]Matthew C. Easter, *The faith and faithfulness of Jesus in Hebrews*, SNTSMS 160 (Cambridge: Cambridge University Press, 2014).

[46]Barry C. Joslin, *Hebrews, Christ, and the Law: the theology of the Mosaic Law in Hebrews 7:1—10:18*, Paternoster Biblical Monographs (Milton Keynes, UK: Paternoster, 2008).

[47]Lloyd Kim, *Polemic in the Book of Hebrews: anti-Judaism, anti-Semitism, supersessionism?*, Princeton Theological Monograph Series 64 (Eugene: Pickwick, 2006).

De acordo com Michael Morrison, Hebreus procura convencer os judeus cristãos pressionados a voltarem a confiar nos sacrifícios e sacerdócio da antiga aliança para a salvação de que a antiga aliança foi totalmente substituída pela nova.[48] Para Morrison, *aliança* implica um sistema religioso (ensinos/doutrinas, identidade comum e obrigações). Hebreus contrapõe Cristo e o novo sistema religioso da nova aliança com o sistema religioso da antiga, visando fortalecer o compromisso da comunidade com Jesus.

Diversos estudos metodológicos e temáticos

O estudo de Martin Emmrich da pneumatologia de Hebreus observa algumas conexões sugestivas em Hebreus entre o ministério sumo-sacerdotal de Jesus e a obra do Espírito Santo.[49] A presença escatológica do Espírito, embora não mencionada com frequência em Hebreus, capacita os seguidores de Jesus a se aproximarem de Deus, guia a comunidade em novas leituras das Escrituras e a aconselha a seguirem fielmente em direção a Deus ao longo do seu tempo de jornada.

R. J. McKelvey assinala que os papéis de Jesus como pioneiro e sumo sacerdote não devem ser separados.[50] O duplo papel sustenta o eixo escatológico-temporal, algumas vezes visto como o acesso horizontal da teologia de Hebreus, juntamente com o eixo vertical, pelo qual a congregação pode ir diretamente à presença celestial de Deus. Ela pode avançar em sua peregrinação espiritualmente, longe do judaísmo, e escatologicamente, em direção ao alvo do descanso de Deus, porque Jesus é pioneiro e sumo sacerdote.

Amy Peeler investiga a criação de Hebreus de um conceito de família de Deus a partir do relacionamento divino entre Deus, o Pai, e seu Filho.[51] Peeler observa que a identidade de Deus como Pai é o cerne da teologia do autor. O Pai não somente compartilha seu nome com o Filho, mas também a relação paternal motiva o respeito e a obediência que o autor conclama os irmãos de Jesus a manifestarem. Além disso, Jesus dá o exemplo de que a instrução paterna de Deus (*paideia*) aperfeiçoa seus filhos e os conduz à herança deles, enquanto seu papel como Filho resulta em seu sumo sacerdócio, que os liberta da escravidão da morte.

---

[48]Michael D. Morrison, *Who needs a new covenant? Rhetorical function of the covenant motif in the argument of Hebrews*, Princeton Theological Monograph Series 85 (Eugene: Pickwick, 2008).

[49]Martin Emmrich, *Pneumatological concepts in the Epistle to the Hebrews: amtscharisma, prophet, and guide of the eschatological exodus* (Lanham: University Press of America, 2003).

[50]R. J. McKelvey, *Pioneer and priest: Jesus Christ in the Epistle to the Hebrews* (Eugene: Pickwick, 2013).

[51]Amy L. B. Peeler, *You are my Son: the family of God in the Epistle to the Hebrews*, LNTS 486 (London: Bloomsbury T&T Clark, 2014).

Brian Small usa a crítica retórica e a teoria literária para dar uma explicação sucinta de como Hebreus caracteriza Jesus.[52] Ao observarmos o retrato que Hebreus faz de Jesus pelas lentes de diversos *topoi* encomiásticos, o caráter de Jesus é revelado. Jesus não somente é retratado com características divinas e humanas, mas também o autor ressalta a sua excelência moral. Jesus exemplifica virtude em sua piedade, obediência, perseverança, santidade e humildade. Como Filho divino, somente Jesus pode prover os privilégios e benefícios da salvação. Suas virtudes morais, no entanto, fazem dele o exemplo supremo digno de imitação para os que recebem os benefícios que ele oferece.

Ole Jakob Filtvedt estuda como Hebreus molda a identidade de seus destinatários, particularmente diante da exortação do autor para que eles se encontrem com Jesus fora do acampamento (13:13).[53] Hebreus põe a narrativa escriturística do povo de Deus, com seus rituais de culto, no âmago da identidade de seus destinatários, ao mesmo tempo em que também os conclama a abandonarem os antigos sacrifícios e adotarem as coisas novas que vieram no evento Cristo. Somente ao se tornarem *alheios* a grande parte do que lhes moldou a identidade judaica no passado, eles poderão obter as promessas que Deus sempre planejou para o seu povo. O paradoxo de Hebreus é que a morte de Jesus transforma e desestabiliza a identidade antiga dos destinatários ao mesmo tempo em que põe à disposição a verdadeira identidade que Deus sempre desejou para o seu povo.

Nicholas Moore revisita o tema da repetição em Hebreus.[54] Moore é convincente ao demonstrar que o autor considera a repetição positiva ou negativa dependendo de duas questões: primeiro, se ela provém do evento de Cristo ou se o promove; segundo, se ela se opõe à salvação disponibilizada mediante a morte de Jesus ou conflita com ela. O evento Cristo não pode se repetir, mas o culto da comunidade que confessa Jesus deve repetir-se. Hebreus, em outras palavras, não adota o conceito platônico de repetição/pluralidade como sinal de imperfeição. Antes, a repetição é boa ou ruim com base na sua relação com a obra salvífica de Jesus.

O USO DO AT EM HEBREUS

A questão do curioso uso que Hebreus faz do AT é um assunto de largo interesse, possuindo grande destaque na maioria dos estudos pesquisados

[52]Brian C. Small, *The characterization of Jesus in the Book of Hebrews*, BIS 128 (Leiden: Brill, 2014).

[53]Ole Jakob Filtvedt, *The identity of God's people and the paradox of Hebrews*, WUNT 2/400 (Tübingen: Mohr Siebeck, 2015).

[54]Nicholas J. Moore, *Repetition in Hebrews: plurality and singularity in the Letter to the Hebrews, its ancient context, and the early church*, WUNT 2/388 (Tübingen: Mohr Siebeck, 2015).

anteriormente. Qualquer um deles poderia ser facilmente analisado nesta seção. Entretanto, os livros aqui envolvidos fazem desse interesse o cerne de seus projetos.[55]

Hebreus, a LXX e a exegese judaica

Radu Gheorghita assinala que a Septuaginta (LXX) desempenhou um papel de destaque na teologia e na argumentação de Hebreus.[56] O autor não só aproveita matizes da LXX, mas também os conceitos escatológicos e messiânicos de Hebreus provêm da LXX e não do texto hebraico. Inclusive, a teologia de Habacuque da LXX está por trás da modificação que o autor fez do texto de Habacuque 2:3,4 em Hebreus 10:37,38. Se o autor de Hebreus tivesse usado a tradição textual hebraica, conclui Gheorghita, a epístola talvez fosse "muito diferente dessa que agora temos".[57]

Susan Docherty apresenta um estudo excelente dos usos que Hebreus faz das estratégias interpretativas comuns na exegese bíblica judaica antiga.[58] Ela contribui gentilmente pesquisando dois campos importantes diretamente pertinentes para o entendimento de como o autor de Hebreus lida com as Escrituras judaicas: estudos da *Midrash* judaica e da LXX. Docherty faz uma defesa convincente de que o autor de Hebreus demonstra muito respeito pelas palavras reais das Escrituras, uma vez que as conhece e em grande parte interpreta as Escrituras de acordo com os métodos comuns ao judaísmo antigo. Qualquer estudo sério do uso do AT por Hebreus vai querer interagir em profundidade com o livro de Docherty.

Gert Steyn apresenta uma tese detalhada de que a *Vorlage* do autor, a forma do texto veterotestamentário grego que ele conhecia, é de natureza sobretudo egípcia. Embora o autor tenha feito mudanças estilísticas em suas citações, elas dão a entender que ele conhecia um texto diferente das edições padronizadas e ecléticas da LXX que usamos hoje.[59] O trabalho de Steyn contém diversas reflexões sobre o uso que o autor de Hebreus faz das Escrituras.

---

[55]O estudo sistemático do uso de Hebreus do AT de George H. Guthrie merece ser mencionado aqui: George H. Guthrie, "Hebrews," in: *Commentary on the New Testament use of the Old Testament*, G. K. Beale; D. A. Carson, orgs. (Grand Rapids: Baker Academic, 2007), p. 919-95 [edição em português: *Comentário do uso do Antigo Testamento no Novo Testamento*, G. K. Beale; D. A Carson, orgs., tradução de C. E. S. Lopes; F. Medeiros; R. Malkomes; V. Kroker (São Paulo: Vida Nova, 2014)].

[56]Radu Gheorghita, *The role of the Septuagint in Hebrews: an investigation of its influence with special consideration to the use of Hab 2:3-4 in Heb 10:37-38*, WUNT 2/160 (Tübingen: Mohr Siebeck, 2003).

[57]Gheorhita, *Role*, p. 227.

[58]Susan E. Docherty, *The use of the Old Testament in Hebrews: a case study in early Jewish Bible interpretation*, WUNT 2/260 (Tübingen: Mohr Siebeck, 2009).

[59]Gert J. Steyn, *A quest for the assumed LXX* Vorlage *of the explicit quotations in Hebrews*, FRLANT 235 (Göttingen: Vandenhoeck & Ruprecht, 2011).

Georg Walser examina as citações de Jeremias 31:33, Salmos 40:7b e Gênesis 47:31b em Hebreus.[60] Ele atenta especialmente para a história textual e de recepção de cada uma dessas citações, demonstrando que cada uma delas circulou em diferentes versões e com diferentes interpretações. Walser mostra que os textos e suas tradições interpretativas nem sempre estavam ligadas. Um intérprete podia apoiar uma tradição/interpretação de um texto específico que se baseasse em uma versão desse texto diferente do citado. Walser conclui que o autor em geral cita seus textos com precisão e às vezes pode se apoiar em tradições interpretativas que dependem de outras versões de dado versículo.

O papel de personagens e textos veterotestamentários específicos

Josué em Hebreus

Richard Ounsworth afirma que Hebreus reconhece uma relação genuína — uma tipologia ontológica outrora oculta nas Escrituras, mas agora revelada — entre Josué e Jesus.[61] A natureza da salvação que Jesus efetua providencialmente dá forma à história de Josué. Entretanto, Josué não trouxe a salvação definitiva. Há uma lacuna na forma divina da história, uma lacuna preparada para Jesus preencher capacitando o povo de Deus para entrar no descanso dele.

De acordo com Bryan Whitfield, a cristologia de Hebreus se baseia não somente no Josué de Números, mas também no Josué, o sumo sacerdote de Zacarias, que entra no conselho celestial e repreende o acusador.[62] Em Hebreus 3 e 4 o autor observa particularmente a fidelidade de Josué no seu papel de "pioneiro" em Números 13 e 14, mas o seu desenvolvimento do papel de sumo sacerdote de Jesus, particularmente nas esferas celestiais, é fundamentado em Zacarias 3. O estudo de Whitfield dedica especial atenção às interpretações rabínicas e do Segundo Templo de Números 13 e 14 e Zacarias 3, mostrando como a interpretação de Hebreus dialoga com as tradições de Josué, mas também destacando a ligação singular que o autor estabelece entre os dois Josués do AT e como eles fundamentam o relato de Hebreus sobre Jesus.

[60]Georg A. Walser, *Old Testament quotations in Hebrews: studies in their textual and contextual background*, WUNT 2/356 (Tübingen: Mohr Siebeck, 2013).

[61]Richard Ounsworth, *Joshua typology in the New Testament*, WUNT 2/328 (Tübingen: Mohr Siebeck, 2012).

[62]Bryan J. Whitfield, *Joshua traditions and the argument of Hebrews 3 and 4*, BZNW 194 (Berlin: de Gruyter, 2013).

Sião e o Sinai em Hebreus

Kiwoong Son examina o uso das figuras de Sião por Hebreus, afirmando que a comparação entre Sinai e Sião em Hebreus 12:18-24 é prefigurada em Hebreus 1 e está no cerne da interpretação que a epístola faz da Escritura.[63] Para Son, as repetidas conclusões do autor de que Jesus e o reino celestial eterno são melhores do que tantos personagens e instituições judaicos culminam na comparação entre Sinai e Sião.

Michael Kibbe observa que a postura crítica de Hebreus em relação aos israelitas terem pedido um mediador no Sinai se baseia em uma interpretação do relato de Deuteronômio sobre o que aconteceu em Horebe. Apesar da declaração dos israelitas de que ouviriam e obedeceriam no relato de Êxodo ter sido aceitável para Deus, Deuteronômio sabe que eles não temeram a Deus suficientemente para obedecer a ele e cumprir a aliança.[64] A recusa de Israel a se aproximar de Deus no Sinai/Horebe indica, por essa perspectiva, um problema maior e produz uma aliança provisória que não permitia que o povo habitasse na presença de Deus. Hebreus conclama novamente o povo de Deus a ir ao monte, mas dessa vez os israelitas são convocados para Sião, o santuário celestial e, em última análise, para o mundo vindouro.

O uso de textos veterotestamentários específicos em Hebreus

Sebastian Fuhrmann afirma que Jeremias 38:31-34 LXX (nas traduções em língua portuguesa, corresponde a 31:31-34), com sua promessa de uma nova *aliança* (*diathēkē*) em que Deus não mais se lembrará dos pecados — isto é, ele os perdoará — é a chave para entender o sentido e o papel da morte de Jesus em Hebreus.[65] Tendo em vista que o significado mais comum da palavra grega *diathēkē* seja "última vontade e testamento", o uso dessa palavra na LXX para traduzir *berit,* a palavra hebraica para aliança, permite que o autor conceba a aliança como um testamento. Hebreus identifica em Jeremias 38 LXX (31 LXX, nas versões em português) uma promessa divina acerca de um novo testamento entrando em vigor. Mediante a encarnação, a morte de Jesus é o fato que fazem vigorar a nova aliança/o novo testamento. A ideia de que Deus, segundo as cláusulas e condições desse novo testamento, vai perdoar os pecados faz o autor associar ainda mais a morte de Jesus com o Dia da Expiação.

[63]Kiwoong Son, *Zion symbolism in Hebrews: Hebrews 12:18-24 as a hermeneutical key to the Epistle*, Paternoster Biblical Monographs (Milton Keynes, UK: Paternoster, 2005).

[64]Michael Harrison Kibbe, *Godly fear or ungodly failure? Hebrews 12 and the Sinai theophanies*, BZNW 216 (Berlin: de Gruyter, 2016).

[65]Sebastian Fuhrmann, *Vergeben und vergessen: Christologie und neuer Bund im Hebräerbrief*, WMANT 113 (Neukirchen-Vluyn: Neukirchener Verlag, 2007).

David M. Allen investiga a importância de Deuteronômio para a exortação de Hebreus.[66] Inspirando-se em estudos recentes sobre intertextualidade, ele identifica elementos como (1) citações de Deuteronômio e alusões em Hebreus (esp. de Deuteronômio 29 e 32), (2) o uso de temas deuteronômicos pelo autor (p. ex., a terra, figuras de bênção/maldição) e (3) semelhanças entre a situação narrativa de Israel em Deuteronômio e a dos destinatários de Hebreus (p. ex., à beira da herança prometida). Allen demonstra que Deuteronômio é um intertexto onipresente em Hebreus.

Diferentemente, Jared Compton procura explicar Hebreus como uma exposição direta do salmo 110.[67] Hebreus expõe com precisão a lógica e o intento originais do salmista. O autor trabalha com uma narrativa onde a Queda significa que a humanidade só poderia voltar ao paraíso mediante o sofrimento e a morte do Messias prometido. Essa narrativa é "antevista nas reivindicações duplas de Salmo 110:1 e Salmo 110:4".[68] Portanto, o Salmo 110 "continha Hebreus *in nuce*" [em essência].[69]

Hermenêutica e a fala de Deus

Tomasz Lewicki situa os destinatários de Hebreus em um contexto cultural em que a reflexão médio-platônica sobre a alteridade e a transcendência de Deus havia causado uma crise de fé.[70] O foco do autor na fala de Deus nas Escrituras e por meio de seu Filho pretende revigorar a fé dessas pessoas, destacando o acesso delas ao Deus vivo e à sua revelação constante a eles. Mediante o Espírito, as palavras antigas de Deus nas Escrituras para e por meio de seu Filho admoestam e animam a comunidade no presente.

Angela Rascher assinala que a cristologia do autor determina sua interpretação do AT.[71] A fala anterior de Deus no AT mune o autor com textos, imagens e ideias centrais (p. ex., Filho, nova aliança, santuário celestial) para expressar a relação entre as promessas antigas de Deus e a salvação agora realizada. A liberdade que o autor exerce em sua interpretação das Escrituras se origina do evento Cristo, que preenche as palavras antigas ditas por Deus com novo conteúdo (veja Hebreus 1:2).

---

[66] David M. Allen, *Deuteronomy and exhortation in Hebrews: a study in narrative re-presentation*, WUNT 2/238 (Tübingen: Mohr Siebeck, 2008).

[67] Jared Compton, *Psalm 110 and the logic of Hebrews*, LNTS 537 (London: Bloomsbury T&T Clark, 2015).

[68] Compton, *Psalm 110 and the logic of Hebrews*, p. 166.

[69] Compton, *Psalm 110 and the logic of Hebrews*, p. 170.

[70] Tomasz Lewicki, *"Weist nicht ab den Sprechenden!" Wort Gottes und Paraklese im Hebräerbrief*, Paderborner Theologische Studien 41 (Paderborn: Schöningh, 2004).

[71] Angela Rascher, *Schriftauslegung und Christologie im Hebräerbrief*, BZNW 153 (Berlin: de Gruyter, 2007).

Reflexões

Uma variedade de novos e intrigantes enfoques vem sendo aplicada a algumas questões antigas em torno dessa epístola enigmática. Podemos identificar algumas tendências importantes. Em primeiro lugar, diversos estudiosos suspeitam que Hebreus surgiu antes de 70 d.C. e foi concebida originalmente como sermão para uma congregação judaico-cristã familiarizada com o culto e a liturgia da sinagoga helenista-judaica. Em segundo, grande parte da atenção das pesquisas contemporâneas se dedica de uma maneira ou de outra a duas áreas amplas de investigação: (1) questões relacionadas aos pressupostos filosóficos e cosmológicos do autor (mais alinhado com as ideias filosóficas greco-romanas ou com o pensamento criacionista e escatológico judaico?) e (2) questões relacionadas ao uso que o autor faz do AT.

Exceto pela descoberta de novas evidências, é difícil ver como algumas perguntas centrais a respeito de data, autoria e procedência de Hebreus podem ser respondidas definitivamente. Na minha opinião, são mais úteis os estudos que examinam essa homilia judaico-cristã antiga pelas lentes de seu compromisso com as Escritura judaicas, práticas exegéticas e tradições interpretativas. Tem havido verdadeiro progresso de nosso entendimento da pluriformidade dos textos hebraicos e gregos das Escrituras judaicas do final do período do Segundo Templo. Estudos como os de Docherty e Walser advertem não somente contra falar sobre *a* LXX e *o* texto hebraico, mas também contra presumir que os textos da LXX disponíveis são todos basicamente traduções do Texto Massorético. As realidades de manuscritos locais e a multiplicidade de formas textuais complicam conclusões simplistas acerca da forma das citações bíblicas do autor. Não podemos supor que o autor alterou livremente suas citações das Escrituras onde estas diferem das nossas edições da LXX e/ou do Texto Massorético. Além disso, esse tipo de trabalho cuidadoso mostra de novas maneiras até que ponto Hebreus interpreta as Escrituras à luz dos métodos e das tradições interpretativas judaicas do Segundo Templo. O autor não lida com as Escrituras de forma separada do contexto cultural delas. Ele não passa de Jesus diretamente para o AT. Também não pré-formou completamente sua cristologia, soteriologia, cosmologia e escatologia para depois retrocedeu às Escrituras judaicas. Antes, ele viveu em uma época em que os primeiros seguidores de Jesus não somente liam suas Escrituras à luz de sua convicção na morte, ressurreição e ascensão de Jesus, mas também completavam o conteúdo dessas convicções à luz das Escrituras deles.

Não importa quando Hebreus tenha sido escrita nem para onde tenha sido enviada originalmente, o autor presume que os destinatários dessa homilia são bem versados nas Escrituras judaicas, compreendem as estratégias e tradições interpretativas judaicas e têm uma visão de mundo que traz muito em comum com os judeus de inclinação apocalíptica da época. A reflexão cristológica, soteriológica e escatológica de Hebreus é moldada por um compromisso exegético com as Escrituras que põe em diálogo tradições interpretativas, métodos e confissão sobre Jesus. Os estudos (assinalados anteriormente) que afirmam que Hebreus apenas expõe o sentido original do AT e os que concluem que Hebreus considera o AT importante apenas à medida que Jesus o preenche com conteúdo novo são reducionistas demais, até inverossímeis historicamente. A confissão cristã antiga sobre Jesus não surgiu apenas da leitura das Escrituras nem caiu do céu completamente formada. Hebreus nos apresenta o exemplo de um judeu antigo seguidor de Jesus que se esforça para interpretar suas Escrituras à luz de Jesus, e interpretar Jesus à luz de suas Escrituras.

20

A EPÍSTOLA DE TIAGO

MARIAM KAMELL KOVALISHYN

INTRODUÇÃO

É razoável supor que a Epístola de Tiago jamais alcance a popularidade acadêmica das cartas paulinas, mas ainda assim o campo está prosperando. Um panorama anterior da área apresentava um capítulo sobre a *pessoa* de Tiago, mas nenhum sobre a Epístola de Tiago.[1] Neste presente livro, no entanto, a epístola mereceu seu próprio capítulo. Essa mudança talvez também indique uma mudança mais abrangente nessa área. As obras de John Painter,[2] Patrick Hartin,[3] Bruce Chilton[4] e Richard Bauckham,[5] algumas das quais moldaram o artigo anterior de Chilton sobre a pessoa de Tiago,[6] ao que parece marcaram o auge de um maior interesse na pessoa histórica de Tiago, o Justo. A maior parte do que foi escrito depois de *The face of New Testament studies* [*Faces do Novo Testamento*] assumiu que Tiago 1:1 se refere a "Tiago, o Justo" (quer como autor, quer como o referente pseudepigráfico) e se concentrou em maneiras de ler a epístola.

A Epístola de Tiago ganhou popularidade nos últimos quinze anos. Dale Allison publicou seu monumental comentário para a série International Critical Commentary (ICC) em 2013,[7] John Kloppenborg está escrevendo um comentário sobre Tiago que substituirá o de Martin Dibelius na série

[1]Bruce Chilton, "James, Jesus' brother", in: *The face of New Testament studies*, Scot McKnight; Grant R. Osborne, orgs. (Grand Rapids: Baker Academic, 2004), p. 251-62 [edição em português: *Faces do Novo Testamento* (São Paulo: CPAD, 2018)].

[2]John Painter, *Just James: the brother of Jesus in history and tradition* (Columbia: University of South Carolina Press, 1997).

[3]Patrick J. Hartin, *James of Jerusalem: heir to Jesus of Nazareth* (Collegeville: Liturgical Press, 2004).

[4]Bruce Chilton; Craig A. Evans, orgs., *James the Just and Christian origins*, NovTSup 98 (Leiden: Brill, 1999).

[5]Richard Bauckham, *Jude and the relatives of Jesus in the early church* (Edinburgh: T&T Clark, 1990); Bauckham, *James: wisdom of James, disciple of Jesus the Sage* (London: Routledge, 1999).

[6]Chilton, "James, Jesus' brother".

[7]Dale C. Allison Jr., *A critical and exegetical commentary on the Epistle of James*, ICC (London: Bloomsbury T&T Clark, 2013).

Hermeneia e muitas monografias foram publicadas nos últimos anos, o que significa uma série de dissertações acerca de Tiago. A popularidade da epístola talvez ocorra porque ela ainda oferece um campo viável para os estudiosos. Recentemente a pesquisa avançou em algumas áreas fundamentais, particularmente sobre o lugar da epístola no cânon, sobre o uso que ela faz do AT, e sobre o reconhecimento da sua retórica avançada e de suas profundidades teológicas. Vamos observar primeiro o estado atual das questões de contexto histórico, como autoria e data, antes de passar para algumas discussões importantes em curso.

AUTORIA, DATA E QUESTIONAMENTOS QUANTO AO CÂNON

Há um entendimento bastante consolidado da figura eminente de Tiago, "o Justo", na igreja primitiva como aquele que é mencionado em Tiago 1:1 — e, por essa razão, o autor poderia referir-se a si mesmo apenas como "Tiago". Patrick Hartin resumiu adequadamente as informações relativas à figura de Tiago, tanto dos próprios textos do NT quanto de fontes cristãs e não cristãs posteriores.[8] Não causa surpresa que Hartin, um católico, opte por Tiago como um "membro do clã ou parente de Jesus", pois "os laços familiares com Jesus não são o que conta. Em vez disso, é a família escatológica que importa, onde se faz a vontade de Deus".[9] Alan Saxby conduz a relação familiar para uma direção incomum.[10] Ele argumenta que Tiago era uma figura central em uma comunidade judaica apocalítica em Jerusalém, influenciado por João Batista antes do início do ministério de Jesus. Para esse Tiago, a morte e a ressurreição de Jesus se tornaram o foco de seu movimento, ao passo que o ministério galileu foi de pouca importância.[11] O livro de Saxby apresenta uma teoria intrigante, mas que sucumbe sob o peso dos silêncios dos quais depende e por não lidar o suficiente com a quantidade de estudos que investigam a dependência de Tiago em todo o ensino de Jesus (veja a seguir).

A diminuição do interesse no *personagem* de Tiago não significa, no entanto, que o problema da autoria esteja resolvido — as datas supostas da epístola vão do final da década de 40 até a década de 150, o que faz dela um dos documentos mais questionados do NT. Atualmente, a maioria das datações se concentra nos extremos desse período e as perspectivas sobre a

[8]Hartin, *James of Jerusalem*.

[9]Hartin, *James of Jerusalem*, p. 33.

[10]Alan Saxby, *James, brother of Jesus, and the Jerusalem church: a radical exploration of Christian origins* (Eugene: Wipf & Stock, 2015), p. 209-25.

[11]Saxby, *James, brother of Jesus*, p. 209.

autoria variam respectivamente. Alguns dos argumentos principais dizem respeito à relação do texto com a filosofia grega[12] e se o irmão de Jesus teria conhecimento suficiente de grego para redigir a epístola.[13] Outras considerações tratam da relação de Tiago com a tradição paulina,[14] com a tradição de Jesus (mais abaixo) e com os escritos da igreja primitiva e o processo de entrada no cânon. Essa última área será objeto de nossa análise aqui, uma vez que produziu o maior número de discussões relacionadas com a autoria.

Talvez não seja surpresa que os evangelicais se inclinam a defender datas mais antigas, mas essa perspectiva costuma ser defendida de maneira pouco categórica, como uma informação que não pode ser confirmada conclusivamente. Scot McKnight resume provisoriamente: "Os argumentos contrários à autoria tradicional são inconclusivos; os argumentos favoráveis à autoria tradicional são melhores, mas não são muito convincentes [...]. A autoria tradicional talvez seja a melhor conclusão com base nas evidências que temos e nos argumentos que podem ser apresentados".[15] Dan McCartney concorda que a melhor abordagem é "começar com as declarações do próprio documento e em seguida avaliar se essas declarações se harmonizam com as evidências internas e externas".[16] McCartney encontra oito pontos de convergência que apoiam a autoria de Tiago, o irmão de Jesus. Embora a autoria de Tiago pareça provável, muitos concordam que não há meio de provar essa hipótese com plena segurança.

Em 2007, David Nienhuis publicou sua tese revisada, em que defende uma leitura canônica das Epístolas Universais, alegando que a de Tiago foi escrita por último para funcionar como uma "carta de apresentação" para o grupo.[17] Ele pesquisa a história da recepção de cada carta na igreja primitiva,

---

[12]Cf. Matt Jackson-McCabe, *Logos and law in the Letter of James: the law of nature, the law of Moses, and the law of freedom* (Leiden: Brill, 2001); John S. Kloppenborg, "James 1:2-15 and Hellenistic psychagogy", *NovT* 52 (2010), p. 37-71.

[13]Ao que Scot McKnight convictamente conclui: "Aqueles que defendem a autoria não convencional com base no idioma apoiam-se em fundamentos precários. Há evidências suficientes de que Tiago teria conhecimento de grego e escrito nesse idioma, ao menos com a ajuda de um amanuense, para desalojar o simples argumento de que esse grego é sofisticado demais para um irmão de Jesus", Scot McKnight, *The Letter of James*, NICNT (Grand Rapids: Eerdmans, 2011), p. 34.

[14]Cf. Margaret M. Mitchell, "The Letter of James as a document of Paulinism?", in: *Reading James with new eyes: methodological reassessments of the Letter of James*, Robert L. Webb; John S. Kloppenborg, orgs. (London: T&T Clark, 2007), p. 75-98; Jacques Buchhold, "La justification chez Jacques et chez Paul: un exemple scripturaire de contextualisation", *Hokhma* 98 (2010): 35-56; E. Cuvillier, "'Jacques' et 'Paul' en débat: L'Épître de Jacques et la tradition Paulinienne (Jc 2:14–26//Ep 2:8-10, 2Tm 1:9 et Tt 3:5.8b)", *NovT* 53 (2011): 273-91; Jane Heath, "The righteous gentile interjects (James 2:18-19 and Romans 2:14-15)", *NovT* 55 (2013): 272-95; V. George Shillington, *James and Paul: The politics of identity at the turn of the ages* (Minneapolis: Fortress, 2015).

[15]McKnight, *Letter of James*, p. 37.

[16]Dan G. McCartney, *James*, BECNT (Grand Rapids: Baker Academic, 2009), p. 30-1.

[17]David R. Nienhuis, *Not by Paul alone: the formation of the Catholic Epistle collection and the Christian canon* (Waco: Baylor University Press, 2007).

bem como as cartas como um conjunto, considerando as evidências iniciais fracas em relação à de Tiago. Ele trata com seriedade a semelhança de temas e ideias entre Tiago e as outras cartas e teoriza que as Epístolas Universais foram reunidas para equilibrar o *corpus* paulino e que "Tiago" fora redigido como um "pseudepigráfico ciente do cânon" para unir as demais.[18] "Como a maioria dos autores de sua época, esse nosso autor reverenciava Paulo, não obstante tivesse plena consciência de que o ensino de Paulo estava sendo usado para apoiar opiniões consideradas pouco ortodoxas pela teologia Católica nascente [...]. Paulo e Tiago podiam falar em tons muito diferentes e mutuamente corretivos sem que isso significasse que fossem dissonantes".[19] Esse argumento também é patente no livro de Nienhuis em coautoria com Robert Wall. O livro defende que "o depósito teológico das diferentes EU [Epístolas Universais], quando adotado e usado como um conjunto canônico, exprime uma mensagem mais fluente e influente, formando com mais eficiência a fé e o testemunho cristão de seus leitores do que o seu uso como documentos individuais".[20] Com base nisso, Nienhuis e Wall postulam uma origem pseudepigráfica posterior para a epístola.

A introdução ao magistral comentário ICC de Allison analisa a relação de Tiago com outra literatura cristã antiga e com a ausência de Tiago de várias listas canônicas iniciais. Ele conclui que "embora Tiago se apresente como uma carta de uma autoridade de Jerusalém a judeus da diáspora, isso é uma ficção literária".[21] Allison questiona, em vez disso, por que a epístola aparentemente "tem duas faces, como Janus; por que parece tão cristã e ainda assim tão decididamente muda acerca de temas peculiarmente cristãos; e por que contém tantas passagens que podiam ser interpretadas de uma forma por um cristão e de outra por um não cristão".[22] Ele conclui que o autor pseudepigráfico estava escrevendo a cristãos judeus ainda na sinagoga em um empenho apologético para alcançar judeus não cristãos. Semelhante à ideia de Nienhuis, de que as Epístolas Universais eram para se contrapor a Paulo, a perspectiva de Allison é que "o texto é testemunha de um judaísmo cristão de fala grega que se opunha a Paulo, guardava a lei e considerava Tiago seu herói".[23] Ironicamente, Margaret Mitchell defendeu o oposto, que a carta de Tiago na verdade se origina de *dentro* da comunidade paulina,

---

[18]Nienhuis, *Not by Paul alone*; o cap. 3 é intitulado "Reading James as a canon-conscious pseudepigraph", p. 163.

[19]Nienhuis, *Not by Paul alone*, p. 230.

[20]David R. Nienhuis; Robert W. Wall, *Reading the Epistles of James, Peter, John, and Jude as Scripture: the shaping of a canonical collection* (Grand Rapids: Eerdmans, 2013), p. 247.

[21]Allison, *Epistle of James*, p. 38.

[22]Allison, *Epistle of James*, p. 48.

[23]Allison, *Epistle of James*, p. 49.

observando paralelos com 1Coríntios e Gálatas.[24] Longe de revelar convincentemente que Tiago e Paulo não são tão opostos como muitas vezes se pensa, o argumento dela não prevaleceu, nem o de Allison.

Darian Lockett também defende considerar as Epístolas Universais um grupo, mas ele argumenta que "ler as Epístolas Universais como uma coleção unificada, coesa, não indica necessária e automaticamente uma perspectiva particular da história da redação subjacente a essas cartas".[25] No que se refere à autoria, portanto, Lockett se encontra no "grupo de estudiosos [que concluem] que não há motivo para negar a plausibilidade da situação epistolar indicada por Tiago 1:1".[26] Chris Stephens, entretanto, recentemente argumentou contra a interpretação de Nienhuis sobre a história da recepção antiga. Ele reconhece que "ainda não existe 'nenhuma evidência incontestável' da existência, circulação e recepção canônica de Tiago antes do terceiro século".[27] Mesmo assim, ele alega haver evidências linguísticas e papirológicas a favor de que Tiago tenha sido escrita cedo na região da Palestina.

A maior parte dos argumentos relativos à autoria dessa época também são argumentos relativos à recepção e à entrada no cânon. Não importa se Tiago está associada ao *corpus* paulino, se lhe é contrária, se é de alguém que foi colíder com Pedro e João, se foi escrita para apresentar as cartas deles, se influenciou o texto do Didaquê, de Hermas e 1Clemente, e tampouco se ela mesma foi influenciada por essas cartas — todas essas perguntas dizem respeito à discussão da autoria (e, portanto, à datação, aos destinatários, e à origem). A hipótese é de que o autor identificado em Tiago 1:1 seja Tiago, o irmão de Jesus e líder da igreja de Jerusalém. Agora a questão é saber se é possível identificar o verdadeiro autor alegado com base em outros argumentos.

TIAGO E A TRADIÇÃO DE JESUS

É indiscutível a relação de Tiago com o ensino de Jesus. A pergunta, porém, é como exatamente essa relação ocorre, porque Tiago não cita as palavras de Jesus precisamente.[28] Sem citações explícitas, a relação entre o ensino de Jesus e a Epístola de Tiago continua em discussão. Bauckham abriu o caminho,

---

[24]Mitchell, "Letter of James as a document of Paulinism?"

[25]Darian Lockett, *An introduction to the Catholic Epistles* (London: T&T Clark, 2012), p. 132.

[26]Lockett, *Introduction to the Catholic Epistles*, p. 12. Tal perspectiva é expressada em, p. ex., McCartney, *James*, p. 9; Peter H. Davids, *A theology of James, Peter, and Jude: Biblical theology of the New Testament* (Grand Rapids: Zondervan, 2014), p. 41, que conclui que a carta provavelmente foi "escrita pouco depois da morte de Tiago, o irmão de Jesus, fazendo uso de sermões e ditos provenientes de Tiago"; Karen H. Jobes, *Letters to the church: a survey of Hebrews and the General Epistles* (Grand Rapids: Zondervan, 2011), p. 158-9.

[27]Chris S. Stevens, "Does neglect mean rejection? Canonical reception history of James", *JETS* 60 (2017): 780.

[28]A única provável exceção é Tiago 5:12.

averiguando que Eclesiástico usa Provérbios de um modo que revela a dívida sem usar citações.[29] Usando Eclesiástico, Bauckham é capaz de demonstrar que os mestres de sabedoria se apropriavam de ensinos anteriores, fazendo-se donos deles para seus destinatários específicos.

Kloppenborg acompanhou a obra anterior de Bauckham, afirmando, por exemplo, que "Tiago [em 2:5] parafraseou a fala de Jesus [de Q 6,20b] de um modo que seus destinatários reconhecessem a fonte verdadeira, mas também de modo que atendesse aos detalhes de sua argumentação".[30] Kloppenborg trabalha com diversos exemplos de Q para mostrar que Tiago se apropria da tradição de Jesus. Em seu livro recente sobre a teologia de Tiago, Peter Davids concorda, mas vai além, reconhecendo que a epístola se baseia na *temática* do ensino de Jesus: "Não importa se o tema é riqueza e pobreza, fala e ira, tampouco se é perseguição, fica visível na epístola de Tiago que o ensino de Jesus é fundamental para o pensamento de Tiago".[31] Segundo esses dois autores, a relação de Tiago com o ensino de Jesus não é de citação textual, mas de reapropriação.

Uma lacuna interessante nessa pesquisa é saber se é possível identificar as parábolas dentro da Epístola de Tiago ou se Tiago se apropriou apenas de material didático. Enquanto alguns propuseram algumas potenciais reinterpretações de parábolas, como a Parábola do semeador, de Lucas 8, em Tiago 1:21,[32] uma recente dissertação de mestrado de Samuel Grottenberg aplicou os princípios apresentados por Bauckham, Kloppenborg e Davids para verificar se as parábolas listadas nas referências cruzadas da NA^{28} e da UBS^5 foram reapropriadas por Tiago.[33] Observando ressonâncias de redação, teologia e contexto, ele afinal conclui que "nos primeiros dois capítulos da Epístola de Tiago, há duas ocorrências 'prováveis' e três 'plausíveis' de apropriação" e descarta duas outras.[34] Grottenberg leva o diálogo para além da apropriação de semelhança de gênero, ampliando o quadro da dependência do ensino de Jesus em Tiago.

---

[29]Bauckham, *James*; Richard Bauckham, "The wisdom of James and the wisdom of Jesus", in: The Catholic Epistles and the tradition, Jacques Schlosser, org. (Leuven: Leuven University Press, 2004), p. 75-92.

[30]John S. Kloppenborg, "The reception of the Jesus traditions in James", in: Schlosser, *Catholic Epistles and the tradition*, p. 139; veja também Kloppenborg, "The emulation of the Jesus tradition in the Letter of James", in: Webb; Kloppenborg, *Reading James with new eyes*, p. 121-50.

[31]Davids, *Theology of James, Peter, and Jude*, p. 86.

[32]Peter H. Davids, "James and Jesus", in: *Jesus tradition outside the Gospels*, David Wenham, org. (Sheffield: JSOT Press, 1984), p. 70.

[33]Samuel P. Grottenberg, "Deparabolization in James: a study in the theological and thematic appropriation of the synoptic parables of Jesus in the Epistle of James" (Dissert. Me.: Regent College, 2018).

[34]Grottenberg, "Deparabolization in James", p. 131. Veja o cap. 5, p. 126-31, para o resumo cumulativo e tabelas.

Conquanto se encontrem ressonâncias em todos os Evangelhos, Christopher Morgan observa que em quase todas as partes de Tiago podem ser remetidas particularmente ao Sermão do Monte.[35] "A mensagem de Tiago muitas vezes surge como uma extensão dos ensinamentos de Jesus no Sermão do Monte ou no Sermão da Planície (Mt 5—7; Lc 6)".[36] Morgan cita Bruce Metzger, afirmando que "Lutero estava certo em aplicar o critério 'tudo o que promove a Cristo é apostólico', mas errado em não reconhecer que a Epístola de Tiago também 'promove a Cristo' mediante sua aplicação prática do Sermão do Monte".[37] Ele conclui que "a influência dos ensinos de Jesus na Epístola de Tiago é impressionante! Não há nenhuma seção do Sermão do Monte que não seja refletida em Tiago e não há nenhuma seção de Tiago que não reflita os ensinamentos de Jesus".[38] Esse discernimento deveria aproximar Tiago de um diálogo mais próximo com os estudos de outros textos neotestamentários, particularmente os estudos dos Evangelhos. Considerando a estreita relação deles com o ensino de Jesus, Tiago não deveria ser um ponto fora da curva nos estudos do NT, mas um exemplo antigo da aplicação do ensino de Jesus para a comunidade cristã.

A relação estreita da Epístola de Tiago com o ensino de Jesus foi a base de um simpósio inteiro realizado na Universidade de Tilburg em 2007. As palestras examinaram a associação entre Mateus, Tiago e a Didaquê.[39] O livro da conferência não apresenta nenhuma defesa sobre a base em que a epístola se apoia, considerando a variedade de estudiosos envolvidos. Mas eles postulam na introdução que "Mateus e Tiago compartilham características importantes", concordâncias que "podem explicar-se por teorias das fontes ou tradições usadas pelos autores ou, mais genericamente, o contexto judaico-cristão deles".[40] O livro investiga como os escritos falam das comunidades ideais, como lidam com conflitos internos e externos e como interpretam a Torá e o ritual. Ao mesmo tempo, Karl-Wilhelm Niebuhr recentemente usou estudos sobre Mateus e Tiago e exposições sobre justiça e justificação para criticar um entendimento luterano equivocado.[41] Esses

[35]Christopher W. Morgan, *A theology of James: wisdom for consistent churches* (Phillipsburg: P&R Publishing, 2010), p. 31-7, inclui duas páginas de paralelos.

[36]Morgan, *Theology of James*, p. 32. Essa não é uma conclusão rara, pois Davids também pode concluir que "há um alto grau de intertextualidade entre Tiago e a forma de Mateus do ensino de Jesus, e em particular, o Sermão do Monte". Davids, *Theology of James, Peter, and Jude*, p. 43.

[37]Bruce M. Metzger, *The canon of the New Testament* (Oxford: Clarendon, 1987), p. 244, citado em Morgan, *Theology of James*, p. 32.

[38]Morgan, *Theology of James*, p. 37. Ele também contém três páginas de paralelos com outro ensino de Jesus.

[39]Huub van de Sandt; Jürgen K. Zangenberg, *Matthew, James, and Didache: three related documents in their Jewish and Christian settings* (Atlanta: SBL, 2008).

[40]Van de Sandt; Zangenberg, *Matthew, James, and Didache*, p. 1.

[41]Karl-Wilhelm Niebuhr, "Gerechtigkeit und Rechtfertigung bei Matthäus und Jakobus: eine Herausforderung für gegenwärtige lutherische Hermeneutik in globalen Kontexten", *Theologische Literaturzeitung* 140 (2015): 1329-48.

tipos de estudos continuam reforçando a relação entre Mateus, em particular, e Tiago.[42]

Dando uma direção inusitada aos antecedentes históricos comuns, Saxby (veja anteriormente) levanta a hipótese de que a suposta citação de Jesus em Tiago 5:12 (de Mateus 5:34-37) pode ser o contrário. Tendo em vista sua tese de que Tiago foi um líder revolucionário em Jerusalém mesmo antes do ministério de Jesus, Saxby propõe que Tiago 5:12 revela o que influenciou Jesus, que cita *seu* irmão Tiago.[43] Isso leva à sério a posição do próprio Tiago como mestre de sabedoria, mas talvez suscite a questão de saber se *ambos* não foram influenciados em outro lugar.

TIAGO E O AT

Embora seja evidente a relação de Tiago com o ensino de Jesus, é igualmente óbvia a sua relação com a literatura judaica anterior. Luke Timothy Johnson observa que a epístola se baseou fortemente em Levítico 19, fato mais evidente no capítulo 2, em que ela cita Levítico 19:18, mas predominante em toda a epístola, sobretudo no capítulo 5.[44] Atualmente se supõe que Levítico 19:12-18 (não apenas 19:18) está ativo no texto.

David deSilva inclui os Apócrifos e os Pseudepigráficos, mostrando que Tiago trabalhou com um escopo mais abrangente de literatura do que "apenas" o AT canônico protestante.[45] Para ele, Eclesiástico, 1Enoque e o Testamento de Jó têm fortes ressonâncias na Epístola de Tiago. Ciente da advertência de Samuel Sandmel contra a "paralelomania",[46] deSilva afirma que Jesus, Tiago e Judas eram claramente *judeus* e foram influenciados por essa hereditariedade e seu respectivo ambiente literário. Ao contrário de Bauckham e Kloppenborg, que usaram Eclesiástico para criar um padrão, deSilva considera seriamente que Eclesiástico é uma fonte da sabedoria da epístola. Ele também concorda com argumentos anteriores que consideram o Testamento de Jó a fonte de Tiago 5:11.[47] Observando quão ambígua é a

---

[42]Cf. Patrick J. Hartin, *James and the "Q" sayings of Jesus* (Sheffield: Sheffield Academic, 1991), que concluiu que Tiago estava mais próximo de QMt; veja também Alicia Batten, "The Jesus tradition and the Letter of James", *RevExp* 108 (2011): 381–90, em relação ao paralelo entre QMt 5:3 e Tiago 2:5.

[43]Saxby, *James, brother of Jesus*, p.225-7.

[44]Luke Timothy Johnson, "*The use of Leviticus 19 in the Letter of James*", *JBL* 101 (1982): 391-401, republicado como capítulo em Johnson, *Brother of Jesus, friend of God* (Grand Rapids: Eerdmans, 2004), p. 123-35.

[45]David A. deSilva, *The Jewish teachers of Jesus, James, and Jude: what earliest Christianity learned from the apocrypha and pseudepigrapha* (Oxford: Oxford University Press, 2012).

[46]DeSilva, *Jewish teachers of Jesus, James, and Jude*, p. 11.

[47]DeSilva, *Jewish teachers of Jesus, James, and Jude*, p. 237-51; Veja p. ex., Cees Haas, "Job's perseverance in the Testament of Job", in: *Studies in the Testament of Job*, Michael A. Knibb; Pieter W. van der Horst, orgs. (Cambridge: Cambridge University Press, 1989), p. 117-54; Patrick Gray, "Points and lines: thematic parallelism in the Letter of James and the *Testament of Job*", *NTS* 50 (2004): 406-24.

origem do Testamento de Jó, ele diz que "o argumento favorável à inter-relação fica mais forte, uma vez que nem o texto hebraico original nem a Septuaginta nem os Targuns explicam o uso de Jó em Tiago como exemplo da perseverança paciente tão bem quanto o *Testamento*".[48]

Duas obras recentes se concentraram nos exemplos citados em Tiago. Nicholas Ellis trata da história combinada das narrativas de Abraão e Jó na variada literatura judaica.[49] Confrontado com a declaração de Tiago de que Deus é *apeirastos* (não tentado) e ao mesmo tempo *peirazei* [...] *oudena* (não tenta ninguém) em 1:13 — o que aparentemente contradiz o AT, em que Deus prova seu povo e é posto à prova por ele — e preocupado com as traduções *ad hoc* de *peirasmos* no capítulo 1 ("provações" em 1:2-12 e "tentação" de 13 em diante), Ellis examina a literatura para ver se há alguma tradição em que Tiago se encaixe. Ele descobre que a Bíblia reescrita mistura a narrativa de Jó e a de Abraão de tal maneira que a prova de Abraão é o resultado de uma cena de audiência em um tribunal cósmico como a que se vê em Jó 1 ("Jó-abraão"). A conclusão é que Deus, na verdade, não prova ninguém, mas *permite* a provação de seu povo para provar a fidelidade desse povo.

Robert Foster, no entanto, procura "investigar como o autor usa os exemplos que ele cita (Abraão, Raabe, Jó, Elias). Por exemplo, o autor os usa apenas para seu objetivo imediato (isto é, como apoio de seu argumento ou exortação) ou há algum vínculo mais profundo entre eles que ajude a dar coesão ao texto?"[50] Enquanto Abraão e Raabe em geral têm sido considerados exemplos de hospitalidade,[51] Foster afirma que todos os quatro "compartilham pelo menos três qualidades que são vitais não só para a vida de fé de uma pessoa só, mas também sobretudo para a de sua comunidade" — a saber, comprovado compromisso com Deus, a condição de forasteiros em relação ao "mundo" por causa desse compromisso e persistência em provações significativas com base na confiança em Deus.[52] Em relação a isso, Foster afirma que os exemplos citados não funcionam apenas no seu conjunto específico na epístola, mas também dizem respeito ao tema mais amplo do compromisso sincero e absoluto com Deus diante de provações.

---

[48]DeSilva, *Jewish teachers of Jesus, James, and Jude*, p. 250.

[49]Nicholas Ellis, *The hermeneutics of divine testing: cosmic trials and Biblical interpretation in the Epistle of James and other Jewish literature*, WUNT 2/396 (Tübingen: Mohr Siebeck, 2015).

[50]Robert J. Foster, *The significance of exemplars for the interpretation of the Book of James*, WUNT 2/376 (Tübingen: Mohr Siebeck, 2014), p. 5.

[51]Mais notadamente R. B. Ward, "The works of Abraham: James 2:14-26", *HTR* 61 (1968): 283-90, porém veja mais recentemente Andrew E. Arterbury, "Abraham's hospitality among Jewish and early Christian writers", *PRS* 30, n. 3 (2003): 359-76.

[52]Foster, *Significance of exemplars*, p. 193.

Dando sequência à análise dos exemplos, tenho um artigo no *Journal of Biblical Literature* relativo ao uso que Tiago faz de Elias.[53] Como a conclusão da epístola não é nítida e as propostas para o início da conclusão começam em 5:7 e se estendem até 5:19, perguntei se Elias não poderia dar uma pista. Usando a leitura intertextual, defendo que Tiago pretende que seus leitores se lembrem da narrativa completa de 1Reis 17—18, emoldurada por sua recordação de que Elias orou tanto para que não chovesse quanto para que a chuva viesse. Quando a narrativa está rolando, a conclusão se resolve em 5:12-20, que descreve uma comunidade determinada exercendo a fidelidade a Deus em todas as circunstâncias e buscando restaurar os desviados. Em contrapartida, Allison afirma que 5:13-20 reflete a tradição vista em orações judaicas que dialogam com Ezequiel 32—33.[54] Allison observa que, nas orações que ecoam os capítulos de Ezequiel, os temas de cura se relacionam, segundo a tradição, com a figura dos que se desviam.[55] Com isso, ele desenvolve a sugestão de Dean Deppe de que a conclusão de Tiago reflete uma ordem de culto da igreja primitiva.[56]

Esses tipos de exercícios precisam continuar. Foster deixa de fora "os profetas que falaram em nome do Senhor" (Tiago 5:10), mas a Epístola de Tiago mostra uma forte influência da literatura profética, ainda que, mais uma vez, por apropriação. Além disso, por Tiago ter sido classificado como literatura de "sabedoria", as tradições proféticas e deuteronômicas da epístola carecem de investigação.

RETÓRICA E ESTRUTURA

A retórica e a estrutura da epístola por muito tempo foram um importante objeto de pesquisa.[57] Alicia Batten inicia sua dissertação sobre o estado do campo falando sobre retórica e estrutura como a chave para entender os estudos atuais sobre a Epístola de Tiago.[58] O comentário de Dibelius definiu as condições para o debate: definiu que a epístola "não tem estrutura", 1:1 é a única marca de uma "epístola" e a retórica é a de *paraenesis*, fragmentos de

[53]Mariam Kamell Kovalishyn, "The prayer of Elijah in James 5: an example of intertextuality", *JBL* 137, n. 4 (2018): 1029-47.

[54]Dale C. Allison Jr., "A liturgical tradition behind the ending of James", *JSNT* 34 (2011): 3-18.

[55]Allison, "*Liturgical tradition*", p. 12.

[56]Allison, "*Liturgical tradition*", p. 13, 15, citando Dean B. Deppe, *The sayings of Jesus in the Epistle of James* (Chelsea: Bookcrafters, 1980), p. 135.

[57]Recursos proveitosos publicados em relação ao grego incluem A. K. M. Adam, *James: a handbook on the Greek text* (Waco: Baylor University Press, 2013); Chris A. Vlachos, *James*, B&H Exegetical guide to the Greek New Testament (Nashville: B&H Academic, 2012).

[58]Alicia Batten, *What are they saying about the Letter of James?*, WATSA (New York: Paulist Press, 2009), p. 5-27.

sabedoria desconexos.[59] A ideia de que não se pode identificar uma estrutura foi corretamente questionada por muitos comentaristas, mas em especial por Mark Taylor e George Guthrie, que descobrem uma inclinação para a sabedoria conduzindo a estrutura da epístola.[60] A descrição de parênese dada por Dibelius também foi revista por Leo Purdue[61], John Elliott[62] e, mais recentemente, por Duane Watson.[63] O trabalho de Watson de comparar seções da epístola com a argumentação greco-romana clássica deixou claro que Tiago debate com muito mais competência do que se pensava anteriormente.

Comparações da retórica de Tiago com a da literatura clássica são bastante disseminadas. Carol Poster trabalha com "o gênero de filosofia protréptica", cujo propósito generalizado "é exortar o leitor a se esforçar pelo bem, ou pelo divino [...] [influenciando] a vontade em vez de debater com o intelecto".[64] O gênero protréptico permite ao autor de Tiago personificar uma modéstia que Poster nota presente em toda a epístola, uma modéstia que "proclama de fato a posição teológica de Tiago".[65] Ao contrário dos mestres ociosos e arrogantes que Tiago condena, Tiago humildemente "se restringe a três pontos principais".[66] Recusando-se a se envolver nas disputas por *status* e floreios retóricos de seus oponentes, Tiago proclama seu ensino, pondo em prática sua teologia até no modo de redigir sua carta — e, para fazer isso, usa uma argumentação filosófica reconhecível.

Lauri Thurén também combate a ideia de que Tiago possa ter um grego excelente e, no entanto, nenhuma competência retórica. Ela afirma que "apesar da ausência de algumas das expressões mais típicas, podem ser identificados o *exordium* e o *peroratio*", que são as peças essenciais para discernir "a situação retórica e o objetivo do discurso".[67] Thurén observa que "na boa retórica, os movimentos táticos em geral não devem ser claramente identificáveis", um risco assumido em Tiago.[68] Entretanto, ela conclui que, se

---

[59]Martin Dibelius, *James*, tradução para o inglês de Michael A. Williams, Hermeneia (Philadelphia: Fortress, 1975), p. 2-3.

[60]Mark E. Taylor; George H. Guthrie, "The structure of James", *CBQ* 68, n. 4 (2006): 681-705.

[61]Leo G. Perdue, "Paraenesis and the Epistle of James", *ZNW* 72 (1981): 241-56.

[62]J. H. Elliott, "The Epistle of James in rhetorical and social scientific perspective: holiness-wholeness and patterns of replication", *BTB* 23 (1993): 71-81.

[63]Duane F. Watson, "An assessment of the rhetoric and rhetorical analysis of the Letter of James", in: Webb; Kloppenborg, *Reading James with new eyes*, p. 99-120; veja também Watson, "James 2 in light of Greco-Roman schemes of argumentation", *NTS* 39 (1993): 94-121; Watson, "The rhetoric of James 3:1–12 and a classical pattern of argumentation", *NovT* 35 (1993): 48-64.

[64]Carol Poster, "Words as works: philosophical protreptic and the Epistle of James", in: *Rhetorics in the new millennium: promise and fulfillment*, James D. Hester; J. David Hester, orgs. (New York: T&T Clark, 2010), p. 236.

[65]Poster, "Words as works", p. 253.

[66]Poster, "Words as works", p. 253.

[67]Lauri Thurén, "Risky rhetoric in James", *NovT* 37 (1995): 275.

[68]Thurén, "Risky rhetoric in James", p. 283.

despirmos a epístola de sua retórica, vamos perceber que o "autor procura demonstrar o que a imperfeição e a inconstância significam na prática. Nas três partes do *argumentatio* ele tenta provar que pequenos desvios de um modo de vida perfeito surgem de pecados graves, teologia incorreta e atitudes perigosas".[69]

Diversos estudos seguiram os passos de Watson examinando uma seção específica da epístola para identificar seu significado e seu método retóricos. Dois artigos mais antigos de Gary Burge[70] e J. van der Westhuizen[71] revelam o foco continuado em 2:14-26 como uma das passagens de interesse central na epístola. Jean Aletti resume esse foco e concorda com Thurén ao defender que a qualidade do grego deve nos levar a questionar se "o desenvolvimento de seu pensamento também segue um padrão grego".[72] Ele postula que, em 2:14-26, Tiago segue um padrão comum chamado *chreia*, "cujo propósito principal era ético: propor critérios de ação e comportamento".[73] Ele sustenta que essa seção de Tiago é uma reação a Gálatas 3 e Romanos 4, mas "a *chreia* permite que Tiago discuta e critique uma opinião referente às cartas paulinas" sem ter de mencionar Paulo explicitamente, "combatendo uma opinião errônea sem polemizar contra aquele (Paulo) que provavelmente está sendo usado por aqueles que a defendem para recomendá-la".[74] Desse modo, usando a retórica grega, Aletti apresenta mais uma análise para o debate Tiago-Paulo.

Luke Cheung concorda que a epístola revela muito mais coerência e estrutura de argumento do que Dibelius admite, mas Cheung afirma que "a exata *natureza* e *estrutura* dessa unidade geral ainda é matéria de constante discussão".[75] Ele conclui que "Tiago revela elementos característicos tanto da parênese helenista quanto da instrução de sabedoria judaica, embora seu conteúdo deva mais a esta última".[76] Cheung alinha a discussão da retórica com os que considerariam a Bíblia hebraica e a literatura do Segundo Templo

[69]Thurén, "Risky rhetoric in James", p. 281.

[70]Gary M. Burge, "'And threw them thus on paper': recovering the poetic form of James 2:14-26", *StudBT* 7 (1977): 31 45.

[71]J. D. N. van der Westhuizen, "Stylistic techniques and their function in James 2:14-26", *Neot* 25, n. 1 (1991): 89-107.

[72]Jean Noël Aletti, "James 2,14-26: the arrangement and its meaning", *Biblica* 95 (2014): 88-101.

[73]Aletti, "James 2,14-26", p. 91.

[74]Aletti, "James 2,14-26", p. 97. Como não estou optando por focar no debate Tiago-Paulo, que não tem sido o foco de muitos estudos acadêmicos independentes nos últimos quinze anos (além de comentários), também registro o artigo a seguir, que igualmente usa a retórica para investigar o contraste entre Tiago e Paulo: John Painter, "The power of words: rhetoric in James and Paul", in: *The missions of James, Peter, and Paul: tensions in early Christianity*, Bruce Chilton; Craig Evans, orgs. (Leiden: Brill, 2005), p. 235-73.

[75]Luke L. Cheung, *The genre, composition and hermeneutics of the Epistle of James* (Carlisle: Paternoster, 2003), p. 272.

[76]Cheung, *Genre, composition and hermeneutics*, p. 272.

o melhor contexto para a epístola. Fazendo isso, ele também lida com os elementos escatológicos do texto, que colorem a natureza da parênese.[77]

Por fim, ultimamente mais estudiosos estão prestando atenção aos termos masculinos e femininos em Tiago. Tiago tem um exemplo raro de inclusão de gênero em 2:15 quando pede a seus destinatários que considerem "um irmão *ou uma irmã*" (*adelphos ē adelphē*). Porém, prestando mais atenção em Raabe, *a prostituta*, Timothy Cargal destaca a terminologia contrastante da epístola considerando a obediência de Raabe comparada ao adultério contra a aliança e a mente dividida dos destinatários (cap. 4).[78] William Baker observa a terminologia de gênero em relação a parto/nascimento em 1:14-21.[79] Ele destaca não somente as narrativas de parto contrastantes para morte e vida e que os filhos agem como seus "pais". Baker também trata do espinhoso problema de como a "palavra" pode ser "inata" (*emphytos*), em 1:21: "A alegoria positiva do nascimento de 1:18 [é] planejada tanto para refletir quanto para substituir a alegoria negativa de 1:14-15. Se é esse o caso, então, assim como o filho/a filha da união entre vontade própria e desejo carrega a constituição genética do desejo (que, por sua vez, gera a morte), a criança nascida da união de Deus por meio da palavra da verdade com aqueles que se submetem ao evangelho carrega o DNA da palavra de Deus".[80] Nas Escrituras inteiras, Deus usa metáforas de maternidade e a Epístola de Tiago não é diferente.

TEMAS TEOLÓGICOS

A Epístola de Tiago teve dificuldades para se recuperar da rejeição de Lutero e da avaliação de Dibelius de que ela "não tem 'teologia' nenhuma".[81] Esses veredictos, no entanto, perderam terreno nos últimos anos e atualmente há muitos estudos sobre seus temas teológicos. Como se observou antes, Morgan publicou um livro inteiro com o título *A teology of James* [Uma teologia de Tiago]. Como muitos,[82] ele conclui que Tiago está interessado em uma teologia que *funcione* na comunidade e, portanto, a teologia costuma ficar

[77]Para mais a esse respeito, veja Todd C. Penner, *The Epistle of James and eschatology: re-reading an ancient Christian letter*, JSNTSup 121 (Sheffield: Sheffield Academic, 1996).

[78]Timothy B. Cargal, "When is a prostitute not an adulteress? The language of sexual infidelity in the rhetoric of the Letter of James", in: *A feminist companion to the Catholic Epistles and Hebrews*, Amy-Jill Levine,org. (Cleveland: Pilgrim, 2004), p. 114-26.

[79]William Baker, "Who's your daddy? Gendered birth images in the soteriology of the Epistle of James (1:14-15,18,21)", *EQ* 79 (2007): 195-207.

[80]Baker, "Who's your daddy?", p. 204.

[81]Dibelius, *James*, p. 21.

[82]Por exemplo, Robert W. Wall, *Community of the wise: The Letter of James* (Valley Forge: Trinity Press International, 1997).

sob a superfície do conselho prático.[83] Na série da editora Baylor sobre ética, Christian Reflection [Reflexão cristã], foi publicado recentemente um livro inteiro sobre Tiago com várias abordagens a temas teológicos encontrados em Tiago, todas atentas ao que Hartin chamou de "Fé em ação: uma ética de 'perfeição'".[84] Essa ética depende da obra divina de redenção de seu povo mediante a "palavra da verdade". Logo, não se pode acusar Tiago de "justificação pelas obras".[85]

Hoje, a maioria concorda que o tema central de Tiago é "pureza" ou "perfeição". Cheung conclui que "Tiago apresenta os valores de uma nova ordem da perspectiva da perfeição para os membros das doze tribos escatológicas da diáspora. A busca da perfeição, e sua correspondente erradicação de duplicidade, é possível por meio da obra de redenção de Deus pela palavra da verdade [...] e a sabedoria celestial".[86] Essa busca da perfeição é vivida no relacionamento com o próximo. Lockett também considera que a determinação é decisiva. "O vocabulário sobre pureza exprime e constrói a realidade dos destinatários com referência a como devem se relacionar internamente e com a cultura que os cerca [...] O principal tema do texto (perfeição) e sua visão de mundo não podem ser entendidos sem o recurso dos termos referentes à pureza".[87] Lockett mostra que o *kosmos* funciona como a causa da mente dividida e, quando as pessoas agem de acordo com o *kosmos*, elas deixam de viver umas com as outras como deveriam como membros do reino de Deus.

Seguindo uma linha de pensamento similar, Margaret Aymer focaliza como a epístola retrata Deus: "Tiago, ao falar da essência de Deus, se concentra na singularidade e imutabilidade de Deus",[88] em consonância com a teologia judaica da época. Esses traços embasam a relação da comunidade com Deus, que é considerado pai e benfeitor deles. Isso significa que quem pertencia à comunidade "devia viver o seu papel de acordo com as normas previstas de ordem social a fim de poder conservar sua honra e a honra de sua comunidade".[89] A práxis da comunidade é a que se opõe à ética do Império.

---

[83]Morgan escreve que Tiago "apresenta uma visão robusta de Deus que molda não somente a nossa teologia, mas também a nossa vida. Por causa de quem Deus é, em fé pedimos a ele por sabedoria, vivemos consistentemente, combatemos a tentação, controlamos nossa fala, cuidamos dos marginalizados, rejeitamos favoritismo, suprimos as necessidades dos pobres, nos humilhamos, adoramos com sinceridade, vivemos com paciência e fé e nos tornamos pessoas que oram e perdoam". Morgan, *Theology of James*, p. 181.

[84]Patrick Hartin, "Faith-in-action: an ethic of 'perfection'", in: *The Letter of James*, Robert B. Kruschwitz, org. Christian reflection: a series in faith and ethics (Waco: The Center for Christian Ethics, Baylor University, 2012), p. 20-8.

[85]Veja Mariam J. Kamell, "God gave us birth", in: Kruschwitz, *Letter of James*, p. 11-9.

[86]Cheung, Genre, *Composition and hermeneutics*, p. 275.

[87]Darian Lockett, *Purity and worldview in the Epistle of James* (London: T&T Clark, 2008), p. 184.

[88]Margaret Aymer, *James: diaspora rhetoric of a friend of God* (Sheffield: Sheffield Phoenix, 2015), p. 36.

[89]Aymer, *James*, p. 38.

Porém, "os termos de Tiago referentes ao império mostram mais uma vez o quanto é complicada a relação de Tiago com a quiriarquia".[90] O livro dela não é confortável, assim como o de Tamez, que critica aqueles entre nós que gostariam de domesticar a epístola.[91] Aymer não permite uma leitura simples da epístola, mas entende uma abordagem que se engaja com o contexto da carta (e com Deus) em variados graus de comprometimento e apropriação, em uma leitura que ainda tem ressonância para os cristãos "da diáspora" de hoje.

Não podemos ignorar a riqueza e a pobreza na epístola.[92] Assim como Tamez, Pedrito Maynard-Reid escreve do ponto de vista latino-americano.[93] Ele conclui, entretanto, que "para [Tiago] os ricos estão fora da esfera de salvação e fé".[94] Em relação aos "pobres", em 2:5, ele afirma com veemência que são os pobres propriamente ditos e somente eles.[95] Peter Davids, apesar de não romantizar os pobres, considera que os cristãos "retratados pelo menos estão sendo identificados com os pobres e talvez como eles mesmos sendo os pobres oprimidos. Esses pobres são os justos, os crentes, os que esperam a vinda do Senhor".[96] Davids concorda com Maynard-Reid de que os supostos ricos são excluídos da comunidade de fé: "Tiago fala negativamente com regularidade das pessoas mais ricas da comunidade cristã, enquanto 'os ricos' (de fora da comunidade) são categoricamente condenados".[97]

Concordo que o termo explícito "*ricos*" se refere aos de fora da comunidade, mas defendo em vez disso que eles estão fora da comunidade porque se identificam a si mesmos por suas riquezas e é "humildade" (*tapeinos*; cf. 1:9) o que Deus procura.[98] Em 1:9-11, "Tiago, pois, apresenta sua oposição básica: os da categoria menos específica, os humildes, serão elevados, enquanto os ricos, os [*plousios*], serão humilhados. Por evitar usar o termo 'pobres'

---

[90]Aymer, *James*, p. 64.

[91]Elsa Tamez, *The scandalous message of James: faith without works is dead*, ed. rev. (New York: Crossroad, 2002), p. 1-6.

[92]Veja, p.ex.,a frequência com que Tiago é citada em Craig Blomberg, *Christians in an age of wealth: a biblical theology of stewardship* (Grand Rapids: Zondervan, 2013), para uma noção de como esse tema é dominante na epístola. Craig L. Blomberg e Mariam J. Kamell concluem: "Se a nossa estrutura sugerida de Tiago estiver correta, então o tema de riqueza e pobreza, no centro do quiasmo de três tópicos fundamentais, surge como o assunto mais importante dessa carta", Blomberg; Kamell, *Exegetical commentary on the New Testament James* (Grand Rapids: Zondervan, 2008), p. 254.

[93]Pedrito U. Maynard-Reid, *Poverty and wealth in James*, ed. reimpr. (Eugene: Wipf & Stock, 2004).

[94]Maynard-Reid, *Poverty and wealth in James*, p. 63.

[95]Maynard-Reid, *Poverty and wealth in James*, p. 62; cf. Tamez, *Scandalous message of James*, p. 25. Maynard-Reid afirma que Tiago "considerava a piedade como pertencente somente aos pobres" e não "*mais* aos pobres". Maynard-Reid, *Poverty and wealth in James*, p. 63.

[96]Peter H. Davids, "The test of wealth", in: Chilton; Evans, *Missions of James, Peter, and Paul*, p. 373.

[97]Davids, "Test of wealth", p. 379.

[98]Mariam J. Kamell, "The economics of humility: the rich and the humble in James", in: *Economic dimensions of early Christianity*, Bruce W. Longenecker; Kelly Leibengood, orgs. (Grand Rapids: Eerdmans, 2009), p. 157-75.

(*plōchos*), Tiago aceita a possibilidade de que o termo 'humildes' inclua pessoas com recursos, ao contrário dos que são 'ricos' (*plousios*), um grupo especificamente demarcado pela própria autoidentificação mediante sua condição econômica, não mediante sua condição diante de Deus".[99] Todos serão humilhados; a questão é se os membros dos destinatários vão preferir se humilhar diante de Deus (4:1-10) ou serem humilhados por Deus obrigatoriamente (5:1-6). Roland Deines exprime isso com ainda mais veemência: "O conflito entre Deus e Mamom tem um aspecto soteriológico e um aspecto ético também: ele diz respeito a quem é o Senhor nesta vida, a quem se deve obediência e qual será o resultado no final. O aspecto soteriológico encontrará sua solução no dia do juízo e a ética está incorporada na questão de a quem prometemos fidelidade".[100] Percebendo a ressonância entre Lucas e Tiago, Deines os enxerga desafiando seus ouvintes a "demonstrar com suas posses que amam a Deus e a seus próximos".[101]

Nelson Morales examina a questão de riqueza e pobreza mediante o uso que Tiago faz do AT. Observa que "toda vez que [o tema pobreza e riqueza] está presente na epístola, o AT também aparece".[102] Morales complica o problema, considerando três "frentes", "os pobres, os ricos e os intermediários".[103] Usando a teoria da pertinência (o que "contribui para os métodos histórico-crítico e literário ressaltando que o sentido do autor consiste em mais do que é comunicado explicitamente"[104]), ele mostra que Tiago "metarrepresenta interpretativamente o AT e as palavras de Jesus [...] Diferentes segmentos de seus destinatários extraem diferentes implicaturas. Tiago pode usar diferentes forças ilocucionárias ao mesmo tempo. Aos pobres, ele usa essas forças para dar esperança. Aos cristãos ricos, ele adverte. Aos cristãos de status social intermediário, em algumas passagens ele adverte; em outras, ele as usa para os encorajar".[105] Morales considera que o propósito geral de Tiago é que seus destinatários desenvolvam uma fé genuína na prática de uma "religião pura e imaculada".

Claramente, uma variedade de metodologias está sendo usada para investigar os temas teológicos da epístola. Nem sempre ficava claro se a obra de

---

[99]Kamell, "Economics of humility", p. 167-8.

[100]Roland Deines, "God or Mammon: the danger of wealth in the Jesus tradition and in the Epistle of James", in: *Anthropologie und Ethik im Frühjudentum und im Neuen Testament*, Matthais Konradt; Esther Schläpfer, orgs. (Tübingen: Mohr Siebeck, 2014), p. 327.

[101]Deines, "God or Mammon", p. 378.

[102]Nelson R. Morales, "Poor and rich in James: a relevance theory approach to James's use of the Old Testament" (Dissert. PhD, Trinity Evangelical Divinity School, 2015), p. 32, a ser publicado em BBR Supplement Series.

[103]Morales, "Poor and rich in James", p. 328.

[104]Morales, "Poor and rich in James", p. 330.

[105]Morales, "Poor and rich in James", p. 331.

um estudioso devia ser incluída na seção sobre "retórica" ou sobre o "uso do AT", ou sobre "temas teológicos"! Mas não deve ser difícil perceber que as acusações anteriores de que Tiago não contém teologia foram refutadas.

Reflexões

A Epístola de Tiago continua sendo um campo ativo, apesar de pequeno. Dito isso, uma das maiores lacunas é conseguir que estudiosos de outras partes do NT se envolvam no estudo acadêmico de Tiago. Os estudiosos dos Evangelhos ou de Paulo podem se sentir sobrecarregados com a literatura a respeito dessas porções do NT, mas continuar ignorando Tiago (e as outras Epístolas Gerais) é perpetuar uma leitura desbalanceada do NT e ignorar que os que formaram o cânon achavam que todas as variadas vozes eram importantes. Perguntas sobre a natureza da "graça", da "fé" ou da vida cristã, do uso do AT pelo NT, tudo isso tem ressonância imediata na Epístola de Tiago e lê-la pode ajudar a trazer o equilíbrio necessário.

O uso que Tiago faz do AT pode ser muito mais estudado. Não se dedicou estudo suficiente sobre a maneira que Tiago usa a literatura profética. Mais investigações de personagens exemplares (especialmente Jó e os profetas) em Tiago podem continuar ajudando a expandir nosso entendimento de seu uso de termos referentes a perseverança (*hypomonē, makrothymeō*). Do mesmo modo, mais estudos da relação de Tiago com o ensino de Jesus podem continuar a expandir nosso senso da natureza "cristã" desse texto que tão raramente alude a Jesus. Como se observou anteriormente, se Tiago deve às parábolas de Jesus a forma de seu ensino, isso revela uma dependência maior da carta de *todo o conjunto* do ensino de Jesus. Isso talvez também nos ajude a valorizar a reapropriação criativa de Tiago de todas as suas fontes, ampliando a apreciação geral pela estrutura da epístola e habilidade retórica. Se, no aspecto textual, Tiago é mais devedor ao pensamento hebraico ou grego, o estilo e a estrutura ajudariam a continuar revelando as influências de seu pensamento e possivelmente ajudar em relação à proveniência.

Alguns temas teológicos poderiam continuar sendo desenvolvidos. O uso da natureza por Tiago é profundo e se espalha por todos os seus exemplos (p. ex., 1:17-18; 3:3-12; 4:13-17; 5:7-9). Enquanto sua perspectiva de natureza é positiva, ou pelo menos um contraponto à duplicidade humana,[106] sua perspectiva quanto aos desejos naturais da humanidade é

[106]Veja, p. ex., Alicia J. Batten, "*The urban and the agrarian in the Letter of James*", *JECH* 3 (2013): 4-20, para uma abordagem sobre essa questão.

totalmente negativa. O uso de imagens da criação também pode ajudar com a questão vexatória de 1:18 se referir ou não à criação original ou ao novo nascimento — uma pergunta que também depende de o contexto ser ou não o pensamento estoico ou judaico. As perguntas sobre gênero podem ser mais investigadas. Aymer considera que Tiago é tradicional no que diz respeito a papéis de gênero, mas o vocabulário de inclusão de gênero em 2:15 e sua comparação de Raabe com Abraão, para não mencionar as metáforas de concepção e nascimento em 1:18, podem bem indicar uma igualização dos sexos. Do mesmo modo, a questão de sua antropologia pode ser mais investigada.[107]

Duas outras áreas têm ganhado impulso. Diversas obras, entre elas *James*, de Bauckham, que usa Kierkegaard como seu contraponto, investigaram uma história de interpretação e isso deve continuar. Aymer examina como a epístola influenciou o pensamento do grande emancipacionista Frederick Douglass.[108] David Gowler produziu um exercício completo em história da interpretação no seu *James through the centuries* [Tiago através dos séculos].[109] Allison finaliza sua introdução com a recepção de e conclui que o impacto "mais importante e mais abrangente" de Tiago foi o grupo Alcoólicos Anônimos, pois a epístola teve "importância fundamental para os fundadores do AA [...] tão conhecida entre os primeiros membros do AA que alguns queriam que sua associação fosse chamada de 'O Clube de Tiago'".[110] Por tudo o que ouvimos sobre a irrelevância de Tiago, é animador ler obras como essas e perceber que o testemunho fiel de Tiago continua.

Tiago tem ganhado terreno em todo o mundo. Não é surpresa que teólogos da libertação apreciavam sua mensagem do favor de Deus pelos pobres. Porém, enquanto o mundo ocidental aprende a ouvir estudiosos e líderes de todo o mundo, temos de saber mais sobre como as pessoas leem o texto no contexto delas. O *African Bible commentary* [Comentário bíblico africano], da Zondervan, é um bom começo, mas é preciso criar mais oportunidades para ouvir vozes globais e vozes minoritárias.[111] Na reunião anual de 2018 da Society of Biblical Literature, em Denver, o Grupo de Estudo de Tiago, Pedro e Judas procurou artigos de todo o mundo sobre essas epístolas, mas

[107]Mariam Kamell Kovalishyn, "Life as image bearers in the new creation: the anthropology of James", in: *Anthropology and New Testament theology*, Jason Maston; Benjamin Reynolds, orgs. (London: Bloomsbury T&T Clark, 2018), p. 177-88.

[108]Margaret Aymer, *First pure, then peaceable: Frederick Douglass, darkness and the Epistle of James* (London: T&T Clark, 2008).

[109]David B. Gowler, *James through the centuries* (Chichester, West Sussex: Wiley Blackwell, 2014).

[110]Allison, *Epistle of James*, p. 109.

[111]Solomon Andria, "James", in: *African Bible commentary*, Tokunboh Adeyemo, org. (Grand Rapids: Zondervan, 2006), p. 1509-16.

esse empenho se restringiu aos que puderam pagar a ida e a participar nesse encontro. Sem o contínuo empenho para desenvolver e oferecer oportunidades aos estudiosos minoritários, Tiago corre o risco de continuar sendo "interceptada" por aqueles que fariam bem em ouvi-la.[112]

[112]Tamez, *Scandalous message of James*, cap. 1, usa a palavra escândalo no título para indicar como, historicamente, foram feitas tentativas para "interceptar" e "amansar" a mensagem de Tiago, particularmente sua esperança em favor dos pobres e oprimidos.

21

AS CARTAS DE PEDRO

Abson Joseph

INTRODUÇÃO

O estado atual dos estudos acadêmicos das cartas de Pedro deve muito a um ressurgimento do interesse nessas cartas entre 1986 e 2006.[1] Três artigos publicados entre 2004 e 2006 proporcionaram uma feliz oportunidade para recordar o progresso do estudo das cartas com o nome do apóstolo Pedro. Eugene Boring usou o artigo de John Ellott, de 1976, como ponto de partida para destacar os aspectos centrais do debate acadêmico até 2004.[2] A análise de Robert Webb dos estudos sobre as cartas petrinas surgiu naquele mesmo ano. Na sua pesquisa, Webb se concentrou principalmente nas discussões a respeito do contexto literário e sócio-histórico e no que contribuiu para eles. Webb também analisou brevemente os avanços no estudo de 2Pedro.[3] Mark Dubis faz uma análise profunda de muitos assuntos em 1Pedro: autoria, data e ambiente histórico, destinatários e proveniência, unidade, gênero e estrutura e fontes por trás do texto.[4] Essas publicações coincidiram com a criação de uma consultoria promovida pela Society of Biblical Literature (SBL) e intitulada "Reavaliações metodológicas das Epístolas de Tiago, Pedro e Judas". A consultoria proveu um espaço para estudiosos debaterem novas perspectivas e enfoques do estudo dessas cartas. Os artigos de referência debatidos por esse grupo de trabalho foram compilados e publicados em

[1]Veja Abson Prédestin Joseph, *A narratological reading of 1 Peter*, LNTS 440 (London: Bloomsbury T&T Clark, 2012), p. 1-25.

[2]Eugene Boring, "First Peter in recent study", *WW* 24, n. 4 (2004): 358-67. Veja também John H. Elliott, "The rehabilitation of an exegetical step-child: 1 Peter in recent research", *JBL* 95 (1976): 243-54.

[3]Robert L. Webb, "The Petrine Epistles: recent development and trends", in: *The face of New Testament studies, Grant R. Osborne*; Scot McKnight, orgs. (Grand Rapids: Baker Academic, 2004), p. 373-90 [Edição em português: *Faces do Novo Testamento* (São Paulo: CPAD, 2018)].

[4]Mark Dubis, "Research on 1 Peter: a survey of scholarly literature since 1985", *CBR* 4, n. 2 (2006): 199-239.

dois volumes.[5] Os encontros da consultoria SBL em 2006 e 2007 que focaram em 1 e 2Pedro, respectivamente, representam um microcosmo de um interesse renovado e crescente nas cartas petrinas, como é evidenciado pelo número de monografias, comentários e artigos acadêmicos que surgiram naquele período e desde então.[6]

CONSIDERAÇÕES METODOLÓGICAS E ABORDAGENS ATUAIS

Do ponto de vista metodológico, o foco dos estudos acadêmicos recentes tem sido propor novos modos de interpretar as cartas petrinas. Há continuidade e descontinuidade à medida que as interpretações sociológicas continuam desempenhando um importante papel, mas interesses e conversações histórico-sociais também abriram caminho para enfoques novos e/ou nuançados.[7]

Leituras e perspectivas sociológicas

Torrey Seland desenvolveu uma metodologia que combina teoria social e literatura judaica da Diáspora, concentrando-se particularmente nas obras de Fílon de Alexandria, para realizar uma interpretação "filônica" de algumas seções e alguns aspectos de 1Pedro.[8] Seland procura promover o diálogo acadêmico sobre a identidade e a realidade social dos leitores originais da epístola.[9] Ele se baseia em estudos anteriores sobre a metáfora de controle de 1Pedro para oferecer uma compreensão melhor dos conceitos de *paroikos*

[5]Robert L. Webb; Betsy Bauman-Martin, orgs., *Reading First Peter with new eyes: methodological reassessments of the Letter of First Peter*, LNTS 364 (London: T&T Clark, 2007); Robert L. Webb; Duane F. Watson, orgs., *Reading Second Peter with new eyes: methodological reassessments of the Letter of Second Peter*, LNTS 382 (London: T&T Clark, 2010).

[6]Recentes pesquisas sobre os estudos acerca das cartas petrinas, particularmente de 1Pedro, incluem Theo K. Heckel, "Neuere Literatur zum Ersten Petrusbrief", in: *Theologische Literaturzeitung* 139 (2014): 522-30; Friedrich Wilhelm Horn, "Christen in der Diaspora: zum Kirchenverständnis des 1. Petrusbriefs", *Kerygma und Dogma* 63 (2017): 3-17. Veja também John F. Evans, *A guide to biblical commentaries and reference works* (Grand Rapids: Zondervan, 2016), p. 408-19.

[7]Joseph, *Narratological reading of 1 Peter*, p. 62-7.

[8]Torrey Seland, *Strangers in the light: Philonic perspectives on Christian identity in 1 Peter*, BIS 76 (Leiden: Brill, 2005). Cf. Paul Bony, *La Première Épître de Pierre: Chrétiens en diaspora*, Lire la Bible 137 (Paris: Editions du Cerf, 2004); Thorsten Klein, *Bewährung in Anfechtung: der Jakobusbrief und der erste Petrusbrief als christliche Diaspora-Briefe* (Tübingen: A. Francke, 2011).

[9]John H. Elliott, *A home for the homeless: a sociological exegesis of 1 Peter, its situation and strategy* (London: SCM, 1981); Elliott, A home for the homeless: a social-scientific criticism of 1 Peter, its situation and strategy (Eugene: Wipf & Stock, 2005); David Balch, "Hellenization/acculturation in 1 Peter", in: *Perspectives on First Peter*, Charles H. Talbert, org., NABPRSS 9 (Macon: Mercer University Press, 1986); Miroslav Volf, "Soft difference: theological reflections on the relation between church and culture in 1 Peter", *Ex Auditu* 10 (1994): 15-30; Stephen R. Bechtler, *Following in his steps: suffering, community, and Christology in 1 Peter*, SBLDS 162 (Atlanta: Scholars Press, 1998).

e *parepidēmos*, que o autor usa para se referir aos destinatários.[10] Seland organiza sua tese não da perspectiva da situação social dos leitores, mas da percepção que o autor tem da situação deles.[11] Ele alega que o autor de 1Pedro concebe seus leitores "vivendo uma vida influenciada por circunstâncias sociais muito comparáveis às que os prosélitos do judaísmo viviam na Diáspora".[12] Seland recorre à pesquisa sobre aculturação/assimilação associada com pesquisa em psicologia social e comunicação moderna e se apoia nas obras de Milton M. Gordon sobre estudos sociais e de John Barclay sobre estudos bíblicos, para moldar as lentes pelas quais interpreta a descrição que o autor faz da situação de seus destinatários.[13]

David Horrell se envolve no debate de Balch-Elliott para demonstrar que a discussão acadêmica e as abordagens atuais desse debate não conseguiram resolver o impasse.[14] David L. Balch propõe que a carta exorta os leitores a se adaptarem e se assimilarem, enquanto John Elliott afirma que a carta foi escrita para encorajar os leitores a resistirem às pressões da cultura do entorno.[15] Horrell se baseia nas obras de James C. Scott e Fernando Segovia, entre outros, para elaborar uma leitura pós-colonial de 1Pedro.[16] Ele propõe que o pós-colonialismo "nos convida a interpretar 1Pedro como produto literário de uma situação colonial/imperial e a ter os ouvidos atentos sobretudo ao modo que essa carta constrói a identidade das pessoas a quem se dirige e apresenta um meio particular de viver a vida no Império, entre a conformidade e a resistência".[17] Examinando brevemente o texto da carta, ele conclui

[10]Veja Troy W. Martin, *Metaphor and composition in 1 Peter*, SBLDS 131 (Atlanta: Scholars Press, 1992); Reinhard Feldmeier, *Die Christen als Fremde: die Metapher der Fremde in der antiken Welt, im Urchristentum und im 1. Petrusbrief*, WUNT 64 (Tübingen: Mohr Siebeck, 1992); Paul J. Achtemeier, *1 Peter*, Hermeneia (Minneapolis: Fortress, 1996).

[11]Seland, *Strangers in the light*, p. 39-40.

[12]Seland, *Strangers in the light*, p. 2.

[13]Seland, *Strangers in the light*, p. 147-65. Cf. Milton M. Gordon, *Assimilation in American life: the role of race, religion and national origins* (New York: Oxford University Press, 1964); John M. G. Barclay, "Paul among diaspora Jews: anomaly or apostate?", *JSNT* 60 (1993): 89-120; John M. G. Barclay, *Jesus in the Mediterranean diaspora: from Alexander to Trajan (332 BCE—117 CE)* (Edinburgh: T&T Clark, 1996).

[14]David G. Horrell, "Between conformity and resistance: beyond the Balch-Elliott debate towards a post-colonial reading of 1 Peter", in: Webb; Bauman-Martin, *Reading First Peter with new eyes*, p. 111-43, reimpr. em David G. Horrell, *Becoming Christian: essays on 1 Peter and the making of Christian identity*, LNTS 394 (London: Bloomsbury T&T Clark, 2013), p. 211-38.

[15]John H. Elliott, "1 Peter, its situation and strategy: a discussion with David Balch", in: *Perspectives on First Peter*, Charles H. Talbert, org., NABPRSS 9 (Macon: Mercer University Press, 1986); Balch, "Hellenization/acculturation in 1 Peter".

[16]Veja James C. Scott, *Weapons of the weak: everydayfForms of peasant resistance* (New Haven: Yale University Press, 1985); Scott, *Domination and the arts of resistance: hidden transcripts* (New Haven: Yale University Press, 1990); Fernando F. Segovia, "Biblical criticism and postcolonial studies: toward a postcolonial optic", in: The postcolonial Bible, R. S. Sugirtharajah, org. (Sheffield: Sheffield Academic, 1998), p.49-65; Stephen D. Moore; Fernando F. Segovia, orgs., *Postcolonial biblical criticism: interdisciplinary intersections* (London: T&T Clark, 2005).

[17]Horrell, "Between conformity and resistance", p. 123.

que o autor está incentivando seus destinatários a incorporarem uma resistência polida.[18]

Paul Holloway se esforça para levar o diálogo para além da simples concordância sobre a existência de conflito entre os leitores originais de 1Pedro e os não cristãos com quem conviviam. Convencido de que é possível ser mais específico acerca da natureza do conflito, ele apresenta a tese de que os leitores de 1Pedro eram vítimas de preconceito social e que a carta foi escrita para tratar dos medos e dos vários efeitos desse preconceito, além de instruir seus destinatários a lidarem com essa situação.[19] Holloway se apropria de ideias obtidas da psicologia social e apresenta evidências de um preconceito anticristão existente no início do Império Romano e em 1Pedro para justificar sua afirmação.[20] Ele pesquisa teorias e práticas antigas de consolação nas tradições greco-romanas e judaicas, bem como estratégias modernas de lidar com o preconceito para dar a entender que 1Pedro pode ser considerada uma carta de consolação.[21]

Travis B. Williams se baseia na obra de David Horrell e Paul Holloway, entre outros, para diagnosticar a estratégia social de 1Pedro.[22] Ele tem como objetivo questionar o consenso moderno em relação ao significado e à função das boas obras em 1Pedro e fornecer uma nova perspectiva sobre a carta.[23] Assim como Horrell e Holloway, Williams reconhece as contribuições e as lacunas das abordagens sociológicas atuais de 1Pedro. Ele combina a crítica pós-colonial de Horrell e a psicologia social de Holloway para oferecer uma concepção mais adequada e mais detalhada da estratégia social do autor.[24] Williams está interessado em demonstrar os diversos meios emocionais ou psicológicos com que aqueles que são alvo de preconceito se adaptam a estressores relacionados ao estigma e como essa adaptação os influencia a realizar boas obras.[25]

James C. Miller combina a teoria da identidade social e a metodologia narrativa para tratar da questão da identidade coletiva em 2Pedro.[26]

---

[18]Horrell, "Between conformity and resistance", p. 141-3.

[19]Paul A. Holloway, *Coping with prejudice: 1 Peter in social-psychological perspective*, WUNT 244 (Tübingen: Mohr Siebeck, 2009).

[20]Holloway, *Coping with prejudice*, p. 40-73.

[21]Holloway, *Coping with prejudice*, p. 76-136.

[22]Travis B. Williams, *Good works in 1 Peter: negotiating social conflict and Christian identity in the Greco-Roman world*, WUNT 337 (Tübingen: Mohr Siebeck, 2014). Williams emprega uma metodologia parecida em uma obra anterior, na qual ele se concentra no conceito de perseguição. Veja Williams, *Persecution in 1 Peter: differentiating and contextualizing early Christian suffering*, NovTSup 145 (Leiden: Brill, 2012).

[23]Williams, *Good works in 1 Peter*, p. 275.

[24]Williams, *Good works in 1 Peter*, p. 23-4.

[25]Williams, *Good works in 1 Peter*, p. 34.

[26]James C. Miller, "The sociological category of 'collective identity' and its implications for understanding Second Peter", in: Webb; Watson, *Reading Second Peter with new eyes*, p. 147-77. Cf. Philip F. Esler, *Conflict and identity in Romans: the social setting of Paul's letter* (Minneapolis: Fortress, 2003).

Ele afirma que 2Pedro "funciona em grande parte como um instrumento de formação de identidade comunitária. Em outras palavras, esse documento retrata um mundo narrativo simbólico e tenta convencer seus ouvintes a se situarem nele".[27] A análise de Miller da formação da identidade em 2Pedro se baseia em três premissas principais — a saber, a identidade coletiva é a percepção de semelhanças e diferenças, é percebida como persistente ao longo do tempo e é um processo social.[28] Do ponto de vista narrativo, 2Pedro pinta uma história ampla de atividade divina em que histórias de atores humanos, caracterizados em termos morais, encontram seu lugar.[29]

Interpretações políticas de textos fazem parte da categoria maior de perspectivas metodológicas sociológicas. No entanto, elas tomam como ponto de partida as realidades opressoras que cercam e podem infuenciar o texto e/ou o leitor. Recentemente, estudiosos dedicados ao estudo das cartas petrinas ficaram mais interessados na leitura pós-colonial como uma lente interpretativa.[30] A aplicação de perspectivas políticas a um texto envolve nuances e uma análise adequada está além de nosso escopo aqui.[31] Esse tipo de metodologia, mais do que outros, é influenciado por assuntos como quem faz a interpretação e de onde essa pessoa está lendo. Portanto, nem todas as leituras pós-coloniais são iguais.

Betsy Bauman-Martin se baseia na obra de Musa Dube e Edward Said para se empenhar em uma leitura pós-colonial de 1Pedro.[32] O foco da análise pós-colonial é a produção de literatura por vítimas do imperialismo com base na experiência que viveram.[33] A metodologia proposta por Bauman-Martin consiste em examinar "como o empréstimo da terminologia referente a elegibilidade e outros marcadores de identidade do judaísmo funcionam tanto como um meio de resistência quanto imperialismo ideológico em 1Pedro".[34] Ela demonstra a presença de elementos da teologia da substituição

[27]Miller, "Sociological category of 'collective identity'", p. 148.

[28]Miller, "Sociological category of 'collective identity'", p. 149-50.

[29]Miller, "Sociological category of 'collective identity'", p. 167-77.

[30]Por exemplo, Amy-Jill Levine; Maria Mayo Robbins, orgs., *A feminist companion to the Catholic Epistles and Hebrews* (Cleveland: Pilgrim Press, 2004); Cary Reeder, "1 Peter 3:1-6: biblical authority and battered wives", *BBR* 25 (2015): 519-39; Elisabeth Schüssler Fiorenza, "1 Peter", in: *A postcolonial commentary on the New Testament writings*, Fernando F. Segovia; R. S. Sugirtharajah, orgs. (Sheffield: Sheffield Academic, 2007), p. 380-403.

[31]Cf. Betsy Bauman-Martin, "Speaking Jewish: postcolonial aliens and strangers in First Peter", in: Webb; Baumann-Martin, *Reading First Peter with new eyes*, p. 144-77, espec. 149n19; Horrell, "Between conformity and resistance", 124n51; Jennifer G. Bird, *Abuse, power, and fearful obedience: reconsidering 1 Peter's command to wives*, LNTS 442 (London: T&T Clark, 2011), p. 14.

[32]Bauman-Martin, "Speaking Jewish", p. 144-5. Veja também Edward W. Said, *Orientalism* (New York: Random House, 1978); Musa Dube, *Postcolonial feminist interpretation of the Bible* (Atlanta: Chalice, 2000).

[33]Bauman-Martin, "Speaking Jewish", p. 160.

[34]Bauman-Martin, "Speaking Jewish", p. 146.

(substitucionistas) em 1Pedro e argumenta que os conceitos cristológicos presentes na carta servem de evidências de que 1Pedro não pode ser legitimamente identificado como um "texto judaico". A apropriação que o autor faz de termos da Diáspora e o seu uso de outras metáforas relacionadas a Israel são uma "imitação da dominação imperialista e tentativa de criar uma identidade universal, absoluta para seus leitores marginalizados".[35]

Jennifer Bird aborda sua leitura de 1Pedro pela perspectiva feminista, pós-colonial e materialista.[36] Ao mesmo tempo em que constrói sua metodologia sobre o fundamento dos estudos que a precederam, Bird está muito consciente da influência da pesquisa eurocêntrica, branca e "masculina" e a questiona. Ela questiona o costume de um punhado de homens falar por todas as mulheres e todos os homens e adverte contra mulheres estudiosas que internalizam a própria cosmovisão que as oprime.[37] Bird discute os principais aspectos de cada um dos três elementos de sua metodologia e demonstra que eles se interseccionam na formação da lente com a qual ela lê 1Pedro. Ela faz uma lista de sete dinâmicas específicas que ela procura em um texto.[38] Ela aplica a metodologia observando as implicações narratológicas e retóricas do texto que precede a seção *Haustafeln* [al., *códigos domésticos]* em 1Pedro, dedicando atenção especial a alguns aspectos religiosos e sociopolíticos do texto.[39] Em seguida, trata da *Haustafeln* de 1Pedro à luz desses aspectos, sobretudo para demonstrar como mulheres/esposas são construídas na carta.[40]

Leituras e perspectivas literárias

O estudo recente das cartas de Pedro também se tornou mais interessado em aplicar novas perspectivas literárias a 1 e 2Pedro, tais como crítica retórica clássica, crítica sociorretórica e crítica da narrativa.

Leituras retóricas e interpretação sociorretórica

Troy W. Martin repercute a famosa declaração de John H. Elliott de que 1Pedro é um "enteado exegético" quando pede a aplicação da crítica retórica clássica a 1Pedro.[41] Martin identifica em 1Pedro a falta de seções doutrinárias características e abundância de materiais parenéticos como os motivos para a escassez de abordagens retóricas da carta.[42] Martin pesquisa exemplos

---

35 Bauman-Martin, "Speaking Jewish", p. 156-73.
36 Bird, *Abuse, power and fearful obedience*, p. 37-60.
37 Bird, *Abuse, power and fearful obedience*, p. 38-9.
38 Bird, *Abuse, power and fearful obedience*, p. 59.
39 Bird, *Abuse, power and fearful obedience*, p. 64-85.
40 Bird, *Abuse, power and fearful obedience*, p. 37-60.
41 Elliott, "Rehabilitation of an exegetical step-child", p. 243.
42 Troy W. Martin, "The rehabilitation of a rhetorical step-child: First Peter and rhetorical criticism", in: Webb; Baumann-Martin, *Reading First Peter with new eyes*, p. 41-71.

de crítica retórica aplicada a cartas paulinas e os usa como trampolim para abordar a aplicação a 1Pedro.[43] Sublinha as falhas das tentativas de Barth Campbell e Lauri Thurén de classificar 1Pedro como deliberativa ou epidítica e desaconselha atribuir algum tipo específico de retórica à epístola.[44] Em vez disso, deve-se permitir que cada dos tipos retóricos lança luz sobre a função parenética da carta. Ele propõe que 1Pedro é "talvez uma carta anterior ao julgamento aconselhando uma conduta que possibilitará aos destinatários obterem um juízo favorável tanto no tribunal divino quanto no humano, mencionados na carta".[45] Além disso, Martin discute o arranjo e a invenção da retórica de 1Pedro, tendo muito cuidado de destacar o que se aprendeu com os estudos paulinos e aplicando a 1Pedro somente o que funcionou.[46]

Robert L. Webb combina intertextualidade e discurso apocalíptico ao aplicar a metodologia sociorretórica a 1Pedro. Ele se concentra em duas perícopes principais, 1Pedro 1:3-12 e 3:18-22, que contêm conjuntos de *topoi* apocalípticos. Webb está preocupado em demonstrar "que dentro do discurso apocalíptico o autor usa uma variedade de recursos intertextuais para desenvolver o seu propósito retórico".[47] Apropria-se da obra de Vernon K. Robbins sobre interpretação sociorretórica e aplica um dos seis "*dialetos retóricos*" (seis modos de discurso: sabedoria, milagre, profético, pré-criação, sacerdotal e apocalíptico) — a saber, o "dialético retórico" apocalíptico — no seu estudo de 1Pedro.[48] De acordo com Webb, aplicar uma perspectiva sociorretórica a 1Pedro revela, entre outras coisas, a centralidade do discurso apocalíptico na retórica da carta. A exploração da intertextualidade revela que o autor se baseou em uma variedade de recursos orais, culturais, sociais e históricos bem como usou sua criatividade na apropriação desses recursos para seus propósitos retóricos.[49]

Paul A. Himes une a crítica das ciências sociais e a semântica lexical no empenho de demonstrar que "1Pedro usa o conceito de 'presciência' como uma palavra de consolo para compensar a condição de seus leitores de estranhos deslocados socialmente e com isso ressaltar a nova identidade social

---

[43]Martin, "Rehabilitation of a rhetorical step child", p. 44-6.

[44]Martin, "Rehabilitation of a rhetorical step-child", p. 46. Veja Barth L. Campbell, *Honor, shame, and the rhetoric of 1 Peter*, SBLDS 160 (Atlanta: Scholars Press, 1998); Lauri Thurén, *The rhetorical strategy of 1 Peter with special regard to ambiguous expressions* (Pargas, Finlândia: Åbo Academy Press, 1990).

[45]Martin, "Rehabilitation of a rhetorical step-child", p. 44.

[46]Martin, "Rehabilitation of a rhetorical step-child", p. 50-71.

[47]Robert L. Webb, "Intertexture and rhetorical strategy in First Peter's apocalyptic discourse: a study in sociorhetorical interpretation", in: Webb; Bauman-Martin, Reading First Peter with new eyes, p. 72-110.

[48]Webb, "Intertexture and rhetorical strategy", 74. Veja Vernon K. Robbins, *Exploring the texture of texts: a guide to socio-rhetorical interpretation* (Valley Forge: Trinity Press International, 1996); Robbins, "The dialectical nature of early Christian discourse", *Scriptura* 59 (1996): 353-62.

[49]Webb, "Intertexture and rhetorical strategy", p. 108-10.

deles em Cristo".[50] Himes focaliza os conceitos de deslocamento social e identidade social em 1Pedro 1:1—2:11 para demonstrar a centralidade do conceito de "presciência" no desenvolvimento da eclesiologia de 1Pedro. Afirma que *prognōsis* e *proginōskō* devem ser entendidos no sentido presciente ou mântico. Para sustentar suas afirmações, Himes investiga a tese inteira de John Elliott e as reações ao argumento dele;[51] faz uma análise semântica lexical dessas palavras, estudando cada uso presente na literatura grega de 1 a 100 CE e particularmente quando aparecem na Septuaginta (LXX).[52]

A aplicação da perspectiva retórica clássica e da sociorretórica também é evidente no estudo de 2Pedro. Terrance Callan, Dennis D. Sylva e Duane F. Watson se basearam todos em Robbins para elaborar suas leituras sociorretóricas de 2Pedro.[53]

Callan adota a classificação de Robbins de discurso cristão primitivo e elabora sobre os conceitos de Robbins de textura e *dialetos retóricos* para examinar a retografia e a retologia do discurso apocalíptico de 2Pedro.[54] *Retografia* fala dos contextos e elaborações de dado discurso, e *retologia* se refere à argumentação do discurso.[55] Callan se concentra em 2Pedro 1:16—2:10 e 3:1-13, investiga como cada tipo de discurso pode funcionar nesses textos e extrai as conclusões de cada discurso evidente para a compreensão da mensagem da carta. Ele afirma: "O discurso apocalíptico às vezes funciona com uma estrutura a mais dentro da qual outros tipos de discurso são usados em seu apoio".[56] Para Callan, aplicar uma perspectiva sociorretórica a 2Pedro ajuda a unificar diversas abordagens que são muitas vezes buscadas separadamente e ajuda o leitor a compreender melhor os argumentos do texto e como ele os faz. Nesse empenho, procurar a retografia e a retologia em conjunto é mais proveitoso do que a busca de cada um separadamente.[57]

---

[50]Paul A. Himes, *Foreknowledge and social identity in 1 Peter* (Eugene: Pickwick, 2014), p. 1-6.

[51]Elliott, *Home for the homeless*.

[52]Himes, *Foreknowledge and social identity in 1 Peter*, p. 4-5.

[53]Terrance Callan, "Rhetography and rhetology of apocalyptic discourse in Second Peter", in: Webb; Watson, *Reading Second Peter with new eyes*, p. 59-90; Dennis D. Sylva, "A unified field picture of Second Peter 1:3-15: making rhetorical sense out of individual images", in: Webb; Watson, *Reading Second Peter with new eyes*, p. 91-118; Duane F. Watson, "Comparing two related methods: rhetorical criticism and socio-rhetorical interpretation applied to Second Peter", in: Webb; Watson, Reading Second Peter with new eyes, p. 27-57. Considerando a sobreposição entre essas três propostas e limitações de espaço, analisarei somente as abordagens de Callan e Sylva. A discussão de Watson é interessante, mas analisá-la seria repetitivo no contexto presente.

[54]Callan, "Rhetography and rhetology", p. 59-90. Veja Vernon K. Robbins, *The tapestry of early Christian discourse: rhetoric, society, and ideology* (London: Routledge, 1996); Robbins, *Exploring the texture of text*. Callan expande essa metodologia e demonstra posteriormente sua aplicação em 2Pedro em *Acknowledging the divine benefactor: The Second Letter of Peter* (Eugene: Pickwick, 2014).

[55]Callan, "Rhetography and rhetology", p. 61-3.

[56]Callan, "Rhetography and rhetology", p. 64.

[57]Callan, "Rhetography and rhetology", p. 88-90.

Além disso, essa perspectiva de leitura é útil, porque se concentra em "como um texto desperta imagens na imaginação do leitor, como as cria (ou não) e passa para outras imagens".[58]

Sylva combina o conceito de retografia (criado por Robbins) com a teoria de integração conceitual encontrada em Gilles Fauconnier e Mark Turner para elaborar uma abordagem mais integral de 2Pedro, que leve a sério o desenvolvimento coletivo dos componentes visuais de 2Pedro 3:1-15.[59] Ele procura demonstrar que as "imagens individuais em 2Pedro 1:3-15 progridem para um quadro maior coeso de uma jornada de modos destinados a inspirar o leitor a assumir os rigores da vida moral em vez de afundar na sensualidade egoísta".[60] Ele constrói sobre os elementos da metodologia, abordando a natureza e a importância de conceitos como "mapeamento" (o processo de conectar entre si elementos de diferentes contribuições), "espaço genérico", "espaço misto", "redação", "conclusão", "elaboração" e "relações essenciais".[61] Em seguida avalia as imagens de 2Pedro 1:3-15 à luz dessa perspectiva.[62] Para Sylva, o estudo de conhecimento retográfico de "conhecimento" em 2Pedro esclarece a importância do "impacto retórico da carta e dos tipos específicos de poder motivacional que essa retografia traz para as exortações a fim de acompanhar a *epignōsis* que os destinatários receberam e crescer na *gnōsis* que devem desenvolver segundo seu chamado".[63]

Leituras e perspectivas narratológicas

Em 2004, J. Ramsey Michaels publicou um artigo comparando a paixão de Cristo apresentada em 1Pedro com a narrativa da paixão do Evangelho de Marcos e a do Evangelho de Pedro.[64] Michaels acredita que, embora 1Pedro não seja uma narrativa *per se*, pode ser considerada uma narrativa da paixão, porque nela o autor dá testemunho dos sofrimentos de Cristo.[65] Os anos seguintes testemunham um crescimento do interesse na interpretação das cartas petrinas por uma perspectiva narratológica.

[58]Callan, "Rhetography and rhetology", p. 89.

[59]Sylva, "Unified field picture of Second Peter 1:3-15". Veja também Gilles Fauconnier, *Mappings in thought and language* (Cambridge: Cambridge University Press, 1997); Gilles Fauconnier; Mark Turner, "Conceptual integration networks", *Cognitive Science* 22 (1998): 133-87; Gilles Fauconnier; Mark Turner, The way we think: conceptual blending and the mind's hidden complexities (New York: Basic Books, 2002).

[60]Sylva, "Unified field picture of Second Peter 1:3-15", p. 91.

[61]Sylva, "Unified field picture of Second Peter 1:3-15", p. 95-6.

[62]Sylva, "Unified field picture of Second Peter 1:3-15", p. 100-13.

[63]Sylva, "Unified field picture of Second Peter 1:3-15", p. 115.

[64]J. Ramsey Michaels, "St. Peter's Passion: the Passion narrative in 1 Peter", *WW* 24 (2004): 387-94.

[65]Michaels, "St. Peter's Passion", p. 388.

Joel B. Green incentiva os estudiosos a adotarem a teologia narrativa em suas abordagens das cartas petrinas.[66] Green afirma que o estímulo para uma teologia narrativa é necessário, porque (1) a maior parte das Escrituras chega até nós na forma de narrativas, (2) descobre-se nos textos bíblicos que a obra deliberada de formar o povo de Deus moldando a história desse povo e (3) porções narrativas e não narrativas das Escrituras participam igualmente de uma metanarrativa.[67] Por isso, embora 1 e 2Pedro não contem uma história, "elas manejam a grande história do envolvimento de Deus com o mundo e seu povo para fins teológicos".[68] Para Green, o foco na narrativa dá acesso "ao poder da teologia de moldar o modo de um povo entender o que experimenta dia a dia [...]. Representação narrativa significa formação de identidade mediante intervenção teológica".[69] Green identifica uma narrativa linear em 2Pedro constituída de (1) passado de Israel, (2) o evento Cristo, (3) o presente e (4) o juízo escatológico.[70] Da mesma forma, a narrativa de 1Pedro situa-se em um mapa temporal que abrange o tempo primordial, o tempo da ignorância/vazio, o fim das eras, a libertação, o tempo vivido como estrangeiro e a revelação de Jesus Cristo. Para Green, uma teologia narrativa de 1–2Pedro nos dá a oportunidade de moldar nossa imaginação e concepção do mundo.

O livro de J. de Wall Dryden, *Theology and ethics in 1Peter* [Teologia e ética em 1Pedro] apresenta uma metodologia útil que reúne análise sociorretórica e narratologia.[71] Dryden usa a obra de W. T. Wilson sobre Colossenses como ponto de partida para afirmar que as epístolas parenéticas greco-romanas como 1Pedro não se restringiam apenas ao uso de "elementos parenéticos" típicos, mas também incorporavam o uso de narrativas para alcançar objetivos exortativos.[72] Dryden demonstra que a narrativa desempenha papel essencial na moldagem teológica e ética e no impacto de uma cosmovisão narrativa sobre a própria teologia e a ética de alguém. Ele investiga cinco estratégias literárias parenéticas — cosmovisão narrativa, conversão, identidade social, instruções morais e exemplo — e analisa como elas funcionam em 1Pedro.[73] Dryden identifica dois modos em que o mundo narrativo é pressuposto por 1Pedro: (1) o autor se refere a elementos fundamentais da história da salvação

[66]Joel B. Green, "Narrating the Gospel in 1 and 2 Peter", *Int* 20 (2006): 262-77. Veja também Joel B. Green, *1 Peter*, THNTC (Grand Rapids: Eerdmans, 2007), p. 197-202.

[67]Green, "Narrating the Gospel in 1 and 2 Peter", p. 266.

[68]Green, "Narrating the Gospel in 1 and 2 Peter", p. 266.

[69]Green, "Narrating the Gospel in 1 and 2 Peter", p. 267.

[70]Green, "Narrating the Gospel in 1 and 2 Peter", p. 267.

[71]J. de Wall Dryden, *Theology and ethics in 1 Peter: paraenetic strategies for Christian character formation*, WUNT 209 (Tübingen: Mohr Siebeck, 2006).

[72]Dryden, *Theology and ethics in 1 Peter*, p. 7.

[73]Dryden, *Theology and ethics in 1 Peter*, p. 8-9.

para evocar uma cosmovisão inteira que tanto ele quanto seus destinatários conhecem e, (2) embora 1Pedro não seja uma narrativa, é governada por uma subestrutura narrativa.[74] Dryden enxerga a história da salvação como o princípio de organização em torno do qual o autor de 1Pedro desenvolve sua mensagem. Essa história funciona como uma ferramenta exortatória essencial para a formação moral e dá o contexto para a instrução ética.[75]

Eugene Boring afirma que 1Pedro "projeta um mundo narrativo composto de todos os acontecimentos que ele supõe serem reais — obrigando os leitores/ouvintes sérios a examinarem seu próprio entendimento de realidade e, indiretamente, convidando-os a viverem a vida no mundo projetado pela carta".[76] Boring define os termos que são essenciais e relevantes para a abordagem que ele está elaborando — a saber, *acontecimento, história, narrativa genérica, mundo narrativo, mundo da história* e *carta*.[77] Ele enuncia algumas teses que orientam a metodologia proposta e delineia o mundo narrativo de 1Pedro, depois identifica cinco áreas em que a narratologia lança luz sobre o estudo dessa carta:[78]

1. Pode fornecer uma base adicional para a análise retórica.
2. Esclarece o fenômeno da pseudepigrafia.
3. Permite ver o meio característico com que as cartas refletem o modo narrativo do pensamento teológico impregnado nas Escrituras canônicas.
4. Permite ver o funcionamento da parênese nos desafiando com uma visão alternativa da realidade em vez de uma lista de ordens.
5. Esclarece o ponto de vista de 1Pedro sobre o modo que Cristo fala aos leitores.[79]

Na minha interpretação, uso a distinção de narrativa de três camadas de Mieke Bal — fábula, história e texto — como ponto de partida para formular uma abordagem ao estudo de 1Pedro que explora a subestrutura narrativa da carta para esclarecer a hermenêutica escriturística do autor.[80] Observo que a apropriação de Pedro das Escrituras hebraicas "orientou sua compreensão

---

[74]Dryden, *Theology and ethics in 1 Peter*, p. 66. Veja Joseph, *Narratological reading of 1 Peter*, p. 23-24; Benjamin Sargent, "The narrative substructure of 1 Peter", *ExpTim* 124, n. 10 (2013): 485-90.

[75]Dryden, *Theology and ethics in 1 Peter*, p. 80-2; Joseph, *Narratological reading of 1 Peter*, p. 24.

[76]Eugene Boring, "Narrative dynamics in First Peter: the function of the narrative world", in Webb; Baumann-Martin, *Reading First Peter with new eyes*, p. 7-40.

[77]Boring, "Narrative dynamics in First Peter", p. 8-16.

[78]Boring, "Narrative dynamics in First Peter", p. 14-24.

[79]Boring, "Narrative dynamics in First Peter", p. 34-6.

[80]Mieke Bal, Narratology: introduction to the theory of narrative, 2ª ed. (Toronto: University of Toronto Press, 2009), p. 78-114; citado em Joseph, *Narratological reading of 1 Peter*, p. 40-2.

cristológica das ações de Deus em favor de Israel".[81] Eu desenvolvo o argumento de William Schutter de que 1Pedro 1:10-12 é a chave para a hermenêutica petrina mostrando que os elementos característicos da hermenêutica do autor já estão em prática na introdução da carta (1:1-2).[82] Afirmo que eleição, sofrimento, perseverança e vindicação são comuns à experiência de Israel, de Jesus e dos destinatários de 1Pedro. Esses elementos constituem a *fábula* de 1Pedro, as lentes através das quais o autor lê as Escrituras e encoraja seus leitores a entender a situação deles.[83] Essa *fábula* orienta o modo que ele narra a história de Israel, de Jesus e de seus destinatários. É por meio dessa *fábula* que ele dá significado teológico aos sofrimentos de seus leitores originais e esboça para eles a natureza de uma reação fiel.[84]

Vale a pena sublinhar quatro estudos que se situam inequivocamente na pauta metodológica narrativa, mas que, a fim de trazer novas perspectivas sobre um assunto hermenêutico ou intertextual no texto de 1Pedro, se concentram sobretudo na apropriação da subestrutura narrativa.[85]

Kelly D. Liebengood adota a presença de uma subestrutura narrativa em 1Pedro.[86] Porém, seu foco é menos o desenvolvimento de uma metodologia e mais a apropriação e demonstração de como "o programa escatológico de Zacarias 9—14, lido pelas lentes do Evangelho, funciona como a subestrutura da escatologia de 1Pedro e, por conseguinte, sua teologia do sofrimento cristão".[87]

Benjamin Sargent procura responder à pergunta: "Como a aparente hermenêutica escriturística de 1:10-12 se relaciona com o uso das Escrituras na epístola?"[88] Em última análise, Sargent pretende apresentar uma nova definição da abordagem geral que 1Pedro faz das Escrituras.[89] Sargent compara sua obra com estudos recentes sobre 1Pedro. Alega que a narrativa teológica aludida em 1Pedro é de descontinuidade. Isto é, não há continuidade entre Israel e os destinatários de Pedro. Além disso, o autor de 1Pedro considera

[81]Joseph, *Narratological reading of 1 Peter*, p. 25.

[82]William Schutter, *Hermeneutic and composition in 1 Peter*, WUNT 2/30 (Tübingen: Mohr Siebeck, 1989), p. 109; citado em Joseph, *Narratological reading of 1 Peter*, p. 55-62. Para uma avaliação, veja, Benjamin Sargent, *Written to serve: the use of Scripture in 1 Peter*, LNTS 547 (London: Bloomsbury T&T Clark, 2015), p. 14-5. Heckel, "Neuere Literatur zum Ersten Petrusbrief", p. 524-5.

[83]Joseph, *Narratological reading of 1 Peter*, p. 25, 50-4. Veja Patrick Egan, *Ecclesiology and the Scriptural narrative of 1 Peter* (Eugene: Pickwick, 2016), p. 12-3, 72-4.

[84]Joseph, *Narratological reading of 1 Peter*, p. 179.

[85]Travis B. Williams recentemente propôs uma nova abordagem em relação à intertextualidade em 1Pedro: "Intertextuality and methodological bias: prolegomena to the evaluation of source materials in 1 Peter", JSNT 39 (2016): 169-87.

[86]Kelly D. Liebengood, *The eschatology of 1 Peter: considering the influence of Zechariah 9—14*, SNTSMS 157 (New York: Cambridge University Press, 2014).

[87]Liebengood, *Eschatology of 1 Peter*, p. 8-22.

[88]Sargent, *Written to serve*, p. 3.

[89]Sargent, *Written to serve*, p. 2.

que as Escrituras têm um significado único. Em outras palavras, as Escrituras se dirigem exclusivamente aos destinatários da epístola.[90]

Patrick T. Egan investiga como o autor de 1Pedro se baseia em Isaías para tratar das preocupações de seus destinatários.[91] Ele afirma: "O uso petrino da narrativa [encontrada em Isaías] não representa a igreja no exílio, mas a retrata como o local da restauração da presença gloriosa de Deus no meio de seu povo".[92] É possível, portanto, mapear em 1Pedro o esboço da história redentiva de Isaías, porque eles compartilham movimentos parecidos.[93] A narrativa de Isaías, e mais destacadamente Isaías 40—66, retrata um povo sofredor que recebe a boa notícia da restauração da presença de Deus. A epístola de 1Pedro toma essa narrativa para se dirigir à igreja da Ásia Menor com uma história que situa, de forma significativa, o sofrimento dela dentro de um drama em andamento.[94]

Justin Langford se baseia em Charles Sanders Peirce, Stefan Alkier e outros para propor uma abordagem semiótica da intertextualidade que proporciona melhor entendimento da relação entre Isaías e 1Pedro.[95] Langford investiga os símbolos de Isaías presentes em 1Pedro e o mundo que a carta estabelece — o universo do discurso de 1Pedro — a fim de apurar "a estrutura e o contexto em que os símbolos de Isaías nela contidos podem funcionar".[96]

Um enfoque semelhante é comprovado no estudo de 2Pedro. Por exemplo, Ruth Anne Reese elabora uma abordagem narrativa de 2Pedro que se concentra nos eventos, na voz narrativa e nos elementos temporais de narratologia. Ela desenvolve sua abordagem com base em estudos de Bal, Seymour Chatman, Algirda J. Greimas e outros.[97] Dos três elementos que compõem uma narrativa — o objeto narrado, o ato da escrita e a recepção da redação —, Reese focaliza o primeiro e o utiliza como referencial para a narrativa como um todo.[98] Ela define narrativa como "uma série observada de acontecimentos conectados que são causados ou experimentados por um personagem ou

---

[90]Sargent, *Written to serve*, p. 19-21, 30, 33. Para uma avaliação mais detalhada, veja Abson Joseph, resenha de Benjamin Sargent, *Written to serve: the use of Scripture in 1 Peter*, *RBL* (2017), http://www.bookreviews.org.

[91]Egan, *Ecclesiology and the scriptural narrative of First Peter*, p. 3

[92]Egan, *Ecclesiology and the scriptural narrative of First Peter*, p. 12.

[93]Egan, *Ecclesiology and the scriptural narrative of First Peter*, p. 74.

[94]Egan, *Ecclesiology and the scriptural narrative of First Peter*, p. 2.

[95]Justin Langford, *Defending hope: semiotics and intertextuality in 1 Peter* (Eugene: Wipf & Stock, 2013), p. xvi. Veja Stefan Alkier, "Intertextuality and the semiotics of biblical texts", in: *Reading the Bible intertextually*, Richard B. Hays, Stefan Alkier; Leroy A. Huizenga, orgs. (Waco: Baylor University Press, 2009), p. 3-21.

[96]Langford, *Defending hope*, p. 53.

[97]Ruth Anne Reese, "Narrative method and the Letter of Second Peter", in: Webb; Watson, *Reading Second Peter with new eyes*, p. 119-46.

[98]Reese, "Narrative method", p. 122. Reese se baseia em Paul Ricoeur, *Time and narrative*, tradução para o inglês de Kathleen McLaughlin; David Pellauer (Chicago: University of Chicago Press, 1983), 1:46.

personagens e contada por um narrador".[99] Também observa atentamente como esses acontecimentos se desdobram no tempo além de como os personagens agem e se delineiam no tempo.[100] Reese estuda a narrativa de 2Pedro e analisa os acontecimentos associados com os leitores, com Deus e com o autor, respectivamente, para demonstrar que os acontecimentos, o ponto de vista e o tempo estão inter-relacionados.[101] Em suma, Reese investiga como o tempo é empregado na carta como meio de compreender a mensagem do autor.[102]

Podem-se observar alguns estudos menores sobre intertextualidade em 2Pedro — isto é, o uso das Escrituras ou da tradição na carta.[103] Essas discussões ou presumem a presença de uma subestrutura narrativa ou se envolvem em uma interpretação literária de 2Pedro, explorando a relação da carta com as Escrituras e outra literatura judaica ou/e helenista a fim de esclarecer a mensagem da epístola.

Leituras metafóricas e conceituais

Outra abordagem literária de leitura das cartas de Pedro que se desenvolveu de novas maneiras é a interpretação metafórica e conceitual. Vou tratar aqui de três exemplos, de Bonnie Howe, Andrew Mbuvi e Shively T. J. Smith respectivamente.[104]

Howe demonstra o vínculo entre metáfora e hermenêutica e constrói uma metodologia que usa os princípios de metáfora cognitiva, ou conceitual, para nos ajudar a compreender 1Pedro como um discurso moral.[105] Uma vez que ler e escrever são ambos atos da mente humana, ela se apropria de ferramentas da linguística cognitiva para demonstrar como abordar o texto corretamente.[106] Afirma: "Para ler com entendimento, precisamos usar a imaginação e nos colocar no lugar dos leitores originais — e pôr o(s) autor(es) original(ais) no lugar de Pedro — não como um jogo, mas com o propósito de ler o texto, com o propósito, isto é, de entrar no público do autor".[107] Howe identifica sete campos principais de metáforas metamorais em 1Pedro e propõe que são

---

[99]Reese, "Narrative method", p. 122.

[100]Reese, "Narrative method", p. 125.

[101]Reese, "Narrative method", p. 127-45.

[102]Reese, "Narrative method", p. 125.

[103]Por exemplo, Scott Hafemann, "'Noah, the preacher of (God's) righteousness': the argument from Scripture in 2 Peter 2:5 and 9", *CBQ* 76, n. 2 (2014): 306-20; Ryan P. Juza, "Echoes of Sodom and Gomorrah on the Day of the Lord: intertextuality and tradition in 2 Peter 3:7-13", *BBR* 24 (2014): 227-45; Nicholas R. Werse, "Second Temple Jewish literary traditions in 2 Peter" *CBQ* 78, n. 1 (2016): 111-30.

[104]*Persecution in 1 Peter*, de Williams, também podia ser categorizado aqui a partir de uma perspectiva conceitual. Porém, sua abordagem social-psicológica e a própria natureza de perseguição tornam a obra mais adequada sob o título "Leituras e perspectivas sociológicas" acima.

[105]Bonnie Howe, *Because You bear this name: conceptual metaphor and the moral meaning of 1 Peter*, BIS 81 (Leiden: Brill, 2006), p. 167-84.

[106]Howe, *Because you bear this name*, p. 168-73.

[107]Howe, *Because you bear this name*, p. 181.

esses espaços complexos e misturados que constituem o ambiente, o contexto moral, para a vida cristã onde a mensagem da carta toma forma.[108]

Mbuvi, buscando nova compreensão dos principais temas de 1Pedro, investiga a metáfora do templo em 1Pedro diante do quadro judaico do Segundo Templo de exílio contínuo e esperança de restauração.[109] Mbuvi afirma que as metáforas do templo sustentam a epístola inteira. Elas incorporam "os conceitos de exílio, juízo e restauração e proveem o vocabulário cultual com que 1Pedro trata dos problemas de identidade e alienação que seus destinatários estavam enfrentando".[110]

O conceito de diáspora é central para o trabalho de Smith sobre 1Pedro e o embasa.[111] De acordo com Smith, sua obra é única, porque trata do conceito de diáspora não pela perspectiva narrativa típica de tradição-história, mas propõe "uma leitura apreciativa do pensamento da diáspora presente no Novo Testamento e em outros escritos judaicos do Segundo Templo".[112] Ela acredita que se pode ganhar muito com uma análise comparativa literária da diáspora como construção ideológica e social. Adota um enfoque interdisciplinar e une algumas perspectivas metodológicas para esclarecer como os textos bíblicos imaginam e moldam a diáspora em uma situação suportável.[113]

DIÁLOGOS HERMENÊUTICOS: A MENSAGEM DAS CARTAS PETRINAS

O estudo das epístolas de Pedro é um trabalho completamente hermenêutico, sem dúvida. No entanto, no contexto de uma conversa sobre o estado dos estudos das cartas petrinas podemos distinguir entre obras cujo interesse principal é metodológico e aquelas cuja preocupação primordial é interpretar a mensagem das cartas. Diversos comentários recentes fizeram avançar nosso entendimento das respectivas mensagens dessas cartas.

Comentários sobre 1Pedro

Os comentários de Karen Jobes, Joel Green e Reinhard Feldmier são as abordagens mais importantes de 1Pedro.[114] O espaço aqui permite destacar ape-

[108]Howe, *Because you bear this name*, p. 185-232, 309.

[109]Andrew M. Mbuvi, *Temple, exile and identity in 1 Peter*, LNTS 345 (London: T&T Clark, 2007).

[110]Mbuvi, *Temple, exile and identity in 1 Peter*, p. 125.

[111]Shively T. J. Smith, *Strangers to family: diaspora and 1 Peter's invention of God's household* (Waco: Baylor University Press, 2016).

[112]Smith, *Strangers to family*, p. 9.

[113]Smith, *Strangers to family*, p. 12-3.

[114]Karen H. Jobes, *1 Peter*, BECNT (Grand Rapids: Baker Academic, 2005) [edição em português: *1Pedro: comentário exegético* (São Paulo: Vida Nova, 2022)]; Green, *1 Peter*; Reinhard Feldmeier, *The First Letter of Peter: a commentary on the Greek text* (Waco: Baylor University Press, 2008). O comentário de Jacques

nas contribuições importantes de suas abordagens interpretativas. Em seu comentário, Jobes apresenta uma teoria nova sobre o contexto histórico de 1Pedro, dá especial atenção à LXX e questiona a opinião acadêmica acerca da aptidão linguística do autor (alegando que ele era uma pessoa de fala semítica para quem o grego era uma segunda língua).[115] O comentário de Green estende e amplia sua pauta de teologia narrativa, pondo em foco a mensagem teológica do texto bem como as implicações teológicas para os leitores atuais. Ele desafia o leitor do século 21 a abordar 1Pedro como uma carta "escrita para nós".[116] Feldmeier se concentra em uma interpretação teológica do conceito de "estraneidade", ou a condição de ser estrangeiro. Ele afirma: "A estraneidade dos cristãos não é em essência derivada de protestos contra a sociedade, mas da conformidade com Deus e do pertencimento à sua nova sociedade".[117]

Comentários sobre 2Pedro

A maioria dos comentários recentes sobre 2Pedro vem combinada com um comentário sobre 1Pedro, um sobre Judas ou com ambos. Às vezes, isso ocorre por conveniência. Outras vezes, indica reconhecimento de relações literárias, teológicas ou outras entre 2Pedro e Judas. Os estudiosos variam no enfoque da relação entre 2Pedro e Judas. Esse debate está além do escopo deste capítulo.[118] As obras destacadas a seguir sugerem o estado dos estudos no que se refere a comentários publicados sobre 2Pedro como parte do *corpus* petrino.[119]

O comentário de Peter H. David analisa tanto as diferenças entre 1Pedro e 2Pedro quanto as semelhanças entre 2Pedro e Judas. Ele aborda as implicações literárias, narrativas e teológicas da epístola, que ele considera um discurso de despedida.[120] Reese aborda a mensagem de 2Pedro para reunir exegese e teologia. Ela também defende uma leitura canônica de 1Pedro e 2Pedro, pois, quando lidas juntas, 1 e 2Pedro "transmitem um entendimento teológico mais completo do que qualquer um dos livros poderia comunicar sozinho".[121] Gene L. Green interpreta a mensagem de 2Pedro, comparando-a

---

Schlosser também merece destaque nessa categoria. Schlosser, *La Première Épître de Pierre*, Commentaire Biblique: Nouveau Testament 21 (Paris: Cerf, 2011).

[115]Jobes, *1 Peter*, p. xi.

[116]Green, *1 Peter*, p. 12.

[117]Feldmeier, *First Letter of Peter*, p. 14.

[118]Para uma análise breve, veja Ruth Anne Reese, *2 Peter & Jude*, THNTC (Grand Rapids: Eerdmans, 2007), p. 1-15.

[119]Além dos destacados a seguir, veja também Lewis R. Donelson, *1 and 2 Peter and Jude: a commentary*, NTL (Louisville: Westminster John Knox, 2010); Daniel Keating, *First and Second Peter, Jude*, CCSS (Grand Rapids: Baker Academic, 2011); Duane Watson; Terrance Callan, *First and Second Peter*, PCNT (Grand Rapids: Baker Academic, 2012).

[120]Peter H. Davids, *The Letters of 2 Peter and Jude*, PNTC (Grand Rapids: Eerdmans, 2006).

[121]Reese, *2 Peter & Jude*, p. 121.

com Judas. Observa: "A metodologia intertextual de Pedro transforma o pensamento de Judas, apropriando-se dele para promover o seu próprio argumento e nos apresentam um exemplo de *imitatio*".[122] A leitura que G. Green faz de 2Pedro é orientada e definida por um enfoque retórico.

Algumas interpretações culturais, perspectivistas e políticas, embora de abrangência limitada, oferecem reflexões acerca de como diversas comunidades abordam as cartas petrinas. Entre essas estão a interpretação das cartas petrinas por Larry George pela perspectiva afro-americana,[123] a interpretação feminista de Irene Foulkes[124] e a leitura de 1 e 2Pedro de Sicily Mbura Muriithi e Tokunboh Adeyemo, respectivamente, pelo ponto de vista africano.[125]

Reflexões

Este capítulo apresentou evidências de que o interesse no estudo das cartas de Pedro continua aumentando. Os estudos recentes se concentraram principalmente em apresentar novos meios de abordar esses textos. As conferências da SBL de 2006 e 2007 foram um momento decisivo nos estudos petrinos porque simbolizaram e captaram o entusiasmo por essas cartas e deram o tom para o crescimento que se seguiu. Uma vez que o estado atual dos estudos constitui o trampolim para futuros avanços, os comentários a seguir são oportunos.

Vencendo o preconceito

As cartas de Pedro desfrutaram muita atenção nos últimos estudos acadêmicos. Pode-se afirmar que esses textos foram reabilitados com êxito, apesar de ainda sofrerem algum tipo de preconceito. David Horrell declara: "A Primeira Epístola de Pedro continua sendo e provavelmente sempre será — por todo tipo de razões teológicas e históricas —um nicho relativamente ignorado do cânon do NT, apesar de todo o empenho dos primo-petrófilos [estudiosos de 1Pedro] para reabilitá-la".[126] Conquanto abundantes, as metodologias que oferecem novas perspectivas precisam ser combinadas com uma

---

[122]Gene L. Green, *Jude and 2 Peter*, BECNT (Grand Rapids: Baker Academic, 2008), p. 162-70. Veja também G. Green, "Second Peter's use of Jude: imitatio and the sociology of early Christianity", in: Webb; Watson, *Reading Second Peter with new eyes*, p. 1-25.

[123]Larry George fez a interpretação de 1 e 2Pedro em *True to our native land: an African American New Testament commentary*, Brian K. Blount et al, org. (Minneapolis: Fortress, 2007), p. 476-95.

[124]Veja Irene Foulkes, "1 Peter: survival strategies for harried communities", in: Feminist biblical interpretation: a compendium of critical commentary on the Books of the Bible and related literature, Luise Schottroff; Marie-Theres Wacker, orgs. (Grand Rapids: Eerdmans, 2012), p. 87885; Foulkes, "2 Peter: guideposts for the godly life", in: Schottroff; Wacker, *Feminist biblical interpretation*, p. 886.

[125]Veja Tokunboh Adeyemo, org., Africa Bible commentary (Grand Rapids: Zondervan, 2006).

[126]Horrell, "Between conformity and resistance", p. 111.

nova postura em relação a essas cartas, uma postura que leve a sério o lugar delas no cânon como documentos teológicos e eclesiásticos por seus méritos próprios. A língua tem um meio de perpetuar sistemas e ideias (equivocadas). Chegou a hora de deixar para trás a caracterização feita por Elliott em 1976, que via as cartas petrinas como marginais, o que era verdade *na época*, e adotar meios novos de definir e apresentar essas cartas que reconheçam a riqueza teológica, a forte influência delas na formação da identidade moral dos leitores e a profundidade de sua apropriação das Escrituras hebraicas e seu envolvimento com elas.

Novos olhos: conceituais e teleológicos

Ler as cartas de Pedro com novos olhos em face de uma reavaliação metodológica é um empreendimento bem-sucedido e digno. Os estudos dessas cartas podem ganhar muito com a reavaliação delas feitas a partir de uma perspectiva conceitual e teleológica. A riqueza teológica delas e o propósito porque foram escritas as tornam ainda mais relevantes hoje. Se levássemos à sério as declarações de 1 e 2Pedro, como elas moldariam nossa identidade e nossa vida? Em que aspectos nossa interpretação da mensagem de 1Pedro e 2Pedro seria diferente se habitássemos o mundo narrativo criado por esses textos?

As cartas petrinas na perspectiva canônica

Não importa qual seja nossa posição sobre as questões preliminares relativas à autoria, à data e aos destinatários das cartas petrinas, o lugar delas no cânon e sua associação com o apóstolo Pedro são muito importantes. É preciso, e possível, fazer mais para encontrar as implicações de ler 1 e 2Pedro juntas. Que fios teológicos percorrem as duas cartas? Que fontes elas compartilham? Como essas fontes estão sendo apropriadas? Como essas cartas, lidas juntas, comunicam o que sabemos sobre Deus, Cristo, o Espírito Santo, salvação e redenção?

Por uma eclesiologia pós-colonial

As cartas petrinas foram escritas para a igreja e por causa da igreja. Vale a pena ressaltar que os cristãos dos países emergentes têm menos dificuldade em se apropriarem da mensagem dessas cartas, porque enfrentam algumas realidades pressupostas pelas cartas e podem se identificar com elas. Pode ser benéfico aos estudos das cartas petrinas uma escuta atenta dos países emergentes e das vozes marginalizadas, além de observar como eles se envolvem com o texto.

22

AS EPÍSTOLAS DE JOÃO

TOAN DO

INTRODUÇÃO

As Epístolas de João muitas vezes têm sido ignoradas ou vistas apenas por alto pelos estudiosos da literatura joanina.[1] A negligência se deve em parte à estranha inclusão de 3João (e também de 2João) no cânon.[2] Confirmando essa realidade, Judith Lieu comentou com pertinência (mais de três décadas atrás, na introdução à sua dissertação revista e publicada) sobre a falta de equilíbrio na atenção dada a 2 e 3João. Quando se analisa atentamente as questões de *como* 2João e 3João foram recebidas e *por que* elas foram aceitas no cânon do NT, observa Lieu, todos os resultados derivados dessa

[1]Veja Jacques Schlosser, org., *The Catholic Epistles and the tradition*, BETL 176 (Leuven: Leuven University Press, 2004). A negligência de 2 e 3João é evidente nesse estudo de 569 páginas sobre a formação e o desenvolvimento das sete epístolas católicas canônicas. Todas as outras cartas, incluindo 1João, recebem atenção especial, mas 2 e 3João são mencionadas somente de passagem. Veja também R. Alan Culpepper; Paul N. Anderson, orgs., *Communities in dispute: current scholarship on the Johannine epistles*, ECIL 13 (Atlanta: SBL Press, 2014). Apesar de esse livro afirmar ser uma coleção de estudos atuais sobre as epístolas de João, 90 por cento desse volume de 333 páginas é dedicado à relação entre o Evangelho de João e 1João ou o Evangelho e as comunidades joaninas em geral. Cf. Marinus de Jonge, "The Gospel and the Epistles of John read against the background of the history of the Johannine communities", in: *What we have heard from the beginning: the Past, present and future of Johannine studies*, Tom Thatcher, org. (Waco: Baylor University Press, 2007), p. 127-44. Outra vez, embora se afirme no título lidar com a relação entre o Evangelho e as Epístolas, as últimas são apenas mencionadas brevemente.

[2]Ao se avaliar as cartas do NT com base em suas características cristãs quando comparadas com, por exemplo, cartas aramaicas ou helenistas daquela época, fica difícil categorizar 3João como uma das cartas católicas. Apesar de Deus (*ho theos*) ser mencionado nos versículos 6 e 11, nem "Jesus" nem "Cristo" são usados. Notadamente, *ho theos* ("deus") era comumente encontrado na literatura greco-romana; portanto, o uso de *ho theos* em 3João pode ser considerado um apelo ao Deus cristão pelos leitores cristãos, mas também simplesmente a qualquer "deus" para não cristãos. Essa inferência é fortemente corroborada por Abraham J. Malherbe, *Light from the gentiles: Hellenistic philosophy and early Christianity*, Carl R. Holloday et al, org. (Leiden: Brill, 2015). Todas as citações (incluindo aqui) são do cap. 5, "The inhospitality of Diotrephes", p. 69-82. A questão em 3João, afirma Malherbe, não é nem teológica nem cristológica, mas "uma questão puramente pessoal" (p. 80) entre dois indivíduos (o presbítero *vs.* Diótrefes) ou dois grupos de pessoas (os enviados pelo presbítero *vs.* os da igreja doméstica de Diótrefes). Na verdade, grande parte do conteúdo dessa carta dificilmente parece promover assuntos distintamente *cristãos*.

análise devem ser considerados plausíveis e defensáveis somente se tiverem base no "exame de 2 e 3João pelo que elas mesmas são e não, como muitas vezes ocorre, à sombra do Evangelho e da Primeira Epístola e dentro [das] linhas determinadas por estes".[3] Como fica claro na trajetória acadêmica de Lieu — uma carreira longa em que ela realizou uma ampla pesquisa sobre esses textos e escreveu muito a respeito deles —, quando ela expressou sua hipótese pela primeira vez, seu objetivo era estudar somente as Epístolas de João. Posteriormente, 22 anos depois, Lieu ampliou sua observação inicial e incluiu 1João no que ela chamou de ignorância acadêmica das epístolas joaninas. No prefácio de seu comentário, Lieu observou: "As Epístolas de João têm sido tratadas muitas vezes como notas de rodapé do seu Evangelho, suprindo recursos complementares para a exposição da teologia do Evangelho joanino".[4] Em um estudo mais recente, a convicção de Lieu de que essas cartas têm sido negligenciadas ressoou mais uma vez de forma audível e clara. Qualquer estudo acadêmico sobre os destinatários hipotéticos de uma ou de todas as epístolas joaninas deve "ser abordado considerando as Epístolas individualmente e como cartas especificamente, sem referência ao Evangelho — uma posição raramente adotada, mas sem dúvida defensável, pelo menos por princípio".[5] Qualquer leitor simpatizante dessas epístolas de João deve compartilhar da consternação de Lieu e por conseguinte reconhecer que a história dos estudos acadêmicos de 1, 2 e 3João não avançou muito além da sombra do Evangelho de João.

Dentre as várias opiniões acadêmicas, prefiro a posição defendida por Lieu, que considero convincente e profética. O objetivo deste artigo é explicar melhor a hipótese de que o conteúdo de cada epístola de João individualmente deve ser tratado não apenas como diferente do evangelho, mas também como independente umas das outras.[6] Essa hipótese está longe de negar a relação dialética entre o Evangelho e as três epístolas joaninas.[7] Porém, no que diz respeito a qualquer relação entre dois documentos considerados individualmente e entre vários documentos escritos, como os joaninos, as semelhanças complementam as diferenças e ao mesmo tempo intensificam as discrepâncias.[8] Parece que tratar as três Epístolas de João — como é a

[3]Judith Lieu, *The Second and Third Epistles of John* (Edinburgh: T&T Clark, 1986), p. 1.

[4]Judith M. Lieu, *1, 2, and 3 John: a commentary*, NTL (Louisville: Westminster John Knox, 2008), p. ix.

[5]Judith M. Lieu, "The audience of the Johannine Epistles", in: Culpepper; Anderson, *Communities in dispute*, p. 124.

[6]Em outro lugar, examinei essa possibilidade longamente em Toan Do, *Rethinking the death of Jesus: an exegetical and theological study of hilasmos and agapē in 1 John 2:1-2 and 4:7-10*, CBET 73 (Leuven: Peeters, 2014), p. 1-26.

[7]Voltarei a essa relação "dialética" na última seção deste artigo.

[8]Veja espec. Dale C. Allison Jr., "How to marginalize the traditional criteria of authenticity", in: *Handbook for the study of the historical Jesus*, Tom Holmén; Stanley E. Porter, orgs. (Leiden: Brill, 2011), p.

esmagadora tendência — como fruto de uma comunidade cristã peculiar nascida do Evangelho significa correr o risco de simplesmente repetir a ideia antiga e ultrapassada de *certa* "escola", "círculo" ou "comunidade" joanina. Se desejamos que o interesse acadêmico nas epístolas joaninas perdure, é melhor tratar cada uma delas individual e distintamente.

Duas tendências são notáveis: (1) alguns estudiosos formularam o conceito de uma comunidade joanina singular sem nenhuma base em informações fora dos próprios textos joaninos; (2) outros analisaram cada epístola com base no documento sobrevivente e na tradição manuscrita. Como um modelo um pouco modificado e híbrido de leitura das Epístolas de João, este artigo se desdobrará nas três partes a seguir: a primeira vai pesquisar os últimos estudos sobre as epístolas, que se basearam consideravelmente em muitas versões da premissa de que esses quatro documentos procedem das mesmas raízes da suposta comunidade joanina; a segunda parte vai abordar como essa hipótese truncou gravemente o progresso acadêmico do estudo das epístolas nas duas últimas décadas; a terceira parte vai analisar se deve haver uma ideia "continuada" e "sustentada" de história joanina ou se o estudo das cartas joaninas deve tomar um rumo diferente.

A COMUNIDADE JOANINA FUNDADA PELO DISCÍPULO AMADO

A ideia de uma escola joanina peculiar e determinada vicejou entre as décadas de 1960 e 80, representada, entre outras, pelas obras de Raymond E. Brown, Wayner A. Meeks, Oscar Cullmann e R. Alan Culpepper.[9] Entre esses estudiosos, Brown tem a posição mais consistente em uma grande quantidade de publicações relativas à eclesiologia joanina. De particular importância é a elaboração de Brown da suposta comunidade do Discípulo Amado.[10] Nesse construto hipotético e bem elaborado, Brown discerne quatro fases que simbolizam o desenvolvimento histórico de uma "história" e uma "igreja" joanina

---

3-30. Allison afirma corretamente que, quanto mais semelhanças entre dois textos antigos se pretende mostrar, mais diferenças os próprios textos apresentam.

[9]Raymond E. Brown, *The Gospel according to John*, AB 29 (New York: Doubleday, 1966), p. xxi-cxlvi; Brown, *The Epistles of John*, AB 30 (New York: Doubleday, 1982), p. 3-146; Wayne A. Meeks, "The man from heaven in Johannine sectarianism", *JBL* 91 (1972): 44-72; Oscar Cullmann, *Der johanneische Kreis: sein Platz im Spätjudentum, in der Jüngerschaft Jesu und im Urchristentum zum Ursprung des Johannesevangliums* (Tübingen: Mohr Siebeck, 1975); R. Alan Culpepper, *The Johannine school: an evaluation of the Johannine-school hypothesis based on an investigation of the nature of ancient schools*, SBLDS 26 (Missoula: Scholars Press, 1975).

[10]Raymond E. Brown, *The community of the Beloved Disciple: the life, loves, and aates of an individual church in New Testament times* (London: Geoffrey Chapman, 1979).

singular, que começa com o Discípulo Amado em meados do ano 50 (fase 1) e termina com a dissolução dessa comunidade original quando ela é fraturada pelos secessionistas gnósticos no segundo século (fase 4). Qualquer estudante atual do NT que lê a ampla gama de estudos de Brown não pode deixar de ter a impressão de que os destinatários ou os leitores implícitos desses quatro documentos joaninos (i.e., o Evangelho e 1, 2 e 3João) devem ter experimentado aproximadamente, se não exatamente, o tipo de processo histórico delineado pela teoria de Brown. Particularmente, o próprio Brown admite em *The community of the Beloved Disciple* [A comunidade do Discípulo Amado]: "... se sessenta por cento de meu trabalho de investigador forem reconhecidos, ficarei feliz de verdade".[11] Contudo, o esquema histórico de Brown não deve ser subestimado, e o impacto de sua hipótese sobre a trajetória dessa teoria da história joanina tem reverberado desde então. Como este capítulo diz respeito principalmente a assuntos das Epístolas de João, muito da discussão sobre o Evangelho só pode ser mencionada de passagem.[12]

John Painter, concordando em essência com Brown, concebe a situação histórica em 1João apoiado "nas evidências [...] de que o nosso conhecimento deles [os oponentes] deve ser reconstruído com base nas afirmações polêmicas do autor contra eles".[13] Admitindo que a reconstrução dessa posição hipotética tem de "ser feita com cautela",[14] Painter especula que o evidente cisma da comunidade joanina *no* tempo e *durante* o tempo da escrita de 1João envolveu dois grupos. O primeiro consiste naqueles representados *no início* pelo Discípulo Amado, que vivera uma relação de conflito/diálogo com a sinagoga e se debatera com ela enquanto acompanhava Jesus durante o seu ensino (João 9:22,34). O segundo grupo é o dos representados pelos *agora* anticristos e enganadores (1João 2:18,22,26; 2João 7-8), que entraram na comunidade só depois que o primeiro grupo rompeu com o judaísmo. Por terem se juntado à comunidade depois dos outros membros — depois da época judaico-cristã do grupo — esses oponentes eram em grande parte gentios que não compreendiam a tradição do Evangelho (3João 5-6). Chocavam-se pesadamente com o autor e o remanescente da comunidade dele — os que confessavam essencialmente que Jesus é o Cristo e o Filho de Deus (1João 2:22,23; 3:23; 4:15; 5:5,10,20) e que Jesus veio em carne (4:2,9).

[11]Brown, *Community of the Beloved Disciple*, p. 7. Veja também estudos em Culpepper; Anderson, *Communities in dispute*. Para um resumo da vida e obra de Brown por Francis J. Moloney, veja Raymond E. Brown, *An introduction to the Gospel of John: edited, updated, introduced, and concluded by Francis J. Moloney*, ABRL (New York: Doubleday, 2003).

[12]Para uma pesquisa dos estudos sobre o Evangelho de João, veja neste volume o capítulo de Alicia D. Myers.

[13]John Painter, "The 'opponents' in 1 John", *NTS* 32 (1986): 49.

[14]Painter, "'Opponents' in 1 John", p. 50, 66-7.

Por consequência desse forte impacto, esses oponentes tiveram de se separar da comunidade (2:19-21).

Um problema importante no estudo de Painter sobre os oponentes em 1João é que, por estar fora da abrangência de seu projeto, Painter não pôde lidar com a questão da autoria das epístolas joaninas. Porém, essa estrutura narrativa acabou levando Painter a elaborar os "prolegômenos históricos" gerais para as três (1, 2e 3João) no seu comentário.[15] Uma das bases do comentário de Painter é esta distinção clara: enquanto o público subentendido do Evangelho é de origem judaica, o ambiente das Epístolas é bastante não judeu. A distinção de Painter tem sido ignorada por alguns estudiosos. Vou falar sobre isso na seção a seguir.

Urban C. von Wahlde, reconhecendo influência da hipótese de Brown, lançou um ambicioso comentário de três volumes sobre o Evangelho e as Epístolas de João.[16] De acordo com a trajetória hipotética de Von Wahlde, esses quatro documentos joaninos não têm o mesmo autor. O problema mais complicado está na sua explicação da autoria do Evangelho. Von Wahlde especula que o texto do Evangelho, tal como existe hoje, passou por três estágios de redação. Os materiais do segundo e do terceiro estágios foram acrescentados ao material do primeiro. O material de cada estágio representa uma "edição" separada do Evangelho. Da mesma forma, o texto hipotético "existente" de cada edição do Evangelho (i.e., existente quando a versão final estava sendo editada) foi escrito por um autor diferente. Portanto, a forma final do Evangelho consiste no texto escrito por três autores diferentes.

O que nos interessa neste capítulo é o lapso de tempo entre os estágios dois e três, durante o qual, Von Wahlde afirma, as Epístolas de João foram escritas: 1João em torno de 70 d.C. e 2 e 3João em torno de 80 d.C.; ele acredita que o mesmo autor redigiu as três cartas.[17] Von Wahlde identifica esse autor único das três Epístolas como o "Presbítero". Ele até especula que esse Presbítero era "um dos discípulos mais jovens de Jesus", que "viveu até uma idade avançada (uma proposição baseada basicamente em evidências

[15]John Painter, *1, 2, and 3 John*, SP 18 (Collegeville: Liturgical Press, 2002), p. 1-113, espec. p. 1, 51-7.

[16]Urban C. von Wahlde, *The Gospel and Letters of John*, 3 vols., ECC (Grand Rapids: Eerdmans, 2010), veja espec. p. 1:1-7, 55 e 3:1-15.

[17]Von Wahlde, *Gospel and Letters of John*, 1:55. Permita-me comentar somente um assunto acerca da tradição manuscrita para 1, 2 e 3João. Como foi reconhecido pelo próprio Von Wahlde, o seu comentário se baseia em manuscritos gregos compilados por NA^{27} e UBS^{4}. Para isso, veja o seu *Gospel and Letters of John*, 1:7-8; 2:1-2. Desde o seu comentário de 2010, NA^{28} (2012) e UBS^{5}(2014) surgiram. Em relação a essas edições do texto grego do NT há o *Novum Testamentum Graecum Editio Critica Maior* (doravante ECM) compilado e publicado pelo Münster Institute for New Testament Textual Research. A primeira edição desse ECM para a Primeira Carta de João apareceu em 2003 e para 2 e 3João se seguiu em 2005. Desde que NA^{27} foi publicado, no qual o texto para 1João se baseou em cerca de oitenta e quatro manuscritos, muitos mais manuscritos (cerca de 150) para 1João foram acrescentados à lista.

do Evangelho e das Cartas, não em tradição externa)" e que esse Presbítero morreu "possivelmente aos oitenta anos".[18] Entretanto, o sintagma *ho presbyteros* (o ancião/presbítero) aparece somente no início de 2 e 3 João — não em 1João. Enquanto os cabeçalhos aparentemente autoatribuídos tanto em 2João quanto em 3João se referem ao autor (ou autores, caso as duas tenham sido escritas por pessoas diferentes) como o Presbítero, essa designação não diz praticamente nada a respeito da verdadeira identidade do(s) autor(es) de cada uma ou das três epístolas todas. Outra ambiguidade é que o termo "presbítero" é comum no NT, sendo usado amplamente e para muitas razões discrepantes.[19] Caso o autor de cada epístola ou de todas as três quisesse se identificar a si mesmo (ou quisessem se identificar a si mesmos), por que não recorreu (recorreram) pelo menos a um nome (p.ex., João), como no livro do Apocalipse (1:1,4,9)?[20] Entretanto, parece que esse esquema de trabalho no mínimo torna conveniente e livre de problemas a hipótese de que deve ter havido uma história joanina *certa* e *determinada*, durante a qual os supostos cristãos joaninos experimentaram alguns períodos de expulsão (João 9:22,34),[21] conflito interno e cisma (1João 2:18,22,26; 2João 7,8) e conflito definitivo sobre autoridade (2João 9,10; 3João 9,10).[22]

O artigo recente de Marinus de Jonge sobre a relação entre o Evangelho e as Epístolas de João merece breve atenção, porque despertou a consciência sobre a atual tendência de dar prioridade à análise sincrônica dos escritos joaninos, enquanto também alerta corretamente: "Os exegetas nunca podem se restringir à análise sincrônica. Continuo convencido de que somente análise literária combinada com a crítica histórica vai produzir um quadro completo do estado das coisas".[23] Sua posição geral segue a opinião da maioria — a saber, que as epístolas joaninas dificilmente podem ser construídas historicamente sem referência à figura obscura do Discípulo Amado do Evangelho de João. Não obstante, sua insistência no equilíbrio de análise sincrônica e histórica é salutar e vou voltar ao assunto da combinação de métodos na última seção deste capítulo.

---

[18]Von Wahlde, *Gospel and Letters of John*, p. 3:10.

[19]Para citar somente alguns: Mt. 15:2; 16:21; 26:3,47,57; Mc 7:3,5; 8:31; Lc 7:3; 9:22; Jo 8:9; At 4:5,8,23; Rm 9:12; 1Tm 5:17,19; Tt 1:5; Tg 5:14; 1Pe 5:1,5; Ap 4:4,10; 5:5,6,8.

[20]Eu nego qualquer relação autoral possível entre Apocalipse e os escritos joaninos. Esse assunto foi tratado por Elisabeth Schüssler Fiorenza em "The quest for the Johannine school: the Apocalypse and the Fourth Gospel", *NTS* 23 (1997): 402-27; Adela Yarbro Collins, *Crisis and catharsis: the power of the Apocalypse* (Philadelphia: Westminster, 1984).

[21]Para uma análise bastante informativa sobre a teoria não comprovada de expulsão no Evangelho de João, veja Adele Reinhartz, "Building skyscrapers on toothpicks: the literary-critical challenge to historical criticism", in: *Anatomies of narrative criticism: the past, present, and futures of the Fourth Gospel as literature*, Tom Thatcher; Stephen D. Moore, orgs., RBS 55 (Atlanta: SBL, 2008), p. 55-76, espec. p. 72-6.

[22]Von Wahlde, *Gospel and Letters of John*, p. 3:222, 243-4, 265, 282-4.

[23]De Jonge, "Gospel and the Epistles of John", p. 144.

TRUNCAMENTO DOS ESTUDOS JOANINOS SOBRE 1, 2 E 3JOÃO

A obra de Lieu sobre 2João e 3João continua até hoje sendo o único livro de um só volume dedicado a essas cartas.[24] Alguns estudos de volume único sobre assuntos específicos em 1João, no entanto, surgiram nas últimas duas décadas.[25] Esta seção analisa representantes da teoria da comunidade joanina, uma teoria que, de acordo com Adele Reinhartz, nasceu de "um construto acadêmico, produto de um processo hermenêutico circular: presumimos sua existência pelo próprio fato de termos um Evangelho joanino [e epístolas joaninas]".[26] Aqui, no entanto, vamos nos ocupar das Epístolas de João.

Trabalhando sob a direção de Jean Zumstein e influenciado por sua posição sobre o Evangelho de João,[27] Horst Hahn resume em sua dissertação três pontos principais para fundamentar o que ele chama de a tradição e a nova interpretação sobre a base em que 1João foi escrita. Primeiro, 1João deve ser lida e compreendida na íntegra como a renovação consciente do autor de uma versão atual da tradição teológica encontrada no Evangelho e sua reflexão sobre ela. Segundo, alguns membros da comunidade cristã de 1João agora encontraram um conflito agudo entre a interpretação deles da tradição joanina e a versão anterior encontrada no Evangelho. Terceiro, uma fusão do primeiro e do segundo pontos representam e refletem a situação histórica real de 1João. Hahn observa que qualquer investigação sobre o meio histórico da comunidade joanina posterior deve se originar do nosso entendimento da cristologia do autor e da divergência dos oponentes em relação

[24]Lieu, *Second and Third Epistles of John*. Essa afirmação exclui comentários sobre as epístolas joaninas.

[25]Até onde sei, somente seis estudos sobre 1João apareceram nas duas últimas décadas, todos publicações de dissertações: Hansjörg Schmid, *Gegner im 1. Johannesbrief? Zu Konstruktion und Selbstreferenz im johanneischen Sinnszstem*, BWANT 159 (Stuttgart: Kohlhammer, 2002); Terry Griffith, *Keep yourselves from idols: a new look at 1 John*, JSNTSup 233 (London: Sheffield Academic, 2002); Horst Hahn, *Tradition und Neuinterpretation im ersten Johannesbrief* (Zürich: TVZ, 2009); Daniel R. Streett, *They went out from us: the identity of the opponents in First John*, BZNW 177 (Berlin: de Gruyter, 2011); Matthew D. Jensen, *Affirming the resurrection of the incarnate Christ: a reading of 1 John*, SNTSMS 151 (Cambridge: Cambridge University Press, 2012); Toan Do, *Rethinking the death of Jesus*. Embora não tenha sido publicado nos últimos vinte anos, a breve obra de Lieu, *Theology of the Johannine Epistles*, NTT (Cambridge: Cambridge University Press, 1991), permanece valiosa.

[26]Reinhartz, "Building skyscrapers from toothpicks", p. 70. Em adição ao argumento de Reinhartz há um estudo recente de David A. Lamb, *Text, context and the Johannine community: sociolinguistic analysis of the Johannine writings*, LNTS 423 (London: Bloomsbury T&T Clark, 2014). Lamb conclui "que o autor [do Evangelho] tinha pouco ou nenhum conhecimento de seus leitores pretendidos e isso [argumento de Lamb] certamente não apoia a ideia de uma comunidade fechada como seu público". Lamb acredita que ele não "exterminou a comunidade joanina completamente", mas apenas "a preservou em uma forma modificada" (p. 204).

[27]Jean Zumstein, *Kreative Erinnerung, Relecture und Auslegung im Johannesevangelium* (Zürich: TVZ, 2004).

a ela (como se encontra particularmente em 1João 2:18-27).[28] Como o título do livro de Hahn indica, na opinião dele, a Primeira Carta de João não somente continua a tradição do Evangelho, mas também a renova e interpreta em prol do remanescente da comunidade do autor. As principais descobertas desse estudo, portanto, não dependem de dar por certo que o Evangelho e 1João necessariamente se originaram de uma única e mesma comunidade joanina. Um assunto muito importante não explorado no estudo de Hahn é a possível identidade dos oponentes em 1João, o que nos leva ao próximo representante.

Daniel R. Streett, no seu estudo sobre 1João se concentra na afirmação do autor de que os oponentes deixaram a comunidade (2:19). No seu primeiro capítulo (mais de cem páginas), Streett pesquisa toda a história de interpretação e destaca cada opção possível para a identidade dos oponentes de 1João, começando com alguns traços nas simples menções[29] da carta nos escritos cristãos do segundo século e continuando ao longo da história até ter pesquisado todos os estudiosos modernos importantes que escreveram sobre essa epístola. Em seguida Streett declara a sua própria posição: "Ao contrário dessas propostas, aleguei que é mais fácil entender os secessionistas (conforme se detecta em 1João 2:18-27; 4:1-6; 5:6-12; 2João 7-9) como judeus apóstatas. Eles não introduziram um erro cristológico sutil, mas, sim, rejeitaram a declaração fundamental do movimento cristão primitivo: de que Jesus é o Messias".[30] Apesar de muito bem documentado e informativo, o estudo de Streett não é isento de erros históricos e teológicos. Vamos analisar dois problemas aqui: os judeus apóstatas e Jesus como o Messias — ambos estão relacionados com o método de Streett de deduzir do texto (*reading into*) de 1João em vez de extrair dele (*read out of*). Painter, contudo, advertiu os estudiosos acerca do "ambiente não judaico das Epístolas, que não mencionam os judeus, não recorrem às Escrituras judaicas e exortam os leitores (em 1João) a se guardarem dos ídolos (5:21)".[31] Apesar de suas citações de algumas

[28]Hahn, *Tradition und Neuinterpretation*, p. 52-3. O resumo do texto em alemão de Hahn foi feito por mim.

[29]Não há clareza nem evidência direta quanto à totalidade de 1João ou qualquer parte dela até três quartos do segundo século. Segunda e Terceira João surgem somente em meados do terceiro ou até mesmo do quarto século. Streett acredita ter encontrado vestígios de expressões similares e alusões a afirmações teológicas que aparecem, por exemplo, nos seguintes escritos: Didaquê (aprox. 90 a 120), a Epístola de Barnabé (aprox. 130), a Segunda Carta aos Coríntios por Clemente de Roma (aprox. 150), as Apologias de Justino Mártir (aprox. 150), a Epístola a Diogneto (aprox. 125 a 225) e a Epístola aos Filipenses por Policarpo (aprox. 140). Além do mais, nenhum manuscrito para 1João pode ser datado do segundo século. Streett, como outros estudiosos joaninos de criticismo histórico, pode apenas fazer inferências baseado em alusões especulativas a Cerinto e outros gnósticos do segundo século, cujas identidade e existência são, novamente, construtos acadêmicos. Para uma análise adicional sobre esse assunto, veja Do, *Rethinking the death of Jesus*, p. 1-26.

[30]Streett, *Identity of the opponents*, p. 110-1.

[31]Painter, *1, 2, and 3 John*, p. 1.

obras de Painter sobre as epístolas joaninas, Streett discorda dele e afirma que os oponentes em 1João são os judeus apóstatas.

Segundo, a declaração de "que Jesus é o Messias" não aparece em 1João, muito menos em 2João e 3João. Alguns textos fundamentais em 1João precisam ser mencionados: (1) o autor alega que os oponentes saíram "do nosso meio" (*ex hēmōn* supostamente significa deixar seu grupo de cristãos ou, dizendo de forma abrandada, sua comunidade cristã[32]) (1Jo 2:19); (2) o autor em seguida faz uma pergunta retórica referente ao mentiroso, concluindo que o mentiroso é aquele que diz: "Jesus não é o Cristo" (*Iēsous ouk estin ho christos*; 2:22). Em outros lugares, o autor emprega expressões parecidas como uma designação de um título duplo para Jesus como o Cristo — isto é, *Iēsous Christos* (cf. 2:1; 4:2; 5:6; 2João 7). A questão essencial nessas menções que usam essa designação de título duplo é o próprio fato de que em nenhum lugar de 1—3João *Iēsous Christos*, ou simplesmente *ho christos*, pode ser teológica e cristologicamente equiparado com o conceito e o entendimento judaicos de "Messias" (*ho messias*). Embora o termo "Messias" ocorra diversas vezes no Evangelho,[33] não obstante essa designação de título duplo *Iēsous Christos* não ocorre junto com *ho messias*, Streett não se preocupa em explicar que esse conceito judaico de messianidade pode ser equivalente à tradução grega *christos*, ou compatível com ela, e que esses dois (*ho messias* e *ho christos*) talvez tenham ocorrido no contexto de 1João. Há também o fato de que a própria expressão *ho messias* nunca ocorre em nenhuma das Epístolas de João. Streett simplesmente dá como líquida e certa a ideia tão contestada de Messianidade judaica ou samaritana no Evangelho e atribui isso à Carta de 1João.

Esse argumento contra a ideia de os judeus em 1João serem antigos cristãos e apóstatas também aparece, embora com menos força, nas publicações de Terry Griffith e Matthew D. Jensen.[34] Jensen observa a ordem das palavras e a sintaxe das frases em que um verbo de ligação é exprimido em 1João.

---

[32]Ao dizer "comunidade cristã", não estou pronto a ceder à suposição histórica de que o grupo de cristãos do autor é unificado e o mesmo que o do Evangelho. Como vemos em 3João 9-10, um grupo de cristãos pode ser uma igreja doméstica representada por Diótrefes e, digamos, seus associados.

[33]Cf. João 4:25-26,29; 7:26-27,31,41-42; 9:22; 10:24; 11:27; 12:34; 20:31. Isso para não mencionar que o conceito judaico de Messias no Evangelho de João também é contestado. Cf. Marinus de Jonge, "Jewish expectations about the 'Messiah' according to the Fourth Gospel", *NTS* 19 (1973): 246-70. Outros argumentam que as expectativas de um Messias judeu no Evangelho não eram unânimes mas divergentes. Por exemplo, Bruce W. Hall, *Samaritan religion from John Hyrcanus to Baba Rabba: a critical examination of the relevant material in contemporary Christian literature, the writings of Josephus, and the Mishnah*, SJ 3 (Sydney: Sydney University Press, 1987), p. 298-9, destaca que os samaritanos esperavam pelo Taheb (o Restaurador).

[34]Griffith, *Keep yourselves from idols*; Jensen, *Affirming the resurrection of the incarnate Christ*; também Matthew D. Jensen, "John is no exception: identifying the subject of εἰμί and its implications", *JBL* 135 (2016): 341-53.

Especificamente, Jensen chama atenção para quatro exemplos de 1João, como também para um do Evangelho de João: João 20:31; 1João 2:22; 4:15; 5:1,5 — todos com uma construção semelhante. Cada um consiste em um *Iēsous* sem artigo, um verbo de ligação (i.e., uma flexão de *eimi*, "ser") e um *ho christos* e/ou *ho huios tou theou* com artigo ("o Filho de Deus"). A bem da clareza, eis a parte de 1João 2:22 relativa à negação: *ho arnoumenos hoti Iēsous ouk estin ho christos* ("aquele que nega que Jesus é o Cristo"). Recorrendo a outros estudiosos,[35] Jensen afirma que, nesses cinco exemplos, "o substantivo com artigo [*ho christos* ou *ho huios tou theou*] deve ser identificado como o sujeito de εἰμί".[36] Logo, falando hipoteticamente, a negação em 1João 2:22 seria lida: "O Cristo não é Jesus".

Seguindo essa lógica, Jensen observa que "Jesus" deve ser o substantivo com predicado simplesmente porque *Iēsous* não tem artigo e que "o Cristo" deve ser o sujeito porque *ho christos* é acompanhado de artigo. Ligando "o Cristo" como o sujeito com a própria hipótese dele sobre a apostasia de judeus e ex-cristãos em 1João, Jensen quer "responder à pergunta judia: Quem é o Cristo?"[37] Jensen responde à sua própria pergunta, afirmando que a negação deve ser interpretada como a afirmação de que o Cristo não é Jesus. Por conseguinte, "essa negação não teria nenhum significado para os gentios, porque eles não tinham o conceito de 'Cristo'. Portanto, essa é uma negação judaica, o que indica que os oponentes em 1João eram judeus".[38] Desnecessário dizer, não há qualquer "pergunta judaica" a ser respondida em nenhuma das Epístolas de João. Antes, essa pergunta é uma suposição do próprio Jensen. Além disso, a própria expressão *ho christos*, que, em grego, significa "o ungido", não só pertencia ao conhecimento judaico-cristão, mas também era uma expressão usada em escritos greco-romanos.[39]

O argumento baseado na apostasia de judeus se mostra fatalmente equivocado quando Jensen recorre à sintaxe para chegar à conclusão de que a negação do Cristo está vinculada com as próprias raízes judaicas.[40]

---

[35]Lane C. McGaughy, *Toward a descriptive analysis of* Einai *as a linking verb in New Testament Greek*, SBLDS 6 (Missoula: Society of Biblical Literature for the Linguistics Seminar, 1972); D. A. Carson, "The purpose of the Fourth Gospel: John 20:31 reconsidered", *JBL* 106 (1987): 639-51; Carson, "Syntactical and text-critical observations on John 20:30-31: one more round on the purpose of the Fourth Gospel", *JBL* 124 (2005): 693-714; Stanley E. Porter, *Idioms of the Greek New Testament*, 2ª ed. (Sheffield: JSOT Press, 1994).

[36]Jensen, "Identifying the subject of εἰμί", p. 347.

[37]Jensen, "Identifying the subject of εἰμί", p. 343.

[38]Jensen, "Identifying the subject of εἰμί", p. 350.

[39]Cf. M. de Jonge, "The use of the word 'anointed' in the time of Jesus", *NovT* 8 (1966): 132-48.

[40]A dificuldade em identificar os apóstatas com origem judaica levanta outro sério problema em relação a judaicidade e/ou judaísmo. Matthew Thiessen afirma que por volta do final do primeiro século, a uniformidade de judaísmo e/ou judaicidade não pode mais ser considerada de forma conclusiva. Thiessen, *Paul and the gentile problem* (Oxford: Oxford University Press, 2016), p. 23-32.

Em primeiro lugar, não temos como ler do texto de 1João nem como dele inferir em parte alguma a hipótese de que o sujeito "o Cristo" implique uma indagação de um ambiente judaico e que essa pergunta subentenda alguma forma de identificação de apostasia judaica. A simples razão é que, como um documento ou tratado, 1João é uma exortação a crentes em Jesus Cristo (ou simplesmente um apelo a cristãos) sem nenhuma referência ao judaísmo. Como Painter observou (veja acima), não há nenhum vestígio de judaicidade em nenhuma das três Epístolas de João.

Além do mais, o argumento de Jensen sobre a sintaxe é falho. Apesar de revisitar estudos joaninos de várias décadas, a pesquisa de Jensen não foi suficientemente longe. Tanto no artigo "Identifying the subject of εἰμί" [Identificação do sujeito de εἰμί] quanto em *Affirming the ressurection of the incarnate Christ* [Afirmando a ressurreição do Cristo encarnado], Jensen não faz nenhuma menção do importante estudo de E. C. Colwell, que estabeleceu a seguinte regra para o predicado nominal definido em uma frase onde o verbo de ligação se expressa: "Um predicado nominal definido tem o artigo quando ele segue o verbo; não tem o artigo quando ele precede o verbo".[41] Colwell analisou muitos exemplos no NT (veja, p. ex., João 1:49; Mt 23:8-10).[42] Com base na regra de Colwell, as conclusões de Jensen relativas a 1João 2:22 — de que "o Cristo" é o sujeito porque tem o artigo e que "Jesus" é o predicado nominal porque lhe falta o artigo — parecem incorretas no que diz respeito à sintaxe.

Em resumo, esses estudos representativos sobre 1João das últimas duas décadas contribuíram pouco além da repetição de pressupostos históricos anteriores: (1) deve ter havido uma história e uma comunidade joaninas por trás dos escritos de 1, 2 e 3João; e (2) os destinatários implícitos, ou cristãos, das epístolas devem ter tido origem no Evangelho de João. Portanto, para equilibrar essa leitura com base em um compromisso rigoroso com pressupostos históricos, a seção a seguir analisa um enfoque narrativo dos textos das Epístolas de João.

A NARRATIVA COMO DESAFIO À CRÍTICA HISTÓRICA

Sem dúvida, como observamos antes, citando de Jonge,[43] a tendência recente mostrou prioridade pela leitura sincrônica das epístolas joaninas. O que se segue é uma tentativa de abordar um assunto que pelo menos parece um

[41]E. C. Colwell, "A definite rule for the use of the article in the Greek New Testament", *JBL* 52 (1933): 13.

[42]A regra de Colwell foi testada e confirmada por Philip B. Harner: veja Harner, "Qualitative anarthrous predicate noun: Mark 15:39 and John 1:1", *JBL* 92 (1973): 75-87.

[43]De Jonge, "Gospel and the Epistles of John", p. 144.

tema constante em 1João, 2João e 3João: o termo guarda-chuva "anticristo" (1João 2:18-28; 4:1-6; 2João 7-8; 3João 9-10).[44] Como uma resposta à busca aparentemente incessante de alguma forma de identificação histórica dos cristãos e/ou apóstatas do início do movimento cristão, esta seção propõe interpretar as menções do anticristo com base no contexto de cada Epístola sem estimar sua relação histórica com o Evangelho — uma proposta sobre *o que* os textos dizem e *como* eles se estruturam.

Comentando sobre seu estudo das cartas de Inácio, Lieu faz uma pergunta sobre limites nas tentativas acadêmicas de reconstruir diversos tipos de historiografia dos primórdios do movimento cristão *do lado do* e/ou *contra* o judaísmo e o paganismo contemporâneos desse movimento. Lieu observa: o movimento cristão primitivo "estava em circunstâncias de limites fracos ou mal definidos, quer fossem os limites entre a comunidade judia e a cristã, quer, mais provavelmente, os limites internos da comunidade cristã que abrangiam uma ampla gama de fé e prática possíveis".[45] Eu iria mais longe, propondo que, nos ambientes greco- romanos dos séculos 1 e 2, não havia fronteiras claramente definidas entre cristianismo, judaísmo e/ou paganismo.[46] Em relação aos escritos joaninos, essa observação aponta ainda para esta pergunta problemática: é possível os estudiosos reconstruírem a suposta história (joanina) a partir da confusão desses limites mal definidos?[47]

No seu estudo sobre os oponentes em 1João, Hansjörg Schmid propôs uma direção promissora e defensável.[48] Seguindo a observação de Lieu acerca das fronteiras mal definidas de movimentos religiosos e não religiosos nas cercanias greco-romanas dos séculos 1 e 2, Schmid busca oferecer um meio mais plausível de interpretar as descrições dos autores epistolares de *hoi antichristoi* (anticristos) e *hoi planoi* (enganadores). Schmid começa observando o problema interno das interpretações tradicionais e históricas, que costumam se concentrar nos aspectos polêmicos desses termos, identificando e rotulando essas pessoas não identificadas ou esse grupo de pessoas

---

[44]Terceira João não menciona o anticristo, porém, os versículos 9 e 10 algumas vezes têm sido ligados aos exemplos citados em 1 e 2João. Cf. Von Wahlde, *Gospel and Letters of John*, p. 3:278-84.

[45]Judith Lieu, "History and theology in Christian views of Judaism", in: *The Jews among pagans and Christians in the Roman Empire*, Judith Lieu; John North; Tessa Rajak, orgs. (London: Routledge, 1994), p. 93.

[46]A conversa entre Jesus e a mulher samaritana em João 4:4-29 representa algumas barreiras confusas entre a compreensão que o autor tem de Jesus e o tipo de judaísmo subentendido pela mulher. De modo parecido, João 12:20-26 sugere que gregos e judeus compartilhavam alguma convergência.

[47]Como nas duas seções anteriores mostraram, reconstruções históricas da história joanina levaram os estudiosos a muitas direções diferentes à medida que tentaram identificar o(s) autor(es) das Epístolas e seus oponentes.

[48]Schmid, *Gegner im 1. Johannesbrief?*, p. 21-5.

com muitos títulos não verificáveis.[49] Schmid propõe em seguida uma leitura não polêmica desses textos.[50] Ele afirma que, como os leitores modernos não têm acesso direto às situações históricas reais dessas entidades religiosas, a leitura mais provável do Evangelho de João e de 1João os situa no quadro do movimento religioso cristão primitivo (*das System urchristlicher Religiosität*).[51] Já que a proposta de Schmid é compatível com a observação de Lieu sobre fronteiras mal definidas, qualquer tentativa de procurar uma forma precisa de uma comunidade religiosa está no cerne do problema. Por isso, Schmid chama essa hipótese de trabalho de *ein johanneischers Sinnsystem* (ou uma estrutura joanina) sob a qual os dois documentos foram escritos. Eles compartilham um sistema de significado e têm uma relação dialética caracteristicamente joanina. Mas, à medida que o termo *joanino* é usado, ele pode apenas servir como um termo genérico, sem nenhuma especificidade.[52]

Portanto, os termos *hoi antichristoi* ("anticristos") e *hoi planoi* ("enganadores") são mais bem interpretados de forma não polêmica. Não importa a quem esses termos tenham se referido, eles não podem se reduzir especificamente a nenhum grupo em particular. Não é possível identificar essas pessoas com certeza como ex-cristãos judeus, gentios ou pagãos.[53] Além disso, a expressão "escritos joaninos" nessa estrutura não garante nenhuma possibilidade de que esses escritos devem ter representado a suposta história ou comunidade joanina. Antes, como no caso de outros livros do NT (p. ex., as cartas paulinas, livros de Lucas, Evangelho de Marcos, Evangelho de Mateus),[54] o Quarto Evangelho e 1João são vinculados por uma perspectiva geral chamada teologia joanina. As teologias nesses dois livros estão mais próximas uma da outra do que de teologias de outros livros (p. ex., Evangelho de Marcos, Mateus, cartas paulinas). Essa teologia joanina serve como um processo de pensamento — entre muitos outros no entorno greco-romano durante os séculos 1 e 2 — o que deu crescimento à fé cristã. Nesse sentido, o Quarto Evangelho e/ou 1João não se formaram por um processo distinto

---

[49]Cf. Streett, *Identity of the opponents*, p. 1-111; Jensen, *Affirming the resurrection of the incarnate Christ*, p. 113-7; Jensen, "Identifying the subject of εἰμί", p. 347-53.

[50]Hansjörg Schmid, "How to read the First Epistle of John non-polemically", *Biblica* 85 (2004): 24-41.

[51]Schmid, *Gegner im 1. Johannesbrief?*, p. 21. A tradução é minha.

[52]Assim como Reinhartz observou antes, do mesmo modo o genérico joanino não presume que temos o Evangelho de João. Reinhartz, "Building skyscrapers from toothpicks", p. 70.

[53]Cf. o artigo de Painter, que expressa uma perspectiva semelhante do termo oponente. O termo é politicamente e religiosamente neutro em conotação e os autores dessas cartas não têm intenção de identificar esse grupo mais definitivamente do que como "anticristos" ou "enganadores". Assim, em vez de revelar a nós algo a respeito de quem os oponentes eram em si, esses termos nos lembram que oposição, dissidência, apostasia, afastamento e assim por diante são inerentes em todo grupo sociorreligioso ao longo da história humana. Painter, "'Opponents' in 1 John", p. 48-71.

[54]Na crítica narrativa, por exemplo, o Jesus de Marcos deve ser tratado de modo autônomo e ser mantido distinto do Jesus dos Evangelhos de Mateus, Lucas e João.

para diferenciar um grupo de cristãos de outro, mas, sim, foram formados pela necessidade do desenvolvimento da fé cristã.[55]

A proposta de Schmid certamente é defensável, pelo menos em princípio. Embora o estudo de Schmid seja sobre os oponentes em 1João, sua proposta sobre a estrutura joanina também se estende a 2 e 3João. Em 2João, por exemplo, os termos *hoi antichristoi* e *hoi planoi* são usados no versículo 7. Contudo, o autor não identifica quem são essas pessoas. Também não se identifica a não ser por um título genérico "o Presbítero" (v. 1). Semelhantemente, o autor de 3João começa com o título "o Presbítero" e indica que o Presbítero escreveu essa carta a Gaio (v. 1). Não sabemos a resposta à pergunta das fronteiras e da especificidade — isto é, se esse Presbítero de 3João é ou não é o mesmo Presbítero de 2João e em que medida 2João e 3João se relacionam com 1João.[56] Os autores dessas três Epístolas terem deixado muitas questões ambíguas e incertas tem propósito e sentido. Em 2João, por exemplo, a verdadeira identidade do "Presbítero", a da "Senhora Eleita" e a do "anticristo e enganador" não é dada. Em 3João, do mesmo modo, a localidade do emissor (o Presbítero) e a do destinatário (Gaio) é totalmente desconhecida. Isso explica por que essas Epístolas são chamadas de "gerais" ou "católicas".

Revisitemos novamente a expressão centenária "Epístolas Católicas". Embora as Epístolas de João não sejam completamente independentes do Evangelho de João, a nomenclatura dessa coleção de escritos arrola 1João, 2João e 3João nas chamadas cartas "gerais", porque elas não se dirigem a nenhuma comunidade ou nenhum grupo de cristãos em particular.[57] Qualquer tentativa de identificar algum tipo de identidade histórica de qualquer uma dessas cartas vai achar imenso o ônus da prova.

Reflexões

A comunidade joanina e sua história existiram de fato? É conveniente aos estudiosos especularem acerca de muitas coisas relativas à história das Epístolas de João e então atribuí-las aos indivíduos não identificáveis de

[55]Schmid observa: "Com essa perspectiva é possível elaborar a afirmação que compreende a teologia joanina como um processo de pensamento. Dessa forma, o que leva ao crescimento da fé cristã é também visível nesse processo de pensamento. O que está no centro não é o processo de barreiras, mas, antes, a necessidade do desenvolvimento da própria fé cristã. Por isso, 1João aqui é interpretado como um desenvolvimento ético da teologia joanina". Schmid, *Gegner im 1. Johannesbrief?*, p. 22. A tradução é minha.

[56]Estudiosos como Abraham J. Malherbe (cf. nota 2 acima) questionaram a inclusão de 3João na lista canônica, pelo fato de a carta se dirigir a um assunto puramente pessoal.

[57]Cf. Jacques Schlosser, "Le corpus des Épîtres catholiques", in: *Catholic Epistles and the tradition*, p. 3-41.

destinatários subentendidos e os grupos inaveriguáveis dos hipotéticos oponentes. No final, nossa conjectura acadêmica continua sendo, como observou Reinhartz, "o produto de um processo hermenêutico circular"[58] — um processo científico que, como Robert Kysar disse perto do final de sua carreira acadêmica, está "se tornando mais especulativo".[59] Lendo as 110 primeiras páginas da reconstrução que Streett faz dos oponentes em 1João, por exemplo, tem-se a impressão de que o seu estudo sobre essa epístola começou e terminou com um processo hermenêutico circular. Ele chama *hoi antichristoi* aos anticristos, depois identifica os anticristos como apóstatas judeus. Entretanto, no final, tudo o que conseguimos concluir de justificadamente é que o termo simplesmente se refere às pessoas que anteriormente pertenciam a um grupo de cristãos, mas não pertencem mais a ele.

Não se pode apenas negar os processos históricos de documentos antigos como 1, 2 e 3João, uma vez que não surgiram do nada.[60] Porém, é preferível perguntar: qual é o propósito de nossa especulação histórica? Proponho que, onde termina a história, começam as abordagens narrativa e semântica. Ler essas Epístolas de João mais produtivamente, portanto, significa olhar para a história delas pelas perspectivas da narrativa e da semântica. Em outras palavras, essas Epístolas de João *tiveram* uma história no que diz respeito a sua escrita (1João 1:1-4; 2:7-14; 2João 1; 3João 1), suas origens cristãs (1João 2:18-27; 2João 7-10) e seus conflitos sociais ou pessoais (3João 9 e 10). Contudo, para nós, a questão mais importante e mais premente é se a narrativa dessas epístolas antigas continua sendo importante do ponto de vista teológico para ouvintes e leitores com o passar do tempo.

---

[58]Reinhartz, "Building skyscrapers from toothpicks", p. 70.

[59]Robert Kysar, *Voyages with John: charting the Fourth Gospel* (Waco: Baylor University Press, 2005), p. 145-6.

[60]Sobre esse assunto, veja Francis J. Moloney, "Into narrative and beyond", in: Thatcher, *What we have heard*, p. 195-210, espec. 200-1.

23

O LIVRO DE APOCALIPSE

MICHAEL C. THOMPSON

INTRODUÇÃO

Durante os últimos trinta anos, a pesquisa e as publicações sobre o livro de Apocalipse avançaram rapidamente, com o surgimento constante de livros, monografias e comentários. Embora a ampla maioria dessas obras se baseie em estudos bons e cuidadosos, que promovem nosso entendimento do texto e do mundo do qual ele surgiu, continua válida a famosa observação de G. K. Chesterton: "Embora São João, o Evangelista, tenha visto muitos monstros estranhos em sua visão, ele não viu nenhuma criatura tão extravagante quanto seus próprios comentaristas".[1] Essa declaração, por si só, indica a constante necessidade de estudos bíblicos para a continuidade da busca de melhor compreensão do Apocalipse, para que a voz de João seja ouvida como se pretendeu.

Acompanhar o ritmo da quantidade de estudos dedicados ao Apocalipse pode ser desanimador. Este capítulo sublinha as principais áreas de discussão e debate sobre a interpretação recente. Por isso, será necessário deixar de lado diversos assuntos e vozes relevantes. Para complementar o conteúdo deste capítulo, é recomendável a leitura do resumo da história da interpretação do Apocalipse no comentário completo de Craig Koester,[2] assim como o levantamento de Russell Morton acerca de pesquisas recentes.[3]

GÊNERO LITERÁRIO

No centro dos problemas interpretativos que cercam Apocalipse está a questão do gênero. Há muito os estudiosos procuram identificar os estilos

---

[1]G. K. Chesterton, *Orthodoxy* (New York: John Lane, 1990), p. 29 [Edição em português: *Ortodoxia* (São Paulo: Mundo Cristão, 2019)].

[2]Craig R. Koester, *Revelation: a new translation with introduction and commentary* (New Haven: Yale University Press, 2014), p. 29-65. Cf. também Arthur Wainwright, *Mysterious apocalypse: interpreting the Book of Revelation* (Nashville: Abingdon, 1993).

[3]Russell S. Morton, *Recent research on Revelation* (Sheffield: Sheffield Phoenix, 2014).

e influências do texto. Por causa da natureza do Apocalipse, as avaliações do gênero têm um impacto mais significativo na interpretação desse texto do que na interpretação de qualquer outro escrito do NT. Uma vez que o gênero literário "define um conjunto de expectativas que orientam nosso envolvimento com os textos",[4] entender as categorias de redação é vital para o trabalho de exegese. O uso de metáfora e simbolismo por João pode ser avassalador para o leitor e conhecer o gênero do texto pode ajudar a reduzir a complexidade do conhecimento de base necessário em prol de uma comunicação clara.[5] Em geral, aceita-se que o livro do Apocalipse é um apocalipse, embora a maioria dos estudiosos atualmente concorde que o livro é uma combinação de gêneros.[6] Hoje, os dois avanços mais significativos no estudo acerca do gênero do Apocalipse estão no trabalho em andamento para entender a literatura apocalíptica antiga e na percepção crescente de que o Apocalipse de João é "um texto que ultrapassa muito os seus limites".[7] Embora tenham sido analisadas muitas subcategorias de gênero, a maioria dos estudiosos modernos trata o Apocalipse de João como uma mistura de apocalipse, profecia e epístola.

Identificando apocalipses

O livro do Apocalipse é o primeiro escrito conhecido a falar de si mesmo como *apokalypsis* e não há nenhuma evidência histórica clara de que isso teria sido entendido como uma referência ao gênero. Contudo, é claro que essa frase de abertura foi concebida para funcionar como título e a narrativa visionária por certo demonstra algo em comum com uma tradição literária judaica identificável que surgira no final do período exílico e pós-exílico.[8] Embora as primeiras tentativas de definir o gênero apocalíptico tenham se concentrado em suas características estilísticas peculiares,[9] foi na década de 1970 que os estudiosos procuraram uma definição mais formal. Oriundo do grupo de estudo em Apocalipse da Society of Biblical Literature, o artigo de John J. Collins em *Apocalypse: the morphology of a genre* [Apocalipse: a

[4]John Frow, *Genre*, 2ª ed. (London: Routledge, 2015), p. 113.

[5]Frow, *Genre*, p. 113; cf. também Janet Martin Soskice, *Metaphor and religious language* (Oxford: Oxford University Press, 1985).

[6]Cf. Dave Mathewson, "Revelation in recent genre scholarship: some implications for interpretation", *TJ* 13 (1992): 192-213.

[7]Gregory L. Linton, "Reading the Apocalypse as apocalypse: the limits of genre", in *The reality of Apocalypse: rhetoric and politics in the Book of Revelation*, David L. Barr, org. (Atlanta: SBL Press, 2006), p. 10.

[8]Stephen L. Cook, "Apocalyptic prophecy", in: *The Oxford handbook of apocalyptic literature*, John J. Collins, org. (Oxford: Oxford University Press, 2014), p. 30-1.

[9]Um dos primeiros e mais importantes colaboradores nisso foi D. S. Russell, *The method and message of Jewish apocalyptic* (Philadelphia: Westminster, 1964). Alguns aspectos de sua investigação continuam notavelmente relevantes.

morfologia de um gênero] é um paradigma referencial de características apocalípticas que leva à seguinte definição fundamental: "'Apocalipse' é um gênero de literatura reveladora com uma estrutura narrativa em que uma revelação é mediada por um ser sobrenatural a um receptor humano, divulgando uma realidade transcendente que é ao mesmo tempo temporal, na medida em que ela prevê salvação escatológica, e espacial, na medida em que envolve outro mundo, sobrenatural".[10] Essa definição se demonstrou a mais amplamente aceita, embora não sem questionamentos e críticas.[11] A crítica mais frequente é a de que a definição não trata da função de apocalipse, o que Collins afirma ter sido uma omissão intencional a fim de conduzir esse debate para o nível de textos individuais.[12]

Nos anos posteriores de estudo, foram propostos vários enfoques alternativos para definir apocalipse,[13] mas a definição de Collins de 1979 continua sendo a mais influente. Embora a tarefa de definir o gênero e identificar traços literários seja necessária, situar o lugar do Apocalipse entre os escritos apocalípticos ainda é desafiador, sobretudo diante da constatação de que o Apocalipse não segue muitas das convenções de textos apocalípticos comuns.[14] Embora conhecer o gênero de determinado texto sem dúvida oriente o processo de comunicação, seria equivocado esperar que qualquer texto se conforme às categorias de estilo que estabelecemos.

O Apocalipse de João como apocalipse

Quando usa *apokalypsis* no título de sua obra, parece que a intenção de João era associar sua narrativa visionária com um grupo bem representado de escritos do período do judaísmo do Segundo Templo.[15] Embora visivelmente

---

[10]John J. Collins, "Introduction: towards the morphology of a genre", in: *Apocalypse: the morphology of a genre*, John J. Collins, org., Semeia 14 (Atlanta: SBL Press, 1979), p. 9.

[11]A história de identificação e definição de literatura apocalíptica, de forma mais notável o trabalho realizado entre 1979-89, foi relatada muitas vezes: John J. Collins, "What is apocalyptic literature?", in: Collins, *Oxford handbook of apocalyptic literature*, p. 1-16; Adela Yarbro Collins, "Apocalypse now: the state of apocalyptic studies near the end of the first decade of the twenty-first century", *HTR* 104 (2011): 447-57; Lorenzo DiTommaso, "Apocalypses and apocalypticism in antiquity, part one", *CBR* 5 (2007): 235-58.

[12]J. Collins, "*What is apocalyptic literature?*", p. 5.

[13]Algumas tentativas importantes surgem nas seguintes fontes: Christopher Rowland, *The open heaven: a study of apocalyptic in Judaism and early Christianity* (London: SPCK, 1982), que não considera o conteúdo comum na busca para definir o gênero, procurando em vez disso uma definição baseada somente na forma literária; David E. Aune, "The Apocalypse of John and the problem of genre", in: *Early Christian apocalypticism: genre and social setting*, Adela Yarbro Collins, org., Semeia 36 (Atlanta: SBL Press, 1986), que oferece uma definição bastante técnica de apocalíptica; Grant R. Osborne, *The hermeneutical spiral: a comprehensive introduction to biblical interpretation*, ed. rev. (Downers Grove: IVP Academic, 2007) [Edição em português: *A Espiral Heremenêutica* (São Paulo: Vida Nova, 2009)], p. 276, que apresenta uma definição que busca combinar aquelas oferecidas por J. Collins, Rowland e Aune.

[14]Linton, "Reading the Apocalypse as apocalypse", p. 35.

[15]Alexander Kulik, "Genre without a name: was there a Hebrew term for 'apocalypse'?", *JSJ* 40 (2009): 540-50.

produto do movimento cristão, o Apocalipse tem mais em comum com a literatura apocalíptica judaica do que com os apocalipses cristãos posteriores.[16] A maioria dos estudiosos considera essa relação uma evidência do uso joanino de uma tradição apocalíptica comum.[17] Portanto, apesar de Apocalipse usar uma variedade de gêneros, está claro que o estilo de apocalipse é o veículo principal para o texto.[18] Tendo chegado a essa conclusão, podemos tratar do problema da função social: qual o impacto que o Apocalipse de João pretendia causar em seus ouvintes?

Conforme se menciona em muitos debates acerca do tema, o gênero de um texto está necessariamente ligado à sua pretendida função social, e o objetivo específico de uma obra apocalíptica é transformar a realidade presente mediante a experiência de uma visão sobrenatural maior.[19] Em outras palavras, o propósito das metáforas apocalípticas é puxar o leitor para dentro de um mundo imaginativo a fim de que ele experimente uma nova visão da realidade.[20] O Apocalipse procura realizar esse tipo de comunicação usando linguagem simbólica para ligar diversas entidades, criando metáforas e transmitindo uma mensagem específica. O desafio para o leitor moderno é descobrir a mentalidade comum que teria permitido que essas imagens tivessem o impacto pretendido, desvelando, a partir de uma "multidão de símbolos", um contexto original dinâmico, mas complicado.[21]

O Apocalipse de João como profecia

João se refere ao conteúdo de sua obra como profecia (1:3; 22:7,10,18,19) e fala com autoridade inquestionável às sete assembleias da Ásia Menor, usando o estilo apocalíptico para transmitir sua mensagem.[22] Em um artigo publicado

---

[16]David E. Aune, "The Apocalypse of John and Palestinian Jewish apocalyptic", *Neot* 40, n. 1 (2006): 1-33. Cf. também J. Ramsey Michaels, *Interpreting the Book of Revelation* (London: T&T Clark, 1993), p. 30.

[17]Richard Bauckham, *The climax of prophecy: studies on the Book of Revelation* (Edinburgh: T&T Clark, 1993), p. 38-91.

[18]Usando o paradigma referencial primeiramente publicado por J. Collins (1979), David E. Aune oferece um levantamento detalhado de traços apocalípticos de Apocalipse em *Revelation*, 3 vols., Word Biblical Commentary 52ª-C (Grand Rapids: Zondervan, 1997–98), p. 1:lxxxii–lxxxviii.

[19]David L. Barr, "Beyond genre: the expectations of Apocalypse", in: *The reality of apocalypse: rhetoric and politics in the Book of Revelation*, David L. Barr, org. (Atlanta: SBL Press, 2006), p. 86. Cf. também David A. deSilva, *Seeing things John's way: the rhetoric of the Book of Revelation* (Louisville: Westminster John Knox, 2009), p. 13; Leonard L. Thompson, *The Book of Revelation: apocalypse and Empire* (Oxford: Oxford University Press, 1990), p. 32.

[20]Christopher C. Rowland, "The Book of Revelation", in: *The New Interpreter's Bible: New Testament survey* (Nashville: Abingdon, 2005), p. 340-1.

[21]Edmondo F. Lupieri, *A commentary on the Apocalypse of John*, tradução para o inglês de Maria Poggi Johnson; Adam Kamesar (Grand Rapids: Eerdmans, 1999), p. 33. Uma análise proveitosa acerca da metodologia de interpretação do simbolismo de Apocalipse pode ser encontrada em G. K. Beale, *The Book of Revelation* (Grand Rapids: Eerdmans, 1999), p. 50-69.

[22]Richard Bauckham, *The theology of the Book of Revelation* (Cambridge: Cambridge University Press, 1993), p. 6 [edição em português: *A teologia do livro do Apocalipse* (São Paulo: Thomas Nelson Brasil, 2022)].

em 1957, G. E. Ladd propôs a categoria de "apocalíptico-profético" para definir a natureza "escatologicamente apocalíptica e eticamente profética" dos ensinamentos de Jesus.[23] Esse mesmo enfoque tem sido adotado por uma série de estudiosos na interpretação do Apocalipse, embora ainda persista uma variedade considerável no entendimento da relação entre esses dois tipos de gênero. O próprio João não dá nenhuma pista de que enxergasse distinção entre os dois.[24]

Além dessa autodesignação, a mensagem do Apocalipse apresenta traços que prontamente a identificam como uma obra de profecia. Uma das investigações mais completas desses elementos proféticos está no estudo crítico das fontes de Frederick Mazzaferri,[25] que está tão fortemente convencido da influência de uma tradição profética que descarta por completo que a obra seja apocalíptica. É mais provável, entretanto, que o Apocalipse reflita a obra de um indivíduo que participava de um círculo de profetas que ministravam entre as primeiras igrejas da Ásia Menor, cuja autopercepção era de que estavam alinhados com as tradições da profecia do judaísmo antigo.[26] O Apocalipse, portanto, é mais bem entendido como um "produto literário de profecia cristã antiga", usando as metáforas do estilo apocalíptico para transmitir sua mensagem.[27]

O Apocalipse de João como epístola

Na sequência do extenso cabeçalho, ou prólogo, o livro de Apocalipse é apresentado em sua própria estrutura epistolar. Os cumprimentos e a saudação convencionais de uma carta aparecem em 1:4-6, e em 1.11 João é instruído a escrever mensagens específicas às sete assembleias. Entretanto, é difícil classificar a obra inteira como uma epístola *per se*.[28] Embora Apocalipse revista a sua mensagem apocalíptica profética com a forma de uma carta, continua a pergunta de quanto o leitor deve considerar formais (ou essenciais) os aspectos epistolares do texto.[29]

O uso singular da forma epistolar pelo Apocalipse ajuda o intérprete a ligar o texto a seu público original — a saber, as sete assembleias específicas

[23]George Eldon Ladd, "Why not prophetic-apocalyptic?", *JBL* 76 (1957): 192-200.

[24]Adela Yarbro Collins, *The Apocalypse* (Collegeville: Liturgical Press, 1979), p. 5.

[25]Frederick David Mazzaferri, *The genre of the Book of Revelation from a source-critical perspective* (Berlin: de Gruyter, 1989), p. 379-84.

[26]David E. Aune, "The prophetic circle of John of Patmos and the exegesis of Revelation 22:16", *JBL* 37 (1989): 103-16.

[27]Elisabeth Schüssler Fiorenza, *The Book of Revelation: justice and judgment*, 2ª ed. (Minneapolis: Fortress, 1998), p. 151.

[28]Hans-Josef Klauck, *Ancient letters in the New Testament: a guide to context and exegesis* (Waco: Baylor University Press, 2006), p. 351.

[29]Aune, *Revelation*, 1:lxxii.

às quais o livro se dirige. Os sete oráculos entregues nos capítulos 2 e 3 identificam problemas específicos em cada comunidade, para as quais a narrativa visionária posterior é dada como uma mensagem profética relevante dirigida a essas situações específicas.[30] João escreve como alguém que é ligado a essas congregações, indo além da prática padronizada greco-romana de escrever cartas e oferecendo uma voz profética mediante sua obra.[31]

O problema do gênero do Apocalipse é muito bem resumido por J. Ramsey Michaels: "Se é uma carta, não se parece com nenhuma outra carta cristã primitiva que temos. Se é um apocalipse, não se parece com nenhum outro apocalipse. Se é uma profecia, é singular entre as profecias".[32] Ler o Apocalipse com eficiência é permitir que ele extrapole os limites do gênero para descobrir o que o público original teria ouvido quando diante de um livro como esse.[33]

CONTEXTO SOCIAL

Juntamente com o gênero, o contexto social do Apocalipse mostrou que teve um impacto profundo na interpretação. Era comum em pesquisas anteriores ler o Apocalipse como um documento produzido no meio de uma intensa e generalizada perseguição imperial da igreja. Entretanto, estudos mais recentes têm questionado esse ponto de vista, demonstrando um contexto social muito mais complexo para as sete assembleias. Em particular, essa abordagem mostrou a falta de evidências para uma perseguição da igreja por todo o império na época da escrita do Apocalipse.[34] Adela Yarbro Collins foi uma das primeiras vozes a afirmar que o Apocalipse é um tipo de literatura de protesto, que reflete uma pressão social localizada sobre as várias comunidades cristãs.[35] Essa pressão social podia vir de uma série de fontes, e o estudo de Leonard Thompson também analisou essas complexidades, entre as quais havia uma série de elementos *positivos* do governo romano para a igreja.[36]

Nos últimos anos, os estudos do NT como um todo tem demonstrado interesse cada vez maior na dinâmica do governo imperial sobre o movimento cristão primitivo.[37] Essa abordagem também teve um papel no estudo

---

[30]Koester, *Revelation*, p. 111.

[31]Klauck, *Ancient letters in the New Testament*, p. 352.

[32]Michaels, *Interpreting the Book of Revelation*, p. 20.

[33]Grant R. Osborne, "Genre criticism — sensus literalis", *TJ* 4 (1983): 1-27; Barr, "Beyond genre", p. 88.

[34]Adela Yarbro Collins, *Crisis and catharsis: the power of the Apocalypse* (Philadelphia: Westminster, 1984), p. 70.

[35]A. Collins, *Crisis and catharsis*, p. 69-73.

[36]Thompson, *Apocalypse and Empire*, p. 146-67.

[37]Cf. Scot McKnight; Joseph B. Modica, orgs., *Jesus is Lord, Caesar is not: evaluating Empire in New Testament studies* (Downers Grove: IVP Academic, 2013).

detalhado das comunidades judaicas e cristãs da Ásia Menor, que forneceu informações essenciais para a leitura do Apocalipse.[38] Os intérpretes que abordam o Apocalipse fazem isso cada vez mais com o objetivo de situar o texto na "vida comum" de seus primeiros destinatários, ao que Thompson chama de "tempos normais, e não anormais".[39] Notáveis no meio dessas pesquisas contextuais são Christopher Frilingos, que procura demonstrar que as estratégias retóricas de João estavam vinculadas ao contexto do governo romano, e J. Nelson Kraybill, cuja monografia investiga as realidades cívicas e econômicas das sete assembleias.[40]

Uma peça importante do contexto social da Ásia Menor romana é o papel do culto imperial.[41] Um dos estudos fundamentais sobre esse fenômeno foi publicado por S. R. F. Price,[42] que identificou o surgimento do culto ao governante na Ásia Menor como uma prática transferida da cultura grega para o governo romano. Na mesma linha, Steven Friesen sugeriu que João utiliza a mitologia romana do Império, voltando-a contra ela mesma para criar uma mitologia adversária.[43] A investigação do papel do culto imperial no contexto do Apocalipse foi integrada em muitas pesquisas recentes[44] e

---

[38]John M. G. Barclay, *Jews in the Mediterranean diaspora: from Alexander to Trajan (323 BCE—117 CE)* (Berkeley: University of California Press, 1996); Philip A. Harland, *Associations, synagogues, and congregations: claiming a place in ancient Mediterranean society* (Minneapolis: Fortress, 2003); Colin J. Hemer, *The letters to the seven churches of Asia in their local setting* (Sheffield: Sheffield Academic, 1986); James S. Jeffers, *The Greco-Roman world of the New Testament era: exploring the background of early Christianity* (Downers Grove: InterVarsity, 1999); Tessa Rajak, *The Jewish dialogue with Greece and Rome: studies in cultural and social interaction* (Leiden: Brill, 2002); Paul R. Trebilco, *The early Christians in Ephesus from Paul to Ignatius* (Grand Rapids: Eerdmans, 2004); Trebilco, *Jewish communities in Asia Minor* (Cambridge: Cambridge University Press, 1991); Klaus Wengst, *Pax Romana and the peace of Jesus Christ* (Philadelphia: Fortress, 1987). Adicionalmente, embora esteja principalmente focado no Evangelho de João, pode-se encontrar informações excelentes e relevantes em Warren Carter, *John and Empire: initial explorations* (New York: T&T Clark, 2008).

[39]Leonard L. Thompson, "Ordinary lives: John and his first readers", in: *Reading the Book of Revelation: a resource for students*, David L. Barr, org. (Atlanta: SBL Press, 2003), p. 36.

[40]Christopher A. Frilingos, *Spectacles of Empire: monsters, martyrs, and the Book of Revelation* (Philadelphia: University of Pennsylvania Press, 2004); J. Nelson Kraybill, *Imperial cult and commerce in John's Apocalypse* (Sheffield: Sheffield Academic, 1996).

[41]Várias perspectivas têm sido oferecidas em relação ao "culto imperial" e a própria prática se mostrou muito difícil de definir ou descrever, uma vez que nunca nenhum sistema de culto foi determinado nem era a participação obrigatória para a população. Entretanto, há evidências claras da prática de culto imperial, que sem dúvida é refletida na mensagem de Apocalipse. Para mais informações, veja Mary Beard; John North; Simon Price, *Religions of Rome*, vol. 1, *A history* (Cambridge: Cambridge University Press, 1998), p. 313-63.

[42]S. R. F. Price, *Rituals of power: the Roman imperial cult in Asia Minor* (Cambridge: Cambridge University Press, 1984).

[43]Steven J. Friesen, *Imperial cults and the Apocalypse of John: reading Revelation from the ruins* (Oxford: Oxford University Press, 2001), p. 208-9.

[44]Outros projetos notáveis a esse respeito incluem Wes Howard-Brook; Anthony Gwyther, *Unveiling Empire: reading Revelation then and now* (Maryknoll: Orbis, 1999), p. 101-18; Jörg Frey, "The relevance of the Roman imperial cult for the Book of Revelation: exegetical and hermeneutical reflections on the relation between the seven letters and the visionary main part of the book", in: *The New Testament and*

as obras resultantes continuam produzindo informações importantes para interpretar o Apocalipse de João.

Leituras recentes do contexto histórico do Apocalipse também levaram à publicação de diversos comentários, sendo o mais conhecido o de David Aune.[45] Essa importante publicação contém um estudo histórico-crítico bastante detalhado, incluindo interação constante com tradições judaicas de profecia e apocalipse. Aune também usa a crítica da fonte, abordando Apocalipse como um texto misto, buscando paralelos e incorporações de material greco-romano no texto de João. Em 2014, Koester publicou outro comentário importante sobre o Apocalipse.[46] Com evidências obtidas de pesquisas exaustivas, essa obra investiga o contexto histórico do Apocalipse, enquanto também analisa a história de interpretação do livro. Além disso, mais do que qualquer outro comentário até agora, Koester proporciona amplo envolvimento com o efeito de que as realidades sociais do imperialismo romano tinham sobre as sete assembleias, prestando assim a devida atenção ao "mundo dentro do texto do Apocalipse".[47]

Juntamente com o contexto greco-romano, os novos intérpretes também têm dado atenção às influências judaicas sobre Apocalipse, especialmente mediante a tradição profético-apocalíptica. Um dos escritores mais produtivos sobre o Apocalipse é Gregory K. Beale, que considera que o livro de Daniel tem extraordinária influência sobre a narrativa visionária de João.[48] Beale posteriormente expandiu sua abordagem original em uma monografia tratando do uso apocalíptico do AT por João mediante análise textual.[49] Embora haja mérito em um exame tão detalhado do texto, essa abordagem às vezes pode ser restringida por uma leitura estreita do contexto social de Apocalipse. Alguns estudos adicionais do ambiente judaico de Apocalipse também se basearam em confiança textual — isto é, em uma busca de ressonâncias de um escritor em outro.[50]

---

early Christian literature in Greco-Roman context: studies in honor of David E. Aune, John Fotopoulos, org. (Leiden: Brill, 2006), p. 231-55; Allen Brent, *The imperial cult and the development of church order: concepts and images of authority in paganism and early Christianity before the age of Cyprian* (Leiden: Brill, 1999), p. 164-209; Bruce W. Winter, *Divine honours for the Caesars: the first Christians' responses* (Grand Rapids: Eerdmans, 2015).

[45]Aune, *Revelation*.

[46]Koester, *Revelation*.

[47]Koester, *Revelation*, p. xiv.

[48]Gregory K. Beale, *The use of Daniel in Jewish apocalyptic literature and in the Revelation of St. John* (Lanham: University Press of America, 1984).

[49]G. K. Beale, *John's use of the Old Testament in Revelation* (London: T&T Clark, 1998).

[50]Jon Paulien, *Decoding Revelation's trumpets: literary allusions and interpretation of Revelation 8:7-12* (Berrien Springs: Andrews University Press, 1988); Jean-Pierre Ruiz, *Ezekiel in the Apocalypse: The transformation of prophetic language in Revelation 16,17-19,10* (Frankfurt am Main: Peter Lang, 1989); Jan

Em 1999, Beale publicou o seu comentário sobre o texto grego do Apocalipse,[51] que tem percepções gramaticais e textuais valiosas. Quanto ao contexto social, Beale adota a interpretação mais tradicional de uma perseguição imperial da igreja, efetiva ou esperada. Depois dele, em 2002, Grant Osborne publicou seu comentário exegético,[52] investigando o contexto histórico e as informações intertextuais. Osborne também trabalha para investigar temas teológicos em todo o Apocalipse e é bem-sucedido em apresentar ao leitor várias linhas interpretativas em toda a sua obra. Uma abordagem semelhante e mais concisa é a de Ian Paul,[53] cuja leitura também mostra um bom equilíbrio entre estrutura do texto e significado teológico. Finalmente, o comentário produzido por Mitchell Reddish contém informações muito boas sobre o contexto histórico de Apocalipse, mantendo o equilíbrio entre influências helenistas e judaicas sobre a mensagem de João.[54] Reddish apresenta o que sem dúvida é um dos comentários introdutórios sobre o Apocalipse de leitura mais agradável disponíveis atualmente.

INTERPRETAÇÕES LITERÁRIAS

Nos últimos anos, os estudos sobre o Apocalipse têm investigado ativamente as dinâmicas literárias do texto. Esse tipo de abordagem costuma se concentrar em um enredo principal identificável, ao mesmo tempo em que analisa os personagens e os símbolos em relação à estrutura geral do livro. Uma das principais vozes nessa metodologia tem sido David Barr, que interpreta o Apocalipse como "uma história complexa", além da imaginação de qualquer leitor.[55] No seu estudo com extensão de um livro, Barr divide o Apocalipse em três seções (três rolos) e em seguida analisa os aspectos literários da narrativa.[56] Outros estudiosos também adotaram esse mesmo tipo de abordagem, como, por exemplo, o trabalho crítico-narrativo de James Resseguie, cuja principal contribuição é a discussão sobre a maneira que João usa símbolos e histórias.[57] Um estudo mais específico foi concluído por Barbara Rossing, que usa

---

Fekkes III, *Isaiah and prophetic traditions in the Book of Revelation: visionary antecedents and their development* (Sheffield: Sheffield Academic, 1994).

[51]Beale, *Book of Revelation*.

[52]Grant R. Osborne, *Revelation* (Grand Rapids: Baker Academic, 2002) [edição em português: *Apocalipse: comentário exegético* (São Paulo: Vida Nova, 2014)].

[53]Ian Paul, *Revelation* (Downers Grove: IVP Academic, 2018).

[54]Mitchell G. Reddish, *Revelation* (Macon: Smyth & Helwys, 2001).

[55]David L. Barr, "The story John told: reading Revelation for its plot", in: Barr, *Reading the Book of Revelation*, p. 13.

[56]David L. Barr, *Tales of the end: a narrative commentary on the Book of Revelation*, 2ª ed. (Salem: Polebridge, 2012).

[57]James L. Resseguie, *The Revelation of John: a narrative commentary* (Grand Rapids: Baker Academic, 2009).

o contexto histórico como meio para entender o uso joanino de metáforas.[58] Por isso, Rossing pode afirmar que João utiliza o antigo recurso literário do contraste entre duas cidades para elaborar uma metáfora política. Essa leitura, portanto, influi em nossa compreensão dos elementos estruturais do Apocalipse, bem como da retórica empregada por João.[59]

O estudo mais completo da natureza retórica do Apocalipse é o de David deSilva.[60] Ele elabora sua abordagem com base na discussão clássica de retórica proveniente do mundo antigo. Algo especificamente forte da análise de deSilva é a sua integração dos recursos retóricos de João com o ambiente histórico e os temas teológicos encontrados no texto apocalíptico. Desse modo, ele considera que a redação do Apocalipse foi concebida para persuasão moral, uma vez que João utiliza a retórica epidíctica e deliberativa para conduzir seus ouvintes a objetivos específicos.[61]

INTERPRETAÇÕES TEOLÓGICAS

Estudos recentes sobre Apocalipse também se concentraram na importância teológica do texto, aproveitando as diversas abordagens históricas e literárias. Talvez o mais conhecido desses estudos seja a introdução teológica ao livro de Richard Bauckham.[62] Sua interpretação é construída sobre a natureza teocêntrica do Apocalipse[63] e conclui que a voz profética de João revela a natureza de Deus de um modo que continua tendo implicações dinâmicas para a igreja.[64] Bauckham também produziu uma coleção de artigos que analisam as questões teológicas de Apocalipse com mais detalhes, além da estrutura do livro e o contexto histórico.[65] Observou-se que essas duas obras foram muito valiosas para a pesquisa sobre o Apocalipse e elas continuam sendo extremamente relevantes mais de 25 anos depois de sua primeira edição.

Apesar da produção recente de um número considerável de monografias e livros sobre a mensagem teológica do Apocalipse, podemos aqui

[58]Barbara R. Rossing, *The choice between two cities: whore, bride and empire in the Apocalypse* (Harrisburg: Trinity Press International, 1999).

[59]Um estudo sobre a estrutura literária de Apocalipse foi oferecido em Antoninus King Wai Siew, *The war between the two beasts and the two witnesses: a chiastic reading of Revelation 11:1—14:5* (London: T&T Clark, 2005). Embora a leitura cruzada de Siew não possa ser sustentada por Apocalipse como um todo, há bons aspectos de sua investigação na estrutura do livro.

[60]DeSilva, *Seeing things John's way*, p. 16-25.

[61]DeSilva, *Seeing things John's way*, p. 90-1.

[62]Bauckham, *Theology of the Book of Revelation*.

[63]Bauckham, *Theology of the Book of Revelation*, p. 23.

[64]Bauckham, *Theology of the Book of Revelation*, p. 164.

[65]Bauckham, *Climax of prophecy*.

mencionar dois.[66] Em 2010, um "comentário teológico" sobre Apocalipse foi publicado por Joseph Mangina.[67] O objetivo da série Brazos Theological Commentary, da qual esse comentário faz parte, é reunir as disciplinas de estudos bíblicos e teologia sistemática, o que Mangina faz bem. Embora não seja um comentário crítico do texto ou de seu contexto histórico, o livro de Mangina apresenta uma reflexão teológica baseada em uma leitura responsável de Apocalipse. Depois, em 2012, os trabalhos de uma conferência com foco em teologia, política e intertextualidade do Apocalipse foram publicados como *Revelation and the politics of apocalyptic interpretation* [Apocalipse e a política de interpretação apocalíptica], coleção em que diversos estudiosos renomados refletem teologicamente sobre o Apocalipse e aplicam sua mensagem para o mundo atual.[68] Um tema regular desse volume é que a mensagem teológica do Apocalipse também consiste em uma visão política, o que encontra plena expressão no contínuo testemunho da igreja.

LENDO O APOCALIPSE A PARTIR DAS MARGENS

Embora essas subcategorias possam legitimamente ser consideradas subconjuntos de leituras teológicas em geral, é importante sublinhar algumas leituras especializadas do texto. Algumas dessas abordagens representam perspectivas minoritárias e outras falam de posições ideológicas específicas. E mesmo que alguns desses estudos às vezes tenham a tendência de sobrepor injustamente uma compreensão social e cultural moderna no contexto antigo, o intérprete moderno muitas vezes pode descobrir novas ideias analisando pontos de vista que nem sempre são representados na corrente predominante.

---

[66]Laszlo Gallusz, *The throne motif in the Book of Revelation: profiles from the history of interpretation* (London: Bloomsbury T&T Clark, 2014); Loren L. Johns, *The lamb Christology of the Apocalypse in John: an investigation into its origin and rhetorical force* (Tübingen: Mohr Siebeck, 2003); Stephen Pattemore, *The people of God in the Apocalypse: discourse, structure and exegesis* (Cambridge: Cambridge University Press, 2004); Rodney Lawrence Thomas, *Magical motifs in the Book of Revelation* (London: T&T Clark, 2010).

[67]Joseph L. Mangina, *Revelation*, BTC (Grand Rapids: Brazos, 2010).

[68]Richard B. Hays; Stefan Alkier, orgs., *Revelation and the politics of apocalyptic interpretation* (Waco: Baylor University Press, 2012). Os artigos incluídos nesse importante volume são Michael J. Gorman, "What has the Spirit been saying? Theological and hermeneutical reflections on the reception/impact history of the Book of Revelation", p. 11-30; Steve Moyise, "Models for intertextual interpretation of Revelation", p. 31-46; Thomas Hieke, "The reception of Daniel 7 in the Revelation of John", p. 47-68; Richard B. Hays, "Faithful Witness, Alpha and Omega: the identity of Jesus in the Apocalypse of John", p. 69-84; Joseph L. Mangina, "God, Israel, and ecclesia in the Apocalypse", p. 85-104; N. T. Wright, "Revelation and Christian hope: political implications of the Revelation to John", p. 105-24; Stefan Alkier, "Witness or warrior? How the Book of Revelation can help Christians live their political lives", p. 125-42; Tobias Nicklas, "The Apocalypse in the framework of the canon", p. 143-54; Marianne Meye Thompson, "Reading what is written in the Book of Life: theological interpretation of the Book of Revelation today", p. 155-71.

Leituras feministas

As leituras feministas recentes do Apocalipse têm questionado muitos pressupostos culturais da terminologia joanina e do uso de metáforas por João, sobretudo o seu retrato apocalíptico das mulheres.[69] Uma coleção recente de artigos organizada por Amy-Jill Levine focaliza as imagens femininas encontradas em Apocalipse, embora os colaboradores tenham êxito em incluir diversos aspectos do texto apocalíptico em geral.[70] Além disso, não obstante o tema comum concentrar-se em questões feministas, as abordagens apresentam diversidade metodológica na leitura do Apocalipse.

Um dos principais benefícios auferidos das leituras feministas do Apocalipse é a análise de símbolos e metáforas por uma perspectiva alternativa. João usar esse tipo de metáfora feminina como desafio à Roma imperial é intencional e, ao que parece, se baseia em *topoi* convencionais que podem usar da retórica para enfraquecer valores sociais romanos.[71] Ou talvez a leitura alternativa indique uma realidade negativa na terminologia apocalíptica, que Stephen Moore chama de "hipermasculinidade", segundo a qual a visão que João tem de Deus e de Cristo se baseia nas características do imperador Domiciano.[72]

Enquanto muitas leituras feministas modernas do Apocalipse tecem uma crítica negativa ao estilo de João por considerá-lo excessivamente patriarcal, Elisabeth Schüssler Fiorenza apresenta uma abordagem diferente,[73] buscando uma leitura alternativa que permita ao Apocalipse ter uma voz libertadora para seus leitores. Embora apresente sua própria crítica das metáforas femininas e masculinas de João, Schüssler Fiorenza procura uma leitura do Apocalipse que identifique a comunidade alternativa da igreja como a entidade capaz de se opor à Roma imperial, desse modo questionando sua ordem social aceita.[74] É a mesma voz libertadora que também se apresenta em nosso mundo moderno.

Leituras políticas

Quando se fala de enfoques políticos modernos do Apocalipse, os autores normalmente prestam atenção às leituras liberacionistas e às interpretações

[69]Rossing, *Choice between two cities*; Jean K. Kim, "Uncovering her wickedness: an inter(con)textual reading of Revelation 17 from a postcolonial feminist perspective", *JSNT* 73 (1999): 61-81; Tina Pippin, *Death and desire: the rhetoric of gender in the Apocalypse of John* (Louisville: Westminster John Knox, 1992).

[70]Amy-Jill Levine; Maria Mayo Robbins, orgs., *A feminist companion to the Apocalypse of John* (London: T&T Clark, 2009).

[71]Lynn R. Huber, *Like a bride adorned: reading metaphor in John's Apocalypse* (London: T&T Clark, 2007), p. 44.

[72]Stephen D. Moore, "Hypermasculinity and divinity" in: Levine; Robbins, *Feminist companion to the Apocalypse of John*, p. 180-204.

[73]Schüssler Fiorenza, *Book of Revelation*.

[74]Schüssler Fiorenza, *Book of Revelation*, p. 75.

propostas por culturas minoritárias. Nos últimos anos, essas duas perspectivas estiveram presentes e ativas na interpretação do Apocalipse. A voz liberacionista mais amplamente reconhecida sobre o Apocalipse é Pablo Richard.[75] Richard não interpreta o vocabulário e o estilo apocalípticos como sobrenaturais, mas, sim, como metáforas de opressão que reúnem imagens de forças econômicas, sociais e políticas que se aproveitam dos pobres.[76] Essas figuras negativas são, desse modo, contrastadas com a visão que João tem do céu, o que Richard interpreta como um estado de justiça para os oprimidos.[77] Com essa interpretação pode-se observar que a mensagem do Apocalipse encontrou um lugar especial no centro de muitos movimentos liberacionistas e é muitas vezes tido como uma mensagem de esperança para os oprimidos.[78]

Outro exemplo de leitura do Apocalipse em relação aos marginalizados se encontra em David Sánchez,[79] que examina a construção de "contramitos" como meio de os oprimidos lidarem com as realidades de sua opressão. Sánchez se concentra sobretudo no modo que as pessoas colonizadas absorvem os atributos culturais de seus colonizadores, mas depois os combinam com seus próprios atributos culturais tradicionais para produzir uma nova identidade cultural como meio de resistir e subverter o poder que os pressiona.[80] Logo, a habilidade de João de transformar a mitologia do império em suas metáforas apocalípticas é um exemplo da proposta de uma teologia de esperança para os oprimidos.

Uma interpretação intercultural do Apocalipse é representada em um volume de 2005 organizado por David Rhoads.[81] Na obra, nove autores investigam vários aspectos da mensagem apocalíptica por seus respectivos pontos de vista culturais e sociais. Dada a ampla gama de interpretações propostas pelos colaboradores, é muito difícil resumir as principais ideias do livro. Às vezes, o leitor pode começar a se perguntar se é o mesmo texto básico que está sendo abordado. Não obstante, uma experiência assim constitui um importante exemplo de quanto podem ser diversas as interpretações do Apocalipse.

Brian Blount apresenta outra perspectiva sobre a mensagem do Apocalipse.[82] Ele propõe uma interpretação baseada na cultura afro-americana.

---

[75]Pablo Richard, *Apocalypse: a people's commentary on the Book of Revelation* (Maryknoll: Orbis, 1995).

[76]Richard, *Apocalypse*, p. 27.

[77]Richard, *Apocalypse*, p. 173.

[78]Um breve resumo de como leituras liberacionistas afetaram os estudos ocidentais pode ser encontrado em John-Pierre Ruiz, "Taking a stand on the sand of the seashore", in: Barr, *Reading the Book of Revelation*, p. 119-35.

[79]David A. Sánchez, *From Patmos to the barrio: subverting imperial myths* (Minneapolis: Fortress, 2008).

[80]Sánchez, *From Patmos to the barrio*, p. 116.

[81]David Rhoads, org., *From every people and nation: the Book of Revelation in intercultural perspective* (Minneapolis: Fortress, 2005).

[82]Blount, *Can I get a witness?*

O principal destaque teológico do estudo de Blount é o da resistência pacífica, uma postura contra a opressão que começa nas próprias convocações de João à igreja.[83] Usando as tradições da cultura negra americana, Blount focaliza o caráter do Cordeiro, juntamente com o papel dos crentes, que adotam uma postura de não-violência ativa contra a opressão social e cultural. Sua interpretação apresenta o questionamento do Apocalipse contra os métodos violentos do Império, questionamento que deve ser ouvido por todos os cristãos.[84] Além disso, uma publicação recente de Michael Battle[85] apresenta uma boa introdução ao Apocalipse que incorpora perspectivas teológicas de movimentos africanos de libertação bem como da cultura preta americana, ressaltando de novo a mensagem de resistência pacífica. Ele questiona interpretações divisivas e excludentes do Apocalipse, propondo uma abordagem mais diversificada e corporificada que represente a igreja no todo.[86]

LENDO O APOCALIPSE PARA A IGREJA

A história tem mostrado que um dos maiores desafios para a interpretação do Apocalipse é chegar a uma interpretação responsável dentro do contexto da igreja. Embora a mensagem de João tenha sido concebida para revelar verdades teológicas para as assembleias de cristãos, agora (ironicamente) ela está escondida do leitor comum. Parte disso se deve à natureza de apocalipse, que sem dúvida é uma forma de comunicação intrinsecamente ligada ao seu próprio tempo e espaço. Fazer a ponte entre a exegese acadêmica e o entendimento eclesiástico é uma tarefa considerável em se tratando do Apocalipse, mas é um empreendimento necessário quando trabalhamos com as Escrituras. Embora livros, filmes e sermões sensacionalistas continuem a ser produzidos,[87] nos últimos vinte anos, os estudos que procuram propor uma interpretação mais responsável do Apocalipse na igreja têm aumentado.

Um dos melhores textos introdutórios sobre o Apocalipse é o de Koester,[88] que consegue extrair de sua extensa pesquisa bem como de sua longa experiência de ensino do texto a muitos grupos de igrejas. Koester

[83]Blount, *Can I get a witness?*, p. 39.

[84]Blount empresta sua perspectiva de seu comentário completo, no qual ele também envolve os aspectos históricos e teológicos de Apocalipse de forma mais detalhada: Brian K. Blount, *Revelation* (Louisville: Westminster John Knox, 2009).

[85]Michael Battle, *Heaven on Earth: God's call to community in the Book of Revelation* (Louisville: Westminster John Knox, 2017).

[86]Battle, *Heaven on Earth*, p. 27.

[87]Uma excelente resposta a esse sensacionalismo, apesar de focado na série de novelas *Left behind* [Deixados para trás], se encontra em Barbara R. Rossing, *The rapture exposed: the message of hope in the Book of Revelation* (New York: Basic Books, 2005).

[88]Craig R. Koester, *Revelation and the end of all things*, 2ª ed. (Grand Rapids: Eerdmans, 2018).

escreve de maneira envolvente, permitindo ao leitor reconhecer a importância da mensagem de João não somente para hoje, mas também ao longo da história da igreja. Ele não trata do Apocalipse como uma verdade vaga e atemporal, mas, sim, demonstra a analogia entre contextos antigos e contemporâneos. Michael Gorman produziu uma pesquisa mais temática,[89] cuja leitura se situa fortemente no contexto da missão da igreja. Gorman reconhece o desafio social e cultural da mensagem de João, que atua como um manifesto contra as religiões civis da Roma imperial mediante o culto e o testemunho público dados ao Cordeiro.[90]

Seria bom que a igreja moderna também ouvisse a perspectiva questionadora de Kraybill,[91] que explora os aspectos social e político do culto como vistos na mensagem do Apocalipse. Kraybill consegue captar a natureza radical da mensagem de João quando este chama os cristãos a uma vida de devoção em um mundo que funciona com valores antagônicos. O comentário para leigos de Craig Keener também realça o duro desafio de Apocalipse à fidelidade contra o mundo colocando a América do Norte moderna no foco de suas lentes interpretativas.[92] E, para aqueles que desejam entender a natureza da literatura apocalíptica na sua leitura do Apocalipse, Paul Rainbow apresenta um recurso de leitura agradável sobre como navegar nesse estranho mundo visionário.[93]

J. S. Duvall produziu recentemente um comentário com o objetivo específico de oferecer recursos aos que ensinam e pregam o Apocalipse como parte da vida da igreja.[94] Apesar de Duvall incluir uma breve exegese do texto, as únicas vantagens de seu trabalho são manter a mensagem centrada nos seus pontos principais e indicar exemplos modernos aos quais o Apocalipse se aplica. Do mesmo modo, pode-se recorrer ao comentário acessível de N. T. Wright,[95] cujo incomparável dom de falar à igreja lhe permite fazer a ponte entre o mundo antigo e o moderno. Embora não concebido para ser um comentário tradicional, o seu *Revelation for everyone* [*Apocalipse para todos*] permite que o texto apocalíptico encontre seu lugar na vida da igreja moderna. Por fim, devo mencionar a breve introdução publicada por

---

[89]Michael J. Gorman, *Reading Revelation responsibly: uncivil worship and witness: following the Lamb into the New Creation* (Eugene: Cascade, 2011) [edição em português: *Lendo o Apocalipse com responsabilidade* (São Paulo: Thomas Nelson Brasil, 2022)].

[90]Gorman, *Reading Revelation responsibly*, p. 55.

[91]J. Nelson Kraybill, *Apocalypse and allegiance: worship, politics, and devotion in the Book of Revelation* (Grand Rapids: Brazos, 2010).

[92]Craig S. Keener, *Revelation* (Grand Rapids: Zondervan, 2000).

[93]Paul A. Rainbow, *The pith of the Apocalypse: essential message and principles for interpretation* (Eugene: Wipf & Stock, 2008).

[94]J. Scott Duvall, *Revelation*, TTC (Grand Rapids: Baker Books, 2014).

[95]N. T. Wright, *Revelation for everyone* (Louisville: Westminster John Knox, 2011) [edição em português: *Apocalipse para todos* (São Paulo: Thomas Nelson Brasil, 2021)].

deSilva,[96] que sem dificuldade leva o leitor para o contexto imperial das sete assembleias do Apocalipse. Sua abordagem faz perguntar o que significa um cristão seguir a mensagem de João quando enfrenta o ambiente do Império.

Reflexões

Ao longo do último século, a interpretação acadêmica do Apocalipse tem se afastado de uma abordagem futurista para interpretações mais contextuais. Na segunda metade do século 20, os estudiosos buscaram entender a natureza e as nuances do pensamento e da literatura apocalípticos, o que culminou em debates sobre a definição do gênero, que vicejavam em 1979 e 1989. Embora as pesquisas da natureza da literatura apocalíptica continuem, a ênfase na definição diminuiu, aumentando o interesse no ambiente social, procurando saber o impacto que esses textos teriam tido nos destinatários pretendidos. Na maior parte, os debates acerca de uma definição formal se acalmaram e a maioria dos intérpretes que trabalham com o Apocalipse se contentam em aceitar a descrição publicada em primeiro lugar por John Collins em 1979. Entre os intérpretes modernos, o livro de Apocalipse é considerado majoritariamente um gênero misto, que toma emprestado de um estilo identificável de escrita sem se restringir a uma forma definida. Os intérpretes que adotam esse enfoque estão cada vez mais interessados em investigar o impacto social do texto e sobretudo examinar seus aspectos retóricos e literários. As novas interpretações do Apocalipse, portanto, têm sido dominadas pela questão do contexto histórico, com o campo de estudo atualmente continuando nessa linha.

De particular interesse para ler o contexto histórico do Apocalipse é investigar o papel do imperialismo romano no cenário do texto. Muito trabalho já foi realizado nessa direção e parece que essa abordagem continuará rendendo descobertas exegéticas. O estudo do Apocalipse se beneficiou muito com a incorporação de informações do campo da história romana para reconstruir um contexto social e cultural da Ásia Menor do primeiro século e é mais do que provável que essa tendência continue moldando as abordagens hermenêuticas do livro. Enquanto os intérpretes do Apocalipse continuam investigando a vida comum dos primeiros destinatários, podemos esperar um entendimento maior do mundo que o apocalipse de João desafia.

A literatura apocalíptica tem sido notada por sua tendência de conter retórica contra o Império e essa realidade também tem dado forma à interpretação do Apocalipse. Quando se analisa o contexto histórico do governo romano, não se pode ignorar facilmente essa perspectiva política. No centro

[96]David A. deSilva, *Unholy allegiances: heeding Revelation's warning* (Peabody: Hendrickson, 2013).

do Apocalipse, estão as questões teológicas de culto e fidelidade, que por si só fazem disso uma mensagem carregada de política. Além do mais, a investigação e as descobertas crescentes das mitologias greco-romanas subjacentes a tantos símbolos e metáforas do Apocalipse também indicam a natureza política do livro. Enquanto os intérpretes continuam buscando uma leitura contextual do Apocalipse, nós continuaremos revelando mais da incisiva voz profética de João chamando o povo de Deus para a lealdade indiscutível ao Cordeiro.

Além disso, embora o Apocalipse tenha recebido algumas interpretações interculturais, é preciso fazer mais a fim de que vozes minoritárias da igreja de todo o mundo sejam ouvidas. Ainda que se possa dizer o mesmo em relação à maior parte do trabalho de hermenêutica, isso é particularmente fundamental para um texto tão desafiador no aspecto social como o Apocalipse. Muitas interpretações culturais do Apocalipse simplesmente não são ouvidas pela igreja em geral e por muitos da academia e ambas certamente se beneficiariam em ouvi-las. Os autores que vivem em uma cultura dominante sustentada por seu poder militar, econômico e político — assim como o predomínio da tradição religiosa cristã — talvez consigam entender o Apocalipse em sentido técnico, mas inevitavelmente terão dificuldade de perceber o chamado de João à fidelidade em meio ao sofrimento do mesmo modo que a igreja primitiva o ouviu. O chamado de João para seguir o Cordeiro sem demora passa a ser um obstáculo bastante grande para aqueles cuja cultura está saturada de poder externo como o caminho para a vitória. Para perceber o Apocalipse com mais clareza e precisão, os intérpretes têm de levar em conta essas vozes minoritárias que podem ecoar a natureza profética do texto sem se perder em posicionamentos políticos.

Finalmente, devemos notar que a maior parte das leituras recentes do Apocalipse não se baseia mais na classificação de interpretações em grupos (futurismo, preterismo, historicismo e idealismo). Essas categorias não só se provaram inúteis na interpretação do texto, mas também interpretações modernas demonstraram que o Apocalipse é muito mais fluido e dinâmico do que essas classificações permitem. O Apocalipse talvez continue desafiando e confundindo seus leitores não importa o envolvimento específico deles com o texto. Como Kathleen Norris observou, ele continua sendo um "livro de poetas" que nos convida a ver este mundo de outra perspectiva.[97] Como leitores modernos, nossa missão é pegar esse livro incompreensível e permitir que sua mensagem traga esclarecimento.[98] Logo, a necessidade de explorar o Apocalipse por todos os ângulos concebíveis continua sendo prioridade enquanto a pesquisa avança.

---

[97]Kathleen Norris, *Introduction to Revelation* (New York: Grove, 1999), p. ix.

[98]Rowland, "Book of Revelation", p. 339.

ÍNDICE DE PASSAGENS BÍBLICAS E ESCRITOS ANTIGOS

ÍNDICE REMISSIVO

K

L

M

N

O

P

T